Annales

타키투스의 **연대기**

Annales

타키투스의 **연대기**

타키투스 지음 | 박광순 옮김

범우

차 례

타키투스는 서기 1세기 중엽부터 2세기 초까지, 즉 로마제국 전성의 사람이다. 그는 중앙에서 멀리 떨어진 어느 속주(오늘날의 프랑스 남부 지방)의 중류 가정에서 태어났지만, 수도 로마에서 출세해 원로원 의원이 되고 최고의 관직인 집정관을 역임한 뒤 정치적 생애의 정화精華인 속주 통치자가 되기까지 했다.

그는 이처럼 로마제국의 거대한 정치 기구를 직접 경험한 노련한 정치가였다. 또한 타키투스는 그 당시 가장 뛰어난 지식인이기도 했다. 공직 생활을 하는 틈틈이 1권의 문학 평론서와 4권의 역사 작품을 발표했다. 그 중에서 《게르마니아》가 일반적으로 널리 알려져 있지만, 그의 대표작은 만년에 씌어진 것으로 가장 원숙한 《연대기》임을 의심할 여지가 없다.

그 내용은 아우구스투스가 사망한 시기(서기 14년)부터 네로가 세상을 떠날 때(68년)까지 4대 55년간의 로마 황제의 이야기이고, 그 주제는 황제 및 그 측근과 인텔리 집단인 원로원과의 갈등이다. 타키투스가 묘사한 황제들의 잔학무도함은 로마 황제의 후계자임을 자처했던 나폴레옹을 분노하게 만들고, 원로원의 비굴한 태도는 후세의 휴머니스트들로 하여금 인간의 정신에 절망감을 느끼게 했다.

위대한 로마사가 몸젠(Mommsen)은 그의 《로마사》의 기술을 공화

9

제共和政 말기에서 끊고 제정기帝政期까지 밀고 나아가지 않았다. 그 이유를 사람들은 여러 가지로 추측하고 있는데, 몸젠은 로마제국의 멸망 원인이 최종적으로 무엇인지 결정할 수 없었기 때문에 로마사를 계속 쓸 수 없었던 것이라고 날카롭게 비판하는 사람들도 있다. 만약 이것이 사실이라면 배움의 깊이가 얕은, 옮긴이와 같은 사람은 로마제국의 멸망이라는 큰 문제를 언급할 자격이 더더욱 없을 것이다. 그러나 타키투스를 읽으면서 느낀 것은 쇠망의 이유를 4,5세기의 현상 속에서가 아니라 표면적으로는 화려한 번영기인 1,2세기까지 환상環狀 나선처럼 거슬러올라가 찾아야 하지 않을까 하는 것이었다.

타키투스는 이 시대의 추세를 '비르투스(virtus)'의 퇴조로 보고 있다. '비르투스'는 본래 평화로울 때나 전쟁이 벌어질 때나 발휘해야 하는 '남자다움' 즉 '용기'를 가리킨다. 하지만 후세의 모럴리스트들이 이 의미를 축소시켜서 '도덕적 우수성', '미덕' 등과 같은 의미만을 부각시켰다.

그런데《연대기》는 아우구스투스가 제창한 '공화정으로의 복귀 선언'(사실은 제정)이 어떻게 인간의 '기개'를 좀먹고 '자유로운 정신'을 불모화시켰는지, 그 결과 역사 형성의 본질적인 힘을 어떻게 잃게 되었는지 생생히 그려 내고 있다.

물론 이렇게 읽지 않고 헤르만 헤세(Hermann Hesse)가《세계 문학을 어떻게 읽어야 하는가》에서 추천하고 있듯이 역사 소설로서 가볍게 읽을 수도 있다고 생각한다. 확실히 타키투스의 원전은 "다른 어떤 언어로도 그처럼 생생하게 표현할 수 없을 것이다"라는 평을 들을 만큼 극적인 묘사가 뛰어나다. 따라서 개성이 강한 타키투스의 문체나 구절을 현대어로 옮기기가 어렵다. 서구의 어느 번역가는 이렇게 말했다고 한다. "타키투스는 지금까지 결코 번역된 적이 없었고, 앞으로도 번역되는 일이 없을 것이다."

1. 타키투스의 생애

그의 생애에 대해서는 거의 아무것도 확실히 말할 수가 없다. 그의 작품이 암시하는 내적인 증거물과 친구 소小플리니우스(박물학자로 알려진 대大플리니우스의 조카로 로마의 작가·정치가)의 서한집을 비롯한 고대의 문헌과 비명碑銘이 가르쳐 주는 외적인 증거물로 추측되는 그의 생애는 대략 다음과 같다.

(1) 이름 타키투스와 같은 시대의 작가들도, 후대의 학자들도 그를 코르넬리우스 타키투스, 혹은 그냥 타키투스라고만 부르고 있다. 다시 말해 개인 이름(praenomen)을 전해 주는 예가 전혀 발견되지 않는다. 하지만 일상 생활에서 정식으로 세 개의 이름, 즉 개인 이름, 씨족 이름(nomen, 본가의 이름), 가문 이름(cognomen, 분가한 뒤 본가와 구별하기 위해 붙인 별명 같은 것)을 부르는 경우는 드물고, 대개는 가문 이름이나 씨족 이름으로 통용되고 있다. 그런데 5세기가 되어서 비로소 고전에 정통한 학자 시도니우스 아폴리나리스(Sidonius Apollinaris)가 그 서한집 속에서 두 번쯤 타키투스의 개인 이름을 '가이우스'로 부르고 있다. 그렇지만 타키투스의 사본 가운데서 가장 오래되고 또 가장 신뢰할 수 있는 제1메디치본은《연대기》의 제1권과 제3권의 권두 서명난에 '푸블리우스 타키투스'라고 개인 이름과 가문 이름을 병기하고 있다(덧붙여서 말하면 제2메디치본과 그 계통을 잇는 15세기의 여러 사본 대부분은 코르넬리우스 타키투스라고만 전하고 있다). 그래서 학계의 대세는 5세기의 학자보다 9세기의 사본을 신뢰해 푸블리우스 설說로 기울어져 있었다. 하지만 1951년경에 이 서명의 연대가 의심을 받게 되었다. 그리하여 사본의 본문은 9세기 것이더라도 이 서명만은 르네상스기에 삽입된 것이라고 생각하게 되었다. 따라서 푸블리우스인가 가이우스인가 하는 타키투스의 개인 이름의 결

정은 지금까지 유보되어 있다.

(2) 혈통 그러나 태생과 관련해서는 오늘날 학계의 의견이 일치되고 있는 것 같다. 예전에는 귀족 출신설을 부르짖는 사람이 많았다. 스키피오나 킨나, 술라 등의 훌륭한 분가를 배출한 로마 귀족 코르넬리우스 씨족에 타키투스 가문도 속해 있었다고 보았다. 이와 정반대로 독재관 코르넬리우스 술라(Cornelius Sulla)가 해방시켜 준 1만 명의 노예의 자손 중 하나로 믿기도 했다. 왜냐하면 해방 노예는 주인의 씨족명을 해방될 때 얻는 것이 관례였기 때문이다. 아무튼 코르넬리우스 씨족에서 파생된 가문 이름 속에서 역사가 타키투스의 경우를 제외하고는 타키투스라는 가문 이름을 발견할 수 없다. 게다가 씨족 이름만으로는 태생을 밝히는 데 아무런 단서도 얻을 수 없다. 해방 노예도 주인의 씨족명을 따르고, 공화정 시대의 총독이 속주민에게 로마 시민권뿐만 아니라 자신의 씨족명도 주었기 때문이다.

이렇게 여러 가지 설이 분분해 난처해 하고 있을 때, 1936년경에 타키투스라는 가문 이름이 켈트족에 기원을 두고 있다는 것, 그리고 이 가문 이름이 특히 리굴리아 지방에서 나르보 갈리아 속주에 걸친 지역(오늘날의 북이탈리아의 제노바에서 남프랑스의 마르세유에 걸친 해안 지방)에서 많이 발견되는 것 등이 비문碑文 연구로 밝혀졌다. 따라서 이것과 관련해 그때까지 등한시되어 왔던 문헌을 다시 보게 되었다. 먼저 타키투스의 친구인 소小플리니우스는 《서한집》 속에서 타키투스가 다음과 같은 일화를 말했다고 전해 주고 있다.

어느 날 타키투스가 경기장에 앉아 있는데, 옆에 앉아 있던 어느 기사가 정색을 하고 이렇게 물었다. "그런데 당신은 이탈리아 출신이십니까, 아니면 속주 출신이십니까?" 그래서 타키투스가 "당신이 학식을 갖고 있다면 내가 누구인지 아실 것입니다" 라고 대답하자, 상대방은 곧 "타키투스이신가, 아니면 플리니우스이신가?" 하고 우물쭈물 망설였다고 한다.

플리니우스는 낯선 사람에 의해 그 당시 이름을 떨치고 있던 타키투스와 견주어진데 대해서 천진난만하게 득의양양했던 것이다. 플리니우스는 북이탈리아의 코뭄(현재의 코모) 출신이다. 북이탈리아와 겉모습이나 말투 등이 비슷한 '속주'라면 곧바로 그 서쪽에 있는 나르보 갈리아 속주밖에 생각할 수 없다. 그 당시 나르보 갈리아는 '속주라기보다 이탈리아'라고 불릴 정도로 로마화되어 있어 이미 카이사르 시절(기원전 50년대)부터 로마의 원로원에 의원을 보내고 있었다.

다음으로 타키투스의 장인 율리우스 아그리콜라(Julius Agricola. 서기 40~93)는 나르보 갈리아의 도시 포룸 율리(또는 율리움, 오늘날의 프레주스) 출신이다. 아그리콜라의 아내도 그 속주의 주도인 나르보(현재의 나르본) 사람이었다(《아그리콜라》 4절, 6절 참조). 아그리콜라 부부가 과연 사위를 나르보 갈리아 이외의 속주에서 찾으려 했겠는가? 더군다나 같은 속주에서 장래가 촉망되는 청년 타키투스를 발견할 수 있었는데 말이다.

셋째로 타키투스의 젊은 시절의 스승인 마르쿠스 아페르와 율리우스 세쿤두스도 나르보 갈리아 속주 출신이라고 단정지을 수는 없어도 갈리아의 여러 속주 사람이었던 것만은 분명하다.

이리하여 소小플리니우스의 숙부이자 양부인 대大플리니우스가 기록하고 있는, 황제 속주인 벨기카 갈리아의 관리인 코르넬리우스 타키투스가 타키투스의 아버지가 아닐까 하는 추측이 단순한 억측으로 생각되지 않게 되었다. 즉 타키투스는 궁극적으로 갈리아 토착민의 피를 이어받고 있었다고 생각된다. 혹은 보콘티족의 호족 가문 출신이었는지도 모른다. 그리고 2,3대 전의 선조가 로마 시민권을 얻고 이와 동시에 코르넬리우스라는 로마식 씨족 이름을 얻고, 적어도 아버지 대에는 타키투스 가문이 로마의 기사 계급(equites) 반열에 오르게 되었을 것으로 추측된다.

타키투스가 살았던 기원후 1,2세기의 제정 시대에는 이미 기원전의 공화정처럼 역사의 담당자가 로마나 그 주변의 이탈리아의 명문가 출신 지도자나 학자가 아니라 서방의 속주 갈리아(현재의 프랑스)나 히스파니아(현재의 스페인) 출신의 '신인新人'으로 변해 있었다. 예컨대 네로 시대(재위 54~68)의 유명한 장군 코르불로나 부루스는 갈리아 출신이고, 철학자 세네카와 시인 루카누스, 마르티알리스는 히스파니아 출신이며, 황제조차 2세기가 되면 트라야누스(Trajanus. 재위 98~117)와 하드리야누스(Hadrianus. 재위 117~138) 등이 히스파니아에서 태어나고 있다.

(3) 생애 타키투스는 서기 56년(또는 55년)에 속주 관리였던 아버지의 임지 벨기카 속주(오늘날의 벨기에)에서 태어났을 것으로 추측되며, 소년 시절부터는 로마에서 살았을 것으로 추측된다. '젊은 열정'을 불태우며 웅변술이나 교양 과목을 배웠다. 원로원 계급의 자제라면 부모의 후광으로 자연스럽게 출세 가도를 달리게 되어 있던 그당시에, 타키투스처럼 가문이 좋지 않은 기사 계급의 신인은 자신의 자질을 인정받기 위해 노력하는 수밖에 없었다.

그리고 그는 생각했던 바대로 황제 베스파시아누스(Vespasianus. 재위 69~79)로부터 재능을 인정받아 (혹은 동향의 성공자인 아그리콜라 등 유력자들의 추천으로) 출세의 기반을 다질 수 있었다. 즉 76년경(20세)에 명예 군단 부관(부록 1을 참조)에 임명되어 장차 원로원 계급(senatus)으로 올라 출세 가도를 달릴 수 있다는 보증서를 손에 넣었다. 77년에는 브리타니아 속주(오늘날의 영국)의 군단장에서 집정관에 취임하기 위해 수도로 돌아온 아그리콜라의 눈에 들어 그의딸과 약혼했다. 당시에는 20세 전후의 결혼은 보통이었고, 무엇보다법률(《연대기》3권 25절 참조)이 자식을 둔 관직 후보자에게 특전을 주고 있었다.

81,82년(25,26세)에 재무관(quaestor)으로 발탁되고 원로원 의원이 되었다. 재무관이 되면 그와 동시에 자동적으로 원로원 의원이 되고, 죄를 짓지 않는 한 평생토록 원로원 의원 자격을 잃지 않았다. 2,3년 뒤에 호민관(tribunus plebis, 혹은 조영관)에 임명되고, 88년에(32세경)에는 법무관(praetor)에 취임하는 한편 15인 신관으로 선발되었다. 15인 신관단은 시빌라 예언서를 보관하고 이국의 종교를 감독하는 유서 깊은 성직자단으로 일반적으로 집정관급 인사(40대의 인물)나 귀족 출신으로 구성되어 있었다. 이렇게 이례적으로 빨리 승진한 것은 타키투스 자신의 원로원에서의 활약과 법정 변론에서의 성공 등에 힘입었을 것이다. 타키투스의 5,6년 후배인 플리니우스 등의 동경의 대상이 된 것도 이 무렵부터였을 것으로 추측된다.

89년부터 93년까지 타키투스는 수도를 떠나 있었던 것 같다. 집정관 등록부에 자신의 이름을 싣고 싶은 야심만만한 신인은 모두 그렇게 했듯이, 그도 이 시기에 속주에 가서 군단장(legatus legionis)으로 근무했을 것으로 생각된다.

도미티아누스 황제(Domitianus. 재위 81~96)의 마지막 공포 정치(93~96년)를 타키투스가 목격자로서 기술하고 있는 것처럼 생각되기 때문에(《아그리콜라》 45절 참조), 아무래도 이 무렵에는 로마에 돌아와 있었을 것 같다. 그리고 그 사이에 타키투스는 다른 원로원 의원들과 같이 '용기'나 '자유 분방한 정신'을 발휘하지 않고 차가운 비개성적인 가면을 쓰고서 공포 시대를 보냈을 것이다. 이 때의 기억이 세월과 함께 희미해져 가기는커녕 점점 더 강해져 가는 것이 작품 속에서 발견된다.

97년(41세) 9,10월에 마침내 타키투스는 집정관(consul)에 취임했다. 즉 매년 1월 1일에 취임식을 거행하는 정식 집정관이 아니라 병으로 인한 결근에 수반해 보충되는 보결 집정관(consul suffectus)이 되었다. 하지만 제정기에는 많은 속주 통치자의 수요를 충당하려면 집정관급 인물(집정관직 경험자)을 그만큼 많이 필요했기 때문에 정식 집정관의 임기를 반년에서 3개월까지 축소해 버리고 보결 집정관을 임명하는 것이 관례가 되어 있었다. 명예라는 측면에서 '정식'이나 '보결'이나 아무런 차이가 없었다. 집정관으로서의 타키투스의 업적은 우리가 아는 한 전임자인 베르기니우스 루푸스(Verginius Rufus)의 추도 연설을 한 것뿐이다. 100년에는 소小플리니우스와 공동으로 아프리카 총독 마리우스 프리스쿠스(Marius Priscus)의 부정을 원로원에서 탄핵했다.

101년부터 104년에 걸쳐 타키투스는 또다시 로마를 비운 것 같다. 하지만 이 사이에 소플리니우스의 《서한집》에 타키투스의 이름이 나타나고 있지 않다는 것뿐이기 때문에, 신빙성은 별로 없는 것으로 판단된다. 그러나 112년에서 113년(혹은 111년에서 112년)까지 속주 아시아의 총독(legatus legionis. 임기 1년)으로써 수도를 비웠던 것은 확실하다. 카리아 지방의 밀라사(현재의 터키의 해안의 도시 밀라스)에서 1890년에 발견된 비문을 상세히 연구한 결과 그렇게 밝혀졌기 때문이다.

타키투스가 언제까지 살았는가 하는 것과 관련해서는 어떤 확실한 증거도 없다. 《연대기》 2권 61절에서 '현재는 홍해까지 뻗어 있지만 그 당시는 이 부근까지가 로마의 판도였다'는 기술이 발견된다. 대단히 난해한 구절이지만 "이것은 트라야누스 황제가 113년에서 117년에 걸쳐 파르티아 제국을 정복한 다음의, 로마제국의 최대의 판도를 언급하고 있다"는 설에 따르면, 타키투스는 적어도 117년까지는 살아 있었을 것이다. 혹은 하드리야누스 황제(재위 117~138)의 통치 초기인 120년경에 세상을 떠났을지도 모른다. 그 근거를 동시대의 작가인 유베날리스(Juvenalis. 67?~140?)나 수에토니우스(Suetonius. 69~140?)의 작품과 《연대기》의 관계 속에서 찾아낼 수 있느냐 하는 문제는 여기에서는 유보해 두기로 하겠다.

2. 타키투스의 작품

지금까지 타키투스가 정치가로서 역사적 · 사회적 환경 속에서 어떻게 살았는가를 살펴보았다. 그러면 이번에는 타키투스가 어떻게 해서 역사가가 되었는지 그의 작품을 통해 알아보기로 하자.

타키투스는 어릴 적부터 역사가가 되기 위한 교육은 받지 않았다. 기사 계급의 가정에서 태어난 그는 "이 아이만은 꼭 원로원 의원으로 만들고 싶다"는 양친의 기대 속에서 정치가로서의 교육을 받았다. 만약 타키투스가 타고난 시인이었다면 아마도 오비디우스(Ovidius. 기원전 43~기원후 17)나 유베날리스처럼 관직을 버리고 저작으로 전향했을지도 모른다. 그러나 타키투스는 시인이 되기에는 너무나 현실적이었고, 야심가였다기보다는 전통적인 로마인이었다. 로마의 산문 작가 중에는 어느 정도 정치적인 야심을 충족시키고 사회적 지위를 얻은 뒤에 한가로운 시간을 학문이나 창작에 바쳐 차츰 명성을 얻은 예가 많이 있다. 키케로(Cicero. 기원전 106~43)나 카이사르(Caesar. 기원전 100~44)는 정계와 문학계 양쪽에서 다 유명하지만, 역사가 살루스티우스(Sallustius. 기원전 85~35)나 파테르쿨루스, 혹은 소설가 페트로니우스(Petronius. 20?~66)나 철학자 세네카(Seneca. 기원전 4~기원후 65) 등과 관련해서는 그들을 법무관이나 집정관 경력자로 상상하기 어려울 것이다. 관직에 오르거나 정치 생활을 한 행적이 없는 사람으로는 142권의 《로마사》를 쓴 리비우스(Livius. 기원전 59~17)와 황제

비서로《황제전》을 남긴 수에토니우스 등으로 그 예가 극히 적다.

(1)《대화》 타키투스는 그의 양친이 희망한 대로 원로원 의원의 반열에 올라 순조롭게 출세 가도를 달리고 있었다. 이윽고 허영심이 어느 정도 충족되자, 정치 생활을 반성하고 그 번거로움에 혐오감을 느꼈다. 그리하여 맨 처음 쓴 것이《웅변가에 관한 대화(Dialogus de oratoribus)》라는 제목의 문학론이었다고 생각된다. 이 작품은 16세기의 위대한 라틴학자 리프시우스(Lipsius. 1547~1606)가 타키투스의 작품일까 의심한 이래 끊임없이 의문시되어 왔다. 오늘날에도 타키투스의 저작설을 부정하고 다른 작가를 상정하고 있는 학자가 있을 정도다. 그러나 학계의 대세는 이것을 타키투스의 작품으로 믿고(입증되었다고 말할 수 없기 때문에) 있다.

창작 연대와 관련해서는 더더욱 논란이 심해 아직 정설이 없다. 어떤 사람은 티투스 황제(Titus. 재위 78~81) 시대의 작품, 즉 타키투스가 25세경에 쓴 작품이라고 말하고, 다른 사람은 네르바 황제(Nerva. 재위 96~98) 시대, 즉 타키투스가 40세경에 집필했다고 하며, 또 다른 사람은 100년 이후, 즉 45세 이후에 썼다고 주장하고 있다. 일반적으로는 도미티아누스 황제 중기(85~90년)에 창작한 것으로 보고 있는데, 그 증거나 제설에 대한 반박은 여기에서는 생략하겠다.

그런데《대화》그 자체는 고래로 '황금의 소책자'로 불리고 있듯이 읽는 사람의 마음을 이상하게 매료시키는 작품이다. 타키투스는 자신의 생각을 발표하기 위해 대화라는 형식을 채용했다. 플라톤(Plato. 기원전 428~347)의 저작을 모범으로 삼아 키케로가 많은 대화 형식의 논문을 썼는데, 타키투스는 문체뿐만 아니라 형식도 키케로를 모방했다. 하지만 등장 인물의 성격이나 대화 분위기를 묘사하는 재능 면에서는 키케로를 월등히 능가하고 있다.

타키투스는 친구로부터 당시의 웅변론이 쇠퇴하게 된 원인을 질문받았을 때 자신의 의견보다도 '아주 어릴 적에 들은' 스승들의 논의를 그대로 전한다는 전제前提 하에 대화자 3인을 등장시킨다. 자연과 고독을 사랑하고 교양을 갖춘 이상주의자인 마테르누스와 현실가 타입이고 물질주의적인 취향을 지닌 힘찬 웅변가 아페르, 옛 로마의 정신이 최상의 것이라고 주입받아 새로운 것을 경멸하는, 위엄 있고 존경스러운 연장자 메살라. 이 세 사람이 각자의 성격에 어울리는 발언을 하고, 그 대화가 극적인 도입이나 중단에 의해 생기를 더해 간다.

대화의 장소나 인물의 소개(1절~4절) 뒤에 이어지는 제1부(5절~14절)에서는 아페르와 마테르누스가 웅변과 시의 가치를 서로 비교하고 있지만 의의는 별로 없다. 《대화》가 호라티우스(Horatius. 기원전 65~8)의 《시론》과 함께 세계 문예 비평론 사상 큰 가치를 갖는 것은 제2부(15절~27절) 때문이다. 여기에서 메살라가 키케로 시대의 웅변과 비교해 오늘날의 변론의 쇠퇴를 개탄하자, 아페르가 이 견해를 반박하며 쇠퇴가 아니라 취미의 변화에 지나지 않는다고 주장한다. "표현 방법이나 형식은 시대와 함께 변하고"(18절), 문체에 고정된 표준은 없고 변화는 반드시 나쁜 쪽으로 흐르지 않으며, 새로운 것을 무조건 단죄해서는 안 된다는 것이다. 제3부(28절~41절)에서는 마테르누스가 변론의 쇠퇴를 인정한다. 또 그 원인을 메살라는 도덕적 교육적인 견지에서 설명하고 고대 로마의 미덕의 쇠퇴, 청년들의 타락, 부모의 방임주의, 배우나 검투사, 경마에의 열광 등을 비난한다. 한편 마테르누스는 정치적 역사적인 필연성이라고 주장한다. 본래 "변론은 바보가 자유라고 부르는 저 방종의 양자이고"(40절), 바로 키케로나 카이사르가 살았던 공화정 말기의 혼란 상태에서 웅변이 발달했으며, 제정기의 이른바 '아우구스투스의 평화' 아래서는 변론의 영광은 단념해야 한다는 것이었다.

전편을 통해 키케로풍의 유수와 같은 균형 잡힌 문장, 맑고 깨끗한

격조, 젊은 정신의 도취, 낙천적인 기분 등이 느껴지고, 여기에는 날카로운 풍자도 음울한 야유도 없다. 후기의 대작은 물론, 40세가 넘었을 때의 《아그리콜라》나 《게르마니아》에서는 상상도 할 수 없는 일이다. 하지만 타키투스가 그와 가장 인연이 멀다고 생각되는 인물인 아페르의 견해를 후기의 작품에서 독자적인 문체로 증명하고 있는 것은 흥미롭다. 그리고 여기에서 타키투스의 문학을 사회적 역사적 환경 속에서 고찰할 때, 우리는 그의 역사적인 것에 대한 기호와 후년의 역사에의 몰입을 예상할 수 있지 않을까?

(2) 《아그리콜라》 그러나 두번째 작품 《아그리콜라》가 태어나기 위해서는, 그리고 타키투스가 진실로 타키투스가 되기 위해서는 도미티아누스 황제 말년(93~96년)의 공포 정치를 체험하지 않으면 안 되었다. 《아그리콜라》의 정확한 제목은 아마도 《율리우스 아그리콜라의 생애와 인격에 대하여(De vita et moribus Julii Agricolae)》였을 것이다. 93년 타키투스의 장인 아그리콜라가 세상을 떠났을 때, 타키투스 부부는 외지에 있었다. 로마에 있었다면 타키투스는 장례식에서 추도 연설을 했을 것이다. 그래서 생전에 존경했던 장인에 대한 애도와 후회하는 마음에서 그의 전기를 쓰기로 결심한 것이다.

93년 말에 로마로 돌아오고 나서 공포 시대를 사인私人으로서 조용히 살아가면서 《아그리콜라》의 자료를 모아 집필했다. 그리고 98년 출판되었을 때에는 집필 동기에서 상상할 수 있는 추도 연설풍의 전기와는 상당히 다른, 역사적 색채가 강한 작품이 되었다. 예를 들어 브리타니아의 풍토나 민족에 관한 기술(10절~12절), 전장에서의 칼가쿠스의 연설(30절~32절), 우시피족의 탈주와 위험한 항해 이야기(28절) 등은 아그리콜라의 전기와는 아무 관계도 없다. 그러나 이런 탈선도 당연했다. 거의 같은 무렵에 《게르마니아》의 집필에 착수하고, 또《역사》도 구상하고 있었기 때문이다.

그렇지만《아그리콜라》가 오늘날 가치를 지니고 있는 것은 영국의 로마 시대를 아는 데 빼놓을 수 없는 사료이기 때문이다. 그와 동시에 이 책은(아그리콜라나 타키투스와 같은) 새로운 귀족들이 품고 있었던 도덕적 정치적 이상을 보여 준다는 점에서도 로마 연구자들의 흥미를 끌 것이다. 어쩌면 타키투스의 숨겨진 의도가 여기에 있었다고 볼 수도 있기 때문이다.

(3)《게르마니아》《아그리콜라》출간 후 같은 해(98년)에《게르마니아》도 출간되었다. 사본들에는 여러 제명이 씌어져 있으나 원제는 아마도《게르만人의 기원과 풍속에 대하여(De origine et situ Germanorum)》였을 것이다. 타키투스가《게르마니아》를 집필한 동기는 무엇이었을까? 그는 89년부터 93년까지 4년 동안 게르마니아 인근에 있는 로마의 속주(아마도 벨기카 갈리아 속주)에서 군단을 지휘하든가, 아니면 그곳을 통치하고 있었던 것으로 생각된다. 그래서 가까이에서 게르마니아를 지켜 본 결과 그들의 저력을 알게 된 타키투스는, 그들의 위험성을 로마의 동포들에게 환기시키고 싶었을 것이다. 때마침 게르마니아 정책에 적극적인 트라야누스 황제가 98년 1월에 즉위했기 때문에 그를 지원하려는 정치적인 의도도 있지 않았을까?

그리고 다른 동기도 있었을 것이다. 즉 타키투스는 퇴폐한 로마인의 눈앞에 오염되지 않은 야만인의 정신과 모습을 보여 주며 도덕적인 경종을 울리고 싶었을 것이다. 확실히 제1부(1절~27절) 곳곳에서 게르만인과 로마인을 강렬하게 대비시키고 있다(예컨대 장례식에서의 그들의 질박함과 로마인의 화려함, 그들의 단순한 구경거리와 로마인의 수많은 유혹적인 구경거리 등). 그러나 그들의 장점과 마찬가지로 악덕도 숨김없이 털어놓고 있다(도박에 대한 이상한 집착, 나쁜 술버릇 등). 그리고 제2부(28절~46절)에서는 풍자적, 도덕적인 의도가 거의 눈에 띄지 않는다. 타키투스가 아니더라도 누구든지 다른 나라의 풍속을 소개할 때에는 틀림없이 자국의 그것과 비교하거나 대조시킬 것이다. 따라서 결정적인 동기가 무엇이었는지는 단정할 수 없을 것 같다. 이상에서 말한 정치적, 도덕적 목적 외에 이 책이 순수하게 지적, 역사적 흥미에서 태어났다는 견해도 부정할 수 없다. 바로 그런 이유에서 지금도 독일 고대사의 첫번째 사료로 연구되고, 학자들로 하여금 "이렇게 오랜 세월에 걸쳐 여전히 게르마니아는 정복되고 있다"(37절)고 탄식하게 하는 것이다. 그러나 《게르마니아》의 영원한 매력은 지식으로 기술記述을 건조시키지 않고, 모럴리즘으로 이야기를 시들지 않게 만드는 문체에 있다고 생각한다.

(4) 《역사》 《아그리콜라》와 《게르마니아》라는 두 가지 소품으로 실험을 한 뒤에, 타키투스는 마침내 대작의 역사 기술에 착수했다. 《아그리콜라》(4절)에서 타키투스는 "전 시대(즉 도미티아누스 황제 시대)의 우리의 예속을 상기시키고 또 혜택받은 시대(네르바·트라야누스 황제 시대)를 증명하는 작품"을 쓰고 싶다고 말하고 있지만, 완성된 《역사(Historiae)》에서는 처음 계획을 바꾸어 좀더 시대를 거슬러올라간 뒤 네로 사후의 내란 때부터, 정확하게 말하면 69년 1월 1일부터 쓰기 시작하고, 96년 도미티아누스 황제가 살해당할 때까지를 기록했다. 즉 "세 번 내란이 발발하고 4명의 황제가 암살당하는 등 불행한 운명으로 가득 찬, 평화조차 피비린내가 났던 시대"(《역사》 2절)를 대상으로 12권으로 구성되어 있었다고 생각된다. 그렇지만 오늘날에는 처음 4권과 제5권의 일부만 남아 있어 겨우 69년과 70년 2년간의 사건만 알 수 있을 뿐이다.

네로 황제가 죽은 뒤(68년 6월) 히스파니아(스페인) 속주 군대의 환호를 받으며 황제가 된 갈바(Galba)는 몇 개월 동안만 그 지위에 앉아 있었을 뿐이다. 그는 69년 1월 15일 수도의 친위대에 의해 살해되었다. 그 대신 황제가 된 오토(Otho)도 3개월도 안 돼 게르마니아 속주 군대의 추대를 받은 비텔리우스(Vitellius)와 싸우다가 패하고 스스로 목숨을 끊었다. 그로부터 반년이 지난 10월에는 동방의 군단병의 추대를 받은 베스파시아누스(Vespasianus. 재위 69~70)가 비텔리우스를 죽였다. 이 지도자들 대부분은 '그 악덕 때문에 증오하고 그 약점 때문에 경멸해야 하는 인물이었다. 병사들은 적에게는 잔혹하고 장군에게는 모반적이며 복종을 모르는 자뿐이었다. 이 암울한 환경 속에서 이따금 미덕과 용기가 섬광처럼 번뜩이긴 하지만, 타키투스의 염세적인 혼과 신랄한 풍자가 전편을 압도하고 있다.

예컨대 갈바가 아우구스투스 황제 이후 다섯 황제를 섬기고 그 자신도 황제가 되어 73세 때 살해되었을 때, 타키투스는 이렇게 평가한다(1권 49절). "그는 자신이 통치할 때보다 다른 사람의 통치를 받을 때가 행복했다." "그의 인격은 평범하고, 미덕을 지니고 있었다기보다 악덕을 모면하고 있었던 데 지나지 않는다." "만약 그가 황제가 되지 않았다면 세상 사람들은 한결같이 황제의 기량을 갖춘 사람으로 여겼을 텐데."

《역사》의 단편의 가치는 로마 제정의 비밀을 훌륭하게 파헤쳐 보여 주고 있다는 점에 있다. 황제가 수도 이외의 땅에서, 게다가 군단병들의 의지 하나로 만들어진다는 것, 즉 아우구스투스가 제창한 '공화정으로서의 복귀 선언'은 그 가면을 벗기면 제정에 불과하다는 것을 생생히 그려 내고 있다.

(5) 《연대기》 《역사》는 100년경부터 집필하여 109년경에 완성한 것 같다. 그 후 죽을 때까지 몰두하고 아마도 퇴고의 여유도 충분히 갖지 못했을 것으로 생각되는 것이 《연대기(Annales)》이다. 《역사》의 제명은 고대 작가들에 의해 인용되고 있어 의문의 여지가 없는 것 같다. 하지만 《연대기》의 경우에는 확실한 제명을 알 수 없다. 제11권부터 제16권까지의 가장 보존이 잘된 사본인 제2메디치본(현재 피렌체의

라우렌치아 도서관에 있고, 등록 번호는 68의 2)에는 제명이 없고, 제1권부터 제6권까지의 유일한 사본인 제1메디치본(소장하고 있는 곳이 똑같고 등록 번호는 68의 1)은 각 권의 서두에 '신군 아우구스투스의 서거 이후부터(Ab excessu divi Augusti)'라고만 쓰여 있을 뿐이고, 그것이 본제인지 부제인지 알 수 없다. 그래서 앞에서 언급한 학자 리프시우스가《연대기》라는 제명을 제창한 이래, 학계는 그것을 따르고 있다.《연대기》는 3부 18권으로 되어 있고, 처음 6권은 티베리우스 황제에게, 다음 6권은 칼리굴라와 클라우디우스 양 황제에게, 마지막 6권(13~18권)은 네로에게 바쳐지고 있었다고 생각된다(본 역서에서는 4부로 편제하였는데, 제2부 중에서 원전이 분실된 부분을 따로 떼내어 역자가 다른 작가의 작품을 참고하여 연대기 식으로 첨가했다).

유감스럽게도 오늘날 그 3분의 1이 유실되었다. 거기에는 세야누스(Sejanus)의 몰락이나 네로의 자살과 같은 타키투스 취향의 주제도 포함되어 있고, 또 제정 초기의 귀중한 기록도 들어 있었을 것이다. 하지만 현존하는 3분의 2에 의해 우리는 충분히 타키투스의 최상의 기록을 접할 수 있다. 그러면 다음으로《연대기》를 중심으로 한 타키투스의 작품의 신빙성이나 그의 역사관을 살펴보기로 하겠다.

3. 《연대기》의 신빙성에 대하여

타키투스의 작품을 읽을 때 과연 그 기술을 얼마만큼 신뢰할 수 있을까 하는 의문이 들 것이다. 르네상스 시기부터 서구인들은 타키투스의 문학성은 칭송하면서도 그 역사성 앞에서는 대답을 망설여 왔다. 여기에서 간단히《연대기》를 예로 들면서 이 질문에 답해 보겠다.

(1) 사료史料의 수집　역사 기술에 뜻을 둔 사람은 먼저 자신의 주제와

관계 되는 사료를 수집해야 한다. 타키투스가 사료를 열심히 수집했다는 것을 친구인 소플리니우스도 인정하고 있다. 즉 그는 타키투스에게 보낸 서한(7권 22) 속에서 "공적인 기록에 실려 있기 때문에 당신의 열성스러운 눈길을 피하지는 못할 것이라고 생각하지만, 일단 알려 드립니다"라고 말하고 있다. 또 다른 편지(6권 16)에서는 "당신은 후세에 가능한 한 올바르게 진실을 전하고 싶다며 내 숙부(대ㅅ플리니우스)의 최후에 대해 써 달라고 하셨습니다"라고 말하고 있다. 타키투스 자신도 "내가 …… 발견한 것인데"(2권 88절)라고 증언하고 있다. 이리하여 타키투스가 수집하거나 사용한 제1차 사료는 다음과 같은 것들이 있다. 덧붙여 말하면 제1차 사료는 역사 기술에 필요한 가공하지 않은 소재이며, 과거의 역사가가 편집하거나 기술한 사서(제2차 사료)와는 구별된다.

1) **원로원 의사록**(5권 4절의 주 참조) 타키투스가 두 번 언급하고 있지만 원로원의 심의 과정은 오로지 이것만 참고했을 것으로 보인다.

2) **《국민 일보》**(3권 3절의 주 참조) 네 번 인용되고 있다. 이것의 사본이 도서관에 남아 있었고, 열람도 자유로웠을 것이다.

3) **공공의 명각문** 동판에 새겨진 황제의 포고나 정무관의 정령, 또는 기념물(건축물, 전승 기념문, 이정표 등)에 새겨진 비문. 이것들이 해마다 많이 만들어지고 있었고, 또 오래된 것을 보존하거나 복구하는 데도 힘쓰거나 주의를 기울였다. 타키투스는 한 번(11권 14절)밖에 언급하고 있지 않지만, 몇 개의 포고(예를 들어 12권 53절, 63절)나 클라우디우스의 연설(11권 권말 부록) 등은 아마도 직접 동판을 참고했을 것이다.

4) **회상록, 자서전** 타키투스는 네로 황제의 어머니 아그리피나(Agirippina)의 《회상록》(4권 53절)과 무장武將 코르불로(Corbulo)의 《회상록》(15권 16절)을 언급하고 있다. 티베리우스 황제는 아우구스

투스의 유명한《업적록》과 비슷한 것을 썼다고 하고, 또 클라우디우스 황제도 8권의《자서전》을 남겼다고 한다. 이런 기록이 오래된 귀족 가문에는 조상들의 조상彫像과 함께 전통적으로 보존되어 있었다. 타키투스는 언급하고 있지 않지만 사용한 흔적이 많이 보인다.

5) 구비, 전승 타키투스는 직접 고로古老의 증언으로서 인용하는(3권 16절, 11권 27절) 동시에 '당시의 소문으로는~', '~라고 전해지고 있다', '~라는 이야기이다' 등의 형식으로 민간에 유포된 구비, 전승을 이용하고 있다.

6) 풍자시, 낙서 수에토니우스가 그의《황제전》에서 이용한 듯한 이런 종류의 사료를 타키투스도 본 흔적이 있다(예컨대 1권 72절, 14권 48절, 50절).

7) 서한집, 연설집 유명한 연설가나 작가의 연설이나 서한은 한데 모아 출판하는 것이 그 당시의 유행이었기 때문에, 타키투스도 하테리우스(4권 61절) 그리고 아룬티우스(11권 6절)나 도미티우스 아페르(4권 52절) 등의 연설집을 참고했을 것이다.

8) 전기 "세상에 이름이 알려진 사람의 업적이나 행적을 후대에 전하는 것이 예로부터의 관습"(《아그리콜라》 1절)이었기 때문에 전기와 비슷한 것이 많았을 것이다. 하지만 타키투스가 이런 것을 직접 인용하고 있는 흔적은 페도(Pedo)라는 사람의《게르마니쿠스전》(1권 60절의 주 참조)을 제외하고는 발견되지 않는다.

이런 제1차 사료 외에도 당연히 제2차 사료, 즉 타키투스 이전의 역사가들이 쓴 사서를 참고하고 있다. 예전에는 이른바 '단일 전거주의(고대 작가들은 많은 사료를 수집한 뒤 그것을 대조 확인하거나 비판하지 않고 유일한 사료를 전거로 삼아 역사를 편찬했다고 보는 설)'가 타키투스의 경우에도 믿어지고 있었다. 그러나 현재는 이것을 인정하는 학자가 적은 것 같다. 그 증거로 소小플리니우스가 역사 편찬을 희망하면서도 이렇게 고백하고 있다. "고대와 관련해서는 이미 연구서가 완비되어 있지만 그것들을 대조 확인하는 것이 힘들다"(5권 8절). 타키투스도 역사서를 널리 수집한 뒤 대조 확인하거나 서로 비교했음을 다음과 같은 말들로 분명히 알 수 있다.

예를 들어 "그리스의 역사가들이 그(게르마니아의 영웅인 아르미니우스)의 이름을 알고 있지 못한 것은, 그리스인이 자국민에게밖에 감탄하지 않기 때문이다. 그는 우리 로마의 역사가로부터도 그에 상응하는 평가를 받지 못하고 있다"고 개탄하고 있다(2권 88절). 또 드루수스(티베리우스 황제의 장남)의 최후를 기술할 때에는 "나는 가장 신뢰할 수 있는, 많은 역사가의 일치된 설을 따랐다"(4권 10절)고 말하고 있다. 또는 "사가의 여러 설이 어긋날 경우에는 각각의 설과 그것을 주장하는 사람의 이름을 언급할 방침이다"(13권 20절)라고도 말하고 있다. 이것은 대단히 현대적인 방침이지만, 유감스럽게도 별로 실행에 옮겨지고 있지 않다. 그렇지만 《연대기》에서 언급하고 있는 사가는 다음과 같다.

1) 대大플리니우스(1권 69절의 주 참조)의 《게르마니아 전쟁》을 한 번 언급. 동 저자의 《역사》를 두 번 언급.

2) 클루비우스 루푸스(13권 20절의 주 참조)의 《역사》 두 번 언급.

3) 파비우스 루스티쿠스(13권 20절의 주 참조)의 《역사》 세 번 언급.

그 외에는 '작가들', '역사가들' 이라고 일괄해서 이름 없이 인용하고 있을 뿐이다(2권 88절, 4권 53절, 1권 81절, 5권 9절 등). 이런 작가나 역사가들 속에 다음과 같은 이름과 작품이 들어 있었을 것으로 생각된다.

1) 마르쿠스 세네카(대大세네카, 철학자 세네카의 아버지. 수사학자로서 유명. 기원전 55?~기원후 37?)의 《역사》.

2) 마르쿠스 세르빌리우스 노니아누스(6권 31절의 주 참조)의 《역사》.

3) 아우피디우스 바수스(노니아누스보다 연상이지만 오래 살아 네로 시대 중반경에 사망)는 《게르마니아 전기》와 《역사》를 저술했는데, 후자는 카이사르의 암살에서 세야누스의 몰락까지를 다룬 역사로 추측되고 있다.

(2) 사료의 비판 역사가는 이런 사료들의 신뢰성 여부를 비판하지 않으면 안 된다. 물론 타키투스는 고대인이기 때문에 게르만인의 제염 방식에 대한 설명(13권 57절)에서 보이듯이 '비과학적'이다. 그러나 월식의 이유도 모르고 두려워했던 일반 민중(1권 28절)과 비교하면 '과학적'이었을 것이다. 적어도 사료의 감식 측면에서는 고대 로마의 역사가들 가운데서 가장 '과학적'이었다. 예를 들어 드루수스의 죽음에 얽힌 소문을 논한 것(4권 10절 이하)이 좋은 예일 것이다. 사람의 입에서 입으로, 세대에서 세대로 옮겨가는 사이에 신빙성이 희박해지고 거짓이 늘어나는 전승이나 소문에 그것이 타키투스의 편견과 일치하는 경우에조차 회의적으로 기술하고 있다(3권 19절, 2권 73절, 4권 11절 등). 그리고 출처를 알 수 없는 소문과 전거로 삼는 사서를 구별하고 있는 경우도 발견된다(14권 2절 등).

선인의 사서에도 타키투스는 비판적이다. 예를 들어 "이리하여 티베리우스나 가이우스 칼리굴라, 클라우디우스, 네로가 통치했던 시대의 역사는 이들 황제들이 생존하고 있을 때에는 그 결과에 대한 두려움에서 허위로 기술되고, 그들이 세상을 떠난 뒤에는 아직도 기억에 생생한 증오심으로 편찬되었다"고 말하고 있다(1권 1절). 또 "파비우스 루스티쿠스는 세네카에 너무 호의적이라 신뢰할 수 없다"라고도 말하고 있다(13권 20절). 몇 권의 사서는 포파이아가 남편 네로에게 독살당했다고 전하고 있지만, 타키투스는 이것을 부정하고(16권 6절), 또 피소와 안토니우스 사이의 결혼 밀약을 믿고 있는 대(大)플리니우스에 반대하고 있다(15권 53절). 그리고 종종 그는 진실과 허위를 식별하기 어렵다는 것을 고백하거나(1권 81절 등), 결론을 말하지 않고 독자의 판단에 맡기고 있다(3권 16절 등). 만약 타키투스와 같은 시대를 그린 수에토니우스의《황제전》이나 디온 카시오스의《로마사》를 비교하면《연대기》의 신뢰성이 더욱 높아질 것이다.

(3) 서술의 대상　역사가는 이렇게 확인한 사실을, 자신의 목적에 따라 가치 판단을 내리며 취사선택하지 않으면 안 된다. 역사가 타키투스가 현대의 학자들로부터 비난받는 것은 이 단계에서이다.

타키투스는 역사 서술의 대상으로 삼은 시대(서기 14~68년)의 역사상의 현상을 모두 다루려고 하지는 않았다. 이 시대의 가장 중요한 추세가 '제정帝政에 의한 자유의 억압과 거기에서 유래되는 도덕적 퇴폐'라고 타키투스는 해석하고 있었다. 따라서 이것을 증명하는 사실을 즐겨 택했다고 하더라도 그것은 당연한 일이 아니었을까? 따라서 타키투스는 그 당시에도 고대의 풍습을 비교적 많이 보존하고 있던 이탈리아나 속주에는 흥미를 갖지 않고, 세상의 악덕이 흘러드는 하수구와 같은 수도 로마를 무대로 삼았다. 몰락해 가는 이탈리아의 농민이나 로마제국의 변경에서 놀라운 활약을 보이고 있는 상인이 아니라, 점차 권력을 늘려 가는 황제, 호가호위하는 간신(카이사르 가의 해방 노예), 부패한 사회의 고름이라고 해야 할 직업적인 고발자가 주역이 된다. 그 결과 그의 서술은 황제와 원로원 의원, 수도 로마를 고집하게 된다. 그리고 잔학한 황제의 명령, 끊임없는 고발, 우정의 배신, 무고한 사람들의 파멸 등과 같은 우울하고, 작자 자신도 변명할 정도로 단조로운 사건이 연속적으로 전개된다(4권 33절).

(4) 타키투스의 역사관　이런 경향을 더한층 강화시키고 있는 것은 고대의 역사 서술에서 공통적을 보이는 타키투스의 교훈적이고 실용적인 역사관이다. 타키투스에게 '역사의 가장 중요한 과제'는 미덕을 망각에서 구해 내고 악덕에 낙인을 찍음으로써 과거에서 교훈을 끌어

내는 것이었다(3권 65절). 이와 병행하고 밀접하게 연관된 또 하나의 목적은 시대에 따라 정치적인 지혜를 교시하는 것이었다(4권 33절, 《역사》 1권 1절). 즉 '사악한 황제 치하에서조차 위대한 인물이 살 수 있다'(《아그리콜라》 42절)는 것을 과거의 역사에서 실증하려고 했다. 혼탁한 세상 속에서 고고한 정신을 지닌 사람들, 예컨대 헬비디우스 프리스쿠스, 파이투스 트라세아를 강조하고, 품위를 떨어뜨리지 않고 겸허하게 행동하는 사람들, 예컨대 마르쿠스 레피두스, 멤미우스 레굴루스 등을 극구 칭찬한다. 하지만 '빵과 경기'에만 관심을 두고 정치와는 담을 쌓은 하층 사람들의 생활은 무시된다. 황제의 의도나 원로원 의원들의 비굴한 심리를 밝히기 위해 그들의 연설이나 의결은 많이 인용하면서도 그들의 사회적, 경제적 기반에 대해서는 거의 언급하지 않고 있다. 요컨대 "타키투스는 수도 로마의 사건들에 마음을 빼앗겨 로마제국을 무시하고 있다" 등과 같은 실망의 목소리가 들리는 이유가 여기에 있다.

그러나 《연대기》는 타키투스가 의도한 것에 따라 평가되는 것이 옳지 않을까? 역사의 발전 단계에서 타키투스의 시대가 허용하고 있는 것에 따라 판단되어야 한다. 그리고 《연대기》가 완전한 모습으로 오늘날까지 전해지고 있지 않다는 것도 염두에 둬야 한다. 어쩌면 유실된 7권에서 10권까지에 속주의 가치 있는 기술이 들어 있었을지도 모른다. 특히 17권과 18권이 로마제국의 정황과 관련해 우리의 많은 기대나 의문에 답하고 있었을지도 모른다.

(5) 해석과 기술 그렇지만 몇 가지 점에서 역사가 타키투스의 신뢰성이 정당하게 의심받는 것은 최후의 단계에 이르러 사실을 해석하고 배열하며 기술할 때이다. 이때 가능한 한 비개성적이고 냉정해야 하는 역사가를 정열적이고 개성적인 예술가가 종종 압도하거나 배제하고 있다. 문체와 기교가 부당할 정도로 부각 되어서 진실이 괴로운 듯

이 얼굴을 일그러뜨리고 있다. 그러나 이 경우에도 타키투스가 고대인이라는 것을 잊어서는 안 된다. 확실히 타키투스는 《연대기》의 권두에서도, 《역사》의 서언에서도 증오나 당파성, 선입관 없이 공평하게 해석하고 기술하고 싶다고 말하고 있다. 이것이 고대 역사가의 상투적인 선언이었다고 해도 타키투스의 진실한 의도까지 의심할 수는 없다. 그 나름대로 객관적인 해석과 기술에 뜻을 두었을 것이다.

하지만 그는, 즉 고대인은 역사 기술의 기교를 서사시나 비극에서 배워야 한다고 생각했다. "역사는 시에 가장 가깝다. 말하자면 산문으로 씌어진 시"(퀸틸리아누스라는 로마의 수사학자의 말)였다. 따라서 순수한 인식보다 정감에 호소하려 하고, 사건의 논리적인 인과 관계보다 인간의 심리를 그리려 했다.

다음으로 실용적, 교훈적 역사관으로 인해 기술이 설득조의 뉘앙스를 띠고 수사(이것은 본래 사람을 설득하는 기술)로 흐른다. 진실보다 효과를 노린 나머지 종종 풍자적으로 변한다. 즉 고대인의 역사 기술 경향은 일반적으로 극적이고 심리적이며 수사적이었다. 타키투스의 경우 모럴리스트로서의 사명이, 그리고 웅변가로서의 자각이 한층 강했기 때문에 이런 경향이 좀더 선명하게 드러나고 있다. 이것을 《연대기》의 기술을 갖고 실증하는 것은 지금의 목적도 아니고, 또 그럴 만한 여유 공간도 없다. 여기에서는 이런 여러 특징들이 서로 관계를 맺으며 어떻게 진실과 상충되는지를 고찰하겠다.

1) 극적인 기술 먼저 극적劇的이려고 애쓰기 때문에 소재의 배열과 해석에서 역사적인 사건의 질서와 정당한 가치가 희생된다. 타키투스 자신도 연대기식 기술의 구속拘束을 호소하고 있다(4권 71절). 그리고 위반한 경우에는 변명도 하고 있다(6권 38절, 12권 40절 등). 따라서 이런 점에서 타키투스를 성급하게 나무라면 안 된다. 하지만 이따금 사건의 연대를 무시한 묘사를, 특히 전쟁의 기술을 만나면 망연자

실할 뿐이다(11권 8절~10절, 13권 53절~55절).

또한 처음 등장하는 인물이나 소개되는 주제는 그 극적 효과를 높이기 위해 부당하다고 생각될 정도로 깊은 의미를 갖게 된다. 예를 들어 "새로운 통치권의 첫번째 죄악은 아그리파 포스투무스를 암살한 것이었다"(1권 6절)는 서두는 마치 티베리우스 황제의 시대가 죄악의 연속인 듯한 인상을 독자에게 심어 준다(네로 황제의 경우에도 똑같은 말로 시작된다. 13권 1절).

그리고 티베리우스 시대의 기술의 중요한 주제 중 하나는 반역죄의 소송인데, 그 때문에 최초의 예가 극적으로 도입되고 수사적인 언동에 의해 그 역사적인 객관성이 상실되고 있다(1권 72절).

2) 수사적인 기술 수사적修辭的이라는 것은 독자를 설득하고 감동시키기 위해 폭넓게 어휘를 구사하고 어의語義의 모든 가능성을 열어 두는 것이다. 시적인 언어, 고아하고 암시성이 풍부한 고어古語, 비유 등을 사용해 예컨대 아그리피나(3권 1절 이하)나 게르마니쿠스(2권 53절 이하)가 일상인과 다른 분위기 속에서 고양되고 있다. 그것은 숫자를 표현하고 있는 경우 특히 명료하다. 예를 들어 '끊임없이 학살당하고 있었다'(6권 29절), '헤아릴 수 없을 정도로 많은 학살체' 등이 그것이다.

당시의 변론가와 마찬가지로 역사가도 독자를 불쾌하게 만들지 않으려는 배려에서 전문 용어를 가능한 한 피하고 막연하고 개괄적인 묘사를 즐겨 사용했다. 이런 것도 수사학의 영향이었다. 하지만 정치 용어나 법정 용어의 불명료한 사용도 그렇지만, 타키투스의 경우 특히 전술戰術 용어가 결여된 전장戰場의 묘사에 독자는 곤혹스러워 한다. 이것이 지리상의 부정확한 기술과 더불어 점점 더 몽롱해져 가는 전장에서 대조적으로 눈에 띄는 것은 장군의 연설이다.

일반적으로 연설이나 발언이 고대인의 역사 기술 속에 많이 나타나는 것은, 그것이 인간의 심리나 성격을 특징짓는 데, 그리고 상황을 선명하게 만드는 데 도움이 되기 때문이다. 그 뿐만 아니라 연설은 수사적인 기교를 겨루는 데 알맞은 경연장이기도 했기 때문이다. 타키투스는 첫째로 실제 연설을 인용하거나, 둘째로 등장 인물로 하여금 그 자리에 알맞다고 생각되는 말을 하게 하거나, 셋째로 등장 인물의 입을 빌려 자신의 견해를 밝히고 있다.

첫번째 경우에도 기록 그대로 인용하고 있지 않다는 것이 클라우디우스의 실제 연설(11권 부록 참조)에 의해 증명될 것이다. 하지만 이런 황제나 원로원 의원의 연설이 타키투스의 문체에 의해 어느 정도 변형되어 있더라도 실제의 기록에 기초한 것으로서 사실성을 의심받지는 않는다.

두번째의 경우에는 이따금 가공의 연설이라고밖에 생각되지 않을 때가 있다. 예컨대 게르마니쿠스의 임종시의 말(2권 71절, 72절), 세네카와 네로의 대화(14권 53~56절), 보이오칼루스의 의협적인 연설(13권 55절) 등이 그것이다.

세번째의 경우, '논쟁 형식에 의한 설득'이라는 수사학상의 기교(전문적으로는 controversia라고 함)의 단순한 자기만족의 전개라고밖에 생각되지 않는다. 이를테면 아우구스투스 황제의 사후에 그 평가를 둘러싸고 대립하는 민중의 의론(1권 9절~10절)이나 대화재 이후에 네로 황제가 건설한 새 수도를 둘러싼 세상의 비평(15권 43절) 등이 그것이다.

3) 심리적인 기술 이어서 타키투스의 묘사는 심리의 관찰에 치우친 결과 우연한, 그리고 사소한 동기를 중요시하거나 혹은 악의적으로 해석하는 경우가 종종 있다. 티베리우스가 황제직의 승인을 원로원으로부터 얻는 것을 망설인 이유로 조카 게르마니쿠스에 대한 두려움을 들고 있는 것(1권 7절)이 전자의 경우의 예일 것이다. 티베리

우스와 그의 어머니 리비아가 게르마니쿠스의 장례식에 참가하지 않은 동기를 여러 가지로 천착하고 있는 것(3권 3절)은 후자의 경우(즉 악의적으로 해석하는 경우)의 좋은 예일 것이다. 이런 설명은 그것이 단정적이든, 이런저런 형식을 취하고 있든 아무튼 역사 기술로서 허용될 것이다. 하지만 '역사적으로 중요한 인물을 극의 주인공처럼 다루고 내적인 심리를 독백의 형식으로 말하게 하는 것'은 현대적인 역사관이 승인할 수 없을 것이다. 예를 들어 네로가 어머니 아그리피나를 죽이는 장면에서의 아들과 어머니의 독백 등이 그것이다(14권 6, 7절).

그리하여 인물이 내부에서 고찰되기 때문에 타키투스 개인의 주관이 개입해 어느 정도 역사성이 상처받고 왜곡되었다고 생각된다. 특히 티베리우스 황제의 초상이 지나치게 어둡게 그려졌다는 설을 부정할 수 없다. 타키투스는 본래 영혼의 어두운 면에 매혹된 염세가였고, 도미티아누스 황제 말기(93~96)에 고통스런 체험을 했기 때문이다.

(6) 게르마니쿠스 상   이상에서 말해 온 것을 정리하는 의미에서 《연대기》속의 중요 인물 중 하나인 게르마니쿠스에 관한 타키투스의 기술을 구체적으로 고찰해보겠다.

타키투스는 게르마니쿠스가 복점관이고(1권 62절) 아우구스투스 사제이며(2권 83절) 최고 사령관으로 불렸다(1권 58절)고 쓰고 있다. 그리고 그는 티베리우스 황제의 양자가 되고(1권 3절), 두 번 집정관에 취임했다(2권 53절)고 되어 있다. 이런 기술이 모두 사실이라는 것이 오늘날 남아 있는 비문에 의해 증명된다.

다음으로 게르마니쿠스는 18년 속주 아시아의 각지를 방문하며 큰 환영을 받고 있다(2권 53, 54절). 이것도 그 지방에서 발견되고 있는 많은 화폐나 비문을 통해 사실임을 알 수 있다. 19년에 그는 이집트를 방문하고 명승 고적을 찾아가고 있는데(2권 59~61절), 이것은 알렉산드리아에서 20세기 초에 발견된 '게르마니쿠스 포고'라는 파피루스에 의해 증명된 것이다. 그가 사후에 원로원으로부터 많은 명예를 수여받았다는 것(2권 83절)도, 그리고 그것이 드루수스의 경우와 똑같았다는 언명(4권 9절)도 1947년에 비로소 공표된 '헤바 동판'으로 증명된다.

이처럼 게르마니쿠스의 뼈대에 관한 한, 타키투스의 기술을 의심할 여지가 거의 없다. 하지만 여기에 살이 붙고 혼이 불어넣어지면 약간 상황이 달라진다. 먼저 티베리우스와의 갈등을 암시하는 복선이 부랴부랴(1권 7절, 33절) 깔리고 있다. 그리고 게르마니쿠스는 게르마니아군 총사령관으로 처음 등장하자마자 곧 로마군에서 최강을 자랑하는 이 군대의 모반에 휘말려든다(1권 31~52절). 그는 여기에서 티베리우스 황제의 충실한 부하, 효심 많은 아들로 그려지고 있다. 게르만인과의 전쟁에서는 눈부신 영웅으로 고양된다. 이 양 장면과 똑같이 시적인 어구나 로맨틱한 색채로 묘사되고 있는 것이 그의 아시아, 이집트 여행이다. 이것은 게르마니쿠스의 생애에서 가장 행복한 시기라고 할 수 있다. 그렇지만 이 시기를 묘사할 때도 그의 요절을 암시할 수 있는 기회를 놓치지 않는다(2권 54절). 그는 19년에 34세로 시리아 땅에서 사망했다. 타키투스가 기술해 놓은 것을 읽는 사람은 그것이 자연사였는지, 아니면 피소(Piso)에 의한 독살이었는지 갈피를 잡지 못하게 된다(2권 69~73절). 예를 들어 티베리우스 황제가 게르마니쿠스를 동방으로 파견했다는 이유, 피소가 시리아 총독에 임명되었을 때의 민중의 소문, 피소의 오만한 태도, 그리고 피소가 게르마니쿠스의 죽음을 기뻐했을 때의 정황, 독살을 암시하는 장면, 임종 시의 게르마니쿠스의 말 등을 읽을 때, 이것들은 모두 독살설을 뒷받침한다. 적어도 독자에게 그런 인상을 주는 서술 방식이다. 그렇지만 타키투스 자신은 독살설을 근거 없는 것으로 부정하고 있다(2권 73

절). 이 기묘한 사실과 인상의 모순이 타키투스의 기술의 수수께끼라고 말할 수 있다.

　많은 사람이 통곡하고 애도하면서 게르마니쿠스의 죽음을 아쉬워했다(3권 1절 이하). 그러나 그는 알렉산드로스 대왕에 필적할 정도의 영웅도, 또 제1시민(황제)이 되는 데 적합한 인물도 아니었다는 것을, 타키투스의 기술을 냉정하게 판독한 사람이라면 긍정할 것이다. 실제로 타키투스와 동시대 사람으로 학자이자 장군이었던 프론티누스(Frontinus)는 《전술에 대하여》라는 책 속에서 동서고금의 많은 장군을 인용하면서도 게르마니쿠스에 대해서는 한마디도 언급하고 있지 않다.

일러두기

1. 원전에는 차례나 제목이 없지만 독자들의 편의를 위해 역자가 만들어 붙였다.
2. 본문에 사용된 기호는 다음과 같다.
   - …… 원전의 분실, 결손을 나타냄.
   - 〈 〉 교정자가 보충한 문장.
   - [ ] 교정자가 삭제해야 한다고 생각한 부분.
   - ( ) 교정자와 번역자가 삽입구로 생각한 부분.
3. 인명 지명은 그리스와 소아시아의 경우에는 그리스식으로 전하려고 애쓴 경우를 제외하고는 모두 라틴식으로 읽었다. 다만 장모음은 무시했다. '이탈리아'와 '그리스' 등은 우리의 관례를 따르고, '레누스 강'(라인 강의 옛 이름), '네아폴리스'(나폴리의 옛 이름), '유다에아'(유대의 라틴명) 등은 현대 이름을 채용했다.
4. '각주脚註'는 본문의 이해를 돕는 것을 목적으로 하고, 인명이나 지명, 민족명의 설명은 필요한 경우를 제외하고는 생략했다.
5. 사용한 교정본과 번역본은 다음과 같다.

   P. Cornelii Taciti Annalium ab exessu divi Augusti Libri, ed. H. Furneaux vol. I. 1934², vol. II. 1907², Oxford.

   ————, ed. E. Koestermann(Bibli, Teubneriana) 1952².

   ————, ed. C. D. Fisher(Bibli, Oxoniensis) 1953².

   Tacitus:The Annals and The Histories, Great Books of the Western World vol. 15. 1952, Encyclopaedia Britannica, Inc.

   Tacitus : The Annals of Imperial Rome, translated by Michael Grant, 1996⁸, Penguin Books Ltd.

   Complete Works of Tacitus, translated by Alfred J. Church and William J. Brodribb, 1942, Random House, Inc.

Tiberius

제 1 권 (서기 14, 15년)

1. 아우구스투스에서 티베리우스로

■1■ 도시 국가 로마는 초기에는 왕의 지배를 받고 있었다.[1] 그 후 루키우스 유니우스 브루투스(Lucius Junius Brutus)가 집정제와 일반적인 자유 공화 제도[2]들을 창설했다. 독재관[3] 제도는 긴급한 위기에 처했을 때에만 일시적으로 설치되었다. 10인 법관(위원)[4]의 권한도 2년 이상 지속되지 않고, 또한 군사 호민관(트리부스[5]가 제공하는 파견대의 사령관들)의 집정관 직권도 오래 유지되지 않았다. 뒤에 킨나(Cinna)

---

1) 로마의 전설적인 창건 연대는 기원전 753년이고, 왕정王政은 기원전 510년까지 계속되었다.
2) 즉 공화제를 가리킨다.
3) 공화제 시대에 국가가 위기에 처했을 때 집정관에 의해 지명되어 6개월 동안 한시적으로 최고의 군사·재판권을 행사했던 정무관.
4) 10인 법관은 유명한 '12동판법(12표법) 작성 위원'을 가리킨다. 기원전 451년과 450년에 절대권력이 주어졌다. 십이동판법이라는 이름은 12장의 청동에 새겨져 공시된 데서 유래되었다.
5) 트리부스(tribus)는 정치적으로 구분된 족族으로 3단계 씨족제 사회 조직의 최대 단위였다. 처음에는 혈연적인 3트리부스로 나뉘었지만, 뒤에 지연적으로 행정 구분화되어 30, 다시 35트리부스가 되었다. 이리하여 확실히 주로 형식적인 목적에서 민회는 로마 시민(해외의 시민도 포함해서)이 그에 따라 분할되어 있는, 예로부터 전해져 내려오는 지역적인 '트리부스'에 맞추어 조직되었다. 트리부스는 또한 조세와 국세 조사, 징집의 단위이기도 했다. 전승 기록에 따르면 트리부스의 파견대 사령관들인 군사 호민관들이 기원전 444~367년에 종종 집정관직을 대행했다고 한다. 이는 부동不動의 제도가 아니라 임시적이었다.

와 술라(Sulla)가 전제 정치[6]를 확립했지만, 그것도 단명했다. 폼페이우스(Pompeius)와 크라수스(Crassus)가 곧 패권[7]을 차지했지만 눈 깜짝할 사이에 카이사르(Caesar)에게 빼앗기고, 다음으로 레피두스(Lepidus)와 안토니우스(Antonius)가 키워 놓은 군대도 아우구스투스(Augustus)에게 흡수되어 버렸다. 아우구스투스는 시민끼리의 내적 갈등으로 전 로마 세계가 기진맥진한 상태에 빠져 버린 것을 발견하고, '프린켑스'라는 명칭을 갖고 제국을 지배하며 다스렸다.[8]

유명한 역사가들이 옛 로마 국민의 영고성쇠榮枯盛衰와 관련된 기록을 이미 남겨 놓았고, 또 아우구스투스 시대를 기술하는 데 필요한 뛰어난 지성도 결여되어 있지 않았다.

그러나 이윽고 이 지성이 서서히 퍼져 가는 아첨의 풍조에 밀려나 버렸다. 이리하여 티베리우스(Tiberius)나 가이우스 칼리굴라(Gaius Caligula), 클라우디우스(Claudius), 네로(Nero)가 통치했던 시대의 역사는 이 황제들이 생존하고 있을 때에는 그 결과에 대한 두려움에서 허위로 기술되고, 그들이 세상을 떠난 뒤에는 아직도 기억에도 생생한 증오심의 영향 하에 편찬되었다.

그래서 나는 아우구스투스에 대해서는 마지막 시기에 특별히 주의

---

6) 루키우스 코르넬리우스 킨나는 기원전 87~84년에 걸쳐 4번 집정관으로서, 술라는 기원전 82~79년에 독재관으로서 합법적인 가면을 쓰지 않은 채 절대적인 권력을 행사하며 전제 정치를 폈다.

7) 비합법이라기보다는 법의 범위를 초월한 지배권, 즉 3두정치위원(정확히는 국가 재건 3인 위원으로 옮겨야 할 것이다)의 권한을 패권으로 부르고 있다. 기원전 60/59~53년의 제1차 3두정치는 폼페이우스와 카이사르, 크라수스이고, 기원전 43년의 제2차 3두정치는 옥타비아누스(미래의 아우구스투스)와 안토니우스, 마르쿠스 아이밀리우스 레피두스였다. 율리우스 카이사르(유명한 시저)는 기원전 49년에서 44년까지 독재관 자리에 앉아 있었다.

8) 프린켑스(Princeps)는 모든 시민 가운데서 제1인자 또는 원수라는 뜻이다. 공화정 시대에 인격이나 식견, 권위가 으뜸이었던 사람에게 이 칭호가 수여되었다(폼페이우스가 그 예이다). 아우구스투스는 이런 의미에서 그것을 자신에게 사용했던 것이다. 본래 통수권은 최고의 관직(집정관과 독재관)에게 부여되었던 명령권과 재판권을 의미하지만, 그 핵심은 군사적 명령권이었기 때문에 자연스럽게 통수권을 의미하게 된다.

를 기울이면서 간단히 이야기하고, 티베리우스의 통치와 그 이후의 역사를 분노와 당파심 없이 기술하기로 결심했다. 내게는 그런 감정을 품을 동기가 전혀 없기 때문이다.

2 브루투스(Brutus)와 카시우스(Cassius)가 변사變死한 이후에는 더 이상 국가의 군대[9]가 실제로 존재하지 않게 되었다. 섹스투스 폼페이우스(Sextus Pompeius)[10]가 시킬리아 섬 앞바다에서 궤멸당하고 레피두스[11]가 실각하고 안토니우스[12]가 자살하기에 이르자, 카이사르당[13] 중에서도 '카이사르' 자신, 즉 옥타비아누스(Octavianus)만 살아남게 되었다. 그래서 그는 3두정치三頭政治라는 칭호를 버리는 대신 집정관으로서의 지위를 강조하고, "평민을 보호하는 호민관 직권[14]에 만족한다"고 선언했다. 하지만 특별 수당을 이용해 군대를 자기 편으로 끌어들이고, 값싼 곡물 정책을 미끼로 민중을 낚는 데 성공하는 한편, 실제로 평화라는 달콤한 선물로 만인의 호의를 얻게 되자, 그는 점차 지위를 높여 가고, 마침내 원로원과 정무관政務官들, 심지어는 법률의

---

9) 원로원과 시민을 대표하는 브루투스와 카시우스의 군대에 대해서, 3두정치위원들의 군대는 사적인 군대라고 말하고 있는 것이다. 두 사람 다 기원전 42년에 필리피(그리스 마케도니아의 고대 도시. 지금의 독사톤[Dhoxaton] 근처에 있었다) 전투에서 패하고 자살했다.

10) 유명한 폼페이우스의 아들로 기원전 36년에 해전에서 아우구스투스 측에 패했다.

11) 폼페이우스가 패한 뒤에 저항을 시도하다가 실패하고는 아우구스투스의 명을 받아 은퇴하고 불우한 세월을 보내다가 기원전 13년에 사망했다.

12) 기원전 31년에 악티움 해전에서 패하고 이듬해인 기원전 30년에 이집트에서 자살했다.

13) 독재관 카이사르 사후의 3두정치 일파. 이에 대해 원로원측은 문벌당 또는 폼페이우스당으로 불렸다.

14) 호민관 직권은 시민의 재산과 생명을 보호하기 위해 주어진 절대 불가침권과, 정무관 포고나 원로원 의결에 대한 거부권을 골자로 한 공화제 시대의 전통적인 호민관의 권한을 가리킨다. 프린켑스의 직권과 일반적인 호민관의 권한의 차이점은, 후자는 동료제인데다가 임기가 1년인 데 반해 전자는 종신제인 동시에 세습제라는 것, 후자는 수도 로마에 한정되어 있었지만 전자는 로마제국 전역에 걸쳐 행사될 수 있고 후자의 거부권도 거부할 수 있었다는 것 등이다. 아우구스투스의(따라서 프린켑스의) 법적 권한은 주로 이 호민관 직권과 집정관 대행 명령권에 바탕을 두고 있었다.

기능까지 한손에 거머쥐었다.

이에 반대하는 사람은 하나도 없었다. 대담 무쌍한 벌족閥族[15]은 모두 전사하거나 사형 선고를 받아 사라져 버리고, 살아남은 자들은 노예처럼 굴복하는 것이 정치적으로나 금전적으로 성공할 수 있는 길이라는 것을 알아챘기 때문이다. 그들은 변혁 과정을 통해 큰 이득을 본 까닭에 이제는 위험하고 불확실한 옛 정치 체제보다 안전한 기존 체제를 선호했다.

게다가 속주의 주민들도 새로운 질서에 반감을 품지 않았다. 그들이 권력자들 사이의 경쟁과 정무관들의 탐욕 때문에 원로원과 시민의 지배[16]를 싫어했지만, 법률 체계가 폭력과 음모, 그 중에서도 특히 수뢰受賂에 의해 완전히 무력화되어 그런 문제점들을 하나도 바로잡지 못했기 때문이다.

3 아우구스투스는 다른 한편으로는 자신의 지배 체제를 수호하기 위해 아직 나이가 무척 어린데도 불구하고 누나의 아들인 클라우디우스 마르켈루스(Claudius Marcellus)[17]를 대제관大祭官과 고등 조영관造營官에 임명하고, 태생은 비천하지만 뛰어난 군인으로 자신이 승리를 거두는 데 일조를 한 마르쿠스 아그리파(Marcus Agrippa)[18]를 두 번 연속해서 집정관 자리에 앉혀 각각의 명성을 드높여 주었다. 그리고 그 후 곧 마르켈루스가 세상을 떠나자 아그리파를 사위로 삼았다. 다음으로 황제는 의붓자식들인 티베리우스 네로(Tiberius Nero)[19]와

---

15) 벌족에는 법적인 정의가 없지만, 그것은 공화제 말기에는 집정관을 배출한 가문의 자손을 의미하고, 제정 초기에는 아우구스투스 시대에 집정관이었던 사람의 자손을 의미했다.

16) 즉 공화제를 가리킨다. 속주들만은 제정기에 도리어 행복해졌다고 한다.

17) 부록의 가계도를 참조할 것. 대제관은 국가의 종교를 주재하는 15명의 대제관단의 일원이고, 조영관은 공사公私의 건물, 도로, 수도, 시장의 관리, 식량의 관리, 배급, 경기제競技祭 관리 등 세 종류의 역할을 했다.

18) 아우구스투스의 한쪽 팔이었던 동년배의 명장. 아우구스투스의 딸 율리아와 기원전 21년에 결혼했다. 가계도를 참조할 것.

클라우디우스 드루수스(Claudius Drusus)에게는 최고 사령관의 칭호를[20] 수여했다.

그렇지만 아우구스투스가 이런 일을 했을 때조차 그의 피를 이어받은 후계자가 충분히 있었다. 즉 아그리파의 아들 가이우스 카이사르(Gaius Caesar)와 루키우스 카이사르(Lucius Caesar)가 있었다. 아우구스투스가 이들을 카이사르 가의 양자로 입적시켜 놓은 상태였다. 그는 또한 이들이 아직 소년복을 입고 있음에도 불구하고 '청년의 제1인자'[21]로 불리고 집정관으로 예정되기를 표면적으로는 마음 내키지 않는 체하면서도 속으로는 열렬히 바라고 있었다.

아그리파가 타계한 뒤에 천명에 의해서인지, 아니면 계모 리비아의 함정에 걸려서인지 모르지만 아무튼 먼저 루키우스 카이사르가, 이어서 가이우스 카이사르가 요절했다. 루키우스는 히스파니아의 군대에 부임하러 가는 도중에 사망하고, 가이우스는 아르메니아에서 귀국하면서 계속 부상에 시달리다가 건강이 악화되어 세상을 떠났다. 클라우디우스 드루수스도 오래 전에 죽어 계자繼子 중에 오로지 티베리우스 네로만이 살아남았다.

그래서 모든 것이 그에게 집중되는 경향을 보였다. 아우구스투스는 그를 양자 및 명령권의 동료,[22] 호민관 직권의 공유자로 삼고 로마

---

19) 아우구스투스의 뒤를 이은 황제 티베리우스. 드루수스는 그의 동생. 가계도를 참조할 것.

20) 최고 사령관(Imperator)은 공화제 시대에 병사들이 전쟁에 이긴 장군을 이 이름으로 환호하고 나서(3권 74절) 개선식을 거행할 때까지 허용되었던 칭호. 제정 시대에는 이 칭호는 카이사르 가의 구성원에 한정되고 종신 보유가 허용되었다. 그리고 전쟁터에서 환호될 때마다 이 칭호에 횟수가 부가되었다. 이것과 최고 사령관의 개인 이름은 구별되어야 했고, 독재관 카이사르가 종신 집정관 대행 명령권(통수권)을 표현하기 위해 자신의 개인 이름 대신 사용한 이래 대대로 프린켑스에게 계승되었다. 하지만 최고 사령관 칭호도 점차 제1인자에게만 한정되기에 이르러 Imperator가 19세기적인 황제(emperor) 개념을 지니게 된다.

21) 기사 계급이 황제의 후계자로 보이는 카이사르 가의 청년에게 의례적으로 붙이는 칭호.

22) 정확히는 집정관 대행 명령권(=통수권)의 공유자. "전 속주와 전 군대에 대해 아우구스투스와 평등한 권리를 갖는다"는 의미이다.

의 전 군대에 소개했다. 이것은 더 이상 그의 어머니 리비아의 전과 같은 이면 공작에 의한 것이 아니라 그녀의 공공연한 권고에 따른 것이었다. 그녀는 아우구스투스가 자신의 단 한 명의 외손자인 아그리파 포스투무스(Agrippa Postumus)[23]를 플라나시아 섬(오늘날의 피아노사 섬)으로 추방시키게 할 정도로 만년의 그를 완전히 마음대로 좌지우지하고 있었기 때문이다. 아그리파 포스투무스는 뛰어난 재능이 전혀 없고 육체적인 강건함을 내세우는 야만적인 용기밖에 없었지만, 스캔들에 말려든 적이 한 번도 없었다.

그럼에도 불구하고 아우구스투스는 기묘하게도[24] 아그리파 포스투무스가 아니라 클라디우스 드루수스의 아들인 게르마니쿠스(Germanicus)를 라인 강 연안에 주둔한 8개 군단의 총지휘관으로 임명하고, 티베리우스에게 그를 양자로 삼으라고 지시했다. 티베리우스의 집에 이미 성장한 아들이 있었지만, 아우구스투스는 가능한 한 많은 안전 장치를 마련해 두고 싶었던 것이다.

이 무렵 게르마니아와의 전쟁을 제외하고는 더 이상 싸울 일이 없었다. 게다가 이 전쟁도 영토 확장이나 그에 수반되는 적절한 보수에 목적이 있었다기보다는 오히려 푸블리우스 퀸크틸리우스 바루스(Publius Quinctilius Varus)와 그의 군대의 궤멸에 대한 설욕전이었다.

국내 상황은 조용하고, 정무관들의 명칭도 예전 그대로 남아 있었다. 이 당시의 젊은 세대는 악티움(Actium: 그리스 북서부 암브라키아 만 입구의 곳. 기원전 31년에 옥타비아누스가 이 앞바다의 해전에서 안토니우스와 클레오파트라의 군대를 격파하고 로마 황제가 되었음)의 승리 이후에 태어나고, 나이든 사람들조차 다수가 시민 전쟁[25]이 한창 벌어질 때 태어났다. 그러니 과연 진실로 공화국을 본 사람이 얼마만큼 살

---

23) 앞에서 언급되었던 가이우스와 루키우스의 동생.
24) 외손자를 추방하고 생질녀의 아들을 중요한 자리에 앉혔기 때문이다.

아남아 있었을까!

4 이렇게 로마의 정치 체제가 바뀐 뒤에는 예전의 훌륭한 특성이 흔적도 없이 모두 사라져 버렸다. 모두 정치상의 평등성을 빼앗긴 채 위쪽을 바라보며 황제가 명령을 내리기만 기다렸다. 그리고 아우구스투스가 원기 왕성한 상태로 그 자신과 가문의 지위 및 세계의 평화를 유지하는 동안은, 아무도 현상에 불안감을 느끼지 않았다. 그러나 이윽고 나이가 들어 병골로 노쇠해지고 최후가 다가오자, 사람들이 뭔가 새로운 변화를 기대했다. 소수의 사람들이 헛되이 자유의 행복에 대해 이야기하기 시작했다. 보다 많은 일부 사람들은 내전을 걱정하고, 다른 사람들은 그것이 일어나길 바랐다. 하지만 대부분의 사람들은 그 뒤를 이을 후보자들에 대한 여러 가지 악의적인 하마평을 주고받았다.

"먼저 아그리파 포스투무스(Agrippa Postumus)는 야만적인 놈이다. 모욕을 받으면 곧 벌컥 화를 낸다. 그는 나이로 보나 경력으로 보나 그토록 중대한 직책을 감당해 내지 못할 것이다. 한편 티베리우스 네로는 나이도 먹을 만큼 먹었고 장군으로서도 확고한 명성을 쌓았다. 하지만 그 역시 클라우디우스 가문에 깊이 뿌리박힌, 저 예로부터의 오만한 태도를 그대로 이어받고 있다. 게다가 표면에 나타나지 않도록 주의깊게 억제하고 있지만 냉혹하고 무정한 기질의 갖가지 징후가 간혹 나타난다. 그는 또한 어릴 적부터 지배자의 집에서 양육되고, 약관일 때[26] 집정관직이나 개선식 경력을 쌓는 한편, 로도스 섬에서 은퇴를 가장하면서 실은 귀양 생활을 할 때[27]조차 복수심과 위선적인

---

25) 기원전 70년부터 악티움 해전에서 승리할 때(기원전 31년)까지 계속된 내란을 가리킨다. 타키투스는 공화국이 기원전 70년 이전에 종말을 고했다고 말하려는 것이다.

26) 이하 제6권 51절을 참조할 것.

27) 티베리우스는 기원전 6년부터 기원후 2년까지 에게 해 동남부에 있는 로도스 섬에서 세월을 보냈다.

행위, 비밀스런 방탕 등밖에 생각지 않았다고 한다.

게다가 이 티베리우스에게는 여성 특유의 저 변덕스런 격정을 지닌 어머니가 있다. 그러므로 우리는 한 여자는 물론 2명의 풋내기[28]에게까지 예속되지 않으면 안 될 것 같다. 그들은 처음 얼마 동안은 나라의 짐이 되다가 언젠가는 두 동강내 버릴 것이다!"

5 이와 같은 것들을 화제로 논의가 벌어지는 사이에 아우구스투스의 건강이 악화되었는데, 이것이 혹시 그의 아내의 비열한 행위 탓이 아닐까 의심하는 사람들도 있었다. 왜냐하면 2,3개월 전에 다음과 같은 소문이 널리 퍼졌기 때문이다. 즉 아우구스투스가 몇 명의 친구를 선택해 그들에게만 알린 채 파비우스 막시무스(Fabius Maximus)[29] 한 사람만 동반하고 플라나시아 섬에 가서 외손자 아그리파를 만났으며, 두 사람 다 애정을 나타내면서 많은 눈물을 흘렸고, 그 결과 청년이 조부의 집으로 돌아갈 수 있으리라는 희망을 품게 되었다는 것이었다. 그리고 막시무스가 이 사실을 아내인 마르키아에게 털어놓고, 그녀가 다시 리비아에게 말했다고 한다.

그러나 아우구스투스가 이 모든 것을 알게 되었고, 그 후 얼마 안 되어 막시무스가 사망하자(어쩌면 스스로 목숨을 끊었을지도 모른다), 그의 장례식 때 마르키아가 남편이 죽은 것은 자기 탓이라고 자책하면서 울부짖는 소리가 울려퍼졌다.

이 일의 진상이 어떻든 티베리우스는 임지인 일리리쿰(Illyricum: 일리리아에 있었던 로마의 주. 일리리아는 아드리아 해 동쪽 해안에 있던 고대 국가)에 도착하자마자 어머니가 급사急使에게 보낸 소환 편지를 받고 고국으로 귀환했다. 그가 놀라(Nola) 시에 도착해서 아우구스투스가

---

28) 게르마니쿠스와 드루수스(티베리우스의 아들)를 가리킨다.
29) 명문 출신으로 기원전 11년에 집정관을 역임했고, 시인 오비디우스의 후원자로서도 유명했다. 그의 아내 마르키아는 아우구스투스의 친척이었다.

아직 살아 있거나 숨진 사실을 알게 되었는지의 여부와 관련해서는 확인된 바가 전혀 없다. 리비아가 엄격한 감시 하에 저택과 인접한 도로를 봉쇄하고, 상황이 요구하는 조치가 다 취해질 때까지 이따금씩 "소강 상태를 유지하고 있다"고 병상 소식을 발표했기 때문이다. 그 후 두 가지 소식, 즉 아우구스투스가 서거하고[30] 티베리우스 네로가 정권을 장악했다는 소식이 동시에 알려지게 되었다.

6 새로운 통치권의 첫번째 죄악은 아그리파 포스투무스를 암살한 것이었다. 그가 비무장 상태일 때 기습했지만, 백인대장[31]은 아주 단단히 각오했음에도 불구하고 분투 끝에 겨우 해치웠다. 티베리우스는 이 사건과 관련해 원로원에서 아무 해명도 하지 않았다. 그는 마치 아버지의 명령이었던 것처럼, 즉 아우구스투스가 아그리파를 감시하고 있었던 부관에게 "내가 숨을 거두면 곧 아그리파를 죽여라" 하고 명령했던 것처럼 가장했다.

아우구스투스가 생전에 종종 그 젊은이의 성격이나 행동을 가차없이 혹평한 것에 자극을 받아 원로원이 그의 추방을 의결[32]한 것은 틀림없는 사실이다. 그러나 아우구스투스는 결코 친족의 일원을 죽일 수 있을 만큼 냉혹한 사람이 아니었다. 또한 그가 의붓아들인 티베리우스의 걱정거리를 덜어 주기 위해 자신의 외손자인 아그리파를 죽이게 했다는 것도 믿어지지 않는 일이었다. 티베리우스는 두려움에서, 리비아는 계모繼母로서의 악감정에서 젊은 아그리파를 증오하고 의심하다가 기회가 닿는 대로 서둘러 제거했다고 가정하는 것이 보다 진실에 가까울 것이다.

---

30) 서기 14년 8월 19일 76세로 세상을 떠났다.

31) 친위대에 소속된 백인대장(백부장). 다음에 나오는 부관도 마찬가지이다.

32) 추방형은 (1) 원로원 의결, (2) 상설 재판소의 선고, (3) 황제의 재결, (4) 황제의 절교 선언에 의해 결정되었다. (3)과 (4)는 황제가 죽은 뒤에 무효화될 가능성이 높기 때문에, 아우구스투스가 (1)에 의존했던 것이다.

그러나 앞에서 언급한 백인대장이 군대의 관례에 따라 "명령하신 임무를 완수했습니다"라고 보고하자, 티베리우스는 "나는 명령을 내린 기억이 없다. 그런 일을 저지른 이유를 원로원에서 해명해야 할 것이다"라고 대답했다.

암살 계획의 상담자였던(실은 그가 부관에게 황제의 훈령을 전했던 것이다) 가이우스 살루스티우스 크리스푸스(Gaius Sallustius Crispus)[33]가 이것을 알게 되자 자신에게 그 책임을 뒤집어 씌우지 않을까, 그렇게 되면 거짓을 말하든 진실에 호소하든 위험하기는 마찬가지가 아닐까 두려워 곧 리비아에게 이렇게 조언했다. "집안의 비밀이나 친구의 충고, 군대가 수행한 임무 등이 누설되지 않도록 하십시오. 또한 티베리우스도 원로원에 모든 것을 위임함으로써 황제의 권위를 약화시켜서는 안 됩니다. '계산서는 한 사람에게 제출되어야만 비로소 제대로 균형잡힐 수 있다'[34]는 것이 제정의 본질이니까요."

7 그 사이에 로마의 집정관이나 원로원 의원, 기사들이 돌연 노예처럼 비굴해졌다. 지위가 높은 사람일수록 허둥대며 본심을 감추려 했다. 그들은 한 황제의 서거를 기뻐하는 모습을 보여 주어서도 안 되고, 다른 황제의 계승에 낙담하는 기색을 나타내서도 안 되었다. 그래서 그들은 조심스럽게 눈물과 미소, 탄식과 아첨이 뒤섞인 표정을 지었다.

우선 먼저 두 집정관 섹스투스 폼페이우스와 섹스투스 아풀레이우스(Sextus Appuleius)가 티베리우스 카이사르에게 충성을 맹세[35]했다. 다음으로 그들의 면전에서 친위대장인 루키우스 세이우스 스트라보

---

33) 3권 30절을 참조할 것.
34) 이 의미는 (1) '황제는 누구에게도 자신의 행위를 설명해서는 안 된다,' (2) '황제의 속리屬吏들은 원로원이나 시민에 대해서가 아니라 황제 한 사람에 대해서만 책임을 져야 한다' 중 어느 한쪽일 것이다.

(Lucius Seius Strabo)와 식량 장관[36]인 가이우스 투라니우스(Gaius Turranius)가 맹세하고, 뒤이어 원로원과 군대, 시민이 맹세했다.

　티베리우스가 마치 공화국이 아직도 존재하고 자신은 통치의 의지를 굳히지 않고 있는 것처럼 언제나 모든 일의 주도권을 집정관들에게 위임하곤 했기 때문이다. 그가 원로원을 소집했을 때[37]의 포고조차 아우구스투스 시대에 수여받은 호민관 직권으로 공시되었을 뿐이다. 포고의 내용은 간략하고 매우 겸손했다. "나는 아버님께 적절한 최후의 명예를 바치고, 아버님의 유체 곁에 머물고 싶다. 이것이야말로 내가 떠맡고 있는 유일한 국가적 책무이다."

　그러나 티베리우스는 아우구스투스가 숨을 거두자마자 최고 사령관으로서 친위대에 암호를 전했다. 그에게는 또한 이미 개인 경호원이나 병사들과 같은 카이사르 가 고유의 종자從者들도 있었다. 중앙 광장(Forum)에 갈 때나 원로원으로 들어갈 때 병사들이 그를 호위했다. 그는 이미 황제의 지위를 계승한 듯이 속주의 여러 군대에 서한을 보내기도 했다. 그는 이처럼 원로원에서 발언할 때를 제외하고는 결코 한 순간도 주저하는 모습을 보이지 않았다. 그 주된 이유는 아주 많은 군단과 동맹자[38]들의 방대한 원군을 장악하고 있고, 또 민중 사

---

35) 공화정 시대에는 신임 장군에게 병사들이 충성을 맹세하는 것이 관습이었다. 그러나 제정 시대에는 병사들뿐만 아니라 정무관과 전 시민, 속주민(34절 참조)까지 단 한 명의 장군(최고 사령관)에게 충성을 맹세하게 된다. 이 맹세는 황제가 취임할 때와 매년 1월 1일 행해졌다.

36) 공화정 시대에는 수도의 식량 관리는 조영관의 의무였지만 제정 시대에는 황제의 의무가 되고 식량 장관이 그것을 대행했다. 친위대장과 식량 장관, 이집트 영사 등 세 직책은 기사 계급이 바랄 수 있는 최고의 자리였다.

37) 공화정 시대에는 원로원 소집권은 집정관(때로는 독재관, 3두정치위원)과 호민관에게 있었다. 제정 시대에는 집정관과 호민관 직권을 지닌 황제에게 있었다. 참고로 덧붙이면 티베리우스는 이때 중부 이탈리아의 도시 놀라(아우구스투스가 죽은 곳)에서 소집 포고를 발표했다.

38) 동맹자는 속주민을 가리킨다. 따라서 원군은 동맹군과 같은 뜻이다.

이에서 인기가 굉장히 높은 게르마니쿠스가 통수권을 기대하기보다는 손을 넣는 쪽을 택할지도 모른다는 두려움 때문이었다.

또한 티베리우스는 여론도 고려했다. 즉 그는 자신이 노망든 사람과의 양자 결연이나 그 아내의 음모를 통해 황제의 지위를 남몰래 손에 넣은 사람으로 보이기보다는 영예롭게 국가의 부름을 받고 그에 의해 선택된 사람으로 생각되길 바랐던 것이다.

뒤에 알게 되었지만, 그가 이처럼 주저하는 체하는 데는 또 다른 이유가 있었다. 즉 지도적인 인물들이 어떻게 생각하고 있는지 탐색하는 데에도 그 목적이 있었던 것이다. 그 증거로 그는 그때의 사람들의 말이나 표정을 하나같이 죄를 지은 것처럼 곡해하고 언제까지고 기억 속에 간직해 두었기 때문이다.

8 최초의 원로원 소집일에는 그는 아우구스투스의 장례와 관련된 것 외에는 아무것도 심의하지 못하게 했다. 먼저 베스타 성녀聖女들[39]이 가져온 아우구스투스의 유언장에 의해 티베리우스와 리비아가 상속자로 지명되었다.

리비아는 율리우스 가의 양녀가 되는 동시에 '아우구스타(Augusta)'라는 이름을 수여받았다. 두번째[40] 상속자로는 손자와 증손자가 지정되었다. 세번째로는 국가의 주요 인사들이 지명되었는데, 아우구스투스는 이들 대부분을 증오했지만 단순한 허영심에서, 그리고 후손들에게 자신이 그들의 친구였다는 것을 자랑하기 위해 그들을 언급했던 것이다. 유산 총액은 다음과 같은 점을 제외하면 일반 시민의 액수를 초과하지 않았다. 즉 국가와 시민에게 4350만 세스테르티우스를 유증하고, 친위대의 병사들에게 각기 1천 세스테르티우스, 〈수도

---

39) 베스타(Vesta)는 로마의 벽난로 여신. 이 여신의 사제는 평생 순결을 맹세한 6명의 귀족 가문의 여자였다. 이 신전에 중요한 문서나 유언장 등을 보관했다.

40) "정식 상속자가 죽을 경우 권리를 획득한다"는 의미.

경비대의 병사들에게 각기 500세스테르티우스〉, 정규 부대나 지원 부대에 속하는 로마 시민 출신 병사들에게 각기 300세스테르티우스를 유증했다.

다음으로 명예장名譽葬에 관한 토의가 이어졌다. 발언자 중에서 특히 유난히 사람들의 눈길을 끈 것은 "장례 행렬이 개선문[41] 밑으로 지나가야 한다"고 제안한 가이우스 아시니우스 갈루스(Gaius Asinius Gallus)와, "아우구스투스가 생전에 제안한 모든 법률의 제목과 그가 정복한 민족의 이름이 적힌 게시판이 장례 행렬을 선도해야 한다"고 제안한 루키우스 아룬티우스(Lucius Arruntius)였다. 그런데 이때 쓸데없이 마르쿠스 발레리우스 메살라 메살리누스(Marcus Valerius Messalla Messallinus)가 이런 것도 제안했다. "티베리우스에 대한 충성의 맹세를 매년 갱신해야 한다." 그래서 티베리우스가 자신이 그를 부추기지 않은 것을 확실히 해두기 위해 "스스로 자진해서 그런 제안을 했느냐?" 하고 묻자, 메살라는 "제가 자발적으로 제안한 것입니다. 앞으로도 국가의 중대한 문제라면 언제든지 다른 사람들의 반감을 살 위험이 있더라도 제 판단에만 의존할 것입니다" 라고 대답했다. 그 당시에는 이미 이런 종류의 아첨밖에 남아 있지 않았다.

의원들이 입을 모아 "저희들이 아우구스투스의 유해를 어깨에 메고 화장터로 운반해야 합니다" 라고 외쳤다. 그러자 티베리우스가 관대한 체 생색을 부리며 의원들의 이 의무를 면제해 주었다. 그는 또한 칙령을 내려 시민들에게 소동을 되풀이하지 말 것을 요청했다. "일찍이 신군神君[42] 율리우스 카이사르의 장례식이 극도로 흥분한 시민들 때문에 대단히 혼란스러웠다. 그처럼 아우구스투스의 유해를 태울

---

41) 개선문은 예로부터 마르스(Mars) 공원 안에 있었다. 개선 장군이 개선 행렬을 할 때 맨 처음 지나가는 문(3권 19절의 주를 참조할 것).
42) '신군'은 원로원 의결로 신격화가 인정된 경우의 존칭이다.

경우에도 마르스 공원[43]의 예정된 화장터를 중앙 광장으로 바꾸지 않도록 해주기 바란다."

장례 당일 유체를 호위하려는 듯이 병사들이 둥글게 에워쌌다. 이 광경이 독재관 카이사르가 살해된 것을 어떤 사람들은 일대 불상사로, 다른 사람들은 더없이 경사스러운 일로 받아들였던 그날,[44] 노예 근성이 아직 성숙되지 않았던 로마가 자유를 되찾으려 하다가 실패했던 저 유명한 그날의 일을 직접 목격하거나 부모로부터 그에 관한 이야기를 들은 사람들에게는 대단히 우스꽝스럽게 느껴졌다. 그들은 이렇게 말했다. "늙어 죽을 때까지 오랫동안 권력을 장악하고, 또 구질서를 억압하기 위해 사전에 상속자라는 무기까지 준비해 둔 황제가 자신의 장례식이 평온하게 진행될 수 있게 하기 위해 군대의 경계를 필요로 하다니."

9 뒤이어 아우구스투스 자신과 관련된 이야기가 한바탕 꽃을 피웠다. 대부분의 사람들이 황제가 제국을 처음 떠맡은 날[45]과 세상을 떠난 날이 우연히 일치한다든가, 그의 아버지 가이우스 옥타비우스(Gaius Octavius)가 생애를 마친 놀라의 저 저택과 침실에서 사망한 사실과 같은 무의미한 사항들에 놀라움을 표시했다. 또한 사람들은 발레리우스 코르부스(Valerius Corvus)와 가이우스 마리우스(Gaius Marius)의 합계에 필적하는 그의 집정관 취임 횟수[46]나 37년 동안 계

---

43) 유언에 의해 화장터가 아우구스투스의 영묘靈廟 옆으로 정해져 있었다. 영묘는 마르스 공원 북쪽에 있었는데, 아우구스투스가 자신과 자손을 위해 기원전 28년에 건조했다. 마르스 공원은 본래 군신軍神 마르스에게 헌납된 성스런 곳으로 옛날에는 방목장, 체육장, 연병장, 혹은 집회장이나 이국의 신들의 신전 용지로 사용되었고, 공화제 말기부터 산책용 주랑柱廊, 경기장, 극장, 정원, 화랑, 목용탕 등이 건설되기 시작해 제정 시대에는 공원과 같은 모습을 보여 주고 있었다.

44) 기원전 44년 3월 15일.

45) 즉 처음으로 집정관에 취임한 날(기원전 43년 8월 19일).

46) 집정관 취임 횟수는 13회였다. 코르부스는 6회, 마리우스는 7회였다.

속 누려 온 호민관 직권, 21번이나 환호받은 최고 사령관 칭호, 이 밖에 그에게 처음으로 수여되거나 빈번히 반복된 명예나 칭호 등을 칭송하기도 했다.

그러나 식견 있는 사람들은 칭찬하기도 하고 비난하기도 하면서 아우구스투스의 생애를 다양하게 평가했다. 어떤 사람들은 이렇게 주장했다.

"아우구스투스는 부친에 대한 효심과 법률이 개입할 틈조차 없는 그 당시의 절박한 국가 상황 때문에 어떤 올바른 원칙에 따라 계획될 수도, 수행될 수도 없는 시민 전쟁에 어쩔 수 없이 휘말려들었던 것이다. 그는 아버지 카이사르를 살해한 자들에게 복수하기 위해 안토니우스는 물론 레피두스에게도 자주 양보했다. 레피두스가 나이가 들어 게을러지고 안토니우스가 정욕으로 신세를 망쳐 버리자, 혼란에 빠진 조국을 구원할 수 있는 유일한 길은 한 사람이 다스리는 것뿐이었다. 하지만 그것은 왕이나 독재관의 정체가 아니었다. 즉 아우구스투스는 프린켑스(제일인자)라는 이름 하에 국가 체제를 정비했다. 제국의 영역을 북해나 머나먼 강까지 확장시키고, 군단과 속주와 함대를 모두 긴밀히 통합시켰다. 시민들은 법으로 보호하고, 동맹자들은 겸허한 태도로 예우했다. 로마 시를 장대하고 화려하게 가꾸었다. 폭력을 사용한 예는 극히 드물었고, 그것도 단지 대다수의 사람에게 평화를 가져올 경우에만 사용했다."

10 이에 반대하는 의견은 다음과 같았다.

"아버지에 대한 효도나 국가의 위기는 아우구스투스에게는 단지 구실에 지나지 않았다. 실제로는 미래의 아우구스투스인 옥타비우누스의 권력욕에서 비롯된 것이었다. 돈을 주고 고참병들을 그러모은 것도, 아무 지위나 관직도 없던 풋내기 시절부터 군대를 준비한 것도, 집정관의 군대를 매수한 것도, 섹스투스 폼페이우스를 지지하는 체한 것도 모두 그 때문이었다. 게다가 원로원 의결을 통해 법무관의 속간束桿[47]과 명령권까지 강탈했다. 그 후 곧 집정관 가이우스 비비우스 판사(Gaius Vibius Pansa)와 아울루스 히르티우스(Aulus Hirtius)[48]가 모두 살해되었다. 적의 공격을 받아 죽었을까, 아니면 판사는 고의적으로 상처에 투입한 독에 의해, 히르티우스는 휘하 부대의 손에 의해, 즉 두 사람 모두 배후에서 음모를 꾸민 아우구스투스의 덫에 걸려 쓰러졌을까? 아무튼 그는 이 두 사람의 군대를 손 안에 넣은 것은 다름 아닌 그였다.

이윽고 그는 마음 내켜 하지 않는 원로원으로 하여금 어쩔 수 없이 자신을 집정관으로 선출하게 했다. 하지만 그는 안토니우스를 타도하라고 맡긴 군대를 거꾸로 국가를 치는 데 사용했다. 시민을 공적으로 선언하고 부당하게 살해하거나 토지를 분배한 것[49] 등에는 그 임무를 맡은 사람들조차 불쾌감을 나타냈다. 카시우스와 브루투스의 죽음은 그들의 숙적이었던 아버지에게 바친 제물이라 치더라도(하지만 이 경우에도 국가의 안녕과 질서를 위해 개인적으로 원한을 품는 것을 삼가야 하지 않을까), 그는 섹스투스 폼페이우스[50]를 위장된 평화 조약으로, 레피두스를 거짓 우정으로 속인 것은 용서받을 수 없는 일이 아닐까? 그 후 안토니우스를 타렌툼과 브룬두시움 두 조약[51]과 누나와의

---

47) 속간은 막대기 다발 속에 도끼를 끼운 것으로 고위 정무관의 사법권을 상징하던 표장. 그는 기원전 43년에 원로원으로부터 법무관 대행 명령권(즉 속주 통치권)을 부여받았다. 강탈이라고 하는 것은 법정 연령에 이르지 않았는데 명령권을 손에 넣었기 때문이다.
48) 두 사람 모두 기원전 43년의 집정관으로 안토니우스와 싸우다 사망했다.
49) 기원전 43년 11월, 삼두 정치위원이 각각 자신의 개인적인 적을 국가의 적으로 선언하고 재산을 몰수하거나 사형에 처했다. 키케로도 이 희생자(300명의 의원) 중 한 사람이었다. 토지 분배는 41년의 필리피 전투 후에 삼두 정치위원이 이탈리아의 농지를 몰수하고 고참병들에게 나누어 준 것을 가리킨다.
50) 대大폼페이우스의 자식으로 기원전 39년에 삼두 정치위원과 평화 조약을 맺었다. 레피두스는 기원전 33년에 삼두 정치위원의 지위에서 쫓겨났다.
51) 전자는 기원전 37년에, 후자는 기원전 40년에 체결되었다. 누나 옥타비아와 안토니우스는 기원전 40년에 결혼했다.

결혼으로 회유한 뒤 죽음으로 이 정략적인 인척 관계에 따른 벌을 치르게 했다. 이와 같은 일들이 일어난 뒤에 확실히 평화가 찾아오긴 했지만, 그것은 피비린내나는 평화였다. 마르쿠스 롤리우스(Marcus Lollius)와 푸블리우스 퀸크틸리우스 바루스의 재난[52]과, 예컨대 아울루스 테렌티우스 바로 무레나(Aulus Terentius Varro Murena), 마르쿠스 에그나티우스 루푸스(Marcus Egnatius Rufus), 율루스 안토니우스(Iullus Antonius) 등의 죽음[53]이 수반되었기 때문이다."

화제는 아우구스투스의 사생활에까지 미쳤다.

"그는 티베리우스 클라우디우스 네로(Tiberius Claudius Nero)[54]의 아내를 빼앗은 뒤 농담 반 진담 반으로 대제관들에게 이렇게 물었다. '임신 중인 여자와 분만 전에도 합법적으로 결혼할 수 있는가?' 그의 친구 퀸투스 테디우스(Quintus Tedius)와 푸블리우스 베디우스 폴리오(Publius Vedius Pollio)의 방탕함[55]은 또 어떠했던가? 그러나 뭐니 뭐니 해도 리비아야말로 거만하기 짝없는 국모와 심술궂은 계모로서 국가와 카이사르 가에 끔찍한 존재였다.

게다가 사제와 성직자들에 의해 자신이 신상神像과 같은 상과 함께 신전에 받들어 모셔지기를 바랐을 때에는, 그는 국가의 신들에 대한 숭배를 파기한 것 같았다. 티베리우스를 후계자로 지명한 것도 애정

---

52) 마르쿠스 롤리우스는 기원전 16년에 게르만족 군대에 패하고, 푸블리우스 퀸크틸리우스 바루스는 서기 9년에 아르미니우스가 이끄는 게르만족 군대에 패한 뒤 살해되었다(55절 이하 참조).

53) 아울루스 테렌티우스 바로 무레나와 마르쿠스 에그나티우스는 각각 기원전 23년과 기원전 19년에 아우구스투스의 암살을 계획했다는 이유로 처형되고, 안토니우스의 아들 율루스 안토니우스는 아우구스투스의 딸 율리아와 밀통했다는 이유로 기원전 2년에 자살을 명받았다.

54) 티베리우스의 아버지.

55) 전자와 관련해서는 자세히 밝혀진 것이 없다. 후자는 아우구스투스의 개인적인 친구였지만, 그 너무나도 비인간적인 태도에 아우구스투스도 분노했다(예컨대 알락곰치를 기르며 노예를 먹이로 주었다든가 하여).

이나 국가적인 관점에서 비롯된 것이 아니었다. 티베리우스의 오만하고 잔인한 성격을 완전히 꿰뚫어 보고, 세상 사람들로 하여금 이 훨씬 더 떨어지는 인물과 비교해 보게 함으로써 자신의 명예를 드높이려 한 데 지나지 않는다."

왜냐하면 실은 아우구스투스가 세상을 떠나기 몇 년 전에 원로원에서 티베리우스를 위해 호민관 직권 갱신을 요청할 때 추천 연설을 하면서 실제로 무심코 티베리우스의 품행과 복장, 습관 등에 대해 얼마간 언급했기 때문이다. 겉보기에는 해명하는 것 같았지만 실은 비난과 악담이었다.

그렇지만 아우구스투스의 장례식이 질서 정연하게 끝나자, 원로원은 그를 위해 신전을 건립하고 신으로 숭배할 것을 의결했다.

11 이어서 원로원은 티베리우스에게 간청했다. 하지만 그는 로마 세계가 너무 넓다든가, 자신이 없다든가 하는 말을 늘어놓으면서 이리저리 변명했다.

"신군 아우구스투스, 그분만이 이런 중책을 감당할 수 있는 정신력을 지니고 계셨소. 그분의 요청으로 국정의 일부를 위임받았을 때의 경험으로 제국 전체를 통치하는 것이 얼마나 어렵고 또 변덕스런 운명에 시달리는지 잘 알게 되었소. 따라서 수많은 걸출한 인물들에 의해 지탱되고 있는 이 나라에서 단 한 사람에게 모든 권력을 집중시키는 것은 좋지 않소. 보다 많은 사람의 노력을 결집시켜야 국정이 더한층 원활하게 운영될 수 있을 것이오" 라고 그는 말했다.

그러나 이 연설에서는 솔직함보다는 거만함이 엿보였다. 게다가 티베리우스는 별로 숨길 의도가 없는 경우에도 천성 탓인지, 아니면 습관 탓인지 언제나 불명료하고 애매한 말을 사용했다. 그리고 이때에는 자신의 속마음을 완전히 숨기려 하고 있었기 때문에 그의 말이 더욱더 불확실하고 모호해졌다. 그러나 의원들은 오로지 그가 자신의 속셈을 꿰뚫어 보고 있다고 생각하지 않을까 걱정하기만 하며 쉴 새 없이 눈물 섞인 목소리로 한탄하고 간청했다. 신들과 아우구스투스의 상에 맹세하고 티베리우스의 무릎에 매달리기까지 했다.

이때 그가 문서를 가져오게 한 뒤 그것을 낭독하라고 명했다. 그것은 로마의 국력에 관한 보고서였다. 로마 시민 및 동맹자들의 무장 병력의 숫자, 함선의 숫자, 보호국과 속주와 관련된 통계, 직접세와 간접세의 총액, 법정 비용과 관례적인 하사금 등의 보고서였다. 아우구스투스는 이런 자세한 사항들을 모두 직접 자기 손으로 기록한 뒤 진짜 위구심危懼心에서였는지, 아니면 질투심에서였는지 "제국의 영토를 현재의 국경선 이상으로 확대하지 말도록 하라"는 조언을 덧붙였다.

12 이처럼 원로원이 엎드려 머리를 조아리고 황송해 하면서 더없이 비굴한 태도로 애원하고 있을 때, 티베리우스가 자신도 모르게 이렇게 말했다. "나는 국정 전반을 담당할 수는 없지만 어떤 것이든 일부를 위임받으면 그것은 떠맡을 각오가 되어 있소." 이 기회를 놓치지 않고 가이우스 아시니우스 갈루스가 발언했다. "그렇다면 카이사르시여, 제가 여쭈어 보겠습니다. 국정의 어느 분야를 담당하고 싶으십니까?" 티베리우스는 이 예기치 못한 질문에 당황해 잠시 동안 아무 말도 하지 못했다. 가까스로 마음을 가라앉힌 그는 이렇게 대답했다. "나는 국정 전반에 대한 책임에서 벗어나고 싶소. 그런 내가 어떤 일부를 택하거나 거부한다면, 그것은 나의 겸허함에 결코 어울리지 않는 일일 것이오."

그의 얼굴에 불쾌한 기색이 어려 있는 것을 알아차린 갈루스는 다시 이렇게 말했다. "제가 여쭈어 본 것은 분리될 수 없는 것을 나누려는 의도에서 비롯된 것이 아닙니다. 국가는 하나의 유기적 통일체입니다. 따라서 한 사람의 정신에 의해 지배되어야 한다는 것을 직접 카이사르님으로부터 듣고 확인하고 싶었기 때문입니다." 그러고는 갈루스는 계속해서 아우구스투스를 칭송하고, 티베리우스 자신의 승리와 장기간에 걸친 행정상의 훌륭한 공적을 상기시키며 그를 치켜세웠다. 그럼에도 불구하고 그는 티베리우스의 분노를 진정시키지 못했다. 그는 티베리우스의 전처인, 마르쿠스 아그리파(Marcus Agrippa)의 딸 비프사니아(Vipsania)와 결혼한 이후 티베리우스에게 "일개 시민에 만족하지 않고 뭔가 큰 꿈을 이루려는 야심을 품고 있다. 게다가 아버지 아시니우스 폴리오(Asinius Pollio)[56]의 오만한 피를 이어받고 있다"는 인상을 주어 오래 전부터 미움을 사고 있었기 때문이다.

13 다음으로 루키우스 아룬티우스(Lucius Arruntius)도 갈루스와 거의 대동소이한 연설을 해 티베리우스를 화나게 했다. 하지만 티베리우스는 그에 대해서는 해묵은 원한을 갖고 있지 않았다. 단지 그가 부유하고 대담한데다가 훌륭한 업적을 쌓고 그에 걸맞는 명성을 누리고 있어 신뢰하지 않고 있었을 뿐이다. 그 이유는 다음과 같다.

아우구스투스가 마지막으로 대화를 나눌 때 우연히 프린켑스(제1인자)의 자리에 충분히 오를 수 있는데도 그것을 거부할 사람은 누구일까, 자격도 없는데 그것을 열망할 사람은 누구일까, 실력과 야심을 겸비한 사람은 누구일까 하는 문제가 화제에 오르자 이렇게 말했다. "마르쿠스 아이밀리우스 레피두스(Marcus Aemilius Lepidus)[57]는 실력은 갖추고 있지만 그 자리를 경멸하며 안중에 두지 않고 있다. 가이우스 아시니우스 갈루스는 갈망하고 있지만 그에 적합한 그릇이 못 된

---

56) 기원전 76년에 태어나 서기 5년에 사망했다. 기원전 40년의 집정관. 아우구스투스의 정적으로 기골에 찬 교양인이었다(시인의 후원자로도, 또 처음으로 도서관을 지은 사람으로도 유명했다).

57) 마르쿠스는 3두정치위원인 레피두스의 조카인 아이밀리우스 레피두스의 아들. 그의 형 아이밀리우스 파울루스는 아우구스투스의 손녀딸인 율리아의 남편이었다.

다. 루키우스 아룬티우스는 그 자리에 앉을 만하고, 또 기회가 주어지면 틀림없이 위험을 무릅쓰고 모험에 뛰어들 것이다."

처음 두 사람은 모든 전거가 일치하고 있지만, 몇몇 사서史書에서는 아룬티우스가 그나이우스 칼푸르니우스 피소(Cnaeus Calpurnius Piso)로 교체되어 있다. 이상의 인물은 레피두스를 제외하고는 모두 곧 티베리우스의 계략에 의해 갖가지 억울한 죄를 뒤집어쓰고 죽임을 당하고 말았다.

그런데 퀸투스 하테리우스(Quintus Haterius)와 마메르쿠스 스카우루스(Mamercus Scaurus)도 티베리우스의 의심 많은 성격을 자극했다. 하테리우스는 "카이사르여, 머리 없는 국가[58]를 언제까지 내버려 두실 것입니까?" 하고 묻고, 스카우루스는 "호민관 직권의 권리로 집정관의 제안을 거부하신 적이 없기 때문에, 원로원의 이 탄원도 무위로 끝나지 않으리라 기대하고 있습니다" 라고 말했기 때문이다. 티베리우스는 하테리우스를 즉각 심하게 나무랐지만, 훨씬 더 기분이 나빴음에도 불구하고 스카우루스의 말은 그냥 듣고 흘려 버렸다.

마침내 전체 의원들의 끈질긴 아우성 소리와 한 사람 한 사람이 졸라대는 탄원에 지쳐, 티베리우스가 통치권을 받아들였음을 인정하는 정도까지는 아니지만 적어도 거부하거나 간청받는 것을 되풀이하는 것을 중단하는 데까지는 점차 양보하기 시작했다.

이것은 실제로 있었던 잘 알려진 이야기인데, 하테리우스가 훗날 용서를 청하기 위해 팔라티움[59]을 방문했다. 그리고 티베리우스가 산책하다가 옆으로 지나가자 그의 발 아래 엎드려 하마터면 친위대 병사들에게 살해당할 뻔했다. 티베리우스가 우연히, 혹은 하테리우스

---

58) 이 군주적인 표현이 티베리우스의 반감을 샀다.
59) 팔라티움은 로마의 7개의 언덕 중 하나인데, 그곳에 황제 일가의 저택이 있었기 때문에 '황제의 저택' 도 의미했다. 여기에서는 후자의 의미이다.

의 두 손에 걸려 땅 위에 쓰러졌기 때문이다. 그러나 지위가 높은 원로원 의원이 이런 위험을 무릅썼음에도 불구하고 티베리우스의 기분은 풀리지 않았다. 그래서 하테리우스가 아우구스타 —— 리비아가 이제는 이렇게 불리고 있었다 —— 에게 탄원한 결과, 그녀의 아주 열성적인 중재로 가까스로 구제될 수 있었다.

14 원로원은 아우구스타에게도 온갖 아첨을 다 떨었다. 어떤 사람은 그녀에게 '조국의 어버이'라고, 다른 사람은 '국모'라고 불러야 한다고 주장하고, 대부분의 사람은 티베리우스의 이름 앞에 '율리아의 아들'을 덧붙여야 한다고 제안했다. 그렇지만 티베리우스는 되풀이해서 이렇게 주장했다. "여성에게는 무리하지 않은 명예만이 주어져야 하고, 그와 마찬가지로 나 자신도 주어지는 명예를 적절히 자제할 것이오." 하지만 실은 그는 이 제안에 질투도 나고 화도 났던 것이다. 그는 여성의 지위가 높아지는 것을 자신에 대한 모욕으로 보고 릭토르(속간을 들고 앞길을 비키게 하던 고대 로마의 하급 관리)를 그녀에게 붙이자는 결의조차 승인하지 않으려 하고, '양자 결연의 제단'[60]의 건립이나 그와 비슷한 명예도 금했다.

그러나 게르마니쿠스 카이사르의 경우에는 집정관 대행 명령권[61]을 부여할 것을 요청했다. 이 명예를 게르마니쿠스에게 전하는 동시

---

60) 제단은 예배 행위와 관계없이 기념비처럼 건립되었다(3권 18절, 4권 74절 참조).

61) 티베리우스가 아우구스투스와 공유했던 것과 같은 전세계의 명령권(3절)이 아니라, 여기에서는 고지ㆍ저지 게르마니아 양 속주에서의 최고 지휘권을 의미하고 있다. 본래 집정관 대행은 '사인私人이면서도 집정관의 권한을 행사할 수 있는 사람'이란 뜻으로 술라 이후(74절 참조) 속주 통치자가 이 이름으로 불렸고, 제정 시대에는 원로원 속주의 통치자란 뜻. 이런 속주 통치자의 명령권과 황제의 명령권(=통수권)의 차이는, 전자는 기한과 장소가 한정되어 있는 데 반해 후자는 종신제이고 전 로마 세계에 미쳤다는 것이다. 즉 황제의 명령권은 전 속주의 군대, 해병대, 수도의 친위대의 최고 통수권이고, 또 황제 속주나 원로원 속주, 보호국 왕, 자유시에도 간섭할 수 있었다. 다만 수도 로마와 이탈리아에 대해서는 이 명령권은 효력이 없었다(여기에서는 집정관의 명령권이 효력이 있었다).

에 아우구스투스의 서거로 상을 입은 그를 위로하기 위해 원로원에서 사절이 파견되었다. 드루수스의 경우에는 똑같은 명예를 요청하지 않았는데, 그것은 그가 이미 예정 집정관[62]이고 현재 수도에 머무르고 있었기 때문이다.

법무관 후보자의 숫자와 관련해 티베리우스는 아우구스투스 시대부터의 관례를 고집하고 12명을 지명했다.[63] 원로원이 그 숫자를 늘릴 것을 요청했지만, 그는 "나는 절대로 그렇게 하지 않을 것이오" 라고 굳게 맹세했다.

15 이제는 법무관 선거가 마르스 공원에서 원로원으로 옮겨져 행해졌다. 이때까지는 가장 중요한 선거[64]는 황제의 의지 하나로 결정되었지만, 몇몇 선거는 아직도 선거구민[65]이 누구를 특히 좋아하느냐에 따라 결정되고 있었던 것이다. 그러나 민중은 이 선거권을 빼앗겼는데도 별로 불평하지 않고 그저 쓸데없는 말만 지껄일 뿐이었다. 원로원은 막대한 지출과 비굴한 간청에서 해방될 수 있기 때문에 이 개혁 조치를 기꺼이 받아들였다. 게다가 티베리우스가 "4명 이상의 후보자는 추천하지 않겠지만, 이 4명는 경쟁하거나 거부당하는 일 없이 선출되어야 한다"고 매우 온건한 제안을 내놓았기 때문이기도 했다.

---

62) 일반적으로 정무관은 선출되거나 임명되고 이듬해 1월 1일에 취임할 때까지 예정 정무관으로 불렸다. 실제는 사인이지만 정무관 명부에 기재되고 어떤 권리나 의무가 부여되어 있었다. 예컨대 예정 집정관은 원로원에서 처음으로 대답할 의무를 지니고 있었다(3권 22절 참조).

63) 공화정 시대에는 지명권은 집정관에게, 추천권은 유력한 시민에게 있었지만, 제정 시대에는 모두 황제의 권리에 속했다(다만 지명권은 집정관에게도 남아 있었다). 전자는 후보자가 관직에 적합한지 어떤지를 심사할 수 있는 권리, 후자는 선거 단체에 압박감을 줄 수 있는 황제의 특권이었다. 법무관의 경우 12명의 정원 중 황제가 12명의 후보자를 지명하고, 집정관도 몇 명을 보충 지명했다. 추천권은 황제가 4명에 대해 행사했다(다음 절 참조).

64) 집정관 선거(81절 참조).

65) 평민회의 구성 단위로 35지구였다. 평민회는 마르스 공원에서 정무관을 선출했다.

이 원로원 회기에 호민관단이 다음과 같이 요청했다.

"아우구스투스를 기려 새로 제일祭日에 추가된 아우구스투스제[66]를, 우리들이 돈을 대어 개최하고 싶다." 그러나 원로원은 "그 비용은 국가가 댄다. 호민관들이 대 원형 경기장에서 개선복을 착용하는 것은 허용하지만 개선 전차를 사용하는 것[67]은 금지한다"고 고시했다. 하지만 이윽고 매년 개최되는 이 축제는 시민과 비시민 간의 소송을 담당하는 법무관[68]의 손으로 그 집행권이 넘어갔다.

2. 속주 판노니아 군대의 폭동

16 수도 로마에서 이와 같은 일들이 일어나고 있을 때, 판노니아의 여러 군단에서 폭동이 발생했다. 그 원인은 황제의 교체가 무난히 반란을 일으키고 내전으로 한밑천 잡을 수 있으리라는 기대감을 제공했다는 점을 제외하면 별로 새로운 것이 없었다. 판노니아의 하계 진영에서는 3개 군단이 함께 주둔하고 있었다. 총지휘관은 퀸투스 유니우스 블라이수스(Quintus Junius Blaesus)[69]였다. 그는 아우구스투스가 사망하고 티베리우스가 취임했다는 소식을 듣고는 국상과 축하의 의미에서 군무를 일시 중지시키고 쉬게 했다. 이것을 계기로 병사들이 방자해지고 말다툼을 벌이는 동시에 유해한 자들이 이야기할 때마다 거기에 귀를 기울이기 시작했다. 요컨대 게으름을 피우며 편하게 살

---

66) 해마다 10월 초순에 개최되었다.
67) 예컨대 로마제 때에는 주재자인 집정관이, 아폴론제 때에는 시민 담당 법무관이 대 원형 경기장에서 벌어지는 개회식 행렬에서 개선복을 입은 채 전차를 타고 돌았다.
68) 즉 비시민 담당 법무관. 그 밖에 시민 담당 법무관 1명, 상설 재판소 담당관 6명, 국고 담당관 2명. 법무관의 정원 12명 중 나머지 2명의 역할은 알려져 있지 않다.
69) 서기 10년의 보결 집정관. 유명한 세야누스의 숙부.

길 갈망하고 훈련과 작업을 싫어하기 시작했다.

이 진영에는 페르켄니우스(Percennius)라는 병사가 있었다. 한때 극장에 고용되어 박수 갈채단[70]의 두목 노릇을 하다가 병사가 된 그는, 말주변이 좋고 배우들을 성원하던 경험에서 군중을 선동하는 법을 알고 있었다. 그는 군대 경험이 적은 병사들이나 아우구스투스가 사망한 이후 근무 조건이 어떻게 변할까 불안해 하고 병사들을 상대로 서서히 공작을 펼쳐 나갔다. 밤마다 대화를 나누며 그들을 감화시키거나, 해가 서쪽으로 기울어 건실한 병사들이 천막 속으로 흩어지면 근성이 나쁜 자들을 모두 그러모았다.

17 마침내 폭동을 일으킬 각오가 되어 있는 일단의 조력자들을 얻게 되자, 그는 집회에서 연설하는 선동 정치가와 같은 어조로 이렇게 물었다.

"왜 몇 명의 백인대장에게, 그보다 더 적은 부관에게 노예처럼 복종하는 거요? 갓 황제가 되어 아직 안정되지 않은 이 틈을 노려 사정사정해서 억지로 승낙케 하든가 무기를 들고 위협하지 않으면, 언제 감히 궐기해 보다 나은 근무 조건을 요구할 수 있겠소? 우리는 정말 오랫동안 꼼짝도 하지 않고 유순하게 굴며 큰 실수를 저질러 왔소. 늙어 가고 대부분이 상처로 몸이 망가질 때까지 3,40년[71]을 견디지 않으면 안 되었소. 그리고 제대한다 해도 우리의 병역은 끝나지 않소. 예비군 군기 하에서 또다시 천막 생활을 해야 하오. 이름은 달라도 고생

---

70) 공화정 시절부터 존재하며 극장을 혼란에 빠뜨리는 원인이 되고 있었다. 네로는 이런 박수 갈채단을 고용하고 그 두목에게 40만 세스테르티우스에 이르는 연봉을 주었다고 한다.

71) 아우구스투스는 서기 6년에 군단병을 20년간 근무시킨 뒤에 은사금을 주고 제대시키기로 결정했다. 게다가 대부분은 다시 예비역에 편입되었다(이것을 '예비대 군기 하에 유임된 고참병', 즉 예비대 병사라 한다). 이들은 충성의 맹세와 진영 사역에서는 벗어나지만 전쟁에는 동원되었다. 이상은 원칙이고, 실제로는 비문 등으로 알 수 있듯이 현역 기간이 더 길었던 것 같다.

스럽기는 마찬가지요. 설사 용케 수많은 위험을 극복하고 살아남는다 해도 먼 곳으로 끌려가 다소 질척질척한 습지나 산악 지대의 황무지에 정착하게 되오.

확실히 군대는 고생만 하고 아무 보답도 받지 못하는 곳이오! 우리의 육체와 정신이 하루에 10아시스[72]로 평가되고 있소. 이것을 갖고 군복과 무기, 천막을 사야 할 뿐만 아니라 잔혹한 백인대장[73]을 매수해 사역도 면제받지 않으면 안 되오. 게다가 분명히 태형笞刑과 도상刀傷, 혹독한 겨울과 넌더리나는 여름, 무서운 전쟁과 무익한 평화가 늘 우리를 따라다니고 있소! 우리가 구제될 수 있는 단 하나의 길은 일정한 조건 하에서 군대 생활을 시작하는 것이오. 예컨대 급료를 병사 한 명당 하루에 1데나리우스(16아시스)로 올려 주든가, 16년간 근무하면 제대시켜 주고, 그 후에는 더 이상 예비대 군기 하에 붙잡아 두지 않으며, 또 제대하기 전에 현금으로 은사금을 지불해 주든가 하는 조건 하에서 말이오.

친위대 병사들은 오래 전부터 하루에 2데나리우스의 급료[74]를 받고 있소. 그들은 16년이 지나면 마음대로 자기 집으로 돌아가오. 그들이 그만큼 더 많은 위험을 무릅쓰고 있단 말이오? 수도의 경비병들을 헐뜯을 생각은 없소. 그러나 우리는 여기 이 야만스런 부족들의 땅에서 실제로 천막 사이로 적들을 바라보고 있소!"

18 청중이 여러 가지 동기에서 뜨거운 반응을 보이며 맞장구를 쳤다. 어떤 사람들은 격분하며 매맞은 자국을 보여 주고, 어떤 사람들은

---

72) 2.5세스테르티우스. 한 단계 위인 1데나리우스는 4세스테르티우스. 이 무렵에는 의복이나 식사 비용은 스스로 부담했던 것 같다.

73) 백인대장은 한 군단에 60명이 있었고, 그들에게도 계급이 있었다(2권 11절 주, 1권 29절 주). 병졸에서 이 하사관 계급으로 갖은 고초를 다 겪으며 밟아 올라가는 자가 대부분이었기 때문에 교양이 없고 잔혹했다.

74) 정치적 배려에서 급료와 은사금(8절 참조)을 많이 받았다.

자신들의 흰 머리를 가리켰다. 그리고 대부분의 사람들이 몸이 보일 정도로 다 떨어진 군복을 내보였다. 마침내 흥분한 나머지 "3개 군단을 하나로 통합하자"는 주장까지 나오게 되었다. 하지만 이 제안은 경쟁심으로 인해 좌절되었다. 누구나 다 자기 군단의 이름을 채택하길 바랐기 때문이다. 그래서 다른 방법을 택했다. 즉 3개의 독수리표 군기와 각 대대기[75]를 한 장소에 모아 놓고, 이와 동시에 뗏장을 운반해 온 뒤 지휘대처럼 쌓아올려 그곳이 한층 더 눈에 띄게 만들자는 것이었다.

그들이 이 일을 서두르고 있을 때, 블라이수스가 나타나 그들을 질책하고 한 사람 한 사람을 제지하면서 이렇게 외쳤다.

"차라리 내 피로 너희들의 손을 적시거라! 최고 사령관(Imperator)에게 반역하기보다 총독[76]을 죽이는 것이 죄가 가벼울 것이다. 내게는 이제 두 가지 길밖에 없다. 살아서 군단병들이 계속 충성하게 하거나, 심장에 칼을 맞고 죽어 군단병들이 한시바삐 후회하게 만들 것이다."

19 그럼에도 불구하고 여전히 뗏장이 계속 쌓아올려져 갔다. 하지만 가슴 높이까지 이르자, 블라이수스의 끈질긴 고집에 손을 들고 병사들이 그 계획을 단념했다. 그러자 총독이 더할 나위 없이 뛰어난 웅변술로 그들을 설득했다.

"병사들은 반란이나 폭동을 통해 자신들이 바라는 것을 카이사르[77]에게 전달해서는 안 된다. 예전의 군대도 최고 사령관에게, 그리고 또 너희들 자신도 신군 아우구스투스에게 이런 전대미문의 요구를 한 적이 없었다. 게다가 이 통치의 초기 단계에 황제에게 무거운 부담을

---

75) 독수리표 군기는 군단기로 은으로 도금한 창의 꼭대기에 날개를 편 독수리 상이 놓여 있었다. 대대기는 창에 월계관이나 십이궁+二宮의 모형을 붙여 놓은 것.
76) '총독'으로 번역한 원어 'legatus'는 황제 속주의 법적인 통치자인 황제를 대신해 실제로 부임해 관리하는 사람을 뜻한다.

주는 것도 시기상 좋지 않다. 그러나 시민 전쟁에서 이겼을 때조차 요구하지 않았던 것을 평화로운 이 시기에 시도하고 싶다면, 왜 복종의 관습을 위반하고 훈련 규율을 무시하며 폭력에 호소하는 것인가? 내면전에서 사자들을 선출하고 그들에게 지시하면 되지 않는가?"

병사들은 입을 모아 한결같이 외쳤다. "부관 중 하나인 블라이수스의 아들에게 사자 역할을 맡기고 16년이 지나면 제대시켜 달라고 요구합시다. 그리고 이 첫 부분이 성공을 거두면 다음 지시를 내리도록 합시다." 이 청년 부관이 로마를 떠난 뒤에 사태가 상당히 진정되었다. 그러나 병사들은 득의 양양해져 있었다. "총독의 아들이 우리의 공통 문제를 대변하기 위해 떠난 것이 곧 올바른 행위로 얻지 못한 것을 강경 수단으로 쟁취했다는 것을 명백히 입증해 주지 않는가?" 하고 생각했기 때문이다.

20 한편 이 폭동이 일어나기 전에 도로나 다리 건설 등과 같은 다양한 공사를 위해 나우포르투스에 파견되어 있던 분견대들이, 본진영에서 큰 소동이 일어났다는 소식을 듣자 부대 기를 찢어 버리고 근교의 촌락이나 자치시급[78]의 나우포르투스까지 약탈하기 시작했다. 저지하려고 하는 백인대장들을 비웃거나 모욕하다가 급기야는 채찍으로 때리기까지 했다. 그들의 주요 분풀이 대상은 둔영대장屯營隊長[79]인 아우피디에누스 루푸스(Aufidienus Rufus)였다. 그를 마차에서 끌어내리고 무거운 짐을 지고 행렬의 선두에서 걷게 했다. 그 사이에도 병사들은 계속 놀리며 "이렇게 엄청난 짐을, 이렇게 먼 길을 좋아하느냐?"고 물었다.

오랫동안 병사로 근무하다가 가까스로 백인대장으로, 이어서 둔영

---

78) 자치시와 관련해서는 79절의 주를 참조할 것.
79) 둔영대장은 백인대장 가운데서 선발되는 직위. 군단장이 부족할 경우 그 대리 역할을 했지만(14권 37절) 생살 여탈의 권한은 없고(38절) 주로 훈련을 책임졌다.

대장으로 승진한 루푸스가, 온갖 괴로움과 쓰라림, 고초를 다 겪고 스스로 견뎌 왔던만큼 더한층 단호하게 옛날의 엄격한 군기를 되살리려고 애썼기 때문이다.

21 이 분견대가 본영으로 돌아오자 폭동이 재발했다. 그들이 이번에는 뿔뿔이 흩어져 인근 지역을 약탈하며 돌아다니기 시작했다. 블라이수스는 다른 병사들에게 본때를 보이기 위해 약탈품을 특히 많이 갖고 돌아온 몇 명에게 태형을 가하고 그들을 영창에 감금시켰다. 이때는 아직 백인대장이나 선량한 일반 병사들이 총독의 말에 복종하고 있었기 때문이다.

체포된 자들이 연행하는 병사들에게 격렬히 저항하며 구경하고 있는 병사들의 다리에 매달렸다. 그들은 동료들의 이름이나 자신들이 배속되어 있는 백인대나 대대, 군단 이름을 부르며 "여러분에게도 우리와 같은 운명이 기다리고 있소" 하고 외쳤다. 이와 동시에 총독에게 욕설도 퍼붓고, 하늘과 신들을 향해 "굽어 살피소서" 하고 호소하기도 했다. 그들은 보고 있는 사람들의 마음속 깊은 곳에서 반감과 동정, 공포와 분노를 불러일으키기 위해 온갖 수단을 다 동원했다. 마침내 모든 사람이 그들을 구조하러 달려왔다. 영창을 부수고 감금된 자들을 풀어 주고 탈주병과 사형수들까지 끌어내어 합류시켰다.

22 그 후 폭동이 한층 더 격렬해지고, 그 지도자들이 더욱더 늘어났다. 비불레누스(Vibulenus)라는 병사가 블라이수스의 지휘대를 에워싸고 있는 병사들의 어깨 위로 들어올려진 뒤, 무엇 때문에 저러는 것일까 하고 마른 침을 삼키며 지켜 보고 있는 흥분한 폭도들을 향해 이렇게 외쳤다.

"당신들은 정말로 아무 죄도 없고 불행하기 짝없는 이 병사들에게 빛과 공기를 되찾아 주었소. 하지만 당신들은 내 형제에게는 생명을, 내게는 형제를 되돌려 줄 수 없소! 그는 우리의 공동 이익과 관련해 이야기를 나누기 위해 게르마니아[80]의 군대에서 이곳으로 파견되었소. 하지만 어젯밤에 총독의 지시로 검투사[81]에 의해 살해되었소. 총독은 병사들을 죽이기 위해 검투사를 기르고 무장시키고 있소. 블라이수스여, 대답해 보시오. 그의 시신을 어디에 내던져 버렸소? 적들조차 매장하는 것을 방해하지 않소. 형제에게 키스하고 눈물을 흘리며 슬픔을 가라앉히고 싶소. 그 후에 내게도 사형을 명해 주시오. 하지만 조건이 있소. 우리는 죄를 짓지 않았소. 군단의 이익을 위해 애쓰다가 죽은 것이니, 이곳에 있는 동료들이 우리 두 사람을 매장할 수 있도록 허락해 주시오."

23 비불레누스는 자신의 말에 한층 더 선동적인 효과를 주기 위해 눈물을 흘리면서 자신의 가슴을 치고 얼굴을 때렸다. 그러고는 어깨로 자신을 지탱하고 있는 병사들을 밀어 젖히고 맹렬한 기세로 한 사람 한 사람의 무릎에 매달려 호소했다. 그가 이렇게 병사들의 가슴에 불을 지르며 흥분과 분노를 북돋우자, 마침내 일부 병사들은 블라이수스를 섬기고 있는 검투사들을 사로잡고, 다른 일부는 총독의 그 밖의 하인들을 포박했다. 그리고 나머지 사람들은 시신을 찾기 위해 이리저리 흩어져 달려갔다. 그러나 유해가 어디에서도 발견되지 않았고, 하인들은 고문을 받으면서도 죽인 사실을 부정했다. 그렇기는커녕 비불레누스에게는 형제가 하나도 없었다. 정말이지 만약 이런 사실들이 재빨리 확인되지 않았다면, 총독 자신의 죽음도 시간 문제였을 것이다.

그럼에도 불구하고 폭도들은 부관들과 둔영대장을 내쫓고 도망치

---

80) 게르마니아 속주를 가리킨다. 같은 시기에 그곳의 군단도 폭동을 일으켰기 때문에 폭동 주동자로 판노니아에 파견된 것일까?

81) 속주의 통치자는 속주민들의 인기를 얻기 위해 구경거리를 제공하고 있었다. 그래서 언제나 개인적으로 검투사를 양성하고 휘하에 거느리고 있었다. 하지만 네로는 이 관습을 금지시켰다(13권 31절 참조).

는 그들의 짐을 약탈하는 한편, 백인대장 루킬리우스(Lucilius)를 살해했다. 자못 병사들다운 재치로 이 백인대장에게는 '제발 하나 더'라는 별명을 붙여 주고 있었는데, 포도나무 막대기로 병사의 등을 때릴 때마다 그는 언제나 큰소리로 '하나 더,' '하나 더' 하고 재촉하곤 했기 때문이다. 다른 백인대장들은 안전한 은신처로 피신했지만, 클레멘스 율리우스(Clemens Julius)만은 붙들려 진영에 남았다. 병사들이 그의 머리 회전이 빨라 자신들의 요구 사항을 전달할 때 편리할 것이라고 생각했기 때문이다.

그렇지만 폭도들 사이에서조차 시르피쿠스(Sirpicus)라는 백인대장을 둘러싸고 분열이 일어났다. 제8군단 병사들은 그를 죽이라고 소리치고 제15군단 병사들은 보호하려고 해, 실제로 서로 칼을 빼들고 충돌하기 직전의 사태에까지 이르렀다. 결국 제9군단 병사들이 개입해 설득하고 중재를 무시하는 자들을 힘으로 위협해 겨우 진정시켰다.

24 이와 같은 이야기를 듣자, 본래 내성적이고 매우 심각한 재난은 무엇이든 되도록 숨기려 드는 성격을 지닌 티베리우스도 어지간히 다급했는지 아들 드루수스를 국가의 지도적인 인사들 및 친위대 2개 대대와 함께 급파했다. 그러나 현지 사정에 따라 판단을 내리도록 아들에게 명확한 지시를 내리지는 않았다. 이 친위대는 일부 정예 병사들이 가담해 숫자도 늘어나고, 장비도 평소보다 강화되었다. 여기에 상당한 숫자의 친위대 부속 기병[82]과, 그 당시 최고 사령관의 신변 경호를 맡고 있었던 가장 우수한 게르마니아인 용사들[83]도 추가되었다. 또 친위대장 루키우스 아일리우스 세야누스(Lucius Aelius Sejanus)가

---

82) 친위대는 티베리우스 시대에는 9개 대대(클라우디우스 시대에는 12개 대대)로 구성되었다. 각 대대는 1천 명으로서 10개 백인대로 나누어지고, 그 밖에 기병 10개(?) 중대가 부속되어 있었다.
83) 이런 이방인 종자從者들이 황제 개인이나 가족의 신변 경호를 맡았는데, 이들은 병사라기보다 무장한 노예 신분이었다.

젊은 드루수스에게는 조언자로서, 그 밖의 사람들에게는 상벌 권한의 보유자로서 동행했다. 아버지 스트라보(Strabo)의 친위대장 동료인 그는 티베리우스의 신임이 두터웠다.

드루수스가 접근하자, 군단병들이 마치 경의를 표하듯이 마중나왔다. 하지만 평소와 달리 밝은 표정을 짓지도 않고, 훈장 등으로 화려하게 치장하지도 않았다. 혐오감이 들 정도로 먼지투성이고, 풀이 죽은 모습을 보이고 있긴 했지만 어느 편인가 하면 반항적인 표정에 가까웠다.

■25 드루수스가 보루로 들어가자마자, 그들은 영문(營門)에 경계병을 배치하고 진영의 몇몇 주요 지점에 일단의 무장병을 대기시켜 놓았다. 나머지 병사들은 모두 엄청나게 큰 원진을 형성하며 지휘대를 에워쌌다. 드루수스는 지휘대로 올라가며 손짓으로 정숙할 것을 명했다. 그들은 수많은 군중을 둘러볼 때마다 호전적인 목소리로 고함을 질렀지만, 다음 순간 카이사르의 얼굴을 보고는 부들부들 떨었다. 막연하게 웅성거리는 소리와 맹렬히 외치는 소리가 들리는가 싶더니, 돌연 침묵이 찾아들었다. 감정이 양 극단 사이를 왔다갔다함에 따라, 병사들이 공포에 떠는 표정과 위협적인 모습을 번갈아 가며 나타냈다. 드루수스가 마침내 소란이 잠시 멎는 틈을 이용해 아버지 티베리우스의 서한을 읽었다. 그 내용은 다음과 같았다.

"내가 특별히 깊은 관심을 갖고 있는 것은 나와 함께 수많은 전투에서 승리를 거둔 용감한 군단병들이다. 내 마음이 사별의 슬픔에서 벗어나면 곧 원로원에 병사들이 바라고 있는 것을 보고할 생각이다. 그 자리에서 줄 수 있는 것은 무엇이든 지체없이 양보하게 하기 위해 우선 먼저 자식을 보낸다. 그 밖의 요구 사항은 원로원과 의논하지 않으면 안 된다. 원로원에 병사들의 요구 사항을 허가하거나 거부할 권리가 없다고 생각하는 것은 옳지 못하다."

26 군중이 "로마에 전달하기 위해 백인대장 클레멘스 율리우스에게 우리의 요구 사항을 말해 두었습니다" 하고 대답했다. 그러자 그가 병사들이 바라는 것에 대해 말하기 시작했다. "16년간 근무하면 제대시켜 줄 것, 병역을 마치면 은사금을 지불해 줄 것, 급료를 하루에 1데나리우스로 올려 줄 것, 고참병을 예비대 군기 하에 붙잡아 두지 말 것 등입니다."

이에 드루수스가 원로원과 아버지의 승인을 방패 삼아 변호에 나섰지만 시끄럽게 외치는 소리 때문에 중단되고 말았다. "병사들의 급료를 올려 주거나 고생을 줄여 줄 생각이 없다면, 요컨대 우리의 운명을 개선시켜 줄 수 있는 권한을 부여받지 못했다면, 도대체 당신은 뭐 하러 왔소? 하지만 틀림없이 태형과 처형의 권한만은 모두 부여받았을 것이오! 티베리우스는 전에 아우구스투스의 이름을 핑계삼아 군단병들의 희망 사항을 언제나 묵살해 버렸소. 이제 이 드루수스도 그와 같은 수법을 재현하고 있소. 마치 우리를 찾아올 사람은 언제나 자제[84]밖에 없는 것 같소. 최고 사령관이 병사들의 복지 문제만은 원로원에 위임한다니, 이 얼마나 기묘한 일이오! 그렇다면 처형하거나 전투를 벌일 때마다 원로원의 의결이 필요하지 않겠소? 아니면 보상은 그 절대적인 지배자들의 자유 재량이고, 징벌은 그들의 결재가 필요없다는 거요?"

27 마침내 그들이 지휘대를 떠났다. 하지만 친위대 병사들이나 카이사르의 참모들을 만날 때마다 위협적인 자세를 취하며 싸울 구실을 찾아내거나 무장 봉기의 계기를 만들어 내려 했다. 특히 그나이우스 코르넬리우스 렌툴루스(Cnaeus Cornelius Lentulus)에게 격렬한 증

---

84) 자제는 로마법에서 재산 소유권이나 고소권 등 개인적인 권리를 전혀 갖고 있지 못한(즉 자기 권리가 없는) 아들이나 딸을 가리킨다. 여기에서는 비유적 표현이다.

오심을 나타냈다. 그가 가장 나이도 많고 무인으로서의 명성도 높아, 병사들이 바로 그가 군인들의 이런 범죄를 누구보다 더 혐오하며 드루수스의 태도를 경직시키고 있을 것이라고 생각했기 때문이다.

이윽고 위험을 예감한 그는 동계 진영으로 가려 했다. 드루수스가 영문까지 바래다 주었지만 곧 폭도들에게 에워싸이고 말았다. "어디로 가는 거요? 최고 사령관에게로, 아니면 원로원으로? 아무튼 군대 개혁에 반대하기 위해서겠지" 하고 말하자마자 느닷없이 다가와 몸을 부딪쳐 쓰러뜨리고 큰 돌을 던지기 시작했다. 돌에 맞아 피투성이가 된 채 죽음을 각오하고 있을 때, 드루수스와 함께 와 있던 주력군이 달려와 구해 주었다.

28 그날 밤은 어쩐지 기분이 나쁘고 금세라도 불상사가 돌발할 것만 같았다. 하지만 단순한 우연에 의해 평온으로 되돌려놨다. 맑은 하늘에서 갑자기 달이 이지러지기 시작했다. 이 원인을 알지 못했기 때문에, 병사들은 그것을 자신들이 놓여 있는 현재 상황의 전조로 받아들였다. 월식[85]이 자신들의 노력에 비유되는 것 같았다. 그래서 "만약 달의 여신이 눈부신 금빛 광채를 되찾는다면 우리가 성취하려고 하는 일이 성공을 거둘 것이다"라고 생각하면서 놋쇠 그릇을 두드리고[86] 나팔과 뿔피리를 불며 소란을 떨었다. 달빛이 조금이라도 강해지면 그들은 기뻐하고, 더 희미해 보이면 슬퍼했다.

이윽고 구름이 나타나더니 시야를 완전히 차단해 버렸다. 달이 암흑 속에 묻혀 버린 것 같았다. 사람의 마음은 일단 안정을 잃으면 미신 쪽으로 치달으며 무엇이든 믿어 버리기 쉽다. 그래서 병사들도 "이것이야말로 끝없는 고생의 전조이다. 하늘이 우리의 행위에 화가

---

85) 서기 14년 9월 27일 오전 3시에서 7시에 걸쳐 일어난 월식.
86) 놋쇠 그릇을 두드리면 일식이나 월식이 예고하는 재난을 피할 수 있다는 미신이 있었다.

나 눈살을 찌푸리고 있는 것이다" 하고 한탄했다.

드루수스는 '그들의 마음이 바뀌었으니 이 기회를 놓쳐서는 안 된다. 우연이 제공해 준 것을 현명하게 이용해야 한다'라고 생각하고, 백인대장 클레멘스 율리우스와 성격이 좋아 일반 병사들에게 인기가 높은 그 밖의 백인대장들을 호출한 뒤 각 천막을 둘러 보라고 명했다. 그들은 야간 순찰병이나 보초나 영문 경계병들 속에 파고 들어가 희망을 주거나 공포심을 자극했다. "최고 사령관의 아들을 계속 포위하는 것이 바람직한 일일까? 이 소동이 과연 어떻게 결말지어지겠는가? 우리는 페르켄니우스와 비불레누스에게 충성을 맹세할 것인가? 페르켄니우스와 비불레누스가 병사들에게는 급료를, 제대병들에게는 땅을 줄 것인가? 요컨대 그들이 티베리우스나 드루수스를 대신해 로마 시민의 지배권을 손에 넣을 것인가? 아니, 그보다 우리는 가장 늦게 죄를 지었듯이 가장 빨리 회개해야 하지 않을까? 집단적으로 소동을 벌이며 요구하는 것은 더디게 이루어지지만, 개개인의 상여賞與는 곧 평가되어 금방 받을 수 있다."

이런 말에 반도들의 마음이 움직이고 점차 서로 의심하게 되자, 신병과 고참병, 군단과 군단 사이에 균열이 생기기 시작했다. 서서히 복종심이 되살아났다. 영문에 경계병을 배치하지 않고, 폭동 초기에 한 곳에 모아 나란히 세워 두었던 군기도 각기 본래의 위치로 돌려 보냈다.

29 드루수스는 다음날 아침 일찍 병사들에게 모이라고 명했다. 숙달된 연설가는 아니었지만 그의 말에는 타고난 기품이 어려 있었다. 그는 과거의 행동을 질책하고 현재의 태도를 칭찬했다. "나는 위협이나 협박에는 절대로 굴복하지 않는다"고 단언했다. "하지만 만약 너희들이 복종심을 되찾은 것을 발견하고, 또 너희들의 호소를 듣게 된다면, 아버지께서 기꺼이 군단병들의 탄원에 귀를 기울이시도록 그분 앞으로 편지를 써주겠다." 병사들의 요청에 의해 다시 소小블라이

수스가 로마의 기사이자 드루수스의 수행원 중 한 명인 루키우스 아프로니우스(Lucius Apronius)와 상급 백인대장[87]인 카토니우스 유스투스(Catonius Justus)를 동반하고 티베리우스에게 파견되었다.

그 후 참모들의 의견이 둘로 나누어졌다. 한쪽은 드루수스에게 이렇게 진언했다. "사자가 돌아올 때까지 기다려야 합니다. 그때까지는 병사들을 부드럽게 다루며 달래는 것이 좋습니다." 다른 한쪽은 "좀더 강경한 조치를 취해야 합니다" 라고 주장했다. "군중은 극단적으로만 행동합니다. 두려워하지 않으면 협박을 가하지만, 일단 공포를 느끼면 모욕을 받아도 반항하지 않습니다. 미신에 사로잡혀 있을 때 폭동의 주동자를 처형해 장군에 대한 외경심을 강화시켜야 합니다."

드루수스는 성격적으로 엄격한 조치를 취하길 좋아했다. 그래서 비불레누스와 페르켄니우스를 호출한 뒤 처형할 것을 명했다. 대부분의 전거는 두 사람의 시체가 장군의 천막 속에 서둘러 매장되었다고 전하고 있다. 그러나 별전別傳에 따르면 본보기로 보루 밖으로 내던져졌다고 한다.

30 이어서 주된 주동자 하나하나에 대한 수색 작업이 벌어졌다. 어떤 자들은 진영 바깥에서 무분별하게 돌아다니다가 백인대장이나 친위대 병사들에게 살해되었다. 다른 자들은 충성심의 증거로 병사들 자신에 의해 살해된 뒤 인도되었다. 병사들의 마음이 일찍 찾아온 겨울과 끊임없이 내리는 비로 인해 더욱 울적해졌다. 폭우 때문에 좀처럼 천막 밖으로 나올 수도, 서로 회합할 수도, 군기를 제자리에 세워둘 수도 없었다. 금방이라도 폭풍에 날아가거나 탁류에 휩쓸려 갈 것 같았기 때문이다. 게다가 그들은 여전히 하늘의 노여움을 두려워하

---

87) 상급 백인대장은 (이설도 있지만) 각 군단 제1대대의 1명의 백인대장을 가리킨다.

고 있었다. "달이 빛을 잃은 것도, 폭풍우가 심한 것도 우리의 범죄 행위와 직접적인 연관이 있는 것 같다. 불운으로부터 벗어나려면 속죄를 하고 나서 이 불길하고 불결한 둔영을 버리고 각 군단이 여러 동계 진영으로 철수하는 길밖에 없는 듯싶다."

그리하여 먼저 제8군단이, 이어서 제15군단이 떠났다. 제9군단은 티베리우스의 서한을 기다려야 한다고 거듭거듭 주장했지만, 다른 군단들의 철수로 딱한 처지에 놓이게 되자 그들도 불가피한 운명을 자발적으로 앞질러 선택했다. 드루수스는 현지의 상황이 상당히 진정되었다고 생각하고 사자가 돌아오길 기다리지 않고 로마를 향해 떠났다.

3. 속주 게르마니아 군대의 폭동

31 거의 같은 시기에 동일한 이유에서 게르마니아의 군대도 폭동을 일으켰다. 숫자가 많은만큼 한층 더 격렬했다. 게다가 이곳의 군단병들은 엉뚱한 기대를 품고 있었다. "게르마니쿠스 카이사르는 다른 사람의 명령권을 감내하지 못할 것이다. 그리고 단독으로 로마의 전 군대를 끌어들일 수 있는 우리에게 몸을 맡길 것이다."

라인 강변을 따라[88] 두 군대가 주둔하고 있었다. 그 중 하나인 이른바 고지 게르마니아군은 가이우스 실리우스(Gaius Silius)가, 다른 하나인 저지 게르마니아군은 아울루스 카이키나 세베루스(Aulus Caecina Severus)가 지휘하고 있었다. 양 군대의 최고 통수권자가 게르마니

---

88) 라인 강변을 따라 고지 게르마니아 속주와 저지 게르마니아 속주가 있고, 여기에 각기 4개 군대가 주둔하며 게르마니아인의 침공과 갈리아인의 모반에 대비하고 있었다.

쿠스였지만, 그는 마침 이때 갈리아 속주의 재산세를 사정[89]하는 데 정신을 빼앗기고 있었다.

실리우스 휘하의 고지군은 아직은 회의적인 마음을 갖고 저지군의 소요가 어떻게 되어 가는지 지켜 보고 있었다. 그러나 저지군 병사들은 분별력을 잃고 광란 상태에 빠져 버렸다. 먼저 제21군단과 제5군단이 선수를 치고, 여기에 우비족의 영지에 인접한 하계 진영에서 가벼운 임무를 수행하거나 빈둥빈둥 놀며 함께 지내고 있던 제1군단과 제20군단도 끌어들었다. 그때 아우구스투스의 사망 소식이 전해지자, 얼마 전에 로마에서 갓 징집된 비천한 계층의 무리가, 즉 방종이 습관화되어 고생하길 싫어하는 패거리가 대다수의 다른 단순한 병사들의 머릿속에 다음과 같은 생각을 심어 주었다.

"고참병들은 좀더 빠른 제대를, 젊은 병사들은 급료의 인상을 요구할 때가 왔다. 다 함께 비참한 곤경에서 구해 달라고 주장해야 한다. 지금이야말로 잔혹한 백인대장들에게 복수해야 할 때이다."

여기에서는 판노니아의 군대처럼 페르켄니우스와 같은 2,3명의 인물이 두려움에 떨며 다른 강한 군대를 기대하는 병사들에게 이런 말을 하지 않았다. 폭동을 외치는 입과 목소리가 훨씬 더 많았다. "로마의 운명은 우리의 손 안에 들어 있다. 우리의 승리로 국가가 확대되고 있다. 최고 사령관들이 우리에게서 비롯된 별명을 사용하고 있지 않은가?[90]"

32 그러나 총독인 카이키나는 조치를 취하려 하지 않았다. 수많은 병사들의 맹목적인 광기와 소동의 규모에 마음의 평정을 잃어버렸기 때문이다. 갑자기 흉포한 자들이 칼을 빼들고서 백인대장들을 습격

---

90) 게르마니쿠스는 게르마니아인과 싸워 이긴 자라는 의미의 별명. 맨 처음 이 별명이 붙여진 것은 본문의 게르마니쿠스의 아버지인 드루수스였다.

했다. 그들은 병사들의 원한의 의례적인 표적으로 반란이 일어나면 언제나 가장 먼저 희생되었다. 그들을 땅에 쓰러뜨리고는 백인대장의 숫자와 똑같아지도록 한 사람당 60대씩 태형을 가했다. 그 후 그들은 부러지고 병신이 된 상태로, 일부는 목숨이 끊어진 상태로 보루 밖이나 라인 강 속으로 내던져졌다.

셉티미우스(Septimius)라는 이름의 백인대장은 지휘대까지 도망친 뒤 총독 카이키나의 발 밑에 쓰러졌다.

하지만 병사들은 그런 그까지 내놓으라고 끈질기게 아우성치고는 마침내 넘겨받아 죽여 버렸다. 나중에 가이우스 카이사르(칼리굴라)를 살해해 후세에 그 이름을 남긴[91] 가이우스 카시우스 카이레아(Gaius Cassius Chaerea)가, 이때 대담 무쌍한 청년 백인대장으로서 칼을 들고 싸우며 앞길을 가로막는 무장병들 사이를 빠져 나갔다.

이제 더 이상 부관이나 둔영대장들에게 권위가 없었다. 그들은 야간 순찰이나 보초, 혹은 그 외에 상황이 요구하는 것은 무엇이든 그들 자신의 힘으로 해결했다. 얼마간 식견을 갖고 병사들의 심리를 꿰뚫어볼 수 있는 사람들은 폭도들이 분열되거나 소수의 선동에 넘어가지 않고 누군가에게 지배되고 있는 것처럼 일사불란하게 굳은 단결 하에 일시에 격노하다가 평정을 되찾는 것을 보고, 이것이야말로 이번 반란이 중대하고 다루기 어렵다는, 가장 강력한 증거라고 생각했다.

33 앞에서 이미 언급했듯이 이때 게르마니쿠스는 갈리아에서 재산세를 사정하느라 바빴다. 그는 그곳에서 아우구스투스의 사망 소식을 들었다. 게르마니쿠스는 아우구스투스의 손녀딸 아그리피나(Agrippina)를 아내로 맞이하고 그녀와의 사이에 여러 명의 자식을 두고 있었다. 그는 티베리우스의 동생인 네로 드루수스(Nero Drusus)의

---

91) 제7권~제10권 [옮긴이의 덧붙이는 글] 41년 항목 참조.

아들이자 아우구스타의 손자였지만, 큰아버지나 할머니가 자신을 은 근히 미워하고 있는 것을 알고 고민하고 있었다. 이유가 부당한만큼 그 미움의 감정은 한층 더 뿌리깊었다. 로마 국민이 네로 드루수스를 아직까지도 몹시 그리워하며 진심으로 이렇게 믿고 있었기 때문이 다. "만약 그가 제국의 지배권을 손에 넣었다면 옛날과 같은 자유를 우리에게 돌려 주었을 텐데." 그래서 아들인 게르마니쿠스에게도 똑 같은 호의와 기대를 품고 있었다. 확실히 이 청년은 겸손한 성격과 놀 랍도록 친절한 태도를 지니고 있었다. 그리고 말투나 표정이 티베리 우스의 오만하고 애매한 그것과 대조적이었다.

설상가상으로 여성 특유의 질투심이 사태를 더욱 악화시켰다. 즉 리비아는 계모로서 아그리피나에게 반감을 품고 있었고, 아그리피나 자신도 단호하고 상당히 흥분하기 쉬운 성격을 지니고 있었다. 하지 만 그녀는 남편에 대한 정절과 사랑에 의해 아무리 통제하기 어려운 감정도 좋은 방향으로 돌려 놓고 있었다.

34 그래도 게르마니쿠스는 최고의 희망에 가까이 다가갈수록 더욱 더 열심히 티베리우스를 위해 분골쇄신했다. 자진해서 티베리우스에 게 충성을 맹세하고, 이웃한 세콰니족과 벨가에족의 각 공동체에게 도 복종할 것을 맹세하게 했다. 그래서 군단이 폭동을 일으키고 있다 는 소식을 전해 듣자 황급히 그곳을 향해 떠났다. 병사들이 진영 바깥 까지 마중나왔다. 그들은 마치 후회하고 있는 듯이 시종 일관 눈을 내 리깔고 있었다. 하지만 보루 안으로 들어가자마자 불평하는 목소리 가 떠들썩하게 들려 오기 시작했다. 어떤 병사들은 마치 키스하려는 듯이 게르마니쿠스의 손을 잡고는 그의 손가락을 입 속으로 밀어넣 고 치아가 없어진 잇몸을 만지게 했다. 다른 병사들은 나이가 들어 구 부러진 허리를 보여 주었다.

그는 아무 질서도 없이 마구 뒤섞인 채 자신을 에워싸고 있는 군중을 보고 대대별로 정렬하라고 명했다. 하지만 "이래야 더 잘 들을 수 있습니다"라고 병사들이 대답했다. "그렇다면 대대기를 앞에 세워라"[92] 하고 거듭해서 명했다. 그러면 적어도 대대는 식별할 수 있으리라 생각했기 때문이다. 병사들은 마지못해 이 명령에 복종했다. 그 후 게르마니쿠스는 먼저 고인인 아우구스투스에게 경의를 표하고, 이어서 티베리우스의 수많은 승리와 개선에 대해 언급했다. 특히 그가 이 곳의 군단병들과 함께 게르마니아에서 달성한 위업[93]을 칭송했다. 그리고 이탈리아의 단결과 갈리아인의 충성을 격찬했다. "그 어디에서도 분쟁이나 소요 사태가 일어나지 않았다." 이때까지는 병사들도 잠자코, 혹은 이따금 투덜거리며 듣고 있었다.

35 그렇지만 게르마니쿠스가 폭동에 대해 언급하며 "병사들의 저 복종심은, 저 유명한 전통적인 군기는 도대체 어디로 사라져 버렸는가? 부관이나 백인대장들을 어디로 쫓아 버렸는가?" 하고 힐문하자, 병사들이 욕설을 퍼부으며 잇달아 옷을 찢고 부상을 입거나 매를 맞아 생긴 흉터를 가리켰다. 그러고는 너나 할 것 없이 큰돈을 주고 사는 휴가에 대해, 낮은 급료와 냉혹하고 무정한 사역, 그 중에서도 특히 보루나 참호의 건설에 대해, 마초·재목·땔감의 운반, 필요해서 시키거나, 혹은 진영에서 빈둥거리는 것을 방지하려는 목적에서 고안된 그 밖의 온갖 노무勞務에 대해 어지럽게 떠들어 댔다.

가장 간절한 고함 소리가 고참병들 사이에서 터져 나왔다. 30년 이상의 병역 기간을 지적하며 "제발 장기간에 걸친 이런 고된 일로 인해 기진맥진해 쓰러져 죽기 전에 구해 주세요. 이런 끔찍한 군무에서 벗어날 수 있게 해 주세요! 먹고 살아갈 수 있는 상태에서 휴식을 취

---

92) 병사들은 훈련 결과 본능적으로 대대기를 에워쌌기 때문에(38절 참조) 자연히 대대마다 모여 있었을 것이다.
93) 42절을 참조할 것.

할 수 있게 해 주세요!" 하고 탄원했다. 개중에는 게르마니쿠스에게 신군 아우구스투스가 남긴 유증금을 요구하는 자들도 있었다. 그들은 그의 전조가 좋다는 말을 덧붙이면서 "만약 통수권을 원하신다면 저희는 기꺼이 그 계획을 지지하겠습니다" 라고 큰소리쳤다. 그러자 그가 악의惡意가 자신을 더럽히고 있는 듯이 돌연 지휘대에서 뛰어내려서 그 자리를 뜨려고 했다. 하지만 병사들이 무기를 들이대며 앞길을 막고는 "돌아가세요" 라고 위협했다. 게르마니쿠스는 "황제에 대한 맹세를 저버리느니 차라리 죽겠다" 하고 외친 후 허리에 찬 칼을 빼들고 금방이라도 가슴을 찌를 듯이 높이 치켜 들었다. 이때 곁에 있던 병사들이 그의 오른손을 잡고 완력으로 저지했다. 그러나 맨 뒤쪽에 가장 빽빽이 몰려 있던 일단의 무리와, 거의 믿기지 않는 이야기지만 눈에 띄는 곳까지 헤치고 나온 몇 사람이 이렇게 부추겼다. "어서 찌르세요." 칼루시디우스(Calusidius)라는 자는 자신의 칼을 빼어들고는 그것을 건네면서 "이것이 더 날카롭습니다" 하고 말하기까지 했다. 이것은 정말이지 흥분한 병사들에게조차 잔인하고 혐오스런 행위로 비쳤다. 이 틈을 노려 참모들이 황급히 카이사르를 천막으로 끌고 들어갔다.

■36 그들은 그곳에서 대책을 협의했다. 아무튼 다음과 같은 보고까지 들어와 있었다. "폭도들이 고지 게르마니아 군도 끌어들이려고 사자의 파견을 준비하고 있다. 또한 우비족의 수도[94]를 파괴하고 그곳에서 강탈을 경험한 뒤에는 갈리아의 속주들에 난입해 그곳까지 약탈할 계획이라고 한다." 게다가 적인 게르마니아인들이 로마군의 폭동에 대해 알고 있었기 때문에 한층 더 걱정스러웠다. "만약 강변 경계를 게을리하면 공격해 올 것이다. 하지만 반란군에 대항해 원군이

---

94) 오늘날의 쾰른. 저지 게르마니아군의 총사령부가 있었다. 이곳에 아우구스투스의 제단이 있어 '우비족의 제단' 이라고도 불렸다(39절, 57절).

나 동맹자들을 무장시키면 내전이 벌어질 것이다." 엄벌은 위험해 보였다. 그러나 대폭적인 양보는 수치스런 일이 될 터였다. 병사들의 요구 사항을 전면적으로 거부하든 모두 다 받아들이든, 어느 쪽이나 다 똑같이 국가에 위험했다.

여러 가지 계획을 비교 검토한 뒤에 황제의 이름으로 서한을 발표하기로 결정했다.

"20년간 근무한 자에게는 제대를 허가한다. 16년간 복무한 병사는 현역에서 해임시킨 뒤 예비군 군기 하에 붙잡아 두더라도 실제로 적을 격퇴하는 경우를 제외하고는 어떤 임무도 맡기지 않을 것이다. 그대들이 요구한 유증금은 두 배로 올려 지불하겠다."

37 병사들은 이것이 임시 변통으로 급조된 것을 알아차리고 즉시 실행에 옮기라고 요구했다. 제대 문제는 부관들[95]에 의해 신속히 처리되었다. 은사금 지불은 군단이 각각의 동계 진영으로 돌아갈 때까지 연기되었다. 하지만 제15군단과 제21군단은 하계 진영에서 떠나려 하지 않았다. 마침내 그곳에서 참모들이나 카이사르의 개인적인 여비를 모두 긁어 모아 전액을 지불했다.

총독 카이키나는 제1군단과 제20군단을 이끌고 우비족의 수도로 돌아갔다. 그것은 최고 사령관에게서 빼앗은 금고를 군기들과 독수리표 군기 사이에 집어넣고 운반해 간, 추악하기 그지없는 행군이었다. 게르마니쿠스는 고지 게르마니아군이 있는 곳으로 간 뒤 별다른 어려움 없이 제2, 제13, 제16군단으로부터 즉각 충성의 맹세를 받아내는 데 성공했다. 제14군단은 잠시 망설이다가 그 요구를 받아들였

---

95) 부관은 기사 계급의 장년이나 원로원 계급의 청년에 한정되고, 6개월의 임기가 끝난 뒤 각각의 출세 코스를 따라 승진했다. 평상시의 임무는 병사들의 명부 작성, 제대 문제 처리, 진영 재판관(44절)이고, 전시에는 대대장과 군단장의 참모가 된다. 한 군단에 6명이 있었다.

다. 이곳에서는 요구하지도 않았는데 유증금이 지불되고 제대가 허용되었다.

38 그러나 카우키족의 영지에서 그곳의 수비대가 새로 폭동을 일으켰다. 그들은 앞서 불만을 품고 폭동을 일으켰던 여러 군단의 분견대로 구성되어 있었다. 2명의 병사가 즉각 처형되자 곧 얼마 동안은 진정되었다. 이것을 명한 것은 둔영대장인 마니우스 엔니우스 (Manius Ennius)였다. 이런 권한은 허용되어 있지 않았지만 현명한 범례를 제시했다고 할 수 있을 것이다. 이윽고 소동이 악화되기 시작하자 엔니우스는 도망쳤다. 하지만 은신처가 안전하지 않아 발견되었다. 그래서 이번에는 대담한 행위로 자신의 목숨을 구하려 했다. "너희들이 모욕하고 있는 것은 둔영대장이 아니다. 장군 게르마니쿠스이다. 최고 사령관 티베리우스이다!" 하고 그는 외쳤다. 이에 대항하고 있던 병사들이 순식간에 위압당하자 그들로부터 군기를 빼앗고는 라인 강 쪽을 가리키면서 "행진 대형에서 이탈하면 누구든 탈주병으로 간주할 것이다" 라고 소리쳤다. 그러고는 그들을 동계 진영으로 데리고 갔다. 여전히 불만에 차 있었지만 군이 거스르지는 않았다.

39 그 사이에 원로원의 사절[96]이 게르마니쿠스를 찾아왔다. 그는 이미 우비족의 제단으로 돌아와 있었다. 이곳에서는 제1군단 및 제20군단의 병사들과 최근에 해임되어 예비대 군기 하에 있는 고참병들이 동영하고 있었다. 죄의식과 공포심에서 전전긍긍하던 그들은, "폭동으로 손에 넣은 것이 원로원에서 내려온 명령에 의해 무효화되는 것은 아닐까?" 하는 불안감에도 사로잡히게 되었다. 군중은 아무리 근거가 없어도 어떻게든 어떤 특정한 인물에게 책임을 돌리는 버릇이 있듯이, 그들은 집정관직을 역임한 수석 사절 무나티우스 플란쿠

---

96) 게르마니쿠스에게 집정관 대행 명령권를 수여한다는 결의문(14절)을 전달하기 위해서였다.

스(Munatius Plancus)를 원로원 의결의 주창자로 지목하고 비난을 퍼부어 댔다. 그들은 사람들이 모두 잠들어 조용해진 한밤중에 게르마니쿠스의 저택[97]에 보관되어 있는 예비대기를 넘겨 달라고 시끄럽게 요구하기 시작했다. 저택 입구로 우르르 몰려가 문을 부수고 카이사르를 침상에서 끌어낸 뒤 죽여 버리겠다고 위협해 억지로 군기를 빼앗았다. 그러고는 길을 싸돌아다니다가 소동이 일어났다는 이야기를 듣고 게르마니쿠스의 저택으로 급히 달려가던 원로원 사절단과 만났다. 병사들은 사절들에게 욕설을 퍼부어 댔다. 금방이라도 죽일 듯한 기세였다. 특히 체면상 도망칠 수 없는 플란쿠스를. 운명의 갈림길에 선 플란쿠스는 제1군단의 진영에 도움을 청하는 수밖에 없었다. 그곳의 대대기들과 독수리표 군기를 움켜쥐고 그 종교적 외경[98]으로 자신을 지키려 했다. 그래도 독수리표 군기의 기수旗手인 칼푸르니우스(Calpurnius)가 최악의 폭력 사태로부터 그를 구해 주지 않았으면, 로마 시민의 사절이 신들의 제단을 피로 물들이는 불상사 —— 적들 사이에서도 드물게 발생하는 일 —— 가 로마 진영 내에서 일어났을 것이다.

이윽고 날이 밝았다. 장병들이 저마다 잠에서 깨어나 정신을 차리고 사건의 진상을 알게 되었을 때, 게르마니쿠스가 진영으로 들어온 뒤 플란쿠스를 데려오게 하고는 지휘대 위에서 그를 맞이했다. 그러고 나서 불행을 초래하는 광기 어린 폭력 사태가 재발한 것을 질책했다. "이것은 병사들보다는 오히려 신들이 얼마나 분노하고 있는지를 보여 주고 있다!" 이어서 사절단이 온 이유를 설명하고, 유감의 뜻을

---

97) 동계 진영에서는 장군이나 고관은 군단의 진영 바깥에 저택을 짓고 처자식과 함께 살았다. 밀어닥친 예비대는 군단의 진영 바깥에서 야영했고, 군기는 장군의 저택 안에 있었다. 그들은 깃발을 빼앗고 이것을 무기로 요구 사항을 제시하려 했을 것이다.
98) 군기는 신성시되어 진영 내에서는 신들의 제단(뒤에 언급됨) 곁에 놓여 있었다.

담아 유창한 언변으로 모욕받은 사절들의 권리에 대해, 플란쿠스가 당한 부당하고 잔혹한 재난과 그로 인해 초래된 군단의 큰 불명예에 대해 길게 말했다. 귀 기울여 듣고 있는 병사들은 숙연하다기보다는 아연한 표정이었다. 그 후 게르마니쿠스는 원군 기병대의 호위 하에 사절들을 돌려보냈다.

40 이런 우려할 만한 상황을 맞아 모두 게르마니쿠스에게 여러 가지로 간언했다. "왜 고지 게르마니아군이 있는 곳으로 가시지 않습니까? 그곳 병사들은 명령에 복종하기 때문에 반란을 막는 데 도움이 될 것입니다. 제대나 은사금이나 관대한 조치로 이미 차고 넘칠 정도로 충분히 잘못을 저지르셨습니다. 설사 장군 자신의 생명은 하찮게 여기더라도, 어린 아드님과 임신 중인 마님을 왜 이 광인들 속에, 온갖 법을 다 어긴 폭도들 속에 방치해 두십니까? 적어도 마님과 아드님만은 본국의 할아버님에게로 보내셔야 합니다."

게르마니쿠스는 오랫동안 망설였다. 아내는 "신군 아우구스투스의 피를 이어받은 저입니다. 어떤 위험이 닥치더라도 그에 부끄러운 행동은 하지 않을 것입니다"라고 맹세하고 남편의 말을 들으려 하지 않았다. 마침내 게르마니쿠스는 임신한 아내와 두 사람이 사랑하는 아들을 껴안고 주르르 눈물을 흘리면서 떠나라고 설득했다.

애처로운 한떼의 여성이 도보로 서서히 출발하고 있었다. 멀리 달아나는 최고 사령관의 아내는 어린 아들을 가슴에 꼭 껴안고, 함께 떠나지 않을 수 없게 된 참모들의 아내들이 그녀를 에워싸고 울고 있었다. 뒤에 남은 남편들도 그에 못지않게 슬픔에 잠겨 있었다.

41 게르마니쿠스에게서는 승전 장군의 면모가 보이지 않았다. 그는 자기 진영보다는 오히려 점령된 도시에 있는 것 같았다. 여자들이 오열하고 한탄하며 가슴을 치는 소리가 병사들의 주목을 끌었다. 그들이 천막에서 나와 이렇게 물었다. "저 통곡 소리는 뭐야? 왜 저렇게

큰 비탄에 잠겨 있는 거지? 높으신 양반들의 부인들 아니냐? 호위하는 백인대장이나 병사들도 없잖아? 최고 사령관의 부인 같지가 않아. 늘 뒤따르는 종자도, 그 밖의 다른 의례도 없어. 트레베리족[99]의 영지로 떠나는 것일까? 이방인들의 신의를 믿고 그들에게 의지하려고!"

병사들은 미안하고 부끄러운 생각이 들었다. 아그리피나의 아버지 아그리파와 그녀의 할아버지 아우구스투스, 그녀의 시아버지 네로 드루수스에 대한 추억이 되살아났다. 많은 자식을 낳은 것으로 유명한 사실과 만인이 인정하는 정절, 그리고 진영에서 태어난 뒤 군단의 천막들 사이에서 자라고 자기들 나름대로 방식으로 늘 '작은 군화(칼리굴라)'라는 애칭으로 부르고 있는 저 아기[100](일반 병사들의 호감을 사기 위해 그렇게 불리는 신발을 신고 다닐 때가 많았기 때문이다)도 머릿속에 떠올렸다. 그렇지만 뭐니뭐니해도 병사들에게 가장 큰 영향을 미친 것은 트레베리족에 대한 질투심이었다. 그들은 애원하며 길을 가로막았다. "제발 돌아가세요." "여기에 남아 주세요." 일부는 아그리피나에게 달려가 매달리고, 대부분은 게르마니쿠스가 있는 곳으로 돌아갔다. 그러자 그는 새삼 슬픔과 분노를 느끼고 에워싼 병사들에게 이렇게 말하기 시작했다.

42 "내게는 아내나 자식이 아버님이나 조국만큼 중요하지 않다. 그러나 아버님은 그분의 존엄에 의해, 로마 세계는 다른 군대들에 의해 지켜지고 있다. 너희들의 더 큰 영광을 위해서라면 내 처자식을 기꺼이 희생시키겠다. 하지만 지금은 미쳐 버린 너희들로부터 멀리 떼어 놓고 싶다. 너희들이 고집불통이 되어 저지르려 하는 죄가 무엇이든 내 피만으로 그 대가를 치르고 싶다. 아우구스투스의 증손자를 살해

---

99) 벨기카 속주의 토착민.
100) 뒷날의 황제 가이우스 칼리굴라.

하고 티베리우스의 며느리를 살해한다면 너희들의 죄가 더욱 무거워질 것이다. 그것을 방지하고 싶다!

생각해 보라, 요 며칠 동안 너희들이 가능한 한 온갖 범죄를 다 저지르고 얼마나 말도 안 되는 행패를 부렸는지. 여기에 모여 있는 자들을 뭐라고 불러야 할지 모르겠다! 보루와 무기로 최고 사령관의 자식을 괴롭힌 너희들을 군인들이라 할 수 있을까? 그렇다면 로마 시민일까? 하지만 너희들은 원로원의 권위를 짓밟아 버리지 않았느냐? 적에게 허용되는 권리, 즉 사절들의 존엄성과 국제법조차 너희들은 모욕하지 않았느냐? 신군 율리우스 카이사르께서는 군대의 소란을 단 한마디로 진압하셨다. 충성의 맹세를 무시하려는 병사들에게 '퀴리테스[101]여' 하고 외치셨다.

신군 아우구스투스께서는 저 용모와 눈빛으로 악티움의 군단병들을 움츠러들게 만드셨다. 나는 아직은 그 두 분에 비교가 되지 않지만 그분들의 후손이다. 설사 내 이름이 알려지지 않은 히스파니아나 시리아의 병사들에게 경멸당하더라도 내게는 깜짝 놀랄 만한 불명예일 것이다.

제1군단과 제20군단의 병사들이여, 그들[102]은 티베리우스 님으로부터 군기를 수여받았고, 너희들은 티베리우스 님과 함께 수많은 승리를 거두고 그분에게서 포상도 많이 받았다. 그런데 너희들은 옛 장군에게 얼마나 훌륭하게 보답하고 있느냐! 나는 아버님에게, 그렇다, 다른 속주들로부터는 기쁜 소식만 듣고 있는 아버님에게 이런 것을 전해야 하는가? '아버님의 신병들과 고참병들이 제대와 은사금에 만족하지 못하고 있습니다. 여기에서는 많은 백인대장이 살해되고 부

---

101) 로마 시민을 의미하는 옛말로 민회에서 호칭으로 사용되었다. 병사에게 사용되면 병역 해제를 의미했다.
102) '그들'은 제20군단병. 지금 제1군단병을 상대로 연설하고 있다.

관들도 쫓겨났으며, 원로원의 사절조차 감금되고 진영과 강이 피로
물들어 버렸습니다. 저도 적의로 가득 찬 병사들 속에서 바람 앞의 등
불처럼 연명해 가고 있습니다!'

43 선견지명이 없는 친구들이여, 왜 집회 첫날 내가 가슴을 찌르
려 했던 그 칼을 빼앗았는가? 칼을 건네 준 그 병사야말로 더 고맙고
인정이 많은 친구였다. 그때 죽었다면 내 병사들의 온갖 파렴치한 범
죄에 말려들어 골탕먹지 않아도 되었을 것이다! 너희들도 내 죽음의
복수는 내버려 두더라도 적어도 푸블루스 퀸크틸리우스 바루스와 그
3개 군단의 복수만은 해줄 수 있는 장군을 선택했을 것이다. 그렇다,
벨가에족 —— 갈리아인과 이방인들 —— 의 제의에도 불구하고, 그
들이 로마의 명예를 회복시키고 게르마니아인을 평정했다는 빛나는
영광을 차지하는 것을 신들께서 금지하고 계시기 때문이다.

신군 아우구스투스여, 이제는 천상에 계신 당신의 영혼에게 기원
합니다! 아버지 드루수스여, 저희의 기억 속에 있는 당신의 모습에
호소합니다! 마음속에서 명예심과 긍지를 되찾고 있는, 여기 이 병사
들에게 와서 이 오점을 씻어내 주십시오. 동포 시민에 대한 분노를 이
번에는 적을 파멸시키는 쪽으로 돌려 주십시오. 그리고 너희 병사들
이여, 얼굴과 영혼이 확 바뀌어 버린 병사들이여, 만약 원로원에 사절
을 돌려보내고 최고 사령관에게 다시 복종하며 내게 아내와 자식을
돌려 줄 생각이라면, 오염된 것을 떨쳐 버리고 선동자들을 골라내라!
그래야 비로소 너희들이 후회하고 있다는 것이 입증되고, 또 너희들
이 충성하고 있다는 것도 보증될 것이다."

44 이 말에 그들은 고개를 떨구고 비난의 정당성을 인정했다. 그들
은 자비를 베풀어 달라며 "범인을 벌하시고 무심결에 잘못을 저지른
자들을 용서해 주세요. 그리고 저희들을 적지로 데려가 주세요" 라고
탄원했다. "마님을 다시 부르시고 저희들이 기른 아드님도 다시 데려

오셔야 합니다. 두 분을 갈리아에 인질로 건네 주시면 안 됩니다." 게르마니쿠스는 아그리피나의 귀국과 관련해서는 눈앞으로 다가온 분만과 겨울 때문이라고 변명했다. "하지만 내 아들은 돌아올 것이다. 나머지는 너희들 스스로 해결할 수 있을 것이다."

병사들은 마음을 바꾸고 급히 여기저기로 달려갔다. 주요 선동자들을 모두 체포한 뒤 제1군단장[103]인 가이우스 카이트로니우스(Gaius Caetronius) 앞으로 끌고 갔다. 그는 그들을 차례로 다음과 같은 방식으로 재판하고 처벌했다. 군단병들이 칼을 빼어 들고 한 덩어리가 된 채 죽 늘어섰다. 피고들이 지휘대로 끌어올려진 뒤 부관에 의해 하나하나 소개되었다. 만약 병사들이 입을 모아 죄인이라고 외치면 아래쪽으로 내던져진 뒤 참수되었다. 병사들은 마치 이 처형으로 자신들의 죄가 깨끗해지는 듯이 그것을 즐겼다. 카이사르는 자신이 그런 명령을 내리지 않았음에도 불구하고 그들을 저지하지 않았다. 이 잔학한 행위에 대한 책임과 비난이 자신이 아니라 그들에게로 돌아갈 터였기 때문이다.

예비대 병사들도 이와 비슷하게 행동했는데, 이들은 그 후 곧 속주 라이티아로 보내졌다. 수에비족의 위협으로부터 속주를 방어하는 데 그 목적이 있다고 했지만 그것은 단순한 구실이고, 실제로는 비길 데 없이 악독하고 도리에 어긋난 범죄에 대한 기억뿐만 아니라 그 대가를 치를 때의 잔혹한 처사로 인해 아직 맥이 빠져 있는 진영에서 그들을 제거하기 위해서였다.

이어서 게르마니쿠스는 백인대장들의 자격을 심사했다. 한 사람씩 차례로 최고 사령관 앞에 불려나와 이름과 배속 부대, 탄생지, 복무 기간을 말하고, 있을 경우 전장에서의 공적과 수여받은 훈장에 대해

---

103) 군단장은 카이사르가 만든 것으로 '군단에서 황제를 대신해 지휘하는 자'라는 뜻. 법무 관급 인물이 황제에 의해 임명되었다. 임기는 3,4년이다.

언급했다. 부관이나 군단병들이 백인대장의 부지런함이나 결백함을 인정하면 그 지위에 유임되었다. 그러나 탐욕스럽고 잔혹하다고 일제히 비난받으면 군무에서 해임되었다.

45 이리하여 휘하의 군대가 평정을 되찾았지만, 그에 못지않게 중대한 문제가 아직 남아 있었다. 그것은 60마일(96.5킬로미터)쯤 떨어진 베테라에서 동영하고 있는 제5, 제21군단의 완고한 태도였다. 실은 선두에 서서 소란을 일으킨 것도 이 두 군단이고, 더없이 잔학한 행위도 그들의 손에 의해 저질러졌다. 그들은 동료들의 처벌에도 겁먹지 않고 그들의 개심에도 뜻을 굽히지 않은 채 전과 다름없이 여전히 분개하고 있었다. 그래서 카이사르는 군단과 선대船隊,[104] 동맹군에게 라인 강을 내려갈 준비를 하라고 명했다. 만약 자신의 명령권을 거부하면 일전을 불사할 각오였다.

46 로마에서는 판노니아의 모반이 어떻게 결말났는지 아직 전해 듣지 못한 가운데 게르마니아의 군단들이 폭동을 일으켰다는 소식을 듣게 되자, 공포에 사로잡힌 시민들이 티베리우스를 비난했다. "황제가 우유부단을 가장하고 원로원과 시민을, 이 비무장 상태의 무력한 계층을 희롱하는 사이에 군대가 폭동을 일으켰다! 그리고 아직 확립되지 않은 두 젊은이[105]의 권위에 의존했기 때문에 진압하지 못한 것이다. 티베리우스가 직접 가서 그들에게 최고 사령관의 위엄을 보여주어야 했다. 경험이 많고 상벌의 최고 책임자인 황제를 보았으면, 병사들도 곧 양보했을 것이다. 아우구스투스는 만년에 노쇠했는데도 여러 번 게르마니아에 출정하지 않았던가? 그런데 티베리우스는 한창 나이인데도 원로원에 앉아 의원들의 질문을 얼버무려 넘기고 있

---

104) 라인 강 상설 선대는 1천 척을 헤아렸지만(2권 6절), 대부분은 수송선이나 화물선이고 군선이 아니었다.
105) 게르마니쿠스는 29세, 드루수스는 28세였을 것이다.

다! 수도의 노예화가 잘 진행되어 가고 있다. 그는 이제는 병사들이 기꺼이 평화를 받아들이도록 그들의 마음에 뭔가 진정제를 사용해야 한다.”

47 이런 여론에도 불구하고 티베리우스는 동요하지 않았다. “수도를 방치함으로써 나 자신과 국가를 위험에 빠뜨려서는 안 된다”고 굳게 결심하고 있었다. 사실 이렇게 결심할 때까지 수많은 상반되는 생각이 그를 괴롭혔다.

“게르마니아 전역의 군대는 더 강하고, 판노니아의 군대는 이탈리아에 더 가깝다. 전자는 갈리아가 전력을 다해 배후에서 지원하고 있고, 후자는 이탈리아를 위협하고 있다. 그렇다면 어느 쪽으로 먼저 가야 할까? 뒷전으로 밀리는 쪽이 혹시 모욕감을 느끼고 격분하지는 않을까? 하지만 자식들을 이용하면 두 곳을 동시에 방문할 수 있다. 그뿐만 아니라 내 위엄도 손상당하지 않을 것이다. 먼 거리에 있을수록 위엄에 대한 외경심이 더욱더 깊어져 간다. 게다가 두 아이도 몇 가지 점에서 아버지에게 책임을 전가하며 발뺌할 수 있을 것이다. 그리고 만약 군대가 게르마니쿠스나 드루수스에게 반항한다면 내 힘으로 무마하거나 분쇄할 수 있을 것이다. 그렇지 않고 최고 사령관이 가서 경멸받을 경우에는 대응할 방도가 전혀 없지 않은가?”

그럼에도 불구하고 그는 금방이라도 출정할 기색을 보이며 참모들을 선발하는 동시에 장비를 집결시키고 함대를 준비했다. 하지만 시간이 지남에 따라 겨울이 다가오고 있다는 둥 공무가 있다는 둥 여러 가지 핑계를 대며 먼저 현명한 사람들을, 이윽고 일반 시민을, 마지막으로 현지의 속주민들을 기만했다.

48 한편 게르마니쿠스는 군대를 집결시키고 반도들에 대한 복수 준비를 완료했지만, 만에 하나 그들도 다른 군단들의 선례를 이용할지도 모르므로 좀더 시간을 주어야 한다고 생각했다. 그래서 출발하

기 전에 카이키나에게 서한을 보냈다. "나는 지금 정예병을 이끌고 가고 있다. 만약 병사들이 사전에 선동자들을 벌하지 않으면 닥치는 대로 전원 다 섬멸할 생각이다."

카이키나는 독수리표 군기 기수나 대대기 기수, 그리고 진영 안에 남아 있는 결백한 병사들을 가능한 한 많이 부른 뒤에 그 앞에서 몰래 이 서한을 읽어 주었다. "진영 전체를 불명예에서, 너희들 자신을 죽음에서 구하도록 하라"고 설득했다. "생각해 보라. 평화시에는 각자의 변명이나 장점이 신중하게 고려되지만, 전쟁이 발발하면 무고한 자나 죄가 있는 자나 똑같이 다 살해되고 만다."

그들은 신뢰할 수 있다고 생각하는 사람들의 의중을 살피고 2개 군단의 대다수에게 충성할 뜻이 있는 것을 알게 되었다. 군단장의 의견에 따라 칼을 들고 가장 비열하고 선동적인 폭도들을 한꺼번에 덮칠 시기를 결정했다. 때가 되자 동지들의 신호를 결정하고 불시에 천막으로 뛰어들어 기습을 가했다. 비밀을 알고 있는 자들을 제외하고는 아무도 살육의 원인이나 그 결과를 알지 못했다.

49 이것은 지금까지 일어난 어떤 내란과도 그 양상이 달랐다. 대립하는 양 진영끼리 싸운 것이 아니었다. 같은 진영에 있는 자들이, 낮에는 함께 식사하고 밤에는 같이 자는 자들이 양쪽으로 나뉘어 서로 싸웠다. 비명 소리와 서로 싸우는 광경과 유혈이 낭자했지만, 그 이유는 베일에 가려져 있었다. 다른 것은 모두 운명에 맡겨졌다. 선량한 병사들도 다소 희생되었다. 범죄자들도 학살의 칼날이 누구를 향하고 있는지 깨닫고 무기를 들었기 때문이다. 군단장과 부관들은 제지하려 하지 않았다. 일반 병사들은 제멋대로 행동하며 마음껏 원한을 풀었다.

그 후 곧 게르마니쿠스가 진영에 도착했다. 그는 하염없이 울면서 "이것은 해결책이 아니라 재난이다!" 라고 외치고는 시체들을 화장할 것을 명했다.

이 무서운 흥분이 아직 가라앉지 않은 병사들이, 적을 습격함으로써 자신들의 광기 어린 행동을 속죄하고 싶은 욕구에 사로잡혔다. "전우들의 영혼을 위로하기 위해서는 죄로 더럽혀진 가슴에 명예로운 부상을 입는 수밖에 없다." 병사들의 이런 열의에 카이사르가 기름을 부었다. 그는 라인 강에 다리를 놓고 군단병 1만 2천 명과, 반란이 일어났을 때에도 줄곧 복종하며 규율을 잃지 않은 동맹군의 보병 26개 대대 및 기병 8개 대대를 도하시켰다.

50 아우구스투스의 서거에 의한 국상과 그 직후의 내부의 불화로 로마군이 행동의 자유를 빼앗기고 있는 사이에, 게르마니아인이 국경 근처까지 몰려와 기세를 올리고 있었다. 로마군은 전속력으로 진군해 카이시아의 숲[106]을 통과한 뒤 티베리우스가 설정한 경계선을 돌파했다. 그 경계선에 진영을 설치하고 전면과 배후는 보루를 쌓아, 양 측면은 울타리를 쳐서 방비를 단단히 했다. 그러고 나서 앞쪽에 거의 알려지지 않은 어두운 숲길이 몇 개 있는 것을 알아냈다. 게르마니쿠스는 2개의 진군로가 있기 때문에 가까운 보통 길을 택할 것인지, 아니면 개척되지 않아 걷기 힘든 길, 즉 적이 경계를 게을리하고 있는 쪽을 택할 것인지 심사숙고했다. 작전 회의에서 보다 먼 길을 택하기로 결정하고는 그 밖의 모든 준비를 서둘렀다. 그날은 게르마니아인의 제례일로 밤에 축하 연회가 벌어지고 경기가 개최되고 있다는 정보가 척후병들을 통해 입수되었기 때문이다.

카이키나가 원군의 경장輕裝 부대와 함께 먼저 출발해 방해가 되는 삼림을 벌채하라는 명을 받았다. 군단병은 조금 뒤늦게 그 뒤를 따랐다. 그날 밤은 달과 별이 밝게 빛나 길을 재촉하는 데 도움이 되었다.

---

106) 현재의 베스트팔렌 지방의 야생림이었을 것이다.

마르시족의 땅에 도착하자 전초前哨들로 각 마을 주변을 에워쌌다. 이 때에도 적은 밖에 야간 경비병들을 세워 두지 않은 채 편히 침상이나 식탁 옆에 누워 자고 있었다. 이 정도로 어느 곳이나 다 부주의하고 무질서한데다가 전쟁에 대한 걱정도 전혀 없었다. 확실히 이것은 평화가 아니었다. 그것은 단지 반쯤 취한 민족의 활기 없고 경솔한 태평함일 뿐이었다.

51 카이사르는 섬멸의 범위를 더욱 넓히기 위해 열성적인 군단병들을 4개의 쐐기형 대형으로 나누고, 50평방 마일의 지역을 구석구석 남김 없이 칼과 방화로 황폐화시켰다. 남녀 노소를 가리지 않고 인정사정없이 닥치는 대로 죽였다. 신성한 장소와 세속적인 중심지를 구별하지 않고, 이 부족이 가장 열렬히 숭배하는 탐파나라 불리는 신의 성역조차 흔적도 없이 파괴해 버렸다. 로마 병사들은 상처 하나 입지 않고 잠이 덜 깬 채 무기도 없이 이리저리 흩어져 도망치는 적들을 해치웠다.

그러나 이웃에 사는 브루크테리족과 투반테스족, 우시페테스족이 이 살육에 자극받고, 로마군이 돌아갈 때 지나가지 않으면 안 되는 숲길들을 봉쇄했다. 장군은 이 사실을 알게 되자 행군과 전투에 적합한 대형을 취하게 했다. 원군의 기병과 보병대 일부가 먼저 달려가고, 제1군단이 그 뒤를 따랐다. 이어서 치중대를 한가운데 두고 좌익은 제21군단이, 우익은 제5군단이 에워쌌다. 그 배후는 제20군단이 경계하고, 최후미에 나머지 동맹군이 배치되었다.

그러나 적은 움직이지 않고 있다가 이윽고 우리 군대가 숲 속으로 들어가 일렬 종대로 행군할 때에야 비로소 소수의 병력으로 양 측면과 정면으로 공격하고, 주력군으로 후미를 들이쳤다. 게르마니아인의 밀집된 공격으로 동맹군의 경장 부대가 혼란에 빠졌다. 카이사르는 제20군단의 병사들이 있는 곳으로 달려가 큰소리로 외쳤다.

"기다리고 기다리던 때가 왔다. 지금이야말로 모반의 빛을 청산할 때이다. 돌격하라. 어서 빨리 너희들의 죄를 영광으로 바꾸어라." 병사들은 전의를 불태우며 단 한 번의 공격으로 적들을 돌파하고 엄청난 손실을 안기며 그들을 평원으로 쫓아냈다. 그 사이에 전위 부대가 숲을 벗어나 요새화된 진영을 설치했다. 그 이후에는 아무 방해도 받지 않고 평온하게 행군할 수 있었다. 새로 자신감을 얻은 병사들은 옛 상처를 잊고 동영지에 편안히 정착했다.

52 이 소식을 듣고 티베리우스는 안도하는 동시에 불안감도 느꼈다. 폭동이 진압되어 기뻤지만, 게르마니쿠스가 은사금을 지불하고 제대를 앞당겨 병사들의 호감을 사고 이번의 승리로 면목을 세운 것이 우려되었다. 그래도 티베리우스는 게르마니쿠스의 수훈을 원로원에 보고하고 그의 무용武勇에 대해 상세히 말했다. 하지만 진심으로 그렇게 느끼고 있다고 생각하기에는 너무나 허식虛飾이 많은 연설이었다.

이어서 좀더 간단히 드루수스를 칭찬하면서 판노니아 폭동의 전말에 대해 이야기했다. 이 연설에서는 더 뜨거운 열기와 진솔함이 느껴졌다. 그는 게르마니쿠스가 양보한 모든 조건을 판노니아의 군대에도 적용할 것을 승인했다.

53 같은 해에 율리아가 숨을 거두었다. 그녀는 일찍이 부정不貞을 이유로 아버지 아우구스투스에 의해 판다테리아 섬[107]에 유폐되어 있다가, 이윽고 시킬리아 해협 인근에 있는 레기움으로 옮겨가 있었다. 티베리우스와 결혼할 때에는 가이우스 카이사르와 루키우스 카이사르가 아직 살아 있었기 때문에, 그녀는 티베리우스를 어울리지 않는 남편으로 경멸하고 있었다. 이것이 티베리우스가 로도스 섬에 은둔한 결정적인 이유였다. 그는 통치권을 계승하자 아그리파 포스투무

---

107) 나폴리 만 먼바다에 있었다.

스를 암살함으로써 추방되어 망신을 당한 그녀에게서 마지막 희망을 빼앗고, 장기간에 걸친 궁핍 생활로 서서히 굶어 죽어 가게 만들었다. 그녀를 죽이더라도 아주 오랫동안 추방당한 상태였기 때문에 세상 사람들의 주목을 끌지 않으리라 생각했던 것이다.

비슷한 이유에서 티베리우스는 셈프로니우스 그라쿠스(Sempronius Gracchus)에게도 잔인하게 복수했다. 고귀한 가문에서 태어난 그라쿠스는 이해력이 빠른 재인才人이었지만 수치를 모르는 웅변가이기도 했다. 그는 율리아가 마르쿠스 아그리파의 아내였을 때 그녀를 유혹한 적이 있었다. 또한 이것으로 두 사람의 정사가 끝나지도 않았다. 이 끈질긴 정부情夫는 티베리우스에게 시집간 그녀가 남편에게 반감과 증오심을 품도록 부추겼다. 율리아가 아버지 아우구스투스에게 보낸, 티베리우스를 비방하는 편지는 그라쿠스가 작성한 것이라고 당시 사람들은 믿고 있었다. 그래서 그는 아프리카 먼바다에 있는 케르키나 섬으로 유배되고, 이곳에서 14년 동안 추방 생활을 견뎠다. 이때 그를 죽이기 위해 파견된 병사들은 해안의 뾰족한 바위 위에 서 있는 그의 모습을 발견했다. 물론 좋은 소식 따윈 기대하고 있지 않았다. 병사들이 다가가자, 그는 잠시 시간을 달라고 부탁하고 아내 알리아리아(Alliaria)에게 보내는 마지막 전언을 편지에 적었다. 그러고는 암살자들에게 목을 내밀었다. 죽음에 임했을 때의 침착하고 냉정한 태도는 그가 평생 더럽힌 셈프로니우스 가의 명성에 어울리는 것이었다. 다른 설에 따르면 이때의 병사들은 로마에서 오지 않고, 티베리우스가 부추겨 속주 아프리카의 지사[108] 루키우스 노니우스 아스프레나스(Lucius Nonius Asprenas)가 파견했다고 한다. 티베리우스는 살인

---

108) 원로원 속주의 최고 관리자는 공화제 때 그대로 '집정관 대행'으로 불렸다. 원로원 속주에는 아프리카를 제외하고는 군단이 주둔하지 않았기 때문에 군단이 있는 황제 속주의 '총독'과 달리 '지사'로 번역했다.

의 오명汚名이 아스프레나스에게 전가되길 헛되이 바랐던 것이다.

54 같은 해에 새로운 제사들이 생기고, 아우구스투스 동지회라는 성직자단도 창설되었다. 이것은 티투스 타티우스(Titus Tatius) 왕이 일찍이 사비니족의 예배를 보존하기 위해 창설한 티투스 동지회를 모방한 것이었다. 21명의 구성원이 지도적인 지위에 있는 시민 가운데서 추첨으로 선발되었다. 그리고 여기에 티베리우스와 드루수스, 클라우디우스, 게르마니쿠스가 추가되었다.

이해에 처음으로 개최된 아우구스투스제는 무언극 배우들 사이의 경쟁에서 비롯된 싸움 때문에 엉망이 되어 버렸다. 아우구스투스가 이 무언극에 호감을 표시했던 것은 배우 바틸루스(Bathyllus)의 열렬한 후원자였던 마이케나스(Maecenas)[109]의 비위를 맞추기 위해서였다. 하긴 아우구스투스 자신도 이런 취미를 경멸하지 않고 민중의 오락에 참여하는 것을 서민적이라고 생각하고 있었다. 티베리우스는 성격적으로 그 취향이 무척 달랐지만, 아직까지는 위험을 무릅쓰고 오랫동안 제멋대로 해온 민중을 보다 엄하게 규제하려 하지 않았다.

4. 게르마니아 전쟁

55 드루수스 카이사르와 가이우스 노르바누스(Gaius Norbanus)가 집정관이 된 다음 해에,[110] 게르마니쿠스의 개선식이 결의되었다. 그러나 전쟁은 아직 계속되고 있었다. 그는 주요 적인 케루스키족을 상대로 한 대규모 여름 원정을 준비하고 있었지만, 이른 봄에 카티족을 기습해 기선을 제압했다. 실은 적이 아르미니우스(Arminius)[111]와 세

---

109) 3권 30절 참조.
110) 로마에서는 연대를 그해의 양 집정관의 이름으로 표현했다. 이해는 서기 15년이었다.

게스테스(Segestes) 양당으로 분열하리라 예상되었기 때문이다. 그들은 각기 로마의 배신자와 충신으로 유명했다. 아르미니우스는 게르마니아의 말썽꾸러기였다. 그가 모반을 기도할 때마다 세게스테스가 우리 군에 그것을 알려 주었다. 특히 곧바로 전쟁으로 이어지는 저 마지막 만찬에서는 푸블리우스 퀸크틸리우스 바루스에게 이렇게 충고하기까지 했다. "나와 아르미니우스, 그 밖의 귀족들을 포박하세요. 이 지도자들을 격리시키면 틀림없이 연루자들은 조금도 반항하지 않을 것입니다. 그 후에 시간을 들여 직접 죄인과 결백한 사람을 구별하시는 것이 좋을 것입니다."

그러나 바루스는 숙명과 아르미니우스의 칼 앞에 쓰러졌다. 그 후 세게스테스는 전 민족의 일치된 감정에 의해 로마와의 전쟁에 휘말려들었지만 시종 일관 아르미니우스의 반대편에 섰다. 그의 증오심은 사적인 동기에 의해 더한층 불타오르고 있었다. 아르미니우스가 다른 사람에게 시집갈 예정이었던 세게스테스의 딸을 강탈해 갔기 때문이다. 그래서 두 사람은 서로 원수처럼 여기며 혐오하는 사위와 장인 관계였다. 즉 의기 투합하는 사이에서는 좀더 가깝게 만들어 주는 관계가 서로 증오하는 사이에서는 분노의 자극물이 되고 있었다.

56 그래서 게르마니쿠스는 카이키나에게 4개 군단과 5천의 원군, 그리고 라인 강 좌안(갈리아측 강변)에 거주하는 게르마니아인 사이에서 긴급 모병한 병사들을 주고, 자신은 같은 수의 군단병과 2배의 동맹군을 이끌고 먼저 타우누스 산에 있는 아버지의 보루 유적지에 진영을 설치했다. 이어서 경장 부대를 거느리고 카티족의 영지로 급속 행군했다. 루키우스 아프로니우스(Lucius Apronius)는 도로 및 다리와 관련된 작업을 지휘하기 위해 뒤에 남았다. 이 지방의 기후로서

---

111) 케루스키족의 수장으로 바루스를 죽인 영웅. 예전에 로마군에서 복무하며 기사 계급의 지위까지 수여받았기 때문에 '배신자'라 불렸다.

는 드문 현상이지만 가뭄이 계속되어 강물이 감소했기 때문에 방해받지 않고 계속 행군할 수 있었지만, 돌아올 무렵에는 비와 홍수가 우려되었기 때문이다.

카티족은 그의 기습에 완전히 허를 찔려 연령이나 성性으로 인해 싸울 수 없는 자들은 모두 순식간에 사로잡히거나 살해되었다. 젊은 전투원들은 아드라나 강[112]을 헤엄쳐 건너가거나 로마군의 가교架橋 작업을 방해하려고 했다. 하지만 그들은 이윽고 노포弩砲나 화살에 의해 격퇴되었다. 평화 조약을 맺으려 하다가 실패하자 적의 일부는 게르마니쿠스에게 투항하고, 남은 자들은 도시와 마을을 버리고 숲 속으로 흩어져 달아났다. 카이사르는 카티족의 수도인 마티움을 불태워 버리고 평원을 황폐화시킨 뒤 라인 강으로 뒤돌아가기 시작했다. 적은 감히 귀환하는 우리 군대를 배후에서 치지 못했다. 그것은 공포에 사로잡혀 있었기 때문이라기보다는 적이 후퇴할 때마다 전략적인 목적에서 늘 즐겨 이용하는 수단이었다.

케루스키족이 카티족을 돕고 싶어했지만, 카이키나가 군대를 이끌고 그들의 영내를 이리저리 돌아다니며 견제했다. 또한 마르시족이 무모하게 반격해 왔지만, 그는 훌륭하게 싸워 그들을 격퇴해 버렸다.

57 그 후 곧 세게스테스가 사절단을 보내 "저를 에워싸고 있는 부족민들의 폭력으로부터 구해 주십시오"라고 탄원했다. 부족민들에 대한 영향력은 아르미니우스가 더 컸다. 전쟁을 권하고 있었기 때문이다. 야만족들 사이에서는 동란시에는 대담하고 저돌적인 인물일수록 더욱더 높은 신망을 얻고 존경을 받았다. 세게스테스는 사절단 속에 자신의 아들 세기문두스(Segimundus)를 포함시켰는데, 이 젊은이는 지난날의 죄를 의식하고 처음에는 꽁무니를 뺐다. 그는 우비족의

---

112) 현재의 에데르 강.

제단에서 로마의 사제로 지명되었음에도 불구하고 속주 게르마니아가 반란을 일으킨 해에 성스런 머리끈을 잘라 버리고 반역의 무리 속에 뛰어들었다. 그래도 이때 로마인의 관용에 희망을 걸고 아버지의 전언을 갖고 왔던 것이다. 로마군은 그를 흔쾌히 맞아들이고 호위대를 붙여 라인 강의 좌안까지 배웅해 주었다.

게르마니쿠스는 군대를 이끌고 돌아갈 만큼의 가치가 있다고 생각했다. 아르미니우스의 포위진에 도전해 세게스테스와 그 일족 및 가신을 많이 구해 냈다. 그 중에는 지위가 높은 여성들도 있었다. 그 중 한 사람인 아르미니우스의 아내, 즉 세게스테스의 딸은 기질적으로 아버지보다는 오히려 남편에 더 가깝고, 눈물을 흘리거나 애원할 정도로 비굴하지 않았다. 그녀는 소매 안에서 깍지를 낀 채 조용히 서서 임신한 배를 내려다보고 있었다. 이들과 함께 바루스가 패했을 때 빼앗긴 물건들도 가져왔다. 그리고 이번에 우리 군에 투항한 자들 대부분에게 그것들이 전리품으로서 분배되었다. 뭐니뭐니해도 사람들의 눈길을 끈 것은 동맹에 충실했다는 확신에서 태연자약한, 당당한 체구의 세게스테스였다.

58 그의 연설은 대략 다음과 같은 것이었다.

"제가 로마인에게 충성심과 지조를 보여 준 것은 어제 오늘의 일이 아닙니다. 이미 신군 아우구스투스로부터 로마 시민권을 수여받았습니다. 그 후 제가 친구나 적을 택할 때에는 언제나 귀측의 이익을 염두에 두었습니다. 그것은 조국에 대한 증오심에서 나온 것이 아닙니다. 사실 배신자는 봉사받는 쪽에서도 혐오합니다. 제가 그렇게 해온 것은 로마와 게르마니아의 이익이 똑같이 중요하고 전쟁보다는 평화가 더 낫다고 믿었기 때문입니다.

그런 이유에서 저는 아르미니우스를, 딸의 약탈자를 귀측과의 동맹의 파괴자로서 당시 로마군의 지휘관이었던 바루스에게 고소했습니다. 하지만 그 무능한 장군은 나태하게 제가 의뢰한 것을 뒤로 미루었습니다. 법적으로 충분히 보호해 주지 않아, 저는 바루스에게 제 자신과 아르미니우스, 그 공모자들을 모두 체포하라고 재촉했습니다. 그날 밤이 바로 제 증인입니다. 아, 그날 밤 차라리 죽어 버렸으면 좋았을 텐데! 그 후에 벌어진 사건은 자기 변호보다는 비탄을 위한 것이었습니다.

아무튼 저는 아르미니우스를 감금했습니다. 그리고 저도 그 때문에 그 일당에게 감금당하는 고난을 겪었습니다. 그래서 저는 장군과 처음 만나는 자리에서 새로운 것보다는 옛 것을, 소란보다는 평온을 더 좋아한다고 말씀드리는 것입니다. 저는 보답을 원하지 않습니다. 다만 배신자라는 오명을 씻는 동시에, 게르마니아인이 멸망보다는 회개를 택할 경우 적당한 중재자가 되고 싶을 뿐입니다. 제 자식이 젊은 혈기로 저지른 실수에 대해서는 용서를 청합니다. 제 딸은 강제로 여기에 끌려온 것을 인정합니다. 그 애는 아르미니우스의 자식을 임신하고 있습니다. 하지만 그 애는 제가 낳은 딸입니다. 어느 쪽을 더 중요하게 볼 것인가는 장군에게 달려 있습니다."

카이사르는 호의적으로 대답하고, 그의 자식과 친척들에게는 생명의 안전을 보장하고, 세게스테스에게는 옛 속주에 집을 마련해 주겠다고 약속했다. 그리고 나서 군대를 철수시키고, 티베리우스의 발의로 최고 사령관의 칭호를 수여받았다.

아르미니우스의 사내 아이를 낳았다. 그 아이는 라벤나에서 양육되었다. 뒷날 그가 어떤 운명의 장난에 시달렸는지는 적당한 기회에 기술하기로 하겠다.

59 세게스테스가 항복하고 따뜻하게 맞아들여졌다는 소문이 게르마니아에 퍼지자, 전쟁을 싫어하는 부족들은 희망에 들뜬 기분으로, 전쟁을 바라는 부족들은 비통한 마음으로 그것을 받아들였다. 아르

미니우스는 선천적으로 광포한 성격을 지니고 있었는데, 아내를 탈취당하고 뱃속의 아이가 자유인에서 노예로 전락하게 되자 미친 듯이 격분했다. 그는 케루스키족의 영지를 빠르게 돌아다니며 세게스테스와의 전쟁을, 게르마니쿠스와의 대결을 호소했다. 그리고 참지 않고 야만스럽게 욕설을 퍼붓고 비웃어 댔다. 그는 이렇게 말하곤 했다.

"얼마나 훌륭한 아버지인가! 얼마나 용감한 군대의 위대한 사령관인가, 단 한 명의 연약한 여인을 탈취하기 위해 전력을 다 기울였으니! 한편 나는 3개 군단과 3명의 군단장을 박살냈다. 그렇다, 나는 비겁한 수단을 쓰지 않았다. 임신한 여인을 상대하지 않고, 무장한 병사들에게 당당히 도전했다. 게르마니아의 숲에서는 지금도 로마의 독수리표 군기와 대대기들을 볼 수 있다. 조국의 신들에게 경의를 표하기 위해 내가 게양해 놓은 것이다.

세게스테스가 정복당한 맞은편 강가에서 살든, 자식을 또다시 남을 섬기는 성직자[113]로 만들든 그냥 내버려 두라. 하지만 게르마니아인이라면 알비스 강[114]과 라인 강 사이에서 로마의 지휘봉과 속간, 관복을 보고 태연히 자기 변명 따위만 하고 있지는 않을 것이다. 로마의 지배를 모르는 다른 민족들은 형벌의 경험도 없고 공물貢物에 대해서도 알지 못한다.

우리는 그 멍에를 알고 있지만 벗어던져 버렸다! 신들의 대열에 오른 것으로 유명한 저 아우구스투스도, 그에게 발탁된 티베리우스도 뜻을 이루지 못하고 퇴각했다. 그러므로 경험이 일천한 저 풋내기와 반역적인 군대 따위 조금도 두려워할 거리가 못 된다. 만약 로마의 지배를 받는 새 식민지보다 우리의 모국과 조상과 오랜 관습을 더 좋아한다면, 불명예와 예속으로 이끄는 세게스테스보다 영광과 자유로

---

113) 아우구스투스를 모신 제단의 성직자가 되는 것을 비꼬는 것.
114) 현재의 엘베 강.

이끄는 이 아르미니우스를 따라야 한다."

60 이 말에 케루스키족뿐만 아니라 주변의 부족까지 자극받았다. 그리고 아르미니우스의 숙부 인귀오메루스(Inguiomerus)도 자기 편으로 끌어들였다. 그는 오래 전부터 로마인들의 존경을 받았기 때문에, 카이사르는 경각심을 높이고 전보다 훨씬 더 신중하게 작전을 세웠다. 전쟁이 한 곳에 집중되지 않도록 40개 대대의 로마군을 카이키나에게 넘겨 주고, 적을 분열시키기 위해 브루크테리족의 영역을 통해 아미시아 강[115]까지 행군하게 했다. 한편 기병대장 페도 알비노바누스(Pedo Albinovanus)[116]는 기병대를 이끌고 프리시족의 영역을 우회해 진격했다. 게르마니쿠스는 4개 군단병을 배에 싣고 염호鹽湖[117]를 건너갔다. 그리하여 동시에 보병과 기병, 선대가 예정된 아미시아 강에 집결했다. 그리고 원군을 제공하기로 약속했던 카우키족의 분견대가 편입되어 우리와 같은 군기 하에서 싸우게 되었다.

게르마니쿠스가 파견한 루키우스 스테르티니우스(Lucius Sternius)가 별동대를 이끌고 가서 브루크테리족을 패주시키자, 그들이 자신들의 소유물에 불을 지르기 시작했다. 적의 시체와 약탈품 속에서 바루스와 함께 잃어버렸던 제19군단의 독수리표 군기가 발견되었다. 그리고 나서 로마군은 브루크테리족 영역의 가장 먼 변경까지 진군하며 아미시아 강과 루피아 강[118] 사이에 있는 지역 전체를 황폐화시켰다.

그리하여 바루스와 군단병들의 유체가 매장되지 않은 채 방치되어 있다고 소문나 있는, 저 토이토부르크스의 숲에서 그리 멀지 않은 지

---

115) 현재의 엠스 강.
116) 시인 오비디우스의 친구로《게르마니아전》(운문)을 쓴 사람일 것이다.
117) 플레보 호. 오늘날의 아이셀 호.
118) 현재의 리페 강.

점에 이르렀다.

61 그래서 게르마니쿠스는 장병들의 시신에 마지막 예를 표하고 싶은 충동에 사로잡혔다. 한편 그곳에 함께 있던 병사들도 모두 잃어 버린 친척과 친구를, 특히 전쟁의 참화와 인간의 운명을 생각하자 연민의 정을 가눌 수 없었다. 카이키나가 명령을 받고 먼저 떠나 그 숲의 어두운 골짜기를 조사한 뒤 소택 지대의 늪이나 속기 쉬운 초원에 다리나 둑길을 놓았다. 그 후 군대가 보거나 생각만 해도 오싹 소름이 끼치는 그 비참한 장소로 다가갔다. 먼저 바루스가 맨 처음 설치했던 진영의 흔적이 보였다. 넓은 영내와 구획된 본영¹¹⁹⁾을 보아도 3개 군단의 작품이라는 것이 명백했다. 이어서 반쯤 무너진 보루와 얕은 해자垓字가 보였다. 그 상태로 보아 감소된 잔존 부대의 마지막 거점이었을 것으로 추측되었다.

초원 중앙에는 백골이 퇴각한 곳에는 여기저기 흩어져 있고, 멈추어 선 뒤 역습을 가한 곳에는 수북히 쌓여 있었다. 옆에는 무기의 파편이나 말의 사지四肢가 놓여 있고, 나무 줄기에도 해골이 동여 매어져 있었다. 주위의 숲 속 여기저기에서 야만족의 제단이 보였다. 그곳에서 그들은 로마의 부관이나 상급 백인대장을 제물로 바쳤던 것이다. 전장에서 도망치거나 포로로 잡혔다가 탈출한, 이 재난의 생존자들이 "이곳에서 군단장님이 전사하셨다," "저곳에서 독수리표 군기를 빼앗겼다" 하고 설명했다. 그들은 바루스가 처음으로 부상당한 지점, 그가 운수가 사나운 오른손으로 자신의 몸을 찔러 자결한 장소, 아르미니우스가 장광설을 늘어놓은, 흙을 쌓아올린 단을 가리키고, 포로들을 처형한 교수대나 생매장한 구멍의 숫자에 대해 언급하는

---

119) 본영은 장군의 막사(사령부), 복점관卜占官의 막사, 재무관의 막사, 군기 보관소, 제단과 집회 광장 등의 총칭.

한편, 대대기나 독수리표 군기를 아르미니우스가 오만한 태도로 조롱한 이야기를 들려 주었다.

62 이리하여 저 비운의 사태가 벌어지고 나서 6년이 지난 뒤에 찾아온 로마군은 3개 군단병들의 뼈를 흙 속에 묻었다. 물론 묻고 있는 유체가 적군 것인지 아군 것인지 알 수 없었지만, 사무치는 슬픔과 그 어느 때보다 맹렬히 타오르는, 적에 대한 분노의 불길 속에서 하나같이 다 이웃 사람이나 혈족 같은 느낌을 받았다. 카이사르는 흙을 쌓아 올린 무덤에 맨 처음 뗏장을 입히며 죽은 사람들에게 진심 어린 조의를 표하고, 병사들과 슬픔을 함께 나누었다.

이것이 나중에 티베리우스의 노여움을 샀다. 아마도 게르마니쿠스의 행동을 언제나 악의적으로 해석했기 때문일 것이다. 아니면 들판에 방치된 유해를 보고 병사들이 전의를 상실하고 적에 대해 앞으로 더한층 겁을 집어먹게 되지 않을까 염려했기 때문일까? 혹은 복점관이라는 성직과 그 유서 깊은 의식의 권한을 부여받은 최고 사령관이 장례식에 관여하는 것은 좋지 않다고 믿었기 때문일까?

63 게르마니쿠스는 전인미답의 땅으로 숨어 들어간 아르미니우스를 추적했다. 이윽고 기회가 생기자 기병대에게 앞으로 나가 적이 진을 치고 있는 초원을 탈환하라고 명했다. 아르미니우스는 자신의 병력을 집결시키고 주위의 삼림으로 물러나는가 싶더니 돌연 방향을 바꾸었다. 이어서 여기저기 골짜기에 숨겨 두었던 병사들에게도 출격 신호를 보냈다. 이 새로운 병력으로 인해 로마 기병대가 혼란에 빠졌다. 그래서 지원 병력을 보냈지만, 그들이 후퇴하는 부대에 짓밟혀 공포심이 더욱더 증대될 뿐이었다. 이겨서 의기양양한 적군에게는 잘 알려져 있고, 잘 모르는 아군에게는 위험한 소택지로 점차 밀려 들어가고 있을 때, 게르마니쿠스가 군단병들에게 돌격 명령을 내려 가까스로 전열을 재정비할 수 있었다. 이번에는 적군이 공포에 사로잡

히고, 우리 군대는 자신감을 회복했다. 이리하여 양군 모두 결정적인 승리를 거두지 못한 채 헤어지게 되었다.

게르마니쿠스는 이윽고 군대를 아미시아 강까지 철수시키고, 그곳에서 배를 타고 왔던 군단병들을 같은 수단으로 돌려보냈다. 기병대 일부에게는 북해의 해변을 따라 라인 강으로 돌아가라고 명했다. 카이키나는 자신의 부하들을 이끌고 잘 알고 있는 길로 귀환하게 되었는데, 이때 가능한 한 빨리 '긴 다리'[120]를 건너라는 충고를 받았다.

이것은 광대한 습지대를 가로지르는 좁은 둑길로, 일찍이 루키우스 도미티우스 아헤노바르부스(Lucius Domitius Ahenobarbus)가 건설한 것이다. 이 다리를 제외하고는 온통 다 끈적끈적하고 불결한 진흙이나 개울과 구별이 안 되는 습지대로 이루어진, 방심할 수 없는 수렁이었다. 주변은 완만히 경사진 숲으로 에워싸여 있었다. 그런데 지금 아르미니우스가 이 숲을 완전히 점거하고 있었다. 그가 부하들을 이끌고 지름길로 급속 행군해 짐과 무기를 짊어진 우리 군대보다 먼저 도착했기 때문이다.

카이키나는 어떻게 하면 노후화된 다리를 수선하면서 그와 동시에 적을 격퇴할 수 있을까 생각다 못해, 일부는 수선 작업에, 다른 일부는 전투에 종사할 수 있도록 그 지점에 진영을 설치하기로 결심했다.

64 야만족이 어떻게든 우리 군의 전초를 돌파해 작업대에 접근하려고 했다. 그들은 주변을 에워싸고 쉴새없이 돌격하며 괴롭혔다. 작업병과 전투병들이 큰소리로 부르짖는 소리가 뒤범벅이 되어 울려퍼졌다. 로마군에게는 모든 것이 똑같이 불리했다. 깊은 습지가 발판으로서는 너무 불안정하고, 앞으로 나아가기에는 너무 미끄러웠다. 게다가 흙갑으로 인해 몸은 무겁고, 진흙탕 속에서는 창을 던질 수도 없

---

120) 늪지 위에 대충 놓여진 통나무 둑길(61절).

었다. 이에 반해 케루스키족은 소택지의 전투에 익숙했다. 그들은 체구도 크고, 멀리 떨어져 있어도 상대에게 상처를 입힐 수 있을 만큼 창도 길었다.

패색이 짙어져 가고 있을 때 밤이 찾아와, 군단병들은 가까스로 참패를 모면할 수 있었다. 이 성공으로 피곤한 줄 모르게 된 게르마니아인은 밤인데도 휴식을 취하지 않았다. 주변 구릉 지대의 사면에서 솟아 나오는 물의 방향을 모두 기슭 쪽으로 돌려 저지대를 범람시켰다. 그리하여 로마군이 끝내 놓은 작업이 모두 허사로 돌아가고, 병사들이 할 일이 두 배로 늘어났다. 그렇지만 카이키나는 지휘에 따르거나 지휘를 해본 40년 간의 군대 경험이 있었다. 그는 성공뿐만 아니라 위기에 대해서도 잘 알고 있었기 때문에 조금도 동요하지 않았다. 앞일을 생각해 볼 때, 부상병과 중무장병들이 다 건너갈 때까지 적을 숲속에 잡아 두는 길 외에는 다른 도리가 없었다. 구릉 지대와 소택지 사이에 가늘고 긴 전열을 배치할 수 있을 정도의 평지가 있었기 때문이다. 제5군단은 우익으로, 제21군단은 좌익으로, 제1군단은 행군 대형의 전위로, 제20군단은 적의 추격을 저지하는 후위로 선정되었다.

65 그날 밤, 쌍방 모두 전혀 다른 원인에서 잠을 이루지 못했다. 야만족은 축하 잔치를 벌이며 흥거운 노래나 무시무시하고 거칠고 사나운 소리로 낮은 골짜기와 메아리치는 숲을 가득 채웠다. 한편 로마군 진영에서는 불빛이 깜박이고 이따금 중얼거리는 소리만 들렸다. 병사들은 야간 경계를 한다기보다는 잠을 못 이룬 채 여기저기 보루 곁에 누워 있거나 천막 주변에서 서성거렸다. 장군도 무서운 꿈에 시달렸다. 피에 젖은 퀸크틸리우스 바루스가 소택지 속에서 떠오르는 것을 보고, 말하자면 자신을 부르는 그의 목소리를 들은 것 같았다. 하지만 그에 응하지 않고, 내미는 손도 뿌리쳤다.

날이 밝기 시작할 때, 양 날개에 배치된 군단병들이 두려움에서인지, 아니면 반항하고 싶은 생각에서인지 그 수비 위치를 버렸다. 그리고 곧 늪지 너머에 있는 평원을 점거했다. 하지만 아르미니우스는 마음대로 공격할 수 있음에도 불구하고 곧바로 덤벼들지 않았다. 이윽고 군수품 수송대가 진흙이나 호壕 속에 갇혀 꼼짝 못하고, 그 주위의 병사들이 혼란에 빠지고, 군기의 위치를 알 수 없게 되고, 이런 상황에서는 으레 그렇듯이 장군의 명령에 귀를 기울이지 않고 저마다 자기 본위로 허둥대자, 마침내 아르미니우스가 게르마니아인에게 공격을 명했다. "보라, 저기에 또다시 같은 운명에 빠진 바루스와 그의 군대가 있다"라고 외치면서, 그는 정예병을 이끌고 로마군의 종대를 돌파하며 주로 말에 상처를 입혔다. 피로 물든 말들은 미끄러지기 쉬운 늪 속에서 비틀거리며 기병들을 흔들어 떨어뜨리고, 앞에 있는 병사들을 모조리 쫓아 버리고, 쓰러진 병사들을 짓밟았다. 특히 독수리표 군기들의 주변에서 가장 처절한 고투가 벌어졌다. 빗발처럼 날아오는 화살과 돌 속에서 기를 들고 있을 수도, 수렁 속에 세워 둘 수도 없었다.

카이키나가 전열을 유지하려고 애를 쓰다가 타고 있던 말이 죽는 바람에 지상으로 굴러떨어졌다. 적에게 포위되기 직전에 제1군단의 병사들이 그것을 저지했다. 우리 군이 전멸을 모면할 수 있었던 것은 적의 탐욕 덕분이었다. 즉 병사들을 살육하는 것을 중단하고 약탈에 전념했기 때문이다. 그래서 해가 서산으로 기울 무렵에 군단병들은 고생 끝에 가까스로 넓은, 굳은 지면에 도착했다.

하지만 그들의 고난은 아직 끝나지 않았다. 보루를 쌓고 축성용 재료를 찾지 않으면 안 되는데, 흙을 파고 잔디를 깎는 도구 대부분을 잃어버린 상태였다. 병사들에게는 천막도 없고 부상병을 치료할 의료 기구도 없었다. 진흙과 피로 더럽혀진 식량을 나누면서 "오늘 밤은 마치 무덤 속처럼 어둡다. 수천 명의 병사에게 내일 하루밖에 남아 있지 않다" 라고 비탄에 젖었다.

66 우연히 말 한 필이 고삐를 끊고 이리저리 달리다가 사람들의 고함 소리에 놀라 멈추어 세우려고 하던 몇몇 병사들을 들이받아 쓰러뜨렸다. 그러자 게르마니아인이 습격한 것이 아닌가 지레 짐작한 자들이 당황하며 부산을 떨다가 여러 영문으로 쇄도했다. 특히 후문으로 향하려 한 것은 그 문이 적의 정반대 쪽에 위치해 있어 도망치는 데 한층 더 안전했기 때문이다. 카이키나가 아무 근거도 없이 공황에 빠진 것을 알고 자신의 권위에 호소하거나 애원하고, 심지어는 완력까지 사용했지만, 병사들의 발길을 멈추거나 저지할 수 없었다. 그래서 그는 어쩔 수 없이 통로의 땅에 몸을 던지고 그 위에 드러누웠다. 총독의 몸을 넘지 않으면 안 되게 되자 병사들이 그를 동정해, 가까스로 길이 폐쇄되었다. 이와 동시에 부관이나 백인대장들도 두려워할 이유가 전혀 없다고 설득했다.

67 그 후 카이키나는 병사들을 본영 광장에 집결시키고 조용히 이야기를 들으라고 명한 뒤 현재의 비상 사태에 대해 말했다.

"이제는 싸우는 것 외에는 탈출 방법이 없다. 그러나 무기를 사려 깊고 신중히 사용해야 한다. 적이 습격하려고 접근할 때까지 보루 안에 대기하고 있다가 총반격에 나서야 한다. 그리고 그 기세로 단숨에 라인 강까지 나아가는 것이다! 탈주하려 한다면 많은 숲과 깊은 소택지와 잔혹한 적만이 기다리고 있을 것이다. 하지만 이 전투에서 승리한다면 명예와 명성을 손에 넣게 될 것이다."

마지막으로 카이키나는 고향에 있는 그리운 가족과 진영이 과거에 거두었던 승전을 상기시켰다. 패배에 대해서는 한 마디도 언급하지 않았다. 그리고 나서 자신의 말을 비롯해서 군단장이나 부관들의 말을 공평하게 가장 용감한 전사들에게 넘겨 주었다. 이 병사들이 앞장서고, 뒤이어 보병이 적진으로 돌진할 계획이었다.

68 한편 게르마니아인 사이에서도 그 희망이나 열망, 지도자들의 의견 대립으로 우리 군에 못지않은 소동이 벌어지고 있었다. 아르미니우스는 "먼저 로마군이 진지를 떠나게 해주어야 한다. 출발하고 나서 습지대에서 혼란에 빠질 때 다시 기습해야 한다"고 설득했다. 하지만 인귀오메루스가 주장하는 강경설이 마음으로부터 야만족의 환영을 받았다. "기습하기 쉽도록 군대로 보루를 포위해야 한다. 그래야 더 많은 포로와 손상되지 않은 전리품을 손에 넣을 수 있다."

그래서 적군은 날이 새자마자 호를 무너뜨리고 고르게 한 뒤 바자(대·갈대·수수깡·싸리 따위로 발처럼 엮은 것)를 던져 넣고 보루의 상층부를 움켜잡았다. 그 위에서는 보초가 몇 명밖에 보이지 않고, 그들조차 두려움에 질려 그 자리에 못박혀 있는 것 같았다. 적군이 보루 위로 기어 올라가고 있을 때, 로마군에 공격 신호가 떨어졌다. 뿔피리와 나팔 소리가 동시에 울려퍼졌다. 즉시 일제히 함성을 지르며 몰려나간 뒤, "여기에는 숲도 늪도 없다. 이 전장은 공평하다. 기회도 공평하다!" 하고 비웃고 욕하면서 게르마니아인의 배후를 포위했다. 병력과 무기가 반감된 로마군을 쉽게 해치울 수 있으리라 생각했던 적군은, 전혀 예상치 못하고 있었기 때문에 나팔 소리와 찬란하게 빛나는 무기에 한층 더 압도당하며 픽픽 쓰러져 갔다. 그들은 승전으로 의기양양해 있었던만큼 불리한 상황에는 전혀 준비가 되어 있지 않았다. 아르미니우스는 아무 상처도 입지 않은 채, 인귀오메루스는 깊은 상처를 입은 채 함께 전장에서 달아났다. 분이 풀리고 햇빛이 사라질 때까지 그들의 추종자들을 살해했다. 마침내 밤이 찾아오자 그때서야 비로소 군단병들은 진영으로 철수했다. 부상병이 늘어나고 변함없이 식량이 부족해 큰 곤경에 처했지만, 승리가 힘과 치료제, 자양물 등 모든 것을 다 가져다 주었다.

69 그 사이에 라인 강 건너편에 "우리 군대가 포위당했다. 무서운

게르마니아군이 갈리아를 침략하기 위해 오고 있다"는 소문이 퍼졌다. 따라서 만약 아그리피나가 라인 강에 놓여 있는 다리[121]를 파괴하지 말라는 명령을 내리지 않았으면, 누군가가 공포심에서 그런 파렴치한 짓을 저질렀을지도 모른다. 이 고결한 여인은 그 무렵 스스로 장군의 역할을 떠맡고 나서 궁핍하거나 부상을 입은 정도에 따라 병사들에게 아낌없이 의복이나 약품을 나누어 주었다. 《게르마니아 전쟁》의 저자인 가이우스 플리니우스(Gaius Plinius)[122]가 전하는 바에 따르면 그녀는 다리의 끝 부분에 서서 돌아오는 군단병 하나하나에게 감사하고 귀환을 축하해 주었다고 한다.

이것이 티베리우스의 마음에 깊은 인상을 심어 주었다. "아무리 생각해도 그런 배려 뒤에는 뭔가 음모가 있는 것 같다. 병사들의 〈환심〉을 사고 있는 것은 외적 때문이 아니다. 그녀는 돈을 나누어 줄 계획을 갖고 병사들을 사열하고 군기 앞에 모습을 드러냈다. 그래도 아직 충분히 비위를 맞추지 못한 듯이 자기 아들에게 일반 병사와 같은 옷을 입고 돌아다니게 하고, 그 애를 '작은 군화' 카이사르로 부르게 하고 있다! 최고 사령관이 된다 해도 그 이상 무엇을 더 할 수 있겠는가. 이미 아그리파는 병사들 사이에서 총독이나 장군보다 더 위세를 떨치고 있는 것 같다. 황제의 이름으로도 저지할 수 없었던, 저 군대의 소란도 여자인 그녀의 힘에 의해 진압되었다."

루키우스 아일리우스 세야누스가 이런 의구심을 더욱 부채질하고 심화시켰다. 그는 티베리우스의 성격을 잘 파악하고 있었다. 그래서 먼 앞날을 위해 증오의 씨앗을 뿌렸다. 그것이 티베리우스의 마음속

---

121) 이 다리는 베테라(오늘날의 비르텐 근처)에 있었다.
122) 서기 79년 유명한 베수비우스 화산의 폭발로 사망한 정력적인 박물학자. 현존하는 작품은 《박물지》뿐이다. 망실된 그의 역사 작품은 27권의 《게르마니아 전쟁》과 31권의 《역사》.

에 묻혀 있다가 점점 자라고, 언젠가 거기에서 싹이 돋아나리라 생각한 것이다.

70 한편 게르마니쿠스는 배로 실어 온 군단병들 가운데서 제2군단과 제14군단을 골라 푸블리우스 비텔리우스(Publius Vitellius)에게 건네 주고, 그들을 이끌고 이번에는 육로로 돌아가게 했다. 그러면 배가 가벼워져 얕은 연안에서도 쉽게 항해할 수 있고 간조 때 좌초해도 손실이 적으리라 생각한 것이다. 비텔리우스는 처음에는 건조한 땅이나 만조 때에도 약간만 물에 잠기는 해안을 걸으며 아무 일 없이 평온하게 행군했다. 하지만 얼마 후 언제나 북해가 더없이 무섭게 부풀어 오르는 추분이 되자 세찬 북풍이 행군 중인 병사들을 쉴새없이 괴롭히며 혼란에 빠뜨렸다. 육지가 바닷물에 침수되었다. 바다와 육지, 해변이 모두 똑같아 보였다. 단단한 지면과 유사流沙, 얕은 곳과 깊은 곳을 구별할 수 없었다. 파도에 휩쓸리고 소용돌이에 빨려 들어갔다. 짐을 실은 동물과 짐, 시체가 이리저리 떠돌아다니다가 서로 부딪쳤다. 각 부대가 제멋대로 뒤섞이고 가슴까지 물에 잠겼다. 개중에는 입 있는 데까지 물에 잠긴 병사들도 있었다. 자칫 잘못하면 발 밑의 흙이 무너져 동료들로부터 떨어져 나가거나 가라앉았다. 서로 격려하는 목소리도 역류하는 파도의 힘 앞에서는 소용이 없었다. 용감한 사람과 담이 적은 사람, 현명한 사람과 무모한 사람, 사려思慮와 우연의 구별이 없었다. 강한 힘이 그 앞에 있는 것은 무엇이든 다 똑같이 휩쓸어 버렸다.

마침내 비텔리우스가 간신히 좀더 높은 지면에 도착한 뒤 그곳으로 병사들을 유도했다. 필수품도 불도 없었다. 많은 병사가 벌거벗은 채, 혹은 부상을 입은 채 밤을 보냈다. 그 비참함으로 말하자면 정말로 적군에 포위된 편이 더 나았다. 적어도 그 경우에는 명예롭게 전사할 수 있는 기회라도 있지만, 이 경우에는 개죽음밖에 없었기 때문이다.

날이 밝자 대지가 다시 나타났다. 군대는 비수르기스 강[123]을 향해 어려움을 헤치고 나아갔다. 그곳에는 게르마니쿠스가 선대와 함께 도착해 있었다. 그 후 이 군단병들도 배에 올라탔다. 후방에서는 그들이 파도에 휩쓸려 익사했다는 소문이 퍼져 있었다. 그래서 카이사르와 그 군대가 귀환하는 것을 볼 때까지 아무도 그들의 생존 사실을 믿지 않았다.

71 루키우스 스테르티니우스가 세게스테스의 동생인 세기메루스(Segimerus)의 항복을 받아들이기 위해 파견되었지만, 이미 세기메루스가 그의 아들과 함께 우비족의 수도로 호송된 상태였다. 두 사람 모두 은사를 받았다. 세기메루스의 경우는 간단했지만, 그의 아들의 경우에는 잠시 망설였다. 그가 퀸크틸리우스 바루스의 시신을 욕보였다는 이야기가 있었기 때문이다.

군대의 손실을 보충하기 위해 갈리아와 히스파니아, 이탈리아 사람들이 다투어 가며 저마다 가능한 한 많은 무기와 말, 금을 헌납했다. 게르마니쿠스는 그들의 열의를 칭찬했지만 전쟁을 위해 무기와 군마만 받아들이고, 자신의 사적인 재산으로 병사들을 원조했다. 그리고 그는 또한 친절한 행위를 통해 과거의 꺼림칙한 기억을 완화시켜 주기 위해 부상병들을 찾아다니며 한 사람 한 사람의 공훈을 칭찬해 주고, 상처를 살펴보면서 어떤 사람에게는 희망을 안겨 주고, 어떤 사람에게는 명예에 대해 이야기했다. 그는 한 바퀴 빙 돌며 이렇게 주의를 기울이고 대화를 나눔으로써 그들의 자신에 대한 충성심과 투지를 강화시켰다.

---

123) 현재의 베저 강

5. 수도 로마의 사건

72 그해에 원로원은 게르마니쿠스 휘하에서 공적을 세운 것을 기려 아울루스 카이키나 세베루스와 루키우스 아프로니우스, 가이우스 실리우스에게 개선 장군 현장懸章[124]을 수여할 것을 의결했다. 티베리우스는 민중이 수차례에 걸쳐 환호하며 강권했지만 '국부國父'[125]라는 존칭을 거절했다. 또한 그는 원로원의 일치된 요청에도 불구하고 자신의 법령을 준수할 것을 맹세하는 것[126]도 거부했다. 그는 되풀이해서 이렇게 해명했다. "인간사는 어느 것이나 다 불확실하오. 사람은 지위가 높아질수록 더욱더 미끄러지기 쉽소."

그럼에도 불구하고 그는 시민들의 진정한 신뢰를 얻지 못했다. 그가 존엄 훼손법[127]을 부활시켰기 때문이다. 실제로 이 법률이 같은 이름으로 옛날에도 존재했다. 하지만 그것은 군대의 모반이나 민중의 폭동이나 선동, 혹은 요컨대 어떤 것이든 로마 국민의 존엄을 손상시킨 부도덕한 행위와 같은 다른 범죄들에 적용되었다. 행위는 고발되더라도 발언은 처형의 대상이 되지 않았다.

비훼誹毀 문서를 심리하는 데 처음으로 이 법을 적용한 것은 아우구

---

124) '현장'은 실제 관직에 취임하지 않고(혹은 개선식을 거행하지 않고) 수여받는 관직(이나 개선 장군)의 표장標章과 명예권. 제정 시대에는 개선식을 거행하는 것은 카이사르 가에 한정되고, 일반 장군은 이 현장에 만족했다. 축제일에는 그것의 착용이 허용되었다.

125) '나라의 보호자(pater patriae)'를 의미하는 이 존칭은 키케로와 율리우스 카이사르와 아우구스투스도 받고 있었다.

126) 공화정 시대에는 새 정무관이 1월 1일의 취임일에 법령 준수를 선서했지만, 기원전 45년부터 "나는 카이사르의 법령에 반하는 행위는 일절 하지 않겠습니다"라고 맹세하게 되었다. 제정 시대에 이것이 지속되어 정무관과 원로원 모두 선서하게 되었다.

127) 공황정 시대에는 '존엄'은 '국민 속에만 존재하고,' '국민의, 혹은 국민이 권한을 부여하고 있는 사람(정무관)의 존엄을 깎아내린' 경우에 이 법이 적용되었다. 제정시대에는 황제가 국민의 존엄의 상징이 되어 존엄 훼손죄(이후 '반역죄'로 번역한다)는 황제와 그 일가에 대한 모욕죄(불경죄)로 해석되었다. 이 재판은 황제 법정이나 원로원 법정에서 행해졌다.

스투스였다. 그때 그는 카시우스 세베루스(Cassius Severus)가 철면피한 작품들 속에서 도저히 묵과할 수 없을 정도로 방자하게 저명한 신사 숙녀들의 체면을 깎아내린 데 화가 나 있었다. 그 후 티베리우스는 법무관 퀸투스 폼페이우스 마케르(Quintus Pompeius Macer)가 반역죄 고소를 받아들여야 하느냐고 묻자 이렇게 대답했다. "어떤 법률이든 다 시행되어야 한다." 그도 아우구스투스와 마찬가지로 익명의 풍자시들[128]이 유행해 그 대책에 부심하고 있었다. 그것들은 티베리우스의 잔혹함이나 오만함, 어머니와의 감정상의 대립 등을 풍자하고 있었다.

73 하급 로마 기사인 팔라니우스(Falanius)와 루브리우스(Rubrius)가 시험적으로 고발된, 이런 종류의 사건을 여기에 기록해 두는 것도 아마도 가치가 없지 않을 것이다. 그러면 이 무시무시한 법령이 어떤 계기에서, 또 티베리우스의 어떤 농간에 의해 했는지 슬며시 도입되고, 그것이 어떻게 처음에는 잠시 억제되었다가 마침내 갑자기 맹렬히 불타오르며 모든 사람을 덮치게 되었는지 그 사이의 사정이 설명될 것이기 때문이다.

먼저 팔라니우스가 고발당한 이유는 이런 것이었다. 당시 모든 대저택에는 마치 예배자 조합처럼 아우구스투스 예배자들이 고용되어 있었다.[129] 그런데 팔라니우스는 거기에 카시우스(Cassius)라는 음탕한 행실로 악명이 높은 무언극 배우를 집어 넣었다고 한다. 다른 하나는 그가 정원을 팔 때 아우구스투스의 동상도 함께 팔았다는 것이었

---

128) 예컨대 술을 좋아하는 티베리우스(클라우디우스 네로)를 비꼬아 '비베리우스 칼디우스 메로' (포도주로 달아오른 술꾼)라고 불렀다.

129) 로마에서는 예배가 각 신神 전용의 직업적인 예배자를 통해 이루어지고 있었다. 예배자들은 신별로 조합을 결성하고 있었는데, 대저택에서는 (개인 또는 공동으로) 예배자를 많이 고용해 마치 조합을 양성하는 듯한 양상을 보였다. 사적인 '아우구스투스 예배자'와 공적인 '아우구스투스 동지회' (54절)는 구별되어야 한다.

다. 루브리우스가 고발당한 죄는 거짓 맹세[130]로 아우구스투스의 신성을 모독했다는 것이었다.

이 두 가지 보고를 받고 티베리우스는 집정관들[131]에게 다음과 같은 서신을 보냈다.

"내 아버님에게 천상의 명예가 의결된 것은 그 명예를 시민들의 파멸에 이용하려는 목적에서가 아니었다. 무언극 배우 카시우스는 내 어머니께서 아우구스투스를 기념해 창설하신 경기제에 언제나 다른 배우들과 함께 참가했다. 또한 집이나 정원을 팔 때 아우구스투스의 상이 포함되더라도 다른 신들의 상과 마찬가지로 신성을 모독한 것이 되지 않는다. 마지막으로 거짓 맹세 문제는 유피테르의 경우와 마찬가지로 생각되어야 한다. 신들에 대한 모독은 신들의 판단에 맡길 일이다."

74 그 후 얼마 안 되어 속주 비티니아의 지사 그라니우스 마르켈루스(Granius Marcellus)가 수하의 재무관 아울루스 카이피오 크리스피누스(Aulus Caepio Crispinus)에 의해 반역죄로 고발되었다. 로마니우스 히스포(Romanius Hispo)가 이것을 지지했다. 그는 뒷날 슬픈 시대의 풍조와 사람들의 후안무치함이 유행시킨 저 고발이라는 생업을 만들어 낸 사람이다. 가난하고 신분이 비천한, 이 음험한 자는 밀고서로 양심이 깊은 황제에 슬금슬금 빌붙어 신임을 얻고 곧 명사들을 너나 할 것 없이 모두 위험에 빠뜨림으로써 단 한 사람만 좌지우지하며 만인의 증오를 샀다. 그리고 그를 본받으면 누구든 거지에서 부자가

---

130) 로마인은 신들의 이름이나 지위가 높은 사람의 수호신의 이름을 걸고 맹세했는데, 제정 시대에는 '신격화된 황제'의 이름을 걸고 맹세하는 것이 유행했다. 이 경우 거짓 맹세는 반역죄로 처벌받았다(3권 66절 참조).

131) 고발이 원로원 법정에서 이루어지고 있었기 때문에, 집정관, 즉 원로원 의장이 법정(최고 재판소)의 장이 되었다. 원로원 법정은 이런 반역죄 외에 원로원 계급이나 기사 계급의 주요 형사범도 심리했다.

되고 경멸 대신 공포의 대상이 되는 동시에 동료 시민들을, 마침내는 자기 자신도 파멸시킬 수 있다는 선례를 보여 주었다.

한데 그가 마르켈루스가 티베리우스와 관련해 무례하기 짝없는 말을 했다고 탄핵했다. 고발자가 황제의 성격 중에서 가장 역겨운 점들을 하나하나 열거하며 "이것들은 모두 피고가 한 말이다" 하고 단정 짓자 반역죄를 피할 수 없게 되었다. 비난이 급소를 찌르고 있었기 때문에 피고가 그렇게 말한 것이 틀림없는 것 같았다. 더군다나 히스포가 이렇게 덧붙여 말하기까지 했다. "마르켈루스는 자신의 동상을 카이사르 일가의 동상보다 상석에 두고 있다. 게다가 어떤 상에는 아우구스투스의 머리를 잘라 내고 그 대신 티베리우스의 머리를 붙여 놓았다." 이 말을 듣자 그 대단한 티베리우스도 벌컥 화를 냈다. 여느 때와 달리 침묵을 깨고 이렇게 외칠 정도였다. "이 소송에서는 나 자신도 맹세코 공공연히 투표할 것이다."[132] 그는 이 말로 다른 의원들에게도 같은 표결을 강요할 생각이었던 것이다.

그러나 당시에는 빈사지경 속에서도 자유 정신이 아직 어느 정도 살아남아 있었다. 그래서 그나이우스 칼푸르니우스 피소가 "카이사르여, 언제 투표하시겠습니까?"[133] 하고 물었다. "만약 맨 먼저 투표하시면 그것을 따를 수 있을 것입니다. 하지만 맨 마지막에 투표하실 경우에는 본의 아니게 반대표를 던지게 되지 않을까 염려됩니다."

티베리우스는 이 말에 큰 충격을 받았다. 조금 전에 경솔하게 화를 냈던만큼 더욱더 후회스러웠다. 그래서 조용히 피고의 반역죄 고발을 취하한다는 판결을 내렸다. 불법 강탈에 관한 고소는 민사 심리 위원회[134]에 회부되었다.

---

132) 표결은 비밀리에 이루어졌고, 서약을 반드시 필요로 하지는 않았다.
133) 집정관은 지도적인 의원들의 의견을 묻고 나서 표결에 부쳤는데, 황제는 호민관 직권으로 표결에 간섭할 수 있었다. 황제는 맨 먼저 투표하든가, 맨 마지막에 투표했다.

75 그러나 티베리우스는 원로원의 심리만으로 만족하지 않았다. 법무관이 담당하고 있는 상설 재판소에도 빈번히 드나들기 시작했다. 그는 법무관이 고관석에서 밀려나지 않도록 하기 위해 배심원석 한쪽 끝에 앉았다. 그가 출석함으로써 세력 있는 변호인의 책략이나 회유가 좌절되는 경우가 많았다. 하지만 그로 인해 재판의 공정성이 지켜지는 한편, 재판의 자유가 침해받았다.

역시 이 무렵에 아우렐리우스 피우스(Aurelius Pius)라는 원로원 의원이 정부의 도로와 수도 공사로 자기 저택의 기반이 약해졌다고 항의하고 원로원의 원조를 요청했다. 국고 담당 법무관이 이것을 거절하자, 티베리우스는 그에게 도움의 손길을 내밀고 저택 값에 해당하는 돈을 주었다. 티베리우스는 좋은 목적을 위해서라면 쾌히 자신의 금고에서 돈을 꺼냈다. 이 미덕만은 다른 것들이 모두 사라진 뒤에도 그대로 남았다.

전 법무관 프로페르티우스 켈레르(Propertius Celer)가 빈곤을 이유로 원로원 계급을 사퇴하고 싶다고 신청하자,[135] 티베리우스는 100만 세스테르티우스를 증여했다. 그가 빈곤을 물려받은 것이 분명했기 때문이다. 같은 은혜를 입으려고 시도하는 사람들이 있어서, 티베리우스는 각각의 실상을 원로원에서 밝혀 내라고 명했다. 그는 규정대로 행동하는 경우에도 엄정할 것을 원했기 때문에, 비정한 사람이라는 인상을 주었다. 그래서 다른 사람들은 모두 고백하고 구원을 받기보다 침묵하고 빈곤을 감내하는 쪽을 택했다.

76 같은 해에 장마가 계속되어 티베리스 강이 불어나고, 로마 시

---

134) 속주민과 로마 시민간의 민사 소송을 즉결 재판하기 위해 법무관에 의해 선출된 3명에서 5명의 원로원 의원으로 구성되었다. '불법 강탈'은 속주민과 정무관 개인간의 민사 문제.
135) 원로원 계급의 자격을 유지할 수 있는 재산은 100만 세스테르티우스.

내의 저지대가 침수되었다. 물이 빠지자 다수의 건물이 파괴되고 많은 사람이 목숨을 잃은 것으로 밝혀졌다. 그래서 가이우스 아시니우스 갈루스가 시빌라 예언서[136]를 참고하자고 제안했다. 티베리우스는 이것을 거부했다. 하늘의 일도 지상의 일과 마찬가지로 비밀로 해두려 했다. 그래도 가이우스 아테이우스 카피토(Gaius Ateius Capito)와 루키우스 아룬티우스(Lucius Arruntius)에게 치수 대책을 강구하라고 지시했다.

아카이아와 마케도니아가 세금 부담을 줄여 달라고 요청해, 당분간 이 두 속주는 원로원 관할에서 황제 관할로 옮겨지게 되었다.[137]

드루수스가 형 게르마니쿠스와 자신의 이름으로 검투사 시합[138]을 개최했다. 그 자신도 시합장에 임석해 피를 흘리는 것을 보고 병적으로 기뻐했다. 명백히 가치 없는 피이긴 했지만, 민중은 뭐라 형용할 수 없는 불안감을 느꼈다. 그의 아버지조차 이 일로 자식을 질책했다고 알려졌다. 티베리우스가 이런 구경거리를 피한 이유가 여러 가지로 해석되었다. 어떤 사람들은 그가 군중을 싫어하기 때문이라고 설명하고, 다른 사람들은 그의 음험한 성격 탓으로 돌리고, 그런 자리에 아주 기분 좋게 참석했던 아우구스투스와 비교되지 않을까 염려했기 때문이라고 말했다.

그런데 나는 믿을 수 없지만 이렇게 전해지고 있기도 하다. 즉 티베리우스가 자기 아들이 잔혹한 성격을 지니고 있는 것을 보여 주고 민중의 반감을 사게 하기 위해 일부러 그런 기회를 자식에게 주었다는

---

136) 시빌라는 아폴론의 신탁을 알려 주는 무녀. 지진이 일어나거나 전염병이 발생하면 이것을 참조해 신의 분노를 달래는 관례가 있었다.
137) 속주가 황제 관할과 원로원 관할로 이분화된 것은 아우구스투스 시대부터였다. 아카이아와 마케도니아는 서기 44년에 다시 원로원 속주가 되었다. 속주의 세 부담 내용은 전해지는 것이 없다.
138) 검투사는 포로나 노예나 죄인으로 제정 시대에는 전문 양성소(11권 35절)에서 기술을 연마했다. 정무관들이 민중의 인기를 얻기 위해 자비를 들여 이런 시합을 개최했다.

것이다.

77 그럭저럭 하는 사이에 전년에 그 모습을 나타낸 극장 내의 무질서한 풍조가 한층 더 악화된 상태로 갑자기 재발했다. 민중뿐만 아니라, 정무관들에 대한 욕설과 관객끼리의 싸움을 저지하려고 애쓰던 친위대 병사들 사이에서도 사상자가 나왔다. 백인대장도 한 명 죽고, 부관도 부상당했다. 원로원은 이 소동을 심의할 때 "무언극 배우를 태형에 처할 수 있는 권한을 법무관에게 부여해야 한다"는 동의안을 제출했다. 호민관 데키무스 하테리우스 아그리파(Decimus Haterius Agrippa)[139]가 이에 거부권을 행사하고, 가이우스 아시니우스 갈루스가 그것을 날카롭게 반박했다. 그러는 동안 티베리우스는 침묵을 지키며 원로원에 이런 자유의 환영幻影을 즐길 수 있도록 허용해 주었다. 그러나 거부권이 승리했다. 신군 아우구스투스가 일찍이 무언극 배우들은 태형에서 제외시킨다는 포고령을 내렸고, 티베리우스로서는 그의 결정을 거역할 수 없었기 때문이다.

이어서 배우들의 보수報酬를 제한하거나 그들의 열렬한 지지자들의 무질서한 행동을 단속하는 것 등과 관련해 많은 법안이 통과되었다. 그 중에서 특히 주목할 만한 것은 "원로원 의원은 무언극 배우의 집에 들어가서는 안 된다," "로마의 기사는 외출할 때 배우를 동반해서는 안 된다," "배우는 극장에서만 연기를 해야 한다," "법무관은 관객의 불법 행위를 추방형으로 처벌할 수 있는 권한을 부여받는다" 등이었다.

78 식민시 타라코에 아우구스투스의 신전을 건립하고 싶다는 히스파니아 속주의 요청이 허가되고, 이것이 다른 모든 속주의 선례가 되었다.

내란 뒤에 제정된 1퍼센트의 경매세에 대해 시민들이 불만을 토로

---

139) 아그리파의 손자. 호민관이 황제의 호민관 직권으로 공화정 시대의 영관을 잃어버리긴 했지만 거부권을 행사하며 자유, 즉 공화정 체제의 환영幻影을 즐길 수 있었다는 것이다.

했다. 티베리우스는 포고령을 통해 이 세금이 군대금고軍隊金庫[140]의 재원임을 지적하고, "병사들이 만 20년간 복무하지 않는 한, 국고가 그 부담을 감당할 수 없는 실정이다"라고 덧붙여 말했다. 이런 이유에서 지난번 폭동에서 강요받아 무분별하게 양보한 16년이라는 병역 기간이 금후로는 취소되어 버렸다.

79 이어서 원로원은 아룬티우스와 아테이우스가 제출한 문제를 심의했다. 그것은 티베루스 강의 범람을 미연에 방지하기 위해 물이 불어나는 원인이 되는 여러 지류와 호수의 방향을 바꿔야 하느냐 말아야 하느냐 하는 것이었다. 이 문제와 관련된 이탈리아의 여러 자치시와 식민시[141] 대표들의 의견도 청취했다.

플로렌티아의 시민들은 이렇게 탄원했다. "클라니스 강을 그 본래의 하상河床에서 몰아낸 뒤 아르누스 강으로 흘러 들어가게 하려는 계획을 부디 취소시켜 주십시오. 그럴 경우 저희들이 엄청난 피해를 입게 될 것입니다." 인테람나의 시민들도 이와 유사한 의견을 피력했다. "만약 제안된 계획대로 나르 강이 여러 개의 작은 지류로 나누어지면 강물이 호수처럼 범람해 이탈리아 최대의 곡창 지대가 파괴되고 말 것입니다."

레아테의 시민들도 입을 다물고 있지 않았다. "벨리누스 호가 나르 강으로 흘러 들어가는 출구를 막으면 둑이 무너져 호수의 물이 그 주변 지역에 넘쳐흐르게 될 것입니다. 자연은 인간의 이익을 최우선적으로 참작해 강마다 적절한 배출구와 수로, 수원지와 더불어 종착지

---

140) 군대금고는 아우구스투스가 제대 은사금(군단병마다 1만 2천 세스테르티우스)을 위해 설치한 것. 법무관급 인사 3명이 그 관리를 맡았다.

141) 자치시는 로마에 대해 출병의 의무를 지고, 선거권 이외의 시민권과 외교권 이외의 자치를 인정받은 도시라는 뜻. 식민시는 로마 시민 출신의 고참병들이 이주해 건설한 도시로 완전한 자치권과 시민권을 가지고 있었다. 공화정 말기에 이탈리아 전역에 시민권이 부여된 이후 이런 성립의 유래를 나타내는 구별이 없어져 어느 쪽이든 다 그냥 단순히 지방 도시를 의미했다.

도 할당해 놓았습니다. 그뿐만 아니라 동맹자들[142]의 다른 종교도 고려해야 합니다. 우리는 제사와 성림聖林과 제단을 바치며 조상의 땅을 가로질러 가고 있는 하천을 숭배해 왔습니다. 그리고 티베리스 강 자신이 지류들을 빼앗긴 채 위신이 깎인 상태로 흘러가고 싶어하지 않을 것입니다" 하고 격렬히 항의했다.

식민시들의 탄원 때문인지, 아니면 공사가 곤란했기 때문인지, 혹은 신심信心 때문인지 원로원은 "개수해서는 안 된다"고 주장한 그니이우스 칼푸르니우스 피소의 의견에 찬성했다.

80 가이우스 포파이우스 사비누스(Gaius Poppaeus Sabinus)의 속주 모이시아의 통치 기간이 연장되고, 이와 동시에 그가 관리하는 영역에 아카이아와 마케도니아가 추가되었다. 이처럼 대부분의 경우 임기를 연장시키며 생애가 끝날 때까지 그 속주의 군정권이나 민정권을 행사하게 하는 것이 티베리우스의 습관 중 하나였다. 그 이유와 관련해 여러 가지 설이 전해지고 있다. 티베리우스는 새로 인선하며 골머리를 앓는 것이 싫어 한번 결정한 사람을 끝까지 고집했다고 하기도 하고, 질투심 때문에 많은 사람이 승진하는 기쁨을 누리는 것을 보고 싶어하지 않았다고 하기도 한다.

다음과 같이 해석하는 사람도 있다. 그는 사람을 꿰뚫어 보는 눈이 날카로워 그만큼 판단을 내리기가 힘들었다는 것이다. 실제로 그는 뛰어난 능력을 지닌 사람을 찾아내려 하지도 않았지만, 다른 한편으로 근성이 나쁜 사람도 싫어했다. 그는 탁월한 인물은 자신에게 위험을 초래하고, 행실이 좋지 않은 사람은 국가의 위신을 손상시키지 않을까 우려했다. 결국 티베리우스는 그 우유부단함이 심해져 로마 바깥으로 내보내려 하지 않으려고 작정한 사람들에게 속주의 통치를

---

142) 옛 시대의 표현. 이탈리아인은 제정기에는 더 이상 동맹자라는 말을 쓰지 않았다.

맡기기까지 했다.

81 집정관 선거와 관련해서는 그것이 티베리우스의 이 통치 첫해부터 그가 죽을 때까지 어떻게 행해졌는지 좀처럼 명확하게 말할 수가 없다. 그만큼 모순된 기술이 전거 속에서뿐만 아니라 황제 자신의 연설에서도 발견되기 때문이다.

티베리우스는 후보자들을 추천할 때 어느 해에는 이름을 숨겼지만 누구인지 알 수 있도록 각자의 혈통이나 경력, 군 복무 기간 등을 기술했다. 어느 해에는 이런 암시조차 생략하고 후보자들에게 "운동해 선거를 어지럽히지 말라"고 충고하고 "그 목적을 이룰 수 있도록 내가 도와 주겠다"고 약속했다. 그는 또 일반적으로 이렇게 말하기도 했다. "내가 사전에 집정관들에게 그 이름을 전한 사람들만이 내 앞에서 자신을 추천할 수 있다. 물론 다른 사람들도 인망과 업적에 자신이 있으면 자신을 추천할 수 있다." 그럴 듯하게 들리지만, 이 말은 실제로는 속이 빤히 들여다보이는 기만에 지나지 않았다. 본질을 가리려는 자유의 가면이 컸던만큼 곧 한층 더 무서운 압정壓政으로 급변하게 되었다.

제 2권 (서기 16~19년)

1. 동방의 불온한 정세

1 시센나 스타틸리우스 타우루스(Sisenna Statilius Taurus)와 루키우스 스크리보니우스 리보(Lucius Scribonius Libo)가 집정관이 되었다.[1] 동방의 왕국과 로마의 속주들에서 폭동이 일어났다. 그 발생지는 파르티아였다. 파르티아인은 로마에 요청해 왕을 맞아들였는데, 아르사케스 왕조[2]의 혈통을 이어받았음에도 불구하고 이윽고 이국인이라는 이유로 그를 경멸하기 시작했다. 이 왕은 다름 아니라 프라아테스(Phraates)가 아우구스투스에게 인질로 보냈던 보노네스(Vonones)였다. 프라아테스는 로마의 군대와 장군들을 격퇴했음에도 불구하고 아우구스투스에게 전적으로 경의와 예의를 표하고 양국 간의 우의를 다지기 위해 자식들 중 일부를 인질로 보냈다. 우리 병력을 두려워해서라기보다는 오히려 자기 신하들의 충절을 의심했기 때문이었다.

---

1) 서기 16년.
2) 이 왕조는 기원전 250년경에 파르티아 왕국을 건설하고 서기 230년경까지 지배했다.

2 프라아테스와 그의 후계자들이 사망하자, 피비린내나는 내란이 일어났다. 그래서 파르티아의 유력자들이 로마에 대표단을 보내 프라아테스의 자식 가운데서 가장 연장자인 보노네스를 귀환시켜 달라고 청했다. 카이사르는 이것은 자신의 큰 영광이라고 생각하고 보노네스가 떠날 때 재보들을 선물로 주었다. 야만인들도 새 지배자에게는 늘 그렇듯이 그를 기쁘게 맞아들였다. 하지만 이것이 곧 다른 세계에서 적의 관습에 길들여진 왕을 받아들인 데 대한 수치스런 민족적 굴욕감으로 바뀌어 버렸다. "이제는 속주 취급을 받으며 아르사케스 왕조의 옥좌玉座가 로마에 의해 배당되고 있다. 그토록 오랫동안 예속을 강요당해 온 카이사르의 노예를 파르티아인의 통치자로 받들다니. 크라수스를 죽이고, 안토니우스의 간담을 서늘하게 만들었던[3] 우리의 옛 영광은 대체 어디로 가버렸는가?" 하고 그들은 중얼거렸다.

보노네스가 조상의 관습에 전혀 관심을 기울이지 않았기 때문에, 이런 굴욕감이 더욱더 심화되었다. 사냥하는 일도 드물고, 말을 사육하는 일도 게을리 했다. 도시를 방문할 때에는 언제나 침상 가마[4]를 탔다. 전통적인 연회도 경멸하며 싫어했다. 게다가 그는 측근에 그리스인들[5]을 두고, 아무리 값싼 가구라도 어느 것이나 다 날인을 하고 보관했기[6] 때문에 파르티아인의 비웃음을 샀다. 그는 궁정을 모든 사람에게 개방하고 선선히 사람들을 만나 주며 상냥하게 응대하는 미덕을 지니고 있었지만, 이런 데 익숙하지 않은 파르티아에게는 그것

---

3) 크라수스는 기원전 53년에 메소포타미아 지방의 카라이에서 패사하고, 안토니우스는 기원전 36년에 패배했다.
4) 로마의 귀족은 여행하거나 외출할 때 가마와 같은 탈것을 이용했다. 누워서 가는 침상식과 앉아서 가는 의자식 두 종류가 있었다.
5) 티베리우스의 측근과 같은 문인 묵객이었을 것이다(4권 58절).
6) 로마인은 도벽이 있는 노예로부터 자신의 물건을 지키기 위해 먹을거리나 술병에까지 날인을 했다.

도 새로운 악덕으로 여겨졌다. 그들은 자신들의 습속에 어긋나는 것이면 무엇이든 선악을 구별하지 않고 증오했다.

3 그래서 파르티아인은 아르타바누스(Artabanus)를 불러들였다. 그는 성년이 될 때까지 다하에족 속에서 자랐지만 아르사케스 왕조의 피를 이어받고 있었다. 그는 첫 전투에서는 패배했지만 병력을 새로 규합해 왕위를 찬탈했다. 패한 보노네스는 이 당시에는 통치자가 없었던 아르메니아로 피신했다. 본래 이 나라는 파르티아와 로마 양 세력의 완충 지대였지만, 안토니우스가 수치스러운 짓을 저지른 이후 로마를 불신하고 있었다. 안토니우스는 아르메니아의 왕 아르타바스데스(Artavasdes)를 우정을 가장하고 함정에 빠뜨린 뒤 쇠사슬로 묶고 결국은 살해해 버렸다. 아르타바스데스의 아들 아르탁시아스(Artaxias)는 아버지의 일에 앙심을 품고 우리를 증오하며 자신과 왕위를 보호하기 위해 아르사케스 왕조의 힘을 빌렸다. 이 아르탁시아스가 친척의 배신으로 쓰러지자 아우구스투스가 티그라네스(Tigranes)를 아르메니아의 왕으로 삼고, 티베리우스 네로가 그를 호송해 가 왕위에 앉혀 주었다. 티그라네스는 오래 통치하지 못했다. 이 국의 관례에 따라 결혼하고 함께 통치했지만 그의 두 자식도 마찬가지였다.

4 이어서 아우구스투스의 명에 의해 아르타바스데스 2세가 아르메니아의 왕위에 올랐지만, 이윽고 그도 또한 폐위되고 우리 쪽도 큰 손실을 입었다. 그래서 가이우스 카이사르[7]가 아우구스투스의 지명을 받아 아르메니아의 문제를 해결하는 임무를 맡게 되었다. 그가 무척 아름다운 용모와 고귀한 덕성을 지닌, 메디아 태생의 아리오바르자네스(Ariobarzanes)를 왕위에 앉히자, 아르메니아인도 기꺼이 받아

---

7) 아우구스투스의 손자.

들였다. 아리오바르자네스가 치명적인 사고로 세상을 떠나자, 아르메니아인은 그의 아들을 왕으로 삼으려 하지 않았다. 에라토(Erato)라는 여자를 지배자로 추대했지만, 곧 그녀도 폐위되었다. 그 후 아르메니아는 혼돈과 무질서 속으로 빠져 들어갔다. 자유를 즐긴다기보다는 오히려 무정부 상태에 놓여 있었다. 이럴 때 보노네스가 피난왔기 때문에, 아르메니아인은 그를 왕으로 받아들였다.

그러나 아르타바누스가 계속 위협을 가하기 시작했고, 아르메니아인에게는 그에 대처할 만한 방어력이 거의 없었다. 그리고 만약 로마가 무력으로 그들을 지원하면 당연히 파르티아인과의 사이에 전쟁이 벌어질 터였다. 그래서 속주 시리아의 통치자 크레티쿠스 실라누스(Creticus Silanus)가 보노네스를 불러들인 뒤 군대의 감시 하에 두고 왕위와 영화를 유지시켜 주었다. 보노네스가 이 굴욕적인 상황에서 벗어나려고 애쓴 이야기는 적당한 때에 기술하기로 하겠다.

2. 게르마니아 전쟁(계속)

5 한편 티베리우스의 경우에는 이 동방의 폭동이 반드시 형편이 좋지 않을 때 일어났다고 볼 수 없었다. 그는 이것을 구실로 게르마니쿠스를 익히 알고 있는 군대에서 떼어 놓고 새 속주들을 억지로 떠맡겨 그를 음모와 위험 속으로 몰아넣을 수 있었기 때문이다.

그러나 게르마니쿠스는 자신에 대한 병사들의 애정과 백부의 반감이 깊어질수록 한층 더 애를 태우며 게르마니아에서 빨리 승리를 거두고 싶어했다. 그는 지난 2년 간의 전투에서 경험한 성공과 실패를 돌아보며 공격 방법을 생각했다.

"게르마니아인은 진을 치고 탁 트인 곳에서 싸우면 패배한다. 그들을 도와 주는 것은 숲과 늪지, 짧은 여름과 일찍 찾아오는 겨울이다. 아군은 부상보다는 장거리 행군과 무기 손실로 고생했다. 갈리아에서는 이제는 더 이상 말을 공출할 수 없는 형편이다. 게다가 군수품 수송대의 긴 행렬은 적의 매복에 걸리기 쉽고 방어하기도 곤란하다. 해로를 이용하는 것이 더 낫다. 배를 타고 바다로 가면 쉽게 침입할 수 있고, 적도 어찌 할 바를 모를 것이다. 더군다나 전투를 더 빨리 개시할 수도 있고, 군단병과 군수품 수송대를 동시에 운반할 수도 있을 것이다. 기병과 말이 아무 손실도 입지 않은 채 하구에서 수로를 통해 게르마니아의 중심부까지 거슬러올라갈 수 있을 것이다."

6 그래서 게르마니쿠스는 이 계획대로 하기로 마음을 굳혔다. 먼저 두 장군 푸블리우스 비텔리우스와 가이우스 안티우스(Gaius Antius)를 재산세 산정을 위해 갈리아에 파견하고, 이어서 가이우스 실리우스와 안테이우스(Anteius), 아울루스 카이키나 세베루스에게 선대를 건조하는 일을 맡겼다. 1천 척의 배면 충분할 것 같았다. 그래서 그 배들이 신속히 건조되었다. 거친 파도에 좀더 쉽게 견딜 수 있도록 흘수는 얕고 선미와 선수는 좁으며 동체는 넓게 건조한 것도 있고, 좌초의 피해를 줄이기 위해 밑바닥이 평평하도록 건조한 것도 있었다. 보다 많은 다른 배에는 노잡이들이 갑자기 방향을 바꿔 강변 어느 쪽에나 착안着岸시킬 수 있도록 키를 앞뒤 양쪽 끝에 달았다. 많은 배에 노포[8]를 적재할 수 있고, 또 말이나 식량을 수송하는 데도 적합한 갑판이 있었다. 어느 배나 다 노로 신속히 움직일 수 있는데다가 돛도 갖추어져 있고, 우리 병사들의 높은 사기로 인해 위풍 당당한 면모까지 띠고 있었다.

바타비족의 섬이 집결지로 결정되었다. 그곳은 좋은 상륙 장소로

---

8) 노포는 화살이나 창을 발사하는 투시기, 돌을 발사하는 투석기, 투석기를 간략화시킨 투석대 등의 총칭이다.

군대를 수용하거나 방어하다가 강을 타고 게르마니아로 공격해 들어가는 데 편리했기 때문이다. 라인 강은 계속 한 하상河床으로 흐르거나 몇 개의 작은 섬만 에워싸다가 이 바타비족의 섬이 시작되는 곳에서 마치 두 강처럼 갈라진다. 게르마니아에 접한 쪽은 라인이라는 이름을 유지하면서 빠르게 북해로 흘러 들어간다. 더 넓고 또 느리게 흐르는, 갈리아에 접한 분류는 이 지역에서는 바할리스 강으로 불렸다. 좀더 밑으로 내려가면 이름이 다시 변해 모사 강으로 불리고, 그 거대한 하구에서 똑같이 북해로 흘러 들어간다.

7 그러나 카이사르는 배가 집결할 때까지 총독 가이우스 실리우스에게 경장 부대를 이끌고 카티족의 영지로 침입하라고 명했다. 그 자신은 루피아 강변의 요새가 적에게 포위되었다는 소식을 듣고 6개의 군단을 이끌고 그곳으로 갔다. 실리우스는 갑자기 비가 내려 약간의 전리품을 손에 넣고 카티족의 수장 아르푸스(Arpus)의 아내와 딸을 사로잡는 것 외에는 별다른 전과를 거두지 못했다. 게르마니쿠스의 경우에도 포위군이 그가 다가오고 있다는 소식을 듣고 재빨리 달아나 버려 전투를 벌일 기회가 없었다. 그러나 적군이 최근에 조성된 바루스 군단병의 몰살을 애도하는 무덤과 아버지 드루수스에게 바쳐진 오래된 제단을 파괴해 버렸다. 그래서 게르마니쿠스는 제단을 재건하고 아버지의 영령에 경의를 표하며 군단병들과 함께 행렬을 짓고 직접 선두에 서서 그 주변을 돌았다. 무덤은 다시 조성하지 않기로 결정했다. 알리소 요새와 라인 강 사이의 전 지역에 새로 길을 내고 제방을 쌓아 방어 체제를 강화했다.

8 그 사이에 선대가 이미 집결해 있었다. 그는 먼저 식량을 보냈다. 이어서 군단병과 동맹군에게 선박을 배당하고 그의 아버지의 이름을 따서 드루수스라 부르고 있는 운하9)로 들어서자, 아버지의 영령에게 이렇게 기원했다. "저는 아버님과 같은 모험을 기도하고 있습니

다. 아버님의 말씀과 행동을 떠올리며 그것을 모범으로 삼고 있습니다. 부디 호감을 갖고 흔쾌히 도와주세요."

그러고는 순조롭게 항해를 계속해 호수[10]와 북해를 지나 아미시아 강에 도착했다. 선단은 아미시아 강의 좌안에 남겨 두었다. 좀더 강을 거슬러올라가든가, 아니면 그곳에서 진격할 예정인 우안으로 군대를 운송하지 않은 것은 실책이었다. 그로 인해 다리를 놓는 데 많은 시일을 허비했기 때문이다.

기병과 군단병이 첫 조류潮流 습지대를 조수가 밀려오지 않을 때 어렵지 않게 건너갔다. 마지막으로 원군이 건너갔는데, 그 속에 있던 바타비족이 바닷물에 뛰어들어 수영 솜씨를 보여 주다가 혼란에 빠져 몇 명이 익사했다. 카이사르가 진영을 구획하고 있을 때, 후방에서 앙그리바리족이 모반을 일으켰다는 소식이 들어왔다. 그래서 곧 루키우스 스테르티니우스의 지휘 하에 원군 기병과 경보병을 그곳으로 보내 화공과 살육으로 배신 행위를 앙갚음했다.

9 비수르기스 강이 로마령과 케루스키족의 영지 사이로 흘러가고 있었다. 그 맞은편 강변에 아르미니우스가 다른 귀족들을 거느리고 모습을 나타냈다. "카이사르가 왔느냐?"고 묻고 "왔다"는 대답을 듣자, 이번에는 "내 동생과 이야기를 나눌 수 있게 해달라"고 부탁했다. 로마군에서는 '금발의 남자(Flavus)'라는 별명으로 통하고 있는 그의 동생은 고지식하고 의리가 두텁기로 유명했는데, 몇 년 전에 티베리우스의 휘하에서 전투를 벌이다가 부상을 당해 한쪽 눈을 잃어버렸다. 이때 그는 〈카이사르〉의 허락이 떨어지자 강변으로 나가 아르미니우스의 인사를 받았다. 아르미니우스는 수행원들을 모두 물리치고

---

9) 네오 드루수스가 아른헴 인근에 있는 라인 강의 북쪽 지류(바할리스 강)와 (게르마니쿠스가 다음으로 배를 타고 내려간) 아이셀 강을 연결하는 운하를 건설했다.

10) 조이데르 해(플레보 호). 오늘날의 아이셀 호.

는 우리 쪽 강변에 배치되어 있는 궁병들에게도 뒤로 물러나 달라고
요청했다. 그리하여 모두 떠나자, 그는 "언제 부상을 입어 얼굴이 그
렇게 보기 흉하게 된 거냐?" 라고 동생에게 물었다. 플라부스가 전투
장소와 그 상황에 대해 이야기하자, 그는 "그 보상으로 얼마만큼 받
았느냐?" 라고 물었다. 플라부스가 "급료도 오르고 목걸이와 관冠, 다
른 여러 가지 훈장도 받았소" 라고 말하자, 아르미니우스가 비웃었
다. "노예 신분이라 보상도 얼마 받지 못하는군."

10 그러자 형제간의 논쟁이 시작되었다. 플라부스는 로마의 위대
함과 카이사르의 부富, 패배자가 받는 무서운 벌, 투항자를 기다리고
있는 관대한 조치, 아르미니우스의 아내와 자식도 적과 같은 대우를
받고 있지 않다는 사실 등에 대해 이야기했다. 그의 형은 조국에 대한
신성한 의무와 오랜 전통을 지니고 있는 자유, 게르마니아의 토착신
들에 대해 말하고, "어머니께서도 나와 마찬가지로 네가 육친과 친
척, 아니 네 동포를 버리거나 배신하지 않고 그 지휘를 맡기를 기원하
고 계시다" 라고 알려 주었다.

형제는 점차 독설을 퍼붓기 시작했다. 만약 화가 나 얼굴을 시뻘겋
게 물들인 채 무기와 말을 달라고 재촉하는 플라부스를 루키우스 스
테르티니우스가 급히 달려가 만류하지 않았으면, 그 사이에 가로놓
여 있는 강조차 마침내 칼을 들고 서로 싸우려 하는 형제를 가로막지
못했을 것이다.

강 건너편에서도 아르미니우스가 위협적인 말을 늘어놓으며 싸우
자고 도전하는 것을 알 수 있었다. 그도 예전에 로마군의 진영에서 케
루스키족을 지휘한 적이 있어 그 말에 라틴어가 많이 섞여 있었기 때
문이다.

11 이튿날 게르마니아군이 비수르기스 강 건너편에 포진했다. 게
르마니쿠스는 이렇게 생각했다. "적어도 로마의 훌륭한 장군이라면

다리를 놓지도 않고 그것을 지키는 부대도 배치하지 않은 채 군단병들을 위험에 빠뜨리지 않을 것이다.” 그래서 그는 먼저 기병대에 명을 내려 얕은 여울로 강을 건너게 했다. 지휘관은 스테르니우스와 수석 백인대장급[11]인 아이밀리우스였다. 그들의 목적은 먼 곳을 공격해 적의 병력을 분산시키는 것이었다.

바타비족은 카리오발다(Chariovalda)의 지휘 하에 유속이 가장 빠른 곳을 헤치고 돌진했다. 케루스키족은 퇴각하는 체하다가 나무가 우거진 언덕으로 에워싸인 평원으로 바타비족을 끌어들였다. 그러고는 사방팔방에서 뛰쳐 나가며 기습했다. 저항하는 자들은 밀어젖히고 도망치려고 우왕좌왕하는 자들은 뒤쫓아가 원진 속으로 몰아넣고는 난입해 근접 전투를 벌이거나 멀리 떨어진 곳에서 날아가는 무기로 혼란에 빠뜨렸다. 카리오발다는 이런 거칠고 난폭한 공격을 꿋꿋이 견뎌 내다가 마침내 힘을 합쳐 한 덩어리가 되어 적의 포위진을 돌파하라고 부하들을 질책하거나 격려하고, 스스로 앞장 서 가장 두터운 적진 속으로 뛰어들었지만 투창 세례를 받고 말이 죽어 그 위에서 떨어졌다. 곧 많은 귀족이 그를 에워쌌다. 그 밖의 사람들은 자신의 힘이나 스테르티니우스 및 아이밀리우스와 함께 달려온 기병대의 원조로 위기에서 벗어났다.

12 그 사이에 카이사르가 비수르기스 강을 건너자, 한 도망자가 다음과 같은 정보를 제공했다. 즉 아르미니우스가 전장을 선택하고, 다른 부족들도 헤라클레스의 성림聖林에 합류했으며, 적군이 로마군의 진영을 야습할 계획이라는 것이었다. 카이사르는 이 정보를 믿었다. 적군의 횃불이 확실히 보이고, 근처까지 갔다 온 척후병들도 “말들의

---

11) 수석 백인대장을 역임한 사람이라는 뜻. 수석 백인대장은 제1대대, 제1중대, 제1백인대장으로 1군단 60명의 백인대장 중 선임자.

울음 소리와 어수선하게 진군하는 엄청난 소음을 들었다"고 보고했기 때문이다.

마침내 최후의 운명을 결정하는 전투가 다가오고 있었다. 게르마니쿠스는 병사들의 사기를 점검해야 한다고 생각했다. 그는 "병사들의 마음을 확실히 알려면 어떻게 해야 좋을까?" 하고 자문자답했다. "부관이나 백인대장들은 신뢰할 수 있는 것보다 자신들의 희망적인 관측을 보고하는 경우가 더 많다. 해방 노예들[12]은 뼛속까지 비굴하다. 참모들은 아부하는 경향이 있다. 집회를 소집하더라도 소수가 주도하고 나머지는 부화뇌동하기만 할 것이다. 병사들이 회식할 때에는 그들만 있고 누구의 감시도 받지 않는다. 그 자리에서는 자신들의 희망과 공포에 대해 있는 그대로 말할 것이기 때문에 그때야말로 그들의 내심을 틀림없이 알아낼 수 있을 것이다."

13 그래서 게르마니쿠스는 어두워진 뒤에 어깨에 야수의 모피를 걸치고 단 한 명의 시종만 거느린 채 보초들 모르게 비밀 출구로 복점관의 천막[13]에서 나왔다. 진영의 도로[14]를 걷다가 병사들의 천막 옆에 멈추어 서서 엿들어 보자 자신의 인기가 대단했다. 어떤 병사들은 자신의 고귀한 혈통을 칭송하고, 어떤 병사들은 자신의 단아한 용모를, 거의 모든 병사들은 자신의 참을성과 상냥한 태도, 그리고 진지할 때나 장난칠 때나 똑같이 성품이 변함없는 것 등을 격찬하고 있었다. 그러고는 "전장에서 잘 싸워 감사하는 우리의 마음을 보여 드려야 해. 그와 동시에 배신자나 평화의 파괴자들을 죽여 복수와 영광의 제단에 바쳐야 해" 라고 자신들의 심경을 밝혔다.

그러는 동안에 라틴어를 아는 적 한 명이 말을 타고 보루까지 달려

---

12) 게르마니쿠스 가의 해방 노예. 전장에서 주인의 사적인 일을 처리했다.
13) 여기에서는 사령부를 의미할 것이다.
14) 진영 내에는 큰길, 샛길 등의 명칭이 붙은 길이 가로 세로로 나 있었다.

오더니 큰소리로 불렀다. "아르미니우스의 이름을 걸고 약속한다. 만약 탈주해 온다면 아내와 땅을 주겠다. 전쟁이 계속되는 한 날마다 100세스테르티우스를 지불하겠다." 이 모욕적인 제안이 군단병들의 분노를 자극했다. "내일 전투가 벌어질 때까지 기다려라. 우리는 게르마니아인의 땅을 차지하고 그들의 아내를 데리고 돌아올 것이다. 이것은 좋은 징조이다! 적들의 여자와 부富가 전리품으로서 우리 손에 들어오게 되어 있다"라고 그들은 소리쳤다. 제3야경시[15]쯤 되었을 때 적군이 로마 진영을 기습했지만 창 하나 던지지 못했다. 보루 위에 많은 로마군이 버티고 서서 조금도 경계를 게을리 하지 않는 것을 발견했기 때문이다.

14 같은 날 밤에 게르마니쿠스는 길몽을 꾸었다. 그가 산 제물을 바치고 있는데, 그 핏방울이 그의 신관복에 튀겼다. 그러자 할머니 아우구스타가 다른 아름다운 옷을 건네 주었다. 그는 이 전조에 자신감을 얻었다. 게다가 점괘도 무척 좋았다. 그래서 병사들에게 집회를 명하고는 눈앞으로 다가온 전투에 필요하다고 생각되는 주의 사항과 더불어 경험과 지혜로 미리 생각해 둔 조치를 설명했다.

"로마군은 평지에서는 말할 것도 없고, 전술을 짜내면 삼림이나 협곡에서도 전투를 유리하게 이끌어 나갈 수 있다. 실제로 나무 줄기나 지면에 빽빽이 들어찬 덤불 사이에서는 야만족의 저 큰 방패나 거대한 창보다 우리 군의 투창이나 칼, 몸에 딱 맞는 무구가 오히려 다루기 쉽다. 빗발치듯 창으로 찌르고, 칼끝으로 적의 얼굴을 노려라. 게르마니아인에게는 흉갑이나 투구가 없다. 그들의 방패조차 철이나 가죽으로 보강되어 있지 않다. 그냥 엮음질 고리버들 세공품이거나 현란한 색깔을 칠한 얇은 판자에 지나지 않는다. 그들의 일종의 창은

---

15) 여름에는 오전 0시에서 2시. 야경시는 일몰 때부터 일출 때까지를 4등분한 군대의 용어.

첫번째 열에 한정되어 있다. 나머지는 끝 부분을 태워 단단하게 만들 거나 짧은 금속 촉을 매단 곤봉만 들고 있을 뿐이다. 확실히 그들은 신체적으로 무섭게 보이고 단시간의 승부에 강하다. 하지만 부상을 견뎌 내지 못한다. 그들은 불명예를 부끄러워하지 않는다. 지휘관들에 개의치 않고 전투를 그만두고 탈주한다. 형세가 불리해지면 공포에 사로잡히고, 유리하면 신과 인간의 율법을 망각해 버린다.

군단병 제군들아, 만약 너희들이 육지와 바다에서 지쳐 이 일을 끝내고 싶다면, 이번 전투가 그 길을 마련해 줄 것이다! 우리는 이미 라인 강보다 알비스 강에 더 가까운 곳에 와 있다. 너희들이 아버님이나 백부님의 전철을 밟아 같은 곳에서 승리를 얻을 수 있게 해준다면, 더이상 전쟁은 없을 것이다!"

15 장군의 연설에 병사들이 곧 열광적인 함성으로 응답했다. 그리고 전투 개시 신호가 내려졌다. 게르마니아측에서도 아르미니우스와 그 밖의 귀족들이 각 부족에게 허세를 부리는 것을 잊지 않았다. "이 로마군은 저 바루스의 군대 중에서 가장 빨리 도망친 자들이다. 전쟁이 싫어 모반에 가담한 자들이다. 등이 상처로 뒤덮인 자들도 있고, 파도나 폭풍으로 불구가 된 자들도 있다. 그리고 이제 또다시 승리의 희망도 없이 우리의 투혼 앞에, 신들의 분노 앞에 몸을 내던졌다. 그 증거로 그들은 오는 도중에 공격받지 않고, 나중에 재난을 겪고 나서 도망칠 때 추적을 피하려고 길이 없는 대양과 함대에 의존하지 않았더냐? 그러나 우리와 싸우다가 패하면 바람이나 노의 도움 따위가 무슨 소용 있겠느냐! 로마인이 얼마나 탐욕스럽고 잔학하며 오만한지 상기해 보라. 우리에게는 자유를 고수할 것이냐, 아니면 노예가 되기 전에 죽을 것이냐, 이 두 가지 외에는 남은 길이 없다."

16 이 호소에 흥분한 게르마니아인이 싸울 것을 시끄럽게 요구하자, 수장들은 그들을 이끌고 이디스타비소라 불리는 평원으로 내려

갔다. 이 평원은 강기슭이 구릉의 돌출부에 저항하거나 양보함에 따라 어느 곳에서는 넓어지고 어느 곳에서는 좁아지면서 비수르기스 강과 구릉 지대 사이에 꼬불꼬불 구부러진 상태로 펼쳐져 있었다. 적군의 뒤편에는 숲이 솟아 있었는데, 나뭇가지들은 하늘을 찔렀지만 나무 줄기와 나무 줄기 사이의 지면에는 덤불이 없었다. 야만족이 평원과 이 숲 주변에 진을 쳤다. 케루스키족만이 전투가 한창 벌어질 때 위쪽에서 로마군을 덮치려고 고지를 점거하고 있었다.

우리 군은 다음과 같은 대형으로 전장에 접근했다. 전위는 갈리아인과 게르마니아인으로 구성된 원군이고, 말을 타지 않은 궁병이 그 뒤를 따랐다. 그 다음은 4개 군단, 게르마니쿠스와 호위대 2개 대대, 선발된 기병, 후위는 4개 군단과 경기병, 마상 궁병, 나머지 동맹군이었다. 병사들은 경각심을 갖고 이 행군 대형을 언제든지 전투 대형으로 바꿀 수 있는 태세를 갖추고 있었다.

17 한 떼의 케루스키족이 성급하게 덤벼들자, 게르마니쿠스는 정예 기병에 명해 적의 측면을 치게 하고, 스테르티니우스에게는 나머지 기병을 이끌고 우회해 배후에서 습격하라는 명령을 내렸다. 그 자신은 적당한 시점까지 그 자리에서 움직이지 않겠다고 마음먹었다. 얼마 안 있어 상서로운 전조가 그의 눈길을 끌었다. 여덟 마리의 독수리가 숲을 향해 날아가더니 그 속으로 사라졌다. 그는 이렇게 큰소리로 외쳤다. "전진하라. 저 로마의 새, 우리 군단의 진짜 수호신의 뒤를 따르라." 곧 보병이 전진하고, 앞서 파견되었던 기병대가 적의 배후와 측면을 향해 돌진했다.

그러자 정말 이상한 일이 일어났다. 적의 두 진陣이 각기 반대 방향으로 도망치기 시작했다. 숲을 점거하고 있던 한 떼는 평지 쪽으로, 평지에 진을 치고 있던 한 떼는 숲 쪽으로 허둥대며 달려갔다.

그 사이에 끼여 케루스키족이 구릉에서 밀려나오기 시작했다. 이런 혼란 속에서 무기와 질타, 몸에 입은 부상으로 유달리 눈에 띄는 아르미니우스가 계속 싸우려고 애를 쓰고 있었다. 그가 말을 타지 않은 궁병들 속으로 뛰어들어 바로 그 부분을 돌파하려 할 때, 라이티아인과 빈델리키족, 갈리아인 등의 원군이 군기軍旗로 앞을 가로막았다. 하지만 그는 사람들이 알아채지 못하도록 얼굴에 자신의 피를 칠하고 말의 맹렬한 기세와 순전히 육체적인 힘만으로 포위망을 뚫었다. 달리 전해지는 바에 따르면 로마군의 원군으로 참여하고 있던 카우키족이 아르미니우스라는 것을 알아채고 달아날 수 있게 해주었다고 한다.

이와 비슷한 용기나 기만책 덕분에 인귀오메루스도 무사히 도망칠 수 있었다. 남은 자들은 곳곳에서 살해되었다. 많은 자들이 비수르기스 강을 헤엄쳐 건너가려고 하다가 창에 맞거나 격류에 휩쓸리거나, 혹은 마지막으로 계속 뛰어드는 사람들의 무게나 강둑의 붕괴로 인해 물속에 가라앉아 버렸다. 개중에는 수치스런 방식으로 도망치려 하는 자들도 있었다. 그들은 나무에 기어 올라가 나뭇가지 속에 몸을 숨겼다. 그곳으로 궁병들이 몰려와 조롱하면서 화살을 날리거나 나무를 쓰러뜨려 대지에 내동댕이쳤다.

18 이것은 위대한 승리였다. 우리 군은 거의 손실을 입지 않았다. 아침 제5시[16]부터 밤까지 적군이 살육되고, 그들의 시체와 무기가 장장 10마일에 걸쳐 지상을 뒤덮었다. 그들이 성공적인 결과를 확신하고 있었던 것처럼 전리품 속에서 로마인 포로를 위해 가져온 쇠사슬이 발견되었다. 병사들은 전장에서 "최고 사령관 티베리우스 만세" 하고 환호했다.[17] 이어서 무덤을 만들고 전리품을 전승 기념비처럼

---

16) 여름에는 10시경. 새벽부터 일몰시까지 12등분했다.

17) 공화정 시대의 관례와 관련해서는 3권 74절을 참조할 것. 전쟁은 최종적으로는 티베리우스의 지휘와 복점卜占에 의해 행해졌기 때문에 그에게 환호가 바쳐지게 마련이었다.

쌓아올리고 그 밑에 정복한 부족들의 이름을 새겨 놓았다.

19 게르마니아인은 부상이나 비탄, 손실보다 이 광경에 더 격렬한 분노와 원한을 느꼈다. 그리하여 거주지를 버리고 알비스 강 저편으로 퇴각하려고 준비하고 있던 자들이 또다시 싸우길 바라며 무기가 있는 곳으로 달려갔다. 신분의 높고 낮음과 나이를 불문하고 모두 행군 중인 로마군을 갑자기 공격해 혼란에 빠뜨렸다. 그들은 마침내 강과 숲으로 에워싸인 지점을 선택했다. 그 안은 좁고 평탄한 습지대였다. 숲까지도 깊은 늪에 둘러싸여 있었다. 다만 한쪽에 앙그리바리족이 케루스키족과의 경계선으로 쌓아 놓은 넓은 토루가 있었다. 이 토루에 게르마니아의 보병이 진을 치고, 기병은 인근의 숲 속에 숨었다. 군단병들이 숲으로 침입하면 곧 배후에서 치려 했던 것이다.

20 게르마니쿠스는 이 모든 것을 손바닥 보듯이 잘 알고 있었다. 적의 작전과 위치, 눈에 보이는 부대뿐만 아니라 매복한 부대도 알고 있었다. 그래서 적의 계략이 거꾸로 그들을 파멸로 이끄는 작전을 세웠다. 군단장 루키우스 세이우스 투베로(Lucius Seius Tubero)에게 기병대와 평원을 맡기고, 보병은 둘로 나누어 일부는 평원을 따라 숲으로 침입하고, 다른 일부는 정면에 서 있는 토루를 공격하며 기어오르라고 명했다. 그 자신은 보다 어려운 후자의 일을 맡고, 다른 쪽은 군단장들에게 맡겼다.

평지로 전진한 부대는 쉽사리 적진에 침입할 수 있었다. 그러나 토루 공략을 명받은 부대는 성벽을 기어오를 때처럼 위쪽으로부터의 맹렬한 공격에 고전했다. 장군은 근접전은 불리하다는 것을 알아채고 군단병들을 약간 후퇴시켰다. 그리고 투석병이나 투척병[18]들에게 탄환을 던져 적을 교란시키라고 명했다. 노포에서 창도 발사되었다.

---

18) 투석병이나 투척병은 노포의 조종병이 아니라 제각기 간단한 투석 기구를 갖고 돌이나 납탄을 발사하는 원군의 특수병이었다.

토루의 방어자들은 눈에 잘 띌수록 더욱더 많은 부상을 입고 쓰러졌다. 게르마니쿠스는 호위대와 함께 맨 먼저 보루를 점령하고 숲 속으로 진격했다. 그곳에서 백병전이 시작되었다. 적군 뒤쪽에는 늪이 있고, 우리 군은 강이나 구릉에 둘러싸여 있었다. 양쪽 모두 도저히 피할 수 없는 곤란한 위치에 놓여 있었다. 용기만이 유일한 희망이고, 오로지 승리만이 구원의 길이었다.

21 게르마니아인도 우리 병사들만큼 용감했지만 전법과 무기에서 점차 밀렸다. 좁은 장소에 많은 숫자가 잔뜩 몰려 있어 그들의 엄청나게 긴 창을 앞으로 쭉 뻗거나 뒤로 잡아당길 수도 없고, 민첩한 동작과 유연한 몸을 이용하지 못한 채 그 자리에 서서 싸우지 않으면 안 되었기 때문이다. 그에 반해 우리 군은 방패를 가슴에 바싹 붙이고 칼자루를 꽉 움켜쥐고 거대한 사지四肢나 노출된 얼굴을 찔러 야만족을 죽이면서 혈로를 개척해 나갔다.

아르미니우스는 끊임없는 위험 때문인지, 아니면 얼마 전에 입은 부상으로 몸의 일부를 마음대로 쓸 수 없기 때문인지 평상시의 활동력을 보여 주지 못하고 있었다. 인귀오메루스는 전장 곳곳을 빠르게 누비고 다녔지만, 용기보다는 운運이 그를 저버리려 하고 있었다. 게르마니쿠스는 자신의 모습이 사람들의 눈에 더욱 잘 띄도록 투구를 벗고, "죽이고 또 죽여라. 포로는 필요없다. 이 야만족을 섬멸하면 전쟁이 끝날 것이다" 라고 부하들에게 큰소리로 외치고 있었다. 이윽고 해가 질 무렵 진영을 설치하기 위해 1개 군단을 전열에서 후퇴시켰다. 다른 군단병들은 밤이 찾아올 때까지 적의 피를 만끽했다. 기병전은 어슷비슷해 승패가 가려지지 않았다.

22 게르마니쿠스는 집회에서 승리를 거둔 부대들을 칭찬하고, 적의 무기를 산더미처럼 쌓아 놓은 뒤 거기에 다음과 같은 자랑스러운 명문銘文을 새겨 놓았다. "티베리우스 카이사르의 장병은 라인 강과

알비스 강 사이에 있는 야만족을 모두 정복하고 이 기념비를 마르스 신과 유피테르 신, 아우구스투스에게 바친다."

자기 자신과 관련해서는 아무것도 기록하지 않았다. 티베리우스의 질투를 두려워하거나 아마도 이렇게 생각했기 때문일 것이다. "나 자신의 공적은 내가 알고 있는 것만으로 충분하다."

그 직후 그는 스테르티니우스를 앙그리바리족이 있는 곳으로 파견하고, "그들이 즉시 항복하지 않으면 공격하라"고 명했다. 그들은 무조건 자비를 구하고 충분히 용서받았다.

23 이어서 여름이 이미 고비를 넘기 시작했기 때문에, 카이사르는 일부 군단은 육로를 통해 동계 진영으로 철수시키고, 대부분은 배에 싣고 아미시아 강을 따라 내려간 뒤 북해로 들어갔다. 처음에는 잔잔한 해면이 1천 척에 이르는 배의 노나 범주帆走로 인해 술렁거리거나 잔물결을 일으킬 뿐이었다. 그러나 곧 시커먼 구름 덩어리에서 갑자기 우박이 쏟아져 내리기 시작했다. 그러는가 싶더니 이번에는 사방에서 크고 작은 여러 가지 돌풍이 불어 왔다. 바다가 미친 듯이 날뛰어 앞이 보이지도 않고 배를 제대로 조종할 수도 없었다. 해상 조난 경험이 전혀 없는 군단병들이 공포에 사로잡힌 채 수병들을 방해하거나 원치 않는 도움을 서툴게 제공해 노련한 수병들이 하는 일을 망쳐 놓았다.

잠시 뒤에 강한 남풍이 바다와 하늘을 휘몰아쳤다. 이 바람은 게르마니아 땅의 습기와 깊은 강물, 뭉게뭉게 피어오르는 거대한 일련의 구름 등의 상호 작용에 의해 길러지고, 바로 위쪽에 있는 북해의 엄동 설한에 의해 위력이 더욱더 증강되었다. 이 강한 돌풍이 곧 배들을 불시에 덮치더니 망망대해 여기저기에 흩뿌리거나 가파른 절벽이나 위험한 암초들이 있는 섬들로 몰고 갔다. 순식간에 벌어진 이런 일들을 힘겹게 가까스로 피했다 싶자, 이번에는 조류가 방향을 바꾸고 바람과 같은 방향으로 배들을 몰고 갔다. 그러자 이제 더 이상 닻이 버티지도 못하고, 침입해 오는 파도를 퍼낼 수도 없었다. 선복船腹의 이음매로 바닷물이 새어 들어오고, 머리 위로 물보라가 쏟아져 내렸다. 그래서 배의 무게를 줄이기 위해 말이나 짐 운반에 쓰이는 동물, 짐, 심지어는 무기까지 바다에 내던졌다.

24 북해가 다른 어떤 바다보다 거칠고 게르마니아의 기후가 유난히 나빴기 때문에, 이 재난은 그만큼 참혹했다. 정말로 유례가 없을 정도였다. 한쪽에는 적의 해안이 있고, 다른 한쪽에는 그 너머에 육지가 없는, 세상의 끝이라고 생각될 만큼 거대하고 깊은 바다가 있을 뿐이었다. 선단의 일부를 파도가 삼켜 버렸다. 더 많은 일부의 배는 멀리 떨어진 섬들로 밀려갔다. 병사들은 그곳에서 사람이 살고 있는 흔적을 발견할 수 없었다. 그들은 함께 떠밀려 온 말의 시체를 먹거나 굶어 죽을 수밖에 없었다.

게르마니쿠스의 삼단 갤리선[19]만이 카우키족의 영지에 상륙했다. 그는 밤낮을 가리지 않고 해안에 있는 바위나 절벽에 서서 끊임없이 "나야말로 이 재난의 책임자다" 라고 큰소리로 외치곤 했다. 그리고 그가 같은 바다 속에 뛰어들려고 하는 것을 참모들이 간신히 제지할 수 있었다. 마침내 조수가 방향을 바꾸고 순풍이 불기 시작할 무렵, 노를 대부분 잃어버리고 옷으로 돛을 삼거나 좀더 튼튼한 배에 이끌려 부서진 배들이 돌아왔다. 게르마니쿠스는 이 배들을 신속히 수선하게 한 뒤 인근에 있는 섬들을 수색하기 위해 파견했다. 이 조치로 다수의 조난자가 구조되었다. 더 많은 병사가 얼마 전에 로마의 보호하에 놓여진 앙그리바리족의 주선으로 몸값을 치르고 내륙의 부족들

---

19) 삼단 갤리선은 '비스듬한 조좌선漕座線에 3인의 노잡이 좌석이 있는' 배라는 뜻일 것이다. 길이는 125~38미터, 폭은 4~6미터, 높이는 5미터. 이단 갤리선(4권 27절)과 함께 대표적인 전함이었다.

에서 돌아왔다. 개중에는 브리타니아에 표류해 그 섬의 대공大公들이 돌려보내 준 병사도 있었다. 이런 먼 지역에서 돌아온 사람들이 제각기 이상하고 놀라운 이야기를 해주었다. 대폭풍의 힘, 미지의 새, 바다의 괴물, 반인반수 형태의 생물……. 실제로 보았을까? 아마도 공포심에서 그렇게 믿었을 것이다.

25 그 사이에 로마 선단이 유실되었다는 소문이 퍼졌다. 게르마니아인이 이에 자극을 받아 전쟁을 기대했다. 카이사르는 이의 진압에 나섰다. 가이우스 실리우스에게 3만 명의 보명과 3천 명의 기병을 거느리고 카티족 영지로 진격하라고 명했다. 그 자신은 그 이상의 병력을 이끌고 마르시족을 기습했다. 얼마 전에 항복한 이 부족의 수장 말로벤두스(Mallovendus)는 "바루스 군단의 독수리표 군기가 인근 숲에 묻혀 있고, 소규모의 경비 부대가 지키고 있을 뿐입니다" 하고 알려 주었다. 즉시 로마군의 분견대가 파견되었다. 이 부대가 앞쪽에서 적을 유인하는 사이에 다른 부대가 뒤로 돌아가 땅을 팠다. 양쪽 다 운이 좋았다. 카이사르는 이에 힘을 얻어 더 깊이 진격해 약탈하고, 감히 맞서지 못하는 적을 섬멸하거나 저항하면 어느 곳에서나 즉각 격퇴해 버렸다. 포로들의 고백으로도 알 수 있듯이 전례 없이 압도적인 상황이었다. 그들은 번갈아서 이렇게 말했다. "로마인은 무적이었다. 어떤 재난에도 굴하지 않았다. 선단과 무기를 잃고 말이나 사람의 시체로 해안을 뒤덮은 뒤에도 평소와 똑같은 용기와 굳건한 담력을 보여 주었다. 마치 군대가 증강된 것 같았다."

26 그 후 군대는 해상에서의 재난을 이 성공적인 원정으로 보상받은 것을 진심으로 기뻐하며 동계 진영으로 귀환했다. 게다가 카이사르도 관대하게 그들에게 도움의 손길을 뻗었다. 누구나 신고한 만큼 손해본 것을 변상해 주었다. 또한 확실히 "적은 동요하며 화평을 청할 것을 고려하고 있다. 혹은 한 번 더 여름 원정을 떠나면 전쟁이 끝

날 것이다"라는 생각이 들었다.

그러나 티베리우스는 재삼재사 서한을 보내 결의된 개선식을 위해 귀환하라고 재촉했다. "이미 충분히 전과를 거두었다. 불운도 충분히 맛보았다. 여러 번에 걸쳐 대승을 거두었지만, 장군의 과실에 기인했다고 할 수는 없더라도 폭풍과 노도怒濤로 복구가 불가능할 정도로 엄청난 손해를 입은 것을 잊어서는 안 된다. 나는 신군 아우구스투스의 명을 받아 아홉 번이나 게르마니아에 파견되었다. 그때는 무력보다 술책으로 성과를 올렸다. 그리하여 수감브리족이 항복하고, 수에비족과 그들의 왕 마로보두스(Maroboduus)가 화평 조약을 맺을 수밖에 없었다. 케루스키족 등의 호전적인 부족들도 앞으로는 그들의 내분內紛에 맡겨 두는 것이 좋을 것이다."

게르마니쿠스가 착수한 계획을 끝마칠 수 있도록 1년만 더 기다려 달라고 요청하자, 티베리우스는 두번째 집정관직이라는 상을 수여하고 그 직무를 로마에서 수행하게 함으로써 겸손한 양자養子에게 훨씬 더 큰 압력을 가했다. 그와 함께 티베리우스는 이렇게 충고했다. "만약 전쟁을 계속해야 한다면 동생인 드루수스에게 명성을 떨칠 수 있는 기회를 남겨 주어야 한다. 이제는 더 이상 다른 곳에서는 적을 발견할 수 없기 때문에, 드루수스는 게르마니아에서만 최고 사령관의 칭호를 쟁취하고 월계관을 손에 넣을 수 있다."

게르마니쿠스는 이것이 구실에 지나지 않고, 실제로는 티베리우스가 질투심에서 자신이 이미 손에 넣은 승리를 인정하고 있지 않다는 것을 잘 알고 있었지만, 더 이상 망설이지 않고 순순히 받아들였다.

3. 원로원에서의 논쟁

27 같은 시기에 스크리보니우스 가의 일원一員인 리보 드루수스(Libo Drusus)가 정변을 기도했다는 죄목으로 고발당했다. 이것이야말로 오랫동안 국가를 잠식한 해독[20]의 첫 사례로 여겨지기 때문에, 이 소송의 발단과 경과, 결말에 대해 다소 자세히 설명해 볼 생각이다.

리보의 절친한 친구 중에 피르미우스 카투스(Firmius Catus)라는 원로원 의원이 있었다. 그가 허튼 소리를 쉽게 믿어 버리는 우둔한 청년 리보를 함정에 빠뜨렸다. 카투스는 먼저 리보를 부추겨 점성술사의 예언이나 마법사[21]의 비밀 의식, 해몽가 등에 흥미를 갖게 만들고, 다른 한편으로 이것 보라는 듯이 그는 대大폼페이우스의 증손자이고 한때 아우구스투스의 아내였던 스크리보니아(Scribonia)의 종손자라는 것, 카이사르 가에 재종형제가 되는 사람이 몇 명 있다는 것, 그의 저택이 조상들의 흉상으로 가득 차 있다는 것 등을 상기시켜 주었다. 그리고 사치를 부리거나 빚을 지도록 부추기고 방탕과 재정난을 조장한 것도 모두 원인을 따지면 더한층 많은 밀고 재료로 리보를 칭칭 얽어매기 위해서였다.

28 그리하여 사실 관계를 증언해 줄 수 있는 리보 가의 몇몇 노예를 포함해 증거를 충분히 확보하자마자, 카투스는 황제에게 알현을 청했다. 티베리우스는 카투스보다 자신과 더 가까운 로마 기사 베스쿨라리우스 플라쿠스(Vescularius Flaccus)를 통해 누가 어떤 이유로

---

20) 친구의 밀고密告를 의미하고 있는 것 같다. '오랫동안' 은 도미티아누스 황제 시절(81~96) 까지.

21) 마법사는 자연의 작용에 영향을 미칠 수 있다고 믿어지는 '비밀 의식' 을 사용하는 사람(주술가). 로마 시대에 유행한 것은 (1) 주문이나 미약 등을 이용해 연인으로 맺어 주거나 병자를 고치는 것, (2) 사랑이나 죽음을 원하는 사람의 이름이나 상에 주문을 외는 것(30절, 69절), (3) 망령을 불러내 미래를 점치는 것(28절, 69절) 등이었다. 16권 30절도 참조할 것.

고발당했는지 이미 알고 있었기 때문에 카투스의 밀고를 무시하지는 않았지만 "지금까지 해온 대로 플라쿠스를 사이에 두고 정보를 전달받을 수 있다"고 말하며 개인적인 면담은 거절했다.

그러는 한편 티베리우스는 리보를 법무관에 임명하고, 표정이나 말에 혐오하거나 분노하는 기색을 전혀 드러내지 않은 채(그만큼 완전히 적의를 숨기고 있었던 것이다) 자주 향연에 초대했다. 그는 리보의 모든 언동을 중단시킬 수 있었음에도 불구하고 그것을 알려고 했던 것이다. 마침내 유니우스(Junius)라는 자가 "리보의 의뢰를 받아 주문으로 지옥의 망령들을 불러냈다"는 정보를 루키우스 풀키니우스 트리오(Lucius Fulcinius Trio)에게 제공했다. 트리오는 고발자들 사이에서 그 능력을 크게 인정받고 있을 뿐만 아니라 악명을 갈망하는 자이기도 했다. 곧 리보에게 달려든 그는 집정관을 찾아가 원로원의 심리를 요청했다. 의원들이 소집되고, 이와 함께 '무서운 중대 사건을 심리하기 위해서' 라고 특별히 예고되었다.

29 그 사이에 리보는 상복喪服으로 갈아입은 뒤[22] 귀부인들을 동반하고 집집마다 돌아다니며 친척들에게 도움을 청하고 위험한 궁지에서 벗어날 수 있도록 변호해 달라고 부탁했다. 그러나 하나같이 다 거절했다. 구실은 각기 달랐지만 모두 두려움에 떨고 있었다. 원로원이 개회되는 날 리보가 공포와 정신적인 고통에 지쳐 (달리 전해지는 바에 따르면 병에 걸렸다고 속여) 원로원 현관까지 침상 가마에 태워 데려가지 않으면 안 되었다.[23] 그가 형제의 어깨에 기댄 채 손을 내밀고 자비를 베풀어 달라고 애원했지만, 티베리우스는 무표정한 얼굴로 그를 맞이했다. 이윽고 카이사르는 고발장과 고발자의 이름을 소리내어 읽었다. 감정을 극도로 죽인 채 정상을 참작한다든가 가중 처벌한

---

22) 피고는 검은 상복을 입는 것이 관습이었다.
23) 황제의 경우에도 병에 걸렸을 때를 제외하고는 원로원에 가마를 타고 갈 수 없었다.

다든가 하는 기색을 전혀 내비치지 않았다.

30 트리오와 카투스 외에 폰테이우스 아그리파(Fonteius Agrippa)와 가이우스 비비우스 세레누스(Gaius Vibius Serenus)가 고발인으로 참여하고 있었다. 네 사람은 누가 정식으로 피고에 대한 논고를 발표할 권리를 지니고 있는가 하는 문제를 놓고 다투었다. 그들은 다른 사람에게 양보할 의사가 없었고, 리보는 변호인 없이 등원한 상태였다. 그래서 마침내 비비우스가 "나는 죄상을 하나하나 열거하는 것으로 만족하겠다"고 선언하고 엉터리없는 증거 문서를 몇 개 제출했다. 예컨대 리보가 점성술사에게 물었다고 한다. "내가 장차 로마에서 브룬디시움에 이르기까지 아피우스 가도를 돈으로 뒤덮을 수 있을 만큼 재산을 모을 수 있겠는가?" 그 밖의 것들도 이와 대동 소이하게 요령 부득하고 근거도 없었다. 너그러이 봐준다 해도 경멸스럽기 짝이 없었다.

하지만 그 중 한 문서에 고발인이 주장하듯이 카이사르 가 사람들의 이름이나 몇 명의 원로원 의원 이름 옆에 불길한, 적어도 수수께끼 같은 부호가 리보에 의해 기입되어 있었다. 피고가 자신의 필적이 아니라고 주장하자, 필적을 알아보는 그의 노예들을 고문해 자백을 받아내기로 결정했다. 그러나 오래된 원로원 법령에 의해 주인의 목숨이 걸려 있는 경우 노예의 고문이 금지되어 있었다. 그래서 새로운 법안을 고안해 내는 데 뛰어나고 세상 물정에 밝은 티베리우스가 리보의 노예들을 국유 재산 관리인[24]으로 개별적으로 사들이라고 명했다. 이렇게 하면 원로원 법령을 어기지 않고 노예들로부터 얻어낸 증거에 입각해 리보를 심리할 수 있었다. 그래서 피고는 다음날까지 재판을 연기해 달라고 요청하고 집으로 돌아갔다. 그리고 친척인 푸블리

---

24) 국유 재산 관리인은 공무公務 노예의 일종으로 국가의 재산을 관리하는 최하급 관리.

우스 술피키우스 퀴리누스(Publius Sulpicius Quirinus)에게 황제에게 보내는 마지막 탄원서를 맡겼다.

31 카이사르는 "원로원에 호소해야 한다"고 대답했다. 그 사이에 리보의 저택이 병사들에 의해 포위되었다. 앞뜰[25]까지도 떠들썩하며 병사들의 목소리가 들리고 모습도 보일 정도였다. 그 무렵에는 이미 리보가 마지막으로 쾌락을 누리기 위해 만찬회를 베풀고 있었다. 그는 이 사이에도 계속 번민하다가 자신을 죽여 줄 사람 없느냐고 큰소리로 외치고 노예들의 오른손을 잡고 칼을 쥐게 하려 했다. 그들이 두려워 부들부들 떨며 이리저리 도망치다가 식탁에 있는 촛대를 쓰러뜨렸다. 그는 이미 완전히 묘혈墓穴처럼 생각되는 이 암흑 속에서 스스로 자신의 배를 두 번 찔렀다. 쓰러져 신음하고 있는 주인을 향해 해방 노예들이 황급히 달려왔다.

그가 죽은 것을 보고 병사들이 물러갔다. 그러나 원로원의 소추는 여전히 진지하게 계속되었다. 티베리우스는 신에게 맹세하며 이렇게 말했다. "리보가 서둘러 자살하지 않았으면 설사 죄를 졌다 하더라도 내가 주선해 목숨을 구해 주었을 텐데."

32 리보의 재산은 고발자들에게 분배되었다.[26] 원로원 계급에 속해 있는 고발자들에게는 예외적으로 법무관직[27]이 수여되었다. 이어서 코타 메살리누스(Cotta Mesallinus)와 그나이우스 코르넬리우스 렌툴루스가 각각 "리보의 상을 그의 자손들의 장례식에서 배제해야 한다."[28] "스크리보니우스 씨족은 앞으로는 드루수스라는 성을 사용해

---

25) 앞뜰은 집의 일부가 아니라 현관과 도로 사이의 공터로 대저택의 경우에는 사두 마차를 가까이 대는 곳이었다고 할 수 있다(11권 35절). 병사들을 파견한 것은 감시하기 위해서였을 것이다. 리보는 이것을 자살의 강요로 해석했던 것이다.

26) 당시의 관례로는 단죄자 재산의 4분의 1이 고발자들에게 분배되었다.

27) 규정된 것과 달리 관직의 승급 순서나 관직과 관직 사이의 연한을 변경하거나 앞당긴 것을 예외적이라고 표현했을 것이다(2권 36절, 13권 29절 참조).

서는 안 된다"고 제안했다. 그리고 루키우스 폼포니우스 플라쿠스(Lucius Pomponius Flaccus)의 의견에 따라 감사제[29]의 일정이 결정되었다. 다음으로 유피테르와 마르스, 콩코르디아 등의 신에게 공물을 바치고, 리보가 자결한 9월 13일을 휴일로 지정할 것을 의결했다. 이 동의들은 가이우스 아시니우스 갈루스와 마르쿠스 파피우스 무틸루스(Marcus Papius Mutilus), 루키우스 아프로니우스에 의해 제안되었다. 내가 유명한 이 사람들의 제안과 아첨에 대해 언급한 것은 이런 악덕이 얼마나 오랫동안 로마에 존재해 왔는가를 알려 주고 싶었기 때문이다.

원로원은 또 점성술사와 마법사들을 이탈리아에서 추방하기로 의결했다. 점성술사 중 한 명이었던 루키우스 피투아니우스(Lucius Pituanius)는 타르페이아 벼랑[30]에서 떼밀려 떨어지고, 다른 한 명인 푸블리우스 마르키우스(Publius Marcius)는 집정관이 나팔 신호를 명한 뒤 에스퀼리아이 문 밖[31]에서 옛날 방식대로[32] 처형되었다.

33 원로원의 다음 회기[33]에서는 각기 집정관과 법무관을 역임한 퀸

---

28) 이것은 기억의 단죄(즉 기념비, 상, 이름 등을 말살해 사후의 명성에 단죄를 가하는 것)의 일종. 성을 허용하지 않는 것도 기억의 단죄의 일종이었다.

29) 티베리우스가 리보의 저주를 모면한 것은 신들 덕택이라며 그 고마움을 표현하기 위해 감사제를 계획한 것이다.

30) 카피톨리움(언덕) 남서쪽 모퉁이에 있는 20미터 정도의 벼랑. 먼 옛날 타르페이우스 장군의 딸이 적군인 사비니인의 왕과 사랑에 빠져 로마를 배신하고 성문을 열어 주었지만 약속한 보수 대신 던져진 방패를 맞고 숨졌다는 것이 그 이름의 유래이다. 로마의 사형 집행 방식은 죄인의 죄, 신분, 시대에 따라 달랐다. 벼랑에서 밀어 떨어뜨리는 이 방식도 클라우디우스 황제 이후에는 폐지되었다. 참수형은 주로 병사, 화형은 방화범이 받고, 신분이 높은 사람은 죽음의 자유, 즉 자살을 명받았다(11권 3절, 15권 60절 등).

31) 제정 시대의 노예 처형장이었던 에스퀼리아이 들판을 가리킨다. 옛날에는 중죄인의 소송을 알리기 위해 나팔을 불었는데, 여기에서는 사형을 알리기 위해서였을 것이다.

32) 죄인을 벌거벗기고 머리를 가린 다음 목에 칼을 채우고 죽을 때까지 채찍으로 때렸다. 제정 시대에는 노예를 처형할 때에만 이런 방식을 사용했다.

33) 원로원의 정례 소집일은 월 2회로 1일과 15일(또는 13일)이고, 회기는 심의할 사항이 있는 한 계속되었다. 9월과 10월에는 휴회했다.

투스 하테리우스와 옥타비우스 프론토(Octavius Fronto)가 장광설을 늘어놓으며 로마 시민의 사치를 비난했다. 그 결과 다음과 같이 결정되었다. "앞으로는 식탁에서의 사용을 목적으로[34] 순금제 그릇을 제조해서는 안 된다." "남자는 동방에서 온 비단 옷[35]으로 몸을 더럽혀서는 안 된다." 그렇지만 프론토는 더 나아가 은그릇과 가구, 노예에까지 제한을 두자고 제안했다. 이 당시에는 원로원 의원들이 발언 차례가 돌아오면 국가에 이익이 된다고 생각되는 것은 무엇이든 제기하는 관습이 아직 남아 있었다. 가이우스 이시니우스 갈루스가 그 제안을 반박했다. "제국의 영토가 확대됨에 따라 개인의 재산도 늘어났다. 이것은 새로운 현상이 아니다. 아주 먼 옛날부터 경험해 온 일이다. 예를 들어 파브리키우스(Fabricius)의 시대와 스키피오(Scipio)의 시대[36]는 국부國富가 달랐다. 모든 것이 그때의 국력에 좌우된다. 국가가 가난할 때에는 시민들의 집도 작았다. 판도가 지금처럼 장대해지자 개인의 재산도 늘어났다. 노예나 그릇, 그 밖의 실용적인 가구의 숫자가 적당한가 지나치게 많은가는 소유자의 재산 규모에 따라 결정되어야 할 문제이다. 원로원 계급과 기사 계급의 자격 재산은 일반 시민의 그것과 구별된다. 그것은 그들이 본질적으로 다른 인간이기 때문이 아니다. 그들이 극장의 좌석이나 사회적 지위, 위신 등의 측면에서 인정받고 있는 우월적인 상태가 정신적인 휴식이나 육체적인 건강에 도움을 주는 다른 모든 것에서도 유지되어야 하기 때문이다. 그러잖으면 사회적 지위가 높은 사람들은 온갖 걱정거리에 시달리고 보다 큰 위험에 노출되어 있으면서도 근심이나 위구심을 달랠 수 있

---

34) 신전용이나 희생용 금제 그릇은 허용되었다는 의미이다.
35) 비단 옷은 아우구스투스 시대부터 여성이 착용하기 시작했지만, 조신한 여성은 입지 않았다. 그렇지만 여름에는 촉감이 좋기 때문에 여성적인 남성도 선호했던 것 같다.
36) 즉 기원전 3세기와 기원전 2세기를 비교하고 있는 것이다.

는 수단을 손에 넣지 못하게 될 것이다."

갈루스는 이런 그럴듯한 구실 하에 청중이 공감하는 악덕을 용인함으로써 쉽사리 찬성표를 얻어 냈다. 게다가 티베리우스도 이렇게 덧붙여 말했다. "지금은 아직 풍기를 검열할 때가 아니다. 그러나 만약 시민들의 풍속이 조금이라도 타락한다면 내가 솔선해 그것을 바로잡을 수 있는 방법을 강구할 것이다."

34 같은 회기에 루키우스 칼푸르니우스 피소(Lucius Calpurnius Piso)가 법정에서의 매수와 재판의 부패, 그리고 호시탐탐 고발의 기회를 노리고 있는 변론가들의 잔학성을 큰소리로 비난한 뒤에, "나는 지금 당장이라도 이곳을 떠나고 싶다. 수도를 떠나 어디 먼 시골의 은신처에서 살 생각이다" 라고 선언했다. 그러고는 원로원에서 걸어 나가기 시작했다. 몹시 당황한 티베리우스는 부드러운 말로 피소를 달래고, 그의 친척들에게까지 영향력을 행사하거나 애원해 그가 떠나지 못하게 해달라고 부탁했다.

그 직후에 이 피소가 또다시 이와 비슷하게 자신이 느끼는 분노를 그대로 남다르게 표시했다. 즉 아우구스타와의 우정에 의해 법률의 권한 밖에 놓여 있는 우르굴라니아(Urgulania)[37]를 법정으로 소환했다. 하지만 우르굴라니아는 이에 따르지 않았다. 그뿐만 아니라 피소를 무시해 버리고 침상 가마를 타고 카이사르 가로 가버렸다. 그러나 아우구스타가 "이것은 나에 대한 모독이자 모욕이에요" 라고 말하며 불만을 터뜨렸음에 불구하고 피소도 끝까지 단념하지 않았다.

티베리우스는 일반 시민처럼 법무관 담당 재판소에 가서 우르굴라니아를 변호하겠다고 약속하는 선에서 어머니의 비위를 맞출 수 있으리라 생각했다. 그래서 병사들에게 멀리서 따라오라고 명한 뒤에

---

37) 그녀가 피소에게 빚을 지기라고 했던 것일까? 이하의 사건은 모두 하루 사이에 일어났다.

팔라티움³⁸⁾을 나섰다. 주변에 떼지어 몰려든 사람들은 그가 태연자약한 모습으로 여러 사람과 잡담하면서 시간을 질질 끄는 것을 볼 수 있었다. 그 사이에 피소의 친척들이 그의 고집을 꺾으려다 실패하자, 마침내 아우구스타가 그가 요구한 만큼의 금액을 주라고 지시했다.

이리하여 사건이 종결되었다. 그 결과 피소의 면목이 어느 정도 서고, 카이사르의 인기도 높아지게 되었다. 그렇지만 우르굴라니아의 권세가 원로원에서 심의하는 어느 공판에 증인으로 출정할 것을 거부할 정도로 일반 시민의 영역을 훨씬 넘어서고 있었다. 그래서 베스타의 성녀들조차 증언할 경우에는 언제나 중앙 광장³⁹⁾이나 법정에 출두하는 것이 예로부터의 관례였음에도 불구하고, 법무관이 파견되어 그녀의 저택에서 심문했다.

35 만약 이해의 원로원의 정회停會⁴⁰⁾에 관한, 그나이우스 칼푸르니우스 피소와 가이우스 아시니우스 갈루스의 대립된 의견이 조금이라도 주목할 만한 가치가 없었으면, 나는 그것에 대해 아무 언급도 하지 않았을 것이다. 피소는 이렇게 주장했다. "카이사르께서 당분간 로마를 비울 생각이라고 말씀하셨다. 하지만 그렇다면 더더욱 심의를 계속해야 한다. 황제께서 부재 중이실 때에도 원로원 의원이나 기사들은 국가를 위해 자신들의 본래의 의무를 수행할 수 있어야 하기 때문이다."

갈루스는 피소에게 기선을 제압당해 자유의 정신을 과시할 수 있는 기회를 빼앗겼기 때문에 이렇게 반박했다. "카이사르께서 출석해 감독하시지 않으면 로마 국민의 존엄에 어울리고 깊은 인상을 주는

---

38) 황제의 궁전.
39) 제정 시대의 법정 연령은 24,5세. 티베리우스는 19세 때 재무관에 취임했다. 본문의 네로는 이때 14세였다.
40) 예정된 회기임에도 불구하고 갑자기 회의가 연기되는 것을 정회라 한다.

심의가 충분히 이루어질 수 없다. 그러므로 카이사르께서 돌아오실 때까지 이탈리아의 주민과 속주민의 호소로 폭주하며 붐비고 있는 안건들을 보류해야 한다." 티베리우스는 이런 말들을 들으면서 시종 일관 입을 다물고 있었다. 양쪽이 이 문제를 놓고 날카롭게 논쟁을 벌였지만, 결국 원로원은 정회되었다.

36 이번에는 갈루스와 카이사르 사이에 논쟁이 벌어졌다. 갈루스가 다음과 같이 제안했기 때문이다. "앞으로는 고급 정무관의 선거[41]를 5년마다 치러야 한다. 현재 군단장직에 있으면서 아직 법무관직에 취임하지 못한 사람은 즉시 법무관으로 선임되어야 한다.[42] 황제는 각 연도의 12명의 법무관 후보자를 지명해야 한다."

이 제안이 보다 깊은 의미를 담고 있고, 독재 정치의 감춰진 비밀을 꿰뚫어 봄은 물론 그것을 공격하고 있는 것이 명백했다. 하지만 티베리우스는 그로 인해 자신의 권력이 확대되는 것처럼 생각하며 반대했다. "그렇게 많은 사람[43]을 발탁하고 기다리게 하는 것은 온건하고 신중한 나로서는 감당하기 힘든 일이다. 낙선하더라도 다음해에 대한 희망으로 위로받을 수 있을 텐데도, 1년마다 치르는 선거에서조차 반감을 피할 수 없는 것이 현실이다. 하물며 기대를 5년 이상 뒤로 미루어야 하는 사람들에게서는 얼마나 많은 원망을 듣겠는가! 더군다나 이렇게 기간이 길면, 내가 각자의 마음가짐이나 가정 사정, 자산이 어떻게 변할지 어떻게 예측할 수 있겠는가? 겨우 1년 전에 정무관으로 지명되어도 사람들은 그 사이에 오만해진다. 만약 5년 간에 걸쳐

---

41) 아우구스투스가 선거일을 연 2회(3월과 10월)로 정했지만, 실제로는 부정기적으로 치러지고 있었던 것 같다.
42) 25명의 군단장(티베리우스 시대의 정수) 중 아직 법무관에 취임하지 않은 사람은 이 동의가 가결되는 날부터 법무관에 임명되어야 한다는 뜻일까(이것은 선거 때 로마에 있을 수 없는 군단장들을 위한 특별 배려였을까)?
43) 12명씩 5년간이면 60명.

젠체한다면 대체 어떻게 되겠는가? 그뿐만 아니라 이 제안은 정무관을 실제로는 다섯 배나 늘리는 것이 되고, 후보자가 선거 운동을 하는 기간,[44] 관직에 오르는 데 필요한 전제 기간,[45] 재직 기간[46] 등을 정한 법률을 무시하는 것이 된다."

티베리우스는 겉보기에는 달래는 것 같은 이 연설로 자신의 독재적인 권력을 인정하게 했다.

37 이어서 티베리우스는 몇 명의 원로원 의원의 자격 재산을 원조했다. 이 일은 그가 가난한 것으로 잘 알려져 있는 청년 귀족 마르쿠스 호르텐시우스 호르탈루스(Marcus Hortensius Hortalus)의 청원을 다소 거만한 태도로 수리했기 때문에 더한층 기묘하게 느껴졌다. 호르탈루스는 변론가 퀸투스 호르텐시우스(Quintus Hortensius)[47]의 손자로 전에 신군 아우구스투스로부터 100만 세스테르티우스를 기증받고, "고귀한 가계가 끊어지지 않게 아내를 얻어 자식을 낳도록 하라"는 권유를 받은 적이 있었다. 그래서 그는 이때 4명의 자식을 원로원 회의장 입구에 세워 두고 있었다. 회의는 팔라티움에서 열리고 있었다.[48] 발언권이 돌아오자, 호르탈루스는 많은 웅변가들 사이에 서 있는 호르텐시우스의 상을 바라보다가[49] 이번에는 아우구스투스의 상에 눈길을 던지면서 다음과 같이 연설하기 시작했다.

"원로원 의원 여러분, 여러분께서 보고 계시는 저 많은 어린 아이

---

44) 키케로 시대에는 1년 전부터.
45) 예컨대 티베리우스 시대에는 법무관을 역임한 뒤 2년 이상 지나지 않으면 집정관에 입후보할 수 없었다.
46) 1년.
47) 키케로 시대의 유명한 변론가.
48) 원로원의 집회는 그것을 위한 의사당(예컨대 폼페이우스 의사당, 율리우스 의사당) 외에 신전이나 팔라티움에서도 열렸다. 팔라티움의 경우 홀이나 아폴론 신전 부속 도서관 내에서 열렸던 것 같다.
49) 83절 주를 참조할 것.

들은 제 의지가 아니라 황제 아우구스투스의 충고에 의해 태어났습니다. 그리고 그분이 옳으셨습니다. 제 조상님들은 자손을 두실 만했기 때문입니다! 하지만 저는 이 변화된 시대에 재산이나 민중의 인기, 또는 우리 집안 전래의 소유물인 웅변 재능조차 물려받거나 손에 넣지 못했습니다. 그래서 저는 설사 가난하더라도 부끄럽게 여기지 않고, 다른 사람에게 폐를 끼치지 않으면 그것으로 족하다고 생각했습니다. 결혼한 것은 최고 사령관의 명이 있었기 때문입니다. 보아 주십시오. 저 아이들이 수많은 집정관과 독재관을 배출한 집안의 자손이고 후예입니다! 이런 말을 하는 것은 여러분의 질투심을 자극하기 위해서가 아닙니다. 연민의 정을 불러일으키고 싶어서입니다.

카이사르시여, 당신의 영광스런 지배가 계속되는 한, 저 아이들은 무엇이 되었든 당신께서 수여하기로 결심하신 명예를 손에 넣게 될 것입니다. 그에 앞서 우선 퀸투스 호르텐시우스의 증손들을, 신군 아우구스투스의 수양 아들들을 궁핍에서 구해 주십시오."

38 원로원이 동정심을 나타내자, 티베리우스는 도리어 그에 자극을 받고 즉시 반발했다. 그는 대략 다음과 같은 내용의 말을 했다. "만약 궁핍한 사람들이 모두 여기에 와서 자기 자식들을 위해 돈을 청구하기 시작한다면 어떻게 되겠는가? 누구나 다 만족할 수 있을 만큼의 액수를 결코 받을 수 없을 것이고, 국가도 파산해 버릴 것이다. 확실히 우리의 조상님들은 때때로 의사 일정에 없는 제안이더라도 공공의 이익을 위한 것이라면 발언 차례가 돌아왔을 때 그것을 발표하는 것을 허용하셨다. 하지만 그것은 여기에서 개인의 이익이나 우리 가족의 재산을 늘리기 위해서가 아니었다. 이런 시도는 보조금을 승인하든 거부하든 원로원과 황제에게 불쾌감을 초래한다. 게다가 호르탈루스의 경우에는 탄원이 아니라 시기가 나쁜 의외의 재촉이다. 그렇지 않은가? 다른 문제들을 토의하기 위해 모여 있는데, 의원이 갑

자기 일어서서 그것을 방해하고 자기 자식들의 숫자와 나이를 내세우며 원로원의 배려를 강요하고 내게도 같은 압력을 가하고 있기 때문이다. 말하자면 국고의 문을 부수려 하고 있기 때문이다. 만약 편애偏愛로 국고가 텅 비게 되면 그것을 보충하기 위해 나쁜 짓을 저지르지 않으면 안 될 것이다.

호르탈루스여, 신군 아우구스투스께서는 분명히 그대에게 돈을 주셨다. 하지만 그 일은 자발적으로 이루어졌고, 또 영원히 계속 증여하겠다는 보장도 없었다. 그것은 당연한 일이다. 만약 그러잖으면 동기나 두려움, 야심 등이 사라져 버려 사람들의 노동 의욕이 감퇴하고 게으름을 피우는 풍조가 점점 심해져 갈 것이다. 그리고 모든 사람이 아주 무분별하게 다른 사람들의 원조를 기대함으로써 개인으로서는 쓸모없는 존재, 국가적으로는 귀찮기 짝이 없는 존재가 되어 버릴 것이다."

이상과 같은 취지의 연설이었다. 황제의 말이라면 옳든 그르든 으레 찬사를 보내는 자들은 박수를 치면서 경청했지만, 대다수의 의원들은 침묵하거나 몰래 투덜거리며 들었다. 티베리우스는 이런 분위기를 알아챈 후 잠시 입을 다물고 있다가 이윽고 이렇게 말을 꺼냈다. "나는 개인적으로 호르탈루스에게 방금 전과 같이 답변했지만, 만약 원로원이 승인한다면 그의 사내 자식들에게 각기 20만 세스테르티우스씩 증여하겠다." 의원들은 감사의 뜻을 표했지만, 호르탈루스는 아무 말도 하지 않았다. 깜짝 놀랐기 때문일까, 아니면 영락한 상황 속에서도 조상들의 고귀한 긍지를 지키려 했던 것일까? 이윽고 호르텐시우스 가가 비참할 만큼 궁핍의 나락 속으로 빠져 들어갔지만, 티베리우스는 이후에는 조금도 동정하지 않았다.

39 같은 해에 재빨리 손을 쓰지 않았으면 어느 한 노예의 무모한 행동으로 인해 국가가 반목과 내란으로 전복되고 말았을 것이다. 아

그리파 포스투무스의 노예 중에 클레멘스(Clemens)라는 자가 있었다. 그는 아우구스투스의 부음(訃音)을 접하자 곧 플라나시아 섬으로 건너가 계략이나 힘으로 아그리파를 구출한 뒤 게르마니아의 군대가 있는 곳까지 데려가려는, 노예답지 않은 계획을 세웠다. 이 대담한 기도가 실패로 돌아간 것은 화물선의 느린 속도 때문이었다. 그가 도착했을 때에는 주인이 이미 암살당한 상태였다.

그래서 클레멘스는 좀더 야심에 찬, 무모한 모험을 생각해 냈다. 그는 주인의 유골을 훔쳐 내자 에트루리아의 곶에 있는 코사에 상륙하고는 머리칼과 수염이 텁수룩하게 자랄 때까지 사람들의 눈에 띄지 않는 곳에 숨어 지냈다. 실은 이 노예의 나이와 용모가 주인과 흡사했기 때문이다. 그 후 그는 믿을 수 있다고 생각하고 비밀을 털어놓은 동료들을 통해 "아그리파가 살아 있다"는 소문을 퍼뜨렸다. 기피되는 화제는 늘 그렇듯이 이 소문도 처음에는 은밀히 귀엣말로 퍼져 나가면서 이윽고 막연한 형태로 더없이 천박하고 무지한 사람들이나, 가만히 있지 못하고 곧이곧대로 받아들이는 혁명적인 음모가들의 쉽게 곧이듣는 귀에 순식간에 전해졌다.

클레멘스 자신은 해가 진 뒤에 이탈리아의 도시 여기저기에 나타나곤 했지만, 절대로 사람들 앞에 공개적으로 모습을 드러내거나 같은 장소에 오래 머물지 않았다. 그는 진실은 널리 알려지는 것과 시간에 의해 힘을 얻고, 거짓은 조급함과 애매함을 필요로 한다는 것을 잘 알고 있었기 때문에, 새로운 곳에 소문을 퍼뜨리기 위해 자신에 관한 이야기가 나돌자마자 곧 사라져 버렸다.

40 이윽고 "아그리파가 신들의 가호로 생존해 있다"는 소문이 이탈리아 전역에 퍼지고, 로마에서도 믿기 시작했다. 그리고 이미 오스티아에서는 엄청난 군중이 그의 상륙을 환영했다. 이제는 수도에서도 그가 도착하길 은밀히 기다렸다. 티베리우스의 마음이 흔들린 것

은 바로 이 무렵이었다. "고작 노예에 지나지 않는 자를 군대의 힘으로 체포할 것인가, 아니면 아무 근거도 없는 허튼 소리 따위, 시간이 흘러감에 따라 소멸되도록 그냥 내버려 둘 것인가?" "이것은 내버려 둘 수 없다"는 느낌이 들 때도 있었지만, "걱정할 것이 전혀 없다"는 생각이 들 때도 있었다. 그는 이처럼 굴욕감과 위구심 사이를 오갔다.

마침내 그는 이 문제를 살루스티우스 크리스푸스에게 일임했다. 크리스푸스는 종자들(달리 전해지는 바에 따르면 병사들이라고도 한다) 가운데서 2명을 선발한 뒤 이렇게 지시했다. "공모자를 가장해 클레멘스에게 접근한 다음 돈을 주고 무슨 일이 있건 충성하고 헌신하겠다고 약속해라." 그들은 명받은 대로 했다. 그리고 적당한 병력을 지원받은 뒤 클레멘스에게 호위병이 붙지 않는 밤을 노리며 기다리다가 마침내 그를 포박하고 재갈을 물린 다음 팔라티움으로 연행했다. 티베리우스가 "너는 어떻게 아그리파로 행세할 수 있었느냐?" 하고 묻자, 클레멘스는 "당신이 카이사르가 되었듯이"[50] 하고 대답했다고 한다.

그는 끝끝내 공모자들의 이름을 자백하지 않았다. 티베리우스는 감히 공개적으로 그를 처형하지 못하고 팔라티움의 한적한 곳에서 죽이고 시체를 몰래 밖으로 반출하게 했다. 황제 저택의 많은 노예와 원로원 의원이나 기사 몇 명이 클레멘스에게 돈을 제공하고 조언도 해주었다는 소문이 있었지만, 그 사람들에 대한 취조는 이루어지지 않았다.

41 이해 말경에 전승기념문이 사투르누스 신전 곁에 세워졌다. 그것은 바루스와 함께 잃어버렸던 독수리표 군기를 게르마니쿠스의 지휘와 티베리우스의 새점[51]으로 되찾은 것을 기념하기 위해서였다. 이

---

50) 즉 간책奸策을 이용해서(황제의 정적의 말이었을 것이다).

어서 포르스 포르투나의 신전이 티베리스 강에 면한 정원에 지어졌다. 이 정원은 독재관 카이사르가 로마 시민에게 유증한 것이었다. 율리우스 씨족의 사당과 신군 아우구스투스의 상이 보빌라이[52]에 건립되었다.

4. 여러 속주에서의 사건

가이우스 카일리우스 루푸스(Gaius Caelius Rufus)와 루키우스 폼포니우스 플라쿠스가 집정관이 되었다.[53] 5월 26일 게르마니쿠스 카이사르가 케루스키족, 카티족, 앙그리바리족, 그리고 알비스 강 이쪽 편에 거주하는 다른 부족들에 대한 개선식을 거행했다. 전리품, 포로, 그리고 산악, 하천, 전쟁의 모형도가 행렬에 포함되었다. 그가 전쟁을 완수하는 것을 금지당했기 때문에 종료된 것으로 간주되었다. 관객들의 눈길을 가장 끈 것은 게르마니쿠스의 당당한 모습과 그의 다섯 명의 아들을 태운 개선 전차였다. 하지만 "그의 아버지 드루수스에게는 민중의 사랑이 도리어 화근이 되었다. 그의 내종숙뻘인 마르켈루스는 시민의 인기가 절정에 이르렀을 때 요절했다. 이처럼 로마 시민의 애정은 더없고 불길하다"는 생각이 들자, 그들은 은근히 마음이 불안해졌다.

42 그것은 그렇다 치고 티베리우스는 게르마니쿠스의 이름으로 평

---

51) 새점은 명령권과 함께 고급 정무관의 권한이었다. 정무관을 임명하거나 원로원을 소집하거나 출정할 때 사전에 새점으로 길흉을 판단하고 일을 결정했다. 제정 시대에는 출정시의 새점은 황제 고유의 권리에 속했다.
52) 알바 시의 창설자는 율리우스 씨족의 선조인 아이네아스의 아들 율루스(아스카니우스)였다. 전설에 따르면 보빌라이는 이 도시에서 파생되었다고 한다.
53) 서기 17년.

민들[54]에게 제각기 300세스테르티우스씩 축의금을 나누어 주고, 자신을 게르마니쿠스의 집정관 동료로 지명했다. 그럼에도 불구하고 사람들은 그의 애정이 진실이라고 믿지 않았다. 그래서 티베리우스는 명예를 빙자해 이 청년을 제거하기로 결심하고, 그 구실을 만들어 내거나 우연이 제공해 주는 구실을 꽉 움켜잡고 놓치지 않았다.

아르켈라우스(Archelaus) 왕은 50년 동안 카파도키아를 지배하고 있었는데, 그가 미움을 받은 것은 티베리우스가 로도스 섬에 있을 때 한 번도 경의를 표한 적이 없었기 때문이다. 하지만 왕이 불손한 마음에서 그것을 무시한 것은 아니었다. 아우구스투스의 심복들의 충고에 따랐을 뿐이었다. 즉 그 무렵은 가이우스 카이사르의 세력이 강하고, 게다가 마침 그가 동방에 파견되어 있었기 때문에 티베리우스와의 교우交友는 위험하다고 깨우쳐 주었던 것이다.

아우구스투스 가의 혈통이 끊기고 티베리우스가 정권을 장악하게 되자, 그는 어머니에게 편지를 쓰게 해 아르켈라우스를 소환했다. 그녀는 아들이 분개하고 있는 것을 굳이 숨기려 하지 않았다. "하지만 왕께서 탄원하러 오신다면 자비를 베풀도록 하겠습니다" 라고 약속했다. 왕은 계략을 깨닫지 못했는지, 아니면 그것을 눈치챈 것을 간파당하면 강제로 끌려가지 않을까 두려웠는지 서둘러 로마로 달려왔다. 그는 황제의 매정하고 냉혹한 대접을 받고, 그 직후에는 원로원에서 탄핵당했다.[55] 결국 그는 억울한 죄 때문이 아니라 병고와 노쇠로 지쳐 버리고, 또 동방의 왕으로서 경멸은커녕 대등한 대우에조차 익숙지 않았다. 그래서 그는 자신의 의사나 자연사에 의해 생애를 마쳤다.

그의 왕국은 다시 로마의 속주가 되었다. 카이사르가 "그 속주의

---

54) 아마도 곡물을 무상으로 배급받는 도시 지구 평민들이었을 것이다. 약 20만 명으로 당시 수도 인구의 4분의 1이었다.
55) 이유는 알 수 없다. 아무튼 티베리우스와는 관계가 없었다.

세수입으로 경매세를 1퍼센트 내릴 수 있다"고 발표해, 향후 그것이 0.5퍼센트로 확정되었다. 거의 같은 시기에 콤마게네의 왕 안티오쿠스 에피파네스(Antiochus Epiphanes)와 킬리키아의 왕 필로파토르(Philopator)[56]가 각각 사망해 이들 나라가 동요하기 시작했다. 일부 주민은 여전히 왕이 지배하길 바랐지만, 대부분은 로마에 병합되길 원했기 때문이다. 속주 시리아와 유대는 무거운 세금에 지쳐 조세의 경감을 호소하고 있었다.

43 그래서 티베리우스는 이런 여러 가지 문제와 이미 앞에서 언급된 아르메니아의 상황을 원로원에서 설명했다.

"동방의 소요 사태를 해결하려면 게르마니쿠스의 지혜에 의존하는 수밖에 없다. 나 자신은 나이를 먹어 가고 있고,[57] 드루수스는 아직 충분히 성숙하지 못했기 때문이다."

그래서 원로원은 다음과 같이 의결했다.

"게르마니쿠스에게 바다 저 너머에 있는 여러 속주를 위임한다. 그는 어디에 가든 추첨이나 황제의 위임으로 통치하고 있는 자들보다 한층 더 큰 명령권[58]을 지닐 수 있다."

그러나 티베리우스는 게르마니쿠스와의 인척 관계를 이유로 크레티쿠스 실라누스를 시리아의 총독직에서 해임했다. 실라누스의 딸이 게르마니쿠스의 장남 네로 카이사르와 약혼한 상태였기 때문이다. 티베리우스는 그 대신 그나이우스 칼푸르니우스 피소를 총독으로 임명했다. 피소는 성격이 사납고 복종심이 없는데다가 아버지에게 물려받아 선천적으로 오만 방자했다. 아버지 피소는 내전 중에 아프리카에서 봉기한 측에 가담한 뒤 카이사르에 대항해 더할 나위 없이 격

---

56) 모두 로마의 보호국 국왕.

57) 이해에 티베리우스는 59세였다.

58) 즉 원로원 속주의 지사(임명은 추첨에 의함)나 황제의 대리인 총독의 명령권보다 우월했다는 뜻.

럴히 싸우고, 그 후에도 브루투스와 카시우스를 지지했다. 그럼에도 불구하고 귀국을 허용받은 그는 처음에는 일절 관직에 취임하려 하지 않았지만, 이윽고 아우구스투스의 간청을 받아들여 집정관직을 수락했다.

이런 아버지에게서 물려받은 거만한 성격 외에, 그의 아내 플란키나(Flancina)의 고귀한 혈통과 재산도 그의 야심을 부채질하고 있었다. 그는 어쩔 수 없이 티베리우스에게는 첫번째 자리를 허용했지만, 티베리우스의 자식들은 아주 저 아래 있는 사람처럼 깔보고 있었다. 그래서 자신을 시리아의 통치자로 선택한 목적은 게르마니쿠스의 야심을 견제하려는 데 있는 것이 틀림없다고 확신했다. 심지어는 실제로 그런 내용의 지시를 티베리우스로부터 은밀히 받았다고 믿는 사람들도 있었다. 그러나 아우구스타가 여성 특유의 질투심에서 플란키나에게 "아그리피나를 넌지시 비방하라"는 암시를 주었다는 이야기는 사실인 것 같다.

그 당시 카이사르 가는 두 파로 나뉘어 서로 으르렁거리고 있었다. 한쪽은 드루수스를, 다른 한쪽은 게르마니쿠스를 암암리에 편들고 있었다. 티베리우스는 두말 할 나위도 없이 자신의 피를 이어받은 친자식 드루수스를 편애했다. 게르마니쿠스는 백부의 적대감 때문에 도리어 다른 사람들의 사랑을 많이 받았다. 그리고 외가의 걸출한 조상들로 인해 우월적인 지위에 놓여 있기 때문이기도 했다. 즉 그의 외조부는 마르쿠스 안토니우스이고, 외외종조부는 아우구스투스였다. 이에 반해 드루수스의 외외조부는 클라우디우스 씨족 조상들의 오점 汚點으로 간주되고 있는, 로마 기사 티투스 폼포니우스 아티쿠스(Titus Pomponius Atticus)[59]였다. 게다가 게르마니쿠스의 아내 아그리피나도 자식의 숫자와 세간의 평판에서 드루수스의 아내 리비아를 훨씬 더 능가하고 있었다. 하지만 이 형제는 대단히 사이가 좋았고, 자신들을 둘러싼 집안 싸움의 영향을 전혀 받지 않았다.

44 그 직후 드루수스가 일리리쿰으로 파견되었다. 군대 생활에 익숙해지고 병사들의 인기를 얻기 위해서였다. 티베리우스는 이렇게도 생각했다. "이 젊은 아이를 수도의 사치스런 풍조 속에 빠뜨리는 것보다 진영 생활을 맛보게 하는 것이 더 좋을 것이다. 그리고 두 자식이 군단병을 지휘하면 나 자신도 마음이 좀더 든든할 것이다."

하지만 그는 겉으로는 수에비족이 케루스키족에 대항해 로마의 원조를 청하고 있는 것을 구실로 삼았는데, 그것은 다음과 같은 사정 때문이었다. 로마군이 철수해 외환外患이 사라지자, 게르마니아인이 민족의 습성에 따라, 그리고 이때는 특히 명성을 다투는 마음에서 서로에게 무기를 겨누었다. 양 부족은 병력이나 지도자의 용기 등의 측면에서 대등했다. 그러나 마로보두스는 왕이라는 명칭 때문에 민중으로부터 미움을 받고, 아르미니우스는 자유의 전사로서 신망을 받고 있었다.

45 그래서 아르미니우스의 오랜 부하인 케루스키족과 그의 동맹 부족들만이 그를 위해 무기를 들지 않았다. 마로보두스의 왕국에서도 수에비족의 일부, 즉 셈노네스족과 랑고바르디족 등이 왕을 버리고 아르미니우스측에 가담했다. 이 병력이 가세하자 아르미니우스가 훨씬 더 우세해 보였다. 그렇지만 인귀오메루스가 일단의 추종자들을 이끌고 마로보두스 쪽으로 도망쳐 버렸다. 그 이유는 단지 이 노숙부가 젊은 조카의 지휘를 받는 것을 수치로 여겼기 때문이었다.

양군은 전열을 가다듬었다. 어느 쪽이나 똑같이 필승의 신념에 불타고 있었다. 게르마니아인은 이제는 예전처럼 제멋대로 산만하게

---

59) 키케로의 친구이자 편지 상대자. 아티쿠스의 딸 폼포니아 혹은 카이킬리아 아티카가 아그리파의 첫번째 부인으로 드루수스의 어머니 비프사니아의 어머니였다(아그리파의 두번째 부인은 마르켈라이고, 세번째 부인은 율리아였다).

돌격하거나 제각기 분리된 밀집 대형을 취하지 않았다. 그들은 로마와의 오랜 전투 체험으로 인해 군기를 선두에 세우고 사전에 예비대를 확보하며 지휘관의 명령에 복종하는 습관이 몸에 붙어 있었다. 이때 아르미니우스는 말을 타고 전군을 열병했다. 그는 각 부대 곁으로 다가가서는 이렇게 자랑스럽게 말했다. "내가 게르마니아의 자유를 되찾았다. 로마 군단을 전멸시켰다. 실제로 지금 많은 병사들이 로마의 전리품이나 창을 손에 들고 있지 않느냐?" 그러면서 다른 한편으로는 비겁한 도망자라고 마로보두스를 비난했다.

"그는 한 번도 싸우지 않고 헤르키니아의 숲 속 깊이 몸을 숨기고는 선물과 사절을 보내 로마에 동맹을 간청했다. 그는 조국의 배신자이다. 카이사르의 추종자이다! 퀸크틸리우스 바루스를 죽일 때만큼의 격렬한 적개심으로 그를 쫓아내자. 과거의 많은 전투를 머릿속에 떠올리기만 하면 더 이상 아무 격려도 필요없을 것이다. 그렇다, 전체적으로 전승의 영예가 어느 쪽에 있었는지는 하나하나의 전과로도, 마침내 로마군이 격퇴된 것으로도 충분히 증명되고 있다!"

46 마로보두스도 보통내기가 아니었다. 거림낌없이 자화자찬을 늘어놓고 적에게 욕설을 퍼부어 댔다. 그리고 잉귀오메루스의 손을 움켜잡고 이렇게 주장하며 허세를 부렸다.

"케루스키족의 명예는 어느 것이나 다 여러분 앞에 있는 이분이 중심이 되고 있다. 지금까지의 빛나는 성과는 모두 이분 덕분이다. 아르미니우스는 다른 사람의 영광을 자기 것으로 삼고 있는, 무분별하고 미숙한 자이다. 뿔뿔이 흩어진 로마의 3개 군단과 수상하게 여기지 않은 장군 바루스를 속이고 함정에 빠뜨린 것에 지나지 않기 때문이다. 그것은 게르마니아에는 큰 손실을 가져오고 그 자신에게는 불명예를 안겨 주는 행동이었다. 그의 아내와 자식이 아직도 노예 상태에서 벗어나지 못하고 있기 때문이다.

그렇지만 나는 티베리우스가 이끄는 12개 군단의 공격을 받았을 때 게르마니아인의 영광을 오점 없이 그대로 유지했다. 그러고는 대등한 조건으로 협정을 맺었다![60] 나는 손상되지 않은 전력을 갖고 로마와 다시 전쟁을 벌이든가, 아니면 피를 흘리지 않고 화평을 받아들일 수 있는 선택권이 우리에게 있다고 말할 수 있는 데 긍지를 느끼고 있다."

양쪽 군대는 이런 연설 외에 그들 자신의 특별한 동기에서도 분발했다. 케루스키족과 랑고바르디족은 예로부터의 명성과 최근에 얻은 독립을 위해, 이에 반해 수에비족은 영토 확장을 위해 싸우려 하고 있었다. 이 조우전은 전무후무할 정도로 치열해 도저히 승패를 점칠 수 없었다. 양군 모두 우익이 괴멸되었다. 그렇지만 예상과는 달리 마로보두스가 전투를 재개하지 않고 진영을 구릉 지대까지 철수시켰다. 이것으로 그가 패한 것이 입증되었다. 그 후 병사들의 잇따른 탈주로 점차 전력이 약화되어 가자, 그는 마르코마니족의 영지로 달아난 뒤 티베리우스에게 사절을 보내 원조해 달라고 간청했다. 티베리우스는 이렇게 답변했다. "마로보두스에게는 케루스키족과의 싸움을 도와달라고 로마에 요청할 자격이 없다. 로마군이 그들과 싸울 때 한 명의 원군도 보내지 않았잖은가?"

그러나 이미 앞에서 언급했듯이 티베리우스는 평화의 조정자로서 드루수스를 파견했다.

47 같은 해에 속주 아시아의 유명한 12개 도시가 지진으로 파괴되었다. 밤중이었기 때문에 한층 더 놀라고, 그만큼 피해도 더 컸다. 빈 터로 달려가는, 이런 경우에 으레 사용되는 피난 방식도 쓸모가 없었

---

60) 마로보두스가 서기 6년의 로마의 전면적인 침입에서 살아남을 수 있었던 것은, 티베리우스 휘하의 로마군이 판노니아와 달마티아에서 일어난 큰 반란을 해결하기 위해 철수하지 않으면 안 되었기 때문이다.

다. 대지가 갈라지며 도망치는 사람들을 삼켜 버렸기 때문이다. 여기 저기에서 큰 산이 땅속으로 꺼지는 한편, 그때까지 평지였던 곳이 공중으로 높이 솟아오르고 폐허 속에서 큰 불이 뿜어져 나왔다고 기록되어 있다.

사르디스의 재해가 다른 어느 곳보다 심해 가장 많은 동정을 받았다. 티베리우스는 1천만 세스테르티우스의 의연금을 약속하고, 또 국고나 황제 금고로 납부되는 세금도 향후 5년간 모두 면제해 주었다. 시필루스 산 기슭에 있는 마르네시아가 그 다음으로 큰 손실을 입고 부흥 원조도 그만큼 필요하다고 여겨졌다. 템누스, 필라텔페이아, 아이가이, 아폴로니스 등의 시, 모스테네 시민과 마케도니아의 히르카니아로 불리는 시의 사람들, 히에로카이사레아, 미리나, 키메, 트몰루스 등의 시에 대해서는 같은 기간 동안 세금을 면제해 주고, 원로원에서 현장 시찰과 부흥 계획을 위해 사절을 파견하기로 결정했다. 그 일로 선발된 사람은 법무관 출신의 마르쿠스 알레티우스(Marcus Aletius)였다. 아시아의 지사가 집정관급 인사이기 때문에 대등한 사람끼리의 경쟁심으로 인해 곤혹스런 사태가 벌어지는 것을 피하기 위해서였다.

48 카이사르는 공적인 이 고결한 선물의 가치를, 그에 못지않게 환영을 받은 사적인 관대한 조치로 한층 더 높였다. 즉 부자 아이밀리아 무사(Aemilia Musa)가 유언을 남기지 않고 죽어 그 재산이 황제금고에 귀속될 뻔했는데, 그가 이것을 그녀의 옛 주인으로 생각되는 마르쿠스 아이밀리우스 레피두스에게 양도했다. 또 부유한 로마 기사 판툴레이우스(Panntuleius)가 사망했을 때, 티베리우스는 그 절반의 유산 상속자로 지명되었음에도 불구하고 마르쿠스 세르빌리우스 노니아누스(Marcus Servilius Nonianus)에게 전 재산을 넘겨 주었다. 그것은 다음과 같은 사실이 확인되었기 때문이다. 즉 판툴레이우스가 좀

더 일찍 쓰고 또 친필로 판명된 유언서에는 세르빌리우스가 유일한 유산 상속자로 지정되어 있었다. 티베리우스는 그때 이렇게 말했다. "레피두스와 세르빌리우스 모두 그 고귀한 가문을 돈으로 도와 주어야 한다."

　일반적으로 티베리우스는 누구의 유산이든 상속자로 지정될 만큼 깊은 우정이 없으면 절대로 받아들이지 않았다. 일면식도 없는 사람의 유산이라든가, 다른 사람들이 싫어 황제를 상속인으로 지명한 사람의 유산 등은 끝까지 거부했다. 그것은 그렇다 치고 그는 이처럼 결백한 사람들의 청빈淸貧은 구제한 반면, 사치나 악행으로 재산을 탕진한 자는 원로원에서 추방하거나 자발적인 사퇴를 승인했다. 비비디우스 비로(Vibidius Virro), 마리우스 네포스(Marius Nepos), 아피우스 아피아누스(Appius Appianus), 코르넬리우스 술라(Cornelius Sulla), 퀸투스 비텔리우스(Quintus Vitellius) 등이 바로 그런 자들이었다.

　49 이 무렵에 티베리우스는 또 몇 개의 신전 봉납식을 거행했다. 이 신전들은 오랜 세월이 지나거나 화재가 일어나 황폐해 있었는데 아우구스투스가 재건에 착수했던 것이다. 그 중에서 대경기장 옆에 있는 리베르와 리베라, 케레스의 신전은 독재관 아울루스 포스투미우스 투베르투스(Aulus Postumius Tubertus)가 봉헌을 맹세한 것이고, 같은 장소의 플로라의 신전은 루키우스와 마르쿠스 푸블리키우스 형제가 조영관일 때 창건된 것이며, 야누스의 신전은 로마사상 처음으로 카르타고인을 상대로 해전에서 승리를 거두고 개선식을 거행한 가이우스 두일리우스(Gaius Duilius)에 의해 청과 시장 한가운데에 지어졌던 것이다.

　게르마니쿠스는 '희망'의 신전 봉헌식을 거행했다. 이 신전은 아울루스 아틸리우스 칼라티누스(Aulus Atilius Calatinus)가 똑같이 포에니 전쟁 때 봉헌을 맹세했던 것이다.

50 그 사이에도 반역죄법이 기세를 올려 가고 있었다. 예컨대 아우구스투스의 누나의 손녀 아풀레이아 바릴리아(Appuleia Varilia)[61]가 티베리우스와 그의 어머니뿐만 아니라 신군 아우구스투스에 대해서도 무례하게 말하며 비웃고, 또 카이사르 가의 친척으로서 간통을 했다 하여 반역죄로 고발당했다. 하지만 간통죄는 율리우스법으로 충분할 것으로 생각되었다. 반역죄와 관련해서는 티베리우스는 그것을 구별할 것을 주장했다. "즉 만약 아우구스투스에 대해 불경한 말을 했다면 처벌해야 한다. 하지만 나에 대한 비방과 관련해서는 그것을 심리하기 위해 그녀를 소환하길 바라지 않는다."

집정관이 "고발장에 있는 대로 피고가 당신의 어머님을 모독했다는 말에 대해서는 어떻게 생각하십니까?" 하고 묻자, 티베리우스는 대답하지 않았다. 그러나 원로원의 다음 회기에서 "이것은 어머니의 전언이기도 하다" 라고 말하며 이렇게 요청했다. "어떤 종류의 발언이든 그분에 관한 것은 죄로 다루지 않기 바란다."

이리하여 그는 아풀레이아를 반역죄법를 어겼다는 혐의에서 풀어 주었다. 간통죄[62]와 관련해서도 엄벌에 반대했다. 그리고 친척들에게 조상의 관례에 따르라[63]고 충고하며 "그녀를 로마에서 200마일 이상 떨어진 곳으로 보내는 것이 좋을 것이다" 라고 말했다. 그녀의 간부 만리우스(Manlius)는 이탈리아와 아프리카에서의 생활을 금지당했다.

51 법무관 비프스타누스 갈루스(Vipstanus Gallus)가 세상을 떠났다. 그 보결 선거를 할 때 논쟁이 벌어졌다. 게르마니쿠스와 드루수스

---

61) 아우구스투스의 누나 옥타비아의 딸 마르켈라와 섹스투스 아풀레이우스의 딸.

62) 기원전 17년(18년?)에 제정된 '간통에 관한 율리우스법'. 남녀 모두 다른 섬으로 유배시키고 규정된 만큼 재산을 몰수했다.

63) "공화정 시절에는 사람들이 아내의 부정不貞을 가족이나 친척만이 처벌하도록 하고 공적인 재판에는 회부하지 않았다" 는 뜻(13권 32절 참조).

(이때 두 사람 모두 아직 로마에 있었다)는 게르마니쿠스의 친척인 데키무스 하테리우스 아그리파를 추천했다. 많은 의원이 이에 반대하며 "후보자를 정할 때 자식 숫자가 결정적인 요인이 되어야 한다"고 주장했다. 실제로 법률[64]도 그렇게 명하고 있었다. 티베리우스는 원로원이 자신의 자식들과 법률 중 어느 쪽을 택해야 좋을지 몰라 망설이는 것을 보고 기뻐했다. 말할 것도 없이 법률이 패했다. 그러나 법률이 존중되던 시절에도 그것이 정복당할 때 흔히 그랬듯이 이때에도 결정될 때까지 시간이 걸리고 투표의 표차도 적었다.

52 같은 해에 아프리카에서 전쟁이 발발했다. 적의 우두머리는 타크파리나스(Tacfarinas)였다. 그는 누미다이족(누미디아족) 출신으로 전에 로마 진영에서 원군으로 복무한 적이 있었다. 이윽고 탈주하자 먼저 강도질에 익숙한 방랑자들을 그러모아 약탈과 도적질을 일삼았다. 얼마 뒤에 그는 정규 군인처럼 이들을 군기 하에 여러 부대로 편성하고, 마침내 오합지졸의 두목이 아니라 무술라미족의 지도자로 간주되었다. 이 날렵하고 사나운 유목 부족은 아프리카의 사막 근처에서 거주하고, 그 당시에도 도시 문명을 전혀 갖고 있지 않았다. 그들은 무기를 들고 이웃에 사는 마우리족을 전쟁에 끌어들였다. 이 부족에도 마지파(Mazippa)라는 추장이 있었다. 병력이 둘로 나누어졌다. 타크파리나스는 정예 부대를 로마식으로 무장시킨 뒤 진영에 두고 군대의 규율과 복종심을 가르쳤다. 한편 마지파는 경무장 부대를 이끌고 여기저기에 불을 지르고 살육 행위를 저지르며 주변부를 협박했다.

아프리카의 지사 푸리우스 카밀루스(Furius Camillus)가 1개 군단과 우리 군기 하에 있는 동맹군을 통합해 적에 맞섰을 때에는, 적은 이미

---

(64) 파피우스 포파이우스법(3권 25절 주 참조).

얕보기 힘든 키니티족도 압력을 가해 자기 편으로 끌어들여 놓고 있었다. 누미디아족과 마우리족의 대군大群에 비해 확실히 우리 병력이 적었음에도 불구하고, 카밀루스가 무엇보다 우려한 것은 적이 겁을 집어먹고 전쟁을 회피하는 것이었다. 그래서 토벌하기 위해 다름 아닌 승리에 대한 기대감으로 상대를 꾀어냈다. 그리하여 로마의 군단병은 정면에, 양 날개에는 경무장 부대[65]와 기병 2개 중대가 배치되었다. 타크파리나스도 이 도전을 거부하지 않았다. 그리고 누미디아족은 패주했다.

몇 세기 만에 다시 푸리우스 가가 빛나는 무훈을 손에 넣었다. 실제로 저 유명한 로마의 탈환자 마르쿠스[66]와 그의 아들 카밀루스 이래 최고 사령관의 명예를 다른 집안에 빼앗기고 있었다. 게다가 지금 내가 이야기하고 있는 문제의 카밀루스는 평소에 유능한 장군으로 생각되고 있지 않았다. 그래서 티베리우스는 더욱더 기꺼이 그의 공적을 원로원에서 칭송했다. 의원들은 그에게 개선 장군 현장을 수여할 것을 의결했다. 이것이 카밀루스에게 화근이 되지 않았던 것은 그가 언행을 삼가며 주제넘지 않게 살았기 때문이다.

5. 게르마니쿠스의 동방 여행

53 다음 해에 티베리우스가 세 번째로, 게르마니쿠스가 두 번째로 집정관이 되었다.[67] 그러나 게르마니쿠스가 이 직책에 취임한 것은

---

65) 군단병인 중무장 부대와 비교해 동맹군(원군)을 종종 경무장 부대로 불렀다.
66) 기원전 396년에 갈리아인에 포위된 로마를 탈환한 장군. 그의 아들도 기원전 349년에 집정관으로서 똑같이 갈리아인을 격퇴했다.
67) 서기 18년. 티베리우스는 며칠 만에 사직하고 세이우스 투베로(20절)를 보결 집정관에 임명했다.

아카이아의 도시 니코폴리스에서였다. 그는 이때 달마티아에 주둔하고 있던 동생 드루수스를 만난 뒤에 아드리아 해를 항해해 이곳에 도착했다. 그리고 아드리아 해에서도, 이어서 이오니아 해에 들어와서도 악천후 속에서 가까스로 항해했기 때문에, 이 도시에서 배를 수선하느라 며칠을 보냈다. 그는 이 기회를 이용해 악티움의 승리로 유명해진 만灣과 아우구스투스가 봉납한 전승 기념비, 안토니우스의 진영 등을 찾아가 조상들에 대한 추억을 새로이 했다. 이미 말했듯이 아우구스투스는 그의 외외종조부이고, 안토니우스는 그의 외조부였다. 그래서 이 땅에서 선조들의 슬픔과 기쁨을 엄숙한 기분으로 회상했던 것이다.

이어서 그는 아테네를 방문했다. 이 유서 깊은 우방 도시와의 동맹 조약에 대한 경의의 표시로 릭토르를 단 한 명만 거느렸다.[68] 그리스인은 예를 다해 맞아들이고, 치렛말에 가능한 한 많은 품위를 부여하기 위해 조상들의 업적과 변론을 자랑해 보였다.

54 다음으로 에우보이아 섬을 방문하고 레스보스 섬으로 건너갔다. 그 섬에서 아그리피나가 막내딸 율리아 리빌라(Julia Livilla)를 낳았다. 그 후 아시아 속주의 보다 먼 지역으로 들어가 페린투스, 비잔티움 등 트라키아의 항구를 방문하고 프로폰티스의 좁은 해협과 흑해 입구까지 나아갔다. 명소와 고적을 견학하고 싶다는 욕망에서였다. 그러는 한편 내분과 지방 관리의 부정으로 피폐해 있는 속주들에 생기를 되찾아 주었다.

귀로에 사모트라케 섬의 유명한 비의秘儀[69]를 구경하려고 했지만 북

---

68) 그는 집정관 대행 명령권의 소유자로서 12명의 릭토르를 거느리고 있었다(일반 총독은 6명을 거느렸다). 다만 동맹 도시에 들어갈 때에는 동반하지 않는 것이 관례였다. 1명만 거느렸다는 것은 거느리지 않았다는 뜻일까?

69) 사모트라케의 비교秘敎에서 숭배한 신들은 '카비리(Cabiri)'였다.

풍을 만나 진로가 바뀌고 말았다. 그래서 일리움[70]에 상륙하고, 그 도시에서 운명의 부침浮沈이란 측면에서, 그리고 로마의 연원으로서 유서 깊은 고적을 모두 찾아보았다. 그 후 다시 아시아의 해안을 따라 항해하다가 콜로폰에 들러 클라루스의 아폴론의 신탁을 물었다. 그곳에는 델포이와 같은 무녀巫女가 없고 어떤 특정한 가문에서, 그것도 통상 밀레투스 시에서 선발된 신관이 있었다. 그가 신탁을 구하는 사람들의 숫자와 이름만을 듣고 나서 동굴로 내려갔다. 일반적으로 신관은 문맹이고 시에 대해서도 몰랐지만, 성천聖泉의 물을 마시고 나서 찾아온 사람이 머릿속으로 무슨 생각을 하고 있든 시로 대답했다. 이때 게르마니쿠스에게 신탁이 언제나처럼 애매한 말로 그의 요절을 예언했다고 한다.

55 한편 그나이우스 칼푸르니우스 피소는 한시 바삐 자신의 계획을 실행에 옮기려고 여행을 서두르고 있었다. 그는 아테네에 폭풍처럼 들이닥치고는 깜짝 놀란 시민들에게 신랄한 말투로 마구 욕설을 퍼부어 대면서 넌지시 게르마니쿠스도 비난했다.

"그는 거듭된 재난으로 절멸한 저 아테네인이 아니라 많은 곳에서 몰려온 이 보잘것없는 잡다한 부족들에게 지나치게 애교를 부리며 로마의 체면을 손상시켰다. 그렇다. 너희들은 술라에게 반항하며 미트리다테스와 손을 잡고[71] 신군 아우구스투스에 대들며 안토니우스와 결탁하지 않았느냐?"

그리고 옛날로 거슬러올라가 마케도니아에 대한 그들의 참패, 동포에 대한 학대도 나무랐다. 피소가 이 도시를 싫어한 데는 개인적인 이유도 있었다. 테오필루스(Theophilus)라는 자가 최고 재판소[72]에서

---

70) 트로이아를 가리킨다. 로마의 전설적인 창립자 아이네아스는 이곳의 왕가 출신이었다.
71) 술라가 기원전 87~85년에 폰토스의 미트리다테스 왕과의 제1차 전쟁을 지휘했다.
72) 아테네의 유명한 아레오파고스 평의회를 가리킨다. 자치시이기 때문에 여전히 활동하고 있었다.

위조죄를 선고받았을 때 아테네인이 피소의 중재를 거부하고 그를 석방해 주지 않았기 때문이다.

그 후 그는 항해를 서두르고 키클라데스 제도를 지나가는 가장 짧은 해로를 택해 로도스 섬에 체류하고 있는 게르마니쿠스를 따라잡았다. 게르마니쿠스는 피소가 자신에게 어떤 공격을 가했는지 대략 짐작하고 있었다. 그러나 피소가 폭풍을 만나 암초에 걸리게 되자 이 적의 파멸을 조난 탓으로 돌릴 수 있었을 텐데도 삼단 갤리선을 보내 위기에서 구해 주었다. 이만큼 관대하게 행동했지만, 피소는 이 정도의 일로 마음이 누그러지지 않았다. 겨우 하루 지체하는 것도 참지 못하고 게르마니쿠스를 남기고 한 걸음 먼저 출항했다.

그는 시리아에 도착하자마자 곧 군대를 열병하고, 활수하게 선물이나 돈을 주어 최하급 병사들의 환심을 샀다. 또 고참 백인대장이나 보다 엄격한 부관들을 해임하고 자신의 종자나 장병들 가운데서 가장 성격이 나쁜 자들을 그 자리에 앉히는 한편, 병사들이 진영에서 빈둥거리며 게으름을 피우거나 여러 도시에서 야단 법석을 떨거나 시골 지역을 싸다니며 제멋대로 행동하는 것을 알면서도 못 본 체했다. 마침내 일반 병사들이 예사로 그를 '군대의 아버지'로 부를 정도로 군기가 문란해졌다. 플란키나도 여성으로서의 적절한 몸가짐을 잊어버리고 기병대가 훈련하는 곳이나 보병이 기동 연습을 하는 곳에 얼굴을 내미는가 하면 아그리피나와 게르마니쿠스에게 욕설을 퍼부어대기도 했다. 그러나 유감스러운 일이지만 선량한 병사들 중에서도 자진해서 플란키나의 비위를 맞추는 자가 나타났다. "이것들은 모두 최고 사령관이 양해한 것이다" 하는 소문이 은밀히 퍼져 있었기 때문이다. 게르마니쿠스도 무슨 일이 일어나고 있는지 알고 있었지만, 그에게는 우선 아르메니아에 도착하는 것이 무엇보다 더 긴급한 과제였다.

56 이 아르메니아 민족의 국민성과 지리적 위치는 오래 전부터 똑같이 불분명하고 애매했다. 그 나라는 넓은 범위에 걸쳐 우리의 속주들과 경계를 이루고, 또 메디아인의 영역에까지 이르고 있다. 그래서 로마와 파르티아라는 가장 강대한 두 제국 사이에 끼여 있고, 로마와는 증오심에서, 파르티아와는 질투심에서 종종 분쟁을 일으키고 있다. 그 무렵 아르메니아는 보노네스가 쫓겨난 이래 왕이 없었다. 하지만 이 종족은 폰토스의 왕 폴레모(Polemo)의 아들 제노(Zeno)를 왕으로 맞아들이고 싶어하고 있었다. 제노가 아주 어릴 적부터 솔선해서 아르메니아의 관습이나 생활 방식을 익히고 사냥이나 연회, 그밖의 이 야만족이 즐기는 오락거리들을 좋아해 귀족과 평민들의 마음을 모두 사로잡고 있었기 때문이다. 그래서 게르마니쿠스는 아르타크사타 시에 들어가자 귀족들의 승인을 얻어 군중이 보는 앞에서 제노의 머리에 왕관[73]을 씌워 주었다. 군중은 새 왕에게 경의를 표하고 아르탁크시아스(Artaxias) 왕이라 부르며 인사했다. 그들은 수도의 이름을 따서 왕명을 정했던 것이다.

한편 로마의 속주로 전락한 카파도키아는 퀸투스 베라니우스(Quintus Veranius)를 황제 대리로 받아들였다.[74] 로마의 지배 방식이 의외로 너그럽다는 기대감을 갖게 하기 위해 그때까지 왕이 부과했던 세금을 다소 경감해 주었다. 콤마게네는 이때 처음으로 법무관 권한 밑으로 이관되고,[75] 퀸투스 세르바이우스(Quintus Servaeus)가 통치자로 임명되었다.

57 동맹국과 관련된 문제가 모두 다 잘 해결되었지만, 게르마니쿠

---

73) 고대 페르시아형의 왕관이나 흰 장식 머리띠(6권 37절 참조).
74) 카파도키아가 황제 속주가 되었다는 뜻이다. 3급 속주로서 황제 속리(4권 15절 주 참조)의 지배를 받았다.
75) 시리아의 총독 밑으로 이관되었다는 뜻일 것이다.

스의 마음은 개운치가 않았다. 그 원인은 피소의 오만함에 있었다. 문제의 피소나 그의 아들이 군단의 일부를 아르메니아로 이끌고 오라는 명령을 받았는데도 부자가 모두 무시해 버렸다. 두 사람은 마침내 키루스에 있는 제10군단의 동영 진지에서 만났다. 피소는 주눅들지 않으려고 하고, 게르마니쿠스는 위압적인 기색을 보이지 않으려고 해 저마다 표정이 굳어져 있었다. 이미 말했듯이 게르마니쿠스는 정말로 다정한 사람이었다. 하지만 그의 참모들은 두 사람의 반목을 부채질하는 법을 잘 알고 있었다. 있는 사실을 부풀리고 없는 사실을 있는 것처럼 늘어놓으며 피소와 플란키나와 그의 자식들을 이러쿵저러쿵 비난했다. 결국 회담이 몇 명의 심복이 입회하는 가운데 이루어졌다. 분노가 은은히 묻어나는 말투로 카이사르가 먼저 말했다. 피소는 사뭇 깔보듯이 발뺌하며 그에 응답했다. 두 사람은 적의를 드러내며 헤어졌다.

그 후 피소는 카이사르의 고문 회의에 거의 출석하지 않고, 설사 곁에 앉는 일이 있어도 부루퉁하니 얼굴을 찡그리고 공공연히 대들었다. 어느 날 나바타이족[76] 왕이 주연을 베풀었을 때, 게르마니쿠스와 아그리피나에게는 무거운 금관이, 피소와 그 밖의 손님들에게는 가벼운 관이 증정되었다. 그러자 피소가 "이 연회는 파르티아의 왕이 아니라 로마의 황제의 아들을 위해 열린 것이다" 하고 말하는가 싶더니 자신의 관을 바닥에 내팽개쳤다. 게다가 한참 동안 사치를 비난했다. 게르마니쿠스는 화가 났지만 꾹 참았다.

58 그럭저럭 하는 사이에 파르티아의 왕 아르타바누스가 사절단을 보냈다. 그가 이들을 파견한 목적은 로마와의 우정과 동맹의 역사를 상기시키면서 자신이 조약의 갱신을 원하고 있다는 것과 게르마니쿠

---

76) 아라비아의 부족으로 로마의 보호국이었다.

스에게 경의를 표하기 위해 유프라테스 강변까지 나가는 것을 허락해 주기 바란다는 뜻을 전하는 한편, 보노네스가 시리아 내에서 보호받으며 간첩들을 풀어 파르티아 귀족들의 모반을 선동하지 못하게 해달라고 간청하려는 데 있었다. 이에 대해 게르마니쿠스는 로마와 파르티아의 동맹 갱신과 관련해서는 정중하게, 그리고 왕의 공식 방문과 자신에 대한 공손한 태도와 관련해서는 우아하고 겸손하게 찬성의 뜻을 전했다. 그리고 보노네스를 킬리키아의 해안 도시 폼페이오폴리스로 보냈다. 그것은 아르타바누스 왕의 탄원 때문만은 아니었다. 피소에게 모욕을 주기 위해서이기도 했다. 보노네스가 수없는 친절한 배려와 선물로 플란키나의 환심을 사서 피소가 특별히 그를 좋아하고 있었기 때문이다.

59 마르쿠스 유니우스 실라누스(Marcus Junius Silanus)와 루키우스 노르바누스(Lucius Norbanus)가 집정관이 되었다.[77] 게르마니쿠스는 이집트로 떠났다. 유적을 견학하기 위해서였다. 하지만 겉으로는 그 속주의 상황을 시찰하는 것을 목적으로 내세웠다. 그래서 그는 창고를 열어 곡물의 시가市價를 내리고[78] 그 밖에도 민중에게 많은 시혜를 베풀었다. 어디를 가든 병사들을 동반하지 않고, 발에는 샌들만 신고 그리스풍의 옷을 걸쳤다. 이것은 푸블리우스 스키피오(Publius Scipio)를 흉내낸 것이었다. 스키피오가 아직 포에니 전쟁이 한창일 때조차 시킬리아에서 늘 같은 행동을 했다는 이야기는 유명하다.

티베리우스는 게르마니쿠스의 복장과 태도를 넌지시 가벼운 말로 나무랐다.[79] 이어서 그가 아우구스투스의 규정을 어기고 황제의 승낙 없이 알렉산드리아를 방문했다며 아주 혹독하게 나무랐다. 아우구스

---

77) 서기 19년.
78) 갑자기 알렉산드리아의 시민에게 들이닥친 기아 사태를 구제하기 위해서였다고 한다.
79) 진부하고 격식을 차리는 로마인에게는 경쾌한 그리스의 복장이 마음에 들지 않았다.

투스는 독재정獨裁政의 비밀 중 하나로 원로원 의원이나 상급 로마 기사[80]가 허가 없이 들어가는 것을 금지함으로써 사실상 이집트를 자신의 것으로 만들어 놓았다.[81] "누구든 이 속주를 점령하고 육지와 바다의 관문[82]을 장악해 버리면 아주 적은 병력으로도 막강한 군대에 대항하고 기아饑餓로 이탈리아를 위협할 수 있을 것이다"라는 걱정스런 생각이 들었기 때문이었다.

60 그러나 게르마니쿠스는 이 여행으로 자신이 얼마나 비난받고 있는지 아직 모르고 카노푸스라는 도시에서 나일 강을 거슬러올라가기 시작했다. 옛날에 메넬라우스(Menelaus)가 그리스로 돌아가다가 난바다로 밀려가 리비아의 해안에 표류했을 때 그 땅에 매장된 조타수 카노푸스를 기려 스파르타인이 이 도시를 건설했다. 카노푸스에서 가장 가까운 하구, 즉 헤라클레스의 성지를 방문했다. 토착인들은 이렇게 단언했다. "헤라클레스는 이 땅에서 태어났다. 그리고 우리의 헤라클레스가 가장 오래 되었다. 그 이후에 그와 비슷한 무용武勇을 보여 준 영웅은 모두 그의 이름을 이어받은 것이다."

다음으로 고도 테베의 광대한 유적을 찾아갔다. 그 땅의 거대한 석조물에는 아직 이집트 문자가 남아 옛날의 국력에 대해 개략적으로 이야기해 주고 있었다. 나이든 한 성직자가 모국어를 번역해 달라는 게르마니쿠스의 요청을 받고 이렇게 말했다.

"한때는 싸울 수 있는 연령에 달한 주민이 70만 명이나 있었다. 이 군대를 이끌고 람세스 왕[83]은 리비아와 에티오피아, 메디아인, 페르

---

80) 상급 로마 기사는 원로원 계급이 될 수 있는 자격 재산이나 식견을 지니고 있으면서도 스스로 기사 계급에 머물러 있는 사람.

81) 로마 국민의 영토였지만, 그리고 인구와 군단 주둔으로 일류 속주에 필적했지만, 총독이나 지사를 두지 않고 기사 계급의 이집트 영사를 두었다. 법적으로는 속주라고 말할 수 없을 것 같다.

82) 바다의 관문은 등대가 있는 파로스 섬이고, 육지의 관문은 펠루시움이었다.

83) 제19왕조의 람세스 2세. 기원전 1324~1258년.

시아인, 박트리아, 스키티아를 점령하고, 비티니아 연안에서 리키아 연안에 이르기까지 시리아인과 아르메니아인, 그들의 이웃인 카파도키아인의 거주지를 모두 지배 하에 두었다."

또 여러 민족에게 어떤 공물이 부과되었는지도 소리내어 읽었다. 은과 금의 무게, 무기나 말의 숫자, 신전에 봉납된 상아나 향유, 각 민족이 공출의 의무를 졌던 곡물이나 필수품의 양……. 그것은 현재 파르티아의 무력武力이나 로마의 위력에 의해 거두어지고 있는 공물에 못지않을 정도로 엄청난 것이었다.

61 하지만 게르마니쿠스는 그 밖의 경이로운 것들에도 주의를 기울였다. 특히 햇빛이 닿으면 언제나 사람 목소리가 난다는 멤논의 석상,[84] 모래가 휘몰아쳐 사람이 거의 지나갈 수 없는 사막 속에 여러 왕의 경쟁심과 거대한 재력에 의해 쌓아올려진 산과 같은 피라미드들, 나일 강의 범람하는 물을 저장하기 위해 땅을 파서 만든 인공 호수, 어딘가 다른 곳에 있는, 깊이를 재려 하는 사람의 추도 닿지 않을 정도로 깊은 나일 강의 소와 좁은 수로……. 그 후 그는 엘레판티네와 시에네에 도착했다. 현재는 홍해까지 뻗어 있지만 그 당시는 이 부근까지가 로마의 판도였다.

6. 보호국 왕들의 운명

62 게르마니쿠스가 여러 속주를 돌아다니며 이해 여름을 보내고 있을 때, 드루수스는 게르마니아인을 부추겨 서로 싸우게 만들고 이미 세력이 약해진 마로보두스를 완전히 끝장내게 함으로써 적잖은

---

84) 석상의 갈라진 틈 속의 찬 밤 공기가 아침 햇살을 받아 소리를 냈던 것 같다. 갈라진 틈을 수선한 이후(2세기 말) 들리지 않게 되었다고 한다.

영예를 손에 넣었다.

고토네스족에 카투알다(Catualda)라는 젊은 귀족이 있었는데, 그는 전에 마로보두스의 무력에 패해 추방된 적이 있었기 때문에 이때 상대방이 곤경에 빠진 것을 기화로 복수에 나섰다. 그는 정예병을 이끌고 마르코마니족의 경계에 침입하는 한편, 그 밖의 지도자들을 매수해 자기 편으로 끌어들이고는 왕궁과 그 옆에 있는 요새를 공략했다.

그곳에서 수에비족이 옛날에 우리에게서 빼앗아 간 물품들이 발견되었다. 그리고 우리의 속주들에서 온 종군 상인이나 교역 상인들의 모습도 보였다. 그들은 맨 처음에는 교역상의 권리를 부여받고 다음에는 재산을 증식시키고 싶은 마음에서, 마지막으로는 고국을 잊어버리고 여러 출신지에서 이 적지로 이주해 왔던 것이다.

63 완전히 버림받은 마로보두스는 카이사르의 자비에 의지하는 수밖에 없었다. 노리쿰 속주의 경계선을 따라 흐르는 지점에서 다뉴브 강을 건너와 티베리우스에게 편지를 보냈다. 그것은 어떻게 보더라도 도망자나 탄원자의 문면이 아니라 지난날의 화려했던 세력을 그리워하는 어조였다. 그는 이렇게 썼다.

"나는 일찍이 강력한 군주였을 때 많은 부족으로부터 도움을 요청받았지만 로마와의 우정을 무엇보다 염두에 두고 있었다."

카이사르는 이렇게 답변했다. "마로보두스가 머무르고 싶어한다면 이탈리아에 안전하고 훌륭한 주거지를 제공하겠다. 만약 이탈리아를 떠나는 것이 그에게 이롭다면 왔을 때와 똑같이 자유롭게 가도 좋다." 그러나 카이사르는 원로원에서는 이렇게 주장했다. "마로보두스는 경계해야 할 인물이다. 필리포스가 옛날의 아테네인에게, 혹은 피로스나 안티오코스가 옛날의 로마인에게 그랬던 것보다 더 위험하다." 이 연설은 지금도 남아 있다. 그 속에서 그는 마로보두스 왕의 힘과 왕에게 예속되어 있는 부족들의 광포성, 이런 적을 이탈리아 근처에 둘 경우의 위험성을 강조하고 왕을 제거하기 위한 그 자신의 계획에 대해 분명히 말하고 있다.

그것은 여하튼 마로보두스는 확실히 라벤나에서 집을 하사받았다. 그 후 수에비족이 불온한 조짐을 보일 때마다 로마는 왕을 본국으로 돌려보내는 체하며 그들을 위협했다. 하지만 왕은 18년 동안 이탈리아 땅을 떠나지 않으며 그곳에서 늙어 갔고, 삶에 대한 집착이 너무 강해 명성도 땅에 떨어졌다.

카투알다도 그와 비슷한 운명의 길을 걸어 고립무원의 처지에 빠져 버리고, 그 직후 비빌리우스(Vibilius)가 이끄는 헤르문두리족의 압도적인 군대에 의해 추방되었다. 우리 군은 그를 받아들인 뒤 속주 나르보 갈리아의 로마 식민시인 포룸 율리움으로 보냈다. 이 두 왕의 일족과 가신들은 속주들 속에 섞여 살며 평화를 해치지 않도록 다뉴브 강 건너편에 있는, 마루스 강과 쿠수스 강의 중간 지대에 정착시키고 콰디족의 바니우스(Vannius)로 하여금 왕으로서 그들을 다스리게 했다.

64 이상과 같은 소식을 전후해 게르마니쿠스가 아르탁시아스를 아르메니아인의 왕으로 삼았다는 정보도 들어왔다. 원로원은 게르마니쿠스와 드루수스가 수도에 들어올 때 약식 개선식[85]을 거행하게 할 것을 결의했다. 게다가 복수자 마르스의 신전 양쪽에 전승 기념문과 양 카이사르의 동상이 세워졌다. 티베리우스의 기쁨은 한층 더 컸다. 승전을 통해서가 아니라 신중한 교섭으로 평화를 확립했기 때문이다. 그래서 그는 트라키아[86]의 왕 레스쿠포리스(Rhescuporis)에게도 같은 외교술을 사용했다.

---

85) 약식 개선식은 피를 흘리지 않거나 또는 간단히 승리를 거둔 경우에 행해지고, 장군은 말을 타거나 도보로 로마 시에 입성했다. 정식 개선식 때에는 개선 전차를 타고 들어왔다. 41절 참조.

86) 기원전 11년에 로마에 항복한 이후 보호국이 되어 있었다.

이 민족 전체는 본래 로에메탈케스(Rhoemetalces)의 지배를 받고 있었다. 이 왕이 세상을 떠나자 아우구스투스는 트라키아를 나누어 절반은 왕의 동생인 레스쿠포리스에게, 나머지 절반은 아들 코티스 (Cotys)에게 주었다. 이 분할에 의해 비옥한 땅과 도시들과 그리스에 가까운 지역은 코티스에게, 황무지와 미개한 땅과 적에 인접한 지역은 레스쿠포리스에게 넘어갔다. 두 왕의 성격도 이와 비슷하게 대조적이었다. 코티스는 온화하고 다정한 반면에, 레스쿠포리스는 음험하고 탐욕스러워 공동 지배를 참을 수 없었다. 그럼에도 불구하고 처음에는 두 사람은 표면상으로는 화목하게 지냈지만, 곧 레스쿠포리스가 경계를 넘어 코티스에게 할당된 지역을 병합하고 저항하면 무기를 사용했다. 그래도 두 왕국의 창립자인 아우구스투스가 살아 있을 때에는 망설이는 편이었다. 그를 업신여기면 보복당하지 않을까 두려웠기 때문이다. 그 증거로 황제가 교체되었다는 소식을 듣자마자 약탈 부대를 보내고 성채를 파괴해 전쟁을 도발했다.

65 티베리우스는 일단 결말이 난 문제가 교란되는 것을 무엇보다 싫어했다. 그래서 백인대장을 사절로 보내 두 왕에게 무력으로 분쟁을 결말짓지 말라고 권고했다. 코티스는 곧 징집했던 군대를 해산시켰다. 레스쿠포리스는 양보하는 체하면서 "대화를 통해 논란거리를 해결할 수 있는 곳에서 회담하자"고 제안했다. 곧 회담 날짜와 장소가 정해지고, 합의에도 도달했다. 한쪽은 순박한 성격에서, 다른 한쪽은 비열한 음모에서 모든 것을 서로 양보하고 받아들였기 때문이다. 그 후 레스쿠포리스는 "동맹 조약을 비준하기 위해서"라고 되풀이해 변명하면서 주연을 베풀었다. 밤늦게까지 환락이 계속되었다. 향응 받고 술에 취해 완전히 방심하게 되었을 때에야 비로소 코티스는 함정에 빠진 것을 깨달았다. 큰소리로 왕위의 신성한 성격과 두 사람이 공동으로 속한 왕가의 신들, 환대의 규칙에 호소했지만 쇠사슬에 묶

여 버리고 말았다.

이리하여 트리키아 전역을 손에 넣게 되자, 레스쿠포리스는 티베리우스에게 "나에 대한 음모를 꾸몄지만 도리어 그 밀모자들의 기선을 제압했다"고 써보냈다. 그와 동시에 바스타르나이족과 스키타이인에 대한 전쟁을 핑계삼아 보병과 기병을 강화시켰다. 그는 회유적인 답서를 받았다. "만약 레스쿠포리스의 편지에 거짓이 전혀 없다면 무죄를 확신해도 좋을 것이다. 그러나 나와 원로원은 이 문제를 심리하지 않고는 어느 쪽이 옳고 그른지 판단을 내릴 수 없다. 먼저 코티스를 인도하고, 왕이 직접 로마에 와서 다른 사람들에게 범죄 혐의를 전가시키는 것이 좋을 것이다."

66 모이시아의 총독 라티니우스 판두사(Latinius Pandusa)가 코티스를 인수하기 위한 병사들을 이끌고 트라키아에 이 서한을 가져갔다. 레스쿠포리스는 공포와 분노 사이에서 망설이다가 마침내 기도한 죄보다는 저지른 죄로 고발당하는 것이 더 낫겠다고 생각하고는 코티스를 죽이게 하고 "자살했다"고 거짓말을 했다.

그러나 카이사르는 일단 정해진 방침은 바꾸려 하지 않았다. 레스쿠포리스가 "자신에게 적의를 갖고 있다"고 비난하던 판두사가 사망하자 루키우스 폼포니우스 플라쿠스를 모이시아의 총독으로 임명했다. 그 가장 큰 이유는 그가 오랜 군 경력과 왕의 깊은 우정으로 인해 왕을 속이는 데 적합한 인물이었기 때문이다.

67 플라쿠스는 트라키아에 도착하자 큰 약속으로 레스쿠포리스를 꾀어 냈다. 그리고 자신의 죄를 의식하고 반신반의하는 왕을 로마의 전초까지 끌어들이는 데 성공했다. 왕에게 경의를 표하는 것처럼 다수의 병력이 주변을 에워싸고, 백인대장이나 부관들이 설득하고 권유해 왕을 끌고 갔다. 트라키아가 멀어짐에 따라 감시하는 태도가 점점 더 눈에 띄게 드러났다. 마침내 왕은 피할 수 없는 운명이라고 체

넘하고 수도로 끌려갔다.

그는 코티스의 아내에 의해 원로원에 고소되어 유죄를 선고받고 왕국으로의 출입을 금지당했다. 트라키아는 아버지의 정책에 반대한 것으로 입증된 그의 아들 로에메탈케스(Rhoemetalces)와 코티스의 자식들에게 분배되었다. 하지만 코티스의 자식들은 아직 성년에 이르지 못했기 때문에 법무관의 전력을 지닌 티투스 트레벨레누스 루푸스(Titus Trebellenus Rufus)가 후견인 역할을 하게 되었다. 그는 예전에 마르쿠스 아이밀리우스 레피두스가 프톨레마이오스의 자식들의 후견인으로 이집트에 파견되었던 선례에 따라 당분간 그 왕국을 관리하게 되었다.

레스쿠포리스는 알렉산드리아로 이송되었다. 이윽고 그 땅에서 탈주를 시도하다가, 혹은 그랬다는 죄목으로 처형되었다.

68 거의 같은 시기에 앞에서 언급했듯이 킬리키아에 유폐되어 있던 보노네스가 감시병들을 매수한 뒤 아르메니아로 도주하고는 그곳에서 알바니아와 헤니오키족의 땅, 마지막으로 그의 친척인 스키티아인의 왕이 있는 곳까지 달아나려고 했다. 사냥하러 간다고 속이고 해안 지대를 떠났다. 전인미답의 삼림 지대를 빠져 나온 뒤에 준마를 타고 달려 곧 피라무스 강까지 왔지만, 왕이 탈주했다는 소식을 들은 이 지역 주민들이 그 강에 놓인 다리들을 이미 끊어 놓은 상태였다. 또 얕은 여울로 걸어서 건널 수도 없었다. 그래서 왕은 그 강변에서 기병대장 비비우스 프론토(Vibius Fronto)에 의해 체포되었다.

그 직후 전에 왕의 감시대장으로 근무했던 레미우스(Remmius)라는 재향군인이 발작이 일어난 것처럼 갑자기 칼로 왕을 찔러 죽였다. 이로 인해 "그가 왕과 공모해 죄를 저지르고 왕의 밀고가 두려워 살해한 것이다"라는 의혹이 더욱 짙어져만 갔다.

7. 게르마니쿠스의 요절

69 한편 게르마니쿠스가 이집트에서 돌아와 군단병이나 각 도시에 내렸던 지시가 모두 무시되거나 뒤바뀌어진 것을 알게 되었다. 그래서 피소를 엄하게 질책하자, 피소도 그에 못지않게 맹렬히 카이사르를 비난했다. 피소는 이런 일이 있어 시리아를 떠나기로 결심했지만 곧 게르마니쿠스가 병드는 바람에 그대로 머물러 있다가 회복되었다는 소식을 들었다. 사람들이 게르마니쿠스의 완쾌를 위해 서원했던 것을 실행에 옮기고 있을 때, 피소는 릭토르들을 보내 제단 옆에 놓여 있는 산 제물이나 희생용 준비물을 흩뜨리고 기뻐하고 있는 안티오키아의 시민 등을 쫓아 버리게 했다. 그러고는 피소는 셀레우키아 피에리아로 내려간 뒤 그 땅에서 다시 게르마니쿠스를 덮친 병의 결과를 기다렸다.

피소가 독약을 탄 것이 틀림없다는 확신이 게르마니쿠스의 병을 더욱 악화시켰다. 실제로 게르마니쿠스의 침실 마루나 벽에서 묘지에서 파낸 시체의 손발이나 주문, 저주,[87] 연판鉛板에 새겨진 그의 이름, 피로 얼룩진 반쯤 탄 재, 그리고 일반적으로 그것에 의해 지옥의 신들에게 영혼을 바치는 것으로 믿어지고 있는 다른 해로운 물건이 잇따라 발견되었다. 이때를 전후해 피소의 밀사들이 병자의 나쁜 증상을 자세히 정탐했다는 혐의로 고발당했다.

70 이런 것들을 보고받고 게르마니쿠스는 공포를 느꼈을 뿐만 아니라 그에 못지않게 분노하기도 했다. "만약 내 집의 문들이 적에게 점령되어 있다면, 만약 내가 적의 감시 속에 마지막 숨을 내쉰다면,

---

87) 예컨대 죽기를 바라며 저주하는 사람의 밀랍상을 못으로 찔렀다. 또 이름을 연판에 쓰고 못을 박거나 지옥의 신들에 대한, 자못 진지한 듯한 상투어를 덧붙이거나 했다. 이런 주문이 많이 발견되어 비문집碑文集에 수록되어 있다.

그 후 가엾은 아내와 어린 아이들의 장래는 어떻게 될 것인가? 너무 느리게 중독되는 것 같다. 피소는 속주와 군단을 독점하려고 서두르고 있다. 하지만 이 게르마니쿠스는 그렇게 약하지 않다. 또한 암살자도 살해의 대가를 오랫동안 보유하지 못할 것이다."

그는 피소에게 절교를 선언하는 편지를 썼다. 그리고 속주에서 떠나라고 명했다고 많은 사가는 전하고 있다. 그래서 피소는 더 이상 지체하지 않고 출항했다. 하지만 게르마니쿠스가 사망해 시리아에 다시 접근할 수 있게 될 때에는 가능한 한 가까운 곳에서 돌아갈 수 있도록 천천히 여행했다.

71 게르마니쿠스가 잠시 희망을 되찾았지만, 곧 몸이 완전히 쇠약해져 버렸다. 임종이 가까워졌을 때, 그는 주위의 친구들에게 이렇게 말했다. "설사 지금 내가 천명에 따라 죽어 간다 해도 신들을 원망하는 기분이 드는 것은 당연하지 않은가? 신들이 청춘인 나를 이렇게 빨리 이 세상에서 데려가 양친이나 자식, 조국으로부터 떼어놓으려 하기 때문이네. 하물며 지금 내 생애가 중도에 끝나게 된 것은 피소와 플란키나의 흉계에 말려들었기 때문이 아닌가? 그래서 내 마지막 간청을 즐거이 받아들여 주길 부탁하네. 먼저 아버님과 동생에게 알려주게. 내가 어떤 끈질긴 괴롭힘에 시달리고, 어떤 음모에 휘말려들어 더없이 비참한 생애를 최악의 죽음으로 마치게 되었는지. 내가 장래를 약속받고 있었기 때문이든, 혹은 내 친척이기 때문이든, 심지어는 나를 질투하는 마음에서이든 생존 중인 내게 관심을 기울이던 사람들은 일찍이 화려하게 꽃을 피우며 저 수많은 전쟁에서 살아남은 사나이가 여자의 간교한 계책에 쓰러진 것을 슬퍼하며 눈물을 흘릴 걸세!

자네들에게 원로원에 고소하고 법에 호소할 수 있는 기회가 있을 걸세. 친구의 주요 의무는 헛되이 개탄하며 사자死者의 뒤를 쫓는 것이 아니라 사자가 생전에 바라던 것을 기억하고 그의 지시를 실행에 옮기는 것이네. 낯선 사람들조차 게르마니쿠스를 위해 눈물을 흘릴 걸세. 만약 내 지위보다 나 자신을 더 사랑했다면 자네들은 꼭 복수해 주어야 하네! 로마 국민에게 신군 아우구스투스의 손녀딸, 즉 내 아내를 보여 주고, 여섯 명의 자식을 하나하나 소개해 주게. 그러면 고소자들에게 동정이 쏠리고, 피소가 비겁하게도 파렴치한 훈령을 방패로 내세우더라도 세상 사람들은 그 거짓말을 믿지 않고 용서하지도 않을 걸세."

친구들은 죽어 가는 사람의 오른손을 잡고 복수를 단념하느니 차라리 그 앞에서 목숨을 끊겠다고 맹세했다.

72 이어서 게르마니쿠스는 아내 쪽으로 고개를 돌리고 이렇게 부탁했다. "부디 나 자신에 대한 추억과 우리 두 사람 사이의 자식들을 위해 당신의 자존심을 버리고 잔혹한 운명에 순종하시오. 수도로 돌아가더라도 권력 다툼으로 당신보다 더 강한 사람들을 자극하지 않도록 하시오." 여기까지는 누구나 알아들을 수 있는 목소리로 말하고, 그 다음에는 몰래 속삭였다. 이때 그 이유를 설명하며 티베리우스를 조심하라고 일러 주었을 것이라고 사람들은 추측했다.

그 직후에 그가 숨을 거두었다.[88] 속주와 그 부근 사람들이 몹시 슬퍼했다. 이국의 민족이나 왕들도 애도의 뜻을 표했다. 이 정도로 그는 속주민에게 친절하고 적국 사람들에게 관대했다. 그의 용모와 말이 하나같이 존경심을 불러일으켰다. 하지만 최고의 지위에 어울리는 이런 기품과 위엄을 지니고 있으면서도 질투심이 강하다든가 오만하다는 비난을 전혀 받지 않았다.

73 그의 장례식은 조상들의 초상 행렬은 부족했지만 고인의 덕을

---

88) 서기 19년 10월 10일.

칭송하고 그리워하는 연설로 충분히 면목이 섰다. 게르마니쿠스의 외모와 짧은 생애, 죽을 때의 상태 때문에, 그리고 사망 장소도 가까워 그를 알렉산드로스 대왕[89]과 비교하는 사람도 있었다.

"두 사람 모두 단아한 용모에 고귀한 가문에서 태어났고 30세가 갓 넘었을 때 동포의 흉계에 걸려 이국 땅에서 쓰러졌기 때문이다. 하지만 게르마니쿠스는 친구들에게 친절하게 대하고 쾌락을 삼갔으며, 한 명의 아내로 만족하고 적자嫡子들만을 낳았다. 확실히 그는 대담함이 결여되어 있었다. 그 때문에 그토록 많이 격퇴하고 승리를 거두었으면서도 게르마니아인을 완전히 복속시키는 일을 방해받았던 것이다. 그럼에도 불구하고 결코 알렉산드로스 대왕에 못지않은 무인이었다. 만약 그가 혼자서 모든 것을 결정할 수 있는, 왕과 같은 권한과 직함을 갖고 있었다면 관대함과 중용, 그 밖의 미덕에서 확실히 능가하고 있었듯이 필시 군사적인 명성에서도 쉽게 알렉산드로스 대왕에 필적할 수 있었을 것이다."

화장터로 지정된 안티오키아의 광장에서 소각되기 전에 그의 유해가 벌거벗겨졌다. 그때 독살의 징후[90]가 나타났는지 어떤지는 확실하지 않다. 그것을 본 사람이 게르마니쿠스에 대한 동정심에서 애초부터 의심을 품고 있었느냐, 아니면 피소를 지지하고 있었느냐에 따라 해석이 달라졌기 때문이다.

74 그 후 군단장들이나 마침 그 자리에 있던 원로원 의원들이 누가 시리아를 다스려야 할 것인가 하는 문제를 놓고 회의를 열었다. 다른 사람들은 거의 집착을 보이지 않고, 가이우스 비비우스 마르수스(Gaius Vibius Marsus)와 그나이우스 센티우스 사투르니누스(Cnaeus

---

89) 기원전 323년에 33세로 바빌론에서 사망했다.

90) 수에토니우스는 "검은 반점이 발견되고 입에서 거품이 뿜어져 나왔으며 심장이 불에 타지 않았다"(《칼리굴라》 1절)고 기록하고 있다. 실제로는 열병熱病이었던 것 같다.

Sentius Saturninus) 두 사람만이 오랫동안 옥신각신했다. 마침내 센티우스가 선배이기도 하고 더 끈덕지게 주장을 펴기도 해서 마르수스가 양보했다. 센티우스는 곧 마르티나(Martina)라는 여자를 수도로 보냈다. 이 여자는 그 속주에서 악명이 높은 독약 조제사로 플란키나의 총애를 받고 있었다. 이 조치는 푸블리우스 비텔리우스와 퀸투스 베라니우스 등의 요청에 따른 것이었다. 그들은 기소가 이미 수리된 양 그에 대비해 증거 굳히기와 기소 절차에 착수하고 있었다.

75 한편 아그리피나는 슬픔과 병으로 기진 맥진해 있었지만 어느 것이든 복수를 지연시키는 것에는 참을 수 없었다. 그녀는 게르마니쿠스의 유골을 갖고 자식들과 함께 배에 올라탔다. 모든 사람이 불쌍히 여기며 연민의 정을 나타냈다. 최고로 고귀한 여성이, 어제까지 더없이 아름다운 결혼으로 당연한 듯이 사람들의 존경과 축복의 시선을 모았던 그녀가 지금은 가슴에 유골을 안고 확실한 복수의 희망도 없이 자신의 장래를 걱정하는 한편, 불행한 다산多産으로 그만큼 많은 운명과의 싸움을 떠맡고 있었기 때문이다.

그럭저럭 하는 사이에 게르마니쿠스가 죽었다는 소식이 코스 섬에 있는 피소에게도 전해졌다. 그는 이 부음을 접하고 기뻐 어쩔 바를 몰랐다. 산 제물을 바치고 신전을 찾아갔다. 자제할 수 없을 정도로 도취된 그의 기분도 플란키나의 그것에 비하면 아무것도 아니었다. 그녀는 자매를 잃었을 때 입은 상복을 이때 비로소 화려한 의상으로 갈아입었다.

76 백인대장들이 시리아에서 떼지어 몰려와 피소를 설득했다.

"시리아의 군단병들은 언제라도 총독님에게 봉사할 채비가 되어 있습니다. 부당하게도 총독님을 빼앗겨 지금 다스리는 사람이 없는 속주를 다시 손에 넣어 주십시오." 그래서 피소는 주위 사람들에게 어떻게 하면 좋겠느냐고 조언을 구했다. 그의 아들 마르쿠스 피소는

"빨리 로마로 돌아가야 합니다" 하고 권했다. "아버님께서는 지금까지 되돌이킬 수 없는 일은 전혀 하지 않으셨습니다. 근거가 빈약한 혐의나 막연한 소문을 두려워하실 필요가 없습니다. 게르마니쿠스와 다툰 것으로 인해 원망을 들을지는 모르지만 처벌을 받지는 않으실 것입니다. 게다가 적들은 속주를 빼앗은 것으로 충분히 만족하고 있습니다. 하지만 만약 시리아로 돌아가시면, 센티우스가 저항을 해 내란이 시작될 것입니다. 백인대장이나 병사들이 언제까지고 우리 편에 서지는 않을 것입니다. 그들은 아직도 최고 사령관에 대한 생생한 기억과 카이사르 가에 대한 뿌리 깊은 애정에 강력히 지배받고 있기 때문입니다."

7 그러나 피소의 가장 친한 친구 중 한 사람인 도미티우스 켈레르(Domitius Celer)는 이에 반대하며 "무슨 일이 있어도 이 기회를 놓치지 말고 활용해야 하네" 하고 주장했다.

"시리아의 통치자에 임명된 것은 피소 자네이지 센티우스가 아니네. 다름 아닌 자네에게 속간과 법무관 권한, 군단병이 주어졌네. 적의에 찬 공격을 받을 경우, 총독의 권위를 지니고 황제의 개인적인 지시를 받은 자네 외에 도대체 누가 무기를 들고 당당히 그에 맞설 수 있겠는가? 그리고 소문은 잠잠해질 때까지 시간에 맡겨 두는 것이 가장 좋네. 분노가 처음 폭발할 때에는 결백한 사람도 그것을 당해 낼 수 없는 경우가 많네. 하지만 만약 자네가 군대를 장악하고 병력을 증강한다면, 지금 예측하기 어려운 많은 일이 우연히 호전될지도 모르네. 우리가 게르마니쿠스의 유골과 동시에 상륙할 정도로 그렇게 귀국을 서둘러야 할까? 그럴 경우 자네는 첫 소문만으로 변명도 허용받지 못하고 변호도 받지 못한 채 아그리피나의 울부짖는 소리와 무지몽매한 군중에 의해 파멸당하고 말 걸세. 자네가 한 일은 아우구스타가 처음부터 허용했던 것이고, 카이사르도 암암리에 찬성했네. 더할 나위 없이 여봐란 듯이 슬퍼하고 있는 사람들만큼 게르마니쿠스의 죽음을 기뻐하고 있는 사람들도 없다네."

78 본래 충동적이고 대담 무쌍한 행동을 좋아하는 편인 피소는 쉽사리 이 견해에 이끌렸다. 그는 티베리우스에게 서한을 보내 게르마니쿠스의 사치와 오만함을 비난했다.

"저는 변혁의 길을 여는 데 방해가 된다 하여 그에 의해 추방되었습니다. 하지만 전에 장악하고 있었을 때와 똑같이 충성스런 정신으로 다시 군대의 지휘권을 손에 넣었습니다."

이와 동시에 그는 도미티우스 켈레르에게 명령을 내렸다. "삼단 갤리선을 타고 해안선을 피하면서, 그리고 섬 부근에서는 난바다 쪽으로 항해하면서 시리아로 가게." 그리고 그는 시리아에서 떼지어 몰려온 탈주병들로 부대를 편성하고 군대를 따라다니는 비전투원들을 무장시킨 뒤 이들을 배에 태우고 육지로 떠났다. 도중에 시리아로 가고 있는, 새로 징집한 군단 분견대를 빼앗았다. 그는 또 킬리키아의 대공 大公들에게 편지를 보내 원군으로 자신을 도우라고 명했다.[91] 전쟁을 일으키는 데 반대했음에도 불구하고 그의 아들 마르쿠스도 전투 준비를 위해 기민하게 뛰어다녔다.

79 그래서 그들이 리키아와 팜필리아의 해안을 따라 항해하다가 아그리피나를 태우고 이탈리아로 가는 배와 만나자 양쪽 모두 적의를 불태우며 처음에는 전투 준비에 착수했지만, 이윽고 서로를 두려 위해 입씨름 이상으로 발전하지 않았다. 가이우스 비비우스 마르수스가 피소에게 사자를 보내 로마로 돌아가 법정에서 자신을 변호하라고 전했다. 피소는 이것을 비꼬며 다음과 같은 답서를 보냈다.

"독살 사건을 재판하는 법무관이 피고와 고발자에게 공판 날짜를

---

91) 당시 킬리키아는 동부와 서부로 나누어지고 각기 소왕(대공)의 지배를 받고 잇었다. 그러나 최고의 관리권은 시리아 총독에 속해 있었다.

통지하면 출정할 것이다."

그 사이에 도미티우스가 시리아의 도시 라오디케아에 상륙했다. 그가 제6군단의 동계 진영으로 간 것은 이 군단이 자신의 반란 계획을 가장 순순히 받아들일 것 같았기 때문이다. 하지만 군단장 파쿠비우스(Pacuvius)에 의해 기선을 제압당했다. 센티우스는 피소에게 이 일을 편지로 알리고 군대를 매수로, 속주를 전쟁으로 어지럽혀서는 안 된다고 경고했다. 그러고는 그는 게르마니쿠스에 대한 기억을 소중히 여기고 그의 적들에 반감을 품고 있는 것으로 알고 있는 병사들을 모두 한 곳에 집결시킨 뒤 "피소가 무기를 겨누고 있는 상대는 조국이다"라는 암시와 함께 되풀이해서 최고 사령관의 존엄을 강조하고, 전투 준비를 완료한 정예군을 이끌고 출발했다.

80 계획이 생각했던 대로 진행되지 않았지만, 피소도 또한 현재 상황에서 가장 안전한 예방책을 강구하는 것을 잊지 않았다. 즉 그는 매우 단단히 요새화된, 켈렌데리스라는 킬리키아의 도시를 점거했다. 탈주병과 조금 전에 오는 도중에 탈취된 신병, 그리고 그 자신의 노예와 플란키아의 노예, 킬리키아의 대공들이 보낸 원군이 섞여 1개 군단과 같은 숫자의 부대가 편성되어 있었다. 이 병사들 앞에서 그는 이렇게 기염을 토했다. "나야말로 카이사르의 위임을 받은 총독이다. 그분이 주신 속주에서 나를 내쫓은 것은 군단병이 아니다(그 증거로 그들의 요청으로 나는 돌아가려 하고 있는 것이다). 센티우스의 소행이다. 그는 개인적인 원한을 숨기기 위해 내게 억울한 죄를 뒤집어씌우고 있다. 제군은 전열에 서 있기만 하면 된다. 군단병들은 결코 싸우지 않을 것이다. 전에 '군단의 아버지'로 부르던 이 피소를 보면! 정의와 관련해서는 누구보다 강하고 싸움에 관해서라면 누구에게도 뒤지지 않는 이 피소를 보면!"

그러고 나서 그는 도시의 요새 밖에 부대를 배치했다. 그곳은 험준한 단애가 있는 구릉이었다. 이쪽을 제외하고는 모두 바다에 에워싸여 있었다. 그를 등지고 노련한 병사들이 백인대 단위로 각기 배후에 지원대를 두고 정렬했다. 한쪽에는 강력한 군대가 있고, 다른 한쪽에는 천혜의 요충지가 있었다. 하지만 병사들은 의기 소침하고 희망에 차 있지도 않았다. 무기조차 농기구나 임시 변통으로 급조된 것뿐이었다. 양군이 서서히 접근했다. 로마의 군단병들이 적과 같은 높이까지 기어오르자 더 이상 결과를 의심할 수 없게 되었다. 킬리키아인들이 등을 돌리고 요새 안으로 도망쳤다.

81 그 사이에 피소가 해안 가까이에서 대기하고 있는 함대를 습격하려 했지만, 이 시도가 수포로 돌아갔다. 그는 돌아오자 성벽에 서서 자기 가슴을 두드리면서 군단병의 이름을 하나하나 부르고 보수를 약속하며 자기 편에 붙으라고 선동하기 시작했다. 이것이 제6군단의 대대 기수 한 명이 군기를 갖고 피소측으로 넘어갈 정도로 큰 동요를 가져왔다. 그러자 센티우스가 뿔피리와 나팔을 불라고 명하고, 이어서 둔덕 축조용 재료를 운반하고[92] 공성용功城用 사닥다리를 걸치게 했다. 그리고 용감한 병사들에게는 돌격할 것을, 그 밖의 병사들에게는 노포로 창이나 돌, 불이 붙은 나무를 발사할 것을 지시했다.

마침내 피소의 고집이 꺾였다. 그는 이렇게 간청했다. "무기는 인도하겠다. 하지만 카이사르가 누구에게 시리아를 위임하고 싶은지 그 의사를 밝혀 올 때까지 이 요새에 머물러 있게 해달라." 이 조건은 받아들여지지 않았다. 피소에게 딱 한 가지 허용된 것은 호송받으며 수도까지 배로 안전하게 돌아가는 것이었다.

82 한편 로마에서는 게르마니쿠스가 병들었다는 소식이 널리 알려지고, 먼 곳에서 날아온 소문이 다 그렇듯이 하나같이 나쁜 쪽으로 과

---

92) 성벽에 쉽게 오를 수 있도록 그 앞에 둔덕을 쌓았다. 노포의 발사대가 되기도 했다.

장되어 퍼뜨려지자, 슬픔과 분노, 그리고 불만이 폭발했다.

"이렇게 된 것은 모두 그가 세상 끝으로 좌천되고 피소에게 속주가 맡겨졌기 때문이다. 이것은 아우구스타와 플란키나의 비밀 회담의 결과이다. 그러고 보면 나이가 지긋한 사람들이 네로 드루수스에 대해 말했던 것이 정말 맞다. 지배자들은 자식들의 서민적인 성격을 싫어한다! 게르마니쿠스와 네로 드루수스가 웅대한 계획을 펴보지 못하고 중도에 목숨을 빼앗긴 것은, 그들이 평등한 법률 하에 로마 국민에게 자유를 돌려주려고 마음먹었기 때문이다."

이런 유의 민중의 이야기가 게르마니쿠스의 부음을 접하자 더 크게 자극받았다. 정무관의 고시나 원로원의 의결이 공포되기 전에 국민 전체가 자발적으로 복상할 정도였다. 여러 광장[93]이 텅 비고 집들의 문이 닫혔다. 어느 곳에나 다 정적과 슬픔이 깔려 있었다. 겉모양을 꾸미는 모습은 조금도 보이지 않았다. 물론 상장喪章을 달거나 상복을 입기도 했지만 그 이상으로 마음속 깊이 슬퍼하고 있었다.

이 무렵에 우연히 몇몇 교역 상인이 게르마니쿠스가 생존 중일 때 시리아에 들러 그의 병과 관련해 보다 기쁜 소식을 갖고 돌아왔다. 곧 이것이 믿어지고 순식간에 퍼져 나갔다. 다른 사람을 만나면 모두 확실하지 않는데도 불구하고 들은 것을 상대에게 전하고, 그 사람은 기쁜 마음에서 그것을 부풀려서 더 많은 사람에게 전했다. 군중이 시내 곳곳을 뛰어다니며 신전들의 문을 억지로 열었다.[94] 밤이 그들이 깊

---

93) 이 당시에도 광장이 많이 있었다(4권 15절의 아우구스투스 광장, 16권 27절의 율리우스 광장). 가장 유명한 것은 중앙 광장(로마 광장, 대광장)으로, 팔라티움과 카피톨리움 사이에 있는 로마의 심장부였다. 광장은 처음에는 시장이나 사교장이었고, 점차 정치적 집회장이나 법정의 성격이 짙어져 갔다. 그리하여 광장과 시장이 분리되고, 후자는 가축 시장(12권 24절)과 청과 시장(49절) 등으로 전문적으로 발전해 갔다. 전자의 경우에는 빈터에 납작한 돌이 깔리고 주위에 은행과 상공 회의소, 거래소, 재판소 등의 공공 건물이 들어섰다.
94) 신들에게 감사하기 위해 달려갔던 것이다.

이 생각하지도 않고 믿도록 조장하고, 어둠 속에서는 단언하기가 비교적 쉬웠다. 티베리우스는 시간이 흘러 사라질 때까지 이 거짓 소문에 간섭하지 않았다. 그리고 사람들은 또다시 게르마니쿠스를 빼앗긴 듯이 한층 더 사무치게 슬퍼했다.

83 원로원 의원들이 제각기 게르마니쿠스에 대한 애정이나 창의력에 따라 여러 가지 새 명예를 제안하고 결의했다. 즉 그의 이름을 살리의 찬가[95] 속에서 찬양할 것, 아우구스투스 동지회의 극장 전용석에 그를 위해 고관高官 의자들을 설치하고 그것들 위에 오크 잎 관으로 장식할 것, 경기장에서 행사가 벌어질 때마다 상아로 만든 그의 상을 행렬의 선두에 세울 것, 게르마니쿠스의 보결로 사제[96]나 복점관을 선출할 때 율리우스 가의 혈족만 고려할 것, 전승 기념문을 로마와 라인 강변, 시리아의 아마누스 산에 세운 뒤 거기에 그의 업적으로 기록하고 "국가를 위해 목숨을 바쳤다"는 한 구절을 첨가할 것, 그를 화장한 땅 안티오키아에는 묘비를, 그가 죽은 땅 에피다프나에는 기념총을 건립할 것…… 이 밖에 그를 기념하는 상을 건립하거나 그의 영혼을 받들어 모시게 된 곳을 하나하나 여기에서 열거하기는 쉽지 않다.

역대의 위대한 웅변가들 사이에 그의 거대한 황금제 초상 방패[97]를 걸어 놓자는 안이 제출되기도 했지만, 티베리우스가 그에 반대했다. "나는 관례적인 금속을 사용하고 예전과 같은 크기의 방패를 바칠 것이다" 하고 말했다. "웅변에는 지위의 차별이 없기 때문이다. 고대의 대가들과 같은 대열에 서는 것만으로도 게르마니쿠스에게는 더할 나위 없는 영광이다." 기사 계급은 그때까지 관례적으로 '청년석'으로

---

95) 살리(Salii)는 마르스 신을 섬기는 신관단으로 축제일에 춤을 추면서 그들이 부르는 노래를 이렇게 불렀다.

96) 아우구스투스의 사제를 가리킨다. 드루수스가 게르마니쿠스의 뒤를 이었다.

97) 아폴론 신전 부속 도서관에는 주위의 벽에 유명한 웅변가들의 구리제 초상 방패가 걸려 있었다.

불리고 있었던 극장의 지정석[98]을 앞으로는 '게르마니쿠스의 자리'로 부르기로 했다. 그리고 매년 7월 15일[99]에는 각 분대가 그의 상을 선두에 세우기로 합의했다.

이상과 같은 결정은 대부분 현재도 지켜지고 있지만, 몇 가지는 곧 중단되거나 시간이 흘러가면서 잊혀졌다.

84 사람들의 슬픔이 아직 가시지 않았을 때, 드루수스에게 시집간 게르마니쿠스의 누이동생 리비아가 2명의 사내아이를 동시에 낳았다. 일반 가정에서조차 드문 이 경사에, 황제는 원로원에서 이렇게 자랑하고 싶은 충동을 억제할 수 없을 정도로 기뻐했다. "일찍이 나와 같은 지위에 있었던 로마인으로 남자 쌍둥이 자손을 둔 사람은 없었다." 실제로 티베리우스는 모든 것을, 심지어는 우연한 것조차 자신의 영광으로 돌리곤 했다!

그러나 때가 때인만큼 민중은 이런 경사에서조차 슬픔을 느꼈다. 드루수스가 사내아이를 늘려 게르마니쿠스 가를 한층 더 압박하고 있다는 생각이 들었기 때문이다.

85 같은 해에 원로원은 엄격한 의결로 여성의 방탕에 제약을 가했다. 즉 할아버지나 아버지, 또는 남편이 로마 기사인 여성은 모두 매춘으로 돈을 버는 행위가 금지되었다. 거기에는 다음과 같은 사정이 있었다. 법무관급 집안에서 태어난 비스틸리아(Vistilia)라는 여자가 조영관[100] 앞에서 넉살좋게 매음의 자유를 선언했다. "이것은 우리의

---

98) 쐐기 모양을 이루며 아래쪽에서부터 14단의 계단 좌석을 차지하고 있었다. 경기장의 기사 지정석과 관련해서는 15권 32절을 참조할 것.

99) 이날 기사들이 행진했다. 6개 분대로 나뉘어 시내를 돌아다니고 중앙 광장에서 카피톨리움으로 올라갔다.

100) 조영관은 공사公私의 건물, 도로, 수도, 시장의 관리, 식량의 관리, 배급, 경기제 관리 등 세 종류의 역할을 했지만, 제정 시대에는 식관장食官長 등의 창설로 권한이 축소되어 최초의 수도 관리권 몇 가지만 지니고 있었다(4권 35절, 3권 52절, 53절, 13권 28절 참조). 문제의 여성은 유곽이나 공중 목욕탕의 일제 검사에서 발견되었을 것이다.

조상님들도 묵인하신 관습이에요. 옛날 분들은 행실이 나쁜 여성이 자신의 수치를 세상에 드러냈다면 그것만으로도 충분히 부정不貞에 대한 벌을 받았다고 생각하셨습니다."

비스틸리아의 남편 티티디우스 라베오(Titidius Labeo)도 소환당했다. "어째서 범죄를 저지른 것이 확실한 아내를 법적인 처벌을 받게 하지 않았는가?" 하고 따져 묻자, 그는 이렇게 변명했다. "고소하기 위해 주어져 있는 60일간의 기간[101]이 아직 끝나지 않았습니다." 그래서 비스틸리아만 처벌받는 것으로 충분하다고 생각되었다. 그녀는 세리포스 섬에 유폐되었다.

이어서 이집트인과 유태인의 종교[102]를 추방하는 건에 대한 심의가 이루어지고, 다음과 같은 원로원 의결이 포고되었다. "이런 미신들에 물든 해방 노예들 가운데서 성인 4천 명은 사르디니아 섬으로 이송되어야 한다. 그곳의 해적을 진압하기 위해서이다. 그들이 기후가 나빠 죽는다 해도 그 손실은 애석하게 여길 것이 없다. 그 밖의 해방 노예는 만약 정해진 기간 내에 그 사교들을 버리지 않으면 이탈리아 본토를 떠나야 한다."

86 다음으로 카이사르는 오키아(Occia)의 보결로 성녀聖女[103]를 선정할 것을 제안했다. 오키아는 이해까지 57년 동안 베스타의 성직을 수행하며 끝까지 완벽하게 순결을 지켰다. 폰테이우스 아그리파와 도미티우스 폴리오(Domitius Pollio)가 국가에 자발적으로 봉사하기 위해 딸을 바치려고 서로 경쟁했다. 그래서 카이사르는 두 사람의 열

---

101) '간통에 관한 율리우스법'에 따라 남편은 아내와 즉시 이혼하지 않으면 안 되었다. 그러잖으면 간통 묵인죄로 처벌받았다. 그 후 60일 사이에 고소하고 처벌을 요구했다.

102) 즉 이시스교와 유대교. 추방 원인은 이시스 신전 안에서 간통 행위가 이루어지거나 유대교의 람비가 횡령하거나 했기 때문이었다. 이시스교는 기원전 2세기 중반경, 유대교는 기원전 1세기 중반경부터 로마에 들어왔다.

103) 1권 8절 주. 6세부터 10세 사이에 성녀로 선발되었다.

의에 감사의 뜻을 표했다. 결국 폴리오의 딸이 선택되었는데, 그 이유는 단 한 가지, 그녀의 어머니가 한 명의 남편 곁에서 줄곧 충실하게 생활했다는 것뿐이었다. 아그리파 쪽은 이혼으로 집안의 신망이 손상을 입고 있었다. 카이사르가 100만 세스테르티우스의 하사금으로 기각당한 아그리파의 딸을 위로해 주었다.

87 민중이 곡물 가격이 엄청나게 오른 것을 비난하자, 티베리우스는 소매 상인의 판매 가격을 일정하게 정하고 자신의 돈으로 교역 상인에게 1모디우스당 2세스테르티우스의 보상금을 지급하겠다고 약속했다. 이 조치로 전과 같이 다시 '국부'라는 존칭이 부여되었지만, 그는 이것을 받아들이지 않았을 뿐만 아니라 자신의 직무에 대해 '신성하다'고 말하고 자신을 '주군'[104]이라고 부르는 사람들을 날카로운 어조로 꾸짖었다. 따라서 자유를 두려워하면서 아부도 싫어하는 황제의 지배 하에서는 연설의 폭이 한정되고 위험성도 많았다.

88 내가 당시의 원로원 의원이자 역사가였던 사람의 저작 속에서 발견한 것인데, 이 무렵에 원로원에서 카티족의 수장 아드간데스트리우스(Adgandestrius)의 편지가 낭독되었다. 그는 이 편지 속에서 "만약 로마가 아르미니우스의 암살 계획에 필요한 독극물을 보내 주면 그를 죽여 주겠다"고 약속했다. 원로원은 이런 답서를 보냈다. "로마 국민은 비열한 수단이나 음모를 꾸미지 않고 당당히 무력으로 우리의 적에게 복수할 것이다." 티베리우스는 이 고결한 답변으로 피로스왕[105]의 독살 계획을 거부하고 그것을 폭로하기까지 했던 저 옛 최고 사령관에 자신을 견주려 했다.

---

104) "나는 노예들의 주군이고 병사들의 최고 사령관이며 시민들의 제1인자(프린캡스)이다"라고 티베리우스는 말하고 있었다며. '신성하다'를 '힘들다'로 정정시켰다고도 전해진다.
105) 플루타르코스, 《영웅전》, 〈피로스〉 21절. 최고 사령관은 기원전 278년의 집정관 루키우스 파블리키우스 루스키누스였다.

한편 로마군이 철수하고 마로보두스가 추방당하자 아르미니우스가 왕위에 오르려 했지만, 민중의 자유 정신이 이에 맹렬히 저항했다. 그는 무력의 공격을 받고 갖가지 성공을 거두며 이에 맞서 싸웠지만 마침내 친척들의 배신으로 쓰러졌다.

　그가 게르마니아의 해방자였다는 것은 의심의 여지가 없다. 그는 또한 이전의 다른 국왕이나 장군들처럼 요람기의 로마 국민에 도전하지도 않았다. 로마제국의 영광이 절정에 올랐을 때 싸움을 걸었고, 언제나 호각지세의 싸움을 계속하며 패배를 맛본 적이 한 번도 없었다. 그는 37년 동안 살고 12년간 권력을 잡았다. 그의 무용武勇은 오늘날에도 여전히 야만족들 사이에서 시가詩歌로 불리고 있다. 그리스의 역사가들이 그의 이름을 알고 있지 못한 것은, 그리스인이 자국민에게밖에 감탄하지 않기 때문이다. 그는 우리 로마의 역사가로부터도 그에 상응하는 평가를 받지 못하고 있다. 로마인은 자기 자신의 시대에는 무관심하고 고대만 극구 찬양하기 때문이다.

제 3 권 (서기 20~22년)

1. 피소의 소송

■1■ 아그리피나는 한시도 쉬지 않고 겨울 바다 여행[1]을 강행해 코르키라 섬의, 칼라브리아 지방[2]에 면한 해안에 도착했다. 그녀는 이곳에서 마음을 가라앉히기 위해 며칠을 보냈다. 극도의 슬픔에 빠진 나머지 그것을 견뎌 낼 수 없었기 때문이다.

그러는 사이에 그녀의 귀국 소식이 전해지자, 그녀의 배가 접안하는 데 가장 가깝고 안전한 항구인 부룬두시움으로 사람들이 떼지어 몰려들었다. 모든 친한 친구들이, 게르마니쿠스 밑에서 복무한 적이 있는 많은 병사들이, 또 인근의 여러 도시에서 일면식도 없는 사람들이, 일부는 황제에 대한 예의라고 생각해서, 훨씬 더 많은 다른 사람들은 그 사람들을 모방해 잇따라 그곳으로 밀어닥쳤다. 마침내 지평선에서 배가 보이기 시작하자, 곧 항구와 인근 해변뿐만 아니라 도시의 성벽과 집들의 지붕, 그리고 멀리까지 잘 보이는 곳은 어디든 다

---

1) 서기 19년의 이야기. 로마에 도착한 것은 서기 20년 1월.
2) 이탈리아의 지방 이름. 아드리아 해에 면해 있었다.

군중으로 뒤덮였다. 그들은 가엾은 마음에서 끊임없이 서로 이렇게 묻고 있었다. "그녀가 상륙했을 때 말없이 맞이해야 할까, 아니면 뭐라고 감정을 표시하며 인사해야 할까?" "이 경우 어느 쪽이 더 적합할까?" 그들이 이것을 결정하지 못하고 아직 망설이고 있을 때, 배가 벌써 천천히 항구로 들어왔다.

노를 젓는 모습에서도 여느 때와 같은 활기가 보이지 않았다. 애도의 뜻을 표하듯이 어떤 동작에나 다 신경을 쓰고 있었다. 이윽고 아그리피나가 2명의 어린 자식과 함께 납골 단지를 안고 눈을 내리깐 채 배에서 내려왔다. 그 순간 모든 사람이 일제히 오열했다. 그 목소리가 친한 사람의 것인지 낯선 사람의 것인지, 가슴을 치는 소리가 남자의 것인지 여자의 것인지 구별할 수 없었다. 하긴 오랜 비탄으로 지쳐 버린 아그리피나의 수행원들보다 마중 나온 사람들의 갓 슬퍼하는 모습이 한층 더 눈에 잘 띄긴 했지만.

2 티베리우스는 친위대 2개 대대를 파견해 놓고 있었다. 게다가 칼라브리아와 아풀리아, 캄파니아 지방의 관리들에게 자신의 양자의 영혼에 최고의 경의를 표할 것을 명했다. 그래서 부관과 백인대장들이 유골을 어깨에 메고, 행렬의 선두에 장식이 없는 군기[3]와 거꾸로 된 속간들을 세웠다. 식민시를 통과할 때마다 상복을 걸친 사람들과 예복을 입은 기사들이 맞아들이고, 그 고장의 재력에 따라 옷이나 향료, 그 밖의 장례용 제물을 불태웠다.[4] 연도에서 떨어져 있는 도시 사람들조차 일부러 마중 나와 영혼을 위해 산 제물을 바치고 제단을 만드는 한편, 눈물과 통곡으로 애도의 뜻을 나타냈다.

---

3) 경축을 나타낼 때에는 장식을 달고(15권 29절) 조의를 나타낼 때에는 장식을 달지 않거나 무기를 거꾸로 만들었다.
4) 실제 장례식에서는 이런 제물이 화장용 땔감 위에서 시신과 함께 소각되었다. 이때 가짜 땔감이 쌓여 있었을 것이다.

드루수스는 게르마니쿠스의 동생 클라우디우스 및 로마에 남아 있었던 유아遺兒들과 함께 타라키나까지 마중 나갔다. 이미 그 직위에 취임한[5] 두 집정관 마르쿠스 발레리우스 메살라 메살리누스와 마르쿠스 아우렐리우스 코타(Marcus Aurelius Cotta)를 비롯해 원로원 의원들과 대부분의 시민이 연도를 뒤덮었다. 민중은 여기저기에 모여 제각기 마음이 내키는 대로 눈물을 흘렸다. 여기에는 황제에게 아부하려는 생각이 조금도 없었다. 티베리우스가 게르마니쿠스가 죽은 것을 몹시 기뻐하며 그 표정을 좀처럼 감추지 못하고 있는 것을 잘 알고 있었기 때문이다.

■3 티베리우스와 아우구스타는 모습을 나타내지 않고 쭉 칩거하고 있었다. 사람들 앞에서 슬퍼하며 눈물을 흘리는 것은 자신들의 위엄을 손상시키는 일이라고 생각하거나, 모든 사람들의 눈이 자신들의 얼굴 표정에서 위선을 꿰뚫어 보지 않을까 두려웠기 때문일 것이다.

게르마니쿠스의 어머니 안토니아와 관련해서는 어떤 사서 속에서도, 그리고 당시의 《국민일보》[6] 속에서도 그녀가 특별히 사람들의 눈길을 끄는 역할을 했다는 기사가 발견되지 않고 있다. 그러나 아그리피나와 드루수스, 클라우디우스뿐만 아니라 그 밖의 모든 친척의 이름은 하나하나 다 기록되어 있다. 어쩌면 몸이 아파 모습을 나타내지 못했을지도 모른다. 아니면 아마도 마음이 아프고 슬픈 나머지 도저히 자신의 눈으로 사별死別의 증거를 확인할 수 없었을 것이다. 하지만 내게 좀더 그럴듯해 보이는 것은, 저택에서 밖으로 한 걸음도 나가려 하지 않았던 티베리우스와 아우구스타가 실내에 머묾으로써 사람들로 하여금 할머니와 백부는 어머니의 예를 본받고 있을 뿐이고 그녀에 못지않게 슬퍼하고 있다고 믿게 하려고 그녀를 감금했다는 것이다.

---

5) 즉 서기 20년이 되어 있었다는 뜻이다.
6) 독재관 카이사르가 기원전 59년에 창간했다. 오늘날의 신문과 관보官報의 역할을 수행했다.

4 게르마니쿠스의 유골이 아우구스투스의 영묘에 매장되던 날은 조용하고 적막했다. 이따금 비탄의 소리에 의해 정적이 깨질 뿐이었다. 시내의 도로는 사람들로 뒤덮이고, 마르스 공원 곳곳에서 횃불이 타올랐다. 그곳에서는 무장한 병사[7]나 표장標章을 지니지 않은[8] 정무관, 선거구마다 정렬한 시민들이 "공화국은 무너졌다. 희망이 다 사라져 버렸다"며 끊임없이 한탄하고 있었다. 그것은 현재의 지배자를 의식하고 있다고 도저히 생각되지 않을 정도로 솔직하고 노골적인 이야기였다.

그러나 무엇보다 티베리우스를 당황하게 만든 것은 아그리피나에 대한 민중의 열광이었다. 그녀를 '조국의 영예,' '아우구스투스의 유일한 자손,' '전통적인 미덕의 비길 데 없는 전형'이라고 부르며 하늘과 신들에게 "그녀의 자식들이 무사하고 안전하길, 적들보다 오래 살길" 기원했다.

5 개중에는 이 국장에 장엄한 광경이 없는 것을 아쉬워하며 아우구스투스가 게르마니쿠스의 아버지 네로 드루수스를 위해 베풀었던 화려한 의식과 비교하는 사람들도 있었다! "그렇다. 그때는 아우구스투스가 더없이 추운 한겨울인데도 직접 티키눔까지 마중 나왔다. 그리고 로마로 귀환할 때까지 드루수스의 시신 옆에서 떠나지 않았다. 클라우디우스 씨족과 율리우스 씨족의 조상들의 상이 관가棺架 주위를 에워쌌다. 중앙 광장에서는 애도의 눈물을 흘리고 연단[9]에서 추도 연설을 했다. 그리고 조상들이 고안하고 후세 사람들이 만들어 낸 명예를 모두 다 드루수스에게 수여했다.

---

7) 친위병은 보통은 시민복(토가)을 입고 무장하지 않는다. 시내에서 병사라 하면 친위대 병사를 가리킨다.
8) 속간이나 관복 등 정무관을 나타내는 표장을 지니지 않았다는 뜻.
9) 제정기의 연단은 중앙 광장의 북서단에 있었다. 여기에서 유명인의 추도 연설이 행해졌다.

그러나 게르마니쿠스는 고귀한 사람이면 누구에게나 주어져야 하는 관례적인 명예조차 수여받지 못했다. 확실히 그는 시신을 이국 땅에서 격식을 차리지 않은 채 화장해야 할 정도로 로마에서 멀리 떨어진 곳에서 사망했다. 하지만 이처럼 운명이 처음에는 거부했던만큼 더욱더 많은 명예가 나중에 주어져야 하지 않았을까? 그의 동생은 로마에서 겨우 하루의 여정이 걸리는 곳까지밖에 마중 나오지 않았다. 백부는 성문까지도 나오지 않았다! 저 전통적인 관례들이 모두 다 어디로 가버렸까? 관가에 싣는 고인의 상[10]도, 유덕을 기리기 위해 미리 만들어 두는 합창 노래[11]나 조사弔辭도 없었다. 눈물, 아니 적어도 애도하는 체하는 모습조차 보여 주지 않았잖은가?"

6 이런 비난이 티베리우스의 귀에도 들어갔다. 그래서 민중의 입을 봉하기 위해 포고로 다음과 같이 경고했다. "지금까지 많은 로마의 유명 인사가 조국을 위해 죽었지만, 어떤 사람의 경우에도 이번만큼 아쉬워하며 열렬히 기린 적이 없다. 이것은 확실히 나 자신을 포함해 누구에게나 다 명예로운 일이다. 그러나 중용中庸을 지켜야 비로소 그렇게 된다. 일반 가정이나 공동체에서 어울리는 것이 지도적인 지위에 있는 사람이나 명령권 소유자에게는 적합하지 않기 때문이다. 처음에 한창 슬플 때에는 눈물을 흘리며 애통해 하는 것이 적절히 위로가 되었다. 그러나 예전에 신군 율리우스 카이사르께서 외동딸을 잃으시고도, 신군 아우구스투스께서 손자들을 잃으시고도 슬픔을 숨기셨듯이 이제는 다시 마음을 가라앉히고 의연히 행동해야 할 때가 아닌가? 로마 국민이 군대의 패배나 장군의 죽음, 고귀한 가계의 완

---

10) 게르마니쿠스의 경우처럼 시신이 없을 때에는 얼굴과 손, 발을 밀랍으로 만든 상(동체는 다른 재료로 만들었다)을 관가에 실었다. 관가는 담가 위에 관을 올려 놓은 것과 같은 것으로 여덟 사람이 어깨에 메었다.

11) 장례 행렬의 선두에 서는 대곡녀代哭女들이 부르는 장송가에는 예로부터 정해져 있는 것과 특별히 시인이 지은 것이 있었다. 본문의 노래는 후자를 의미한다.

전한 단절을 얼마나 자주 태연히 견뎌 냈는지를 보여 주는 과거의 실례들을 여기에 하나하나 열거할 필요도 없을 것이다. 통치자라 하더라도 죽게 마련이다. 하지만 국가는 영원하다. 그러므로 일상적인 일로 돌아가도록 하라. 그리고 (마침 메갈레시아제의 개최일도 얼마 남지 않았으므로)[12] 활기를 되찾는 것이 좋을 것이다."

7 이리하여 국상이 끝나고 사람들이 일터로 돌아갔다. 드루수스도 일리리쿰의 군단을 향해 출발했다. 모든 사람이 그가 이제부터 피소에게 복수할 것이라고 기대하며 기운을 냈지만, 이윽고 끊임없이 불평을 터뜨리기 시작했다. "드루수스는 아시아나 아카이아의 경승지를 한가로이 돌아다니며 구경하고 노닐면서 오만 무례하고 교활하게 여행을 고의로 지연시켜 피소의 범죄의 증거를 인멸하려 하고 있다." 실제로 다음과 같은 소문이 널리 퍼져 있었다. 앞에서 이미 언급했듯이 그나이우스 센티우스 사투르니누스가 로마로 보낸 저 악명 높은 독약 제조사 마르티나가 브룬디시움에서 갑자기 사망했다. 그리고 독약은 머리의 매듭 속에 숨겨져 있었지만 몸 어디에서도 자살한 흔적은 발견되지 않았다는 것이었다.

8 한편 피소는 먼저 아들에게 명해 황제의 비위를 맞추려는 의도가 담긴 전언을 소지하고 로마로 가게 하고 그 자신은 드루수스가 있는 곳으로 향했다. 그는 "드루수스는 형을 죽였다는 데 격노하며 나를 멀리하기보다는 오히려 경쟁자를 제거해 준 데 고마움을 느끼며 호의를 갖고 맞이해 줄 것이다" 하고 기대하고 있었다.

티베리우스는 자신의 생각에 편견이 없다는 것을 보여 주기 위해 젊은 피소를 친절하게 맞이하고 상류 가정의 자식들에게 언제나 그러듯이 후하게 선물을 주었다.

---

12) 괄호 안의 글은 타키투스의 설명. 메갈레시아제는 4월 4일부터 10일간 개최되었던 키벨레(프리기아의 대지의 여신)의 축제.

드루수스는 피소에게 이렇게 말했다. "만약 널리 퍼져 있는 이야기가 사실이라면, 내가 누구보다 더 분노할 것이다. 하지만 나는 그 소문이 근거가 없는 거짓된 것이길 바라고 있다. 그뿐만 아니라 게르마니쿠스 형의 죽음이 누구에게도 불행을 가져오지 않길 기원하고 있다." 드루수스는 제삼자를 사이에 두고 공개적으로 이 말을 하고 밀담을 피했다. 그의 대답은 티베리우스의 교시에 따른 것이라고 사람들은 믿어 의심치 않았다. 실제로 평소에 단순하고 솔직했던 청년이 이때만은 노회한 화술話術을 사용했기 때문이다.

9 피소는 아드리아 해를 건넌 뒤에 안코나 항에서 배를 버렸다. 그리고 피케눔 지방을 지나 플라미니우스 국도로 나오자 아프리카의 수비대로 합류하기 위해 판노니아에서 로마로 가고 있는 군단을 따라잡았다. 병사들이 피소가 어째서 행군 중에 자주 그들 앞에 모습을 나타내는가와 관련해 이런저런 소문을 냈다. 나르니아 시에서부터는 병사들의 의심을 피하기 위해서인지, 아니면 불안에 떠는 인간은 일관된 방침을 견지할 수 없기 때문인지 배를 타고 나르 강을 따라 내려가고, 이어서 티베리스 강으로 들어갔다. 그리고 카이사르 가의 영묘 옆에 배를 대어 시민들을 더욱 격분시켰다. 마침 바쁜 시각이라서 강변이 혼잡했지만, 피소는 많은 종자를 호위대로 거느리고, 플란키나는 여자 수행원들에 에워싸인 채 즐거운 표정을 지으며 그 사이로 당당히 지나갔다. 민중의 반감을 산 또 하나의 이유는 중앙 광장이 내려다보이는 피소의 저택에서 들뜬 기분에 젖은 채 장식을 붙이고[13] 손님들을 모아 놓고서 연회를 열고 있는 모습이 눈에 띄는 장소인만큼 무엇이든 그대로 다 보였기 때문이다.

10 그 다음날 루키우스 풀키니우스 트리오가 집정관에게 피소를

---

13) 주인의 귀가를 축하하며 월계수 등을 문에 매달았다.

고발했다. 하지만 푸블리우스 비텔리우스와 퀸투스 베라니우스 등 게르마니쿠스의 옛 참모들이 이에 반대했다.

"트리오는 이 소송과 아무 관계도 없다. 하긴 우리 자신도 고발자의 입장에서가 아니라 피고의 범죄 증거의 수집자 내지 증인으로서 게르마니쿠스의 명령을 전하고 싶다."

트리오는 그와 같은 이유에서 이 사건의 고발을 단념했지만 피소의 과거 경력을 탄핵할 수 있는 권리를 얻었다. 이어서 황제가 이 소송의 예심을 진행할 것을 요구받았다.[14] 피고도 이에 별로 반대하지 않았다. 피소는 민중이나 원로원의 선입견을 두려워하고 있었기 때문이다. "그에 반해 티베리우스는 유언비어를 무시할 수 있을 만큼 권위를 갖추고 있다. 게다가 그의 어머니와 나의 공모에도 연루되어 있다. 그리고 단 한 명의 재판관이 진실인지 악의적으로 왜곡된 소문인지 판정하기가 더 쉽다. 재판관이 많으면 아무래도 증오심이나 질투심이 영향을 미치기 때문이다."

티베리우스는 이 심리가 대단히 까다롭다는 것과 자신에 관한 여러 가지 악의적인 소문에 대해 잘 알고 있었다. 그래서 몇 명의 가까운 친구를 배심원으로 두고 고발인의 격렬한 탄핵과 피고의 자기 변호를 들은 뒤에 판결을 내리지 않고 그대로 사건을 원로원에 위임했다.

11 그럭저럭 하는 사이에 드루수스가 일리리쿰에서 귀환했다. 원로원은 전년 여름에 마로보두스를 항복시키는 등의 공훈을 세운 것을 기려 그에게 약식 개선식을 거행하게 할 것을 결의했지만, 그는 이 명예를 뒤로 미루고 수도에 들어왔다.

---

14) 원로원 법정(1권 73절 주 참조) 및 상설 재판소(1권 15절 주 참조)와 나란히 황제 법정이 있었다. 집정관 대행 명령권에 기반을 둔 황제의 재판권은 지위가 높은 사람의 형사범에 한정되었고, 게다가 고발자나 피고의 의사에 맡겨졌다. 피소의 소송은 처음에는 상설 재판소에서 행해지는 것처럼 보였지만(2권 79절) 실은 원로원에 고발되었고, 그 후 황제 법정으로 이관되었다가 결국 다시 원로원으로 옮겨졌다.

그런 뒤에 피소는 루키우스 아룬티우스와 마르쿠스 비니키우스(Marcus Vinicius), 가이우스 아시니우스 갈루스, 마르쿠스 클라우디우스 마르켈루스 아이세르니누스(Marcus Claudius Marcellus Aeserninus), 섹스투스 폼페이우스에게 변호를 의뢰했다. 하지만 그들은 갖가지 구실을 붙여 그 부탁을 거절했다. 그리하여 마르쿠스 아이밀리우스 레피두스와 루키우스 칼푸르니우스 피소, 리비네이우스 레굴루스(Livineius Regulus)가 피소를 비호하게 되었다.

시민이 하나같이 들뜬 상태로 마른 침을 삼키며 지켜 보았다. 게르마니쿠스의 친구들이 어디까지 우의를 지킬 것인가? 피고는 어떤 것에 희망을 걸고 있을까? 티베리우스는 어느 정도까지 자신의 감정을 억제하고 숨길까? 민중은 이때만큼 신경을 곤두세우며 황제에 대한 은밀한 속삭임이나 암묵적인 의심에 열중한 적이 없었다.

12 원로원 소집일에 카이사르가 일부러 꾸민 듯이 스스로 낮추며 이렇게 연설했다.

"그나이우스 피소는 내 아버님으로부터 총독직을 위임받은 적도 있고 아버님의 친구이기도 했소. 나는 원로원의 승인을 얻어 동방의 여러 문제를 해결하기 위해 게르마니쿠스에게 그를 보좌역으로 주었소. 피소는 정말로 그 땅에서 고의적인 반대나 경쟁심으로 젊은 내 자식을 자극했을까? 내 자식이 죽은 것을 기뻐했을까? 비열한 수단으로 죽였을까? 이런 것들을 편견 없이 객관적으로 판단해야 하오.

실제로 그가 총독으로서의 지위의 한계를 넘어 최고 사령관[15]에 대한 복종을 거부하고 이 상관의 죽음과 나의 상심을 기뻐했다면, 나는 그를 증오할 것이오. 그리고 내 집의 출입을 금하고 황제의 권력에 의지하지 않고 사적인 적으로서 복수할 것이오. 그러나 만약 상대가 누

---

15) 게르마니쿠스를 가리킨다. 2권 76절, 3권 14절에서도 이렇게 불리고 있다.

구든 처벌을 받아야 마땅한 범죄, 즉 살인죄가 발견된다면, 여러분은 게르마니쿠스의 자식들과 그의 양친인 우리에게 적당히 보상을 해야 할 것이오.

그리고 여러분은 다음과 같은 점들도 고려해야 하오. 피소가 과연 반항하려는 의도를 갖고 교란을 목적으로 군대를 지휘했을까? 병사들을 매수해 그들의 환심을 사려 했을까? 전쟁을 벌여 속주를 손에 넣으려 했을까? 아니면 이런 이야기들은 고발자들이 과대 선전해 온 거짓말에 지나지 않을까?

실제로 내게는 고발자들의 지나친 열의에 화를 낼 만한 정당한 이유가 있소. 그렇지 않소? 그들은 게르마니쿠스의 시신을 벌거벗기고 뭇 사람의 호기심 어린 불결한 시선 앞에 노출시켰소. 도대체 무슨 목적에서 그랬단 말이오? 그뿐만 아니라 이국 사람들에게까지 그가 독살당한 양 소문을 퍼뜨렸소. 이런 점들이 하나같이 여전히 의심스럽고 앞으로 규명되어야 한다면, 과연 그럴 필요가 있었겠소?

두말할 나위 없이 나는 자식의 죽음을 애도하고 있고, 평생 늘 그럴 것이오. 하지만 나는 피고가 자신의 무죄를 입증할 수 있는 온갖 자료를 다 제출하는 것도, 또 만약 게르마니쿠스측에 뭔가 부당한 행위가 있었다면 그것을 증명할 수 있는 자료를 모두 다 제출하는 것도 방해하지 않을 것이오. 의원 여러분에게 이렇게 간청하오. 이 소송이 나의 개인적인 아픔과 관련이 있다는 이유만으로 피고의 죄가 입증되었다는 식으로 생각지 말아 주시오. 만약 가까운 혈연 관계나 의리로 인해 피소의 변호인이 된 사람이 있다면 저마다 가능한 한 뛰어난 말솜씨와 열성을 다해 궁지에 빠져 있는 피고를 도와 주도록 하시오. 나는 고발자 쪽에도 그에 못지않은 근면함과 결연함을 지니도록 권할 것이오.

우리는 게르마니쿠스에게 단 하나의 점에서만 법률에 규정된 것이상의 특전을 부여할 것이오. 그것은 상설 재판소가 아니라 원로원에서, 배심원이 아니라 원로원 의원 앞에서 그의 사인死因이 심리된다는 것이오. 그 밖의 다른 점에서는 일반 시민과 똑같이 법률에 따라 취급하기 바라오. 여러분이 드루수스의 눈물이나 나의 비애를 절대 고려하지 않기를, 또 설사 우리에 대한 불신에서 생겨난 소문이 있더라도 그것에 좌우되지 않기를 거듭해서 부탁하오."

13 그 후 원로원은 범죄를 고발하는 데 이틀을 주고, 6일이 지나고 나서 피고를 변호하는 데 사흘을 주기로 결정했다. 이리하여 먼저 루키우스 폴키니우스 트리오가 근거가 박약한 케케묵은 죄부터 설명하기 시작했다. 피소가 히스파니아를 통치할 때 음모를 기도하고 세금 등을 과도하게 징수했다고 비난했다. "만약 피고가 새로운 범죄와 관련해 자신의 결백을 입증해 낸다면, 이 죄상은 설사 증명되더라도 그의 목숨에 지장을 주지 않을 것이다. 그렇지만 한층 더 큰 범법 행위가 증명된다면 이것은 설령 반박되더라도 혐의가 풀리지 않을 것이다."

이어서 퀸투스 세르바이우스와 퀸투스 베라니우스, 푸블리우스 비텔리우스가 제각기 누구에 못지않게 진지한 태도로, 게다가 비텔리우스는 뛰어난 달변으로 피소를 탄핵했다.

"피소는 게르마니쿠스를 증오하고 혁명을 갈망해 많은 병사가 방종으로 흘러도, 동맹자들에게 불법적인 짓을 저질러도 그것을 묵인한 끝에, 비열한 병사들이 그를 '군단의 아버지'로 부를 정도로 그들을 타락시키고 말았다. 한편 선량한 병사들에게는 누구에게나, 특히 게르마니쿠스의 종자나 친구들에게는 매우 잔혹했다. 마침내 그는 게르마니쿠스 자신을 마법과 독약으로 살해했다. 그와 플란키나는 이것을 축하하며 불경하기 그지없는 감사제와 희생식을 거행하고, 이어서 국가를 공격했다. 그래서 그를 피고로서 법정에 끌어내기 위해 싸워 항복시키지 않으면 안 되었다."

14 피고의 변호는 한 가지를 빼놓고는 모든 점에서 제대로 이루어지지 못했다. 즉 그는 군대를 매수한 것과 속주를 온갖 악 속에 방임해 둔 것, 최고 사령관에게조차 모욕을 가한 것 등을 반박할 수 없었다. 그러나 단 한 가지 독살 혐의는 벗겨진 것처럼 보였다. 가장 중요한 고발자들조차 "게르마니쿠스가 베푼 연회에서 그의 바로 위쪽 좌석에 누워 있던[16] 피소가 직접 손으로 그의 음식에 독을 탔다"고 단언하면서도 증거를 충분히 제시하지 못했기 때문이다. 실제로 다른 사람의 노예들을 포함해서 많은 회식자가 보고 있을 때, 게다가 게르마니쿠스 본인의 눈앞에서 그처럼 대담 무쌍한 행동을 했다고 생각하는 것은 터무니없는 것 같았다.

피고는 고문하도록 자진해서 자신의 노예들을 내놓고, 연회 때의 급사들도 고문해야 한다고 주장했다. 그래도 재판관들은 각기 다른 이유에서 피고에 대한 의심을 풀지 않았다. 카이사르는 피고가 속주에서 무장 봉기를 일으켰기 때문이고, 원로원은 게르마니쿠스가 자연사했다고 확신할 수 없었기 때문이다. 〈……〉[17] 서한을 공개할 것을 요구했다. 그렇지만 티베리우스도 피소와 마찬가지로 이것을 거부했다.

마침 그때 원로원 앞에서 시민들이 다음과 외치는 소리가 들려왔다. "만약 피소가 원로원의 판결을 면한다면 우리는 폭력 행위도 불사할 것이다." 그러고는 그들은 피소의 상 몇 개를 '아비규환의

---

16) 식탁 주변의 긴 의자에 누운 로마의 남자들은 왼쪽 팔꿈치로 몸을 지탱하고 오른손으로 식사했다. 여성이나 아이들은 의자에 앉아 있었지만, 제정 시대부터 여자도 눕기 시작한 것 같다(4권 54절 참조).

17) 사본에서 그 형적이 보이지는 않지만 탈락된 부분이 상당히 있는 것 같다. 아마도 다음과 같은 사건이 있었을 것이다. 예정된 날짜가 끝났기 때문에 피소는 심리 재개를 요구하는 한편, 게르마니쿠스에 대한 자신의 태도는 그의 불법 행위에서 유래되었다고 변명하고, 카이사르 앞으로 보낸 서한에서 이미 그것에 대해 언급한 적이 있다고 말했다. 그래서 고발자들은 피소와 그의 아내가 황제나 리비아에게 보낸 서한을 공개할 것을 독촉했다.

돌계단'[18]이 있는 곳까지 끌고 간 뒤 그것들을 때려 부수기 시작했다. 하지만 이때 황제의 명령으로 그 상들이 보호되고 본래의 위치로 환원되었다. 그 후 피소가 침상 가마를 타고 집까지 친위대 부관의 호위를 받았다. 그래서 "부관이 따라간 것은 피소의 목숨을 지켜 주기 위해서이다," "아니다, 사형을 집행하기 위해서이다" 하는 여러 가지 소문이 나돌았다.

15 플란키나도 남편과 똑같이 미움을 받고 있었다. 하지만 그녀에게는 좀더 든든한 후원자가 있었다. 그래서 사람들은 카이사르가 그녀에 대해 어디까지 대담하게 행동할 수 있을까 의심스런 눈으로 바라보았다. 그녀는 피소의 미래가 어떻게 될지 불확실할 때에는 "나는 어떤 운명이 닥쳐오더라도 당신과 함께 할 거예요. 필요하면 같이 죽더라도" 하고 맹세했다. 하지만 아우구스타의 개인적인 주선으로 은사恩赦를 확약받자 점차 남편과 거리를 두고, 변호도 별도로 하게 되었다. 피소는 이것이 치명적인 전조라는 것을 깨달았다. 그는 이렇게 되었는데도 여전히 버텨야 할까 하는 의심이 들었지만, 자식들의 재촉에 용기를 내어 다시 원로원에 등원했다. 이곳에서 그는 새로 시작된 탄핵과 원로원 의원들의 적의에 찬 발언, 정말 곳곳에서 느껴지는 맹렬한 증오심 등을 모두 끈기있게 참아 냈다. 그러나 무엇보다 절망스러운 것은 티베리우스의 태도였다. 연민이나 분노의 기색 없이 어떤 감정도 밖에 내비치지 않으려고 마음의 문을 단단히 걸어 잠그고 있었다. 피소는 집으로 돌아가자 다음날의 변호를 생각하는 듯한 모습으로 간략히 몇 마디를 쓴 뒤에 그것을 봉인하고 해방 노예에게 건넸다. 이어서 여느 날과 마찬가지로 자신의 몸에 주의를 기울였다.[19]

---

18) 카피톨리움으로 올라가는 도중에 있었던, 감옥 앞의 돌계단. 처형한 뒤에 시신을 잠시 전시했던 곳이다.
19) 목욕을 하고 식사를 했다는 뜻.

밤늦게 그의 아내가 침실에서 나가자 그는 문을 잠그게 했다. 그리고 아침 햇살이 빛나기 시작할 무렵에 목을 찌르고 바닥에 칼을 내던진 그의 모습이 발견되었다.

16 내가 노인들에게 들은 이야기에 따르면 "피소는 언제나 손에 작은 두루마리를 갖고 다녔다"고 한다. "그것은 끝까지 공개되지 않았지만, 피소의 친구들은 반복해서 이렇게 주장했다. '그것은 티베리우스의 자필 서한이다. 거기에는 게르마니쿠스에 관한 지시가 들어 있다.' 피소는 이것을 원로원에 제출하고 황제와 대결할 각오였지만, 세야누스의 헛된 약속에 속고 말았다." 또한 노인들은 이런 말도 했다. "피소는 자기 손으로 목숨을 끊지 않았다. 실제로는 파견된 자객에게 살해되었다."

나는 이상의 두 이야기 어느 쪽도 보증할 수 없다. 그럼에도 불구하고 굳이 불문에 부치려 하지 않은 것은 그것이 나의 청년 시대까지 살아 있었던 노인들의 이야기였기 때문이다.

카이사르는 원로원에서 비통한 체하면서 "피소는 그런 식의 자살로 나에 대한 증오심을 표현했다"고 〈한탄하고 마르쿠스 피소의 소환을 명했다.〉 그리고 그에게 아버지가 마지막 낮과 밤을 어떻게 보냈는지 반복해서 꼬치꼬치 물었다. 이에 대해 젊은이는 두세 가지 무분별한 말을 빼놓고는 대부분 신중하게 대답했다. 이어서 티베리우스는 피소의 탄원서[20]를 낭독했다. 대략 다음과 같은 내용이었다.

"저는 적의 음모와 원죄冤罪로 인한 오명으로 파멸하게 되었습니다. 이제는 사건의 진상을 호소하고 제 결백을 인정받을 여지가 없습니다. 그러나 불멸하는 신들께 맹세코 저는 단언합니다. 카이사르시여, 저는 평생 당신께 충성을 다했습니다. 마찬가지로 당신의 어머님

---

20) 자살하기 직전에 쓴 것(15절 참조).

께도 경애심을 품어 왔습니다. 그래서 두 분께 간청 드립니다. 제 자
식들을 정상 참작해 주십시오. 그 중 하나인 그나이우스 피소는 무엇
이든 제가 한 일에 일절 관여하지 않았습니다. 그 애는 그 동안 내내
로마에 있었기 때문입니다. 한편 다른 아이인 마르쿠스 피소는 제가
시리아로 돌아가는 것을 간하며 만류했습니다. 그렇습니다. 그 애가
늙은 애비의 말을 따르기보다 오히려 제가 젊은 아들의 말을 따랐으
면 얼마나 좋았겠습니까! 그래서 더욱더 간절히 부탁 드립니다. 무고
한 자식이 애비의 잘못으로 벌을 받지 않도록 해주십시오. 45년 간의
충실한 봉사와 당신의 집정관 동료[21]라는 명예에 의지해, 그리고 일
찍이 당신의 아버님이신 신군 아우구스투스의 신뢰를 받은 자로서,
당신 자신의 친구로서 제가 마지막으로 부탁 드립니다. 제발 불행한
자식의 목숨을 구해 주십시오."

아내 플란키나에 대해서는 한 마디도 언급하지 않았다.

17 그 후 티베리우스는 젊은 피소의 내란죄 혐의를 벗겨 주었다.
"자식으로서 아버지의 명령을 거부할 수 없었을 것이기 때문이다."
이와 함께 피소의 고귀한 가문에 대해 말하고, 아무리 그럴 만했다 하
더라도 피소 자신의 끔찍한 종말을 동정했다.

카이사르는 부끄러움과 굴욕감을 느끼면서도 어머니 아우구스타
의 주선을 구실로 플란키나를 위해 변호했다. 그래서 청렴한 사람들
은 모두 뒤에서 그 어머니에게 더한층 격렬한 비난을 퍼부어 댔다.
"이런 할머니는 있을 수 없다. 태연히 손자를 죽인 여자와 마주 보며
이야기를 나누고 그 여자를 원로원에서 구해 내다니. 모든 시민이 법
률에 의해 인정받고 있는 권리를 게르마니쿠스만 거부당했다. 푸블
리우스 비텔리우스와 퀸투스 베라니우스는 변호로 게르마니쿠스를

---

21) 기원전 7년의 일.

애도했지만, 최고 사령관과 아우구스타는 플란키나를 변호하고 있다. 이제 틀림없이 플란키나는 성과가 아주 만족스러웠던 독과 간계를 아그리피나와 그녀의 자식들에게 사용할 것이다! 그리고 불행한 게르마니쿠스 일가의 피로 저 훌륭한 할머니와 백부를 충분히 만족시켜 줄 것이다."

원로원이 플란키나를 심리하는 체하는 데 꼬박 이틀이 소비되었다. 티베리우스가 피소의 자식들로 하여금 억지로 어머니를 변호하게 했기 때문이다. 고발자나 증인들이 서로 앞을 다투어 공격했지만, 항변하는 사람이 아무도 없었다. 사람들은 그녀에게 분노보다는 연민을 느꼈다.

집정관 마르쿠스 아우렐리우스 코타는 맨 먼저 의견을 말할 것을 요청받자(이 당시 카이사르가 심리를 주재할 경우에는 집정관이 맨 먼저 의견을 발표할 의무가 있었다) 다음과 같은 판결을 내렸다.

"피소의 이름을 집정관 등록부[22]에서 삭제한다. 그 유산의 절반은 국가가 몰수하고, 나머지 절반은 아들 그나이우스 피소에게 물려 준다. 이 아들은 개인 이름을 바꾸어야 한다. 마르쿠스 피소는 원로원 계급 신분을 박탈당한 뒤 5백만 세스테르티우스를 받고 10년 동안 격리 생활[23]을 해야 한다. 플란키나는 아우구스타의 간청에 의해 생명을 보장받아야 한다."

18 황제가 이 판결을 많은 점에서 경감해 주었다. "피소의 이름을 집정관 등록부에서 삭제하지 않는다. 마르쿠스 안토니우스가 조국을 상대로 전쟁을 벌인 뒤에도, 그의 아들 율루스 안토니우스가 아우구

---

22) 역대 집정관의 이름이 기재된 명부에서 삭제되는 것은 일종의 기억의 단죄. 바로 뒤에 나오는 자식의 개명도 마찬가지이다.

23) 제정 시대의 추방형에는 네 종류가 있었다. (1) 격리. 수도에서 떨어져 있으면 어디든 괜찮았다. (2) 유배. (1)과 (2)는 기한이 있고 신분상의 변화가 없었다. (3) 물과 불의 금지(23절 주 참조). (4) 추방. 추방지를 지정받고 시민권이 박탈되는 동시에 재산도 몰수되었다.

스투스 가의 체면을 손상시킨 뒤에도 그들의 이름은 보존되었기 때문이다." 또한 마르쿠스 피소의 지위가 격하되지 않게 해주는 동시에 그도 아버지의 재산을 물려받을 수 있게 했다. 티베리우스는 내가 여러 차례 언급했듯이 금전과 관련해서는 대단히 결벽했다. 그뿐만 아니라 이때는 플란키나의 무죄 방면을 부끄러워하고 있었기 때문에 더한층 부드럽게 나왔던 것이다.

마르쿠스 발레리우스 메살라 메살리누스가 복수자 마르스의 신전에 황금 신상을, 아울루스 카이키나 세베루스(Aulus Caecina Severus)가 복수의 신에게 제단을 각각 봉헌하자는 안을 제출했을 때, 같은 마음에서 티베리우스는 그것을 모두 거부했다. "그런 것은 이국과의 전쟁에서 승리했을 때 봉납되는 것이다. 국내의 불행은 조용히 슬픔으로 덮어야 한다"고 주의를 주었다. 그리고 메살리누스가 추가적으로 다음과 같은 제안을 했다. "게르마니쿠스의 복수를 했기 때문에 티베리우스와 아우구스타, 안토니아, 아그리피나, 드루수스에게 국민이 감사해야 한다." 이때 그는 클라우디우스의 이름은 거론하지 않았다. 그래서 루키우스 노니우스 아스프레나스가 원로원 회의가 한창 진행되고 있을 때 일부러 메살리누스에게 물었다.

"의도적으로 빠뜨렸습니까?" 이때서야 비로소 클라우디우스의 이름이 추가되었다.

나는 고금의 역사에 대해 생각하면 할수록 인간의 모든 진지한 노력을 비웃는 변덕스러움이 인간 사상事象의 구석구석까지 스며들어 있는 것을 더욱더 확실히 느끼게 된다. 그 당시의 여론과 기대, 존경이라는 측면에서 운명이 남 몰래 미래의 황제로 선택해 놓은 그 사람만큼 지배자로 지명될 가능성이 적은 사람은 없는 것 같았기 때문이다.

19 며칠 뒤에 카이사르는 원로원에서 자진해서 푸블리우스 비텔리우스와 퀸투스 베라니우스, 퀸투스 세르바이우스를 성직聖職에 임

명할 것[24]을 제안했다. 또한 루키우스 풀키니우스 트리오에게는 관직 추천을 약속했지만 격정으로 변설의 재주를 망가뜨리지 말라고 충고했다.

이것이 동시대 사람들 사이에서뿐만 아니라 후세까지도 서로 대립되는 억측으로 널리 알려진 게르마니쿠스의 죽음에 대한 복수의 전말이다. 사람들이 출처를 불문하고 귀로 들은 소문을 확증된 사실로 생각하거나 진실을 정반대로 왜곡하는 한, 그리고 이 두 가지 경향이 시간이 흘러 가면서 커져 가는 한, 어떤 중대한 사건이든 다 이처럼 진상이 불명확해진다.

2. 티베리우스와 원로원

한편 드루수스는 새점을 다시 찾아[25] 수도를 떠나자 곧 약식 개선식을 거행하며 입성했다. 그로부터 며칠 뒤에 그의 어머니 비프사니아가 세상을 떠났다. 아그리파의 자식들 중 평화롭게 숨을 거둔 것은 그녀뿐이었다. 다른 자식들은 모두 칼에 쓰러진 것이 확실하거나, 혹은 독살되거나 굶어 죽은 것으로 믿어지고 있다.

20 같은 해의 일이다. 앞에서 말했듯이 전년 여름에 마르쿠스 푸리우스 카밀루스에게 격퇴당했던 타크파리나스가 또다시 아프리카에서 전쟁을 일으켰다. 처음에는 여기저기를 습격하는 정도이고, 게다

---

24) 고발의 대가로 주어졌다. 성직자도 정무관과 마찬가지로 원로원에서 선출되었다. 황제의 지명이나 추천권도 유효했다.
25) 타키투스는 '새점'으로 집정관 대행 명령권을 의미하게 한 것일까? 일단 수도의 성벽 안으로 들어서면 이 군대 지휘권을 상실하게 된다. 그래서 '다시 찾아'라고 한 것이다. 개선 행진을 하는 군대는 성벽 밖의 마르스 공원에 정렬한 뒤 먼저 개선문 밑으로 빠져 나가고, 카르멘티스문을 통해 시내에 입성한 다음에 가축 시장과 대경기장, 성도聖道, 중앙 광장을 지나고 카피톨리움에서 발길을 멈추었다.

가 재빨리 퇴각해 보복을 피하고 있었지만, 이윽고 마을들을 파괴하고 대대적으로 약탈하기 시작했다. 타크파리나스는 마침내 파기다 강 부근에서 로마의 일개 대대를 포위했다. 이 요새의 지휘관은 데크리우스(Decrius)였다. 그는 용감하고 전쟁 경험이 풍부했기 때문에 이 포위를 로마군의 수치로 생각했다. 병사들을 고무 격려하고 적과 평지에서 싸우도록 요새 앞에 정렬시켰다. 로마군이 첫 격돌에서 패퇴하자, 데크리우스는 대담 무쌍하게 빗발치는 화살 속으로 뛰어들어 퇴각하는 병사들을 가로막고 기수들을 질타했다. "로마의 병사들로 하여금 탈주자로 이루어진 오합지졸에게 뒷모습을 보여 주게 하다니." 이와 동시에 그는 많은 상처를 입고 한쪽 눈이 화살에 꿰뚫렸다. 그럼에도 불구하고 결연히 정면의 적을 향해 얼굴을 돌리고 싸움을 계속하다가 결국 부하들의 버림을 받고 쓰러져 죽었다.

21 이 소식을 들은 루키우스 아프로니우스(그가 카밀루스의 후임자가 되어 있었다)는 적의 영광보다 아군의 불명예를 더 걱정하고, 당시에는 매우 예외적이었던, 오랜 전통에서 유래된 벌칙을 부과했다. 즉 추첨을 통해 명예를 더럽힌 부대에서 10명당 1명꼴로 뽑힌 병사를 곤봉으로 때려 죽였다. 이 엄벌의 효과가 즉각 나타났다. 500명밖에 안 되는 고참병으로 이루어진 예비대가 전과 같은 전력을 지닌 타크파리나스군에게 탈라라는 땅의 요새를 습격당했을 때 그들을 패주시킬 정도였다. 이 전투에서 루푸스 헬비우스(Rufus Helvius)라는 병사는 동포 시민의 생명을 구했다는 명예를 얻고 아프로니우스로부터 목걸이와 창을 수여받았다. 게다가 티베리우스가 시민관市民冠[26]을 증정했다. "이 관도 또한 아프로니우스가 집정관 대행 명령권을 갖고 수여하면 좋았을 텐데" 하고 투덜댔지만 그리 기분 나쁜 표정은 아

---

26) 훈장 수여권은 황제 속주에서는 황제에게만 있었다. 원로원 속주에서는 군대를 지닌 아프리카 지사에게만 있었다.

니었다.

그런데 누미다이족이 전의를 잃고 포위전을 속행하길 거절하자, 타크파리나스는 게릴라전을 펼쳤다. 위협을 느끼면 꽁무니를 빼며 달아나고 곧 다시 돌아와 뒤에서 습격했다. 야만족이 이런 전법戰法을 사용하는 동안은 로마군은 실패를 맛보며 지치기만 할 뿐, 보복도 하지 못하고 계속 농락당했다. 그러나 마침내 타크파리나스가 해안 지방으로 내려가 거두어들인 온갖 약탈품으로 꼼짝 못하고 영구 진영을 떠나지 않고 있을 때, 아버지 아프로니우스에 의해 파견된 아들 루키우스 아프로니우스 카이시아누스(Lucius Apronius Caesianus)가 정예 군단병으로 보강된 기병과 원군을 거느리고 성공적으로 전투를 벌여 누미다이족을 사막 속으로 쫓아 버렸다.

22 한편 로마에서는 아이밀리우스 씨족의 고귀한 피를 이어받은데다가 루키우스 술라와 그나이우스 폼페이우스의 증손녀뻘이 되는 아이밀리아 레피다(Aemilia Lepida)가 부자이지만 자식이 없는 푸블리우스 술피키우스 퀴리니우스의 아들을 낳았다고 거짓으로 신고해 고발당했다. 여기에 간통과 독살, 그리고 카이사르 가의 운명을 점성술사에게 물어 본 것도 고발의 이유로 추가되었다. 피고를 변호한 것은 남동생 마니우스 레피두스(Manius Lepidus)였다. 퀴리니우스가 이혼한 뒤에도 이때까지 줄곧 그녀를 괴롭혔기 때문에, 그녀는 파렴치한 죄인이었음에도 불구하고 사람들의 동정을 받고 있었다.

아무도 그녀의 심리에 대한 황제의 생각을 쉽게 꿰뚫어 볼 수 없었을 것이다. 티베리우스가 그만큼 효과적으로 분노에 찬 표정과 연민 어린 표정을 교대로 혹은 동시에 지었기 때문이다. 그는 처음에는 원로원에 "반역죄의 고소는 심리하지 않기 바란다" 하고 부탁하는가 싶더니, 이윽고 전 집정관 마르쿠스 세르빌리우스 노니아누스와 그 밖의 증인들을 부추겨 외견상 이 소송에서 배제하고 싶어했던 반역죄의 증거를 공표하게 했다. 그는 또한 친위대의 감시 하에 놓여 있던 레피다의 노예들도 집정관에게 건네 주었다. 그렇지만 노예들을 고문할 때 카이사르 가와 관련된 사항은 심문하지 못하게 했다. 그리고 예정 집정관 드루수스 등에게 맨 처음 판결을 선고해야 하는 의무를 면제해 주었다. 어떤 사람들은 다른 의원들이 어쩔 수 없이 드루수스의 의견에 찬성하지 않아도 되게 해주려는 티베리우스의 배려로 이것을 해석했지만, 다른 사람들은 티베리우스의 냉혹한 성격의 증거로 받아들였다. "드루수스에게 단죄의 의무를 부과하지 않았다면 다른 사람에게 양보하게 하지도 않았을 것이기 때문이다."

23 레피다가 심리가 중단된 축제일에 명문가의 여인들과 함께 극장에 나타났다. 그녀는 이곳에서 슬프게 울부짖으며 조상들, 특히 이 극장의 건립자이자 그 입상들이 보이는 폼페이우스에게 호소해 사람들의 동정을 크게 불러일으켰다. 마침내 구경하는 사람들이 갑자기 눈물을 글썽이면서 퀴리니우스에게 끊임없이 난폭한 저주의 말을 퍼부을 정도였다. "저 늙어 빠지고 자식도 없는 비천한 출신의 남자 때문에 한때 루키우스 카이사르의 아내, 즉 신군 아우구스투스의 손자며느리로 예정되어 있었던 여성이 희생당하려 하고 있다."

이윽고 노예들의 고문으로 그녀의 파렴치한 죄상이 드러났다. 원로원은 가이우스 루벨리우스 블란두스(Gaius Rubellius Blandus)의 제안에 따라 그녀에게 물과 불의 금지[27]를 선고했다. 드루수스는 이에 동의했지만, 다른 사람들은 좀더 가벼운 형을 제안했다. 그래서 레피다와의 사이에 딸을 둔 원로원 의원 마메르쿠스 스카우루스의 체면을 생각해 그녀의 재산을 몰수하지 않기로 결의했다. 이때에 이르러서야 비로소 티베리우스는 "퀴리니우스의 노예들로부터 직접 알아

---

27) 물과 불의 공유(문명 생활)를 금지당했다는 뜻. 이탈리아 이외의 지역에서 살아야 하고, 시민권이 박탈되는 동시에 재산도 몰수당했다.

낸 것이지만" 하고 전제하고, 레피다가 퀴리니우스의 독살을 계획하고 있었다고 공개했다.

24 빛나는 명문가들이 잇따라 비운을 겪는 가운데(약간의 시차를 두고 칼푸르니우스 가는 피소를, 아이밀리우스 가는 레피다를 잃었기 때문이다) 데키무스 유니우스 실라누스(Decimus Junius Silanus)가 유니우스 가로 복귀함으로써 다소 위안이 되었다. 여기에서 잠시 그의 불운한 생애를 회상해 보기로 하겠다.

신군 아우구스투스는 공적 생활에서는 큰 행운을 누렸지만, 가정에서는 딸과 손녀딸의 부정不貞으로 불행했다.[28] 그는 그녀들을 모두 수도에서 쫓아내고 간부들을 사형이나 추방형에 처했다. 그는 당시 전염되고 있던 남녀간의 음란한 관계에 신성 모독과 존엄 훼손이라는 무시무시한 죄명을 붙여 처벌할 때 종종 조상들의 관대한 정신과 그 자신이 정한 법률[29]의 범위를 벗어났기 때문이다. 이런 희생자들의 최후에 대해서는 아우구스투스 시대의 다른 이야기와 함께 언젠가 언급하게 될 것이다.[30] 만약 현재 손대고 있는 이 일이 완성되고, 그 이후 연구에 몰두할 수 있을 만큼 충분히 천명이 주어진다면.

데키무스 실라누스는 아우구스투스의 손녀딸의 정부였다. 아우구스투스로부터 우정 철회의 선언 이상의 심한 벌을 받지 않았지만, 그는 이것을 추방형의 지시로 해석했다. 티베리우스가 지배자가 된 뒤에야 비로소 형 마르쿠스 유니우스 실라누스의 권세에 용기를 얻어 원로원과 황제에게 호소했던 것이다. 그의 형은 유명한 귀족의 피와 뛰어난 웅변술로 주목을 끄는 존재였다. 하지만 티베리우스는 감사

---

28) 아우구스투스는 딸(1권 53절)과 손녀딸 율리아, 외손자 포스투무스(1권 3절) 등 세 사람을 '나의 세 부스럼'이라 부르고, "결혼하지 않았으면 좋았을 텐데, 자식을 낳지 않고 죽었으면 좋았을 텐데" 하고 한탄했다고 한다.

29) 2권 50절 주 참조.

30) 실현되지 않았다.

의 뜻을 표하는 형 실라누스에게 원로원에서 이렇게 대답했다. "나도 그대의 동생이 오랜 외국 여행에서 돌아온 것을 기쁘게 생각하오. 그 것이 허용된 것은 당연한 일이오. 그가 추방된 것은 원로원의 의결이 나 법률에 의한 것이 아니기 때문이오. 그럼에도 불구하고 그에 대한 아우구스투스의 반감은 아직 그대로 남아 있고, 아버님께서 그때 의 도하신 것이 그의 귀국에 의해 취소된 것은 아니라고 나는 생각하오."

데키무스는 그 후 로마에서 살았지만 어떤 관직에도 취임하지 않 았다.

25 이어서 파피우스 — 포파이우스법을 완화시키는 안건을 심의 했다. 이 법률은 독신자에 대한 법칙 강화와 국고 수입의 증가를 목적 으로 아우구스투스가 만년[31]에 율리우스 제법안諸法案 이후에 공포한 것이다. 그러나 이 법으로도 결혼하고 자녀를 양육하는 일이 증가되 지 않았다. 로마에서는 자녀를 두지 않는 쪽의 흡인력이 한층 더 강력 했기 때문이다. 한편 어느 가정이나 다 고발자들의 아전 인수격인 법 조문 해석에 노출되어 있었기 때문에 위험에 처한 사람의 숫자가 점 점 더 많이 늘어났다. 이리하여 그때까지 범죄로 애를 먹었듯이 이번 에는 법률로 고통받고 있었다. 이런 사정으로 인해 나는 법 그 자체의 연원과 법률이 오늘날과 같이 끝없는 복잡성과 다양성을 지니게 된 경위에 대해 좀더 깊이 고찰하게 되었다.

26 인류는 태곳적에는 아직 사악한 욕망도 없고 수치스러운 일이 나 범죄도 몰랐다. 따라서 처벌이나 단속 없이 살아가고 있었다. 그리 고 미덕이 그 자체가 지니고 있는 가치를 위해 추구되고 있었으므로

---

31) 서기 9년. 법안에 그 해의 집정관들의 이름을 붙였다. 기원전 18년 이후 몇 가지 결혼 장 려법을 제출한 것 같지만(타키투스의 말 '율리우스 제법안'을 참조) 자세한 것은 알 수 없다. 포파이우스법은 예컨대 자식을 둔 사람에게는 관직에 나아갈 수 있는 특권을 부여 하고, 독신자(남자는 25세부터 60세, 여자는 20세부터 50세)에게는 벌칙을 부과하고 유 산 상속권을 박탈했다.

포상도 불필요했다. 윤리에 어긋나는 것을 바라는 사람이 아무도 없었기 때문에 공포심에 호소하는 벌칙이 쓸모가 없었다. 그렇지만 평등성[32]을 잃고 야심과 폭력이 겸손과 자제력을 대신하게 되고 나서부터는 전제 군주가 나타나고, 이것이 많은 나라에서 항구화되었다. 그러나 몇몇 국가는 이 왕제王制와 거의 같은 시기에, 혹은 왕의 지배에 흥미를 잃은 뒤에 법의 지배를 선호하게 되었다. 이런 법들은 처음에는 소박한 인간의 정신에 알맞게 단순했다. 그 중에서 가장 이름 높은 것은 미노스(Mynos)에 의해 만들어진 크레타 섬의 법률과 리쿠르고스(Lycurgos)에 의해 창안된 스파르타의 법률, 그리고 뒤이어 솔론(Solon)이 아테네인에게 준 보다 세련되고 광범위한 법률이다.

로마에서는 로물루스(Romulus)[33]가 마음 내키는 대로 명령을 내리고 있었다. 그 후 누마(Numa)가 종교적인 규약과 신성한 규칙에 국민을 종속시켰다. 이어서 툴루스 호스틸리우스(Tullus Hostilius)와 앙쿠스 마르키우스(Ancus Marcius)가 여기에 몇 가지 새로운 요소를 첨가했다. 그러나 세르비우스 툴리우스(Servius Tullius)야말로 가장 탁월한 로마법의 제정자였다. 그의 법률에는 왕조차 복종하지 않으면 안되었다.

27 타르퀴니우스(Tarquinius)가 추방되자, 귀족파에 대항해 평민이 자유 체제를 옹호하고 국내적 통합을 확립할 수 있는 많은 안전 장치를 고안해 냈다. 이어서 10인 위원회가 태어나고, 이 위원회가 그 이전의 특히 뛰어난 법을 모두 원용해 12동판법(혹은 12표법)을 완성했다. 이것이 최후의 불편 부당한 법률이었다. 그 후의 법률은 때때로 현실적으로 범죄가 존재해 범인을 제재할 목적에서 만들어지는 경우

---

32) "사람은 누구나 본성적으로 평등하다"는 법의 근본 원리를 말하는 것일까?
33) 반전설적인 제1대 로마 왕. 이하 차례로 앙쿠스까지 오고, 1대를 건너뛰어 세르비우스는 6대, 타르퀴니우스는 7대로 마지막 왕.

도 있지만, 대개의 경우에는 계급 투쟁의 도구로서, 혹은 법으로 금지된 관직을 획득하려는 책략에서, 또는 지도적인 인사를 추방하려는 목적에서나 그 밖의 비슷한 사악한 의도에서 제정되었기 때문이다.

그 결과 그라쿠스 형제나 루키우스 아풀레이우스 사투르니누스(Lucius Appuleius Saturninus)와 같은 민중 선동가가 나타나고, 그들에 못지않게 손이 큰 매수자 마르쿠스 리비우스 드루수스(Marcus Livius Drusus)가 원로원의 이름으로 나타났다. 동맹자들[34]은 참정권에 대한 희망으로 매수되고 거부권으로 기만당했다. 이탈리아 전쟁에 의해서도, 그 후의 시민 전쟁에 의해서도 이런 모순에 찬 많은 법률의 제정 행위는 중단되지 않았다. 마침내 독재관 루키우스 술라가 그 이전의 법률을 폐지 또는 수정하는 동시에 많은 것을 추가함으로써 입법 활동에 잠시 휴지기休止期를 주었다. 하지만 곧 마르쿠스 아이밀리우스 레피두스가 개혁적인 제법안을 제출하고, 그 직후에 호민관들이 자신이 원하는 방향으로 민중을 선동할 수 있는 자유를 되찾았다. 이제는 법률이 국가적인 문제뿐만 아니라 개개 인간의 고발을 위해서도[35] 공포되고, 나라가 가장 부패했을 때 가장 많은 법률이 제정되기에 이르렀다.

28 이윽고 그나이우스 폼페이우스가 풍기를 바로잡기 위해 세번째 집정관으로 선출되었지만, 그의 해결책은 폐해보다 더 나빴다. 그는 자신이 제정한 법률을 스스로 어기고 무력으로 지키려 한 것을 무력으로 잃었다. 그 이후의 20년간[36]은 무질서의 연속으로 도덕과 법이

---

34) 이탈리아인을 가리킨다. 이탈리아 전쟁은 기원전 91~88년의 일. 시민 전쟁은 여기에서는 기원전 88~82년의 마리우스와 술라의 내란을 의미한다.

35) 키케로를 추방하기 위한 클로디우스법과 같은 것. 12동판법에는 "법을 개인을 목적으로 제정되어서는 안 된다"(제9조 1~2)고 되어 있었다.

36) 파르살로스의 전투(기원전 48년, 카이사르가 폼페이우스를 쓰러뜨렸다) 때부터 아우구스투스의 제정이 확립된 해, 즉 기원전 28년(여섯번째 집정관이 된 해)까지.

존재하지 않았다. 어떤 악덕도 제재를 받지 않고, 청렴 결백함은 종종 신세를 망치는 원인이 되었다. 마침내 카이사르 아우구스투스는 여섯번째 집정관이 되었을 때 자신의 권력에 자신감을 갖고 삼두 정치 시대에 공포된 제법령을 폐기하고, 우리가 황제의 치하에서 평화롭게 향수해야 할 법의 기본 원칙을 확립했다.

그 후 법의 속박이 좀더 강화되었다. 파피우스—포파이우스법에 따라 그 법의 파수꾼들을 두고 보수를 주며 고무했다.[37] 이 법은 어떤 사람이 아버지로서의 특권을 포기할 경우에 그 소유자가 없는 재산을 국가가 만인의 아버지로서 소유하는 것을 목적으로 삼고 있었다. 하지만 감시자들이 법의 테두리를 넘어 로마나 이탈리아뿐만 아니라 어디에서나 시민이란 시민을 모두 노렸다. 그리하여 많은 사람이 파산하고 공포가 세계를 뒤덮으려 하자, 마침내 티베리우스가 구제책을 마련하기 위해 5명의 전임 집정관과 5명의 전임 법무관, 그 이외의 원로원 계급에서 5명의 의원을 추첨으로 지명했다. 그들에 의해 법적으로 복잡한 문제가 많이 해소되어 일시적으로 사태가 약간 완화되었다.

29 거의 같은 시기에 티베리우스가 이미 청년으로 성장한 게르마니쿠스의 장남 네로 카이사르를 원로원에 추천하고, 그가 20인관[38]의 역할을 면제받고 법정 연령[39]보다 5년 일찍 재무관의 후보자가 될 수

---

37) 갑작스러운 화제의 변화에 얼떨떨하다. 포파이우스법의 후반부는 실효 유산(부친의 특권을 포기한, 즉 자식이 없는 사람의 유산)을 국가가 몰수하도록 규정해 놓고 있었다. 그리고 이 법에 기초해 법의 파수꾼들, 즉 감시자들이 유산 총액의 4분의 1 이상을 보수로 받았기 때문에 그것을 목적으로 삼고 공적인 정의감을 잃어 세상 사람들의 반감을 샀다는 의미일 것이다.

38) 형 집행계 3인, 주조 화폐계 3인, 도로계 4명, 백인 법정 재판계 10인의 총칭. 재무관이 되기 위해서는 반드시 이 직책을 맡지 않으면 안 되었다.

39) 제정 시대의 법정 연령은 24,5세. 티베리우스는 19세 때 재무관에 취임했다. 본문의 네로는 이때 14세였다.

있게 해달라고 요청했다. 이 말을 듣고 비웃는 사람들도 있었다. 티베리우스는 "아우구스투스의 요청으로 원로원이 나와 동생을 위해 이와 비슷한 사항을 의결해 준 적이 있소" 하고 변명했다. 그러나 내 생각에는 아우구스투스 때에도 이런 부탁을 마음속으로 남 몰래 비웃는 사람들이 있었을 것 같다. 다만 그 당시의 카이사르 가는 최고의 권좌에 갓 앉았고, 사람들이 옛 관습을 지금보다 중시하고 있었지만. 그뿐만 아니라 의붓아버지와 의붓아들의 관계가 조부와 손자의 관계만큼 밀접하지 않았던 것도 사실이었다.

  네로에게 대제관의 직위도 추가되었다. 그가 처음으로 중앙 광장에 들어간 날, 민중에게 축의금이 분배되었다. 그들은 게르마니쿠스의 아들이 벌써 이렇게 성장한 것을 보고 몹시 기뻐했다. 이 기쁨이 네로와 드루수스의 딸 율리아의 결혼에 의해 더욱 커졌다. 이것이 호의적인 분위기 속에서 화제가 된 데 반해, 클라우디우스의 아들이 세야누스의 딸과 약혼했다는 소식은 불쾌하게 받아들여졌다. 그것이 클라우디우스 가의 고귀한 혈통을 더럽히고, 이미 신분에 어울리지 않는 야심을 품고 있다고 의심받고 있는 세야누스를 더욱 고양시키는 결과가 되었다고 세상 사람들은 생각했기 때문이다.

  30 이해 말에 2명의 저명 인사, 즉 루키우스 볼루시우스 사투르니누스(Lucius Volusius Saturninus)와 가이우스 살루스티우스 크리스푸스가 작고했다. 볼루시우스의 가문은 오래 되었지만 전에 법무관급 이상의 인물이 나온 적이 없었다. 그 자신은 집정관직을 역임했을 뿐만 아니라 감찰관 권한을 행사해 기사 계급에서 배심원단[40]을 선발했다. 그의 집안에 대번영을 가져온 재산도 그의 대에 이르러 비로소 축적되었다.

---

40) 상설 재판소의 배심원단을 가리킨다. 아우구스투스 시대의 그것을 언급한 것일까?

크리스푸스는 기사 계급 출신이었다. 그는 할머니의 오빠로 가장 훌륭한 로마의 역사가인 가이우스 살루스티우스[41]의 양자가 되었다. 그래서 그는 쉽사리 고위 관직에 오를 수 있었지만 마이케나스의 선례를 본받았고, 원로원 계급의 지위에 오르지 않고도 많은 개선 장군이나 집정관급 인사를 능가하는 권세를 누렸다. 그는 세련된 생활과 우아한 몸가짐으로 옛사람들의 풍습에서 멀어져 가고 돈을 물쓰듯 하며 사치로 흘렀다. 그러나 그 밑바닥에는 더없이 큰일을 견뎌 내는 강인한 정신이 깔려 있었다. 겉으로 게으르고 무관심한 체하면 할수록 더욱더 정력적이었다. 그래서 마이케나스가 생존 중일 때에는 그 다음의, 그의 사후에는 최고의 심복으로서 최고 사령관들의 신뢰를 얻어 아그리파 포스투무스의 암살 계획에도 관여했다. 그러나 만년에는 황제의 우정을 실제로 향수하고 있었다기보다 그렇게 보이게 하고 있었던 데 지나지 않는다. 그것은 마이케나스의 경우에도 마찬가지였다. 권력이 오래 지속되는 것이 드문 행운이기 때문이었을 것이다. 아니면 한쪽에게 더 이상 줄 것이 없든가, 다른 한쪽에게 더 이상 바랄 것이 없어 서로에게 질려 버렸기 때문일까?

31 다음 해에 티베리우스가 네번째, 드루수스가 두번째 집정관이 되었다.[42] 이것은 아버지와 아들이 동료라는 사실로 주목할 만하다. 3년 전에 게르마니쿠스와 티베리우스가 같은 명예를 공유했다. 하지만 백부는 이것을 조금도 기뻐하지 않았고, 동료간의 혈연 관계도 이번만큼 깊지 않았다.

이해 초에 티베리우스가 건강을 회복하기 위해서라고 칭하고 캄파니아 지방에 칩거했다. 그 무렵부터 슬슬 장기적이고 지속적인 은둔

---

41) 기원전 86년에 태어나 기원전 35년에 사망했다. 타키투스가 가장 영향을 많이 받은 역사가. 《유구르타 전쟁》, 《카틸리나 전쟁》 등이 남아 있다.
42) 서기 21년.

생활을 생각하고 있었는지도 모른다. 아니면 아버지가 없는 상태에서 드루수스가 혼자 집정관의 중책을 수행하게 하기 위해서였을까?

때마침 사소한 사건이 큰 논쟁으로 발전하고, 이것이 젊은 드루수스에게 세상 사람들의 호평을 받을 수 있는 기회를 제공했다. 법무관 경력을 지니고 있는 그나이우스 도미티우스 코르불로(Cnaeus Domitius Corbulo)가 원로원에서 불만을 토로했다. "젊은 귀족 루키우스 코르넬리우스 술라(Lucius Cornelius Sulla)가 검투사 시합장에서 내게 자리를 양보하려 하지 않았다." 코르불로를 응원해 주는 것은 그의 나이와 조상 전래의 미풍, 나이 많은 사람들의 동정이었다. 이에 대해 마메르쿠스 스카우루스와 루키우스 아룬티우스를 비롯한 술라의 친척들이 반론을 제기했다. 양쪽이 서로 조금도 양보하지 않으며 치열한 논쟁을 벌였다. 젊은이의 불경을 엄히 나무란 선조들의 예도 거론되었다. 마침내 드루수스가 양쪽 다 흥분을 가라앉힐 수 있도록 그에 걸맞는 연설을 했다. 코르불로는 또한 술라의 숙부이자 계부이기도 한 당대 최고의 웅변가 마메르쿠스의 사과도 받았다.

바로 이 코르불로가 "이탈리아의 많은 도로가 청부인의 사기와 정무관[43]의 배임으로 여기저기가 끊어지거나 통행할 수 없게 되어 있다"고 혹독하게 비난했다. 그리고 기꺼이 이 사건의 고발을 떠맡고 나섰다. 그러나 이것은 공공의 이익이 되기보다 오히려 많은 관계자의 파멸의 원인이 되었다. 코르불로가 단죄와 경매로 그 사람들의 재산과 명예에 무자비하게 타격을 가했기 때문이다.

32 얼마 뒤에 티베리우스가 원로원에 서한을 보내 "타크파리나스의 침입으로 아프리카의 정세가 또다시 어지러워지고 있다"고 알리고, "전술에 밝고 건장한 몸으로 전투를 감당해 낼 수 있는 지사를 의

---

43) 국도 관리 위원을 가리킨다. 이탈리아의 국도 관리와 청부인을 감독하는 역할을 맡았다.

원 여러분의 판단으로 선발해 주시오."[44] 하고 요청했다. 이 기회를 이용해 섹스투스 폼페이우스가 평소에 쌓여 있던 마니우스 레피두스에 대한 울분을 풀었다. "레피두스는 게으르고 타락한 극빈자이다. 그의 조상들의 수치이다. 따라서 속주 아시아의 할당[45]으로부터도 제외되어야 한다"고 호되게 몰아세웠다. 원로원은 이것을 반박하고 다음과 같은 결론을 내렸다. "레피두스는 게으르기보다 온화한 사람이다. 조상 전래의 가난에도 불구하고 몸을 더럽히지 않고 고귀함을 유지하고 있는 것을 치욕이 아니라 오히려 명예로 생각해야 한다." 그리하여 레피두스가 아시아로 파견되었다. 아프리카와 관련해서는 그 관리를 누구에게 맡겨야 할 것인가 하는 선택의 문제를 카이사르에게 일임하기로 결의했다.

33 이 회기 중에 아울루스 카이키나 세베루스가 "어떤 정무관도 추첨으로 지명받은 속주에 아내를 데려가게 해서는 안 된다"고 제안했는데, 그 서두가 길었다. "나는 아내와 금슬이 좋고 그 사이에 여섯 명의 자식을 두고 있다. 하지만 나는 지금 공공의 이익을 위해서라고 생각하며 역설하고 있는 규칙을 쭉 지켜 왔다. 아내를 이탈리아의 집에 두고 나 혼자서 많은 속주에서 40년 동안 직책을 수행했다! 애시당초 옛날에 동맹국이나 이국에 갈 때 부녀자 동반을 금지한 것은 그 나름대로 이유가 있었기 때문이다. 여자가 곁에 있으면 평시에는 사치를, 전시에는 공포를 조장한다. 로마군이 이동하는 것이 야만족 왕이 여행하는 모습과 비슷해진다. 여성은 연약하고 쉽게 지칠 뿐만 아니라 제멋대로 굴게 내버려 두면 잔인하고 야심에 찬 음모가 된다. 또한 병사들 사이를 돌아다니며 백인대장들을 마음대로 부린다. 최

---

44) 원로원 속주의 지사는 본래 황제의 간섭 없이 원로원에서 추첨으로 결정되었다.
45) 원로원 속주(1급)인 아시아와 아프리카는 매년 집정관급 고령자 두 사람에게 추첨으로 할당되었다.

근에도 어떤 여자가 부대의 훈련이나 군단의 기동 연습을 지휘하지 않았던가!

의원 여러분이 다음과 사실을 꼭 명심해 주기 바란다. 즉 누군가가 가렴주구 혐의로 고발되었을 때, 언제나 대부분의 책임은 아내 쪽에 있다는 것을. 속주의 어떤 나쁜 요소에도 곧 물들어 버리는 것이 여자다. 뭔가 부정한 거래에 손을 대고 그것을 처리하는 것도 여자다. 외출시 호위하지 않으면 안 되는 사람이 두 사람 있으면 총독부도 두 개 존재하게 마련이다. 여자의 명령은 남자의 그것보다 완고하고 포학하다. 여자는 일찍이 오피우스법[46]이나 그 밖의 법에 의해 억제되고 있었지만, 이제는 그 속박에서 해방되어 가정이나 광장을, 아니 군대조차 지배하고 있다."

34 이 연설을 듣고 공감한 의원은 그리 많지 않았다. 대부분의 사람이 말하는 도중에 방해하며 "지금의 의제와 아무 관계가 없다. 게다가 카이키나는 이런 중대한 문제의 감찰관이 될 자격이 없다"[47] 하고 소리쳤다.

이어서 마르쿠스 발레리우스 메살라 코르비누스(Marcus Valerius Messalla Corvinus)의 아들로 웅변가인 아버지를 꼭 닮은 마르쿠스 발레리우스 메살라 메살리누스가 일어나서 반박했다. "옛 시대가 경험했던 내핍 생활이 여러 가지 면에서 점차 쉽게 참을 수 있도록 완화되어 왔다. 오늘날에는 전처럼 수도가 전쟁으로 포위된다든가, 속주가 적의를 품는 일이 없다. 그리고 여성들의 요구 사항도 약간 허용되고 있지만, 그것이 남편의 가계에, 더군다나 동맹국에 부담을 주는 일

---

46) 기원전 215년(제2차 포에니 전쟁 중)의 법률로 여성의 화려하고 야단스러운 복장을 금했다. '그 밖의 법' 은 여성의 유산 상속을 제한한, 기원전 169년의 보코니우스법 등.
47) 비꼬아 말한 것이다. 이 당시에는 황제만이 감찰관으로서의 직권을 행사하고 있었기 때문이다.

은 결코 없다. 그 밖의 것들은 남편과 공유되고 있기 때문에 이 점에 관한 한 여성도 평화의 장애물이 되지 않는다. 전쟁은 물론 무장한 남성들이 수행해야 한다. 그러나 녹초가 돌아왔을 때 아내 곁에서 편안히 쉬는 것보다 더 위로가 되는 것이 무엇이 있겠는가? 물론 개중에는 야심에 물들거나 탐욕에 빠지는 여자도 있다. 그러나 정무관 중에도 여러 가지 못된 생각에 흔들리는 자가 많지 않은가? 그렇다고 속주에 아무도 파견하지 않지는 않을 것이다. 아내의 패덕 때문에 남편이 종종 부패한다. 그렇다면 독신자는 모두 완벽할까?

한때 오피우스법이 환영을 받았다. 당시의 나라 사정으로 그것이 필요했기 때문이다. 그 이후 이 법이 얼마간 완화되고 경감되었다. 그러는 것이 형편이 좋았기 때문이다. 우리 자신의 무능을 다른 이름으로 감추려 해봐야 무의미한 일이다. 여자가 적당한 범위를 넘어설 경우, 그것은 남편의 잘못이기 때문이다. 게다가 한두 명의 우둔한 남성 때문에 모든 남편으로부터 기쁨과 슬픔을 함께 나누는 아내를 빼앗는 것은 잘못이다. 그와 동시에 천부적으로 약한 여성을 혼자 내버려두어 그녀들 자신의 사치 방탕과 다른 남성들의 정욕에 내맡기는 것도 잘못이다. 곁에서 남편이 감시해도 아내의 정절이 좀처럼 지켜지지 않는다. 만약 장기간에 걸친, 이혼과 같은 별거 생활로 여성에게 잊혀져 버리면 어떤 일이 벌어지겠는가? 이런 수도의 풍기 문란을 염두에 두는 것을 전제 조건으로 속주의 범죄 대책이 협의되어야 한다."

이 연설이 끝난 뒤에 드루수스가 자신의 결혼 생활에 대해 언급하면서 약간 견해를 덧붙였다. "실제로 황제들도 종종 영토의 먼 끝까지 여행하지 않으면 안 된다. 신군 아우구스투스께서 몇 번이나 서방과 동방을 순방하셨는지 모른다. 그때 아내를 동반하지 않으셨느냐? 마찬가지로 나도 아내를 데리고 일리리쿰에 갔다. 앞으로도 필요하다면 다른 부족의 땅에 갈 것이다. 그러나 사랑하는 아내로부터, 두 사람의 피를 이어받은 자식들의 어머니로부터 떼어놓으려 한다면 늘 마음이 편치 않을 것이다."

이리하여 카이키나의 제안은 적당히 넘겨졌다.

35 다음 원로원 회기에 티베리우스가 서한을 보내 행정상의 어려운 문제를 모두 자신에게 떠넘기고 있다며 의원들을 넌지시 나무랐다. 그러고는 마르쿠스 아이밀리우스 레피두스와 퀸투스 유니우스 블라이수스를 거명하고 두 사람 가운데 한 명을 아프리카 지사로 선출하라고 명했다.

그래서 두 사람의 연설을 들었다. 레피두스는 자신의 건강이나 자식들의 연령, 결혼 적령기에 이른 딸을 이유로 내세우며 강한 어조로 너그러이 봐달라고 요청했다. 이때 그는 언급하지 않았지만, 블라이수스가 세야누스의 숙부이기 때문에 당연히 그가 우세하다는 것 정도는 누구나 다 알고 있었다.

블라이수스의 답변에서도 사퇴의 기색이 엿보였다. 하지만 레피두스만큼 그 결심이 굳지는 않았다. 그리고 그의 의견에 반대하는 아첨꾼들도 많았다.

36 다음으로 상정된 것은 그때까지 많은 사람이 뒤에서 불평하기만 하고 공론화하지 않았던 문제였다. 그것은 당시의 악질적인 자들 사이에서 유행하고 있던 뻔뻔스럽기 짝없는 사고 방식, 즉 선량한 사람들의 비난과 증오를 사더라도 카이사르의 상[48]을 껴안으면 처벌받지 않는다는 사고 방식이었다. 해방 노예들은 물론, 노예들조차 보호자나 주인을 말이나 몸짓으로 위협했기 때문에 도리어 그들 쪽이 두려운 존재가 되어 있었다. 그래서 원로원 의원 가이우스 케스티우스 갈루스(Gaius Cestius Gallus)가 이렇게 연설했다.

---

48) 신전과 마찬가지로 카이사르의 상도 신성시되어 일종의 '면죄 성역'(3권 60절)이 되어 있었다.

"확실히 황제는 신과 같다. 하지만 신들은 기원자의 정당한 소망밖에 들어주지 않는다. 파렴치한 목적으로 악용하기 위해 카피톨리움[49]이나 그 밖의 수도의 다른 신전으로 도망쳐 들어가는 사람은 아무도 없다. 다음과 같은 경우는 법률이 무시되고 밑바탕부터 뒤집힌 하나의 예이다. 재판관 앞에서 아니아 루필라(Annia Rufilla)라는 여자의 사기죄를 입증했더니, 그녀가 앙심을 품고 중앙 광장과 원로원의 문간에서 내게 욕설과 위협하는 말을 퍼부어 댔다. 하지만 그녀가 최고 사령관의 상 뒤에 숨었기 때문에 법정으로 데리고 나갈 용기[50]가 사라져 버렸다."

그러자 다른 사람들도 그와 대동소이한 이야기, 때로는 좀더 심한 이야기도 털어놓고 시끄럽게 떠들어 대며 드루수스에게 "제발 복수의 모범을 보여 달라"고 부탁했다. 마침내 드루수스는 아니아를 소환한 뒤 유죄를 선고하고 국사범 감옥에 가둘 것을 명했다.

37 이어서 두 사람의 로마 기사 콘시디우스 아이쿠스(Considius Aequus)와 카일리우스 쿠르소르(Caelius Cursor)가 "반역죄를 날조해 법무관 마기우스 카이킬리아누스(Magius Caecilianus)를 고발했다"는 이유로 황제의 제안에 의해 원로원으로부터 유죄를 선고받았다. 세상 사람들은 위의 두 판결을 드루수스의 공적으로 돌렸다. "그는 로마에서 사람들과 사귀고 이야기를 나누면서 아버지의 비밀주의를 완화시키고 있다." 그의 사치스런 생활도 젊기 때문에 그리 불쾌하게 느껴지지 않았다. "이런 경향이 훨씬 더 좋다. 낮을 건축 계획으로, 밤을 연회로 보내는 것이 혼자 지내며 쾌락에 전혀 눈길을 돌리지 않고 음울한 경계나 불길한 술책에 전념하는 것보다 더 낫다."

---

49) 로마 국교의 중심인 '최고 최선의 유피테르 신전'을 가리킨다. 이 신전이 있는 언덕도 이 이름으로 불렸다.
50) 욕설과 위협하는 말을 이유로 다시 고발한 용기.

38 티베리우스와 고발자들이 전혀 지치지 않았기 때문이다. 예를 들어 안카리우스 프리스쿠스(Ancharius Priscus)가 크레타의 지사 카이시우스 코르두스(Caesius Cordus)를 가렴주구 혐의로 고발하고 여기에 반역죄 혐의도 추가했다. 당시 이 반역죄는 모든 고발의 보충물과 같았다. 한편 카이사르는 마케도니아의 세력가인 안티스티우스 베투스(Antistius Vetus)가 간통죄를 면소받자 재판관을 질책하고 베투스를 새로 반역죄로 기소하기 위해 소환했다. "베투스는 레스쿠포리스(Rhescuporis)가 아우인 코티스(Cotys)를 암살하고 로마를 상대로 전쟁을 일으켰을 때의 공모자이자 선동가였다"는 이유에서였다. 이리하여 피고는 물과 불의 금지를 선고받은데다가 마케도니아와 트라키아에서 쉽게 접근할 수 없는 섬에 유폐되었다.

3. 속주의 불온한 움직임

트라키아로 말하면 이 보호국이 로에메탈케스(Rhoemetalces)와 코티스의 자식들 사이에 분할된 이래, 후자는 나이가 어리다는 이유로 티투스 트레벨레누스 루푸스(Titus Trebellenus Rufus)의 후견 하에 놓여 있었다. 그러나 이곳의 부족들은 우리의 지배에 익숙지 않았기 때문에 반항적으로 행동했다. 그리고 동포 부족의 박해를 말없이 지켜보고 있다며 트레벨레누스에 대해서와 마찬가지로 로이메탈케스를 비난했다. 마침내 코일랄레타이족과 오드리사이족, 디족 등 강력한 세 부족이 무기를 들었다. 부족마다 지도자가 있었지만, 그들은 각기 비슷한 수준으로 다른 부족에 이름이 알려져 있지 않았다. 그래서 그들은 세력을 결집시키지 못하고 대전투도 벌이지 못했다. 한 부대가 인근 지역을 약탈하고 있을 때, 다른 한 부대는 멀리 떨어진 부족을 봉기시키려고 하이무스 산을 넘고 있었다. 최강의 병력과 조직을 자랑하는 또 하나의 부대는 마케도니아인 필리포스에 의해 건설된 도시 필리포폴리스에 있는 왕을 포위했다.

39 가장 가까운 곳에 있는 군대의 지휘관 푸블리우스 벨라이우스 (Publius Vellaeus)가 이 소식을 듣고 약탈하기 위해, 또는 원군을 확보하기 위해 여러 지방을 헤매고 있는 적을 향해 동맹자의 기병과 경무장 부대를 파견하고, 그 자신은 정예 보병을 이끌고 포위를 풀기 위해 출발했다. 모든 작전이 동시에 성공을 거두었다. 약탈하던 무리가 전멸당했다. 또 내부 분열이 일어나고, 로마 군단이 도착할 때 시기 적절하게 왕이 출격하자, 포위군이 항복했다. 그것은 본격적인 대결전, 아니 소전투라고도 할 수 없었다. 무기가 거의 없는 부랑자들을 우리 군이 피를 한 방울도 흘리지 않고 섬멸했기 때문이다.

40 같은 해에 심한 부채[51]의 압박에 시달리던 갈리아의 여러 부족이 반란을 일으켰다. 가장 적극적인 선동자는 트레베리족의 율리우스 플로루스(Julius Florus)와 아이두이족의 율리우스 사크로비르 (Julius Sacrovir)였다. 두 사람 모두 고귀한 가문 출신으로 조상들의 훌륭한 업적 덕분에 오래 전에 로마 시민권을 손에 넣고 있었다. 이것은 그 당시로서는 드문 일인데다가 공적을 세웠을 때에만 주어지는 포상이었다. 이 두 사람은 밀담을 나눈 끝에 다음과 같은 의견의 일치를 보았다. 대담한 자들과, 빈곤이나 죄를 저지른 두려움 때문에 나쁜 짓을 저지를 필연성이 가장 큰 자들을 모조리 아군으로 끌어들인다. 그리고 플로루스는 벨가이족을, 사크로비르는 이탈리아에 좀더 가까운 갈리아인을 사주한다.

그래서 그들은 공공 집회나 비밀 회합에서 끊임없는 세금과 고율

---

51) 속주민이 로마의 교역 상인(물건을 파는 동시에 높은 이자를 받고 돈을 빌려 주기도 했다)에게 빌린 돈.

의 이자, 속주 통치자들의 잔학함과 오만함에 대해 선동적인 연설을 하기 시작했다. "게르마니쿠스의 사망 소식을 듣고 군대가 폭동을 일으키고 있다. 생각해 보라, 우리가 우세하다는 것을, 이탈리아가 얼마나 고립무원의 상태에 놓여 있는지를, 수도의 평민들이 얼마나 전쟁을 싫어하는지를, 로마의 군대에서 강한 것은 이국 출신의 병사들뿐이라는 사실을. 만약 그렇다면 지금이야말로 자유를 탈환할 가장 적합한 시기가 아닌가?"

41 거의 모든 부락에 이 모반의 씨앗이 뿌려졌다. 그러나 실제로 맨 처음 반란을 일으킨 것은 안데카비족과 투로니족이었다. 그 중 안데카비족은, 총독[52] 아킬리우스 아비올라(Acilius Aviola)가 루그두눔의 수비 임무를 맡고 있는 주둔병을 동원해 진압했다. 투로니족은 저지 게르마니아군의 총독 가이우스 비셀리우스 바로(Gaius Visellius Varro)가 보낸 군단병에 의해, 그리고 똑같이 아비올라의 지휘 하에 진압되었다. 이때 갈리아의 몇 명의 귀족도 로마측에 원군을 제공했다. 이것은 반란의 의도를 숨기고 적당한 시기에 공공연히 반기를 들려는 속셈이었기 때문이다.

사크로비르 역시 머리에 아무것도 쓰지 않고 로마를 위해 싸우도록 부하들을 격려하는 모습이 눈에 띄었다. 그는 "모든 사람에게 내가 분투하는 모습을 보여 주기 위해서"라고 말했지만, 뒤에 포로들은 이렇게 주장했다. "그는 아군의 날아가는 무기의 표적이 되지 않을까 두려워 자신의 존재를 확실히 부각시켰던 것이다."

티베리우스는 이 문제와 관련해 의견을 요청받았을 때 정보를 무시해 버리고 결단을 내리지 않음으로써 전쟁을 키웠다.

42 그 사이에도 플로루스는 자신의 계획을 끈질기게 추진해 가고

---

52) 루그두눔 속주의 총독.

있었다. 그는 트레베리족에서 징집되어 로마식 훈련을 받고 로마의 군기를 따르고 있던 기병대를 부추겨 로마의 교역 상인들을 학살하게 함으로써 전쟁을 일으키려고 했다. 매수된 기병은 얼마 안 되고, 대부분은 충성스러웠다. 무기를 든 그 이외의 자들은 채무자나 종자들로 이루어진 오합지중이었다. 그리하여 이들이 아르두엔나 숲을 향하고 있을 때, 고지와 저지 게르마니아군의 총독인 비셀리우스와 가이우스 실리우스가 반대 방향에서 협격케 한 양쪽 군단병으로 차단했다. 이때 정예병을 이끌고 먼저 떠났던 율리우스 인두스(Julius Indus)는 같은 공동체에 속했지만 플로루스와 사이가 나빴다. 그런만큼 인두스는 한층 더 단단히 마음을 먹고 이 작전을 수행해 아직 군기가 잡히지 않은 군중을 패주시켰다. 그러나 플로루스는 무질서한 군중 속에 섞여 도망친 뒤 여러 차례 은신처를 바꾸며 승자의 의표를 찔렀지만, 마침내 도주로가 모두 로마군에 의해 점거된 것을 알고는 스스로 목숨을 끊었다. 그리하여 트레베리족의 폭동이 끝났다.

43 아이두이족의 반란은 이 공동체가 보다 부유하고 제압해야 하는 군대에서 멀리 떨어져 있었기 때문에 진압하기가 좀더 힘들었다. 사크로비르는 무장 세력을 동원해 이 부족의 수도 아우구스토두눔[53]을 점령하고 있었다. 그 목적은 이곳에서 교양 교육을 받고 있는 갈리아인 귀족의 자제들을 인질로 그들의 양친이나 친척들을 자기 편으로 끌어들이려는 데 있었다. 그는 점령하는 동시에 은밀히 제조한 무기를 도시의 젊은이들에게 나누어 주었다. 그리하여 전체 병력이 4만 명에 이르렀다. 그 5분의 1 정도가 군단병과 같은 장비를 갖추고, 나머지는 사냥할 때 쓰는 창이나 고기칼, 그 밖의 날아가는 사냥용 무기 등을 지니고 있었다. 여기에 전문 검투사로 양성되고 있던 일단의 노예가 가담했다. 이 검투사들은 이 지방 사람들로부터 '크루펠라리'

---

53) 갈리아 지방의 로마 문화의 중심지로 로마의 상류 사회에 보내는 신사를 육성하고 있었다.

라 불렸는데, 부족의 습속에 따라 몸 전체를 철갑으로 감싸 공격에는 서툴렀지만 방어할 때에는 난공불락이었다.

이 병력이 주변 부락의 참가로 서서히 증대되어 갔다. 부족으로서는 아직 선명하게 동조의 기치를 올리고 있지 않았지만, 개개인이 열정을 갖고 자발적으로 참여했다. 한편 로마군 쪽에서는 장군들이 서로 다투고 있었다. 서로 자신이 전쟁을 지휘해야 한다고 주장해 좀처럼 타협점을 찾지 못했다. 이윽고 나이도 많고 몸도 약한 저지 게르마니아군의 총독 바로가 장년인 고지 게르마니아군의 총독 가이우스 실리우스에게 양보했다.

44 이 무렵 로마에서는 다음과 같은 소문이 떠돌고 있었다. "트레베리족과 아이두이족뿐만 아니라 갈리아의 64개 부족이 모두 모반을 일으켰다. 그리고 게르마니아인도 가담했다. 히스파니아의 두 속주도 술렁거리고 있다." 소문이 늘 그렇듯이 이때도 모든 것이 부풀려진 상태로 믿어졌다. 사려 깊은 사람들은 하나같이 나라를 걱정하며 가슴 아파했다. 많은 사람이 기존 체제에 대한 불만과 정변에 대한 희망에서 자신들까지 위험해지는 이 소동을 환영했다. 그리고 "티베리우스는 이런 중대한 위기에 직면해 있는데도 고발자들의 밀고장에 주의를 기울이고 있다"고 비난했다. "사크로비르도 반역죄로 원로원에 고발할 수 있다는 것인가? 피에 굶주린 서한[54]을 무기로 저지하려는 자들이 마침내 나타났다. 비참한 평화라면 차라리 전쟁이 낫다!" 그렇지만 티베리우스는 그만큼 더 애써 시치미를 떼고 체류지도 표정도 바꾸지 않았다. 그는 이 동란이 벌어지는 동안 하루하루를 평소와 똑같이 보냈다. 끝없는 비밀주의 때문이었을까, 아니면 "현상은 중요하지 않다. 세간의 소문만큼 악화되고 있지 않다" 하고 깔보고 있었기 때문일까?

54) 처형을 명하는 티베리우스의 서한을 가리킨다.

45 이럭저럭 하는 사이에 실리우스가 원군을 먼저 보낸 뒤 직접 2 개 군단을 이끌고 세쿠아니족의 촌락들을 황폐화시켰다. 갈리아 속 주의 맨 끝에 위치한 이 부족은 인접한 아이두이족과 손을 잡고 무장 궐기를 하고 있었다. 이어서 아우구스토두눔을 목표로 맹렬한 기세 로 급속 행군을 했다. 기수들이 서로 앞을 다투고, 일반 병사들조차 "여느 때의 휴식 따윈 필요없다. 밤도 기다릴 수 없다" 하고 불만을 터뜨렸다. "다만 적을 정면으로 바라보며 대결하게만 해달라. 그렇게 되기만 하면 승리는 우리의 것이다."

아우구스토두눔에서 12마일 떨어진 평원에 사크로비르와 그의 군 대가 모습을 나타냈다. 철로 만든 갑옷으로 중무장한 부대가 전면에 배치되었다. 양쪽 날개에는 경무장 보병이, 배후에는 일부만 무장한 부대가 배치되었다. 눈부시게 아름다운 말에 올라탄 사크로비르는 귀족들을 거느리고 부하들의 주변을 돌면서 갈리아인의 과거의 영광 과 로마군을 상대로 거두었던 수많은 승리를 상기시켰다. "이번에 승 리하면 얼마나 큰 자유를 누리게 되겠는가? 그런만큼 다시 패배하면 훨씬 더 견디기 힘든 예속을 강요당할 것이다."

46 연설은 오래 계속되지 않았다. 듣는 쪽도 기뻐하지 않았다. 로 마 군단병의 전열이 다가오고 있었기 때문이다. 갈리아의 도시민들 은 규율과 전쟁 경험이 부족하고 눈과 귀가 별 쓸모가 없었다. 이에 반해 실리우스는 승리를 확신해 새삼스럽게 고무하고 격려할 이유가 없었지만 이렇게 거듭해서 소리를 질렀다. "우리는 게르마니아인을 상대로 승리를 거둔 군대이다. 마치 적과 싸우듯이 갈리아의 땅까지 오게 된 것 자체가 우리의 치욕이다. 최근에 겨우 1개 대대로 투로니 족의 반란을, 기병 1개 중대로 트레베리족을, 이 기병 중 몇 개 소대 로 세콰니족을 전멸시켰다. 이 아이두이족은 부유하고 쾌락을 추구 하는만큼 전투 능력도 떨어질 것이다. 이것을 너희들 스스로 확인해

보도록 하라! 도망치는 자의 목숨은 살려 주도록 하라."

병사들이 이에 답하며 크게 함성을 질렀다. 그 후 기병이 적의 양 측면을 에워싸듯이 돌격했다. 보병 부대는 정면을 공격했다. 적의 양 날개는 잠시밖에 저항하지 못했지만 철갑을 입은 자들로 인해 얼마 간 지체되었다. 그 철의 표면이 투창이나 칼끝을 되튀겨 냈기 때문이다. 그러나 로마의 병사들은 도끼나 곡괭이를 손에 들고 마치 성벽을 부수듯이 그들의 갑옷이나 몸을 난도질했다. 어떤 병사들은 말뚝이나 갈퀴로 다루기 어려운 대군大群을 쓰러뜨렸다. 그들은 쓰러진 채 일어나려 하지 않았기 때문에 숨이 끊어진 것처럼 그대로 방치되었다.

사크로비르는 가장 충실한 부하들과 함께 처음에는 아우구스토두눔으로, 이어서 배신당할까 두려워 근교에 있는 별장으로 도망쳤다. 그는 이곳에서 스스로 목숨을 끊고, 다른 자들은 서로 찔러 죽었다. 그들의 시신 위에서 집이 타오르며 모든 것을 태워 버렸다.

4. 원로원의 굴종

47 이때서야 겨우 티베리우스가 원로원에 서한을 보내 전쟁의 발발과 종결에 대해 동시에 보고했다. 그는 사실을 생략하거나 과장하지는 않았지만, "승리를 거두게 된 것은 총독들의 충의와 용기, 그리고 나 자신의 사려 때문이다"라고 논평했다. 이어서 그는 자신과 드루수스가 이 전쟁을 위해 떠나지 않은 이유에 대해서도 언급했다. 그는 제국의 판도가 광대함을 강조하고 "한두 개의 공동체가 반란을 일으켰다 해서 중앙 정부가 있는 수도를 비우고 〈——〉55) 것은 황제로

---

55) 사본에는 아무 흔적도 남아 있지 않지만 '떠난다'는 정도의 말을 보충해 넣을 수 있을 것이다.

서 적합한 행위라고 할 수 없을 것이다" 하고 말했다. "그렇지만 이제는 내가 그 땅에 가는 것을 불안 탓으로 돌릴 수 없으므로 언젠가 현장 시찰을 겸해 평화를 확립하기 위해 그곳을 방문할 작정이다."

원로원은 티베리우스를 위해 귀환 기원식과 국민 감사제, 그 밖의 명예들을 의결했다. 단 한 사람, 푸블리우스 코르넬리우스 돌라벨라 (Publius Cornelius Dolabella)만이 다른 의원들을 능가하려고 어이없을 정도로 아부하며 "티베리우스가 캄파니아에서 로마로 돌아올 때 약식 개선식을 거행해야 한다"고 제안하기까지 했다. 그래서 곧 뒤쫓듯이 카이사르의 서신이 도착했다. 그는 그 안에서 이렇게 언명했다. "젊은 시절에 더할 나위 없이 난폭한 부족들을 정복하고 그토록 많은 개선식을 수락하거나 거절한 나이다. 나이가 든 지금, 수도의 교외에 머무르기 위해 공허한 포상을 원할 정도로 명성이 없다고는 생각지 않는다."

48 거의 같은 시기에 카이사르가 원로원에 푸블리우스 술피키우스 퀴리니우스의 죽음에 대해 국장國葬으로 경의를 표할 것을 요청했다. 그는 저 유서 깊은 귀족 가문인 술피키우스 가와는 아무 관련도 없었다. 그는 자치시인 라누비움 출신이었다. 전장에서 대담하게 싸우고 행정직을 맡았을 때도 부지런히 일해 신군 아우구스투스 밑에서 집정관직에 올랐다. 이어서 킬리키아에서 호모나덴세스족의 성채들을 점령하고 개선 장군 현장을 수여받았다. 그리고 아르메니아를 통치하고 있던 가이우스 카이사르의 보좌역으로 임명되었는데, 그때 마침 로도스 섬에서 살아가고 있던 티베리우스에게도 경의를 표했다. 이것은 티베리우스가 이번 서한을 통해 처음으로 원로원에 털어놓은 사실이다. 자신에게 보여 주었던 퀴리니우스의 호의를 칭찬하고 마르쿠스 롤리우스를 비난했다.

"롤리우스야말로 가이우스 카이사르로 하여금 내게 그토록 끈질기게 원한을 품게 한 장본인이다."

그러나 카이사르 이외의 사람들에게는 퀴리니우스에 대한 추억이 반드시 유쾌하지는 않았다. 앞에서 언급했듯이 그는 아이밀리아 레피다를 함정에 빠뜨리려고 애썼을 뿐만 아니라 만년에 추악하기 그지없이 행동하며 권력을 남용했기 때문이다.

49 이해 말경에 로마의 기사인 클루토리우스 프리스쿠스(Clutorius Priscus)가 밀고자의 공격의 대상이 되었다. 그는 전에 게르마니쿠스의 죽음에 관한 유명한 비가悲歌를 지어 티베리우스로부터 사례금을 받은 적이 있었다.[56] 그런데 이번에는 "드루수스가 죽었을 때 출판해 훨씬 더 많은 보수를 챙기려는 속셈에서 드루수스가 병들었을 때 시를 썼다"는 이유로 탄핵을 받았다.[57] 클루토리우스는 푸블리우스 페트로니우스(Publius Petronius)의 저택에서 페트로니우스의 장모 비텔리아와 다른 몇몇 귀부인 앞에서 자화자찬하며 그 시를 낭독했던 것이다.

밀고자가 앞으로 나서자 다른 여자들은 겁을 집어먹고 그 사실을 인정했지만, 비텔리아만은 "나는 아무것도 듣지 못했다" 하고 강력하게 주장했다. 그러나 피고에게 파멸을 초래하는 증언 쪽이 더 신용되었다. 예정 집정관 데키무스 하테리우스 아그리파가 판결을 내리고, 피고는 극형에 처해졌다.

50 이에 대해 마르쿠스 아이밀리우스 레피두스가 다음과 같은 반론을 폈다.

"원로원 의원 여러분, 우리가 단 한 가지만 생각해도, 즉 클루토리

---

56) 카이사르 가가 문인들에게 이런 사례금을 준 예가 많다. 예컨대 베르길리우스는 마르켈루스의 전사 장면을 작시, 낭독해 어머니 옥타비아(아우구스투스의 누나)로부터 1행당 1만 세스테르티우스를 받았다는 이야기는 유명하다.

57) 드루수스의 죽음을 예상하는 것은 점성술사에게 물어 보는 것과 마찬가지로 (악의에서든 선의에서든) 반역죄로 간주되었기 때문이다.

우스 프리스쿠스가 얼마나 불경하기 그지없는 목소리로 그 자신의 영혼과 청중의 귀를 더럽혔는가 하는 점만 생각해도, 지하 감옥이나 교수용 밧줄, 심지어는 노예용 책형조차 그를 벌하는 데 충분하다고 할 수 없을 것이오. 그렇지만 아무리 통탄스럽고 파렴치한 범죄라 할지라도 황제의 관용과 조상들 및 여러분의 관례가 징벌과 교정에 제한을 두고 있다면, 게다가 범행의 동기가 허영심이었는지 악의였는지 분간하고 말과 비행非行이 구별된다는 것을 고려에 넣는다면, 클루토리우스를 처벌하는 동시에 우리의 관용과 엄격함을 공히 후회하지 않는 판결을 내릴 수 있는 여지가 있을 것이오.

내 기억에 따르면 종종 누군가가 동정하기에 앞서 스스로 죽음을 택했을 때 우리의 황제께서는 분개하셨소. 그런데 다행히도 클루토리우스의 목숨은 아직 그대로 붙어 있소. 그를 살려 두어도 국가에 아무 위해도 가하지 않을 것이오. 그를 처형한다 해도 본보기가 되지 않을 것이오. 그의 시들은 어리석음으로 가득 차 있는 정도만큼 하찮고 덧없소. 자신의 수치스러운 면을 스스로 드러내고 남자의 정신이 아니라 단순하고 소박한 여자의 마음에 슬며시 호소하는 자는 뭔가 중대하고 놀라운 죄를 짓지 않을까 염려할 필요가 전혀 없소.

그러나 클루토리우스는 로마를 떠나야 하오. 그의 재산을 몰수하고 불과 물을 금지해야 하오. 나는 이렇게 제안하오. 그가 반역죄법을 어긴 것[58]과 같은 식으로 생각하기 때문이오."

51 레피두스의 의견에 찬성한 것은 집정관급 인사인 가이우스 루벨리우스 블란두스뿐이었다. 다른 사람들은 아그리파의 판결을 지지했다. 클루토리우스 프리스쿠스는 감옥으로 연행된 뒤 곧 처형되었다. 이 사건과 관련해 티베리우스는 여느 때와 같이 본심을 숨긴 표현

---

58) 반역죄를 지은 자가 받는 벌은 재산 몰수와 종신 추방이었다. 티베리우스의 만년이나 네로 시대에는 종종 처형되기도 했다.

으로 원로원을 비난했다. "황제에 대한 아주 하찮은 모욕인데도 혹독하게 보복했다"고 말하며 의원들의 책임감을 치켜세우면서도 다른 한편으로 "앞으로는 단순한 말실수를 이처럼 성급하게 처벌하지 말아 달라"고 부탁했다. 그리고 레피두스를 칭찬하면서도 아그리파를 비난하지 않았다.

그래서 원로원은 다음과 같이 의결했다. 원로원 판결을 〈10〉일이 지난 뒤에야 국고國庫에 보관하고,[59] 그 기간 동안은 사형 집행을 유예한다.

그러나 원로원에는 판결을 재고할 자유가 없었고, 그만큼 시간이 경과해도 티베리우스의 기분은 결코 누그러지지 않았다.

52 뒤이어 가이우스 술피키우스 갈바(Gaius Sulpicius Galba)와 데키무스 하테리우스 아그리파가 집정관이 되었다.[60] 이 해에는 대외적으로는 평온 무사했지만, 대내적으로는 사치 풍조에 대한 엄격한 조치가 예상되어 불안에 떨며 지냈다. 이 당시는 사치가 끝없이 확대되어 모든 면에서 돈이 낭비되고 있었다. 다만 어떤 종류의 낭비들은 설사 그 액수가 대단히 크더라도 대개의 경우 지불된 가격을 감춤으로써 사람들의 눈을 속일 수 있었다. 그러나 미식美食이나 요정의 값비싼 비용은 끊임없이 회화를 통해 세상에 널리 알려졌다. 그래서 모두 고풍스런 검소함을 존중하는 황제가 이것들을 엄격하게 단속하지 않을까 걱정했다.

이미 원로원에서 조영관 가이우스 칼푸르니우스 비불루스(Gaius

---

59) 국고는 사투르누스 신전 안에 있었다. 의결과 판결 모두 형식이 같았고, 의원들의 서명이나 증인證印을 거쳐 공표하고 국고에 보관해야 효력이 발생되었다. 그때까지 10일 동안은 원 판결의 재고가 허용되었다는 것이다. 은사恩赦의 특권은 원로원에 있었지만 그것은 원칙이고, 실제로는 황제의 의지에 달려 있었던 것 같다.

60) 서기 22년.

Calpurnius Biblus)가 도화선에 불을 댕기고, 이어서 다른 동료들도 이렇게 연설했기 때문이다. "사치 단속에 관한 법률[61]이 무시당하고 있다. 일용 식품류의 가격[62]이 인가의 한계를 넘어 날이 갈수록 상승하고 있다. 이제는 더 이상 웬만한 수단으로는 이에 대항할 수 없는 상태이다." 그래서 의원들은 이 문제를 토의하고 결론을 내리지 않은 채 그대로 황제에게 위임했다.

티베리우스는 마음속으로 오랫동안 자문 자답했다. "이렇게 확산된 낭비벽을 과연 억제할 수 있을까? 단속하면 도리어 나라에 훨씬 더 큰 해가 초래되지 않을까? 또한 도저히 성공할 수 없는 개혁에, 설사 실시한다 해도 상류층 명사들을 우롱하고 모욕하게 될 개혁에 손을 대는 것은 얼마나 불명예스런 일인가?" 그래서 마침내 그는 다음과 같은 내용의 서한을 작성해 원로원에 보냈다.

53 "원로원 의원 여러분, 아마도 다른 문제라면 내가 여러분 앞에서 질문을 받고 공공의 이익에 부합된다고 생각되는 의견을 말하는 것이 바람직할 것이오. 그렇지만 당면한 문제에 관한 한 여러분의 얼굴에서 내 시선을 돌리는 것이 더 낫소. 그러잖으면 불명예스러운 사치 때문에 탄핵받는 사람들의 겁먹은 얼굴이 하나하나 여러분의 주의를 끌 것이고, 나 자신도 그들을 싫어도 눈앞에서 찾아내 현행범을 잡는 듯한 일이 벌어지게 될 것이오.

하지만 직무에 열심인 조영관들이 사전에 나와 이 문제를 의논했다면 이렇게 충고해 주었을지도 모르겠소. '결국은 이 악덕에 도저히 맞설 수 없다는 것을 세상에 폭로하는 결과가 될 뿐이오. 그보다 오히

---

61) 아우구스투스가 기원전 22년에 제안한 법률인 듯하다. 예를 들어 평일이나 휴일 만찬의 최고액을 정해 놓았다.
62) 시장 가격을 통제하고 시장을 감시하는 것도 조영관의 임무 중 하나였다. 2권 85절 주를 참조할 것. 미식가들의 허영심으로 가격이 올랐던 것이다.

려 처음부터 이 압도적인 힘을 지닌, 극도로 발달된 악습을 그냥 내버려 두도록 하시오.' 하지만 그들은 내가 다른 정무관들이 각각의 직무를 수행할 때 그렇게 해주길 바랄 정도로 훌륭하게 그 책무를 수행했소.

그러나 내가 침묵을 지키는 것도 적당치 않지만 뭔가 말하는 것도 쉽지가 않소. 실제로 내 역할은 조영관이나 법무관, 집정관의 그것과 다르오. 황제에게서는 뭔가 좀더 중대하고 고귀한 것이 요구되고 있소. 그리고 사람들은 훌륭한 행위는 각기 다 자신의 공으로 돌리지만 죄는 모두가 저질러도 단 한 사람만 탓하게 마련이오.

실제로 내가 먼저 어떤 것부터 금지하면 좋겠소? 세상 사람들이 옛 풍속으로 돌아가게 하려면 어느 것부터 손을 대야 하겠소? 끝없이 커져 가는 별장부터 손을 대야 하겠소? 온갖 국적을 다 지닌 노예의 숫자[63]부터 손을 대야 하겠소? 아니면 은이나 금 식기의 무게부터 손을 대야 하겠소? 혹은 구리[64]나 회화 걸작품부터 손을 대야 하겠소? 남자나 여자 모두 애호하고 있는 저 옷부터 손을 대야 하겠소? 보석[65]을 위해 우리의 부(富)를 이국이나 적국으로 유출시키고 있는 저 여성 고유의 사치부터 손을 대야 하겠소?

54 물론 나도 사치가 특히 사교적인 향연과 관련해 비난받고 제한을 요구받고 있다는 것을 모르는 바는 아니오. 그러나 만약 그 때문에 법률이 제정되고 벌칙이 부과되면 그것을 요구하던 사람들이 이렇게 외칠 것이오. '나라가 뒤집히고 있다. 이것은 저명한 시민들을 모조리 절멸시키려는 기도이다. 단 한 사람도 이 죄에 연루되지 않는 사람

---

63) 4116명의 노예를 거느렸던 사람의 기사가 있다. 14권 43절 주를 참조할 것.
64) 이 당시 애호되고 있었던 코린토스의 구리 제품을 가리킨다.
65) 어느 귀족 여성은 총 4천만 세스테르티우스의 보석 장신구를 달고 있었다고 한다. 그런 보석 때문에 해마다 1억 세스테르티우스의 금이 유출되고 있었다.

이 없다.'

그렇지만 오랫동안 악화된 육체의 숙환은 고통스럽고 호된 치료로 밖에 고칠 수 없소. 그와 마찬가지로 스스로 타락하고 다른 사람들도 타락시키는 마음은 그 병적인 열을 식히려면 열을 부채질하는 정욕에 필적할 정도로 강렬한 구제법이 필요하오. 조상님들께서 창안해 내신 많은 법률도, 신군 아우구스투스께서 반포하신 수많은 법령도 전자 쪽은 망각으로 인해, 후자 쪽은 좀더 부끄럽게도 경멸감에서 버림받고 사치에 대한 면역성만 점점 더 키워 왔을 뿐이오. 사람들은 아직 금지되지 않은 것을 원할 때에는 이제 곧 금지되지 않을까 두려워하지만, 일단 금지된 선을 밟고 넘어갔는데도 벌을 받지 않으면 두려움과 수치심이 사라져 버리기 때문이오.

그렇다면 저 옛날에 검소함이 늘 우세했던 이유는 무엇이겠소? 그것은 다름 아니라 저마다 자신을 억제하고 있었기 때문이오. 우리가 모두 단 한 도시의 시민이었기 때문이오. 우리가 이탈리아를 지배하게 된 단계에서도 지금만큼 유혹이 크지 않았소. 우리는 외국을 정복하고 다른 나라 사람들의 것을, 시민 전쟁에서 이기고 우리 자신의 것을 낭비하는 법을 배웠소.

게다가 조영관들이 비난하고 있는 문제 그 자체는 얼마나 사소한 것이오! 여러분이 무엇이든 다른 문제를 생각한다면 이것이 얼마나 하찮은 것인지 이해될 것이오! 그렇소. 헤라클레스에 맹세코 단 한 사람도 다음과 같은 사실을 문제삼지 않고 있소. 즉 이탈리아는 해외령의 원조 없이는 살아갈 수 없다는 것, 로마 시민의 생명이 날마다 불안한 해상 수송과 폭풍우에 좌우되고 있다는 것이오. 그리고 장차 만약 속주의 풍부한 자원이 주인과 노예들을 부양하고, 우리의 농업을 보완할 수 없게 될 때, 과연 우리의 정원이나 별장이 우리를 지켜 주겠소?

원로원 의원 여러분, 바로 이것이 황제의 마음을 늘 괴롭히고 있는 문제요. 이 문제를 그냥 방치해 두면 국가가 파멸의 구렁텅이에 빠져 들 것이오. 다른 문제들은 각기 마음속으로 해결책을 강구해 주기 바라오. 우리는 부끄러움을 알고 가난한 사람은 어쩔 수가 없어서, 부자는 식상해 자신을 고쳐 나갈 수 있을 것이오. 물론 정무관 중 누구라도 충분한 용기와 엄격함을 지니고 현대의 풍조에 의연히 맞서겠다고 약속한다면, 나는 그 사람을 칭찬하고 '그 덕분에 내 짐의 일부가 덜어졌다'고 쾌히 고백할 것이오.

그러나 만약 여러분 중에 악습을 탄핵하려고 하면서 그것이 가져올 명성만 손안에 넣고 불러일으킨 세상의 분노는 내게 전가하는 사람이 있다면, 의원 여러분, 이것을 꼭 명심해 두기 바라오. 나도 여러분과 마찬가지로 사람들을 화나게 만들고 싶어하지 않는다는 것을. 국가를 위해서라면 아무리 격렬한 증오라도, 설혹 부당한 것이라도 언제든지 기꺼이 받아들일 것이오. 하지만 나뿐만 아니라 여러분에게도 도움이 되지 않는, 무의미하고 무가치한 증오라면 그것을 피하고 싶은 것이 당연하지 않겠소?"

55 티베리우스의 이 서한이 낭독된 뒤 조영관들은 그 의무[66]를 면제받았다. 그렇지만 악티움 전쟁이 끝나고 나서 세르비우스 갈바(Servius Galba)가 정권을 잡은 저 시민 전쟁 때까지 100년 사이에 엄청난 수준에 이르렀던 식탁의 사치 풍조가 그 후 점차 쇠퇴해 갔다. 그 변화의 원인을 생각해 보자.

고귀한 핏줄이나 공적으로 명성이 높은, 부유하고 유구한 가문들은 진수성찬이라는 폐습 속에 빠져든 지 이미 오래 되어 거기에서 다시 일어설 수 없는 상태에 처한 경우가 많았다. 그 당시에도 평민이나

---

66) 사치 단속과 관련된 제정책의 실행 강화.
67) 티베리우스의 만년과 네로 시대를 가리킨다.

동맹자, 보호국 왕 등의 비위를 맞추거나, 반대로 그들의 아첨을 받아들이는 것이 허용되어 있었다. 재산과 저택, 아름답고 훌륭하게 꾸며진 시설을 많이 소유함에 따라 누구든지 평판이나 수많은 추종자들에 의해 빛나는 지위로 추대되었다. 이윽고 학살로 광기에 찬 시대[67]가 찾아오고, 위대한 명성 그 자체가 파멸의 원인이 되었다. 이 시대에 어떻게든 살아남은 명사들은 전과 다른, 보다 현명한 생활 태도로 방향 전환을 했다. 이런 경향에 더하여 다른 한편으로 이탈리아의 자치시나 식민시, 나아가서는 속주에서까지 로마의 원로원에 잇따라 영입된 신인들이 그들 가정의 검소한 습관을 그대로 가져왔다. 이 신인들은 대부분 행운에 의해, 혹은 힘든 노력에 의해 부유한 노년에 이르러 있으면서도 여전히 예전의 생활 태도를 버리지 않고 있었다.

그러나 엄격한 기풍을 만들어 낸 최대의 공로자는 베스파시아누스(Vespasianus)[68]였다. 그 자신부터 생활 태도와 복장이 고풍스러웠다. 그래서 이 황제에 대한 공경심이 우러나고, 그리고 법에 바탕을 둔 벌칙이나 그 공포심보다 효과적인, 본받으려는 열렬한 욕망이 생겨났다. 하긴 이와 다르게 해석할 수도 있을 것이다. 즉 모든 사상事象 속에 순환 법칙과 같은 무엇인가가 있어 마치 사계절이 돌아오듯이 풍속이나 관습도 변천해 가기 때문이라고. 그렇지만 조상들의 관습이 모든 면에서 오늘날의 그것보다 더 좋고 훌륭했던 것은 아니다. 우리의 시대에도 후세의 모범이 될 만한 미덕이나 문화가 많이 태어나고 있다. 아무튼 이런 측면에서의 우리와 조상들의 명예로운 경쟁은 언제까지고 남겨 두고 싶다.

56 호시탐탐 고발의 기회를 노리고 있던[69] 자들을 봉쇄하고 온건한

---

68) 서기 69년부터 79년까지 통치한 황제.
69) 사치 단속법이 제정되면 그 위반자들을 고발하려고 만반의 준비를 갖추고 기다리고 있었다는 뜻.

정책자로서의 신용을 얻은 티베리우스가 원로원에 친서를 보내 드루수스에게 호민관 직권을 수여할 것을 요청했다. 최고의 권력을 의미하는 이 칭호는, 아우구스투스가 왕이나 독재관의 이름을 빌리지 않고 그 이외의 명칭을 사용해 다른 모든 명령권을 능가하기 위해 생각해 낸 것이다. 그 후 그는 이 권력의 공유자로 마르쿠스 아그리파를 선택했다. 아그리파가 사망하자 이번에는 티베리우스를 선택했다. 그것은 후계자를 명확히 해두기 위해서였다. 아우구스투스는 이것으로 다른 사람들의 잘못된 야심을 저지할 수 있다고 생각했다. 물론 티베리우스의 자제심과 자신의 위대한 권위에 자신감을 갖고 있었기 때문이기도 했다.

이 선례에 따라 티베리우스도 이제 드루수스를 최고의 권력에 근접시켰다. 게르마니쿠스가 살아 있을 때에는 두 사람 중 어느 쪽을 택할지 미결정 상태로 남겨 두고 있었지만.

티베리우스는 이 서한의 모두冒頭에서 신들에게 자신의 이 결정이 국가의 번영에 기여하게 해달라고 기원했다. 그러고는 젊은 드루수스의 성격과 관련해 거짓이나 과장 없이 짤막하게 자신의 의견을 밝혔다. "그에게는 아내도 있고 3명의 자식이 있소. 내가 일찍이 신군 아우구스투스의 부름을 받고 이 직책을 떠맡았을 때[70]와 같은 나이에 이르러 있소. 이 결정은 오늘 황급히 내린 것이 아니오. 8년간에 걸쳐 그의 능력이 확증되었기 때문이오. 반란을 진압하고 전쟁을 종결시켰소. 한 번 개선장군이 되고 두 번 집정관직을 역임했소. 그래서 이미 익숙한 직무에 내 협력자로서 지명된 것이오."

57 원로원 의원들은 전부터 이런 요청이 있으리라 예측하고 있었다. 그런만큼 아부에 찬 반응이 계획되어 있었다. 하지만 두 황제의

---

70) 35세 때.

상과 신들의 제단, 신상, 전승 기념문, 그 밖의 흔한 결의 외에 특별히 색다른 것은 없었다. 하긴 다음과 같은 예외적인 것도 눈에 띄긴 했지만. 즉 마르쿠스 유니우스 실라누스가 집정관직을 모욕함으로써 황제의 명예를 높이려고 자신이 발언할 차례가 되자 "공사를 불문하고 앞으로는 모든 기념물에 연대를 기록하기 위해 두 집정관의 이름이 아니라 호민관 직권을 행사하는 사람의 이름을 새겨야 한다"고 제안했다. 그러나 퀸투스 하테리우스는 "이날의 원로원 의결을 황금판에 새기고 의사당에 걸어 두어야 한다"고 제안하여 비웃음을 샀다. 이 노인은 이 몹시 혐오스러운 아부로 인해 결국 불명예밖에 얻지 못했다.

58 그럭저럭 하는 사이에 퀸투스 유니우스 블라이수스의 속주 아프리카의 통치 기간이 연장되었다. 그러자 유피테르의 사제인 세르비우스 코르넬리우스 렌툴루스 말루기넨시스(Servius Cornelius Lentulus Maluginensis)가 "속주 아시아를 통치하게 해달라"고 요청했다.

"세상 사람들은 왜 그런지 유피테르의 사제들은 이탈리아를 떠나는 것이 금지되어 있는 것처럼 생각하고 있다. 여기에는 근거가 없다. 유피테르 사제의 권한은 마르스 사제나 퀴리누스 사제의 그것과 다를 것이 전혀 없다. 그 사람들은 속주를 통치할 수 있는데, 어째서 유피테르 사제만이 이 권리를 거부당하고 있는가? 실제로 이 문제와 관련해 어떤 민중의 결의도 이루어진 적이 없고, 또 어떤 제전祭典 문서도 발견되지 않았다. 유피테르 사제가 질병 또는 공무로 지장을 초래할 경우에는 지금까지는 대제관이 종종 유피테르의 제의를 대행해 왔다. 게다가 루키우스 코르넬리우스 메룰라(Lucius Cornelius Merula)의 자살 이후 75년 동안 그 자리가 보충되지 않았다.[71] 그래도 제의가

---

71) 기원전 87년에 마리우스와 킨나가 돌아오자 자살했다. 그리고 기원전 11년에 아우구스투스의 지명에 의해 그 자리가 채워질 때까지 그가 맡았던 유피테르의 사제직이 공석으로 남아 있었다.

중단되었다는 이야기는 듣지 못했다. 이처럼 오랜 세월에 걸쳐 사제가 선정되지 않았는데도 성의聖儀에 아무 지장이 없었다면, 집정관 대행 명령권을 위해 1년간 로마를 비우는 것 정도는 비교적 간단한 일이 아닌가!

물론 옛날에는 대제관장[72]이 유피테르 사제들의 속주 부임을 저지한 적도 있다. 그것은 개인적인 불화에서였다. 오늘날 대제관장은 신들의 성총에 의해 최고의 인간으로 정해져 있다. 이 지위는 경쟁심이나 증오와 같은 개인적인 감정의 영향을 받기 어렵게 되어 있다."

59 이 연설에 복점관 그나이우스 코르넬리우스 렌툴루스를 비롯해 다른 의원들이 다양한 반론을 폈다. 그리고 대제관장의 결재를 기다리자는 결론이 내려졌다. 티베리우스는 회답 속에서 이 사제의 권한에 관한 생각은 뒤로 미루고, 원로원이 드루수스의 호민관 직권 위임과 관련해 결의한 의례적인 명예에 제한을 둘 것을 제의했다. 이름을 거론하며 제안자의 도리를 벗어난 태도를 질책하고 "황금판에 새기는 것은 조상들의 관례에도 어긋난다"고 말했다.

이때 드루수스의 서한도 낭독되었다. 겸손한 마음을 애써 드러내려 한 흔적을 발견할 수 있었지만, 서한을 쓴 것 자체가 이미 그가 오만한 증거로 해석되었다. 사람들은 이렇게 말했다. "우리 모두가 이렇게까지 타락했는가? 젊은이조차 그렇게 높은 명예를 수여받고도 수도의 신들 앞에 나아가거나 원로원에 들어가려고 하지 않다니. 하다못해 고향 땅에서 첫 새점을 쳐도 좋았을 텐데. 전쟁이라도 일어났는가? 그래서 그가 세상 끝에서 꼼짝 못하고 있는 것일까? 아니, 바로 지금 그가 캄파니아의 해안이나 호수 부근에서 방황하고 있는 것은

---

72) 국가의 종교를 주재하는 15명의 대제관단의 우두머리인 동시에 모든 성직자의 감독자. 제정 시대에는 황제가 이 직책을 맡았다. 즉 전임자인 트리움비르 아이밀리우스 레피두스가 사망하자 기원전 12년에 아우구스투스 자신이 대제관장이 되었다.

아닐까? 미래의 인류 지도자가 이처럼 철저히 교육받고 있는 것이다. 이것이야말로 아버지의 정책에서 배운 첫번째 교훈이다! 정말로 늙은 최고 사령관이었다면 시민들을 보는 것을 몹시 귀찮게 여기고, 만년의 피로와 과거의 실적을 들어 가며 변명할 수도 있었을 것이다. 하지만 드루수스로 말하면, 과연 그가 오만 불손을 제외하고 어떤 이유로 수도에 오지 않을 수 있겠는가?"

60 한편 티베리우스는 드루수스에게 이런 칭호를 수여함으로써 제정의 기초가 확고 부동해지자, 이번에는 원로원에 옛 권한의 흔적을 허용하고 속주들이 신청하는 것을 모두 다 의원들의 심의에 맡겼다. 이 당시 그리스의 여러 도시에서 제멋대로 한없이 면죄 성역을 설치하는 경향이 커져 가고 있었다. 그 결과 어떤 성역이든 다 극악무도한 노예들로 넘쳐흐르고 있었을 뿐만 아니라, 채권자를 피해 다니는 채무자나 죽을 죄를 저지른 혐의자들까지 이 장소를 피난처로 삼아 들끓고 있었다. 하지만 지방 당국에는 인간이 저지른 죄를 신들의 제의와 똑같이 비호하는 미천한 자들의 괘씸한 행위를 진압할 만한 권한이 없었다.

그래서 원로원은 여러 도시에 면죄 성역에 관한 공인 서류를 제출하고 사절을 로마에 보내라고 명했다. 몇몇 도시는 부정한 방법으로 빼앗은 권리를 곧 자발적으로 포기했다. 많은 도시는 각각의 유서 깊은 제례나 로마 국민을 위한 공헌 등에 자신감을 갖고 있었다. 원로원은 그들의 조상들에게 허가했던 특권이나 동맹 도시와의 평화 조약, 그리고 로마가 지배하기 전부터 효력을 발휘하고 있었던 여러 왕의 칙령이나 그들이 믿는 신들의 전례나 제의까지도 조사했다. 그리하여 옛날처럼 원로원 혼자서 충분한 권한을 갖고 자유롭게 승인하거나 거부할 수 있었던 그날의 광경은 확실히 볼 만했다.

61 맨 먼저 에페소스의 시민들이 출두해 그 유래에 대해 다음과 같

이 주장했다. "세상 사람들이 일반적으로 믿고 있듯이 오누이 사이인 아폴론과 아르테미스는 델로스 섬에서 태어나지 않았다. 우리 고장에 켄크리오스 강이 관류하는 오르티기아의 숲이 있다. 그곳에서 레토가 임신을 하고 오늘날에도 서 있는 올리브 나무에 기대어 그 쌍둥이 신을 낳았다. 그래서 신들의 충고에 따라 이 숲이 면죄 성역으로 정해졌다.

아폴론 자신도 키클로프스를 죽인 뒤에 제우스의 분노를 피해 이곳으로 왔다. 이어서 그의 아버지 디오니소스도 전쟁에 이겼을 때 아마존들이 이 숲의 제단을 점유하고 탄원했기 때문에 그녀들의 목숨을 용서해 주었다. 이어서 헤라클레스가 리디아를 정복할 무렵에, 그의 허가를 받아 신전이 세워지고 이 숲이 더욱더 신성시되었다. 이곳의 면죄 특권은 페르시아인이 지배하던 시대에도 침해받지 않았다. 그리고 이것은 다음 지배자인 마케도니아인에 의해서도, 마지막으로 로마인에 의해서도 계속 유지되었다."

62 뒤이어 마그네시아의 시민들이 루키우스 코르넬리우스 스키피오 아시아티쿠스(Lucius Cornelius Scipio Asiaticus)와 루키우스 술라의 공인을 근거로 자신들의 권리를 주장했다. "전자가 안티오코스[73]를, 후자가 미트리다테스를 패배시켰을 때,[74] 각기 마그네시아 시민들의 충성심과 무용武勇을 기리기 위해 '흰 눈썹'의 아르테미우스의 은신처에 불가침권을 수여했다."

이어서 아프로디시아스의 시민들과 스트라토니케아의 주민들이 호소했다. 전자는 독재관 카이사르의 편에 섰을 때의 옛 공적에 감사해 발표되었던 카이사르의 포고를, 후자는 파르티아인의 침략[75]을 받

---

73) 기원전 190년의 이야기. 셀레우키아 왕조의 안티오코스를 상대로 싸웠다.
74) 기원전 88년의 일. 폰토스의 미트리다테스를 상대로 싸웠다.
75) 기원전 40년의 일.

았는데도 로마 시민에 대한 의리를 저버리지 않고 저항한 점을 기려 신군 아우구스투스가 최근에 발표했던 포고를 각각 제출했다. 아프로디시아스의 시민들은 아프로디테의, 스트라토니케아의 시민들은 제우스와 헤카테의 제사를 옹호하려고 했다.

히에로카이사레아의 사절이 한층 더 먼 옛날로 거슬러올라가며 이렇게 설명했다. "우리가 사는 곳에는 페르시아의 아르테미스 제의와 키로스 왕[76]이 봉납한 이 여신의 사당이 있다." 그리고 마르쿠스 페르페르나(Marcus Perperna)와 푸블리우스 세르빌리우스 바티아 이사우리쿠스(Publius Servilius Vatia Isauricus),[77] 그 밖의 많은 최고 사령관의 이름을 거론하고, 그 장군들이 여신의 사당에 대해서뿐만 아니라 그 주변 2평방 마일에 걸쳐 면죄 특권을 부여한 경위를 이야기했다.

다음으로 키프로스 섬의 사절이 나타나 세 신전에 대해 설명했다. "그 중에서 가장 오래된 파포스의 아프로디테 신전은 아일리아스가 봉납한 것이고, 다음으로 오래된 것은 그의 아들 아마투스가 지은 아마투스의 아프로디테 신전, 다른 하나는 살라미스의 제우스 신전으로 테우크로스가 아버지 텔라몬[78]의 분노로부터 달아나 여기에 지은 것이다."

63 그 밖의 다른 도시들에서 온 사절의 이야기도 청취했다. 의원들은 그 엄청난 숫자에 질려 버리고, 또 각 도시에 대한 호감으로 인해 서로 대립하는 것을 보고 이 공인 서류들의 조사를 집정관들에게 일임했다. 그리고 "만약 서류 속에 부정한 기술이 숨겨져 있으면 그 문제는 그대로 다시 원로원에 회부해 달라"고 요청했다.

두 집정관은 앞에서 언급한 도시 외에 "페르가몬 시의 아이스쿨라

---

76) 페르시아의 왕. 기원전 559~529년.
77) 페르페르나는 기원전 130년에 페르가몬의 아리스토니코스를 참패시키고, 이사우리쿠스는 기원전 78~5년에 아나톨리아 남부의 해적들을 진압했다.
78) 모두 신화 혹은 전설상의 인물.

키오스 신전도 확실히 면죄 성역으로 인정받고 있다"고 보고했다. 그 밖의 도시들은 근거로 삼고 있는 기원이 너무 오래되어 확인할 도리가 없었다. 예컨대 스미르나의 시민들은 아폴론의 신탁을 거론했다. "그 신의 명에 의해 우리는 스트라토니키스의 아프로디테에게 신전을 바쳤다." 테노스 섬 주민들도 똑같이 아폴론의 신탁을 인용하며 "그 속에서 우리는 포세이돈에게 신전과 신상을 바치라는 명을 받았다"고 말했다.

사르디스의 사절은 보다 최근의 역사를 상기시켰다. "면죄 성역의 권리는 승리자 알렉산드로스 대왕의 선물이다." 밀레토스의 주민들도 똑같은 확신을 갖고 다리오스 왕[79]의 사적을 원용했다. 그러나 이 두 도시가 숭배하며 제사 지내고 있는 신은 각각 아르테미스와 아폴론이었다. 크레타 섬의 주민들도 신군 아우구스투스의 상과 관련해 면죄 특권을 주장했다.

그 후 원로원의 의결이 공포되었다. 그것은 대단히 정중한 말을 사용하면서도 제한을 두고 있었다. 그리고 "이 의결이 새겨진 동판을 각 신전에 걸고 이것을 신성한 기념물로 존중하며, 앞으로는 제사를 구실로 야심 깊은 기도[80]에 빠지는 일이 없도록 하라"고 명했다.

64 같은 시기에 율리아 아우구스타의 병이 악화되었다. 황제는 급히 로마로 돌아오지 않으면 안 되었다. 그때까지는 이 어머니와 아들은 정말로 사이가 좋던가, 아니면 증오심을 숨기고 있었을지도 모른다. 이보다 조금 전의 일인데, 율리아가 마르켈루스 극장 옆에 신군 아우구스투스의 입상立像을 봉헌할 때 그녀의 이름 뒤에 티베리우스의 이름을 새겼다. 그래서 티베리우스가 황제로서의 존엄을 훼손당하고 언제까지고 이 처사에 앙심을 먹고 은근히 어머니에게 반감을

---

79) 페르시아의 왕. 기원전 521~486년.
80) 경쟁적으로 성역을 넓히는 일.

품고 있다고 세상 사람들은 믿고 있었기 때문이다.

그것은 그렇다 치고, 원로원은 곧 신들에 대한 기원제와 대제관과 복점관, 십오인 신관 및 칠인 신관, 아우구스투스 동지회가 공동으로 주최하는 경기 대회를 결의했다. 이때 루키우스 아프로니우스가 "외무 신관外務神官[81]도 경기 대회를 주재해야 한다"고 제안했다. 카이사르는 이에 반대하고 각 신관단의 합법적인 역할을 분명히 했다. 과거로 거슬러올라가 선례를 인용하면서 그는 이렇게 말했다. "외무 신관에게는 그 정도의 특권이 주어진 적이 없다. 아우구스투스 동지회를 추가한 것은 명백히 이 성직자들이 카이사르 가 고유의 것이고, 목하 그 가문을 위해 신들에 대한 맹세를 실행에 옮기려 하고 있기 때문이다."

65 원로원의 제안과 관련해서는 고결한 발언이나 눈에 띄게 수치스러운 것으로 특히 주목할 만한 경우를 제외하고는 그것을 자세히 서술하지 않는 것이 내 방침이다. 내 생각에는 역사 기술의 가장 중요한 임무는 미덕을 어둠 속에 묻어 버리지 않는 동시에 나쁜 언행을 기록해 사람들이 사후의 오명에 대해 두려움을 느끼게 하는 것이기 때문이다.

그런데 이 시대는 도덕적으로 대단히 부패하고 아부와 아첨으로 더럽혀져 있었다. 지도적인 지위에 있는 시민들은 자신의 명성을 유지하기 위해 굴종하는 것 외에 다른 방법을 알지 못했다. 그뿐만 아니라 집정관급 인사들은 모두 다가, 법무관급 인사들은 대부분이, 원로원의 평의원들조차 많은 사람이 다투어 가며 기립해 구역질이 날 것 같은 터무니없는 제안을 가결시키고 있었다. 전해지는 바에 따르면 티베리우스는 원로원에 등원할 때마다 언제나 그리스어로 이렇게 중얼거렸다고 한다.

"언제든지 노예가 될 태세를 갖추고 있는 이 사람들이여!"

---

81) 선전을 포고할 때나 강화할 때 특별한 성의를 주관하는 20명의 신관단.

국가의 자유 정체를 바라지 않았던 티베리우스조차 의원들의 이런 노예 근성을 확실히 혐오하고 있었던 것이다.

66 이 무렵부터 원로원은 점차 예속 상태에서 박해받는 운명으로 옮아갔다. 아시아 지사 가이우스 유니우스 실라누스가 그 속주민들에 의해 가렴주구 혐의로 고발되었다. 이때라는 듯이 집정관을 역임한 마메르쿠스 스카우루스와 법무관 유니우스 오토(Junius Otho), 조영관 브루테디우스 니게르(Bruttedius Niger)가 실라누스에게 맹렬히 덤벼들어 "그는 아우구스투스의 신성을 모독하고 티베리우스의 존엄을 손상시켰다"고 탄핵했다.

마메르쿠스는 득의양양해서 옛 실례를 들어 가며 루키우스 아우렐리우스 코타(Lucius Aurelius Cotta)가 스키피오 아프리카누스(Scipio Africanus)에게, 세르비우스 술피키우스 갈바(Servius Sulpicius Galba)가 감찰관 카토(Cato)에게, 푸블리우스 루틸리우스 루푸스(Publius Rutilius Rufus)가 마르쿠스 아이밀리우스 스카우루스(Marcus Aemilius Scaurus)에게 탄핵받은 경위를 이야기했다.[82] 마치 자신의 탄핵 동기가 일찍이 스키피오나 카토가 복수를 결심했을 때와 같은 것처럼. 그리고 또 조상의 불명예라고 해야 할 이 마메르쿠스가 파렴치한 행위로 체면을 깎아내리려 하고 있는 저 유명한 증조부 스카우루스의 그것과 같은 듯이.

또 한 명의 고발자인 유니우스 오토는 예전에는 초등학교의 교사로 생계를 꾸려 가고 있었다. 이윽고 세야누스의 권력에 의해 원로원 계급으로 출세하게 된 그는 수치를 모르는 철면피로 비천한 태생을 더욱더 더럽히고 있었다.

마지막 고발자인 브루테디우스는 뛰어난 변론의 재주를 타고났기

---

82) 각각 불법적인 가렴주구나 선거 매수로 기원전 149년과 기원전 130년, 기원전 116년에 고발된 유명한 사건.

때문에 만약 올바른 길을 추구했다면 어떤 빛나는 지위에나 다 오를 수 있었을 텐데, 그는 초조함에 사로잡혀 있었다. 먼저 동등한 지위에 있는 사람을, 이어서 상위에 있는 사람을, 마지막으로 일찍이 자신이 희망했던 지위까지도 추월하려고 애썼다. 훌륭한 사람조차 이런 식으로 많이 파멸하고 있다. 그들은 느리지만 견실한 생활 방식을 경멸하고 너무 빨리 올라감으로써 파멸을 자초하고 있다.

67 각기 실라누스의 재무관과 보좌관[83]인 겔리우스 푸블리콜라(Gellius Publicola)와 마르쿠스 파코니우스(Marcus Paconius)가 가담함으로써 고발인의 숫자가 늘어났다. 피고가 압정壓政을 펴고 가렴주구 행위를 저지른 죄가 있다는 것은 의심의 여지가 없었다. 하지만 그는 죄 없는 사람조차 파멸시켜 버릴지 모르는 상황에 놓여 있었다. 먼저 피고 실라누스는 자신에게 적의를 품고 있는 다수의 원로원 의원뿐만 아니라 웅변술을 높이 평가받아 탄핵 연설을 위해 채용된, 아시아 전역에서 가장 훌륭한 변론가들을 상대로 혼자서 항변하지 않으면 안 되었다. 게다가 그는 변론 경험이 없고, 더없이 숙련된 웅변가들조차 무력화시키는 저 특유의 공포에 사로잡혀 있었다. 티베리우스가 꺼리지 않고 화난 표정과 음성으로 사정 없이 위압했기 때문이다. 그는 끊임없이 심문하며 피고가 반박하거나 회피하는 것을 허용하지 않았다. 황제의 심문이 헛수고로 끝나지 않도록 피고는 종종 자백을 강요받기까지 했다.

실라누스의 노예들까지 고문을 통한 심문을 위해 국유 재산 관리인으로 매각되었다. 피고와 친한 사람들이 위험에 빠진 그를 돕지 못하도록 반역죄를 날조해 변호의 자유를 방해하고 아무 말도 하지 못하게 했다.

---

83) 아시아는 원로원의 1급 속주이기 때문에 1명의 재무관과 3명의 보좌관을 두고 있었다. 부하가 상관을 고발하는 것은 로마인의 도덕적 견지에서는 수치스런 일이었다.

그래서 피고는 며칠간의 심리 유예를 요청하고 결국 자신의 변호를 단념했다. 그리고 마지막 용기를 짜내 카이사르 앞으로 푸념과 애원이 뒤섞인 탄원서를 써보냈다.

68 티베리우스는 실라누스를 위해 준비해 두고 있던 처벌을 선례를 인용해 더욱 정당화하고 사람들을 납득시키려 했다. 그래서 똑같이 아시아의 지사였던 루키우스 발레리우스 메살라 볼레수스(Lucius Valerius Messalla Volesus)[84]에 관한 신군 아우구스투스의 문서 및 메살라에 대한 원로원 의결을 낭독하게 했다.

그러고는 루키우스 칼푸르니우스 피소의 의견을 물었다. 피소는 먼저 장황하게 황제의 자애로움을 예찬한 뒤에 "실라누스에게 물과 불을 금지하고 기아로스 섬에 격리시켜야 한다"고 선고했다. 다른 의원들도 이 판결에 동의했다. 단 한 사람, 그나이우스 코르넬리우스 렌툴루스만이 "실라누스의 재산 중에서 어머니가 물려준 것만은 몰수에서 제외하는 것이 좋겠다. 그의 어머니는 아티우스 씨족 출신이기 때문이다.[85] 그녀의 유산은 손자에게 유증되어야 한다"고 제안했다. 티베리우스도 이에 동의했다.

69 푸블리우스 코르넬리우스 돌라벨라가 사람들이 상상도 못 할 정도로까지 아첨을 하고 나섰다. 그는 먼저 실라누스의 성격을 비난하고 나서 "생활 태도에 결점이 많고 악명이 높은 사람은 모두 속주 통치의 할당에서 제외시켜야 한다. 그 인선은 황제가 결정하는 것이 좋겠다"고 제안했다. "확실히 저지른 죄는 법률이 처벌할 것이다. 하지만 죄를 미연에 방지하는 것이 본인에게 얼마나 훨씬 더 자비로운 일이고, 속주민에게도 얼마나 훨씬 더 좋은 일인가!"

---

84) 그는 대단히 잔혹했던 것 같다. 하루 사이에 300명을 죽이고 시체 사이를 걸어다니면서 "왕 같지 않은가?"라고 말했다고 한다. 서기 12년, 아시아 지사로 재임할 때의 일이다.

85) 실라누스의 어머니의 이름이 아티아라면, 아마도 그녀는 같은 이름을 지녔던 아우구스투스 어머니의 친척이었을 것이다.

이에 대해 카이사르는 이렇게 반론을 폈다. "물론 나도 실라누스에 대한 풍문을 몰랐던 것은 아니다. 하지만 단순한 소문으로 사람을 판단해서는 안 된다. 지금까지 많은 통치자가 사람들의 기대나 위구심에 어긋나는 생활을 해왔다. 어떤 사람은 중대한 사명에 분발해 훌륭한 생활을 하고, 어떤 사람은 도리어 무기력해졌다.

그렇다 해도 황제가 자기 혼자만의 지식으로 모든 분야의 문제를 떠맡기는 불가능하다. 인선할 때 경쟁자들의 술책에 말려들어도 곤란하다. 법률을 기정 사실에 바탕을 두고 제정하는 것은 미래를 예측할 수 없기 때문이다. 옛사람들은 먼저 죄가 저질러지고 난 뒤에 벌칙을 만드는 것을 관례로 삼았다. 예지叡智가 생각해 내고 계속 준수해 온 이 원칙을 우리도 변경해서는 안 된다. 황제에게는 이미 충분히 무거운 짐이 있다. 황제의 권한이 늘어날 때마다 법의 권위가 손상된다. 법률로 조치할 수 있는 경우에는 황제의 명령권을 행사해서는 안 된다."

티베리우스가 세상의 평판을 마음에 두는 일이 적을수록, 그의 의견이 더한층 기꺼이 사람들에게 환영받았다. 그는 개인적인 분노에 자극받지 않을 때에는 언제나 온건한 견해를 주장할 정도로 사려가 깊은 사람이기도 했다. 그래서 마지막으로 이렇게 덧붙여 말했다. "기아로스 섬은 사람이 살 수 없을 정도로 황량한 곳이다. 피고가 유니우스 가의 일원이고, 일찍이는 여러분과 마찬가지로 원로원 의원이었다는 점을 고려해 오히려 키트노스 섬을 유배지로 삼아야 하지 않겠는가? 이것은 실라누스의 누이로 옛날 그대로의 정절을 지켜 오고 있는 베스타 성녀 유니아 토르콰타(Junia Torquata)의 탄원에 따른 것이다." 이 제안은 이의 없이 통과되었다.

70 이어서 원로원은 키레네 시민들의 호소를 들었다. 그리고 앙카리우스 프리스쿠스에 의해 고발된 카이시우스 코르두스에게 가렴주구죄를 선고했다. 로마 기사 루키우스 엔니우스(Lucius Ennius)가 황

제의 상을 은제銀制 일용품으로 다시 주조했다는 이유 때문에 반역죄로 기소되었다. 카이사르는 이 기소를 받아들이길 거부했다. 그러자 가이우스 아테이우스 카피토가 자유의 정신을 과시하며 공공연히 이에 반대했다. "누구든 원로원에서 결정권을 빼앗아 가서는 안 되기 때문이다. 그리고 이런 가당찮은 행위는 처벌받지 않으면 안 된다. 확실히 황제는 개인적인 모욕에 대해서는 무관심해도 된다. 하지만 국가에 대한 부정 행위에는 관대해서는 안 된다."

그러나 티베리우스는 카피토의 말을 단순한 표현보다는 그 취지에 따라 해석하고 끝까지 기소를 받아들이길 거부했다. 카피토의 체면이 한층 더 두드러지게 실추되었는데, 그것은 그가 인간과 신들의 법에 조예가 깊은 학자임에도 불구하고 공적인 빛나는 지위뿐만 아니라 개인적인 훌륭한 재능까지 더럽혔기 때문이다.

71 다음으로 종교상의 문제가 상정되었다. 로마 기사들이 아우구스타의 병이 낫기를 기원하며 '기사들의' 포르투나에게 맹세한 선물을 어떤 신전에 둘 것인가 하는 문제였다. 확실히 수도에 포르투나의 신전이 많이 있어도 이런 특별한 명칭을 지닌 여신의 신전은 없었다. 하지만 그렇게 불리고 있는 신전이 안티움에 있고, 이탈리아 전 도시의 제례와 신전, 신상은 수도의 관할에 속하고 그 명령권 밑에 있다는 것이 밝혀졌다. 그래서 저 봉납물을 안티움에 안치하게 되었다.

카이사르는 종교상의 문제가 토의되는 김에 전에 보류해 놓았던, 유피테르의 사제 세르비우스 코르넬리우스 렌툴루스 말루기넨시스에 대한 회답을 발표했다. 먼저 대제관단의 교령教令을 낭독했다. "유피테르의 사제가 병들었을 경우 이틀 이상의 결석과 관련해서는 언제나 대제관장의 승인을 얻어야 한다. 다만 국가의 희생식이 벌어지는 날에는 이것도 인정되지 않는다. 게다가 1년 내에 2회 이상 결석하는 것도 허용되지 않는다." 이 교령은 아우구스투스의 황제 시대에 제정되었다. 이것으로 충분히 알 수 있듯이 유피테르의 사제는 1년간의 부재나 속주 통치를 허용받지 못하고 있었다.

이 낭독에 뒤이어, 카이사르는 또한 사제 아울루스 포스투미우스(Aulus Postumius)를 로마에 붙잡아 둔 대제관장 루키우스 카이킬리우스 메텔루스(Lucius Caecilius Metellus)의 예를 인용하기도 했다.[86] 이리하여 속주 아시아의 통치는 말루기넨시스 바로 다음에 집정관에 취임했던 사람에게 할당되었다.

72 같은 시기에 마르쿠스 아이밀리우스 레피두스가 아이밀리우스 씨족의 기념비인 파울루스[87] 공회당을 개인 비용으로 수복하고 장식할 수 있는 권리를 원로원에 요청하고 허락받았다. 이 무렵에도 공공의 이익을 위한 이런 기부 행위가 아직도 유행하고 있었다. 아우구스투스도 티투스 스타틸리우스 타우루스(Titus Statilius Taurus)나 루키우스 마르키우스 필리푸스(Lucius Marcius Philippus), 루키우스 코르넬리우스 발부스(Lucius Cornelius Balbus)가 적의 전리품이나 남아 돌아가는 개인의 재산을 이용해 수도를 장식하고 후대의 칭송을 받으려 하는 것을 결코 방해하지 않았다.[88]

이런 것들을 모범으로 삼아 이때 레피두스가 재산이 그다지 많지 않았는데도 조상들의 기념물을 복원하려고 했던 것이다.

한편 카이사르는 우연한 화재로 붕괴해 버린 폼페이우스 극장을 자신의 손으로 재건하겠다고 약속했다. "폼페이우스 가 사람들은 아무도 이것을 재건하는 데 필요한 비용을 지니고 있지 못할 것이기 때

---

86) 아울루스 포스투미우스는 기원전 242년에 로마를 떠나는 것을 금지당했다. 하지만 그는 유피테르가 아니라 마르스의 사제였다.
87) 기원전 50년의 집정관이자 레피두스의 조부인 루키우스 아이밀리우스 파울루스가 아이밀리우스 씨족의 바실리카를 재건했다.
88) 타우루스는 기원전 29년에 최초의 석조 원형 경기장을, 필리푸스는 신전과 산책 주랑을 건조하고, 발부스(기원전 19년의 아프리카 지사)는 석조 극장을 지었다.

문이다. 다만 폼페이우스라는 이름은 계속 남겨 둘 생각이다."

이 기회에 티베리우스는 세야누스를 크게 칭찬했다. "그의 분투와 신중한 행동으로 인해 그토록 심했던 화재가 폼페이우스 극장 단 하나의 손실로 방지될 수 있었다." 그래서 원로원은 세야누스의 입상을 제작한 뒤 폼페이우스 극장 안에 세워 두기로 결의했다.[89]

그 직후 카이사르는 아프리카 지사 퀸투스 유니우스 블라이수스의 공적을 치하하고 개선 장군 현장을 수여했다. "이것은 세야누스에게 경의를 표하며 주는 것이다"고 말했다. 블라이수스는 세야누스의 숙부였다. 그렇지만 블라이수스는 그 자신의 공훈만으로도 충분히 이런 명예를 누릴 수 있었다.

73 그것은 다음과 같은 사정에서였다. 타크파리나스가 종종 격퇴당하면서도 아프리카의 오지 일대에서 또다시 원군을 그러모았다. 그리고 티베리우스에게 사절을 보내 "나와 내 부하들에게 거주지를 제공해 달라"고 요구하고 "그러잖으면 끝없이 싸움을 계속하겠다"고 위협했다. 이렇게까지 기어오르며 오만 불손하게 굴었다.

전해지는 바에 따르면 티베리우스는 자신과 로마 국민에 가해진 모욕 가운데서 타크파리나스 같은 부랑자가, 저 비적이 대등한 교전 자처럼 군 이때처럼 분노를 참기 힘든 적이 없었다고 한다.

"집정관의 군대를 그토록 여러 번 격파하고도 해를 입지 않은 채 이탈리아를 불태웠던 저 스파르타쿠스[90]에게조차 국가는 조약에 의한 귀순을 허용하지 않았다. 그렇다, 그때 국가는 퀸투스 세르토리우스(Quintus sertorius)와 폰토스의 미트리다테스와의 전쟁으로[91] 뿌리째 흔들리고 있었는데도. 하물며 오늘날 세계에서 가장 긍지가 높은

---

89) 이 결의 소식을 듣고 아울루스 크레무티우스 코르두스가 "이로써 그 극장이 완전히 붕괴되었다" 하고 개탄했다고 한다. 이 교양 있는 결벽가는 자살했다(4권 34절, 35절 참조).

90) 트라키아 출신의 검투사로 노예 반란을 선동하고, 기원전 73년에서 71년까지 집정관의 군대를 패배시켰다.

로마 국민이 타크파리나스와 같은 도적을 매수하기 위해 평화와 땅을 양보하는 것은 결코 있을 수 없는 일이다."

그래서 티베리우스는 블라이우스에게 다음과 같은 명령을 내렸다. "다른 놈들은 꾀어 무기를 버리면 목숨을 구할 수 있다는 희망을 갖게 하라. 수령만은 무슨 일이 있어도 포로로 잡아라."

많은 적이 투항하고 은사를 받았다. 이어서 로마군은 타크파리나스의 계략에 같은 병법으로 대응했다.

74 적은 병력은 열세지만 기습전에 뛰어났다. 언제나 여러 무리로 나뉘어 습격하면 곧 모습을 감추고 매복했다가 요격했다. 그래서 블라이수스는 세 진격 방향을 결정하고 3개의 종대縱隊를 편성했다. 그 중 한쪽의 종대는 군단장 푸블리우스 코르넬리우스 렌툴루스 스키피오(Publius Cornelius Lentulus Scipio)의 지휘 하에 렙티스의 주민들을 약탈하는 적의 진로와 가라만테스족의 부락 내에 있는 적의 은신처로 향했다. 다른 한쪽의 종대는 키르타 주변의 부락을 약탈한 적에 복수하기 위해 아들 블라이수스가 군대를 이끌고 나아갔다. 한가운데의 종대는 장군 자신이 정예병을 이끌고 진영이나 요새를 적당한 곳에 설치하면서 진군했다. 그리하여 적을 조건이 나쁜 좁은 곳에 완전히 몰아넣었다. 실제로 적이 어느 방향으로 이동해도 일단의 로마 병사가 눈앞이나 측면에서, 때로는 배후에서조차 발견되었다. 그 결과 대부분의 적이 살해되거나 사로잡혔다.

이어서 블라이수스는 이 3개 부대를 더 많은 소부대로 나누고 무용을 신뢰할 수 있는 백인대장을 지휘관의 자리에 앉혔다. 여름이 끝날 때가 되면 평소에는 군대를 철수시키든가 옛 속주[92]의 동계 진영에

---

91) 전자는 기원전 82~72년, 후자는 기원전 74~67년의 전쟁.
92) 기원전 146년의 카르타고 함락 이후 병합된, 예로부터의 아프리카 속주. 대략 오늘날의 튀니지 지역.

집결시키든가 했지만, 이때는 전쟁이 갓 시작된 듯이 진영을 설치하고 사막에 익숙한 경무장 보병을 거느리고 천막을 옮겨 가며 도망쳐 다니는 타크파리나스를 추격했다. 블라이수스는 마침내 그의 형제를 사로잡고 나서야 철수했다. 하지만 이것은 속주민의 이익을 생각하면 너무 이른 처사였다. 전쟁을 다시 일으킬 위험성이 있는 부족이 그대로 남아 있었기 때문이다.

그렇지만 티베리우스는 전쟁이 종결되었다고 생각하고, 블라이수스에게 군단병들로부터 '최고 사령관 만세'라고 환호받을 수 있는 특권까지 허용했다. 이것은 옛날에 장군에게 수여되던 명예였다. 장군이 국가를 위해 위대한 전공을 세웠을 때에는 언제든지 승리에 기뻐 어쩔 줄 모르며 병사들이 "최고 사령관 만세!"라고 일제히 환호했다. 그래서 옛날에는 동시에 여러 명의 최고 사령관이 존재할 수 있었다. 게다가 그들의 지위는 동포 시민들보다 높지 않고 대등했다. 아우구스투스도 몇 명의 장군에게 이 칭호를 허락했다. 그리고 티베리우스가 이때 블라이수스에게 수여한 것이 그 마지막이 되었다.

75 이해에 두 명의 유명 인사, 즉 아시니우스 살로니누스(Asinius Saloninus)와 가이우스 아테이우스 카피토가 세상을 떠났다. 전자는 마르쿠스 아그리파와 가이우스 아시니우스 폴리오(Gaius Asinius Pollio)의 손자 및 드루수스의 이부異父 형제로 유명했다. 그리고 티베리우스의 손녀딸과 약혼한 상태였다. 후자는 이미 말했듯이 로마에서는 법률학의 업적 면에서 최고의 자리를 차지하고 있었다. 그러나 그의 조부는 술라 휘하의 백인대장에 지나지 않았고, 부친은 법무관급 인사였다.

아우구스투스가 카피토를 너무 이르게 집정관으로 승진시킨 것은, 그가 법률학에서 탁월했던 마르쿠스 안티스티우스 라베오(Marcus Antistius Labeo)를 관직의 영예 면에서 능가하게 만들려고 했기 때문이다. 확실히 아우구스투스 시대는 동시에 2개의 빛나는 평화의 장식품을 만들어 냈다. 그 중 하나인 라베오[93]는 자유의 정신을 부패시키지 않았기 때문에 사람들로부터 한층 더 깊은 존경을 받았다. 카피토는 지조를 굽혀 지배자로부터 더욱더 많은 사랑을 받았다. 전자는 법무관에 머물고 더 이상 승진하지 못했기 때문에 이 부당한 처사를 동정받고 널리 세상 사람들의 칭찬을 받았다. 후자(카피토)는 집정관직에 올랐기 때문에 질투를 사고 세상 사람들의 증오를 초래했다.

76 다음으로 유니아 테르툴라(Junia Tertulla)가 필리피 전투가 끝난 지 64년째 되는 해에 숨을 거두었다. 그녀는 카토의 조카딸이자 가이우스 카시우스(Gaius Cassius)의 아내이고 마르쿠스 브루투스(Marcus Brutus)의 누이였다.[94] 그녀의 유서가 세간에서 큰 화제가 되었다. 그녀가 막대한 재산을 유증하면서 일류 명사들에게 거의 모두 경의를 표했음에도 불구하고 티베리우스만은 제외시켰기 때문이다. 티베리우스는 이것을 한 시민과 같은 입장에서 관대하게 받아들이고, 그녀가 장례식과 관련해 중앙 광장의 연단에서의 추도 연설과 같은 여러 가지 관례적인 명예를 누리는 것을 금하지 않았다.

20개 종가宗家의 초상이 기라성처럼 장례 대열의 선두에서 운반되었다. 만리우스 씨족과 퀸크티우스 씨족, 그 밖의 고귀한 씨족 이름들이 이어졌다. 카시우스와 브루투스는, 이 두 사람의 초상이 발견되지 않았다는 바로 그 일로 인해 한층 더 이채를 띠었다.

---

93) 카피토와 나란히 각기 후세에 대립하는 두 학파, 즉 프로쿨루스파(진보적)와 사비누스파(보수적)의 시조가 된다.

94) 유니아의 어머니 세르빌리아는 소小카토와 남매간이고, 첫 결혼에서 브루투스(카이사르의 암살자)를 낳았다. 두번째 결혼에서는 본문의 유니아를 낳았다. 유니아의 남편 카시우스(카이사르의 암살자)는 필리피 전투(기원전 42년)에서 죽었다. 이런 이유에서 카이사르의 자손인 황제로 인해 브루투스와 카시우스의 상이 장례 대열에서 발견되지 않았던 것이다.

제4권 (서기 23~28년)

1. 드루수스의 죽음

■1■ 가이우스 아시니우스 폴리오와 가이우스 안티스티우스 베투스 (Gaius Antistius Vetus)가 집정관이 되었다.[1] 이해로 티베리우스의 통치 시대가 9년째를 맞이했다. 그 동안 국가가 안정되고, 카이사르 가도 번창했다(게르마니쿠스의 죽음이 경사스런 일로 생각되었기 때문이다).

이것을 돌연 운명이 교란시키기 시작했다. 황제 자신이 잔인해지거나 혹은 잔혹한 자들에게 힘을 빌려 주게 되었다. 이 변화의 첫 원인 제공자는 친위대장 루키우스 아일리우스 세야누스였다. 그의 권세에 대해서는 이미 기술한 바 있다. 여기에서는 그의 태생과 성격에 대해, 그리고 어떤 간교한 계책으로 패권을 손에 넣으려 했는지에 대해 설명하기로 하겠다.

그는 불시니에서 태어났다. 아버지는 로마 기사 루키우스 세이우스 스트라보(Lucius Seius Strabo)였다. 세야누스는 청년기 초기에 신군 아우구스투스의 손자 가이우스 카이사르의 종자였다. 그 무렵에

---

1) 서기 23년.

부유한 방탕아 마르쿠스 카비우스 아피키우스(Marcus Cavius Apicius)
에게 몸을 팔았다고 하는데, 단순한 소문은 아니었을 것이다. 이윽고
그는 여러 가지 술책을 써서 티베리우스의 마음을 완전히 사로잡았
다. 다른 사람에게 마음을 털어놓지 않는 티베리우스가 그를 유일하
게 신뢰할 수 있는 인물로 여기고서 자유롭게 마음을 터놓고 이야기
할 정도였다. 이것은 반드시 그의 수완 덕분만은 아니었다(그 자신도
바로 그 책략에 의해 타도되었기 때문이다). 그보다는 로마 국가에 대한
신들의 분노에서 비롯된 것이었다. 그가 권력을 휘두른 것이나 타도
된 것이나 다 똑같이 국가에 파국적이었기 때문이다.

그는 중노동을 견뎌 낼 수 있는 육체와 대담 무쌍한 정신을 지니고
있었다. 자신을 숨기고 다른 사람을 중상하고, 비굴하게 아첨하는가
싶으면 오만 방자하게 굴었다. 겉으로는 평정을 가장하고 자신을 낮
추어 보이면서 마음속으로는 최고의 권세욕에 불타고 있었다. 그래
서 가끔 짐짓 호기 있게 사치를 부리며 놀 때도 있었지만, 열심히 일
하며 밤을 새울 때가 더 많았다. 후자도 지배층을 목표로 삼고 위선적
으로 취하는 행동일 경우 언제나 전자에 못지 않게 해롭다.

2 그는 이때까지 작고 약했던 친위대장의 권한을 강화시켰다. 수
도 내에 산재해 있던 각 대대를 한 병사兵舍에 집결시킨[2] 것은 전 대원
에게 동시에 명령을 내리고, 그 숫자와 힘을 보고 병사들은 스스로 자
신감을 갖고 시민들은 공포심을 갖게 하기 위해서였다. 티베리우스
에게는 다음과 같이 변명했다.

"친위대 병사들이 분산되어 있으면 전체적으로 통일을 기하기가
어렵습니다. 일단 유사시에는 일치된 행동이 좀더 큰 효과를 발휘할

---

2) 아우구스투스는 통치의 근저가 군사력에 있는 것을 감추기 위해 교외에 6개, 시내에 3개
대대를 산재시키고 영구적인 병사를 짓게 하지 않았다. 새 병사는 수도 동북쪽 모퉁이에
지어졌다.

것입니다. 그리고 수도의 여러 가지 유혹으로부터 멀리 떨어진 곳에 병사를 두면 군기가 한층 더 엄격해질 것입니다."

그리하여 병사가 완공되자, 세야누스는 서서히 병사들의 환심을 샀다. 그는 이름을 불러 가며 병사 한 사람 한 사람과 이야기를 나누었다. 다른 한편으로는 백인대장이나 부관을 직접[3] 선택하고, 또 뻔뻔스럽게도 자기 일당이 정무관직이나 속주 관리직으로 돋보이게 하려고 원로원을 상대로 공작을 폈다. 티베리우스가 얼마나 세야누스가 하라는 대로 하며 특별히 돌보아 주었는지는 다음과 같은 사실로도 알 수 있다. 즉 그는 사적인 대화를 나눌 때나 원로원이나 국민 앞에서도 세야누스를 자신의 직무 협력자로 칭찬하고 그의 상을 극장이나 광장, 각 군단의 사령부[4]에까지 세우고 경의를 표하게 했다.

3 그러나 당시의 카이사르 가는 후계자로 가득 차 있었다. 한창때인 적자와 성년에 이른 손자들[5]이 세야누스의 야심을 가로막고 있었다. 물론 이들을 모두 한꺼번에 암살하는 것은 위험한 일이었다. 그래서 범죄와 범죄 사이에 어느 정도 기간을 두고 음모를 마무리지으려 했다. 다만 가능한 한 비밀리에 계획을 추진하고 먼저 최근에 원한을 품게 된 드루수스부터 손을 대는 것이 좋겠다고 생각했다. 드루수스는 경쟁 상대를 용납하지 못하는 성격이고 상당히 화를 잘 냈다. 사소한 일로 세야누스와 입씨름을 벌이고, 마침내 주먹을 치켜 들었다. 그리고 세야누스가 이에 저항하자 얼굴을 후려갈겼다.

그래서 세야누스는 이리저리 궁리한 끝에 드루수스의 아내 리비아에게 의지하는 것이 가장 쉬운 복수의 길이라고 생각하기에 이르렀다. 그녀는 게르마니쿠스의 누이동생이었다. 어릴 때에는 용모가 그

---

3) 친위대장의 임면권은 백인대장 이하의 병사들에게만 유효했다.
4) 사령부에는 군기와 함께 최고 사령관의 상이 있었다. 세야누스는 이로 인해 황제와 동등한 존재로 보이게 되었다.
5) 양자 게르마니쿠스의 자식들인 네로 카이사르와 드루수스 카이사르.

리 눈에 띄지 않았지만, 이윽고 발군의 미모를 자랑하게 되었다. 세야누스는 이 리비아에게 빠진 체하며 그녀를 유혹했다. 그는 이 최초의 파렴치한 목적을 달성하자(여자라는 존재는 정조를 잃으면 무엇이든 하라는 대로 하기 때문에), 그녀에게 "앞으로 결혼한 뒤 함께 왕위를 공유하겠다"고 약속하고 남편을 죽이도록 부추겼다. 그리하여 아우구스투스의 종손녀이자 티베리우스의 며느리이고 드루수스의 자식들의 어머니인 리비아가 시골 출신의 간부奸夫를 위해 자신은 물론 조상과 자손까지 더럽히고, 보증되어 있는 명예로운 현재 대신 천하고 불확실한 미래에 기대를 걸었다.

그들은 리비아의 친구이자 시의侍醫인 에우데무스(Eudemus)를 음모에 끌어들였다. 그는 진찰을 구실로 늘 그녀와 밀담을 나누었다. 세야누스는 이미 3명의 자식을 낳은 아내 아피카타(Apicata)를 집에서 쫓아냈다. 정부를 안심시키고 격려하기 위해서였다. 하지만 너무나 엄청난 범죄였기 때문에 그때마다 겁을 집어먹고 실행을 늦추고, 때로는 계획을 완전히 다시 세웠다.

4 이럭저럭 하는 사이에 이해 초에 게르마니쿠스의 차남 드루수스가 성년식을 치렀다. 원로원은 그의 형 네로를 위해 결의했던 것과 똑같은 명예를 이번에도 수여했다. 게다가 카이사르도 소개 연설에 나섰는데, 이때 자신의 아들을 크게 칭찬하는 것을 잊지 않았다. "그는 게르마니쿠스의 자식들에게 아버지와 같은 자애로움을 보여 주고 있다." 확실히 드루수스 안에서 권력과 융화가 동거하기는 힘들었을 것이다. 하지만 젊은 조카들에게는 호감을 갖거나 최소한 적의를 품고 있지는 않을 것이라고 세상 사람들은 보고 있었다.

이어서 티베리우스가 전에 계획하고, 그 이후 여러 차례 입발린 말로만 언급해 온 속주 순찰 문제를 또다시 새로 끄집어 내고 최고 사령관의 입장에서 이렇게 변명했다.

"노병이 상당한 숫자에 이르고 있다. 병사들을 새로 모집해 군대를 보충하고 강화할 필요가 있다. 그런데 지원자가 충분치 않다. 설사 보충할 수 있어도 도저히 전과 같은 용기와 규율을 바랄 수 없을 것이다. 자발적으로 군 복무를 신청하는 것은 대부분 무일푼의 부랑자들이기 때문이다."

다음으로 그는 군단의 숫자의 간단히 계산하고, 그것들이 어떤 속주의 수비를 담당하고 있는지 보고했다. 그래서 나도 여기에서 그 당시 로마군의 전체 동원력이나 보호국 왕의 상황에 대해 말하고, 그리고 로마의 주권이 미치는 판도가 현재와 비교해 얼마나 좁았는지 설명하는 것이 좋겠다고 생각한다.

5 이탈리아의 양쪽 바다는 각기 미세눔과 라벤나의 두 함대[6]가 지켰다. 이탈리아에 가까운 갈리아 해안은 포룸 율리움의 강력한 전함대가 지켰다. 아우구스투스가 악티움 해전에서 승리했을 때 적군으로부터 빼앗고 여기에 강력한 수병을 배속시켜 그 도시로 보낸 것이 바로 이 함대이다.

로마군의 주력은 라인 강 연안에 있었다. 이곳에는 게르마니아인과 갈리아인 양쪽에 대비해 8개 군단이 주둔하고 있었다. 최근에 복속된 히스파니아[7]는 3개 군단에 의해 지켜지고 있었다. 마우리족[8]과 관련해 말하면, 유바 왕이 로마 국민으로부터 선물로 받아 이 부족을 통치하고 있었다. 그 이외의 아프리카 지방에는 2개 군단이 주둔했다. 이집트에도 같은 숫자의 군단병이 있었다.

---

6) 2세기 이후 이 두 근거지의 함대는 호위 함대로 불리며 속주 함대와 구별되었다. 속주 함대 가운데서는 포룸 율리움 함대, 알렉산드리아 함대, 브리타니아 함대, 게르마니아 함대(1권 45절), 판노니아 함대(12권 30절) 등이 중요했다.

7) 즉 타라코 히스파니아 속주와 루시타니아 속주(그 일부 지방은 기원전 19년에야 겨우 정복되었다).

8) 마우리타니아 지방을 가리킨다(오늘날의 알제리의 해안선). 클라우디우스 시대에 속주로 편입되었다.

시리아에서 유프라테스 강까지 이르는 광대한 영역과, 이에 인접하면서 로마의 위신에 의해 이국의 침략으로부터 보호받고 있던 이베리아, 알바니아 등의 여러 왕국이 모두 4개 군단에 제압당하고 있었다. 트라키아는 로에메탈케스와 코티스의 자식들이 지배하고 있었다. 다뉴브 강 연안은 판노니아와 모이시아에 각각 2개 군단이 주둔하며 경계를 하고 있었다. 달마티아에도 같은 숫자의 군단이 주둔했다. 이것은 그 위치상 판노니아와 모이시아 군단의 후위 역할을 맡기는 동시에 이탈리아가 긴급히 원군을 필요로 할 때 바로 옆에서 귀환시키려는 배려에서 비롯된 것이다.

물론 수도에는 고유의 특수 병력이, 즉 3개 대대의 수도 경비대와 9개 대대의 친위대가 주둔하고 있었다. 그 대원들은 대부분 에트루리아나 움브리아나 옛 라티움, 혹은 오랜 전통을 지닌 로마 식민시에서 모집된 병사들로 구성되어 있었다.

이 밖에도 각 속주의 적당한 장소에 동맹자의 삼단 갤리 선단, 원군의 기병과 보병대가 배치되어 있었다. 이들의 전체 병력은 결코 로마의 정규군에 못지 않았다. 그러나 하나하나 확인하기가 곤란했다. 각지의 동맹군은 그때그때 필요에 따라 여기저기로 이동하고, 어떤 때는 증원되고 어떤 때는 축소되었기 때문이다.

6 티베리우스의 정치가 좀더 나쁜 방향으로 바뀌기 시작한 것이 이해부터이기 때문에, 지금이 국가의 다른 면들에도 눈을 돌려 그것들이 이 당시까지 어떻게 운영되고 있었는지 살펴볼 적당할 때인 것 같다.

먼저 국가의 행정과 시민 개인의 가장 중요한 문제와 관련해 말하면, 그것들은 모두 원로원이 취급하고 있었다. 그리고 지도적인 의원들은 모두 의견을 진술할 수 있는 자유가 주어져 있었고, 황제 스스로 아첨으로 타락하는 것을 막았다. 관직을 내릴 때에도 티베리우스는 각각의 전공이나 일반인으로서의 빛나는 업적이나 고귀한 혈통을 고려했다. 그래서 발탁된 사람이 최적임자라는 것이 명백해 보였다.

집정관과 법무관이 그 본래의 권위를 유지했다. 하급 정무관들도 각각의 직권을 자유롭게 행사했다. 법률도 또한 반역죄법에 관한 소송을 제외하면 정당하게 시행되고 있었다. 곡물이나 현금에 의한 납세,[9] 그 밖의 국고의 수입[10]은 징세 청부인 조합[11]이 맡아 처리했다.

카이사르의 재산에 대해 말하면, 황제는 그 관리를 가장 정평 있는 인물이면 누구에게라도 맡겼다. 때로는 명성만 듣고 직접 본 적이 없는 인물에게조차 맡겼다. 일단 이 관리직에 오른 사람은 거의 무제한 그 지위를 유지하고, 대개의 경우 그 직책에서 노년을 맞이했다. 확실히 민중이 곡물 가격의 등귀로 크게 고생한 적도 있다. 그러나 이 책임은 황제에게 없었다. 그렇기는커녕 농산물의 흉작이나 해상 수송의 재난에 대해 보조금 등의 대책 측면에서 가능한 한 최선을 다했다. 속주에 대해서도 새로 무거운 짐을 지워 민심을 혼란시키지 않으려고 조심하고, 예로부터의 조세도 속주 정무관들의 탐욕이나 잔학한 행위를 없애 그런 대로 견뎌 낼 수 있도록 배려했다. 체형體刑이나 재산 몰수가 자취를 감춘 지 오래되었다. 카이사르 개인의 소유지는 이탈리아 본토에는 거의 없었다. 카이사르 가의 노예는 분수를 알고, 집안 일을 하는 것도 몇 명의 해방 노예로 한정되었다. 카이사르와 시민 사이에 소송이 벌어질 경우, 그것은 일반 법정에서 법에 의해 결정되었다.

---

9) 곡물이나 현금에 의한 납세 중 전자는 속주민의 직접세, 즉 토지세와 재산세(집, 노예, 배 등에 부여되었다)를 의미하고, 후자는 로마 시민의 세, 즉 간접세(관세, 노예 해방세, 상속세, 경매세 등)를 의미할 것이다(속주민의 토지세는 농산물로 거두게 되어 있었다).
10) 예컨대 국유 농지, 목초지, 광산, 삼림, 제염소, 채석장 등의 사용료.
11) 징세 청부인 조합은 간접세의 징수를 도급맡는 로마 기사들로 구성되었다. 속주민의 세금은 원로원 속주에서는 재무관이, 황제 속주에서는 황제 속리가 징수했다.

7 그러나 티베리우스는 이 모든 정책을 너그러운 마음이 아니라 무뚝뚝하게, 그리고 때로는 겁이 나서 흠칫흠칫 놀라면서 실시했다. 그것도 드루수스의 죽음과 동시에 완전히 바뀌어 버렸다. 즉 드루수스가 살아 있는 동안에만 지속된 데 지나지 않는다.

이 무렵 세야누스는 아직 권력을 갓 장악하기 시작해 훌륭한 권고로 명성을 높이려 하고, 드루수스의 복수를 두려워하고 있었다. 드루수스 쪽은 증오심을 숨기려 하지 않았을 뿐만 아니라 종종 이렇게 불만을 터뜨리기도 했다.

"아들이 아직 건재한데 다른 사람이 벌써 명령권의 보좌역으로 불리고 있다. 이제 곧 명령권 동료로 불리지 않겠는가! 물론 지배의 야망을 달성하는 첫 단계는 힘들 것이다. 하지만 그것을 넘어서면 조력자와 열성적인 지지자들이 나타날 것이다. 이미 그는 자신의 의지만으로 친위대 병사를 지었다. 대원들은 그에게 장악되어 있다. 그의 입상을 대ㅅ폼페이우스 기념 극장에서 볼 수 있다. 머지않아 그와 드루수스 가의 공통의 피를 잇는 손자가 태어날 것이다.[12] 그 후에는 그의 겸손을 믿고 자신을 제어해 주길 기도하는 수밖에 없지 않겠는가?"

드루수스는 이런 말을 종종, 그것도 많은 사람 앞에서 했다. 뿐만 아니라 그의 내밀한 생각까지 부정한 아내를 통해 세야누스에게 그대로 전해졌다.

8 그래서 세야누스는 한시도 지체하지 않고 즉각 행동을 개시하기로 결심하고, 자연스런 병으로 속일 수 있는 효력이 느린 독약을 선택했다. 이 독약은 환관 리그두스(Lygdus)에 의해 드루수스에게 투여되었다. 이 사실은 8년이 지난 뒤에야 비로소 밝혀졌다.

그것은 어찌 되었든, 티베리우스는 아들이 병중일 때도 줄곧 원로

---

12) 세야누스의 딸이 클라우디우스의 아들과 결혼할 예정이었다.

원에 출석했다. 그것은 걱정되지 않거나 의연한 정신을 과시하려고 했기 때문일까? 그는 자식이 죽고 아직 장례식이 끝나지 않았을 때조차 등원했다. 그리고 두 집정관이 애도의 표시로 일반 의원석에 앉아 있는 것을 보고, 그는 두 사람에게 그 직책과 본래의 자리[13]를 상기시켜 주었다. 또 의원들이 일제히 눈물을 흘리기 시작하자, 그는 자신의 슬픔과 고통을 억누르고 유창한 연설로 그들의 기운을 북돋아 주었다.

"고통이 이렇게 생생할 때 원로원 의원 여러분 앞에서 나서면 비난 받으리라는 것을 나도 알고 있었소. 하지만 상을 당했을 때에는 대개 친척과 이야기를 나누는 것도, 햇빛을 보는 것도 괴롭소. 사람이 이렇게 약한 면모를 보이는 것을 아무도 비난할 수 없소. 그러나 나는 국가의 품안에서 보다 큰 위안을 얻으려 했던 것이오."

이어서 그는 비탄에 잠긴 목소리로 죽을 날이 가까운 고령의 아우구스타와 아직 경험이 적은 손자들, 인생의 절정기를 넘긴 자신을 언급했다. "게르마니쿠스의 자식들이야말로 현재의 불행의 유일한 위안거리요. 그들을 소개하고 싶소" 하고 요청했다. 두 집정관이 밖으로 나가 따뜻한 말로 소년들에게 용기를 북돋아 준 뒤에 안으로 데리고 들어와 카이사르 앞으로 인도했다. 카이사르는 그들을 포옹하고 나서 이렇게 말했다.

"원로원 의원 여러분, 나는 이 애들이 아버지를 잃자 이 애들의 숙부에게 맡기며 이렇게 부탁했소. 자식을 두게 되더라도 이 애들을 피를 나눈 아들처럼 소중히 여기며 길러 달라고, 그리고 그와 자손에 어울리는 인물로 만들어 달라고.

지금 그 드루수스를 갑자기 잃게 되었소. 이번에는 여러분에게 부

---

13) 제정 시대에는 의사당 정면의 높은 단상에 3개의 고관 의자가 있었다. 양쪽에 집정관, 한 가운데에 황제가 앉고, 이와 마주 보는 긴 의자에 지정석도 없이 일반 의원들이 앉아 있었다.

탁하겠소. 신들과 조국 앞에서 여러분에게 이렇게 간청하오. 부디 아우구스투스의 증손자들을, 빛나는 조상의 이 후예들을 맡아 지도해 주시오. 그리고 여러분의 의무와 함께 내 의무도 이행해 주시오.

네로와 드루수스야, 이제부터 이분들이 너희의 부모님이 되어 주실 것이다. 너희는 좋은 행실이든 나쁜 행실이든 곧 국가에 영향을 미치는 그런 지위를 갖고 태어났다."

9 이 말을 듣고 의원 일동이 목놓아 통곡하고, 이어서 장래를 위해 진심으로 기도를 올렸다. 만약 티베리우스가 여기에서 연설을 중지했으면, 청중의 마음이 황제에 대한 동정과 자신들의 책임에 대한 자부심으로 가득 찼을 것이다. 하지만 그는 되풀이해서 어이없는 허튼 소리를 늘어놓았다. "공화제 국가를 부활시키려고 한다"라든가, "집정관이나 누군가 다른 사람에게 통치권을 넘기고 싶다"고 말해 조금 전의 진지하고 존경할 만했던 연설에서 신뢰감을 빼앗아 가버렸다.

드루수스를 기념하기 위해 원로원은 게르마니쿠스 때와 같은 명예를 의결하고, 거기에 많은 명예를 덧붙였다. 되풀이될 때에는 아부는 이런 식으로 이루어진다.

드루수스의 장례식에서 가장 눈에 띄는 것은 조상들의 초상 행렬이었다. 율리우스 씨족의 원조 아이네아스, 알바 롱가[14]의 모든 왕, 로마 시의 창설자 로물루스, 이어서 사비니족의 귀족 아투스 클라우수스(Attus Clausus)[15]와 그 밖의 클라우디우스 씨족의 상, 이것들이 긴 행렬을 이루며 사람들의 눈앞을 지나갔다.

10 이상과 같이 드루수스의 죽음과 관련해 기술하면서, 나는 가장 신뢰할 수 있는, 많은 역사가의 일치된 설을 따랐다. 하지만 나는 사

---

14) 로마의 모시母市로 아이네아스의 아들 아스카니우스가 건설했다.
15) 클라우디우스 씨족의 시조라고 한다.

건 당시 유포되고 오늘날에도 조금도 사라지지 않을 정도로 강력한 소문 한 가지는 그냥 무시해 버리지 않을 생각이다.

이 소문에 따르면 세야누스가 리비아를 꾀어 독살 계획에 끌어들인 뒤에 환관 리그두스와도 더러운 관계를 맺고 그의 승낙을 얻어 냈다고 한다. 리그두스는 젊음과 미모로 주인인 드루수스의 사랑을 받고 시종 가운데서 가장 중요한 자리를 차지하고 있었다. 그리하여 공모자들이 은밀히 독살 장소와 시간을 결정했다. 그렇지만 더할 나위 없이 대담한 세야누스는 이 계획을 뒤바꾸고는 애매한 말로 넌지시 드루수스를 비난하고 "부친의 독살을 기도하고 있으니 아드님 집에서 식사할 때에는 맨 처음 나오는 술을 드시지 마십시오" 라고 티베리우스에게 충고했다. 늙은 아버지가 이 속임수에 걸려들었다. 만찬석에 앉은 뒤에 자신이 받은 술잔을 드루수스에게 건넸다. 드루수스는 사정을 몰랐기 때문에 젊은이답게 단숨에 들이키고는 티베리우스의 의심을 더욱 샀다. "저 녀석은 두려움과 수치심에 사로잡혀 아버지에게 안기려 했던 죽음을 스스로 떠맡은 것이다" 라고 생각했기 때문이다.

11 이것이 세상의 풍설이다. 그러나 이것은 결코 신뢰받는 전거에 의해 확증되고 있지 않은데다가 누구든지 자신감을 갖고 논박할 수 있다. 무엇보다 보통 판단력을 지닌 사람이라면 어느 누가 자식의 진의를 물어 보지도 않고 독배를 내밀겠는가? 하물며 그토록 세상 물정에 밝은 티베리우스라면 오죽했을까. 게다가 그 자리에서 곧 자기 손으로 건네고, 재고하지도 않았다니.

아니, 그보다 어째서 티베리우스는 독배를 가져온 하인을 고문해 주범을 밝혀 내려 하지 않았을까? 마지막으로 납득할 수 없는 것은 선천적으로 타인에게조차 우유부단하고 주저할 때가 많은 티베리우스가 외아들에게는, 그것도 그때까지 한 번도 악행으로 유죄 선고를 받은 적이 없는 아들에게는 어째서 그런 면을 보이지 않았을까 하는 점이다.

그러나 세야누스는 어떤 흉계든 다 짜내는 자로 생각되고 있었고, 또 티베리우스는 그를 극단적으로 총애하고 있었으며, 두 사람 모두 세간의 증오를 크게 사고 있었기 때문에, 이 소문이 아무리 허구 같고 기괴해도 사람들이 믿어 버렸을 것이다. 그리고 지배자의 최후에 관한 소문은 언제나 음산하고 참혹한 색깔을 띠기 쉽다.

그것은 그렇다 치고, 독살의 전 과정이 나중에 세야누스의 아내 아피카타에 의해 폭로되었다. 에우데무스와 리그두스도 고문을 받고 자백했다. 아무리 티베리우스에게 비우호적이고, 아무리 편향된 관점에서 그의 행위를 연구할지라도 이런 죄를 지었다고 그를 비난하는 역사가는 한 사람도 없다.

내가 이런 소문을 일부러 언급하고 비판한 것은 이 눈에 띄는 실례를 통해 풍설의 허위성을 설명하고, 또 이 책을 읽게 될 독자에게 널리 유포되고 쉽게 받아들여지는 황당 무계한 설보다 기이함을 자랑하며 왜곡되는 일이 없는 참된 설을 선호해 달라고 부탁하고 싶었기 때문이다.

2. 세야누스의 세력

12 티베리우스는 중앙 광장의 연단에서 아들의 추도 연설을 했다. 원로원과 국민은 진심이라기보다는 체면을 꾸리기 위해 태도와 목소리에 애도의 빛을 띠었다. 그리고 남 몰래 속으로 게르마니쿠스 일가의 부활을 기뻐했다. 하지만 이런 인기의 발아(發芽)와 야망을 잘 숨기지 못한 어머니 아그리피나의 경솔한 처신이 그 일가의 파멸을 앞당

기는 원인이 되었다.

세야누스는 드루수스가 죽었는데도 살인자들에 대한 복수가 이루어지지 않는 것을 보고, 또 국민이 조금도 슬퍼하지 않는 것을 알고 더욱더 대담하게 범죄에 손을 대게 되었다. 첫 계획이 순조롭게 달성되었기 때문에, 다음으로는 후계자가 될 것이 틀림없는 게르마니쿠스의 두 아들을 제거할 수 있는 방법을 생각하기 시작했다. "세 사람을 모두 독살하기는 불가능할 것이다. 그들의 측근은 대단히 충성스럽고 아그리피나의 정조도 난공불락이기 때문이다."

그래서 세야누스는 아그리피나의 완고한 정신을 공격 재료로 삼았다. 아우구스타의 경우에는 해묵은 원한을, 리비아의 경우에는 새로운 공범 의식을 불러일으켜 카이사르를 상대로 아그리피나를 이렇게 중상 모략하게 하려고 했다. "아그리피나는 자식이 많은 데 따른 자부심과 국민의 인기에 대한 믿음을 바탕으로 호시탐탐 지배권을 노리고 있습니다." 리비아는 이 일을 위해 그 방면에 뛰어난 중상자中傷者들을 이용했다. 그 중 한 사람으로 선발된 율리우스 포스투무스(Julius Postumus)는 아우구스타의 마음을 자기 뜻대로 움직이고 있던 무틸리아 프리스카(Mutilia Prisca)의 정부情夫였다. 그 결과 포스투무스는 아우구스타의 추종자 중 한 명이 되어 있었기 때문에 리비아의 계획에 정말 안성맞춤이었다. 그리하여 그녀는 선천적으로 권력욕이 강한 조모와 손자 며느리 사이에 불화를 일으킬 수 있었다. 아그리피나의 절친한 친구들까지 회유당해 늘 해로운 이야기로 그녀의 부풀어오른 희망을 더욱더 자극했다.

13 한편 티베리우스는 일을 위안삼아 국정을 조금도 중단시키지 않았다. 시민의 재판을 주재하고 동맹자의 탄원을 청취했다. 원로원이 지진으로 파괴된 아시아의 키비라와 아카이아의 아이기온의 시민을 원조하기 위해 향후 3년간 조세를 면제하기로 의결한 것도 티베

리우스의 발의에 따른 것이었다. 이어서 하부下部 히스파니아[16]의 지사 가이우스 비비우스 세레누스가 공적인 폭력[17]으로 인해 유죄를 선고받았다. 그 죄질이 몹시 나빠 아모르고스 섬으로 유배되었다. 카르시디우스 사케르도스(Carsidius Sacerdos)가 곡물을 보내 적敵인 타크파리나스를 도와 주었다는 이유로 고발당했지만 면소되었다. 같은 혐의를 받고 있던 가이우스 셈프로니우스 그라쿠스(Gaius Sempronius Gracchus)도 면소되었다. 그는 갓난 아기 적에 추방된 아버지 셈프로니우스의 품에 안겨 케르키나 섬으로 갔다. 그리고 이 섬의 유형자나 교양 없는 토착민 사이에서 성장했다. 그 후 아프리카나 시킬리아의 해안에서 추접스러운 상거래에 종사하며 생계를 꾸려 나가고 있었다. 그럼에도 불구하고 고귀한 태생에 항상 따라다니는 위험을 피하지 못했다. 따라서 만약 아프리카 지사를 역임한 루키우스 아일리우스 라미아(Lucius Aelius Lamia)와 루키우스 아프로니우스가 그의 무죄를 변호해 주지 않았으면, 그는 불길한 조상의 명성과 아버지의 불우한 운명에 의해 파멸의 구렁텅이로에 빠져들었을지도 모른다.

14 이해에도 전년과 마찬가지로 그리스의 여러 도시에서 사절을 보냈다. 사모스 섬의 주민들은 헤라 신전의, 코스 섬의 주민들은 아스클레피오스 신전의 면죄 성역에 관한 예로부터의 권리를 인정해 줄 것을 요구했다. 사모스인들은 암피크티온 회의의 의결에 의지하고 있었다. 이 회의는 예전에 그리스인이 아시아 전역에 도시를 건설하고 지중해 해안을 제패하고 있었을 무렵의, 모든 문제에 대한 최고 의결 기관이었다.

사모스인들에 못지않게 코스인들의 근거도 고색창연했다. 또 하나의 근거는 그 신전과 관련된 공적이었다. 폰토스의 왕 미트리다테스의 명

---

16) 바이티카 속주를 가리킨다.
17) 공적인 폭력이란 공적인 직무나 명령을 사적인 입장에서 남용하는 것.

령으로 아시아의 모든 도시나 섬에 거주하는 로마 시민이 살육당할 때,[18] 코스인들이 로마인들을 아스클레피오스 신전에 숨겨 준 적이 있었다.

다음으로 무언극 배우들의 방탕에 관해 심의했다. 지금까지 여러 번에 걸쳐 법무관들이 이 문제와 관련해 이런저런 불만을 제기했지만 조금도 효과가 없었기 때문에, 마침내 카이사르가 원로원에서 거론했던 것이다. "배우들이 공공의 질서를 크게 어지럽히고 가정의 명예를 더럽히고 있다. 오스키족이 만들어 낸 이 연극[19]이, 하찮기 이를 데 없는 이 대중 오락이 바야흐로 원로원의 권위로 단속할 필요가 있을 정도로 타락하고 무서운 세력을 지니기에 이르렀다."

그리하여 무언극 배우들이 이탈리아에서 추방되었다.

15 같은 해에 카이사르가 또다시 상을 당하고 마음 아파했다. 드루수스의 쌍둥이 아들 중 한 명이 요절했기 때문이다. 절친한 친구의 죽음도 이에 못지않은 비탄을 안겨 주었다. 이 친구의 이름은 루킬리우스 롱구스(Lucilius Longus)였는데, 그는 카이사르와 모든 슬픔과 기쁨을 함께 나누고, 카이사르가 로도스 섬으로 은퇴할 때 동반한 유일한 원로원 의원이었다. 그래서 비천한 출신이었음에도 불구하고 원로원은 그의 상을 국장으로 치르고 아우구스투스 광장에 국비로 그의 상을 세우기로 결의했다.

이 무렵에도 아직 모든 사건이 원로원에서 심리되고 있었다. 예컨대 아시아의 황제 속리[20] 루킬리우스 카피토(Lucilius Capito)가 속주

---

18) 기원전 88년의 일로 제1차 미트리다테스 전쟁의 원인이 되었다.

19) 아틸라극을 가리킨다. 풍자를 주로 하는 익살극으로 공화정 시대에는 아마추어가, 제정 시대에는 무언극 배우가 상연했다.

20) 황제 속리의 신분은 기사나 해방 노예(2세기 이후에는 기사 계급으로 한정되었다)였다. 원로원 속주에서는 일부 간접세(군자금 금고에 들어가는 세금, 1권 78절)를 징수하거나 황제의 개인 재산을 관리하는 동시에 지사의 감찰관 역할을 하고, 황제 속주에서는 1, 2급 속주에서 총독 대리가 되기도 하고, 3급 속주에서는 실질적인 통치자로 사형 집행권을 지니고 있었다(예컨대 유대의 황제 속리 필라투스와 같이).

민들에 의해 고발당해 원로원에서 변명할 정도였다. 황제는 단호한 결의를 담아 이렇게 말했다. "나는 황제 속리에게 카이사르 가의 노예 및 재산과 관련해서만 권한을 부여하고 있다. 하지만 만약 그가 지사의 권한을 침범하고 군대의 힘을 이용했다면 내 훈령을 무시한 것이 된다. 동맹자의 신청을 받아들이지 않을 수 없다." 그리하여 피고는 원로원에서 심리받고 유죄를 선고받았다.

아시아의 여러 도시가 이 징벌에 고마움을 느끼고, 또 전년에 가이우스 유니우스 실라누스에 대한 원한도 풀렸기 때문에, 티베리우스와 그의 어머니와 원로원에 신전을 바치기로 결정했다. 원로원은 이 신전의 건립을 승인했다. 그래서 네로[21]가 그들을 대표해 원로원과 조부에게 감사의 뜻을 표했다. 그 자리에 있던 의원들에게는 즐거운 경험이었다. 그들은 게르마니쿠스를 아직도 똑똑히 기억하고 있었기 때문에 그의 목소리를 듣고 그의 모습을 보는 듯했다. 그리고 청년의 큰 인물다운 겸손한 태도와 고상한 용모가, 그에 대한 세야누스의 반감을 알고 그의 생명을 염려하고 있었던만큼 더한층 사람들의 마음을 매료시켰다.

16 이 무렵에 티베리우스가 세르비우스 코르넬리우스 말루기넨시스의 사망에 수반된 유피테르 사제의 보결 선거에 대해 보고했다. 그와 함께 이 지명과 관련된 법률을 개정할 필요가 있다고 주장했다. "그것은 이런 이유에서이다. 예로부터의 관례에 따르면 엄숙 결혼[22]을 한 양친에게서 태어난 귀족만을 한 번에 3명이나 지명하고 그 중에서 1명을 사제로 선출하게 되어 있다. 그렇지만 오늘날에는 옛날처럼 이런 귀족이 많지 않다. 엄숙 결혼의 습관이 쇠퇴해 소수의 집안에

---

21) 카이사르 가의 청년이 흔히 그렇듯이 네로도 이 속주의 보호자였다.
22) 귀족간의 신전神前 결혼. 신랑과 신부가 대제관장과 유피테르 사제, 10명의 증인 앞에서 밀과 과자를 신에게 바치고 서로 나누어 가졌다.

밖에 남아 있지 않기 때문이다(그는 여러 가지를 그 이유로 들었다. "가장 큰 이유는 남자와 여자 모두 이 습관에 관심이 없기 때문이다. 게다가 그 의식 자체가 극히 성가셔서 사람들이 일부러 피하려 한다"). 다음으로 생각되는 이유는 남자가 사제직을 손에 넣게 되면, 그리고 여자가 사제의 부권夫權에 복종하게 되면 각기 부권父權으로부터 해방되기 때문이다.[23] 그래서 아우구스투스가 몇 가지 엄격한 옛 규정을 현대의 관습에 맞추어 뜯어고쳤듯이 원로원 의결 또는 법률로 이 관례를 수정할 필요가 있다."

그래서 원로원은 이 종교 문제를 토의했다. 그 결과 유피테르 사제에 관한 규칙을 개정하지 않기로 결정했다. 그 대신 법률을 정해 유피테르 사제의 아내가 신성한 직무와 관련해서는 부권夫權에 복종하지만 그 밖의 점에서는 세속의 여성과 같은 권리를 누릴 수 있게 해주기로 했다.

그리고 말루기넨시스의 아들이 아버지의 후임자가 되었다. 이어서 원로원은 성직자의 존엄을 높이기 위해, 또 성직자가 의무를 좀더 열심히 수행하도록 다음과 같이 의결했다. "스칸티아(Scantia) 대신 베스타 성녀로 선발된 코르넬리아(Cornelia)에게 200만 세스테르티우스를 수여하고, 아우구스타는 극장에 들어갈 때에는 언제나 베스타 성녀들의 지정석 사이에 앉는다."

17 세르비우스 코르넬리우스 케테구스(Servius Cornelius Cethegus) 와 루키우스 비셀리우스 바로(Lucius Visellius Varro)가 집정관이 되었

---

23) 아들, 즉 자제(1권 26절 주 참조)가 유피테르의 사제가 되면 아버지의 가장권으로부터 해방되었다. 그래서 아버지는 아들이 사제가 되는 것을 싫어했다. 딸은 결혼에 의해 부권 (또는 가장권)에서 벗어나 부권夫權에 속하게 되었지만, 공화제 말기부터 여자 존중의 기풍과 함께 '부권을 수반하지 않는 결혼'이 생기거나 아내의 법적 자유와 재산 소유가 인정되었다. 하지만 유피테르 사제의 아내만은 옛날 그대로 부권에 복종하고 있었기 때문에, 여자들은 그 아내가 되고 싶어하지 않았다.

다.[24] 황제의 건강과 안전 서원식을 거행할 때, 대제관단과 그 예를 따르는 그 밖의 성직자들은 네로와 드루수스의 이름도 포함시켜 같은 신들에게 기도했다. 그 동기는 두 청년에 대한 경애라기보다 황제에 대한 아부였다. 아첨은 도덕이 문란할 때에는 완전히 무시되든 도가 지나치든 똑같이 위험하다. 게르마니쿠스 일가에 결코 우호적이지 않았던 티베리우스는 필시 이때 늙은 자신과 풋내기들이 동등시되는 데 억제하기 힘든 모욕감을 느꼈을 것이다. 그는 곧 대제관들을 소환한 뒤 "그 행위는 아그리피나가 요청했기 때문인가, 아니면 협박했기 때문인가?"라고 힐문했다. 그들이 어느 쪽도 아니라고 부인했음에도 불구하고, 티베리우스는 가볍게 나무라기만 했다. 실제로 그들 중 다수가 자신의 친척이나 국가의 지도적인 인물이었기 때문이다.

그렇지만 원로원에서는 연설을 통해 "앞으로는 누구든 그 소년들에게 시기 상조인 명예를 수여해 감수성이 예민한 마음을 자극하고 우쭐거리게 만드는 일이 있어서는 안 된다"라고 주의를 주었다. 이것은 두말할 나위도 없이 세야누스가 언제나 티베리우스를 상대로 협박하거나 푸념했기 때문이다.

"지금 로마는 시민 전쟁 때처럼 두 파로 나뉘어 있습니다. 아그리피나당임을 공공연히 선언하고 있는 자들이 있습니다. 뭔가 대책을 강구하지 않으면 그 일파의 숫자가 늘어 가기만 할 것입니다. 날이 갈수록 깊어져 가는 불화를 없애기 위해서는 가장 적극적인 지도자 몇 명을 가능한 한 빨리 제거하는 수밖에 없습니다."

18 세야누스는 이런 동기에서 가이우스 실리우스와 티티우스 사비누스(Titius Sabinus)를 공격했다. 두 사람 모두 게르마니쿠스와의 우정이 치명적이었다. 게다가 실리우스에게는 그가 7년 동안이나 게르

---

24) 서기 24년.

마니아에서 강력한 군대를 지휘하고 사크로비르와 싸워 승리해 개선 장군의 명예를 획득한 것도 화근이 되었다. 그래서 그가 한결 더 무섭게 몰락했던만큼 다른 사람들에게 보다 큰 두려움을 안겨 주었다. 많은 사람이 실리우스의 외람된 태도가 티베리우스의 반감을 샀다고 믿었다. 그는 이렇게 지나치게 자랑했다.

"다른 군대가 모반에 뛰어들었을 때, 내 군대만은 시종 일관 끝까지 충성을 다했다. 만약 내 군단병들도 변혁의 희망을 품고 있었으면, 티베리우스는 통수권을 지키지 못했을 것이다."

카이사르는 이 말로 자신의 지위가 침식당하고 있다고 생각했다. "내게는 그런 은혜에 보답할 힘이 없다"고 생각했다. 다른 사람의 은혜는 답례할 수 있다고 생각될 때에는 기쁘지만, 도저히 그럴 가능성이 없을 때에는 감사보다 증오로 보답하고 싶어진다.

19 실리우스에게는 소시아 갈라(Sosia Galla)라는 아내가 있었다. 그녀는 아그리피나의 사랑을 받아 황제로부터 경원당하고 있었다. 그래서 세야누스는 먼저 이 부부를 탄핵하고, 사비누스 쪽은 당분간 뒤로 미루어 두기로 했다. 집정관 바로를 부추겼다. 바로는 아버지 시대부터의 숙원[25]을 구실 삼아 자신의 품위를 손상시켜 가며 세야누스가 증오심을 해소시킬 수 있도록 힘을 빌려 주려고 했다.

피고는 "고소자가 집정관으로서의 임기를 마칠 때까지 재판을 잠시 연기해 달라"고 요청했다. 카이사르는 이에 반대했다. "그것은 다음과 같은 이유에서이다. 현직 정무관이 사적인 개인을 상대로 소송을 벌이는 것이 관례적으로 허용되어 있다. 그뿐만 아니라 집정관으로서의 권리를 침해해서도 안 된다. 국가가 조금이라도 피해를 입느냐 입지 않느냐는 오로지 집정관의 부단한 노력에 달려 있기 때문이

25) 3권 43절 참조.

다." 이처럼 새로 발견한 악행惡行을 옛 상투어[26]를 이용해 위장하는 것이 티베리우스의 전형적인 방식이었다. 그래서 대단히 엄숙한 말로 원로원이 소집되었다. 마치 실리우스의 소송이 법률적으로 타당한 듯이, 혹은 당시의 로마가 공화국으로 바로가 참된 의미에서의 집정관인 듯이.

피고는 처음에는 아무 말도 하지 않았지만 이윽고 일종의 변호를 시도하며 누가 악의를 갖고 자신을 파멸시키려 하고 있는지 알리려고 했다. 그는 이런 비난을 받았다.

"실리우스는 사크로비르의 반란에 대해 전부터 알고 있으면서도 오랫동안 속이고, 로마의 승리를 사리사욕으로 더럽혔다. 그의 아내도 남편의 범죄에 연루되어 있다."

부부는 의심할 나위도 없이 가렴주구죄와 관련해서는 결백함을 입증할 수 없었다. 그러나 소송 전체가 반역죄의 이름 하에 진행되었다. 실리우스는 유죄 선고가 임박한 것을 예측하고 미리 선수를 쳐 자살해 버렸다.

20 그럼에도 불구하고[27] 실리누스의 재산이 무자비하게 처분되었다. 속주의 납세자들에게 돈을 돌려 주기 위해서가 아니었다. 그들은 한 사람도 손해 배상을 요구하지 않았다. 황제 금고가 회수할 권리가 있는 것이 어느 정도 되는지 자세히 계산하고, 아우구스투스가 활수하게 하사한 선물을 빼앗았다. 티베리우스가 타인의 재산에 집착을 보인 것은 이번이 처음이었다.

아내 소시아는 가이우스 아시니우스 갈루스의 발의에 따라 추방되

---

26) 국가가 위기에 처했을 때 원로원은 다음과 같은 '틀에 박힌 말'로 집정관에게 독재적인 권력을 부여했다. "집정관은 국가가 어떤 손해도 입지 않도록 분발하여 노력하라."

27) 선고에 앞서 자살했음에도 불구하고라는 뜻. 이 경우 피고의 재산은 밀고자에 대한 보수를 제외하고는 몰수되지 않는 것이 관례였다(4권 30절, 6권 29절). 리보(2권 32절)나 피소(3권 17절)처럼 예외적인 경우도 발견된다.

었다. 갈루스는 또 "그녀의 재산 절반을 몰수하고 나머지 절반은 자식들에게 물려주어야 한다"고 제안했다. 이에 마르쿠스 아이밀리우스 레피두스가 "법률이 정하는 바에 따라 4분 1을 고발자에게, 나머지를 자식들에게 주어야 한다"고 주장했다. 나는 이 레피두스가 그 시대를 통해 언제나 중후하고 또 현명하게 행동한 인물이라고 확신하고 있다. 실제로 다른 사람들의 노예 근성에서 나온 잔혹한 의견을 종종 온당한 방향으로 돌려 놓은 것이 그였다. 하지만 그때도 레피두스는 겸허한 태도를 잃지 않았다. 그래서 평생 변함없이 티베리우스의 존경과 사랑을 받았다. 이 사실로 보아 나는 다음과 같은 의문을 품지 않을 수 없다. 다른 우발적인 사건들과 마찬가지로 황제에게 등용되거나 황제의 반감을 사는 것도 타고난 숙명이고 운명일까? 아니면 어느 정도 우리 자신의 결심에 의한 것일까? 그리고 이 결심에 의해 완강한 반항과 불명예스런 굴종 사이에서 야망이나 위험이 수반되지 않는 길을 찾을 수 있을까?

그것은 그렇다 치고, 레피두스에 못지않게 훌륭한 조상을 두었지만 성격은 그와 전혀 상반된 코타 메살리누스는 이렇게 제안했다. "모든 정무관이 그 자신은 결백해도, 또 아내의 죄에 관련되지 않았어도 속주민에 대해 저지른 아내의 죄는 그 자신의 죄와 똑같이 책임지도록 원로원 의결로 명령해야 한다."

21 이어서 루키우스 칼푸르니우스 피소의 소송이 심의되었다. 그는 기골이 있는 귀족이었다. 이미 언급했듯이 그는 원로원에서 여러 번에 걸쳐 밀고자의 술책을 이유로 로마를 떠나겠다고 선언한 적이 있었다. 아우구스타의 권위를 무시하고 대담하게도 우르굴라니아를 황제의 저택에서 불러내 사직 당국에 인도하려고 한 것도 피소였다. 티베리우스는 이런 것들을 당장은 한 시민과 같은 입장에서 받아들였다. 하지만 그 이후 마음속으로 분노를 되씹고 있었다. 처음에 순간

적으로 일었던 불쾌감은 진정되었다 해도 기억만은 아직 생생하게 남아 있었기 때문이다.

이 피소를 퀸투스 그라니우스(Quintus Granius)가 탄핵했다. "피소가 사적인 대화 속에서 황제의 존엄을 모독했다." 그리고 "피소는 자신의 집에 독약을 비축해 두고 있다. 원로원에 등원할 때, 그는 언제나 차고 들어온다"고 덧붙였다. 마지막 비난은 사실일 경우 너무나 엄청난 행위로 생각되어 문제가 되지 않았다. 그 밖의 비난과 관련해서는 잇따라 증거가 쌓여 피소에 대한 고소가 수리되었다. 하지만 그가 때마침 죽었기 때문에 재판이 끝까지 진행되지 못했다.

다음으로 원로원은 유형자 카시우스 세베루스를 어떻게 처분할 것인지 토의했다. 비천한 태생의 악랄한 인물이지만 변론 재능을 타고난 그가 분별 없이 동포를 탄핵했기 때문에, 원로원은 선서하고 결의해 그를 크레타 섬에 격리시켰다. 그렇지만 이 섬에서도 여전히 비슷한 행동을 거듭함으로써 새 증오심을 불러일으키고 옛 원한을 북돋우었다. 그래서 그는 이번에는 재산을 몰수당하는 동시에 불과 물을 금지당하고 바위섬 세리포스로 이송된 뒤 그곳에서 늙어 죽었다.

22 이 무렵에 법무관 플라우티우스 실바누스(Plautius Silvanus)가 어떤 알지 못할 이유에서 아내 아프로니아(Apronia)를 창문 밖으로 내던졌다. 장인 루키우스 아프로니우스가 그를 카이사르 앞으로 데리고 나갔다. 그는 모호한 태도로 이렇게 대답했다.

"나는 깊이 잠들어 있었습니다. 그래서 아무것도 모릅니다. 아내가 스스로 몸을 던진 것이 아닐까 생각됩니다."

티베리우스는 곧 실바누스의 집으로 가 침실을 검증했다. 그러자 아내가 저항하다가 떼밀려 떨어진 흔적이 발견되었다. 그래서 티베리우스는 이 사건을 원로원에 보고했다. 배심원들이 지명되자마자,[28]

---

28) 원로원이 상설 재판소에 이 소송을 의뢰하자마자라는 뜻.

실바누스의 조모 우르굴라니아가 손자에게 단검을 보냈다. 이것은 황제가 우르굴라니아와 아우구스타의 우정을 고려해 충고한 결과일 것이라고 세상 사람들은 믿었다. 피고는 몇 번에 걸쳐 그 칼로 자살하려고 시도하다가 실패하고는 다른 사람으로 하여금 자신의 혈관을 절개하게 했다. 그 후 그의 전처 누만티나(Numantina)가 저주와 미약으로 남편을 정신 이상자로 만들었다고 고소당했지만 무죄가 언도되었다.

23 이해에 로마 시민은 누미다이족의 타크파리나스와의 싸움에서 마침내 해방되었다. 그 이전의 장군들은 자신의 전공이 개선장군 현장을 손에 넣는 데 충분하다고 생각되면 그 자리에서 적을 추격하는 것을 포기했다. 그리하여 로마에서는 이미 3개의 상[29]이 월계관을 쓰고 있었다. 그럼에도 불구하고 타크파리나스는 여전히 아프리카를 약탈하고 있었고, 여기에 마우리족의 원군이 가세하고 있었다. 이 부족의 왕인 유바의 아들 프톨레마이우스(Ptolemaeus)는 아직 어려 국정에 무관심했다. 그래서 부족민들은 왕실 해방 노예들의 전제적 지배를 받기보다 전쟁을 택했던 것이다.

그런데 가라만테스족의 왕이 타크파리나스의 약탈품을 보관해 주거나 때로는 약탈 행위에도 협력했지만, 직접 부하들을 이끌고 참가한 것이 아니라 경무장병을 파견하는 정도에 지나지 않았다. 그들은 멀리에서 온만큼 병력이 한층 더 과장되어 전해졌다. 그리고 속주 아프리카에서도 타크파리나스가 있는 곳으로 무산 계급이나 불온한 무리가 모두 앞으로 다투어 달려왔다. 그것은 블라이수스가 저 전과를 올린 뒤에 카이사르가 이제 아프리카에는 적이 없는 것처럼 생각하고 제9군단의 철수를 명했기 때문이다. 그리고 이해의 아프리카 지사

---

29) 카밀루스(2권 52절), 블라이수스(3권 73절), 아프로니우스(1권 72절).

푸블리우스 코르넬리우스 돌라벨라는 앞으로 전쟁이 벌어질 위험보다 황제의 명령이 더 두려워 감히 군단을 잡아 두지 못했다.

24 그래서 타크파리나스는 이런 소문을 퍼뜨렸다. "다른 민족들 역시 로마제국에서 떨어져 나가고 있다. 그런 이유에서 군대가 서서히 아프리카에서 철수하고 있는 것이다. 만약 예속보다 자유를 더 열렬히 원하는 사람이 모두 덤벼들면 남은 로마군을 포위해 섬멸시킬 수 있을 것이다." 그러고는 그는 세력의 강화를 꾀하는 동시에 각지에 요새를 쌓고 투부스쿠스 시를 포위했다.

한편 돌라벨라는 휘하 병력을 모두 집결시켰다. 그가 접근하자마자, 적군이 곧 포위진을 풀었다. 누미다이족이 '로마'라는 이름에 기가 죽어 군단병의 전열에 저항할 수 없었기 때문이다. 돌라벨라는 적당한 곳을 택해 요새를 구축하고, 이를 전후해 모반을 기도한 무술라미족 추장들의 목을 도끼로 베었다. 이어서 타크파리나스에 대한 몇차례의 원정을 통해 중무장 부대나 한 번 정도의 집중 공격으로는 종잡 없이 움직이는 적을 추격할 수 없다는 것이 입증되었기 때문에, 장군은 프톨레마이우스 왕과 그 신하들을 동원해 4개의 진군 부대를 편성하고 군단장이나 부관을 각각의 책임자에 임명했다. 약탈 부대는 마우리족에서 선발한 추장에게 지휘를 맡겼다. 돌라벨라는 이 모든 부대에 조언자로서 임했다.

25 그 직후 다음과 같은 정보가 들어왔다. "누미다이족이 전에 자신들의 손으로 불을 질러 반파半破시켰던 아우제아라는 요새 옆에 지금 천막을 치고, 그리고 주위가 광대한 숲에 둘러싸여 있어 그곳을 완전히 믿고 정착하고 있다."

곧 경무장 보병대와 기병대가 행선지도 모른 채 급속 행군을 통해 그곳으로 옮겨졌다. 날이 밝자 나팔 소리 및 무서운 함성과 함께 그들은 반쯤 자고 있는 야만족을 습격했다. 누미다이족의 말들은 매여 있거나 저 멀리 들판에서 풀을 뜯으며 어정거리고 있었다. 로마군 쪽에서는 보병은 밀집 대형을 취하고 기병은 간격을 둔 채 모두 전투 준비를 갖추고 있었다. 이에 반해 적은 완전히 불의의 기습을 당한 꼴로 무기도 들지 못하고 대형도 갖추지 못한데다가 작전도 세우지 못한 채 가축처럼 끌려가거나 도살되거나 포획되었다.

로마 병사들은 자신들이 겪은 고초와 자신들이 원하는 전투를 몇 번이나 회피한 데 따른 원한을 상기하고는 분노의 불길에 휩싸여 너나 할 것 없이 마음껏 피를 뿌리며 복수했다. 그때 각 부대에 다음과 같은 훈령이 내려졌다. "모두 여러 차례의 전투를 통해 익히 얼굴을 알고 있는 타크파리나스를 추적하라. 이 수괴를 죽이지 않는 한, 전쟁은 끝나지 않는다." 타크파리나스는 주변의 호위병이 잇따라 살해되고 자식도 이미 사로잡힌데다가 갑자기 로마군이 사방에서 나타나는 것을 보고, 마침내 창들 속으로 뛰어들어 죽음으로써 포로 신세가 되는 것을 피했다. 이리하여 아군도 상당한 희생을 치른 타크파리나스와의 전쟁이 끝났다.

26 돌라벨라가 개선 장군 현장을 요청했지만, 티베리우스는 세야누스의 체면을 고려해, 즉 그의 숙부 블라이수스의 공적이 가려질까 두려워 거절했다. 그러나 이로 인해 블라이수스가 전보다 더 유명해지기는커녕 오히려 명예를 거절당한 돌라벨라 쪽의 명성이 한층 더 높아졌다. 뭐니 뭐니 해도 그는 소수의 병력으로 주요 인물들을 포로로 잡고 수령을 죽이고 전쟁을 종결시키는 위업을 달성했기 때문이다.

그 후 곧 가라만테스족의 사절이 방문했다. 로마에서는 보기 힘든 장관이었다. 이 야만족은 타크파리나스가 전사하자 두려움을 느끼고 뒤가 켕길 만한 죄가 별로 없는데도 로마 국민에게 용서를 구하기 위해 사절을 파견했던 것이다. 이어서 이 전쟁으로 입증된 프톨레마이우스의 열렬한 충성심이 보고되자, 원로원은 예전에 관례로 삼았던 영예를 부활시켰다. 즉 원로원에서 대표 한 사람을 보내 프톨레마이우스에게 상아 홀과 개선 장군복, 옛날에 원로원에 의해 주어졌던 선물을 수여하고 '왕'과 '동맹자'와 '친구'의 칭호로 인사했다.

27 같은 해 여름에 이탈리아 전역에 뿌려지고 있던 노예 반란의 씨앗이 우연한 사건에 의해 분쇄되어 버렸다. 봉기의 주모자는 티투스 쿠르티시우스(Titus Curtisius)라는 친위대 병사 출신의 남자였다. 우선 그는 브룬디시움과 그 인근 도시들에서 비밀 집회를 열고, 이어서 공공연히 격문을 띄우고 멀리 떨어진 산지에서 일하는 사나운 농업 노예들에게 자유를 주장할 것을 호소하기 시작했다.

마침 그때 해상 교통을 경계하기 위해 그 부근을 순항 중이던 이단 갤리선[30] 3척이 신들의 선물처럼 브룬디시움에 입항했다. 게다가 오랜 관행에 따라 관할 구역의 고지高地 목장을 담당하고 있던 재무관 쿠르티우스 루푸스(Curtius Lupus)가 이 지방에 머무르고 있었다. 그래서 그는 곧 이단 갤리선의 승무원들로 부대를 편성하고 초기 단계에서 폭동을 분쇄했다. 카이사르가 급히 파견한 친위대 부관 스타이우스(Staius)는 정예병을 이끌고 수괴와 가장 대담한 그의 추종자들을 체포한 뒤 로마로 연행했다. 그곳에서는 자유 시민이 나날이 감소하고 노예가 맹렬한 기세로 증가해 사람들이 불안에 떨고 있었다.

28 그 집정관들의 해에 이 시대의 비참함과 냉혹함을 보여 주는 소름 끼치는 실례로 아버지가 피고, 아들이 고발자가 되어(비비우스 세레누스가 이 두 사람의 이름이었다) 원로원에 출두했다. 추방지[31]에서 소환된 아버지는 때와 누더기로 뒤덮인 채, 그리고 이때도 사슬을 매단 상태로 탄핵하는 아들과 대결하지 않으면 안 되었다. 공들여 옷매

---

30) 해전에서도 쓰이지만 주로 해상 순시선으로 사용되던 속력이 빠른 배. 라벤나 함대(5절 주 참조)에 배속되어 있었다.
31) 그 이유는 13절 참조.

무새를 다듬은 젊은이는 활기찬 표정으로 고발자 및 증인으로서 "아버지는 황제를 상대로 음모를 꾸미고 히스파니아에서 갈리아로 반란 선동자들을 보냈습니다"[32]고 주장했다. 그리고 "법무관 출신인 마르쿠스 카이킬리우스 코르누투스(Marcus Caecilius Cornutus)가 이 목적을 위해 자금을 제공했다"고 덧붙여 말했다.

코르누투스는 불안감을 견뎌 내지 못하고, 또 고발된 것을 파멸로 생각하고 서둘러 스스로 목숨을 끊었다. 이에 반해 피고는 조금도 기가 꺾이지 않은 채 자식의 얼굴을 바라보고 사슬을 흔들면서 복수의 신들의 이름을 부르며 "어떻게 하든 저를 유형지로 돌려보내 주세요. 그 땅에서 이런 추악한 풍습에서 멀리 떨어진 상태로 살아가고 싶습니다! 조만간 자식놈도 벌을 받게 해주십시오!" 라고 기원하며 이렇게 단언했다. "코르누투스는 결백합니다. 그는 참소讒訴에 크게 놀라 버렸던 것입니다. 이것은 자식놈이 다른 사람들의 이름을 좀더 폭로한다면[33] 쉽게 알 수 있을 것입니다. 아무튼 내가 황제의 암살과 변혁을 기도했을 때 단 한 사람과 공모한 것은 아니었으니까요!"

29 그러자 고발자는 그나이우스 코르넬리우스 렌툴루스와 루키우스 세이우스 투베로의 이름을 입에 담았다. 카이사르는 크게 당황하며 얼굴을 붉혔다. 그도 그럴 것이 두 사람 모두 일류 시민이고 카이사르의 가까운 친구였기 때문이다. 더군다나 렌툴루스[34]는 살 날이 얼마 남지 않은 노인이고 투베로는 병약한 몸인데도 적개심에 불타는 모반과 국가의 소요를 이유로 탄핵받았기 때문이다. 물론 두 사람 다 곧 이 혐의에서 풀려났다.

---

32) 갈리아에서 사크로비르가 모반을 일으켰을 때 바이티카의 지사였다.

33) 비꼬는 것이다. 다른 사람들의 이름을 말한다면 사건 그 자체가 엉터리라는 것이 증명될 것이다.

34) "렌툴루스로부터 미움받았다는 것만으로도 나는 살아갈 가치가 없다고 생각한다"고 티베리우스가 말했다고 한다.

그런데 아버지 쪽은 그의 노예들을 심문하자 소송이 도리어 고발자에게 불리해졌다. 아들은 죄의식에 미칠 것 같고, 또 "투옥될 것이다. 타르페이우스 벼랑에서 밀어 떨어뜨릴 것이다. 아니, 어버이를 살해한 벌[35]을 받게 될 것이다"고 겁을 주는 사람들의 입방아에 공포를 느껴 로마에서 도망쳤다. 하지만 그는 라벤나에서 붙잡힌 뒤 다시 끌려와 고발을 계속할 것을 강요받았다. 이때 티베리우스는 추방자 세레누스에 대한 자신의 해묵은 원한을 숨기려 하지 않았다. 즉 리보 드루수스가 단죄된 뒤에 세레누스는 카이사르 앞으로 서한을 보내 자신의 열의만이 보상을 받지 못했다며 불만을 털어놓고, 저 오만하고 쉽게 분노하는 귀가 듣고 안전하기에는 너무 무례한 말들을 덧붙였다. 노예들이 완강히 버텨 고문이 실패로 끝났음에도 불구하고, 카이사르는 8년이 지난 지금 이 사실을 공표하고 그 8년 동안의 일과 관련해서도 여러 가지 과실을 비난했다.

30 그리하여 원로원은 "세레누스를 옛 방식대로[36] 처벌해야 한다"고 주장했다. 카이사르는 평소의 악평을 누그러뜨리려고 이 제안을 거부했다. 가이우스 아시니우스 갈루스가 "기아로스 섬이나 도누사 섬에 유폐해야 한다"고 제안했지만, 카이사르는 이것도 무시했다. 그러고는 "그 섬들은 어느 곳이나 다 물이 부족하다. 살아갈 권리를 허용한 자에게는 살아갈 수단을 주지 않으면 안 된다"고 변명했다. 그래서 세레누스는 아모르고스 섬으로 유배되었다. 이어서 원로원은 코르누투스가 자살했기 때문에 다음과 같이 제안했다. "만약 누군가가 반역죄 혐의를 받고 그 심리가 끝나기 전에 스스로 목숨을 끊었을 때에는 고발자는 보수를 받을 수 있는 권리를 상실한다."

---

35) 채찍으로 때린 뒤에 가죽 부대 안에 집어넣고 개나 닭, 원숭이, 뱀과 함께 봉하고는 바다에 던졌다.
36) 태형, 즉 매질로.

이것이 막 통과되려 할 때, 티베리우스가 여느 때와 달리 거칠게 공공연히 고발자를 편들며 "그렇게 되면 법률이 효력을 잃고 국가가 붕괴의 위험에 처하게 될 것이다. 법률의 파수꾼[37]을 제거하는 것보다 법률을 말살하는 것이 더 낫다"고 불만을 털어놓았다. 이리하여 직업적인 고발자, 즉 국가를 파멸시키기 위해 만들어지고 지금까지 벌칙으로 충분히 제어된 적이 없는 이 종족이 보수에 의해 고무 장려되었다.

31 이처럼 숨돌릴 사이도 없이 연속적으로 찾아든 이런 비극들의 틈새에 비교적 기쁜 사건이 끼여들었다. 로마 기사 가이우스 코미니우스(Gaius Cominius)가 카이사르를 비방한 시로 유죄를 선고받았을 때, 카이사르가 원로원 의원인 그의 형제의 애원을 받아들여 석방했다. 이 때문에 세상 사람들은 카이사르가 어떤 것이 보다 현명한 일인지, 그리고 관대한 조치에 명성이 수반되는 것을 잘 알고 있으면서도 언제나 가혹한 수단을 선호하는 것을 한층 더 기묘하게 생각하게 되었다. 확실히 카이사르는 부주의해서 잘못을 저지른 적이 한 번도 없었다. 그리고 시민들이 최고 사령관의 행위를 칭송할 때 그것이 진심에서 우러나온 것인지, 위선적인 것인지 간파하는 것은 쉬운 일이다. 그뿐만 아니라 카이사르는 평소에는 일부러 꾸며서 발언을 망설이는 듯한 연설을 하지만, 누군가를 도울 경우에는 언제나 유창하고 솔직하게 이야기했다.

그러나 예전에 게르마니쿠스 밑에서 재무관으로 일했던 푸블리우스 수일리우스 루푸스(Publius Suillius Rufus)가 소송의 판결을 내릴

<hr />

37) 정의와 공평에 호소하는 고발자는 법률의 파수꾼이라 할 수 있다. 하지만 로마에는 국가기관인 검찰관 제도가 없었기 때문에 사리사욕에서 다른 사람을 고발하는 것을 직업으로 삼은 사람이 생겨났다. 로마인들은 이들을 '직업적 고발자(밀고자)'라 부르며 사갈처럼 혐오했다.

때 뇌물을 받았다는 죄목으로 선고를 받아 이탈리아에서의 거주를 금지당했을 때, 티베리우스는 섬으로의 유형을 제안했다. 그리고 "이런 처벌이 국가의 이익을 위해 필요하다"고 엄숙히 맹세할 정도로 자신의 주장을 고집했다. 이런 행동은 그 당시에는 잔인한 인상을 주었지만, 뒷날 수일리우스가 귀국하자 칭송되었다. 그가 다음 시대에 엄청나게 권력과 부를 자랑하고 황제 클라우디우스의 우정을 장기간에 걸쳐 교묘히 —— 그러나 결코 사람들의 행복을 위해서가 아니라 —— 이용했기 때문이다.[38]

원로원은 같은 형을 원로원 의원 피르미우스 카투스에게도 선고했다. 그는 거짓으로 자신의 누이를 반역죄로 고소했기 때문이라고 한다. 카투스는 이미 말했듯이 리보를 함정으로 유인하고, 이어서 증언을 통해 그를 파멸시킨 적이 있었다. 티베리우스는 이 공적으로 기억하고 있었기 때문에 다른 구실을 붙여 그의 추방형을 면제해 주길 바랐다. 하지만 원로원에서 제적되는 것에는 반대하지 않았다.

32 어쩌면 독자들에게는 지금까지 말해 온 것과 앞으로 말할 것들이 대부분 하찮고 사소해 거의 기억할 만한 가치가 없다고 생각될지도 모른다. 나도 그것을 모르고 있지는 않다. 그러나 내 연대기와 로마 국민의 옛 사적을 기록한 역사가들의 저작을 비교하려는 사람은 틀림없이 없을 것이다. 고대사는 웅장한 전투나 도시의 점령, 왕이 패주하거나 포로가 된 것에 대해 이야기한다. 국내 문제를 기술의 대상으로 삼았을 때에도 집정관과 호민관의 의견 충돌, 농지 분배 법안, 곡물에 관한 법안, 평민과 귀족의 갈등, 이런 식으로 제재에 구애를 받지 않고 자유스럽게 언급했다.

내가 노력하고 있는 대상은 분야도 한정되어 있고, 게다가 빛나지

---

38) 11권 1절, 13권 42절 참조.

도 않는다. 이 시대는 확고부동한 평화가 완전히 세상을 지배하거나 이따금 약간의 동요가 발견될 뿐이다. 수도의 정정政情은 음울한 분위기에 잠겨 있고, 황제는 영토 확대에 무관심했다. 그럼에도 불구하고 처음에는 하찮게 생각되는 이 사건들을 깊이 파고들어 고찰하는 것도 아주 무의미하지 않을 것이다. 종종 이런 사건들이 원인이 되어 거대한 변화가 시작되기 때문이다.

33 두말할 나위도 없이 모든 민족과 도시는 민중이나 귀족, 또는 한 사람에 의해 통치된다. 이 세 형태에서 적당한 요소들을 택하고 그것들을 조화시킨 국가 정체는 실현해 내기보다 칭송하는 편이 더 쉽다. 설사 실현해 낼 수 있다 해도 오래 유지하기가 불가능하다. 그래서 로마에서도 일찍이 평민이 실권을 장악하고 있던 시대에는 대중의 성격을 연구하고 그들을 적절히 제어하는 기술을 아는 것이 필수 조건이 되었고, 원로원이 권력을 잡고 있던 시대에는 원로원과 문벌의 정신을 깊이 연구한 사람이 시대의 선도자로 지목되고 사표師表로 추앙받았다. 이와 마찬가지로 모든 사정이 변하고 로마 국가가 실질적으로 독재정이 된 지금은, 내가 기술하고 있는 것과 같은 사항을 연구해 후세에 전하는 것이 유익할 것이다. 확실히 자신의 예지叡智만 갖고 결백과 부정을, 건전한 것과 해로운 것을 판별할 수 있는 사람은 거의 없고, 대부분의 사람은 다른 사람들의 체험을 통해 지혜를 배우기 때문이다.

그러나 이런 역사 기술은 유익해도 재미는 별로 없다. 각 민족의 지지地誌, 여러 전투의 다양한 사건, 유명한 장군들의 최후, 이런 것들이 독자들의 마음을 끌고 유쾌하게 만든다. 그렇지만 나는 연속해서 독재자의 잔인한 명령과 끊임없는 탄핵, 신의 없는 우정, 청렴한 사람의 파멸, 반드시 단죄로 끝나는 재판 등에 대해 말하지 않으면 안 된다. 그래서 곳곳에서 지루한 단조로움에 직면하게 된다.

게다가 고대사 작가는 심술궂은 비평을 받는 일이 드물다. 그가 포에니군을 편들든 로마군을 두둔하든 아무도 불평하지 않는다. 그렇지만 티베리우스의 치세 중에 벌을 받거나 불명예스런 일을 당한 사람의 자손이 오늘날에도 많이 생존해 있다. 물론 일족 전체가 절멸한 그런 예도 있지만, 유사한 성격을 갖고 있기 때문에 다른 사람의 악행을 언급한 것을 보고 자신을 풍자하고 있다고 생각하는 사람도 있을 것이다. 영광과 미덕을 기술한 것조차 사람들은 대조적인 것과의 두드러진 비교로 반대되는 성격을 비난하고 있다고 생각하고 원망한다. 여담은 그만하고 이제 본론으로 돌아가기로 하겠다.

34 코수스 코르넬리우스 렌툴루스(Cossus Cornelius Lentulus)와 마르쿠스 아시니우스 아그리파(Marcus Asinius Agrippa)가 집정관이 되었다.[39] 아울루스 크레무티우스 코르두스(Aulus Cremutius Cordus)가 전대미문의 신기한 죄로 기소되었다. 즉《연대기》[40]를 출판하고 그 안에서 마르쿠스 브루투스를 칭송하는 동시에 가이우스 카시우스를 '최후의 로마인' 으로 불렀다는 이유로 기소되었다. 고발한 것은 세야누스의 부하인 사트리우스 세쿤두스(Satrius Secundus)와 피나리우스 나타(Pinarius Natta)였다. 이것 자체가 피고에게는 치명적이었다. 카이사르가 피고가 자신을 변호하는 말을 들으면서 오만상을 찌푸리고 있었던 것도.

피고 크레무티우스는 목숨을 버릴 각오를 하고 이런 연설을 시작했다. "원로원 의원 여러분, 비난받고 있는 것은 내 말입니다. 그렇습니다. 내 행위는 완전히 결백합니다. 게다가 내 말조차 반역죄가 적용되는 황제 또는 황제의 양친을 겨냥한 것이 아닙니다. 내가 브루투스와 카시우스를 칭송했다고 합니다. 많은 역사가가 그 두 사람의 업적

---

39) 서기 25년.
40) 아우구스투스가 사망할 때까지의 공화제 역사서.

을 기록하고 있는데, 그 사람들이 모두 존경심을 갖고 회상하고 있지 않습니까? 티투스 리비우스(Titus Livius)는 아시다시피 힘찬 문장과 공평한 기술로 유명한 제일급 역사가입니다. 그런 그가 아우구스투스로부터 폼페이우스당이라고 불릴 정도로 그나이우스 폼페이우스를 지나치게 격찬했지만, 아우구스투스와 리비우스의 우정은 조금도 손상받지 않았습니다. 그는 퀸투스 카이킬리우스 메텔루스 피우스 스키피오(Quintus Caecilius Metellus Pius Scipio)[41]나 루키우스 아프라니우스(Lucius Afranius)[42]에 대해, 그리고 이 카시우스나 이 브루투스에 대해서조차 지금 입버릇처럼 언급되고 있는 '악한'이라든가 '부친 살해범'[43]이라는 명칭을 사용하고 있지 않습니다. 위대한 인물에 대해 말하듯이 언제나 경의를 표하고 있습니다.

가이우스 아시니우스 폴리오의 저작들도 두 사람의 빛나는 기록을 전하고 있습니다. 마르쿠스 발레리우스 메살라 코르비누스[44]는 당당히 카시우스를 '나의 최고 사령관'이라고 불렀습니다. 그리고 두 사람 모두 평생 부와 명예를 마음껏 누리며 살았습니다. 마르쿠스 키케로가 책 속에서 카토를 극구 칭찬했을 때, 독재관 카이사르께서는 재판관 앞에 출두했을 때처럼 변론서로만 그것을 반박하지 않으셨습니까? 안토니우스의 서한이나 브루투스의 연설에서는 아우구스투스에 대한 비방이 발견됩니다. 그것도 명백히 부당한데다가 맹렬한 독설이 포함된 것이었습니다. 지금도 읽히고 있는 마르쿠스 푸리우스 비바쿨루스(Marcus Furius Bibaculus)나 카툴루스(Catullus)[45]의 시집詩集

---

41) 폼페이우스의 장인. 타프소스 전투(기원전 46년) 뒤에 자살했다.
42) 똑같이 폼페이우스파로 타프소스 전투 뒤에 살해되었다.
43) 카이사르는 '국부'(1권 72절)였기 때문이다.
44) 아우구스투스의 지지자가 된 웅변가이자 문학의 보호자.
45) 두 사람 다 시인. 후자의 작품은 현존해 유명하다. 카툴루스의 《시집》 29, 54, 57 등을 참조할 것.

은 카이사르 일파에 대한 비난으로 가득 차 있습니다. 그럼에도 불구하고 신군 카이사르와 신군 아우구스투스께서는 이런 비난을 견뎌내고 간섭하지 않으셨습니다. 어느 쪽인지 판단하기 어렵지만, 아마도 자제력보다 오히려 현명한 사려에서 비롯되었을 것입니다. 묵살하면 어느 틈에 사라져 버리지만, 화를 내면 세상 사람들은 사실임을 인정했다고 보기 때문입니다.

35 그리스인과 관련해서는 여기에서는 아무 말도 하지 않겠습니다. 그들 사이에는 자유는 물론 방종도 처벌받지 않았기 때문입니다. 만약 누군가가 응징할 경우, 언론에는 언론으로 복수했습니다. 로마에서도 죽음이 이 세상의 증오나 편애에서 해방시켜 준 사람에 대해 이것저것 말하는 것은 지금까지 전혀 벌을 받지 않았습니다. 비난도 받지 않았습니다. 그렇습니다. 지금 카시우스나 브루투스가 무장하고 필리피의 들판을 점령하고 있단 말입니까? 그리고 내가 그들을 위해 연설을 하며 내란을 일으키라고 민중을 선동하고 있단 말입니까? 그들은 70년 전에 죽지 않았습니까? 우리가 그들을 알고 있는 것은, 그들을 이긴 사람조차 파괴하려고 하지 않은 그들의 상 때문입니다. 그처럼 역사책 속에서도 그들은 기념 장소를 갖고 있지 않습니까? 후대는 어떤 사람에게나 다 합당한 명예를 부여합니다. 만약 부당하게도 내가 단죄된다면 카시우스나 브루투스는 물론, 나까지 기억하고 잊지 않는 사람이 나올 것입니다."

그리고 나서 곧 원로원에서 나온 크레무티우스는 곡기를 끊고 스스로 굶어 죽었다. 원로원은 의결을 통해 조영관으로 하여금 그의 저작들을 불태워 버리게 했다. 그러나 은밀히 보존되어 나중에는 출판까지 되었다. 이것을 보면 현재의 권력으로 다음 세대의 명성까지 말살시킬 수 있다고 믿는 권력자들의 우매함을 비웃지 않을 수 없다. 실제로는 이와 반대로 정신적 영웅을 탄압하면 그 명성이 점점 더 높아진다. 그러나 저 야만인의 왕들이나 그들과 똑같이 잔혹하게 행동하는 자들은 누구나 다 자신에게는 오명을, 희생자에게는 명성을 가져오는 일 외에는 아무것도 할 수 없다.

36 그해에는 이처럼 고발이 끊임없이 이어져 라티움제[46]의 휴일에도 칼푸르니우스 살비아누스(Calpurnius Salvianus)가 섹스투스 마리우스(Sextus Marius)를 고소하러 나타날 정도였다. 마침 그때 드루수스가 수도 장관 취임식을 거행하기 위해 재판소에 들어가 있었기 때문이다. 하지만 티베리우스는 살비아누스의 이런 행동[47]을 공개적으로 질책했다. 그는 이로 인해 추방되었다.

다음으로 키지코스의 시 당국이 신군 아우구스투스의 제사를 무시했다는 이유로 탄핵을 받았다. 이런 비난에 로마 시민에 대한 폭행죄가 추가되었다. 그래서 그들은 자치권을 박탈당했다. 키지코스 시민들이 이 권리를 부여받은 것은, 미트리다테스 전쟁 때 적에게 포위당했으면서도 루키우스 리키니우스 루쿨루스(Lucius Licinius Lucullus)의 원조와 그들 자신들의 인내로 미트리다테스 왕을 격퇴한 공적 덕분이었다.

아시아 지사직을 역임한 가이우스 폰테이우스 카피토(Gaius Fonteius Capito)가 소小비비우스 세레누스에게 고발당했지만 그 죄가 허위임이 밝혀져 무죄 방면되었다. 그러나 세레누스는 이 무고에도 불구하고 어떤 처벌도 받지 않았다. 일반 시민들의 증오심이 도리어 그를 보호해 주었던 것이다. 가혹한 고발을 한 거물일수록 일종의 불가침권을 갖고, 벌을 받는 것은 이름도 없는 송사리였기 때문이다.

---

46) 특정한 기일이 아니라 4일간 전 정무관이 알바누스 산의 유피테르 신전에 모이는 제의祭儀. 그 동안 공무는 일절 중단되지만, 긴급한 용무를 대행하는 수도 장관首都長官이 임명되었다. 제정 시대에는 카이사르 가의 젊은이가 그 자리를 차지했다.
47) 취임일이라는 경사스런 날에 형사범(불길한 것)을 끌어들이는 것은 비상식적인 행동이라는 것.

37 같은 시기에 하부 히스파니아가 원로원 사절을 보내 "아시아를 본받아 티베리우스와 그의 어머니를 위해 신전을 건립하고 싶다"고 신청했다. 그렇지 않아도 이런 명예를 단호히 경멸하던 티베리우스였다. 그래서 이번에야말로 자신이 허영심에 굴복하고 있다고 비난하는 세간의 평판에 답할 절호의 기회가 찾아왔다고 생각했다. 그래서 다음과 같은 연설을 시작했다. "원로원 의원 여러분, 나는 많은 사람이 내가 일관성을 잃어버린 것을 한탄하고 있는 것을 알고 있소. 확실히 나는 최근에 아시아의 시민이 동일한 허가를 신청했을 때 거절하지 않았소.[48] 그래서 지난번에는 어째서 묵인했는지 해명하고, 이참에 장래에는 어떤 방침을 취할 것인지 밝히고 싶소.

신군 아우구스투스께서는 자신과 로마 시에 바쳐진 신전이 페르가몬 시에 건립되는 것을 거절하지 않으셨소. 그래서 아우구스투스의 언행을 법률로 간주하는 나는 이렇게 확립된 전례를 따랐던 것이오. 게다가 나 개인에 대한 숭배에 원로원에 대한 존경도 첨가되어 있었기 때문에 더한층 기꺼이 그렇게 했소. 그러나 한 번 명예를 받아들인 것은 용서가 될 수 있을지 모르지만, 모든 속주에서 신들의 상과 똑같이 내 상에 예배하게 하는 것은 허영이고 오만한 짓일 것이오. 게다가 이런 경향이 무분별한 아첨으로 인해 세계로 퍼져 나가면 아우구스투스의 명예가 퇴색해 버릴 것이오.

38 원로원 의원 여러분, 나는 맹세코 말하오. 그리고 후세에도 이렇게 기억되길 바라오. '나는 죽을 운명에 처한 인간이고, 내가 수행해야 하는 의무는 인간의 의무이다. 그리고 황제의 지위를 차지하면 나는 충분히 만족할 것이다.' 만약 내가 조상들에 어울리는 인물이고, 여러분을 위해 주의 깊게 행동하고 위기에 처해 의연한 태도를 취

---

48) 15절을 참조할 것.

하며 공공의 복지를 위해서는 비방에조차 기가 꺾이지 않는 인물이라는 믿음을 줄 수 있다면, 나에 대한 기억에 충분히, 아니 그 이상 경의를 표한 것이 될 것이오. 여러분이 마음속으로 느끼는 이런 감정이야말로 나의 신전이고, 더없이 영광스럽고 영속적인 기념비요. 대리석으로 만든 기념비는 후세의 평가가 증오로 방향을 바꾸면 단순한 묘비로 경멸받을 것이오.

그래서 나는 신들께 이렇게 기원하오. 부디 이 생애를 마칠 때까지 평온한 마음을 지닐 수 있게 해주시고, 인간과 신들의 법칙을 이해할 수 있게 해주소서. 동맹자와 로마 시민에게는 이렇게 부탁하오. 내가 이 세상을 떠난 뒤에도 내 업적과 이름을 회상하고 언제까지나 칭송하며 호의적으로 기억해 주길."

이 연설이 끝난 뒤에도 티베리우스는 친한 사람들과의 대담에서도 이런 자신의 신격화를 계속 고집스럽게 경멸했다. 어떤 사람들은 이것을 겸손의 의미로 받아들이고, 많은 사람은 자신감의 결여에 따른 것이라고 해석했다. 개중에는 '비굴한 정신의 표현'으로 해석하는 사람도 있었다. "더없이 품격이 높은 사람들은 언제나 최고의 영광을 원하기 때문이다. 그리스에서 헤라클레스나 디오니소스가, 로마에서 퀴리누스가 신들의 반열에 오르게 된 것은 그 때문이다. 아우구스투스는 티베리우스보다 더 훌륭했기 때문에 그것을 원했다. 다른 것들은 모두 황제가 되면 곧 주어진다. 단 한 가지 물릴 줄 모르고 황제가 추구하지 않으면 안 되는 것, 그것은 사람들의 호의 어린 추억이다. 사후의 명성을 경멸하는 것은 미덕을 무시하는 것이기 때문이다."

39 그런데 세야누스가 너무나 큰 성공에 분별력을 잃어버리고, 또 여자의 성급한 욕망에 떠밀려 카이사르에게 청원서를 제출했다. 리비아가 귀찮게 약속한 결혼을 재촉했기 때문이다. 그 무렵에는 카이사르가 로마에 있어도 서면으로 탄원하는 것이 관습이었다. 그 문면

은 대략 다음과 같았다.

"당신의 아버님 아우구스투스의 따뜻한 은혜를 입고, 이어서 당신으로부터도 많은 사랑을 받는 사이에 어느덧 제 희망이나 소원을 신들게 기원하기에 앞서 황제의 귀에 털어놓게 되었습니다. 하지만 저는 지금까지 빛나는 관직을 청원한 적은 한 번도 없습니다. 제가 바라던 것은 일개 병졸로서 경계하며 최고 사령관의 안전을 위해 일하는 것이었습니다. 그럼에도 불구하고 저는 카이사르 가와의 결연에 적합한 인물로 인정받을 수 있을 정도로 더없이 빛나는 영예를 손에 넣었습니다. 이것이 이번에 제가 희망을 품는 직접적인 동기가 되었습니다.

제가 들은 바에 따르면, 아우구스투스께서는 그분의 따님을 결혼시킬 때 로마 기사 가운데서도 두세 명의 배우자를 고려하셨다고 합니다. 이런 예에 따라 만약 당신께서 리비아의 남편을 찾고 계시다면, 그런 결연을 통해 명예만 얻으려고 하는 친구가 있다는 것을 잊지 말아 주십시오. 저는 현재 맡고 있는 직무를 포기할 생각이 없기 때문입니다. 그리고 아그리피나의 부당한 적의敵意로부터 제 가족을 지킬 수 있다면 그것으로 충분히 만족할 것입니다. 이 소원조차 자식들을 위해서입니다. 제 자신의 경우에는 당신과 같은 훌륭한 황제와 함께 생애를 마친다면 그것으로 아주 충분히 오래 산 것이 될 것입니다."

40 티베리우스는 이에 답하며 세야누스의 충성심을 칭찬하고 그에 대한 자신의 호의에 관해 가볍게 언급한 뒤에 편견 없이 숙고할 수 있도록 잠시 시간을 달라고 부탁했다. 그 후 마침내 다시 답변서를 작성했다.

"다른 사람들이라면 결정을 내릴 때 자신에게 유리한 것이 무엇인가 하는 것에만 생각을 한정시킬 수도 있을 것이네. 하지만 황제는 다른 입장에 놓여 있네. 중요한 문제는 국민의 의견을 고려해 처리할 필요가 있네. 그래서 드루수스가 죽고 없는 지금, 리비아가 재혼할 것인가, 아니면 계속 같은 집에 머물 것인가 하는 문제와 관련해서도 '그녀 스스로 결정하면 된다. 그녀에게는 나보다 더 친한 의논 상대로 어머니와 할머니가 있다' 와 같은 아주 손쉬운 해답에, 나는 의존할 수가 없다네.

좀더 솔직하게 이야기해 보겠네. 만약 리비아가 재혼해 말하자면 카이사르 가를 두 조각내 버리면, 먼저 아그리피나의 적의가 더욱더 맹렬히 불타오를 것이네. 지금도 두 여자의 경쟁심이 불길을 내뿜고 있네. 이런 다툼 때문에 내 손자들도 분열되어 있네. 만약 이번 재혼으로 반목이 한층 더 심해진다면 대체 어떻게 되겠는가?

세야누스여, 만약 자네가 언제까지고 현재의 지위에 있을 것으로 생각한다면, 그리고 가이우스 카이사르, 이어서 드루수스와 결혼한 리비아가 기사 계급의 남자와 함께 노년을 보낼 성격이라고 생각한다면, 그것은 잘못이네. 설사 내가 그것을 허락한다 해도, 세상 사람들이 용인할 것 같은가? 세상 사람들은 그녀의 형제가, 그녀의 아버지가, 그리고 우리의 조상이 최고 명령권을 장악하고 있었던 것을 알고 있네.

자네는 확실히 지금의 지위에 머무르고 싶어하고 있네. 그러나 자네의 뜻을 어기고 억지로 접근해 온갖 문제를 다 상의하는 정무관이나 일류 시민들은 이렇게 공공연히 주장하고 있네. '세야누스는 기사 계급의 지위를 오래 전에 뛰어넘었다. 그가 존중받고 있는 정도는 황제의 부친 아우구스투스의 친구도 한참 미치지 못한다.' 게다가 그들은 자네에 대한 질투심에서 나까지 비난하고 있네.

분명히 아우구스투스께서는 당신의 딸을 로마 기사에게 시집보내려 하신 적이 있네. 모든 방면에 주의를 기울인 아버님이시네. 이런 결연으로 다른 사람들보다 높아진 남자가 무한히 승진하는 것을 예측하셨다 해도, 그것은 당연한 일이었을 것이네. 그렇다 해도 아우구스투스께서 배우자를 화제로 삼았을 때 정치적인 일에서 완전히 손을 떼고 아주 조용히 살아가는 것으로 유명했던 가이우스 프로쿨레이우스(Gaius Proculeius)[49]나 그 밖의 2,3명의 이름을 거론하셨다는 것은 확실히 놀라운 일이네. 하지만 만약 이런 아우구스투스의 망설임에 감탄한다면, 그분께서 결국은 마르쿠스 아그리파에게, 이어서 내게 딸을 주신 것에 더욱더 큰 감명을 느끼지 않을까? 이 점을 나는 자네의 친구로서 숨기고 싶지 않았네.

하지만 나는 자네의 결심과 리비아의 뜻에 반대하지 않을 것이네. 내가 마음속으로 어떤 것을 계획하고 있는지, 앞으로 나와 자네를 어떤 관계로 더 묶으려 하고 있는지에 대해 당분간은 이야기하지 않을 것이네. 지금 여기에서 말할 수 있는 것은 자네의 공적, 자네의 나에 대한 충성심은 어떤 높은 명예에도 상당한다는 것뿐이네. 때가 되면 원로원에서든 시민 앞에서든 더 이상 침묵하지 않고 밝힐 것이네."

41 세야누스가 다시 탄원서를 보냈다. 이번에는 결혼과 관련해서가 아니었다. 그 이상으로 큰 문제를 우려했기 때문이다. 카이사르가 남 몰래 품고 있는 무언의 의구심을 풀고, 민중의 소문이나 악의에 찬 사람들의 질투를 무시해 버리길 바랐다. 그러고는 그는 티베리우스가 로마를 떠나 어딘가 쾌적한 곳에서 지내도록 설득하는 쪽으로 관심을 돌렸다. 그러면 끊임없이 이어지는 손님들의 방문을 사절해 영향력을 잃지 않아도 되고, 그것을 허용해 무고자들에게 재료를 제공하는 일도 없어질 것이라고 생각했다. 정말로 이 계획에서 많은 이점이 예상되었다. 먼저 그 자신이 카이사르에 접근하는 것을 통제하게 될 터였다. 그뿐만 아니라 대부분의 서신이 자신의 감시 하에 놓일 것이다. 편지가 친위병에 의해 전달될 것이기 때문이다. 다음으로 이제는 고령인 카이사르가 한적한 곳에서 기분이 해이해지면 지배의 임

---

49) 아우구스투스의 친한 친구였던 로마 기사.

무를 보다 쉽게 자신에게 위임할 것이다. 그리고 후보자군이 멀어지고 자신에 대한 질투심이 줄어들며, 헛된 과시가 사라짐으로써 진짜 권력이 증대될 것이다.

그래서 그는 티베리우스에게 로마에서의 정무나 우왕좌왕하는 민중, 많은 방문객 등에 대해 아주 나쁘게 말했다. 그리고 평온과 고적함을 칭송하고 "그런 곳에서 싫증이나 반감을 느끼지 않고 중요한 국정에만 몰두하실 수 있을 것입니다"고 권했다.

42 이럴 때 우연히 보티에누스 몬타누스(Votienus Montanus)라는 뛰어난 웅변가의 재판이 벌어졌다. 이 사건으로 망설이고 있던 티베리우스가 "내 면전에서 종종 불쾌하고 급소를 찌르는 말들이 던져지는 원로원의 집회를 모두 피하는 것이 좋겠다"고 확신하게 되었다. 그것은 이런 이유에서였다. 보티에누스가 카이사르에 대한 모욕적인 말 때문에 원로원 법정에 소환되었다. 그때 증인 중 한 사람인 아이밀리우스(Aemilius)라는 직업 군인이 논증에 열성을 기울이며 무엇이든 숨김없이 털어놓았다. 듣고 있던 사람들이 분노에 찬 목소리로 시끄럽게 항의하며 방해했음에도 불구하고, 그는 대단한 확신을 갖고 끝까지 증언을 밀고 나갔다. 그래서 평소에 뒤에서 은밀히 자신에게 마구 퍼부어 대는 욕을 듣게 된 티베리우스는 마침내 이렇게 외칠 정도로 몹시 당황하고 흥분했다. "지금 곧, 아니면 적어도 이 심리가 끝나기 전까지는 결백함을 입증해 보이겠다."

친구들이 간청하고 그 자리에 있던 모든 사람들이 아첨을 늘어놓아, 카이사르가 겨우겨우 마음의 평정을 되찾았다.

보티에누스는 반역죄의 형을 선고받았다. 그러나 티베리우스는 피고에게 지나치게 가혹하다는 비난으로 인해 한층 더 무자비해지기만 했다. 그래서 아퀼리아(Aquilia)가 바리우스 리구르(Varius Ligur)와의 간통 혐의로 밀고당해 예정 집정관 그나이우스 코르넬리우스 렌툴루스 가이툴리쿠스(Cnaeus Cornelius Lentulus Gaetulicus)로부터 율리우스법[50]에 의해 형을 선고받았음에도 불구하고, 카이사르는 추방형에 처했다. 게다가 아피디우스 메룰라(Apidius Merula)가 신군 아우구스투스의 법령에 복종할 것을 서약하지 않았다는 이유로 원로원 명부에서 그의 이름을 삭제했다.

43 이어서 림나이의 아르테미스 신전의 소유권을 둘러싸고 라케다이몬(스파르타) 시민 대표와 메네네 시민 대표의 주장을 각각 청취했다. 라케다이몬 사람들은 역사 기록과 시인의 작품을 근거로 "이 신전은 우리의 선조에 의해 우리의 땅에서 바쳐졌다"고 단언했다. "그러나 마케도니아의 필리포스 왕과 전쟁할 때[51] 왕의 무력에 빼앗겼다. 그 후 가이우스 카이사르와 마르쿠스 안토니우스의 결정으로 다시 우리 수중으로 돌아왔다."

이에 대해 메세네의 시민들은 헤라클레스의 후예가 펠로폰네소스 지방을 서로 나누어 가졌다는 고사를 들고 나왔다. "우리의 왕이 이 신전이 서 있는 덴탈리오이의 영지를 수여받았다. 이 사적이 새겨진 기록이 지금도 비석이나 옛 청동 제품에 남아 있다. 그렇지만 만약 시인이나 역사를 증거로 내놓으라고 요구한다면, 우리 쪽에 보다 신뢰할 수 있는 더 많은 전거가 있다. 그리고 필리포스 왕의 결정은 독단적인 것이 아니라 정당한 근거에 바탕을 두고 있었다. 안티고노스 왕[52]과 로마의 최고 사령관 루키우스 뭄미우스[53]도 같은 결정을 내렸다. 또 조정을 의뢰받은 밀레토스의 시 당국, 마지막으로 아카이아의 지사 아티디우스 게미누스(Atidius Geminus)도 같은 판정을 내렸다."

그리하여 메세네 시민 쪽에 유리한 결정이 내려졌다.

---

50) 2권 50절 주. 이하의 본문의 의미는 티베리우스가 시민권까지 박탈해 버렸다는 것.
51) 기원전 337년의 일.
52) 기원전 229~221년의 마케도니아 왕.
53) 기원전 146년에 코린토스를 점령한 로마의 장군.

다음으로 세게스타의 주민들이 에레크스 산의 노후된 베누스 신전을 재건해 줄 것을 호소했다. 그들이 이 신전의 기원에 얽혀 있는 유명한 전설[54]을 이야기해 티베리우스를 기쁘게 만들었다. 그는 이 여신의 피를 이어받고 있기 때문이라며 자진해서 그 책임을 떠맡았다.

이어서 원로원은 마실리아 시 주민들의 청원[55]을 심의하고, 여기에서도 푸블리우스 루틸리우스 루푸스의 선례를 승인했다. 즉 루틸리우스는 법적으로 로마에서 추방되고 스미르나의 주민들로부터 동포 시민으로 대우받고 있었다. 이와 마찬가지로 추방자 볼카키우스 모스쿠스(Volcacius Moschus)도 마실리아 시민들의 동포로 인정받고, 그들의 공동체를 조국으로 생각하며 자신의 재산을 유증한 상태였다.

44 이해에 저명한 시민 그나이우스 코르넬리우스 렌툴루스와 루키우스 도미티우스 아헤노바르부스(Lucius Domitius Ahenobarbus)가 이 세상을 떠났다. 렌툴루스의 생전 명성은 집정관직과 게타이족 정복으로 수여받은 개선 장군 현장 외에, 그가 가난을 훌륭하게 견뎌 내고, 이어서 올바른 수단으로 막대한 재산을 축적하고 검소하게 사용한 것에도 기인했다.

도미티우스의 영광은 그의 아버지에서 유래되었다. 그의 아버지는 시민 전쟁 시대에 해상의 패권을 장악하고, 이윽고 안토니우스파에 가담했다가 아우구스투스파에 합류한 사람이었다. 그의 조부는 파르살루스 전투[56]에서 벌족당을 위해 싸우다가 쓰러졌다. 그 자신은 선택되어 옥타비아의 딸 소小안토니아를 아내로 맞아들였다. 뒤에 군대를 이끌고 알비스 강을 건너 그때까지의 어떤 장군보다 깊이 게르마니아 땅을 공격해 들어갔다. 이 전공으로 그는 개선 장군 현장을 손에

---

54) 율리우스 씨족의 시조 아이네아스가 지었다는 전설.
55) 추방자 모스쿠스의 유산 청구건.
56) 기원전 48년에 테살리아의 이 전투에서 폼페이우스가 카이사르에게 결정적으로 패했다.

넣었다.

루키우스 안토니우스(Lucius Antonius)도 타계했다. 그의 가문은 더없이 유명했지만 불운했다. 아버지 율루스 안토니우스가 아우구스투스의 딸 율리아와의 간통으로 사형에 처해졌을 때, 루키우스는 아직겨우 소년이었다. 아우구스투스는 이 종손자(누이의 손자)를 마실리아 시로 보냈다. 학문을 닦으라는 구실 하에 실제로는 그곳으로 추방했던 것이다. 하지만 죽은 그에게 경의가 표해졌다. 원로원 의결에 의해 유골이 옥타비우스 가의 묘에 안장되었다.

45 동 집정관들이 그 직위에 있을 때 상부 히스파니아[57]에서 테르메스족의 어느 농민이 잔학한 범죄를 저질렀다. 그 속주의 총독 루키우스 칼푸르니우스 피소가 평화를 믿고 호위병도 없이 여행을 하고 있을 때, 그 농민이 갑자기 습격해 일격에 살해하고는 곧 빠른 말을 타고 달아났다. 삼림 지대에 이르자, 그는 말을 버리고 길 없는 험준한 산 속으로 도망쳐 다니며 추적대를 교묘히 따돌렸다. 하지만 오래 피할 수 없었다. 추적대가 말을 포획하고는 그 주인을 찾아내려고 그 말을 데리고 인근 부락을 돌아다녔다. 그리하여 발견한 남자를 고문해 공범자의 이름을 자백시키려 했다. 그렇지만 이 남자는 토착어로 "내게 물어 봐도 소용 없다"고 크게 외쳤다. "동료들을 이리로 데려와 나를 보여 주라. 고문으로 어떤 고통을 가하더라도 내 입을 통해서는 진상을 알아낼 수 없을 것이다."

다음날 또다시 심문장으로 끌려 나왔다. 그 농민은 죽을 힘을 다해 간수들의 손에서 벗어난 뒤 바위에 맹렬히 머리를 부딪쳐 곧 숨졌다. 하지만 피소의 암살은 테르메스 사람들의 공동 모의에 의한 것으로 생각된다. 그는 토착민들이 견뎌 낼 수 없을 정도로 가혹하게, 도용된 테르메스의 공용 자금을 회수하려고 했기 때문이다.

---

57) 타라코 히스파니아 속주.

3. 트라키아 속주의 모반

46 그나이우스 코르넬리우스 렌툴루스 가이툴리쿠스와 가이우스 칼비시우스 사비누스(Gaius Calvisius Sabinus)가 집정관이 되었다.[58] 이해에 가이우스 포파이우스 사비누스가 트라키아의 몇몇 부족을 진압하고 개선 장군 현장을 수여받았다. 이 부족들은 산악의 정상 부근에서 원시적인 생활을 영위하는만큼 사납기 그지없었다. 그들이 폭동을 일으킨 이유는 그들의 이런 습성 외에, 가장 용맹한 젊은이를 모두 우리 군대로 끌어가는 징병제에 반대하고 있었기 때문이다. 그들은 왕에게조차 기분 내킬 때밖에 복종하지 않고 원군을 제공해도 자신들의 지도자의 지휘만 받으려 하며 인근 부족과만 싸우는 버릇이 있었다.

그런데 때마침 이 무렵에 다음과 같은 소문이 그들 사이에 퍼졌다. "우리는 이윽고 뿔뿔이 흩어지고, 다른 부족에 섞여 여기저기 먼 곳으로 끌려가게 될 것이다." 하지만 그들은 무기를 들기 전에 사절단을 보냈다. 사절단은 로마에 대한 우정과 충성에 대해 이야기하고, "우리에게 새로 무거운 짐을 부과하지 않는 한, 지금까지 해온 그런 태도를 계속 유지할 것이다"고 약속했다. "그러나 만약 패배자를 대하듯이 예속를 강요한다면, 우리에게는 무기와 젊은 전사가 있고 자유를 위해 죽을 각오도 되어 있다." 사절단은 이렇게 말하고 암벽에 축조된 성채를 가리키며 "거기에서 우리의 부모와 아내들도 함께 농성하고 있다. 로마군에게 힘들고 위험하며 피비린내나는 전쟁이 될 것이다"고 위협했다.

47 사비누스는 병력을 한 곳에 집결시킬 수 있을 때까지 시간을 벌기 위해 부드럽고 회유적인 답변을 했다. 그러나 폼포니우스 라베오

---

58) 서기 26년.

(Pomponius Labeo)가 속주 모이시아에서 1개 군단을, 신의를 저버리지 않은 로이메탈케스 왕이 토착민으로 구성된 원군을 이끌고 오자, 사비누스는 이들과 휘하 병력을 이끌고 적군을 향해 진격했다. 적군은 이미 산악의 좁고 험한 길에서 대오를 갖추고 있었다. 특히 대담한 한 무리가 앞이 내다보이는 언덕 위에 모습을 나타내고 있었다. 로마의 장군은 전열을 가다듬고는 이들을 공격해 올라가 별 어려움 없이 격퇴했다. 하지만 야만족이 곧 인근의 은신처로 도망쳤기 때문에 인명의 손실은 거의 없었다.

사비누스는 곧 이 지점에 진영을 설치하고 정예병을 동원해 산을 점거했다. 그 정상은 좁고 높이가 같은 산등성이가 근처에 있는 적의 성채 쪽으로 이어져 있었다. 그 성채에서는 매우 많은 무장 병력이 얼마간의 미숙한 전투원들과 함께 농성하고 있었다. 죽음을 두려워하지 않는 야만인들이 그들의 습관에 따라 보루 앞에서 노래에 맞추어 춤을 추었다. 곧 이들을 노리고 궁병 선발대가 출격했다. 궁병이 멀리서 화살을 날리는 동안은 많은 적군이 부상을 당했지만 아군은 아무 피해도 입지 않았다. 좀더 접근했을 때 갑자기 적이 총공격을 감행해 패주했다. 그리고 수감브리족 원군의 지원으로 궁지에서 벗어났다. 이 부족은 어떤 위험한 사태에 직면해도 대담 무쌍하게 행동하며 함성을 지르고 무기를 부딪쳐 적에 못지 않게 공포심을 불러일으켰다. 그래서 로마의 장군이 이들을 그리 멀지 않은 곳에 배치해 두었던 것이다.

48 이윽고 사비누스는 적 근처로 진영을 옮겼다. 이때까지 사용했던 보루는 이미 말한 대로 아군 편에 선 트라키아의 부족들에게 남기고 다음과 같은 주의를 주었다.

"적지를 파괴하고 불지르고 약탈하는 것은 자유이지만, 약탈은 낮에만 하고 밤에는 보루 밖으로 한 걸음도 나가지 말고 밤새 경계하도록 하라."

그들은 처음에는 엄격하게 이 충고를 지켰지만 곧 돌변해 무절제 상태에 빠져 버렸다. 약탈품을 손에 많이 넣은 그들은 경계 의무는 내동댕이치고 방탕과 환락을 즐기며 속 편하게 연회와 수면과 술에 빠지게 되었다.

그래서 적군이 그들의 무방비 상태로 있는 것을 알고 2개의 행군 부대를 편성했다. 한쪽은 이 약탈자들의 보루를 습격하고, 다른 한쪽은 로마군 진영을 요격했다. 목적은 점령에 있지 않았다. 에워싼 채 함성을 지르고 날아가는 무기를 발사함으로써 로마측이 자기 진영의 위험에 정신을 빼앗겨 다른 진영에서 싸우는 소리를 듣지 못하게 하기 위해서였다. 그리고 로마군의 공포심이 커지게 하기 위해 밤을 선택해 이동했다.

그러나 군단의 보루를 공격한 적은 간단히 격퇴되었다. 트라키아 족 원군은 불의의 기습에 당황했다. 이때 그들은 일부만 남아 있고, 대부분은 보루 밖에서 약탈하고 있었다. 적군은 평소에 그들을 '도망자'나 '배신자'로 부르며 "자신들과 조국을 예속시키기 위해 무기를 들고 있다"고 욕을 퍼붓고 있었던만큼 더한층 격렬한 증오심을 불태우며 살해했다.

49 다음날 사비누스는 군대를 평원에 전개시켰다. 야만족이 야습에 성공한 데 고무되어 도전해 올 가능성이 있었기 때문이다. 그렇지만 적은 성채나 그 주변의 구릉 지대에서 한 걸음도 떠나려 하지 않았다. 그래서 사비누스는 아주 형편 좋게 전부터 기회가 있을 때마다 축조해 두었던 방어 거점들로 그들을 포위하기로 했다. 그래서 각각의 거점을 참호나 흉벽으로 이어 전장 4마일의 회로를 만들고, 이어서 적의 식량이나 물의 보급을 끊기 위해 점차 전초의 간격을 좁히고 원진圓陣을 좼다. 그리고 둑을 쌓고 그 위에서 돌이나 창, 횃불을 이

미 가까이 다가온 적을 향해 던졌다. 하지만 적을 가장 고통스럽게 만드는 것은 갈증이었다. 이 무렵 적의 수많은 전투원이나 비전투원이 사용할 수 있는 샘은 하나밖에 남아 있지 않았다. 한편 전마나 가축이 야만족의 습속에 따라 함께 성채에 틀어박혀 있었기 때문에 사료가 부족해 잇따라 죽어 갔다. 그 곁에는 부상과 갈증으로 목숨을 잃은 인간의 시신이 겹겹이 쌓여 있었다. 성채 전역에 썩은 피와 악취, 전염병이 만연했다.

50 이런 혼란 속에서 최악의 사태가 벌어졌다. 즉 자기들끼리 서로 반목하게 되었다. 일부는 항복을 결심하고, 다른 사람들은 서로 찔러 죽으려 했다. 개중에는 "복수도 하지 않고 죽을 수는 없다. 돌격하자"고 설득하려고 하는 자도 있었다. 이런 의견의 분열이 어중이떠중이들 사이에서뿐만 아니라 지도자들 사이에서도 일어났다. 최고 장로인 디니스는 오랜 체험으로 로마의 무위武威와 관대함에 대해 잘 알고 있었기 때문에 "무기를 버려야 한다. 그것이 피폐된 우리의 유일한 구원의 길이다"고 주장했다. 맨 먼저 그가 아내와 자식을 거느리고 승자 쪽에 항복했다. 그 뒤를 이어 노인과 어린이, 여자 등 싸움에 적합하지 않는 사람, 명예보다 목숨을 더 중히 여기는 사람들이 투항했다.

젊은이들은 타르사(Tarsa)와 투레시스(Turesis) 양편으로 나뉘었다. 두 사람 다 자유의 몸으로 죽을 각오를 하고 있었다. 그러나 타르사는 "신속히 죽어 즉각 희망과 공포를 잘라 내야 한다"고 외치고는 칼로 자신의 가슴을 찔러 직접 모범을 보였다. 그리고 그의 뒤를 이어 같은 죽음을 선택한 사람들이 있었다. 투레시스는 지지자들과 함께 밤까지 기다리기로 했다. 우리 군의 장군이 이것을 알아채고는 깊은 밀집 대형을 구성해 전초를 강화했다. 그날 밤 굉장한 폭풍우가 밀어닥쳤다. 적이 무시무시하게 큰소리로 외치는가 싶더니 갑자기 기분 나쁘게 조용해졌다. 이런 일을 반복하며 포위진을 불안감 속으로 몰아넣었다. 그래서 사비누스는 전초선을 따라 빙 돌아다니며 병사들을 격려했다. "이상한 소음이나 위장된 침묵에 마음을 빼앗겨 적에게 기습의 기회를 주어서는 안 된다. 제각기 자신의 위치를 지키고 움직이지 말라. 함부로 날아가는 무기를 발사하지 말라."

51 그럭저럭 하는 사이에 야만족이 대오를 이루고 사면을 따라 공격해 내려왔다. 어떤 자들은 우리 군의 보루를 향해 적당한 돌이나 불에 그을려 끝이 단단해진 말뚝, 나무에서 잘라 낸 큰 가지를 던졌다. 다른 자들은 관목이나 사립짝, 시체 등을 던져 호를 메웠다. 또 다른 자들은 미리 만들어 둔 건널판이나 사닥다리를 흙벽에 걸치고 올라가 그것을 파괴하고, 이것을 저지하려고 하는 우리 군과 백병전을 벌였다.

한편 로마군은 그들을 날아가는 무기로 물리치는 동시에 방패로 격퇴하고 긴 공성창攻城槍을 던지고 큰 돌을 빗발치듯 굴렸다. 이쪽에는 "승리는 이미 우리의 것이다"라는 확신이 있었다. 그리고 후퇴하면 보다 큰 창피를 당하게 될 것이라고 생각하고 있었다. 상대는 이것이 마지막 탈출의 기회라는 생각과 곁에 있는 많은 어머니나 아내의 비통한 절규가 용기를 배가시키고 있었다. 밤이 적은 대담하게, 우리는 겁쟁이로 만들었다. 목표 없이 제멋대로 사격하고 예상치 못한 상처를 입었다. 적과 아군도 구별하지 못했다. 주위의 산골짜기들에 메아리치는 큰 외침 소리가 배후에서 들려 오는 것 같았다. 마침내 로마군이 돌파당한 것으로 믿고 몇 개의 거점을 포기할 정도로 큰 혼란에 빠졌다. 하지만 실제로 전초를 돌파한 것은 극소수에 지나지 않았다. 다른 자들은 용감하기 짝없는 자들이 쓰러지거나 부상을 입은 뒤 날이 샐 무렵에는 성채의 꼭대기까지 밀려나 그곳에서 항복하지 않을 수 없었다. 인근의 야만족도 자진해서 귀순했다. 나머지 부족은 하이무스 산맥에 혹독한 겨울이 일찍 찾아오는 바람에 습격이나 포위에 의한 진압을 면할 수 있었다.

4. 티베리우스의 은퇴

52 한편 로마에서는 황제 집안이 근들근들 흔들리고 있었다. 아그리피나를 없애려는 일련의 계획이 시작되고 있었다. 그녀의 재종 자매인 클라우디아 풀크라(Claudia Pulchra)가 탄핵받았다. 그녀를 고발한 것은 그나이우스 도미티우스 아페르(Cnaeius Domitius Afer)라는, 최근에 법무관직에 올라 세상에 아직 이름이 알려지지 않은 자였다. 그는 어떤 악랄한 수단을 쓰더라도 한시 바삐 명성을 날리고 싶어 풀크라를 고소했던 것이다. 그 이유는 음란죄(푸르니우스와의 간통)를 저지르고 황제의 독살을 계획하고 저주했다는 것이었다.

평소에도 성품이 과격한 아그리피나가 이때 자신의 피붙이가 위험에 처하자 격분해 곧장 티베리우스를 찾아갔는데, 때마침 그가 아버지의 영령에 희생을 바치고 있었다. 이것이 그녀에게 비난의 꼬투리를 제공해 주었다.

"신군 아우구스투스께 산 제물을 바치면서, 다른 한편으로는 신군의 자손을 박해하시는 것은 모순 아닙니까? 신군의 영령은 이런 말 못 하는 상들 속에 깃들여 있지 않습니다. 그분의 신성한 피에서 태어난 저야말로 진짜 상입니다! 그런 제가 이번의 위험이 저 자신의 것임을 알아채고 이처럼 상복[59]을 입었습니다. 풀크라는 쓸모 없는 구실에 지나지 않습니다. 그녀가 신세를 망치고 있는 단 하나의 이유는

---

59) 피고의 복장. 2권 29절, 4권 70절을 참조할 것.

정말 어리석게도 그녀가 예배의 대상으로 저를 택했기 때문입니다!
소시아 갈라가 같은 이유로 벌을 받은 것도 잊어버리고."

이 말을 듣자, 그 깊은 속을 도저히 알 수 없는 티베리우스가 좀처럼 하지 않는 말을 무심코 내뱉었다. 그녀를 잡고는 그리스어 시를 인용하며 이렇게 충고했다. "지배할 수 없다고 해서 그렇게 화를 낼 것은 없다."

푸르니우스와 풀크라는 유죄를 선고받았다. 아페르는 일류 웅변가의 반열에 서게 되었다. 이때 그의 재능이 일반에게 인식되고, 이어서 카이사르도 크게 칭찬하며 "그는 웅변가라는 명칭을 정당하게 요구할 수 있는 사람이다"고 말했기 때문이다.

그 이후 아페르는 고발 연설이나 피고의 변호로 도덕가보다는 웅변가로서의 명성을 떨쳤다. 하긴 만년에는 웅변가의 명성조차 크게 떨어졌지만. 정신력이 쇠약해졌음에도 불구하고 죽을 때까지 잠자코 있을 수 없었기 때문이다.

53 아그리피나는 그 후에도 외고집을 부리며 계속 화를 냈다. 병들어 카이사르가 병문안을 오자, 그녀는 처음에는 한참 동안 입을 다물고 눈물을 흘렸다. 그러고는 원망하는 말과 애원하는 말을 늘어놓기 시작했다. "저의 외로운 생활을 구제해 주세요. 남편을 주세요! 저는 아직 결혼 생활을 영위할 수 있을 만큼 충분히 젊어요.[60] 정숙한 여자에게는 결혼 외에는 위로가 될 만한 것이 없어요. 로마 시민 중에〈—
—〉[61] 게르마니쿠스의 아내와 자식들을 받아들일 자격이 있는 인물이 있을 거예요." 그러나 카이사르는 그녀의 요청이 정치적 견지에서 얼마나 중대한 것인지 잘 알고 있었다. 그러나 기분 나쁜 표정이나 동요된 모습을 보여 주고 싶지 않아, 그녀가 재촉하는데도 대답도 하지

---

60) 아그리피나는 이때 아마도 40세쯤 되었을 것이다.
61) 〈신군 아우구스투스의 피를 이어받은〉 정도의 말이 누락되어 있는 것 같다.

않고 떠나 버렸다.

이 사건은 어떤 역사가도 언급하지 않고 있다. 나는 이것을 아그리피나의 딸, 즉 황제 네로의 어머니가 자신의 생애와 가족의 불행을 세상에 전하고 있는 《회상록》 속에서 발견했다.

54 그것은 그렇다 치고, 세야누스는 예측도 못 하고 있는 아그리피나를 가엾게도 더욱 깊은 골짜기에 빠뜨렸다. 그녀 곁으로 파견된 자들이 우정을 가장하고 그녀에게 이렇게 충고했다. "당신을 독살하려는 음모가 있습니다. 시아버님의 식탁에서 식사하는 일은 피하셔야 해요." 그녀는 본심을 속이지 못하는 성격이었다. 티베리우스 곁에 누워 있었지만, 무표정한 얼굴로 침묵을 지키면서 어떤 요리에도 손을 대려 하지 않았다. 마침내 티베리우스가 이것을 알아챘다. 아니면 사전에 귀띔을 받아 알고 있었는지도 모른다. 그는 그녀가 의심하고 있는 것을 좀더 분명히 확인하기 위해 식탁에 놓여 있는 사과를 "참 맛있군" 하고 추켜세우면서 자기 손으로 그것을 며느리에게 건네 주었다. 그래서 아그리피나의 의구심이 한층 더 깊어졌다. 그녀는 그것을 입에도 대지 않고 노예들에게 건넸다. 하지만 티베리우스는 그녀에게는 더 이상 직접 말을 걸지 않고 어머니 쪽을 향해 이렇게 말했다. "제가 독살할 것이라고 의심하고 비난하고 있는 저 아이에게 더욱더 심하게 대해도 이상스럽지 않을 것입니다."

이 사건으로 다음과 소문이 나돌게 되었다. "아그리피나를 죽이려하고 있다. 그러나 최고 사령관에게는 그런 일을 공공연히 저지를 용기가 없다. 목적을 달성하기 위해 은밀한 방법을 찾고 있다."

55 그러나 카이사르는 이런 풍설에서 사람들의 주의를 돌리기 위해 원로원에 열심히 출석했다. 아시아의 대표들이 어떤 시에 신전을 지을 것인가와 관련해 논쟁을 벌일 때에도 며칠 동안 그것을 청취했다. 11개 시가 근거는 다르지만 서로 비등하게 열의를 갖고 대립했

다. 각 도시가 유서 깊은 기원와 관련해, 혹은 페르세우스(Perseus)[62]나 아리스토니코스(Aristonicos),[63] 그 밖의 왕과의 전쟁 중에 로마 국민에 바친 봉사와 관련해 비슷비슷한 자랑거리를 늘어놓았다. 하지만 히파이파와 트랄레스, 라오디카이아, 마그네시아 등의 시는 재력 면에서 건전하지 못해 후보에서 탈락했다. 트로이아가 로마의 모시임을 자랑하는 일리온조차 이 영광스런 고적古蹟을 제외하면 유리한 조건이 아무것도 없었다.

할리카르나소스의 시민들이 "1200년이라는 오랜 기간 동안 우리의 주거지는 한 번도 지진으로 파괴되지 않았다. 게다가 신전의 기초를 직접 자연석 위에 둘 수 있다"고 보증했기 때문에, 이곳과 관련해서는 잠시 망설였다. 페르가몬은 그곳에 아우구스투스의 신전이 건조되어 있기 때문에(그들은 바로 이것을 믿고 있었지만) 충분히 체면을 세우고 있다고 판단되었다. 에페소스와 밀레토스는 각각 아폴론과 아르테미스의 제사로도 힘에 겨운 것 같았다.

그리하여 사르디스와 스미르나 중 어느 한쪽을 선택하게 되었다. 사르디스인들은 에트루리아 조령條令을 인용하며 로마와의 혈연 관계를 주장했다. "즉 아티스(Atys) 왕[64]의 2명의 아들 티레누스(Trrhenus)와 리도스(Lydos)가 인구가 너무 많아 민족을 둘로 나누었다. 리도스는 조상 전래의 땅에서 계속 거주하고, 티레누스는 새로 땅을 수여받고 그곳의 창설자가 되었다. 아시아에 그대로 머문 민족이나 이탈리아로 건너온 민족이나 모두 똑같이 수장의 이름을 지명으로 삼았다.[65] 리도스는 나중에 그리스에 식민지 개척자들을 보내 세

---

62) 기원전 171~168년에 싸운 마케도니아 최후의 왕. 이때 로마군에 패했다.
63) 페르가몬의 왕으로 기원전 131~129년에 로마군에 항복했다.
64) 리디아의 신화적인 왕.
65) 즉 리도스에서 리디아, 티레누스에서 티레니아(별칭 에트루리아)라는 지명이 나왔다는 것이다. 사르디스는 리디아 왕조의 수도였다.

력권을 확대했다. 그리고 이윽고 이 땅에 펠로프스의 이름을 따서 붙였다.[66]"

사르디스의 시민들은 마지막으로 최고 사령관들의 포고령이나 마케도니아 전쟁 중에 우리 군과 맺은 조약, 그 땅의 풍부한 하천수, 온화한 기후, 풍요로운 땅 등에 대해 이야기했다.

56 스미르나의 대표들은 이 도시의 유래를 밝히며 "창설자는 제우스의 아들 탄탈로스나 역시 신의 혈통을 이어받은 테세우스, 아니면 아마존의 한 사람 중 어느 하나이다"고 말했다. 이어서 그들이 가장 믿고 있는, 로마 국민에 대한 봉사로 화제를 옮겨 갔다. "우리는 이탈리아 내전 때에도, 외적과 싸울 때에도 해상 병력[67]을 제공했다. 우리는 로마 시를 위해 신전을 바친 최초의 시민이다. 그해에는 마르쿠스 포르키우스가 집정관이었다.[68] 그 당시에는 로마의 국력이 확실히 상당하긴 했지만 아직 최고 수준에 이르지 못하고, 카르타고의 수도도 건재했으며, 아시아 전역에도 여러 왕이 군림하고 있었다."

그들은 또 루키우스 술라를 증인으로 내세우며 다음과 같이 말했다. "그의 군대가 혹심한 겨울 추위와 부족한 의복 때문에 중대한 위기에 처하고 이 사실이 스미르나의 민회에 보고되자, 모여 있던 시민이 그 자리에서 옷을 벗어 로마 군단에 보냈다."[69]

그리하여 원로원은 투표할 때가 되자 스미르나를 택했다. 이어서 가이우스 비비우스 마르수스가 이렇게 제안했다. "이 속주의 지사직을 맡고 있는 마르쿠스 아이밀리우스 레피두스를 위해 임시 보좌관

---

66) 즉 펠로폰네소스('펠로프스의 섬')라 불렸다.

67) 스미르나의 대표들이 언급한 병력은 틀림없이 로마와 그 동맹시와의 싸움 중에(기원전 91~88년) 파견되었을 것이다.

68) 기원전 195년의 일. 포르키우스는 유명한 감찰관 카토.

69) 아마도 기원전 88년에 여러 도시를 약탈한 폰토스의 미트리다테스 왕을 상대로 한 제1차 전쟁 때(기원전 87~5년)의 일이었을 것이다.

을 임명하고 그에게 신전을 건립하는 일을 감독하게 해야 한다." 레피두스가 겸손함에서 직접 보좌관을 선정하는 것을 거절했기 때문에 추첨을 통해 법무관급 인사 중에서 발레리우스 나소(Valerius Naso)가 파견되었다.

57 그럭저럭 하는 사이에 티베리우스가 오랫동안 심사 숙고하고 여러 번 연기해 온 계획을 마침내 실행에 옮겼다. 그는 카푸아에서 유피테르의 신전을, 놀라에서 아우구스투스의 신전을 봉납한다는 구실을 붙이고, 마음속으로는 수도에서 멀리 떨어져 살기로 결심하고 캄파니아에 은둔했다. 나는 이 은퇴의 동기와 관련해 많은 역사가의 설에 따라 세야누스의 책략 탓으로 보았지만, 티베리우스는 세야누스가 사형당한 뒤에도 6년간 더 똑같이 고독한 생활을 계속했다. 그래서 나는 그 동기를 티베리우스 자신 탓으로 돌리는 것이 보다 정확하지 않을까 하고 종종 생각했다. 즉 은퇴 장소에 의해 자신도 모르게 행동으로 나타나는 잔인하고 방탕한 본성을 숨기려 했던 것은 아닐까? 그리고 그는 전에 어쩔 수 없이 로도스 섬에서 은둔 생활을 하게 되었을 때 쾌락을 숨기는 데 익숙해져 있었다.

어떤 사람들은 "티베리우스가 늙은 외견상의 모습을 부끄러워했기 때문이다"고 확신하고 있었다. 분명히 그의 몸은 말라빠지고 허리는 구부러진데다가 꺼충했다. 대머리라 머리칼도 없고, 얼굴에는 부스럼 때문에 많은 고약이 점점이 붙여져 있었다.

그리고 일설에 따르면 그의 어머니의 오만한 기질이 그를 로마에서 쫓아냈다고도 한다. 그는 어머니와 지배권을 공유하는 데 지쳤으면서도 이 지배권을 어머니에게서 선물을 받았기 때문에 그 지위에서 어머니를 내쫓을 수 없었다. 아우구스투스는 자신의 종손자(누이의 손자)로 세상의 평판이 좋은 게르마니쿠스에게 국정을 맡기는 것이 어떨까 심사 숙고한 적이 있었다. 그러나 아내의 애원에 못 이겨 게르마니쿠스를 티베리우스의 양자로 삼고 티베리우스를 자신의 양자로 삼았다. 이 일로 아우구스타는 언제나 티베리우스에게 욕설을 퍼부으며 그 대가를 요구했다.

58 티베리우스는 몇 명의 수행원만 거느리고 떠났다. 원로원 계급에서는 집정관 경력을 지닌 마르쿠스 코케이우스 네르바(Marcus Cocceius Nerva)[70]라는 뛰어난 법학자 한 명이, 기사 계급에서는 세야누스 외에 상급 로마 기사 쿠르티우스 아티쿠스(Curtius Atticus)가 따라갔다. 나머지는 문인, 그것도 대부분은 그리스인[71]이었다. 이 사람들과의 대화로 기분을 풀려고 했던 것이다.

당시의 점성술사들은 "티베리우스가 로마를 떠나는 날 그가 두 번 다시 돌아오지 못할 것을 암시하는 듯한 행성들의 움직임이 있었다"고 주장했다. 이 예언이 결정적인 유인誘因이 되어 많은 사람이 티베리우스의 종말이 다가오고 있다고 추측하고 이 소문을 널리 퍼뜨렸다. 분명히 그 당시에는 티베리우스가 자진해서 11년 동안이나 집을 떠나 산다는 것은 믿을 수 없는 이야기였기 때문이다. 따라서 그런 경우를 예상조차 하지 못했다.

이윽고 사람들은 점성술과 사기詐欺가 종이 한 장 차이라는 것, 예언자의 진실이 얼마나 신비적인 외피에 싸여 있는지 깨닫게 되었다. 왜냐하면 "티베리우스가 이제는 수도로 돌아오지 않을 것이다"라는 예언이 완전히 엉터리는 아니었기 때문이다. 하지만 그 이외의 것은 점성술사들도 끝까지 몰랐다. 티베리우스는 로마 인근의 시골이나 해안에서, 혹은 때로는 수도의 성벽 바로 옆에서 살면서 장수했기 때문이다.

---

70) 미래의 황제 네르바의 조부. 보결 집정관은 21년이나 22년. 법학자로서는 라베오(3권 75절)의 후계자.
71) 티베리우스는 그리스 · 라틴 양 문학의 교양이 있고 그리스어로 시도 지었다고 한다.

59 이 무렵에 우연히 카이사르가 목숨을 잃을 뻔한 뜻밖의 큰 사건이 일어났다. 이것이 아무 근거도 없는 앞서의 소문들을 더욱 자극는 결과가 되었다. 그리고 카이사르는 이것을 계기로 세야누스의 우정과 충성을 한층 더 신뢰하게 되었다.

그들 일행이 아무클라이 난바다와 푼디의 구릉 지대 사이에 있는, '동굴의 관館'[72]이라 불리는 별장의 천연 동굴 속에서 식사를 하고 있었다. 그런데 갑자기 동굴 입구가 붕괴되어 몇 명의 시종이 낙석에 짜부러졌다. 그래서 모두 깜짝 놀라고, 함께 식사하던 자들이 달아나 버렸다. 그러나 세야누스는 자신의 무릎과 얼굴, 두 손으로 덮어 가리고 카이사르를 낙반으로부터 보호했다. 그가 이런 자세로 있는 것을 구하러 달려온 병사들이 발견했다는 것이다.

그 후 세야누스의 세력이 더욱더 증가되었다. 설사 그가 해로운 진언을 하더라도, 티베리우스는 사리 사욕이 없는 마음에서 나온 의견으로 신뢰하며 귀를 기울였다. 그는 사람들을 사주해 고발자 역할을 맡고 특히 가장 가까운 황제의 후계자인 장남 네로를 공격하게 한 뒤에 게르마니쿠스의 자식들에 대해 공평한 재판관 역할을 하는 체했다. 네로는 본래 겸손한 청년이었음에도 불구하고 상황이 요구하는 조심스런 태도를 종종 잊어버리고 있었다. 그것도 그의 해방 노예나 부하들이 권력 획득을 안타깝게 기다리며 이렇게 그를 부추겼기 때문이다. "높은 지위에 어울리게 자신감을 갖고 행동하세요. 로마 국민은 그것을 원하고 있습니다. 군대로 그것을 바라고 있습니다. 지금은 하라는 대로 하는 연로한 황제와 마찬가지로 온순하고 젊은 당신도 모욕하고 있지만, 세야누스도 감히 반대하지 못할 것입니다.

60 이런 말을 듣고도 네로는 결코 사악한 야심을 품지 않았다. 그

---

72) 동굴의 관(Sperunca)이 현재의 스페르롱가(Sperlonga)라는 작은 마을의 이름에 남아 있다. 이곳의 종유동에서는 지금도 여전히 옛날의 내부 장치나 장식의 흔적이 발견된다.

렇지만 이따금 무례하고 무분별한 말을 내뱉었다. 그의 주변에 깔려 있는 간첩들이 이 말을 귀담아듣고 세야누스에게 과장해서 전달했다. 네로에게는 그것을 변명할 기회가 주어지지 않았다. 설상가상으로 떠름한 일이 여러 가지 형태로 나타났다. 어떤 사람들은 네로와 만나는 것을 피하려 했다. 어떤 사람들은 인사[73]를 끝내면 허둥지둥 떠났다. 대부분은 네로가 이야기를 시작하면 곧 말허리를 꺾었다. 이에 반해 방문한 세야누스의 도당은 늦게까지 끈덕지게 버티며 농을 지껄였다.

가장 중요한 티베리우스는 음험한 표정을 짓거나 웃는 얼굴을 가장하고 네로와 만나고, 이 청년이 말을 하든 입을 다물고 있든 그 침묵이나 그 말 속에서 결점을 찾아냈다. 밤까지도 안전하지 않았다. 네로의 불면과 잠꼬대와 탄식이 아내를 통해 장모 리비아에게로, 리비아를 통해 세야누스에게 알려지고 있었다.

세야누스는 "이미 형님은 몰락하고 있습니다. 그 양반이 제거되면 원수의 지위는 당신 것입니다" 하고 희망을 주면서 네로의 동생 드루수스도 자기 편으로 끌어들였다. 드루수스는 선천적으로 경솔하고 무분별했다. 그리고 권세욕과 형제 사이에서 흔히 벌어지는 반목으로 인해 질투심에 불타고 있었다. 어머니 아그리피나가 걸핏하면 네로를 두둔했기 때문이다. 그러나 세야누스가 드루수스에게 호의를 가진 것은 머잖아 그 또한 파멸시키려고 기회를 노리고 있었기 때문일 뿐이었다. 그는 드루수스의 성급하고 함정에 걸리기 쉬운 성격에 대해 잘 알고 있었다.

61 이해 말경에 유명한 사람들이 세상을 떠났다. 마르쿠스 아시니우스 아그리파(Marcus Asinius Agrippa)는 오래 전으로 거슬러올라간

---

73) 로마인이 아침에 해야 하는 첫번째 의무는 윗사람의 집에 가서 문안을 드리는 것이었다. 원수 자신을 제외하면 모든 로마인이 누군가에게 은혜를 느끼고 있었다.

다기보다는 빛나는 조상을 두었고, 그의 생애도 집안의 이름에 부끄럽지 않았다. 퀸투스 하테리우스는 원로원 계급 가문 출신으로 죽을 때까지 웅변가로서 명성을 떨쳤다. 그의 재능의 기념물들이 생전만큼의 평가를 받지 못하고 있다. 그도 그럴 것이 존경받고 있었던 것은 문체에서 보이는 고심의 흔적보다 문체가 지니고 있는 기백이었기 때문이다. 다른 작가들에게서 발견되는 마음에 새기고 뼈에 사무치도록 고심한 문체는 후세에 이름을 날리지만, 하테리우스와 같은 유려하고 잘 조화된 문체는 본인과 함께 소멸해 버리게 마련이다.

62 마르쿠스 리키니우스 크라수스 프루기(Marcus Licinius Crassus Frugi)와 루키우스 칼푸르니우스 피소가 집정관이 되었다.[74] 예기치 못한 불행한 사건이 일어나 큰 전쟁에 필적하는 피해를 가져왔다. 그것은 시작되자마자 끝났다. 아틸리우스(Atlius)라는 해방 노예가 검투사 시합을 개최하기 위해 피데나에 원형 경기장을 지었다. 그러나 단단한 지반 위에 토대를 쌓지 않고, 또 목조 건조물을 지을 때에도 튼튼한 꺾쇠를 사용하지 않았다. 분명히 그는 막대한 재산가도 아니고 지방 주민들의 환심을 사려는 야망도 없었다. 하찮은 수입을 염두에 두고 그 시합을 떠맡았던 것이다.

티베리우스의 치세 중에는 사람들이 환락을 금지당해 그런 구경거리에 굶주려 있었다. 그래서 남녀 노소를 가리지 않고 많은 사람이 떼지어 몰려들었다. 로마에서 가까워 더욱더 혼잡했다. 그 결과 재난의 규모도 한층 더 엄청났다. 건물이 사람들로 가득 차는가 싶더니 순식간에 무너져 내렸다. 내부의 붕괴된 파편이, 혹은 바깥쪽으로 흩어져 날아간 파편이 구경에 열중하거나 장외를 에워싸고 있던 많은 사람들 위에 거꾸로 떨어져 그들을 생매장해 버렸다. 붕괴와 동시에 숨이 끊어진 사람들은 사고사가 허용하는 한 고통은 피할 수 있었다. 더욱

---

74) 서기 27년.

비참한 것은 몸의 일부가 떨어져 나갔는데도 아직 목숨이 남아 있는 사람들이었다. 그 사람들은 낮에는 아내나 자식을 보고, 밤에는 그들의 울부짖는 소리와 탄식 소리를 듣고 있으면서도 어떻게 할 수가 없었다. 이윽고 그 밖의 사람들이 소문을 듣고 달려와 형제나 이웃 사람, 혹은 부모를 발견하고 울었다. 다른 목적으로 외출했던 친구나 친척들의 집에서도 역시 안부를 걱정했다. 그 재난의 희생자들이 아직 판명되지 않았기 때문에 불안감에서 공포심이 더욱 확산되었다.

63 붕괴된 건물이 치워지기 시작하자, 사람들은 죽은 사람들에게로 달려와 포옹하고 키스했다. 시신의 얼굴을 구별할 수 없어 체형이나 연령이 비슷하면 찾고 있는 사람들이 갈팡질팡하고, 그래서 종종 말다툼이 벌어졌다. 이때의 참사로 5만 명이 불구자가 되거나 혹은 압사했다.

원로원은 앞으로 두 번 다시 이런 사건이 일어나지 않도록 다음과 같이 의결했다. "연수입이 40만 세스테르티우스 이하인 자는 검투사 시합을 개최할 수 없다. 견고한 지반임을 검증받은 땅 이외의 곳에는 원형 경기장을 지을 수 없다." 앞에서 언급한 아틸리우스는 추방형에 처해졌다.

그것은 어찌 되었든 이 재난이 일어난 직후에 귀족들이 저택을 개방하고 닥치는 대로 의약품과 의사를 제공했다. 그래서 이 당시 로마는 며칠 동안 음울한 양상에도 불구하고 큰 전투가 끝난 뒤에 아낌없이 선물을 주며 부상자들을 보살펴 주었던 조상들의 관습을 떠올리게 했다.

64 이 재난의 기억이 채 희미해지기도 전에 근래에 보기 드문 맹렬한 화재가 수도를 덮쳤다. 카일리우스 언덕이 잿더미로 변해 버렸다. 사람들은 "올해는 불길한 해이다"고 수군거렸다. "이것저것 다 좋지 않은 때에 원수가 로마를 비우려 하다니." 그리하여 이때도 속중俗衆

의 평소 버릇대로 사람들은 우연한 사고를 어떤 특정한 사람 탓으로 돌리려 했다. 그러나 카이사르가 입은 손해에 따라 금액을 나누어 주어 민중의 이런 비난을 잠재웠다. 그래서 원로원에서는 저명 인사들이 티베리우스에게 감사 연설을 하고, 민중으로부터도 좋은 평판을 받았다. 그가 차별 대우를 하지 않고 친척들의 청원이 없는 사람이나 모르는 사람들까지 불러모아 물건을 나누어 주고 원조의 손길을 뻗쳤기 때문이다.

그때 원로원이 카일리우스 언덕을 앞으로는 '지존의 언덕'(아우구스투스 언덕)으로 부를 것을 제안했다. "주위가 전부 다 불타 버렸는데 원로원 의원 유니우스(Junius)의 저택에 있는 티베리우스의 상만이 불에 타지 않았다. 전에 클라우디아 퀸타[75]의 경우에도 같은 일이 일어난 적이 있었다. 우리의 조상들이 그녀의 상을 '신들의 어머니'의 신전에 봉납했는데 두 번이나 화재를 모면했다. 클라우디우스 씨족은 신의神意에 의해 지켜져 온 신성한 집안이다. 이처럼 신들께서 원수에게 큰 영광을 베풀어 주셨으므로 그 장소를 더욱 신성시하지 않으면 안 된다."

65 여기에서 이 언덕의 유래에 대해 언급해도 그리 재미없지 않을 것이다. 이 언덕은 본래 '떡갈나무 숲(Querquetulanus)'이라 불리고 있었다. 많은 떡갈나무가 무성하게 자라고 있었기 때문이다. 그리고 이윽고 카일리우스 언덕이라고 불리게 되었는데, 이것은 카일레스 비벤나(Caeles Vibenna)라는 에트루스키족의 수장 이름에서 유래되었다. 그는 로마에 원군을 제공했기 때문에 타르퀴니우스 프리스쿠스(Tarquinius Priscus) 왕이나 다른 왕 —— 이 점에서 역사가들의 의견이 달라지고 있다 —— 로부터 이 언덕을 거주지로 수여받았다. 확

---

75) 클라우디아 씨족 출신의 상류 여성. 기원전 204년에 신들의 어머니(프리기아의 대지 여신)를 로마에 가져올 때 그 신상이 실려 있는 배를 해안까지 띠로 끈 사람.

실한 것은 에트루스키족이 그 언덕에서 현재의 중앙 광장 부근의 평지에 이르기까지 많이 거주하고 있었다는 것, 그래서 이 일대가 이 외래水来 부족명을 따서 투스쿠스 가로 불리게 되었다는 것이다.

66 그런데 자연 재해에 따른 고통은 귀족들의 동정이나 원수의 의연금으로 덜어졌지만, 날로 강력해지고 난폭해지며 마구 설치는데도 고발자들의 폭력과 관련해서는 아무런 경감 대책도 시행되지 않았다.

카이사르의 부유한 친척인 퀸크틸리우스 바루스(Quinctilius Varus)가 그의 어머니 클라우디아 풀크라를 단죄했던 그나이우스 도미티우스 아페르에게 공격당했다. 아페르가 오랫동안 가난하게 산 뒤에 최근에 겨우 손에 넣은 고발의 대가를 낭비해 버리고, 이번에는 더욱 파렴치한 것을 기도했다는 것은 그리 이상하게 여길 만한 것이 못 된다. 푸블리우스 코르넬리우스 돌라벨라가 고발의 공모자로 나선 데는 세상 사람들도 깜짝 놀랐다. 아무튼 그는 유명한 조상을 둔데다가 바루스의 친척이기도 했기 때문이다. 그런 사람이 지금 자신의 고귀한 혈통과 친족을 망가뜨리려 하고 있었던 것이다.

원로원은 이 소송을 거부하고 "최고 사령관이 출석하는 날까지 기다리기로 한다"고 선언했다. 이것이 우선 당장 임박한 비극을 피할 수 있는 유일한 방법이었다.

67 한편 카이사르는 캄파니아에서 신전 봉납식을 올리자 칙령을 내려 "누구든 황제의 조용하고 한가한 생활을 어지럽혀서는 안 된다"고 주의를 주었다. 그리고 여기저기에 병사들을 배치해 도시 사람들이 몰려드는 것을 저지했다. 그래도 카이사르는 자치시나 식민시 등 이탈리아 본토에 있는 도시에 완전히 정나미가 떨어져 카프리라는 섬에 몸을 숨겨 버렸다. 그 섬은 수렌툼 곶의 끝 부분에서 3마일쯤 떨어진 곳에 있었다. 내 생각에 이곳의 그윽한 조용한 경치가 무척 그의 마음에 들었을 것 같다. 섬을 에워싼 해안에 항구가 하나도 없어

작은 배조차 임시로 안전하게 피난할 곳이 거의 없고, 또 설사 접안한다 해도 필시 초병에게 발견되었을 것이기 때문이다. 기후는 겨울에도 온화했다. 전면의 산이 매서운 찬 바람을 막아 주기 때문이었다. 여름에는 정면으로 서풍을 받고 사방으로 바다가 트여 있어 쾌적했다. 베수비우스 산의 분화가 그 주변의 풍물을 바꾸기 시작하기 전에는 이곳에서 더없이 아름다운 만도 내려다보였을 것이다.

전승에 따르면 이 해안 지방은 원래 그리스인이 점유하고, 카프리 섬에는 텔레보이인[76]이 살고 있었다고 한다. 하지만 이때에는 티베리우스가 각각 호칭이 다른 12개의 광대한 별장으로 이 섬을 꽉 채우고 있었다. 그리고 전에 국정에 열성을 기울였던 것처럼 이번에는 비밀스런 쾌락을 즐기고 느긋하게 악의에 찬 계획들을 세우면서 편안히 쉬었다. 확실히 그는 여기에서도 시기하고 의심하는 동시는 쉽게 믿는 저 무모한 성격을 버리지 않았다. 수도에 있을 때조차 이것을 조장하는 데 익숙해져 있던 세야누스가 이제 한층 더 심하게 자극하려고 했다. 즉 아그리피나와 네로를 상대로 짜놓은 음모를 더 이상 숨기지 않았다. 두 사람을 호위하는 병사들이 대화 내용이나 방문객들, 그리고 이미 알려져 있는 사항이나 아무도 알지 못하는 것 등을 마치 연대기에 기록하듯이 하나하나 자세히 세야누스에게 보고하고 있었다. 게다가 세야누스의 지시를 받은 사람들이 두 사람에게 이렇게 충고했다. "게르마니아의 군대가 있는 곳까지 도망치세요. 아니면 가장 혼잡할 때를 노려 중앙 광장에 가서 신군 아우구스투스의 입상을 껴안고 시민과 원로원의 보호를 호소하세요."

하지만 어머니와 아들은 절대 이런 일을 하려 하지 않았다. 그럼에도 불구하고 이런 생각을 갖고 있는 것처럼 비난받고 있었다.

---

76) 그리스 북서부 해안에 있는 작은 제도에서 온 사람들.

68 가이우스 아피우스 유니우스 실라누스(Gaius Appius Junius Silanus)와 푸블리우스 실리우스 네르바(Publius Silius Nerva)가 집정관이 되었다.[77] 이해는 처음부터 더럽혀졌다. 상급 로마 기사 티티우스 사비누스가 게르마니쿠스의 친구였다는 이유로 감옥으로 끌려갔다. 그는 시종 일관 게르마니쿠스의 미망인과 자식들에게 진심으로 존경심을 보내고, 부하들이 모두 돌아보지 않을 때 혼자서 그 저택을 방문하고 외출할 때에도 따라다녔다. 그래서 선량한 사람들은 그를 칭송하고, 악의에 찬 사람들은 그를 미워했다.

그런 이유에서 라티니우스 라티아리스(Latinius Latiaris)와 포르키우스 카토(Porcius Cato), 페틸리우스 루푸스(Petilius Rufus), 마르쿠스 옵시우스(Marcus Opsius) 등 4명의 법무관급 인사가 집정관직에 대한 야심에서 그를 탄핵했다. 분명히 세야누스의 지원이 없으면 집정관에 오를 수 없었고, 또 그의 호의를 얻기 위해서는 죄를 짓지 않으면 안 되었다.

그들은 사전에 다음과 같이 합의했다. 라티아리스는 사비누스와 얼마간 면식이 있는 사이였다. 그래서 먼저 그가 함정을 파고 나머지 세 사람은 증인으로 그를 도와 주며, 마지막으로 넷이서 고소 절차를 밟는다는 것이었다. 그래서 라티아리스는 사비누스와 만났다. 처음에는 입에서 나오는 대로 잡담을 하다가 이윽고 그의 지조를 추어 주었다. "당신은 확실히 다른 사람들과 다르오. 게르마니쿠스 가가 영락한 지금도 번영할 때와 똑같이 가족들과 친하게 교제하며 관계를 끊지 않기 때문이오."

이어서 그는 게르마니쿠스에게 경의를 표하고 아그리피나에 대해 동정적으로 말했다.

---

77) 서기 28년.

그러자 사비누스는 자신도 모르게 눈물을 뚝뚝 흘리며 푸념을 늘어놓았다. 이처럼 인간의 마음은 역경 속에서는 약해지게 마련이다. 그러다가 점차 대담해져 세야누스에게 욕설을 퍼붓고 그의 잔혹함과 오만함과 야심을 공격하기 시작했다. 티베리우스에게까지 거리낌없이 비난의 화살을 돌렸다. 두 사람은 세상 사람들이 금기시하는 것을 화제 삼아 흉금을 터놓고 비밀리에 이야기를 나눔으로 인해 우정으로 굳게 맺어진 것 같았다. 그래서 이제는 사비누스 쪽에서 라티아리스와 사귀고 싶어하며 그의 집을 뻔질나게 찾아가 더없이 신뢰하는 친구를 대하듯이 마음속의 비애를 호소하게 되었다.

69 위에서 언급한 네 사람은 사비누스의 말을 다른 사람들도 들을 수 있게 하려면 어떻게 하는 것이 좋을까 그 방법을 의논했다. 아무튼 두 사람이 만나는 방에는 아무도 없는 것처럼 보이게 해야 했다. 만약 문 뒤에서 엿듣는다면 눈으로 보거나 소리로 알아챌 우려가 있다. 그렇지 않더라도 뭔가의 상황으로 의혹을 품을 것이다. 그래서 세 사람의 원로원 의원은 지붕과 천정 사이에 몸을 숨기게 되었다. 그들은 자신들의 비열하기 그지없는 간교한 계책에 못지 않게 추악한 이 은신처에서 옹이 구멍이나 갈라진 곳에 귀를 갖다 댔다.

그 사이에 라티아리스는 거리에서 사비누스를 발견하자 전해 주어야 할 새 정보가 있는 체하며 자신의 집으로 안내하고 방으로 청해 들였다. 그는 지치지도 않은 채 이것저것 옛 일과 새로운 일을 화제로 삼고, 마침내 최근의 무서운 소식을 덧붙였다. 사비누스도 전과 비슷한 이야기를 좀더 길게 늘어놓았다. 애끊는 심사는 일단 배출구를 찾아 흘러 나오면 그것이 격할수록 가로막기가 상당히 어렵기 때문이다.

그 후 곧 네 사람은 고발 절차를 밟았다. 그리고 카이사르에게도 편지를 보내 계략의 전말과 자신들이 맡았던 통탄할 역할에 대해 상세히 기술했다. 이것을 알게 되었을 때만큼 로마 시민이 경악하고 두려움에 떤 적이 없었다. 사람들은 친한 사람에게조차 숨기고 행동했다. 모임과 대담을 꺼리고, 친구와 낯선 사람의 귀를 모두 피하게 되었다. 말 못 하고 생명이 없는 물체조차, 지붕이나 벽까지 의심의 눈초리로 유심히 쳐다보았다.

70 카이사르는 정월 초하루에 원로원에 서한을 보내 관례적인 신년 축하의 말을 늘어놓은 뒤 사비누스의 문제를 언급했다. "그는 카이사르 가의 해방 노예 몇 명을 매수한 뒤 나를 암살하려고 했다"고 주장했다. 그리고 평소처럼 애매한 말을 사용하지 않고 사비누스의 처벌을 요청했다.

그래서 원로원은 즉시 판결을 내렸다. 사비누스는 유죄를 선고받고 감옥으로 끌려갔다. 그는 머리는 상복에 감싸이고 목은 밧줄에 꽉 묶인 채 가능한 한 큰소리로 계속 외쳐 댔다. "다들 잘 보시오. 신년 초부터 이 모양이오. 나는 세야누스에게 바쳐지는 산 제물이오!" 하지만 그가 얼굴을 돌리려고 하면, 말을 걸려고 하면 어느 곳에 있는 사람이든 하나같이 곧 달아나 모습을 감추어 버렸다. 도로든 광장이든 인적이 사라졌다. 개중에는 다시 돌아와 모습을 나타내는 사람도 있었다. 그들은 무서워 도망쳤다는 바로 그 사실에 양심의 가책을 느꼈던 것이다. "희생식이나 서원제가 벌어지는 기간에는 예로부터 부정한 말조차 꺼리며 피하는 것이 관습이다. 그런 때에도 쇠사슬이나 교수용 밧줄을 끌어들이게 되면 처벌받지 않는 날이 단 하루도 없을 것이다. 티베리우스가 이런 꺼림칙한 명령을 내린 것은 뭔가 의도가 있었을 것이다. 그렇다, 그는 신임 정무관들이 신전이나 제단의 문을 여는 것과 마찬가지로 감옥의 문을 열어도 아무 지장이 없다는 것을 일반 사람들에게 보여 주려고 전부터 계획하고 있었던 것이다."

그 후 또다시 티베리우스의 서한이 도착했다. 그 편지는 국가의 흉악한 적이 처벌받은 데 감사하고, "내 목숨이 위협받고 있다. 적개심을 지닌 자들의 함정을 경계하지 않으면 안 된다"고 끝을 맺고 있었다. 그 사람들의 이름은 언급되지 않았지만, 그가 네로와 아그리피나를 염두에 두고 있었던 것은 분명하다.

71 만약 각 사건을 그것이 발생한 연대에 따라 서술할 계획을 세워 놓지 않았으면, 나는 지금 당장 라티아리스나 옵시우스 등, 앞의 파렴치한 사건을 일으킨 장본인들의 최후에 대해 말하고 다른 이야기는 뒤로 돌리고 싶은 강한 충동에 사로잡혔을 것이다. 그들은 가이우스 카이사르(칼리굴라)가 지배권을 장악하자마자, 아니 티베리우스의 생존 중에도 살해되었다. 티베리우스는 자신이 범죄의 도구로 사용한 자들이 다른 사람들의 손에 죽는 것을 좋아하지 않았지만, 그들에게 싫증이 나고 비슷한 악행에 필요한 사람들을 새로 구할 수 있으면 대개 방해가 될 뿐인 옛 사람들을 제거해 버렸다. 그것은 어찌 되었든, 이 간악한 자들의 처벌에 대해서는 적당한 때에 기술하기로 하겠다.

그런데 이때 가이우스 아시니우스 갈루스가 다음과 같은 제안을 했다(그의 자식들은 아그리피나의 조카였다).[78] "황제가 자신의 불안감을 고백하고 원로원에 그것을 제거할 것을 명령하도록 황제에게 간청해야 한다." 그렇지만 티베리우스는 자신의 미덕이라고 믿고 있는 것 가운데서 본심을 숨기는 성향을 가장 훌륭한 것으로 보고 있었다. 그래서 그는 숨겨 두고 싶은 것이 폭로되는 데 한층 더 심한 고통을 느꼈다. 그러나 세야누스가 황제의 기분을 달래 주었다. 물론 갈루스에 대한 호의에서가 아니었다. 황제의 망설임이 가져올 결과에 기대를 걸었기 때문이다. 즉 세야누스는 티베리우스가 어떤 것을 결심할 때까지 시간이 걸린다는 것, 그러나 일단 폭발하면 인정 사정 없이 말

---

78) 그의 자식들의 어머니 비프사니아도 아그리피나처럼 마르쿠스 아그리파의 딸이었기 때문이다(두 여성은 배다른 자매였다).

을 내뱉고, 그 후 곧 무섭게 행동한다는 것을 알고 있었던 것이다.

이 무렵에 아우구스투스의 손녀인 율리아가 세상을 떠났다. 그녀는 조부로부터 간통죄를 선고받고 아풀리아의 해안에서 그리 멀지 않은 트리메루스 섬으로 유배되어 있었다. 그 섬에서 20년 동안이나 추방 생활을 견뎌 온 것은 아우구스타의 도움 덕분이었다. 아우구스타는 유복한 의붓자식들을 잇따라 은밀히 파멸시키고 표면적으로는 상처받은 사람들에 대한 동정심을 자랑스럽게 내보였다.

72 같은 해에 라인 강의 대안에 거주하는 프리시족이 평화를 깼다. 그들이 복속 상태를 견딜 수 없게 되었다기보다 오히려 로마측의 탐욕에 그 원인이 있었다. 드루수스[79]는 이 빈곤한 부족에 알맞게 그들에게 적당한 공물을 부과했다. 즉 군사상의 목적을 위해 소가죽[80]을 공출하는 것이었다. 그러나 가죽의 치수나 질과 관련해서는 신경을 곤두세우며 주의를 기울일 필요가 없었다.

그렇지만 수석 백인대장 올렌니우스(Olennius)가 프리시족의 통치를 위임받자 그들이 납입해야 하는 공물의 표준으로 들소의 가죽[81]을 선택했다. 그것은 어떤 민족에게도 무리한 요구였고, 숲속에 거대한 야수가 많이 서식하긴 하지만 집에서 기르는 가축은 적은 게르마니아족의 경우에는 특히 더 감내하기 힘들었다. 그래서 그들은 우선 먼저 그 집에서는 기르는 소를, 그 다음에는 토지를 제공하고, 마지막으로는 아내와 자식들까지 노예로 인도하게 되었다.

이런 이유에서 마침내 화가 나 불만을 제기했는데도 궁핍한 상태에서 벗어날 수 없게 되자, 이제 남은 탈출구는 전쟁밖에 없었다. 그

---

79) 티베리우스의 동생.
80) 이것으로 천막이나 방패를 만들었다.
81) 카이사르는 《갈리아 전기》(6권 28절)에서 코끼리보다 약간 작았다고 말하고 있다. 이들 소들은 프리시족의 영지보다 더 멀리 떨어진 헤르키니아의 숲에서 서식하며 힘이 세고 속도도 빨랐다고 한다.

들은 공물을 징수하러 온 로마 병사들을 포박해 교수형에 처했다. 올렌니우스는 적이 쳐들어오기 전에 도망쳐 플레붐이라는 요새에 숨었다. 여기에서는 로마의 군대와 동맹군으로 구성된, 얕보기 힘든 병력이 북해 연안을 방어하고 있었다.

73 저지 게르마니아의 총독 루키우스 아프로니우스는 이상과 같은 사실을 알게 되자, 고지 게르마니아 속주에서 여러 군단의 분견대, 그리고 원군 보병대와 기병대에서 선발한 부대를 불러 모으고 거기에 자신의 2개 군단을 합류시킨 뒤 배를 타고 라인 강을 따라 내려가며 프리시족의 영지로 진격했다. 그 무렵 반역자들은 플레붐 요새의 포위를 풀고 자신들의 영지를 지키기 위해 이미 퇴각한 상태였다. 그래서 아프로니우스는 그 주변의 조류潮流 습지대를 중무장 부대가 안전하고 견실하게 건너갈 수 있도록 둑길을 만들거나 다리를 놓기로 했다.

그 사이에 칸니네파테스족의 기병대와 우리 군의 지휘 하에 움직이고 있던 게르마니아인 보병대가 얕은 여울을 찾아 적의 배후로 우회하라는 명을 받았다. 적은 이미 전열을 가다듬고 대기하고 있었다. 그리고 동맹군의 기병과 이들을 지원하기 위해 파견되었던 군단 기병[82]을 격퇴했다. 그래서 경무장한 3개 대대를 보내고, 뒤에 다시 2개 대대를, 얼마간 간격을 두고 원군 기병 전원을 보냈다. 만약 이상의 전 군대가 동시에 습격했으면 충분히 강력했을 것이다. 하지만 간격을 두고 현지에 도착했기 때문에 혼란에 빠진 적의 전열에 지속적으로 공격을 가할 수 없었다. 그뿐만 아니라 겁을 집어먹고 퇴각해 오는 아군에 되밀렸다.

아프로니우스는 제5군단장 케테구스 라베오(Cethegus Labeo)에게

---

82) 1개 군단에 4개 중대(120기)가 배속되었다.

남은 원군을 주었다. 하지만 그는 작전에 실패하고 위험에 빠지자 전령을 보내 연신 군단의 원조를 요청했다. 그래서 먼저 제5군단의 병사들이 돌격했다. 치열한 전투 끝에 적군을 격퇴하고 부상으로 기진맥진해 있던 경무장병과 기병을 데리고 돌아왔다. 하지만 로마의 장군은 그렇게 많은 군단의 부관이나 원군 대장, 상급 백인대장이 전사했음에도 불구하고 죽은 자들의 영혼을 위로하기 위한 복수전을 벌이려 하지도, 아군의 시신을 매장하려 하지도 않았다.

그 후 곧 도망병들에 의해 다음과 같은 정보가 전해졌다. "바두헨나의 숲이라 불리는 성림聖林에서 이틀간에 걸친 격전이 벌어져 900명이나 되는 로마 병사가 죽었다. 게다가 400명의 수비병이 전에 로마군에서 복무했던 크루프토릭스(Cruptorix)의 영지에서 부락민의 모반이 두려워 서로 찔러 죽었다."

74 이 반란 이후 프리시족의 이름이 게르마니아인 사이에서 일약 유명해졌다. 티베리우스는 누구에게도 이 전쟁을 맡기고 싶지 않아 패배한 것을 계속 숨겼다. 원로원도 제국의 먼 국경에서 로마의 명예가 훼손되든 말든 조금도 개의치 않았다. 그런 것보다 국내에서 일어나는 무서운 사건에 마음을 빼앗기고 아첨 속에서 구원의 길을 찾고 있었다. 그래서 원로원은 전혀 다른 문제를 토의할 예정이었음에도 불구하고, '자비'의 제단과 '우정'의 제단을 쌓고 후자의 양쪽을 카이사르와 세야누스의 입상으로 장식할 것을 결의했다. 그러고 나서 두 사람이 기회를 만들어 수도에 모습을 나타내도록 여러 번에 걸쳐 탄원하고 재촉했다. 그러나 두 사람은 수도는 물론 근교에도 들르지 않았다. 그들은 카프리 섬에서 나와 캄파니아의 가까운 해안에 모습을 나타내면 그것으로 충분하다고 생각했다. 원로원 의원과 기사 계급 인사, 많은 시민이 그곳까지 급히 달려왔다. 세야누스가 걱정되었기 때문이다. 그를 만나기가 황제보다 더 어려웠다. 그래서 음모를 꾸

미든가 그의 계획에 가담해야 비로소 허용되었다.

　백일하에 드러난, 이 타기할 만한 노예 근성을 보고 세야누스의 오만함이 점점 더 심해졌을 것이 분명하다. 확실히 로마에서는 사람들이 바쁘게 오가는 것은 낯익은 광경이고, 대도시라서 대부분의 사람이 누가 무슨 일로 뛰어다니는지 알지 못했다. 그러나 이 평야나 해안에서는 그들은 낮이나 밤이나 똑같이 길게 장사진을 치고 문지기들의 생색을 내는 미소나 거만한 태도를 참아 내야 했다. 이윽고 그것조차 금지되었다. 황공하옵게도 세야누스로부터 인사말을 한마디 듣거나 눈길을 한 번 받지 못한 사람들은 걱정하면서 로마로 돌아갔다. 다른 사람들은 의기 양양한 표정으로 돌아갔다. 하지만 그들은 잘못 알고 있었다. 이 불길한 우정의 치명적인 결말이 곧 그들을 덮치려 하고 있었기 때문이다.

　75 한편 티베리우스는 자신이 직접 주선해 종손녀인, 게르마니쿠스의 딸 아그리피나[83]를 그나이우스 도미티우스 아헤노바르부스(Cnaeus Domitius Ahenobarbus)와 약혼시켰다. 그러나 결혼식은 로마에서 올리라고 명했다. 도미티우스를 선택한 것은 그가 유서 깊은 가문 출신인데다가 카이사르 가와 가까운 혈연 관계였기 때문이다. 즉 그의 할머니가 옥타비아였다. 따라서 그녀로 인해 아우구스투스를 외종조부로 부를 수 있었다.

---

83) 네로 황제의 어머니가 되는 사람.

제 5 권 (서기 29~31년)

1. 세야누스의 몰락

1 가이우스 푸피우스 게미누스(Gaius Fufius Geminus)와 루키우스 루벨리우스 게미누스(Lucius Rubellius Geminus)가 집정관이 되었다.[1] 율리아 아우구스타가 고령으로 사망했다. 그녀는 클라우디우스 가의 혈통과 리비우스 가 및 율리우스 가와의 양자 결연에 의해 더없이 고귀한 존재가 되었다.[2] 그녀는 처음에는 티베리우스 클라우디우스 네로와 결혼했고, 두 사람 사이에서 자식들이 태어났다. 남편은 페루시아 전쟁[3] 중에 도망 생활을 하고, 섹스투스 폼페이우스와 삼두 정치 위원 사이에 강화 조약이 맺어지자 다시 수도로 돌아왔다. 그때 아우

---

1) 서기 29년.

2) 리비우스 가(정확하게는 씨족)와의 관계는 그녀의 아버지가 어릴 적에 리비우스 드루수스(기원전 91년의 호민관)의 양자가 되어 리비우스 클라우디아누스로 불렸다는 데서 연유되고 있다. 그녀의 이름은 리비아 드루실라였다. 그녀는 아우구스투스의 유언(1권 8절)으로 율리우스 씨족의 양녀가 되었고, 그 후 율리아 아우구스타로 불리게 되었다.

3) '페루시아'는 이탈리아의 도시 이름. 이 전쟁(기원전 41년) 때 안토니우스를 지지해 아내 및 자식들과 함께 로마를 떠나 있었다. 그 후 폼페이우스측에 가담하고 강화 조약(기원전 39년)이 맺어지자 로마로 돌아와 아내와 헤어지고 기원전 33년에 세상을 떠났다.

구스투스가 율리아의 미모에 반해 남편에게서 그녀를 빼앗았다. 아마도 그녀는 마음이 내키지 않았을 것이다. 아우구스투스는 정말 몹시 조급하게 굴었는데, 분만 시간조차 주지 않고 그녀를 임신한 상태 그대로 자신의 집으로 데려올 정도였다. 그 후 그녀는 자식을 더 낳지 못했다. 하지만 아그리피나와 게르마니쿠스의 결혼을 통해 아우구스투스의 혈통과 관계를 맺고 또 두 사람 공통의 증손들도 두게 되었다.

그녀는 가정에서 전통적인 정절을 굳게 지켰다. 그러나 사교성은 옛날 여성들이 인정하는 한도를 넘어서고 있었다.[4] 어머니로서는 위압적으로, 아내로서는 순종적으로 행동하고 남편의 권모 술수와 자식의 위선에 맞서 잘 싸울 수 있는 여자였다. 그녀의 장례식은 수수했다. 그녀의 유언은 오랫동안 방치된 채 집행되지 않았다. 그녀를 추도하는 연설이 중앙 광장의 연단에서 행해진 것은 그 다음 정권을 잡은 그녀의 증손자 가이우스 카이사르[5]에 의해서였다.

2 티베리우스는 어머니에 대한 마지막 의무[6]를 위해 자신의 안일한 생활을 바꾸지 않고, 원로원에 서한을 보내 중대한 일 때문에 참석하지 못했다고 변명했다. 이어서 마치 겸손한 마음에서 나온 듯이 원로원이 아우구스타를 기념해 증정한 수많은 명예를 삭감하고 몇 가지밖에 승인하지 않았다. 그리고 마지막으로 "어머니를 신으로 모시고 제사를 지낼 것을 결의하지 말기 바란다.[7] 이것은 그분의 희망이기도 했다"고 덧붙였다. 그뿐만 아니라 이 서한의 어느 부분에서는 어머니의 교우交友를 비난하고 우회적으로 집정관 푸피우스를 나무랐다. 그의 입신 출세는 아우구스타의 편애 덕분이었다. 본래 여자의

---

4) 많은 귀족과 귀부인을 끌어모아 살롱을 만들었다. 공화정 시대의 여성은 외출하는 일도 드물고 남성과 동석하는 일도 없었다고 한다.

5) 서기 37년, 가이우스가 16세가 되었을 때.

6) 장례식을 가리킨다.

7) 아우구스타는 서기 42년에 클라우디우스에 의해 공식적으로 신으로 모셔졌다.

마음을 끄는 재주와 기지를 타고난 그는 티베리우스를 날카롭게 비꼬며 늘 비웃었다. 그 몇 가지 말이 상류 사회에서 오래 기억되어 오늘날에 이르고 있다.

3 아무튼 그 후 티베리우스의 가혹하고 전제적인 지배가 시작되었다. 확실히 아우구스투스의 생존시에는 아직 시민들에게 피난할 장소가 있었다. 티베리우스는 어릴 때처럼 어머니에게 복종했다. 세야누스도 감히 어머니의 권위를 거스르면서까지 자기 주장을 관철시키려고 하지 않았다. 하지만 이제 그 두 사람은 말하자면 고삐에서 풀려난 듯이 맹렬히 돌진했다. 그리하여 아그리피나와 네로에 관한 서한이 원로원에 보내졌다. 하지만 세상 사람들은 이렇게 믿고 있었다. "이 서한은 그 전에 도착했지만 아우구스타가 막고 있었던 것이다." 명백히 이 서한이 낭독된 것은 그녀가 죽은 직후의 일이었다.

서한은 고의적으로 가혹한 말을 사용하고 있었다. 하지만 문책한 것은 무장 봉기나 국가 변혁의 음모가 아니라 젊은 네로의 남색과 음행이었다. 며느리 아그리피나의 경우에는 감히 비슷한 죄조차 날조하지 못하고 그녀의 오만한 말투나 반항심을 비난할 뿐이었다. 깊은 공포와 침묵이 원로원을 압도했다. 세상에는 실력으로는 성공할 가망성이 없는 사람이 있다. 그리고 국가의 불행이 종종 개인에 의해 불순한 목적으로 이용된다. 마침내 소수의 의원이 이 문제를 토의할 것을 요청했다. 이것을 가장 강경하게 주장한 것은 이미 잔혹한 의견을 준비해 놓고 있었던 코타 메살리누스였다. 하지만 지도적인 지위에 있는 다른 의원들은, 특히 현직 정무관들은 몹시 곤혹스러워했다. 티베리우스가 말로는 심하게 탄핵했지만 그 밖의 것은 모두 애매한 상태로 놓아 두었기 때문이다.

4 당시의 원로원에 유니우스 루스티쿠스(Junius Rusticus)라는 자가 있었다. 카이사르에 의해 원로원의 의사록 작성 담당자[8]로 임명되

었기 때문에, 필시 그는 티베리우스의 내심을 간파하고 있을 것으로 생각되었다. 이자가 뭔가 숙명적인 충동에 사로잡혀 있었던 것일까 (정말로 이때처럼 의연한 태도를 보인 적이 없었기 때문이다), 아니면 잘못 계산했던 것일까? 아무튼 그가 실제로 임박하고 있는 위기를 잊고 불확실한 먼 장래의 일을 걱정해 회의파에 가담하고 집정관들에게 이 문제를 토의에 부치지 말라고 충고했다. "아주 사소한 계기가 중대한 변화를 가져온다. 게르마니쿠스(일가)를 위험에 빠뜨린 것에 대해 언젠가는 늙은 황제도 후회할지 모른다"고 그는 주장했다.

때를 같이하여 시민들이 아그리피나와 네로의 상을 메고 원로원을 에워싸고는 카이사르 만세를 외치면서 "그 서한은 위조된 것이다. 황제의 의지에 의해 자기 일가를 파멸시키려는 계획이 진행되고 있을리 없다!"고 계속 소리쳤다. 그리하여 그날은 불행한 사건이 하나도 일어나지 않았다.

이윽고 원로원 바깥에서 집정관급 인사들의 서명까지 받은 세야누스 단죄문도 여러 종류 날조되어 회람되었다. 그것을 쓴 자들은 대개 세상에 이름이 알려져 있지 않았기 때문에 더한층 끝없는 상상의 나래를 폈다. 이것이 세야누스를 더욱 격분시키며 비난의 구실을 찾아내게 만들었다.

"원로원은 황제의 고뇌를 무시했습니다. 민중은 모반을 일으켰습니다. 이미 선동적인 연설이 행해지고 원로원 의원들의 혁명적인 결의문이 낭독되고 있습니다. 다음으로 그들이 무기를 들게 될 것입니다. 그리고 그 상을 군기로 삼은 사람들을 장군이나 최고 사령관으로

---

8) 로마 원로원 의사록은 처음으로 집정관이 된 율리우스 카이사르에 의해 기원전 50년에 만들어졌다. 티베리우스 이후에는 그것을 발췌한 것이 《국민 일보》(3권 3절)에 실렸다. 작성 담당자로는 황제가 신뢰하는 청년이 임명되었고, 그 자리는 조영관으로 승진하는 발판이 되었다.

선출할 것입니다."

5 그래서 카이사르는 손자와 며느리에 대한 탄핵문을 새로 쓰고
포고로 민중을 질책했다. 원로원 의원들에게는 "한 명의 의원의 간책
에 의해 최고 사령관의 존엄성이 공공연히 모욕당했다"고 불평을 늘
어놓고, "이런 문제들은 모두 나의 결정에 맡겨 달라"고 요청했다.

원로원은 더 이상 의결을 망설일 수 없었다. 물론 최후의 판결을 내
리기 위해서는 아니었다(황제가 그것을 금지했기 때문이다). "원로원이
황제를 위해 복수를 계획했지만 황제의 의지에 의해 저지되었다" 고
항의하기 위해서였다.

2. ⋯⋯ 원전 분실 ⋯⋯

3. 〔옮긴이의 덧붙이는 글〕

사본이 갑자기 여기에서 단절되고 있다. 그래서 《연대기》 제5권의
대부분, 그리고 아마도 제6권의 처음 몇 절, 즉 서기 29년 중반경부터
31년 말경까지의 기술이 불행히도 망실된 상태이다. 이 부분에서 세
야누스의 마지막 음모와 그의 파국이라는, 라틴 문학 중 가장 음산하
고 참혹하며 극적인 장면이, 그리고 타키투스가 재능을 발휘하기에
알맞은 제재가 그의 생생한 필치로 전개되고 있었을 것이다. 우리는
이 상실된 부분을 단편적이고 무미 건조한 다른 작가, 특히 디온[9]과
수에토니우스[10]로 보완하지 않을 수 없다. 이하 연대기식으로 간단히
큰 줄거리를 더듬어 가겠다.

⚜   ⚜   ⚜

아그리피나와 네로가 이윽고 유죄를 선고받았다. 원로원은 나중에 네로는 공적公敵이라고 선언했다. 두 사람은 쇠사슬에 묶이고 단 한 명도 따라가지 못하게 금지당한 채 외계와 차단된 침상 가마에 실려 네로는 폰티아 섬으로, 아그리피나는 판다테리아 섬으로 유배되었다. 아들은 세야누스가 몰락하기 직전(31년)에 살해당하든가 자살을 강요받아 세상을 떠났다. 어머니 쪽은 자신의 어머니 율리아와 같은 옥사에서 옥리의 채찍에 맞아 한쪽 눈을 잃거나, 혹은 단식으로 목숨을 끊으려 하자 억지로 음식을 주입당하는 등의 잔혹한 대우를 받으면서 33년까지 생존했다.

이번에는 네로의 동생 드루수스의 차례였다. 그는 어머니와 형이 추방되자 곧 아이밀리아 레피다[11]라는 꺼림칙한 여자와 결혼했다.

30년, 마르쿠스 비니키우스와 루키우스 카시우스 롱기누스가 집정관이 되었다.

이윽고 세야누스가 드루수스의 아내를 속였다. 네로의 아내 리비아의 경우와 마찬가지로 야심을 자극하고 남편과의 사이를 갈라 놓았다. 드루수스는 그때까지 황제와 함께 살았던 카프리 섬에서 쫓겨났다. 로마로 돌아오자 모양만 갖춘 심리를 받았다. 고발자로 준비된 것은 카시우스 롱기누스였다. 이리하여 드루수스도 또한 공적으로

---

9) 디오 카시우스라고도 한다. 속주 비티니아에서 150년경에 출생했다. 로마의 집정관이 되고 지사직을 역임한 뒤 그리스어로《로마사》(기원부터 229년까지) 80권을 썼다. 235년에 세상을 떠났다. 현재 26권(제36권~60권과 제79권)이 남아 기원전 68년부터 서기 54년까지의 역사를 다루고 있다(티베리우스 시대의 역사는 제58권).

10) 기사 계급 출신으로 황제의 비서직을 역임하고 많은 역사서를 저술했다. 유명한 것은 카이사르에서 도미티아누스에 이르기까지 11명의《황제전》(여기에서는〈티베리우스〉편을 참조)과《학자전》,《시인전》등이다.

11) 6권 40절 참조.

선언되고 팔라티움(카이사르 가)의 지하 감옥에 유폐되었다.

같은 시기에 아시니우스 갈루스가 티베리우스를 찾아와 카프리 섬에 머무르고 있었다. 그 사이에 황제의 밀서가 로마로 보내지고, 그의 부재 중에 원로원이 그를 탄핵하고 유죄를 선고했다. 섬에서 로마로 호송된 뒤 집정관의 집에 감금되고, 살아가는 데 필요한 최소한의 식사를 제공받았다. 그의 벗 발리우스 시리아쿠스가 갈루스와의 우정 관계를 이유로 처형되었다.

이와 같이 세야누스의 권력이 절정에 이른 것처럼 생각되었다. 로마의 모든 계층이 그의 상을 세우고 그에게 대표자를 보내 카이사르 가의 후계자와 같은 명예를 수여했다. 티베리우스도 언제나 그를 '나의 세야누스'라고 부르고, 그를 이듬해(31년)의 집정관으로 지명한 뒤 스스로 그의 동료가 될 뜻을 밝혔다. 즉 그는 친위대장이라는 현직 (그 직 자체는 기사 계급에 속함)을 그대로 보유한 채 원로원 계급으로 승진했다. 그리고 네로의 미망인 리비아와의 약혼[12]을 정식으로 승인한 것 같다. 티베리우스는 과연 마음 깊은 곳에서 세야누스를 후계자로 정해 놓고 있었을까? 실은 그 반대였다.[13] 티베리우스는 그 무렵부터 세야누스에게 의심의 눈초리를 보내며 그의 파멸에 대해 생각하기 시작했다.

아그리피나의 삼남 가이우스가 증조모 리비아의 사랑과 보살핌을 받으며 자랐다. 그녀가 세상을 떠나자 조모 안토니아에게 맡겨졌다. 안토니아는 보기 드물게 현명한 여성이었다. 아마도 그녀의 분별력 덕분이었을 것이다. 카이사르 가의 유일한 후계자로 간주된 가이우스는 이윽고 카프리 섬으로 보내졌다. 그리고 그곳에서 성년식을 올

---

12) 4권 40절, 6권 2절 참조.
13) 티베리우스가 세야누스를 의심하게 된 것은 안토니아의 경고 때문이었을까?

리고, 이후 티베리우스와 함께 섬에서 평온 무사한 생활을 보냈다. 티베리우스는 가족애가 강한 사람이었다. 아마도 카이사르 가 밖에서 후계자를 고르려는 생각을 품지 않았을 것이다. 가이우스는 두 형과 달리 로마의 정쟁政爭에서 멀리 떨어져 있어 세야누스의 표적이 될 기회가 없었다.

그런데 세야누스가 카이사르와 접촉하는 일이 점점 적어졌다. 세야누스가 여러 가지 중요한 일로 로마에 출장가는 경우가 많아졌다. 그래서 의심 많은 티베리우스의 마음을 끊임없이 견제할 수 없었다. 다른 한편으로는 선발된 소수의 측근이 카이사르의 귓전에 대고 세야누스와 관련된 여러 가지 회의나 불안에 대해 소곤거렸다. 아마도 이 무렵 자신의 아들 드루수스의 죽음의 진상에 대해서도 알게 되었을 것이다. 그러나 티베리우스는 결심하기까지 뜸을 들일 시간이 필요했다. 그의 길은 빙 돌아서 목적지에 이르렀다. 그는 벼락 출세한 세야누스를 최고의 관직에 앉혀 그에게 안도감을 주고는 그 사이에 지도적인 시민들의 분위기를 탐색했던 것이다.

31년, 티베리우스 카이사르 아우구스투스(다섯번째)와 루키우스 아일리우스 세야누스가 집정관이 되었다.

집정관직이 세야누스를 티베리우스에게서 완전히 떼어 놓았다. 그는 줄곧 로마에서 지내지 않으면 안 되었다. 그 후 티베리우스는 여러 가지 구실을 붙여 두 번 다시 세야누스를 만나려 하지 않았다. 그러나 표면적으로는 전보다 더 큰 명예를 수여했다. 그를 모든 속주의 집정관 대행 명령권의 공유자에 임명했다. 그뿐만 아니라 원로원이 황제와 세야누스가 향후 5년간 집정관 동료로 일할 것을 결의했을 때에도 이것을 허가했다. 그리고 세야누스의 간교한 책동으로 황제의 수행원 중 한 사람인 로마 기사 쿠르티우스 아티쿠스[14]가 단죄받을 때에도, 카이사르는 못 본 체했다.

5월 초에 카이사르가 집정관직을 사임했다. 세야누스도 사임하지 않을 수 없었다. 5월 9일, 2명의 보결 집정관[15]이 취임했다. 그 후 얼마 안 되어 그 중 한 명이 사임해 6월 1일 세야누스의 부하 루키우스 풀키니우스 트리오[16]가 보결 집정관이 되었다. 그것은 아마도 세야누스의 불안감을 가라앉힐 수 있는 최후의 수단이었을 것이다. 다른 한쪽은 10월 1일 사임하게 되었다. 그 대신 황제가 가장 신뢰하는 푸블리우스 멤미우스 레굴루스[17]가 보결 집정관에 임명되었다.

아마도 그 조금 전에 네로의 사망 소식이 전해졌을 것이다. 티베리우스는 이때 후계자에 관한 망설임을 완전히 떨쳐 버리고 용단을 내려 가이우스를 후계자로 삼기로 했던 것일까? 가이우스는 대제관장으로 임명되었다.

그 사이에 세야누스는 원로원으로 보내진 황제의 서한 속에서 때로는 칭찬받고 때로는 비난받고 있었다. 드루수스의 죽음을 보고하는 서한 속에서는 황제는 평소의 칭호를 붙이지 않고 세야누스의 이름을 막 불렀다. 세야누스가 알현을 요청하자, 황제 쪽에서 로마로 가겠다며 거절했다.

세야누스는 땅이 꺼지는 듯한 느낌이었다. 절망적이 된 그가 만약 정말로 음모를 기도했다면,[18] 그것은 아마도 이 무렵의 일이었을 것

---

14) 4권 58절 참조.
15) 1월 1일에 취임한 (정식) 집정관이 죽거나 병들거나 사임해 그 뒤를 이은 후임자를 이렇게 불렀다.
16) 2권 28절, 6권 4절, 38절 참조.
17) 5권 11절, 6권 4절 참조.
18) "세야누스는 음모를 꾸밀 결심을 하지 못하고…… 기회를 잃어버렸다"(디온). 타키투스(6권 8절, 14절)와 수에토니우스는 음모를 기도했다고 믿고 있었던 것 같다.

이다. 음모에는 다수의 고위직 인사가 가담했다. 티베리우스가 로마로 돌아오면 그를 암살하는 동시에 가이우스도 같은 운명에 빠뜨리려고 했다. 이 음모는 사트리우스 세쿤두스[19]를 통해 안토니아에게 누설되었다. 현명한 노부인은 즉시 해방 노예 팔라스를 티베리우스에게로 보냈다. 그러나 황제는 친위대의 충성을 신뢰할 수 없게 되어 있었다. 그래서 신중하게 대응책을 강구하지 않으면 안 되었다.

마침내 10월 17일 카프리 섬에서 '장황하고 말 많은 서한'이 도착했다. 이 유명한 서한을 갖고 로마에 온 것은 나이비우스 코르두스 수토리우스 마크로였다. 그가 티베리우스에 의해 친위대장으로 임명되었던 것이다. 밤늦게 도착하자, 그는 집정관 레굴루스와 소방대장 그라이키누스 라코에게 자신이 부여받은 사명을 전했다. 레굴루스는 18일 아침에 해가 뜨자마자 곧 팔라티움의 아폴론 신전으로 원로원을 소집했다. 세야누스가 친위대 병사들을 이끌고 왔다. 마크로는 그에게 "오늘 당신에게 호민관 직권이 수여될 것입니다"라고 말하며 그를 안심시켰다. 이 말을 믿고 세야누스가 신전으로 들어온 것을 확인하자, 마크로가 돌아다보며 바깥에 늘어서 있는 친위대 병사들에게 "내가 오늘부터 친위대장이다"라고 선언했다. 그러고는 황제의 이름으로 은사금을 수여할 것을 약속하고 병영으로 돌아가라고 설득했다.

그 사이에 소방대장 라코가 부하들을 동원해 신전으로 통하는 모든 도로를 점거했다. 마크로는 원로원의 회의장에 들어가 집정관에게 황제의 서신을 건넸다. 그 후 곧 그는 병영으로 돌아가 병사들이 불온한 움직임을 보이면 그것을 저지하려고 했다.

이윽고 서한이 낭독되었다. 그것은 아무것도 아닌 화제로 시작되

---

19) 6권 47절 참조.

었다. 그것이 장황하게 이어지다가 이윽고 세야누스를 넌지시 비난했다. 그러고는 갑자기 "로마로 돌아오는 도중에 집정관 중 한 명의 경호를 받고 싶다"고 말했다. 그리고 서서히 불만의 수위를 높여 가다가 새로운 장면으로 옮아갔다. 세야누스와 가장 친한 원로원 의원 두 사람에게 유죄를 선고하고, 마지막으로 세야누스 자신을 단죄하고 감옥에서 처형하라고 명했다.

낭독이 진행됨에 따라 의원들의 표정이나 태도가 시시각각 변해 갔다. 처음에는 세야누스에게 새로운 명예가 수여될 것이라고 추측하고 인사하기 위해 그의 옆으로 다가갔던 자들이 살며시 점차 멀어져 갔다. 그 대신 정무관이나 친위대 부관들이 그가 문으로 도망치지 못하도록 조용히 에워쌌다. 그는 치명적인 마지막 선고를 받자 집정관이 세 번 이름을 불렀을 때에야 겨우 대답할 정도로 망연 자실한 태도를 보였다. 그가 일어서자, 라코가 곁으로 다가갔다. 의원들은 오랫동안 참을 수밖에 없었던 증오심을 폭발시키고 그의 파멸에 일제히 환성을 질렀다. 그의 친구든 적이든 하나같이 그에게 욕설과 저주를 잔뜩 퍼부어 댔다. 그때까지 '전세계의 제2인자'였던 그에게.

그는 그날 참수되었다. 곧 이 소식이 수도의 모든 시민에게 전해졌다. 곳곳에 있던 그의 상이 대좌에서 굴러떨어진 뒤 파괴되었다. '아비규환의 돌계단'에 버려진 그의 시체는 시민들로부터 모욕을 당하고 짓밟힌 뒤에 티베리스 강에 내던져졌다.

한편 티베리우스는 극도의 불안감 속에서 로마로부터 소식이 오길 기다리고 있었다. 섬 끝의 바윗가에 서서 사전에 약속한 신호를 보려하고 있었다. 만약 수도의 사태가 악화되면 속주의 군대로 갈 각오를 하고 군선 준비도 마쳐 놓은 상태였다. 이윽고 그는 공포와 분노를 느꼈다. 세야누스와 이혼한 아피카타[20]로부터 드루수스가 독살당한 경위를 상세히 전해 듣고, 또 드루수스의 아내 리비아의 간통에 대해서도 알게 되었기 때문이다. 리비아는 처형되었다(혹은 자살을 강요받았다). 이 사건이 벌어진 뒤에 티베리우스는 세야누스파의 철저한 심리와 처형을 명했다.

원로원은 세야누스의 장남과 숙부 블라이수스,[21] 그 밖의 친구들을 잇따라 단죄하고 감옥에 처넣었다(타키투스는 이 다음부터 다시 이야기하고 있다).

---

20) 10월 26일에 자살.
21) 5권 7절 참조.

제6권 (서기 32~37년)

1. 세야누스파의 처형

5권 6 [1] ……

이 심리와 관련해 44명이 연설을 했다. 그 중 몇몇은 공포심에서, 대다수는 아첨하는 습관에서…….

"……나[2]는 생각했다. 그로 인해 나는 체면이 손상당하고 세야누스의 미움을 사게 될 것이라고. 그렇지만 운명이 역전되었다! 그리고 세야누스를 동료로, 혹은 사위[3]로 선택한 티베리우스조차 자신의 잘못을 변명하고 있다. 그 밖의 사람들은 모두 수치스런 비열함으로 세야누스를 치켜세우고는 이제는 비열한 수단을 써가며 그를 공격하고 있다. 우정을 위해 비난받는 것과 친구를 탄핵해야 하는 것 중에서 어느 쪽이 더 불행한지, 나는 결론을 내릴 수 없다! 내게 누가 가혹하게

---

1) 이 번호는 16세기의 위대한 고전학자 리프시우스가 붙인 것이다. 오늘날에는 이 절부터 새로 6권에 편입되지만, 즉 '6권 1절'이 되지만, 인용할 경우에는 옛 번호를 따른다.
2) 세야누스의 친구인 것만은 틀림없지만 누군지 확실치 않다.
3) 티베리우스는 드루수스의 딸 리비아 율리아와 약혼시킴으로써 세야누스를 손녀 사위(여기에 언급된 것처럼 사위가 아니라)로 삼으려고 했던 것 같다.

굴지, 혹은 동정심을 표할지 그것을 시험해 보고 싶지도 않다. 오히려 나는 양심에 꺼리낄 것이 없는 자유인임을 자인할 때 내 파멸을 앞당기고 싶다. 나는 여러분에게 요청한다. 부디 애도하는 마음에서가 아니라 기쁜 마음으로 나를 기억 속에 떠올려 주기 바란다. 명예로운 죽음으로 국가의 불행한 사태를 모면한 사람들 속에 나도 포함시켜 달라."

5권 7 그러고는 그는 함께 있으면서 자신과 이야기를 나누고 싶어하는 친구는 집에 붙잡아 두고, 이야기하고 싶어하지 않는 사람과는 작별 인사를 나누며 하루의 대부분을 보냈다. 아직 많은 사람이 남아 있었다. 모두 그의 침착한 표정을 보고 임종까지 아직 시간이 조금 남아 있을 것으로 믿었다. 이때 그가 품에 숨겨 두었던 칼 위에 몸을 던졌다. 카이사르는 죽은 뒤에는 비난이나 모욕을 가하며 그를 괴롭히지 않았다. 세야누스의 숙부 퀸투스 유니우스 블라이우스에 대해서는 추악한 욕설을 마구 퍼부어 댔지만.

5권 8 이어서 원로원은 푸블리우스 비텔리우스와 푸블리우스 폼포니우스 세쿤두스(Publius Pomponius Secundus)를 심리했다. 전자는 고발자들로부터 "자신이 관리하고 있던 군대금고의 열쇠를 주고 반란자들에게 군자금을 빌려 주었다"는 탄핵을 받았다. 후자는 전 법무관 콘시디우스(Considius)로부터 아일리우스 갈루스(Aelius Gallus)[4]와의 우정을 비난받았다. "세야누스가 처벌받자, 갈루스가 폼포니우스의 정원이 가장 안전한 은신처라고 생각하고 그곳으로 도망쳐 들어갔기 때문이다."

그런데 위기에 빠진 이 두 피고의 유일한 지주支柱는 그들의 신원을 보증하고 있던 각각의 형제[5]의 의연한 태도였다. 그러나 비텔리우스

---

4) 세야누스의 장남이다.
5) 비텔리우스의 형제는 루킬리우스(6권 28절). 폼포니우스의 형제 퀸투스에 대해서는 6권 18절 참조.

쪽은 잇따라 재판이 연기되자 곧 극도의 불안감과 함께 기대감에 압도되어 저술하는 데 사용할 것이라는 핑계를 대고 지우개용 작은 칼을 가져오게 한 뒤 혈관을 살짝 절개하고 정신 착란 속에서 생애를 마쳤다.

폼포니우스[6]는 고도로 세련된 성격과 뛰어난 재능을 지니고 있었기 때문에 이 역경을 태연히 끝까지 견뎌 내고 티베리우스보다 더 오래 살았다.

5권 9 시민들의 분노가 이젠 진정되고 대부분의 사람이 그때까지의 처벌로 마음이 누그러져 있었지만, 다음으로 세야누스의 남은 자식들[7]도 처벌하기로 결정되었다. 그래서 2명의 자식은 감옥으로 끌려갔다. 사내 아이는 눈앞으로 다가온 위험을 느끼고 있었지만, 딸은 사정을 잘 몰랐다. "내가 무슨 죄를 지었어요? 어디로 끌고 가는 거예요? 이제 다시는 나쁜 짓을 하지 않을게요! 아이들에게 사용하는 채찍으로 벌을 내려도, 나는 충분히 잘못한 것을 바로잡을 수 있어요"라고 연신 말할 정도였다.

동시대의 역사가들은 다음과 같은 이야기를 전하고 있다. 즉 "처녀를 사형에 처하는 것은 전대미문의 일이다"고 생각했기 때문에, 사형 집행인[8]들이 그녀를 교수용 밧줄에 매달기 전에 욕보였다는 것이다. 그리고 어린애에 지나지 않는 이 두 명을 교살하고 그 시신을 '아비규환의 돌계단'에 내던졌다고 한다.

5권 10 이 무렵에 속주 아시아와 아카이아에 잠깐이긴 하지만 자극적인 소문이 나돌아 그 지방 사람들이 동요했다. 게르마니쿠스의 차

---

6) 그 당시 가장 유명했던 비극 작가. 정치가(44년의 보결 집정관)이기도 하고 장군(12권 28절)이기도 했다.
7) 세야누스에게는 3명의 자식이 있었는데(4권 3절), 이때 장남은 사형에 처해진 상태였다.
8) 사형 집행관(20인관, 3권 29절 주 참조) 밑에서 직접 손을 쓰는 천한 국가 노예. 시내 거주를 금지당하고 있었다고 한다.

남 드루수스[9]가 키클라데스 섬에 나타나고, 이어서 그리스 본토에도 나타났다는 것이었다. 실은 그곳에 드루수스와 거의 같은 나이 또래의 청년이 있었는데, 그가 카이사르 가의 몇몇 해방 노예에게 속아 드루수스 행세를 했던 것이다. 노예들이 그를 수행하며 교묘하게 그 자리를 얼버무려 넘겼다. 무지한 추종자들이 몰려들었다. 아무튼 드루수스라는 이름이 유명했고, 그리스인에게는 새로운 것이나 진기한 것에 곧 덤벼드는 성향이 있다. "드루수스는 감시병들의 눈을 피해 감옥에서 탈출한 뒤 이집트나 시리아에 침입하려고 아버지의 옛 군대가 있는 곳을 향해 가고 있다." 사람들은 이런 이야기를 지어 내고 곧 그것을 굳게 믿었다.

그리하여 젊은 지지자들이 각지에서 달려오고 이미 속주 도시들의 동정도 집중되어, 가짜 드루수스가 현재의 상태에 회심의 미소를 지으며 미래에 대해 헛된 희망을 품을 무렵, 이 소문이 가이우스 포파이우스 사비누스의 귀에 들어갔다. 그는 당시 마케도니아의 지사로서 아카이아도 함께 관리하고 있었다. 그래서 그는 소문이 사실이든 아니든 위험한 사태를 미연에 방지하기 위해 서둘러 토로네 만과 테르마이 만을 지나 에게 해의 섬 에우보이아에 다가간 뒤 아티카 해안의 피라이우스로 가고, 이어서 코린토스 연안과 이스트무스 해협을 돌파했다. 그리고 이오니아 해를 건너 로마의 식민지 니코폴리스에 상륙했다. 그는 이곳에서 마침내 다음과 같은 사실을 알게 되었다. 즉 문제의 젊은이는 어떤 사람이 교묘하게 "너는 대체 누구냐?" 라고 신문하자 "마르쿠스 유니우스 실라누스의 아들이다"고 자백하고는 많은 지지자들로부터 버림을 받고 이탈리아로 가겠다며 배를 탔다는 것이었다.

---

9) 이 무렵 팔라티움의 지하 감옥에 있었다. 제5권 3.〔옮긴이의 덧붙이는 글〕30년 항목을 참조할 것.

지사 사비누스는 이것을 티베리우스에게 보고했다. 나는 이 사건의 발단과 경위에 대해 더 이상 깊이 알아낼 수 없었다.

5권 11 이해 말에 이르러 전부터 차츰 악화되어 가고 있었던, 집정관 간의 반목이 마침내 폭발했다. 루키우스 풀키니우스 트리오는 법정 논쟁으로 단련된 변호인으로 자못 적을 만들기 쉬운 경솔한 인물이었다. 그래서 동료인 푸블리우스 멤미우스 레굴루스가 세야누스의 부하들을 처벌할 때 미적지근하게 군 것을 넌지시 에둘러 비난하고 있었다. 레굴루스는 상대방이 먼저 도발하지 않는 한 자제할 수 있는 인물이었다. 그러나 이때는 반박하는 데 머물지 않고 음모의 관계자로서 동료를 취조할 것을 요구하기까지 했다. 대부분의 원로원 의원은 두 사람에게 "신세를 망칠 뿐인 증오심을 서로 억제하기 바란다"고 간청했다. 그럼에도 불구하고 두 집정관은 사임할 때까지 적대시하며 서로를 위협했다.

1 그나이우스 도미티우스 아헤노바르부스와 루키우스 아룬티우스 카밀루스 스크리보니아누스(Lucius Arruntius Camillus Scribonianus)가 집정관에 취임했을 때,[10] 카이사르는 이미 카프리 섬과 수렌툼 곶 사이의 해협을 가로지른 뒤 캄파니아 해안를 따라 항해하고 있었다. 수도로 들어갈까 말까 망설이고 있었던 것일까? 아니면 처음부터 그러지 않기로 결심하고 일부러 수도로 돌아가는 체하기만 했던 것일까? 이리하여 그는 로마 근교에 있는 도시들에 종종 들렀다. 그리고 티베리스 강변의 정원[11]도 방문했다. 하지만 그는 다시 저 절벽과 고독한 바닷가로 돌아갔다.[12] 그는 동방의 왕의 풍습을 흉내내 자유민

---

10) 서기 32년.
11) 카이사르 정원(2권 41절 참조).
12) 아들과 손자 그리고 양자가 가장 신뢰했던 세야누스에게 살해된 것을 알게 된 이후 아무도 믿을 수 없었을 것이다. '악덕과 정욕 운운'은 타키투스의 잘못된 오해였을 것이다.

출신의 소년들을 음란한 행위로 더럽힐 만큼 아주 무절제하게 빠져
든 악덕과 정욕이 부끄러웠기 때문이다.

티베리우스의 욕망을 자극한 것은 소년의 미모나 육체적 강점뿐만
이 아니었다. 때로는 소년의 풋풋한 수줍음이기도 하고, 때로는 명문
의 혈통이기도 했다. 이 무렵에 처음으로 그때까지 없었던 '셀라리우
스'나 '스핀트리아'와 같은 말들이 생겨났다. 그 유래는 각각 '추잡
한 방'과 '많은 사람이 참고 견디는 음란한 행위'이다. 역시 같은 시
기에 노예들이 소년을 찾아 데려오는 임무를 맡기도 했다. 그들은 곧
승낙하는 소년에게는 선물을 주고 거부하는 자에게는 위협을 가했
다. 만약 친척이나 양친이 만류하려고 하면 폭력을 사용해 빼앗아 갔
다. 그들 자신도 마치 포로 다루듯이 하며 소년들을 상대로 정욕을 만
족시켰다.

2 한편 로마에서는 이해 초에 리비아의 죄가 최근에 이르러 겨우
발각된 것처럼, 그리고 아직 처벌도 받지 않은 것처럼 그녀의 상과 기
억에 대해[13] 원로원이 잔혹한 동의안을 제출했다. 그리고 나서 세야
누스의 몰수 재산을 국고에서 인출하고 두 금고가 구별이라도 되는
듯이 황제 금고로 이관할 것을 제안했다.[14] 이런 의견들을 스키피오
와 실라누스, 카시우스와 같은 사람이 아주 진지하게, 그리고 모두 같
은 어조로, 말도 거의 틀리지 않게 발표했다. 그런데 이때 돌연 토고
니우스 갈루스(Togonius Gallus)가 자리에서 일어나 그 쟁쟁한 명사
들 사이에 세상에 알려지지 않은 자신의 이름을 끼워 넣으려 했다. 하
지만 그의 의견은 비웃음 속에서 청취되었다. 그가 황제에게 이렇게
간청했기 때문이다. "황제께서 원로원 의원들을 지명하신 뒤 그 중

---

13) 기억의 단죄(2권 32절 참조).
14) 세야누스의 재산 대부분이 황제의 선물이었기 때문일 것이다. 일반적으로 단죄인의 재산
   은 국고로 몰수되었다.

에서 추첨으로 20명을 선발하고는 그들로 하여금 칼을 차고 황제께서 원로원에 등원하실 때 신변의 안전을 지키게 하는 것이 어떻겠습니까?"

이것을 보면 토고니우스는 아무래도 티베리우스의 서한[15]을 글자 그대로 믿고 있었던 것이 틀림없다. 티베리우스가 그 속에서 "카프리 섬에서 수도까지 오는 도중에 아무 일도 일어나지 않도록 집정관 중 한 명이 나를 호위해 주기 바란다"고 요청한 적이 있었다. 그렇지만 티베리우스는 평상시의 진지함과 농담이 뒤섞인 어조로 원로원의 이 친절한 제안에 감사의 뜻을 표하고 나서 이렇게 물었다.

"하지만 그렇게 되면 누구를 배제하고 누구를 택해야 하겠는가? 늘 같은 사람을 써야 하겠는가, 아니면 필요에 따라 바꿔야 하겠는가? 높고 중요한 직위를 역임한 사람을 써야 하겠는가, 젊은 사람을 써야 하겠는가? 지금 관직에 있는 사람이 좋겠는가, 그렇지 않은 사람이 좋겠는가? 그리고 또 원로원 입구에 칼을 든 사람들이 있는 광경이 어떻겠는가? 무기로 지켜져야 한다면 그런 생명이 무슨 큰 가치가 있겠는가?"

이처럼 토고니우스의 제안에 반대하면서도 그 뜻을 신중하게 표현했다. 그리고 그의 제안을 의사록에서 삭제하도록 권고했을 뿐이다.

3 그러나 티베리우스는 "친위대 병사들이 복무를 끝내면 극장의 14열의 기사석[16]에 앉을 권리를 얻어야 한다"고 제안한 유니우스 갈리오(Junius Gallio)는 호되게 비난하고 마치 마주 보며 힐문하는 듯한 어조로 이렇게 썼다. "대체 갈리오는 친위대와 무슨 관계가 있는가? 병사들은 최고 사령관 이외의 사람으로부터 명령이나 보수를 받아서는 안 된다. 갈리오는 정말로 신군 아우구스투스조차 예상하지 못했

---

15) 제5권 3. 〔옮긴이의 덧붙이는 글〕에서 언급한 '장황하고 말 많은 서한' 속의 말이다.
16) 2권 83절 주를 참조할 것. 본문의 의미는 친위대 제대병을 기사 반열에 세운다는 것이다.

던 제안을 찾아냈다. 아니, 오히려 세야누스의 종자 중 한 명이 국가의 내분과 소란을 기도했다고 해야 하는가? 병사들에게 겉보기뿐인 명예를 수여하고 소박한 정신을 선동해 군기를 위반하게 하려고 했던 것을 생각하면."

바로 이 질책이 갈리오가 고심해 짜낸 아첨에 대한 보상이었다. 원로원은 곧 갈리오를 제적하고, 이어서 이탈리아에서 추방했다. 그렇지만 이윽고 "유배지로 지정된 레스보스 섬은 유명한데다가 경치가 맑고 아름답기 때문에 그가 추방 생활을 쉽게 견뎌 낼 것이다"고 트집을 잡아 다시 로마로 끌고 와 정무관의 저택에 감금했다.[17]

카이사르는 같은 서한 속에서 법무관급 인사인 섹스티우스 파코니아누스(Sextius Paconianus)를 맹렬히 공격했다. 그래서 원로원 의원들의 가슴이 아주 후련해졌다. 그는 어떤 비밀이든 다 탐지해 내는 철면피한 악당이었기 때문이다. 가이우스 카이사르를 상대로 음모를 꾸밀 때에도 세야누스에게 발탁되어 그를 힘껏 도왔다. 이 사실이 서한을 통해 처음으로 밝혀졌기 때문에, 원로원은 오랫동안 품어 온 그에 대한 증오심을 폭발시켰다. 만약 파코니아누스가 자진해서 정보를 제공하지 않았으면 원로원은 틀림없이 그에게 극형을 선고했을 것이다.

4 그가 라티니우스 라티아리스를 공격하기 시작하자, 고발자와 피고 모두 미움을 사고 있었기 때문에 속이 후련해지는 광경이 전개되었다. 라티아리스는 이미 언급했듯이 티티우스 사비누스의 파멸을 계획한 원흉으로 지금 맨 먼저 벌을 받아야 할 인물이었다.

---

17) 로마에는 네 가지의 감금이 있고 그 선택은 집정관의 재량에 맡겨져 있었다. (1)은 감옥, 6권 19절. (2)는 군대에 의한 구류(친위대, 수도 경비대, 소방대), 3권 22절, 14권 60절. (3)은 집정관이 가장 신뢰하는 사람의 집에 감금, 5권 8절. (4)는 정무관 자신의 집에 감금(본문).

이 소송이 계류 중일 때, 데키무스 하테리우스 아그리파가 전년도의 양 집정관을 공격했다. "두 사람은 각기 상대를 고발하겠다고 으르댔던 주제에 지금은 왜 잠자코 있는가? 아마도 두 사람은 공포심과 죄의식에서 일종의 동맹 조약을 맺은 것이 틀림없다. 그러나 원로원은 들은 것을 불문에 부쳐서는 안 된다."

푸블리우스 멤미우스 레굴루스는 이렇게 답변했다. "복수의 기회를 기다리고 있는 것이다. 나는 황제가 임석할 때 그 일을 할 것이다." 루키우스 풀키니우스 트리오는 "그것은 동료간의 경쟁심이었다. 그 때문에 반목하고 서로를 매도했던 것이다. 그렇다면 잊어버리는 것이 더 서로를 위하는 길이 될 것이다" 하고 대답했다.

아그리파가 집요하게 물고 늘어지자, 전 집정관 퀸투스 산퀴니우스 막시무스(Quintus Sanquinius Maximus)가 원로원에 이렇게 간청했다. "성가신 문제를 더 들추어내어 최고 사령관의 걱정거리가 늘어나지 않게 해달라. 나 혼자만으로도 충분히 해결책을 강구할 수 있다." 이 일로 레굴루스의 안전이 확보되고 트리오의 파멸도 연기되었다.

이 일이 있고 나서 하테리우스는 더욱 미움을 받았다. 그렇지 않아도 그는 낮에는 자고 밤에는 정욕에 빠져 쇠약해지고 둔감해져 있었으며, 황제가 아무리 잔혹해도 조금도 겁내지 않고 사치와 방탕 속에서 유명 인사들의 파멸을 기도하고 있었기 때문이다.

5 이어서 가혹한 의견이라면 무엇이든 맨 먼저 제안해 오랫동안 원한을 샀던 마르쿠스 아우렐리우스 코타 막시무스 메살리누스가, 기회가 찾아오자마자 여러 가지 이유에서 탄핵을 받았다. "그는 남자인지 여자인지 모른다며 가이우스 카이사르를 비웃었다." 또 "아우구스타의 생일날 성직자들과 회식할 때 '이것은 9일째의 향연[18]'이다' 고 말했다." 그리고 "그는 마르쿠스 아이밀리우스 레피두스 및 루키우스 아룬티우스와 금전상의 문제로 말다툼을 할 때 그들의 영향

력에 대해 푸념을 늘어놓고, 그러던 끝에 '확실히 원로원이 그들을 후원할 것이다. 하지만 내게는 친애하는 티베리우스가 있다!' 고 덧붙였다."

지도적인 지위에 있는 시민들이 이 모든 사실에 대한 증거를 제시했다. 그러자 궁지에 몰린 코타가 최고 사령관에게 호소했다. 그 후 곧 티베리우스의 서한이 도착했다. 그것은 코타를 비호하는 어조로 그 발단부터 거슬러올라가며 자신과 코타와의 오랜 우정에 대해 이야기하고, 이어서 그의 수많은 봉사를 회상하고는 "사람들의 악의에 의해 왜곡된 그의 말이나 연회 중의 악의 없는 발언을 책망하지 말아 주기 바란다"고 요청했다.

6 이 카이사르가 보낸 서한의 서언은 특히 주목할 만하다고 생각된다. 그것은 다음과 같은 말로 시작되고 있다.

"원로원 의원 여러분, 만약 내가 지금 이 순간 여러분에게 무엇을 어떻게 쓰면 좋은지, 바꾸어 말하면 이 경우 절대로 써서는 안 되는 것이 무엇인지 알고 있다면, 모든 신과 여신께서 날마다 나 자신이 타락해 가고 있다고 느끼는 것보다 더 비참하게 나를 파멸시켜 주시길!"

이 정도로 티베리우스도 또한 죄악과 파렴치한 행위의 결과가 그 자신에게 되돌아오고 있었던 것이다. 더없이 현명한 사람들이 확신을 갖고 늘 이렇게 단언하고 있었던 것도 당연한 일이다. "독재자들의 마음을 열어 볼 수 있다면, 거기에서 찢긴 상처와 절단된 자국이 발견될 것이다. 채찍이 육체를 잡아 찢듯이 잔학과 정욕, 간책도 정신을 갈기갈기 찢어 버리기 때문이다."

확실히 독재 권력도 격리된 생활도 티베리우스가 마음속의 고뇌와

---

18) 장례식이 끝나고 9일째 되는 날 죽은 사람에게 바쳐지는 향연. 신이 되어 있지 않은 사자(아우구스타는 신격화되어 있지 않았다)의 생일 향연은 장례식 뒤의 향연과 같다는 빈정거림.

스스로 자신에게 과한 처벌을 스스로 고백하는 것을 방해하지 못했던 것이다.

7 이어서 원로원은 코타에게 가장 맹렬한 공격을 퍼부었던 원로원 의원 가이우스 카이킬리아누스(Gaius Caecilianus)의 처벌과 관련해 황제로부터 결정권을 위임받았다. 그래서 루키우스 아룬티우스를 고발한 아루세이우스(Aruseius)와 산퀴니우스(Sanquinius) 두 사람에게 선고했던 것과 똑같은 벌[19]이 적당하다고 생각했다. 이것은 코타가 그때까지 얻은 명예 가운데서 최대의 것이었다. 확실히 그는 명문 출신이었지만 호사스런 생활 끝에 곤궁해지고 부덕한 소행으로 집안의 이름을 더럽히고 있었음에도 불구하고, 청렴 결백한 아룬티우스와 대등한 명예 회복을 인정받았기 때문이다.

그 후 퀸투스 세르바이우스(Quintus Servaeus)와 미누키우스 테르무스(Minucius Thermus)가 심문받았다. 법무관직을 역임한 세르바이우스는 전에는 게르마니쿠스의 참모였다. 미누키우스는 기사 계급이었다. 두 사람 다 세야누스의 우정을 악용하긴 했지만 분별 있게 행동했다. 그래서 그들에게는 좀더 동정의 눈길이 쏠렸다.

그렇지만 티베리우스는 두 사람이 음모의 수괴라며 맹렬히 비난했다. 그리고 대大가이우스 케스티우스 갈루스[20]에게 그가 카이사르에게 보낸 밀고서를 원로원에서 낭독하라고 충고했다. 그래서 케스티우스가 이 고발 책임을 맡았다.

이처럼 원로원의 지도적인 인물들이 때로는 공공연히, 대개는 남몰래 하찮은 문제조차 고발하고 있었다. 그리고 이것이 당시의 불행한 시대가 낳은 더없이 무서운 광경이었다. 고발하는 사람이 타인인

---

19) 이 일에 대한 언급이 앞에 빠져 있다.
20) 아들(15권 25절)의 일이 망실된 부분에서 언급되었던 것일까?

지 친족인지, 친구인지 낯선 사람인지 아무도 알지 못했다. 고발된 재료가 새로운 것인지, 오래 되어 잊어버린 것인지도 가늠할 수 없었다. 어떤 사람들의 경우에는 자신을 변호하기 위해서였지만, 대부분은 일종의 전염병에 걸린 듯했다. 누구나 다 상대의 기선을 제압해 피고를 확정하려고 안달을 떨 때에는 광장이나 회식 자리에서 이야기된 것은 어떤 내용이라도 곧 그것을 고발의 재료로 삼았다.

그것은 그렇다 치고, 미누키우스와 세르바이우스는 유죄를 선고받자 고발자로 돌아섰다. 그리하여 똑같이 파멸의 구렁텅이로 끌려 들어간 것은 갈리아의 산토니족 출신인 율리우스 아프리카누스(Julius Africanus)와 신원 미상의 세이우스 콰드라투스(Seius Quadratus)였다.

나도 많은 역사가가 이런 수많은 소송 사건이나 처벌을 생략하고 있는 것을 잘 알고 있다. 그들은 그 엄청난 숫자에 지쳐 버리거나, 혹은 저자 자신이 끝없이 이어지는 음울한 장면에 질려 독자도 같은 권태감으로 고통받지 않도록 고려했을 것이다. 그럼에도 불구하고 나는 다른 작가들이 기록하고 있지 않는 이 대부분의 사건이 알아 둘 가치가 있는 것을 깨달았다.

8 예를 들어 누구나 다 거짓말을 하며 세야누스와의 우정 관계를 부인하고 있던 그 무렵에, 로마 기사 마르쿠스 테렌티우스만은 이 죄목으로 고발당하자 대담하게도 그것을 받아들이고 원로원에서 이렇게 변명하기 시작했다.

"내 입장에서는 이 죄를 인정하기보다 부정하는 것이 확실히 더 유리할 것이오. 그러나 나에 대한 심리에서 어떤 판결이 내려지든, 나는 고백할 것이오. '나는 세야누스의 동료였소. 그의 친구가 되려고 애썼소. 그리고 목적을 달성하고는 기뻐했소.'

나는 세야누스가 그의 아버지의 동료로서 친위대장 노릇을 하는 것을 보았소. 이어서 그가 군사적인 측면에서뿐만 아니라 정치적인 측면에서도 중요한 역할을 맡아 수행하는 것을 보았소. 그의 일족이나 연고자들이 명예를 잔뜩 수여받았소. 세야누스와의 사이가 깊어질수록 카이사르의 평가가 더욱더 좋아졌소. 이에 반해 세야누스의 미움을 받는 자는 신변의 위험과 구명救命 탄원으로 고생하지 않으면 안 되었소. 그 사람들의 이름을 여기에서 하나하나 열거할 생각은 없소. 그렇기는커녕 나 한 사람의 목숨을 걸고 세야누스의 마지막 음모 사건에 전혀 관여하지 않은 사람들을 모두 변호해 주고 싶소. 왜냐하면 우리가 경의를 표하고 있었던 것은 불시니 출신의 세야누스가 아니라 그가 결연으로 차지할 수 있었던, 클라우디우스 가와 율리우스 가의 한 구성원으로서의 세야누스였기 때문이오.

카이사르시여,[21] 요컨대 우리는 세야누스를 당신의 사위로서, 당신의 집정관 동료로서, 당신의 국정 담당 대리자로서 존경해 왔던 것입니다. 물론 당신께서 누구를 다른 사람들보다 더 중용하시든, 그 이유가 무엇이든 우리는 그런 것에 대해 이러쿵저러쿵 말할 처지가 못 됩니다. 당신께서는 신들로부터 최고의 정치적 판단력을 수여받으셨고, 우리에게는 그에 복종하는 영예가 남겨져 있습니다! 게다가 우리는 눈앞에서 일어나는 것을 바라볼 뿐입니다. 당신으로부터 부와 명예를 수여받고 생사 여탈의 강대한 권력을 부여받은 사람이 누구였습니까? 그것은 다름 아닌 세야누스였다는 사실을 아무도 부인하지 못할 것입니다. 우리에게는 원수의 내밀한 감정을, 그리고 만약 있다면 더 신중히 감추어져 있는 계획을 꼬치꼬치 캐는 것이 허락되어 있지 않습니다. 위험하기도 합니다. 아니, 그것은 불가능합니다.

---

21) 눈앞에 카이사르가 있는 것처럼 부르고 있는데, 티베리우스 시대에는 카이사르가 가문 이름(cognomen)으로 사용되고, 클라우디우스 시대부터 칭호로 사용되었다. 타키투스의 용법은 혼동되어 가족에게 사용되는 경우(1권 62절, 70절 등)도 있고, 황제 개인에게 사용하는 경우(1권 19절, 본문 등)도 있다.

원로원 의원 여러분, 제발 세야누스의 최후의 날이 아니라 그때까지의 16년간을 생각해 주시오. 우리는 사트리우스나 폼포니우스 같은 인간까지 존경하고 있었소. 세야누스의 해방 노예나 문지기들이 자신의 얼굴을 알아보는 것조차 큰 영광으로 여기고 있었소. 그리고 그 결과는 어떠했소? 그것에 대해 누구든 무차별적으로, 무조건적으로 자신을 변호할 수 있겠소? 그렇지 않소. 올바른 경계선에 의해 구별되어야 하오. 국가에 대한 음모나 최고 사령관의 암살 계획은 처벌되어야 하오. 하지만 세야누스의 우정 및 의리와 관련해서는, 카이사르시여, 우리도 당신과 같은 시기에 그 관계를 끊었기 때문에 당신과 마찬가지로 용서받아야 하지 않습니까?"

9 이 변론의 의연한 정신 때문에, 그리고 누구나 마음속으로 생각하고 있는 것을 말로 표현해 준 사람이 드디어 나타났다는 이유에서 사람들은 크게 감격했다. 그 때문에 원로원이 테렌티우스를 고발한 자들을, 그들의 과거의 범행을 고려해 유형이나 사형에 처할 정도였다.

이어서 티베리우스의 서한이 낭독되었다. 그것은 전 법무관 섹스투스 베스틸리우스(Sextus Vestilius)를 비난하고 있었다. 그는 티베리우스의 동생 드루수스로부터 특별히 사랑을 받고, 그 후 티베리우스의 참모 중 하나로도 받아들여졌던 사람이다. 이번에 총애를 잃게 된 것은 그가 가이우스 카이사르를 방탕아로 보고 풍자시를 지었기 때문이거나, 혹은 티베리우스가 그것을 거짓으로 믿었기 때문이었다. 아무튼 이 때문에 그는 황제의 식탁에서 배제되었다. 그래서 베스틸리우스가 노쇠한 손으로 자해하려고 했지만 다시 혈관을 묶었다. 곧 카이사르 앞으로 탄원서를 보내 자비를 베풀어 달라고 간청했지만 냉혹한 답변을 받고는 다시 혈관을 풀어 버렸다.

이어서 가이우스 안니우스 폴리오(Gaius Annius Pollio)와 가이우스 아피우스 유니우스 실라누스, 마메르쿠스 스카우루스, 가이우스 칼비시우스 사비누스 등 많은 사람이 한꺼번에 반역죄로 고소당했다. 여기에 폴리오의 아들 루키우스 안니우스 비니키아누스(Lucius Annius Vinicianus)도 여기에 포함되었다. 모두 명문 출신이고, 개중에는 최고 관직에 오른 사람도 있었다. 그래서 만약 이때 증인 중 한 사람이었던 수도 경비대 부관 율리우스 켈수스(Julius Celsus)가 아피우스와 칼비시우스를 위기에서 구해 주지 않았다면, 원로원 의원들은 몹시 당황했을 것이다(그도 그럴 것이 이런 훌륭한 명사들과 결연이나 우정이라는 면에서 아무 관계도 없는 의원이 대체 몇 명이나 있었겠는가).

폴리오와 비니키아누스, 스카우루스의 소송은 카이사르 자신이 원로원과 함께 심리하겠다며 연기했다. 그때 카이사르가 스카우루스에게 불길한 암시를 주었다.

10 여성들조차 위험에서 벗어나지 못했다. 그녀들은 국가 전복 혐의로 탄핵할 수 없었기 때문에, 그녀들이 흘린 눈물을 책망했다. 그리고 가이우스 푸피우스 게미누스의 늙은 어머니 비티아(Vitia)는 아들의 죽음을 슬퍼하며 울었다는 이유로 처형당했다.

이상과 같은 심리가 모두 원로원에서 이루어졌다. 황제가 있는 곳에서도 똑같은 일이 벌어졌다. 황제의 가장 오래된 친구 중 두 사람인 베스쿨라리우스 플라쿠스와 율리우스 마리누스(Julius Marinus)가 서둘러 사형에 처해졌다. 두 사람 다 유서 깊은 가문 출신으로 티베리우스를 따라가 로도스 섬에서 지내고, 카프리 섬에서도 함께 살았다. 베스쿨라리우스는 리보 드루수스를 상대로 음모를 꾸밀 때 황제의 주선인 역할을 하고, 마리누스는 세야누스가 쿠르티우스 아티쿠스를 파멸시킬 때의 공범이었다. 그래서 사람들은 두 사람이 획책했던 범죄의 응보가 그들 자신에게 되돌아온 것을 더욱더 기뻐했다.

이 무렵에 대제관 루키우스 칼푸르니우스 피소가 천수를 다 누리고 세상을 떠났다. 이것은 그만큼 높은 지위에 있는 사람에게는 드문 일이었다. 그는 자진해서 비굴한 의견을 제안한 적이 없었다. 어쩔 수 없을 때에는 언제나 현명하게 적당히 행동했다. 그의 아버지는 이미 말했듯이[22] 감찰관이었다. 그는 80세까지 살았다. 트라키아에서의 공적 개선 장군 현장을 수여받았다. 그렇지만 그의 최대의 영광은 수도 경비대장이라는 직책이 항구적인 것으로 정해진 지 얼마 안 되고 세상 사람들도 거기에 복종하는 데 익숙지 않아 그만큼 어려웠음에도 불구하고 그 직권을 놀랄 만큼 공평하게 행사했다는 데 있었다.

11 그런데 옛날에는 왕이, 이어서 집정관이 고국을 비울 때에는 수도가 무정부 상태로 방치되지 않도록 그 동안의 대리자를 선출하고 그 사람으로 하여금 재판권을 행사하는 동시에 비상 사태에도 대처하게 했다. 전승에 따르면 로물루스 왕은 덴테르 로물리우스(Denter Romulius)를, 그 후 툴루스 호스틸리우스 왕은 누마 마르키우스(Numa Marcius)를, 타르퀴니우스 수페르부스 왕은 스푸리우스 루크레티우스(Spurius Lucretius)를 대리자로 지명했다. 이어서 집정관이 이 지명권을 행사할 수 있었다. 오늘날 이 관례는 라티움제를 위해 일시적으로 집정관 직무를 수행하는 사람을 임명할 때 그 흔적을 남기고 있다.

다른 한편으로 아우구스투스는 시민 전쟁 중에 기사 계급의 킬니우스 마이케나스(Cilnius Maecenas)를 로마와 이탈리아의 최고 관리자에 임명했다. 이윽고 패권을 장악한 아우구스투스는 인구 증가와 재판의 지체를 고려해 집정관급에서 한 명의 조력자[23]를 선택하고 그로 하여금 노예나 무력武力 외에는 두려워하는 것이 없는 난폭하고 분별 없는 일부 시민을 징계하게 하려 했다. 맨 처음 이 권한을 부여받

---

22) 망실되었다. 기원전 50년의 감찰관, 58년의 집정관. 키케로의 숙적.
23) 이 조력자가 수도 경비대장으로 불렸다. 영속적인 관직이 된 것은 티베리우스 이후의 일이고, 그 임무는 수도의 치안 유지였다. 그는 수도 경비대 3개 대대를 지휘하고 약간의 형사 재판권(14권 41절)도 지니고 있었다.

은 것은 마르쿠스 발레리우스 메살라 코르비누스였다. 하지만 그는 "그것을 행사할 능력이 없다"며 며칠도 안 돼 사임했다. 이어서 티투스 스타틸리우스 타우루스가 이미 고령이었음에도 불구하고 훌륭하게 이 직무를 수행했다. 다음으로 피소가 마찬가지로 훌륭하게 20년 간에 걸쳐 일하고 임기를 마쳤다. 그는 이 공적을 인정받아 원로원 의결로 국장國葬의 명예를 얻었다.

12 이어서 원로원에서 호민관 퀸틸리아누스(Quintilianus)가 시빌라 예언서 한 권에 대해 보고했다. 십오인 신관 루키우스 카니니우스 갈루스(Lucius Caninius Gallus)가 이것도 다른 것과 마찬가지로 여성 예언자 시빌라가 지은 것이라고 감정하고 이에 관한 원로원의 의결[24]을 요구하고 있었다. 원로원은 토론 없이 이 제안에 동의했다. 그러나 카이사르가 서한을 보내 이 호민관이 "젊기 때문에 옛 관례를 몰랐다"며 가볍게 나무랐다. 갈루스의 경우에는 "종교적인 관례에 대해 잘 알고 있는 그가 신뢰할 수 없는 보고에 바탕을 두는 동시에 동료 신관들의 의견을 묻지도 않고, 또 여느 때처럼 그 예언서 한 권을 평의 위원들[25]에게 회람시켜 비판받지도 않고 정족수[26]에 미달한 원로원의 심의에 넘겼다"고 말하며 질책했다.

이 서한에서 카이사르는 특히 다음과 같은 이야기를 사람들로 하여금 가슴 깊이 새기게 했다. "가짜 예언서가 저 유명한 시빌라의 이름 하에 많은 유포되고 있었기 때문에, 아우구스투스[27]께서는 고시를 통해 일정 기간 내에 그것들을 시민계 법무관의 처소에 제출하라고

---

24) 이것을 진짜로 인정하고 시빌라 예언서 정전 속에 집어넣는다고 공포하는 것.
25) 15인 신관단 중에 5인의 평의 위원이 있다. 갈루스도 평의 위원이다.
26) 공화정 시대부터 의결에 필요한 최소 출석자수가 정해져 있었던 것 같다. 아우구스투스는 400명을 의결 유효수로 정했다고 한다. 당시의 의원은 약 600명이었다.
27) 기원전 13년, 아우구스투스는 라틴어와 그리스어 예언서를 모아 2천 권이나 불태워 버렸다고 한다.

명하고 개인의 소유를 금하셨다. 조상들도 같은 결정을 내렸다. 그것은 동맹 전쟁[28]에서 카피톨리움이 송두리째 불타 버린 뒤의 일이다. 그때 사람들은 사모스 섬이나 일리온, 에리트라이에서 아프리카와 시킬리아에 이르기까지, 그리고 이탈리아 본토의 그리스 식민시까지 구석구석 남김 없이 수색해 시빌라 예언서를 여기에서 1권, 저기에서 몇 권, 이런 식으로 모았다. 그리고 성직자들이 모든 것을 책임지고 인간의 지력知力이 닿는 한 최선을 다해 진위 여부를 감정했다."

그래서 이때도 문제의 한 권이 십오인 신관의 조사에 맡겨졌다.

13 동同 집정관들이 그 직위에 있을 때, 곡물 가격이 올라 금세라도 폭동이 일어날 것 같았다. 극장[29]은 여러 날 동안 최고 사령관에 대한 상소上訴의 목소리로 시끄러웠다. 그것은 일찍이 그런 사례가 없었을 정도로 무례하기 짝없는 것이었다. 이에 놀란 티베리우스는 "어째서 국가의 권위를 갖고 민중을 진압하지 못했는가?" 라고 정무관들과 원로원을 견책하고 이렇게 덧붙였다. "내가 얼마만큼의 속주에서, 그리고 아우구스투스보다 얼마나 더 많이 곡물을 수입했는가?" 그래서 원로원은 민중을 징계하기 위해 옛날 식의 가혹한 결의안을 통과시키고, 집정관들도 그에 못지 않게 단호한 결의가 담긴 포고령을 내렸다. 티베리우스 자신은 이때 아무 의사 표시도 하지 않았다. 이것은 그가 희망하고 있던 것처럼 세상 사람들에 의해 겸손함의 증거가 아니라 오만 불손한 태도로 받아들여졌다.

14 이해 말에 로마 기사 게미니우스(Geminius)와 켈수스, 폼페이우스 등 세 사람이 음모죄로 사형에 처해졌다. 이들 중에서 게미니우스는 재산의 탕진과 방종한 생활을 통해 세야누스의 친구가 되었을 뿐

---

28) 시민 전쟁(기원전 83~82년)의 착오. 시빌라 예언서가 그때까지는 카피톨리움의 유피테르 신전에 보관되어 있었다.
29) 극장이나 경기장이 민중이 불만이나 욕구를 표현하는 장소였다.

이고 진지한 계획 따위에는 전혀 관여하지 않았다. 또 수도 경비대 부관 율리우스 켈수스는 감옥 안에서 쇠사슬을 느슨하게 만든 뒤 그것을 살짝 목에 감고 양쪽 끝을 잡아당겨 스스로 자신의 목뼈를 부러뜨렸다.

루브리우스 파바투스(Rubrius Fabatus)라는 사람은 로마의 세태에 절망한 나머지 파르티아인의 온정에 의지하려고 그곳으로 달아나려 했다는 혐의로 감시 하에 놓여졌다.[30] 확실히 그는 시킬리아 해협 부근에서 발견되어 백인대장에 의해 로마로 끌려왔다. 그는 먼 이국 여행에 나서려고 한 동기와 관련해 무엇 하나 그럴 듯한 것을 자백하지 않았다. 하지만 그 후 자비심에서라기보다는 잊혀지는 바람에 무사히 살아남았다.

2. 공포 시대

15 세르비우스 술피키우스 갈바와 루키우스 술라가 집정관이 되었다.[31] 티베리우스는 오랫동안 두 종손녀 율리아 리빌라와 드루실라(Drusilla)의 배우자를 찾고 있었는데, 마침내 그녀들이 결혼 적령기에 이르자 루키우스 카시우스 롱기누스(Lucius Cassius Longinus)와 마르쿠스 비니키우스(Marcus Vinicius)를 선택했다. 비니키우스 씨족은 이탈리아의 자치시인 칼레스 출신인데, 그도 그곳에서 태어났다. 아버지와 할아버지 모두 집정관을 역임했지만, 그 이전에는 기사 계급 가문이었다. 그는 온후한 성격의 세련된 변론가였다.

---

30) 원로원 계급은 로마에 상주할 의무가 있었다. 이탈리아를 떠날 때에는 원로원 또는 황제의 허가가 필요했다.
31) 서기 33년.

카시우스 씨족은 로마의 평민에 속했다. 하지만 가문은 오래되어 존경받고 있었다. 루키우스는 아버지로부터 엄격한 가정 교육을 받으면 자랐지만 성실하고 정직한 성격보다는 온후한 기질로 존경을 받을 때가 더 많았다. 이 카시우스에게 티베리우스는 게르마니쿠스의 차녀 드루실라를, 비니키우스에게는 삼녀 율리아[32]를 시집보냈다. 그리고 원로원에 서한을 보내 이것을 보고하고 가볍게 추천사를 덧붙였다. 이어서 아주 애매한 말로 수도를 비우고 있는 이유에 대해 말하고 나서 좀더 중대한 문제 쪽으로 방향을 돌리고는 "나는 국가를 위해 몸을 위험에 노출시키고 있다. 내가 원로원에 등원할 때에는 언제나 친위대장 나이비우스 코르두스 수토리우스 마크로(Naevius Cordus Sutorius Macro)와 소수의 친위대 부관, 백인대장을 동반할 수 있게 해주길 바란다"고 요청했다.

그래서 원로원이 곧 이 경호원의 위계나 인원수를 따로 규정하지 않은 포괄적인 결의안을 통과시켰음에도 불구하고, 티베리우스는 수도의 성벽에조차 접근하려고 하지 않았다. 하물며 원로원의 심의 장소는 두말 할 나위도 없다. 이따금 우회로를 택해 고향 주변을 돌아도 그곳만은 피했다.

16 그러저럭 하는 사이에 고발자들의 큰 힘이 돌연 고리대를 하며 이식利殖을 꾀하고 있는 자들을 상대로 폭발했다. 그들은 독재관 카이사르의 법을 위반하고 있었다. 그것은 이탈리아 본토 내에서의 금융 대부와 토지 소유에 일정한 제한을 가하는 법률이었지만 이미 전부터 무시되고 있었다. 사람은 국가의 복지보다 개인적인 이해를 더 중요하게 여기기 때문이었다. 확실히 로마에서 고리대가 초래하는 불

---

32) 이때 드루실라는 16세, 율리아는 15세였다. 로마법에 따라 청년은 만 14세, 여성은 만 12세 이하일 경우에는 결혼할 수 없었다. 실제로 결혼하는 연령은 남자는 20세 전후, 여성은 13~15세였다.

행의 역사는 오래 되었다. 이것이 종종 폭동이나 내란의 원인이 되었다. 그래서 도덕이 그리 부패하지 않은 옛날에도 제약을 가했다. 예컨대 12동판법[33]이 처음으로 "이자가 원금의 12분의 1을 넘어서는 안 된다"고 규정했다. 그때까지는 부자 마음대로 이자를 받았다. 그 후 호민관[34]의 제안으로 최고 이자는 원금의 24분의 1까지 내려갔다. 마침내 대부가 일절 금지되었다.[35] 그리고 부자의 간교한 계책에 많은 민회 의결로 대항했지만, 억누를 때마다 또다시 정도로 교묘한 수단을 갖고 다시 나타났다.

그런데 마침 이해에 이런 소송을 담담하고 있는 법무관 셈프로니우스 그라쿠스가 고발당하는 사람이 잇따라 나타나 어쩔 수 없이 이 문제를 원로원의 심리에 맡겼다. 그래서 의원들은 (의원들[36] 중에 이 죄를 지은 기억이 없는 사람이 하나도 없었기 때문에) 당황하고 황제에게 은사를 청했다. 이 청원이 수리되어 1년 반의 유예 기간이 주어졌다. 그 기간 동안 각자 법률의 규정에 따라 재정을 조정하라는 명을 받았다.

17 그 결과 통화가 부족해졌다. 모든 부채가 일시에 회수되었기 때문이다. 또 하나의 원인은 최근에 많은 사람이 단죄받아 그들의 재산이 경매에 부쳐지고 현금이 황제 금고나 국고에 정체되어 있었기 때문이다. 이런 사태에 대비해 원로원이 사전에 각 채권자에게 "대부 총액의 3분의 2를 이탈리아의 토지에 투자하라"고 명했다〈그리고 "채무자는 같은 비율만큼의 부채를 곧 현금으로 갚지 않으면 안 된다"〉.[37]

---

33) 3권 27절 참조. 원금의 12분의 1은 연리로 따지면 10퍼센트가 된다.
34) 기원전 347년의 일이다.
35) 이 글의 의미는 "이자를 받는 것을 금했다"는 것일까? 공화정말기에서 제정 시대에는 최고 이율이 연리 12퍼센트로 정해지고, 실제로는 시민에게는 4~6퍼센트에, 속주민에게는 10~12퍼센트에 대부되고 있었던 것 같다.
36) 의원들은 대금업자나 지주였다(11권 7절 주 참조).

그러나 채권자는 전액을 다 갚을 것을 요구하고, 요구받은 자는 신용의 실추를 수치로 생각했다. 그리하여 채무자는 먼저 여기저기 뛰어다니며 탄원했다. 이어서 법무관 법정이 몹시 시끄러워졌다. 그리고 사전에 고안되었던 대책, 즉 토지의 매각과 매입도 반대되는 결과를 낳았다. 채권자가 회수된 현금을 쌓아 두고 토지를 살 기회를 노리고 있었기 때문이다. 일제 매각이 늘어나자 자연히 토지 가격이 하락했다. 빚이 많을수록 매각하는 데 고생했다. 그리하여 잇따라 도산자가 나타났다. 재산의 소실은 그 사람의 지위나 명예도 거꾸로 떨어뜨렸다.

마침내 카이사르가 원조의 손길을 뻗었다. 1억 세스테르티우스의 기금을 각 은행에 할당하고 3년간 무이자로 대출해 주었다. 다만 빌리는 사람이 국고에 그 가격이 부채의 두 배가 되는 부동산을 담보로 넣어야 하는 것이 조건이었다. 그리하여 통화가 일단 신용을 회복했다. 서서히 개인 대금업자도 눈에 띄게 되었다. 그러나 토지 매입 쪽은 원로원 의결이 정한 대로 이루어지지 않았다. 이런 경우 흔히 그렇듯이 처음에는 엄격하게 단속하다가 나중에는 방임해 버렸기 때문이다.

18 이윽고 콘시디우스 프로쿨루스(Considius Proculus)가 반역죄로 기소되어 이전의 공포 시대가 부활했다. 그는 불길한 예감도 느끼지 못하고 자신의 생일을 축하하다가 그 자리에서 원로원으로 끌려가 곧 유죄를 선고받고 살해당했다. 그의 누이 산키아(Sancia)도 퀸투스 폼포니우스(Quintus Pomponius)의 고발로 물과 불을 금지당했다. 정신이 불안정한 폼포니우스는 그래도 이렇게 변명했다. "이런 소송에

---

37) ⟨ ⟩ 안은 원전에는 없고 수에토니우스의 책에서 보충한 것이다. 원로원은 '카이사르의 법'이 정한 비율 이상으로 돈을 빌려 주고 있는 자에게는 그 초과액의 3분의 1은 현금으로, 잔액은 토지의 매입으로 청산하고, 채무자에게는 부채액의 3분의 2는 부동산으로 반환하고 나머지는 현금으로 변제하라고 명했다. 그러나 채권자가 대금 전액을 회수할 수 있는 권리를 부정하지 않았기 때문이 혼란이 벌어졌다.

몰두하는 것은 다름 아니라 황제의 호감을 사서 동생 푸블리우스 폼포니우스 세쿤두스를 위기에서 구하기 위해서이다."

그리고 폼페이아 마크리나(Pompeia Macrina)도 추방형이 확정되었다. 그녀의 남편 아르골리쿠스(Argolicus)와 시아버지 라코(Laco)는 아카이아의 유력자로 이미 카이사르의 잔인함의 희생물이 되어 있었다. 그녀의 아버지인 상급 로마 기사도, 오빠인 전 법무관도 단죄를 위협받고 제각기 스스로 목숨을 끊었다. 그들이 죄를 추궁받은 것은 그들의 증조부인 미틸레네의 테오파네스(Theophanes)[38]가 대폼페이우스의 심복으로 생각되었고, 또 그리스인들이 테오파네스를 치켜세우며 사후에 신격화의 명예를 수여했기 때문이다.

19 이 사람들에 이어 히스파니아의 굴지의 자산가인 섹스투스 마리우스(Sextus Marius)가 딸을 범했다는 이유로 고소당하고 타르페이우스의 벼랑에서 내던져졌다. 하지만 그가 파멸한 진짜 원인은 막대한 재산이라는 것을 아무도 의심하지 않았을 것이다. 티베리우스가 마리우스의 〈구리와〉 금 광산이 국가에 몰수되었음에도 불구하고 자기 재산으로 만들었기 때문이다.

티베리우스가 잇달은 처형에 흥분해 세야누스와의 공모죄를 추궁받아 감옥에 갇혀 있는 죄수를 모두 참수하라고 명했다. 헤아릴 수 없을 정도로 많은 학살체가 겹겹이 가로놓이고, 유명 무명을 불문하고 남녀노소의 시신이 여기저기에 흩어진 채 산처럼 쌓였다. 유체에 친척과 친구가 접근하는 것도, 눈물을 흘리는 것도, 아니 보는 것조차 오랫동안 허용되지 않았다. 감시인들이 주변을 에워싸고 어떤 애도

---

38) 미트리다테스 전쟁 때 대폼페이우스를 원조해 시민권을 수여받았다. 그와 함께 미틸레네가 자유시의 특권을 부여받았기 때문에 시민들이 그에 감사해 사후에 신격화했다. 이 때문에 그의 자손이 카이사르 가와 대등하게 신군을 선조로 두어 반역죄를 추궁받게 된 것이 아닐까?

자에게든지 정찰의 눈길을 번뜩이며 티베리스 강에 던져 넣어질 때까지 썩은 시체 곁을 떠나지 않았다.

시신이 수면에 떠올라도, 강가로 흘러와도 누구 한 사람 손을 대려고도, 매장하려고도 하지 않았다. 이 공포의 힘에 의해 인간의 동료 의식이 완전히 마비되었던 것이다. 잔인성이 증대됨에 따라 연민의 정이 억제되었던 것이다.

20 이 무렵에 가이우스 카이사르(칼리굴라)가 마르쿠스 유니우스 실라누스의 딸 유니아 클라우디아(Junia Claudia)를 아내를 맞아들였다. 그는 이 당시 은거하고 있는 조부와 함께 카프리 섬에서 지내고 있었다. 극악 무도한 성격을 겸손한 태도로 교묘히 숨기고 어머니가 단죄당할 때에도, 형들이 파멸할 때에도 아무 소리도 하지 않았다. 티베리우스의 그날그날의 기분에 따라 어떻게든 행동하고, 말도 거의 틀리지 않게 흉내냈다. 여기에서 웅변가 가이우스 살루스티우스 파시에누스(Gaius Sallustius Passienus)[39]의, 후세에 회자된 저 경구가 태어났다. "가이우스만큼 훌륭한 노예도 없었지만, 그만큼 무서운 주인도 없었다."

그해의 집정관 세르비우스 술피키우스 갈바에 대한 티베리우스의 예언은 언급할 만한 가치가 있다. 티베리우스는 갈바를 가까이 불러들이고 여러 가지 이야기를 나누며 의향을 살핀 뒤에 마지막으로 그리스어로 이렇게 말했다.

"갈바여, 자네도 언젠가 정권을 한번 맛보게 될 것이네."

그는 점성술 지식으로 갈바가 장차 짧은 기간 동안 권력을 보유할 것을 암시했던 것이다. 티베리우스가 이 재주를 배울 여가와 스승 트라실루스(Thrasyllus)를 얻은 것은 로도스 섬에서였다. 그는 스승의 지

---

39) 그는 나중에 가이우스의 누이 아그리피나와 결혼했다(그녀가 클라우디우스와 결혼하기 전에).

식을 다음과 같은 방법으로 시험했다.

21 티베리우스는 점성술과 씨름할 때에는 언제나 저택의 탑에 틀어박혔다. 이 비밀을 알고 있는 것은 해방 노예 한 사람뿐이었다. 그는 문맹이지만 굉장히 힘이 세었다. 그는 언제나 티베리우스가 기량을 시험해 보고 싶어하는 점성술사를 선도하며 위험하고 험준한 길을 올라갔다(저택이 절벽 위에 있었기 때문이다). 그리고 점성술사가 티베리우스에게 허풍선이나 사기꾼이라는 의심을 조금이라도 주었을 경우에는 돌아갈 때 절벽 아래의 바다로 밀어 떨어뜨렸다. 이것이 그가 맡은 역할이었다. 티베리우스는 자신이 은밀히 하고 있는 일의 증인을 이렇게 말살시키고 있었다.

그래서 트라실루스도 안내를 받으며 이 절벽 길을 따라 티베리우스가 있는 곳에 도착했다. 그는 여러 가지 질문을 받고 티베리우스의 정권 획득이나 미래의 일 따위를 훌륭하게 예언해 감동시켰다. 그 후 티베리우스는 "너는 네 탄생일의 천체 배치도 철저히 확인했느냐? 올해 오늘의 네 운세를 알고 있느냐?"라고 물었다. 트라실루스는 천체의 배치나 거리를 계산하고는 처음에는 저도 모르게 숨을 들이키고, 이어서 창백한 얼굴로 깜짝 놀라는 표정을 지었다. 관찰을 계속할수록 경악과 공포로 더욱더 심하게 몸을 떨고, 마침내 이렇게 외쳤다. "제 눈앞에 불가해하고 거의 치명적인 위기가 다가오고 있습니다."

그래서 티베리우스가 그를 포옹하고 자신의 위험을 예지한 것을 축복한 뒤에 안전을 보장해 주었다. 그 후 트라실루스를 심복 중 하나로 삼고 그가 말하는 것을 신탁으로 생각했다.

22 그러나 나는 이 이야기나 그와 비슷한 이야기를 들을 때마다 "도대체 인간사는 운명이라든가 불변의 필연성을 따르는가, 아니면 우연을 따르는가?" 하는 문제에 대한 판단을 언제나 유보한다. 누구나 다 알고 있다시피 고대의 철학자들이나 그들의 학설을 따르는 현

대의 추종자들은 이 점과 관련해 대립하는 의견을 갖고 있다. 많은 학자는 확신을 갖고 이렇게 단언한다. "우리의 탄생도 죽음도, 아니 인간 그 자체가 신들이 관여할 수 있는 것이 아니다. 그래서 종종 선량한 사람에게 화가, 악인에게 행복이 찾아드는 것이다."[40]

이에 반해 다른 학자들[41]은 이렇게 생각한다. "운명은 분명히 인간사에 대응한다. 그러나 천체의 운행과는 관계가 없다. 몇 가지 근본 원리와 자연의 인과 관계의 결과에 좌우된다고 보는 것이 옳다." 그럼에도 불구하고 이 사람들은 인간이 자유롭게 인생을 선택할 수 있는 여지를 남기고 있다. 그리고 "일단 행로가 결정되면 그것에 바탕을 둔 미래의 배열은 어떻게 할 수가 없다"고 말하고 있다. 이 사람들이 생각하는 행복이나 불행의 개념도 일반 사람들의 그것과 다르다. "표면적으로 역경에 시달리고 있는 것 같은 사람이 실은 종종 더할 나위 없이 행복한 사람이고, 재산이 남아돌아도 그런 사람은 대개 비참하기 그지없다. 전자는 고난의 운명을 불요 불굴의 정신으로 견뎌내기 때문이고, 후자는 행운의 선물을 앞뒤 분별도 없이 다 써버리기 때문이다."

어쨌든 세상의 일반 사람들은 자신의 미래가 출생과 동시에 예정되어 있다는 믿음에서 벗어날 수 없다. 그래서 "운명이 반드시 예언과 일치하지 않는 것은 아는 체하며 지껄이는 사기꾼 탓이다. 그런 놈들 때문에 옛 시대부터 오늘날까지 훌륭한 증거를 보여 온 점성술이 그 신용에 상처를 입고 있는 것이다"고 믿어 의심치 않는다.

그런 일례로 이 트라실루스의 아들이 네로의 지배를 예언한 것에 대해 기술할 예정이다. 아무튼 그것은 그때 가서 다루기로 하고, 지금은 더 이상 본론에서 벗어나지 않기로 하겠다.

---

40) 에피쿠로스파의 설.
41) 스토아파 학자들.

23 동 집정관들이 그 직위에 있을 때 가이우스 아시니우스 갈루스[42]의 사망 소식이 전해졌다. 그가 굶어 죽었다는 것을 아무도 의심하지 않았다. 하지만 그것이 그의 자유 의지에서 비롯되었는지, 아니면 강요받았기 때문인지 그 점은 알 수 없었다. 카이사르는 그의 시신을 매장해도 되는지 물어 오자 허락을 하면서도 다른 한편으로 뻔뻔스럽게 투덜댔다. "내가 앞에 세워 놓고 이 피고에게 유죄를 선고하기 전에 우연이 그를 낚아채 가버리고 말았군."

그렇다면 최근 3년 동안 전 집정관인 이 노인을, 많은 집정관급 자식[43]을 둔 이 부친을 재판할 여유가 없었다는 것이다.

이어서 드루수스[44]도 이슬로 사라졌다. 마지막 9일 동안은 더할 나위 없이 참담한 식사가 주어져 심지어 침대 요 속에 들어 있는 것까지 씹어 가면서 목숨을 이어갔다. 몇몇 역사서가 전하는 바에 따르면 세야누스가 만에 하나라도 무장 봉기를 시도하면, 마크로는 서둘러 드루수스를 감방에서 끌어낸(팔라티움에 구류되어 있었기 때문이다) 뒤 민중의 지도자 자리에 앉히라는 명령을 카이사르에게 받았다고 한다. 하지만 그 후 카이사르가 며느리나 손자와 화해하고 싶어한다는 소문이 퍼졌기 때문에, 도리어 그는 관대하게 재고하기보다 냉혹한 보복을 택했다.

24 그뿐만이 아니었다. 죽은 사람에게조차 비난의 채찍을 가했다. 즉 드루수스의 파렴치한 정욕과 카이사르 일가를 파멸시키려는 증오심, 국가에 대한 적개심을 비방했다. 그리고 그의 생전의 언행을 날마다 기록하게 했던 문서를 원로원에서 낭독하게 했다. 이보다 더 끔찍한 일이 또 있을까? 그렇게 오랫동안 드루수스 옆에 들러붙어 그의

---

42) 3년 전에 끌려가 감옥에 갇혀 있었다.
43) 여섯 명의 자식 중 세 명이 집정관이 된 것이 증명된다.
44) 제5권 3.〔옮긴이의 덧붙이는 글〕 30년 항목을 참조할 것.

나날의 표정이나 탄식, 남 몰래 중얼거리는 것까지 관찰하는 사람이 있었다니, 그 기록을 읽는 것을 조부라는 사람이 듣고 일반인에게도 보일 수 있었다니 좀처럼 믿을 수 없는 일이 아닌가? 그렇지만 백인 대장 아티우스(Attius)와 해방 노예 디디무스(Didymus)가 각기 카이사르에게 제출한 보고서 속에서 방을 떠나려 할 때마다 드루수스를 때리거나 위협한 노예의 이름을 하나하나 열거하고 있었다. 그뿐만 아니라 그 백인대장은 냉혹함으로 가득 찬 말을 늘어놓으며 죽어 가며 드루수스가 남긴 말 몇 마디를 잘했다는 듯이 덧붙이고 있었다.

"드루수스는 처음에는 정신 착란을 가장하고 티베리우스에 대해 미쳤기 때문이라고밖에 생각되지 않는, 온갖 욕설을 다 퍼부어 댔다. 이윽고 삶의 희망을 잃어버리자 사전에 고심하며 생각해 둔 저주의 말을 내뱉기 시작했다. '티베리우스가 며느리와 조카, 손자들을 죽여 일가 전체를 시체로 가득 채웠듯이, 이번에는 선조의 이름과 피뿐만 아니라 후손에 대한 죄의 대가를 충분히 치르기를' 하고 기도했다."

확실히 원로원 의원들은 차마 듣고 있을 수 없다는 표정으로 시끄럽게 굴며 낭독을 방해하고 있었다. 그러나 실은 뭐라 말할 수 없는 공포와 전율이 그들의 마음속을 관통하고 있었다. 그도 그럴 것이 죄를 숨기는 데 짐작하기 힘든 수단을 써온, 예로부터 노회한 인간인 티베리우스가 아주 대담해져 마치 감옥의 벽을 헐어 버린 듯이 자신의 손자가 백인대장에서 채찍으로 얻어맞고 노예들에게 구타당하며 살아가는 데 필요한 최소한의 음식을 헛되이 간청하는 광경을 모든 사람에게 보였기 때문이다.

25 이 모든 것에 대한 사람들의 씁쓸한 느낌이 아직 사라지기 전에 아그리피나에 관한 소식이 전해졌다. 생각건대 그녀는 세야누스가 처형된 뒤에 희망에 지탱되어 계속 살아 있었던 것이 틀림없다. 그러나 티베리우스가 냉혹한 태도를 조금도 누그러뜨리지 않았기 때문에

자진해서 목숨을 끊었을 것이다. 하긴 음식물을 공급하지 않고 그녀가 자살한 것으로 보이게 공작을 폈다고 가정하면 이야기가 달라지지만.

그것은 그렇다 치고, 티베리우스는 더없이 추잡스러운 중상으로 자신의 분노를 폭발시켰다. "아그리피나는 음부淫婦였다. 가이우스 아시니우스 갈루스가 그녀의 정부였다. 그가 죽자 염세적인 기분에 사로잡혔다"고 비난했다. 하긴 아그리피나가 시민과 같은 지위에 만족하지 못한 채 지배권을 갈망하고 남성적인 야심을 지니고 여성적인 취약함으로부터 아주 멀리 떨어져 있었던 것은 사실이다. 티베리우스는 더 나아가 이렇게 덧붙였다. "그녀가 사망한 날은 2년 전 세야누스가 처벌받은 날과 같다. 이것은 기억해야 할 일치이다." 이어서 아그리피나가 교수형 밧줄에 목졸려 죽지 않은 것도, '아비규환의 돌계단'에 버려지지 않은 것도 모두 자기 덕분이라고 자랑했다. 그래서 원로원은 그의 자비에 감사의 뜻을 표하고 두 사람의 기일인 10월 18일에는 해마다 유피테르 신전에 공물을 바치기로 의결했다.

■26■ 그 직후에 마르쿠스 코케이우스 네르바(Marcus Cocceius Nerva)가 자살을 결심했다. 그는 황제의 오랜 친구로 신들과 인간에 관한 모든 법에 정통한 학자였다. 그는 지위도 위협받지 않고 건강도 괜찮았다. 그래서 티베리우스는 그것을 알게 되자마자 찾아가 그 이유를 물었다. 거듭해서 뜻을 바꿀 것을 간청하고, 마지막으로 이렇게 밝혔다. "만약 나의 가장 친한 친구가 죽을 이유도 없는데 이 세상을 떠난다면 나의 양심과 명예가 큰 타격을 받을 것이다."

네르바는 어떤 설명도 하지 않고 단식을 계속했다. 그의 마음을 알고 있던 사람들은 이렇게 이야기했다. "그는 국가의 재난을 가까이에서 지켜 보았던만큼 분노와 두려움도 그만큼 컸을 것이다. 그래서 자유롭고 아직 상처받지 않았을 때 명예롭게 최후를 마치기로 결심했던 것이다."

그런데 아그리피나의 죽음이 이상하게도 플라키나를 파멸시켰다. 그녀는 그 옛날 그나이우스 칼푸르니우스 피소의 아내로서 공공연히 게르마니쿠스가 죽은 것을 기뻐하고, 피소가 쓰러졌을 때에는 아우구스타의 중재와 동시에 아그리피나의 적의도 크게 작용해 목숨을 건졌다. 한데 이제 후자의 증오와 전자의 총애가 사라지자 법의 힘이 강해졌던 것이다. 만인이 인정하는 죄를 추궁받고는 그녀는 자기 손으로 당연하지만 뒤늦게 죽음의 벌을 자신에게 내렸던 것이다.

27 이런 여러 가지 불행으로 로마인들의 기분이 우울해져 있을 때, 드루수스의 딸 리비아 율리아, 즉 네로의 미망인이 가이우스 루벨리우스 블란두스와 결혼해 그 보다 낮은 집안에 입적한 것이 또 하나의 슬픈 소식이었다. 그의 조부가 티부르 출신의 로마 기사라는 것을 아직 대부분의 사람이 기억하고 있었기 때문이다.

이해 말경에 루키우스 아일리우스 라미아(Lucius Aelius Lamia)가 사망하고 국장의 명예를 얻었다. 그는 이름뿐인 시리아 총독에서 겨우 해방되어 갓 수도 경비대장이 되어 있었다. 그는 명문 출신이었다. 늙었어도 기력이 정정했다. 속주 관리를 허락받지 못한 것이 그의 평판을 높이고 있었다.

이어서 시리아 총독 루키우스 폼포니우스 플라쿠스가 세상을 떠났다. 그때 카이사르의 서한이 낭독되었다. 그 속에서 카이사르는 불만을 터뜨렸다. "훌륭한 사람이, 그 중에서도 특히 군대의 지휘관으로서 유능한 사람이 총독의 임무를 거절하기 때문에, 그 결과 언제나 내가 두세 명의 집정관급 인사에게 속주 관리를 무리하게 강요하는 궁지에 빠져 있다."

그는 이런 주제에 루키우스 아룬티우스가 히스파니아에 부임하지 못하게 벌써 10년간이나 수도에 잡아 두고 있는 사실을 잊어버리고 있었다.

같은 해에 마르쿠스 아이밀리우스 레피두스도 타계했다. 그의 겸허한 성격과 현명한 사려에 대해서는 앞 권에서 이미 충분히 말했다. 그의 고귀한 혈통에 대해서도 여러 말을 할 필요가 없다. 아이밀리우스 씨족에서 우수한 정치가가 많이 배출되고 있다. 그리고 이 일문 사람들은 도덕적으로 타락해도 일류 지위에 올랐다.

28 파울루스 파비우스 페르시쿠스(Paullus Fabius Persicus)와 루키우스 비텔리우스(Lucius Vitellius)가 집정관이 되었다.[45] 이해에 포이닉스라는 새가 몇 세기의 주기를 거쳐 이집트에 그 모습을 나타냈다. 이것이 계기가 되어 그 땅이나 그리스의 학자들이 이 진기한 새와 관련해 많은 토론을 벌였다. 여기에서 여러 학자들의 일치된 견해에 대해 아직 많은 의문도 있지만 알아 둘 가치가 있는 것을 소개해 보겠다.

이 생물이 태양신을 섬기는 성조聖鳥라는 것, 부리의 형태와 양 날개의 색채[46]가 다른 모든 새와 다르다는 것이 이 새의 모습을 그리고 있는 학자들의 공통점이다. 그 수명의 길이[47]와 관련해서는 기록이 제각기 다른데, 일반적으로 믿어지고 있는 주기는 500년이다. 그러나 1461년의 간격[48]을 진지하게 주장하는 사람도 있다.

다음으로 이 새는 지금까지 모두 세 번, 즉 처음에는 세소스트리스 왕[49] 시대에, 이어서 아마시스 왕[50] 시대에, 마지막으로 마케도니아인

---

45) 서기 34년.
46) 헤로도토스(2권 73절)에 따르면 날개는 황금과 홍색, 모습은 독수리를 닮았다고 한다. 플리니우스는 심홍색 체구에 목 둘레는 황금색, 꽁지와 날개는 엷은 홍색과 청색이고, 크기는 독수리만하다고 했다. 라크탄티우스는 부리는 크고 희며 녹색 보석을 온통 박아 넣은 것 같다고 말하고 있다.
47) 헤로도토스는 500년, 플리니우스와 라크탄티우스는 1천 년.
48) 천랑성의 주기(Magnus Annus)와 일치한다.
49) 기원전 1970~1935년 재위.
50) 기원전 569~526년.

으로서는 세번째 왕인 프톨레마이오스[51] 시대에 헬리오폴리스라는 도시에 날아왔고, 그 진기한 모습에 반한 다른 수많은 보통 새들의 호위를 받았다고 한다. 하지만 아주 먼 옛날에 출현한 것은 물론 확인할 도리가 없다. 그런데 프톨레마이오스 왕과 티베리우스 사이의 간격은 250년도 안 된다. 그래서 이렇게 믿고 있는 학자도 있다. "이해의 포이닉스는 가짜이다. 아라비아 땅에서 날아오지도 않았다. 그리고 옛 기록이 보증하고 있는 특징을 하나도 지니고 있지 않다."

전승에 따르면 주기가 끝나고 죽을 때가 되면 이 새는 탄생지에 둥지를 짓고 그 안에 정액을 뿌린다고 한다. 거기에서 새끼가 태어나고, 그것이 자랐을 때 맨 먼저 걱정하는 것은 아비 새의 매장이다. 그것은 되는 대로 하는 것이 아니다. 먼저 몰약을 많이 싣고 먼 곳으로 운반하는 훈련을 한다. 그리하여 무거운 짐과 먼 여정을 충분히 감당할 수 있는 비상력飛翔力이 생기면 아비 새의 유체를 등에 지고 태양신의 제단[52]까지 갖고 간 뒤 그곳에서 불태운다.

이것은 진위가 의심스럽다. 이야기다운 요소로 윤색되어 있다. 그것은 그렇다 치고, 이 새가 이집트에 때때로 나타난다는 것은 의심의 여지가 없다.

29 한편 로마에서는 끊임없이 시민들이 학살당하고 있었다. 폼포니우스 라베오는 이미 말했듯이 모이시아의 총독이었는데 혈관을 절개하고 피를 흘리며 죽었다. 아내인 팍사이아도 남편의 뒤를 따랐다. 두 사람이 이렇게 저승길을 서두른 것은 사형 집행인이 두려웠기 때문이다. 그리고 죄를 선고받은 뒤에 죽으면 재산을 몰수당하는데다가 장례식도 허용되지 않았지만, 선고 전에 자결한 사람은 사체가 매장되고 유언도 유효한 것으로 인정되었기 때문에 그것만으로도 서두

---

51) 기원전 247~222년.
52) 헬리오폴리스에 있는 신전.

를 가치가 있었다.

그러나 카이사르는 원로원에 서한을 보내 이렇게 말했다. "옛 사람들은 절교를 선언할 때에는 언제나 상대를 집안에 들이지 않음으로써 관계를 단절하는 것이 관습이었다. 나도 이 관례를 라베오에게 적용하고 있었다. 그럴 때 그가 부정한 속주 관리와 그 밖의 죄로 고발당했기 때문에, 그는 나에 대한 증오심에서 자신의 죄를 속이려 했다. 그의 아내가 그처럼 겁먹은 것은 쓸데없는 짓이었다. 설사 그녀에게 허물이 있다 하더라도 목숨과 관계되는 위험은 없었을 것이기 때문이다."

이어서 마메르쿠스 스카우루스가 다시[53] 법정에 소환되었다. 그는 고귀한 피와 뛰어난 법정 변론으로 유명했지만 사생활은 방탕했다. 그를 파멸에 빠뜨린 것은 세야누스의 우정이 아니었다. 그에 못지 않게 확실하고 치명적이었던 마크로의 증오심이었다. 마크로는 세야누스와 같은 수법을 좀더 은밀히 사용했다. 그는 티베리우스를 풍자한 것으로 보이는 시구들을 인용하면서 스카우루스가 쓴 어떤 비극의 줄거리를 비난했다. 그러나 표면상의 고발자인 세르빌리우스와 코르넬리우스는 리비아와의 부정 및 그이 마법의 비의_{秘儀}를 탄핵했다. 스카우루스는 명문인 아이밀리우스 씨족의 일족답게 유죄 선고가 내리기 전에 선수를 쳤다. 이것을 권한 것은 아내인 섹스티아였다. 남편에게 자결할 용기를 준 뒤에 자신도 남편과 운명을 같이했다.

30 그러나 고발자들도 적당한 기회가 찾아오면 언제나 그 벌을 받았다. 예컨대 스카우루스를 파멸시킨 것으로 일약 악명을 떨친 세르빌리우스와 코르넬리우스는 "바리우스 리구르로부터 뇌물을 받고 그의 고발을 취소했다"는 이유로 섬으로 유배당하고 불과 물을 금지

---

53) 9절을 참조할 것.

당했다.

이어서 전 조영관 아부디우스 루소(Abudius Ruso)도 "세야누스의 자식을 사위로 삼을 예정이었다"며 군단장 시절에 상관이었던 그나이우스 코르넬리우스 렌툴루스 가이툴리쿠스를 고소하고는 도리어 단죄받아 수도에서 추방되었다. 가이툴리쿠스는 이 당시 고지 게르마니아의 총독으로서 군단병에게 아낌없이 자비를 베풀고 적절히 엄하게 다루어 놀랄 만큼 큰 인기를 얻고 있었다. 그리고 장인인 루키우스 아프로니우스 덕분에 이웃 속주의 군대로부터도 호감을 사고 있었다.

그래서 가이툴리쿠스가 대담하게도 다음과 같은 편지를 카이사르에게 보냈다는 소문이 신뢰성을 갖고 널리 퍼졌다.

"제가 세야누스와 인척 관계를 맺으려 한 것은 제 희망이라기보다는 당신의 충고에 따른 것이었습니다. 저도 당신만큼 쉽게 속을 수 있습니다. 같은 실수를 저질렀는데 한쪽은 아무 해도 입지 않고 다른 한쪽은 사형에 처해지는 것은 옳지 않습니다. 당신에 대한 제 충성심은 아직도 변함없고, 어떤 함정에 걸리지 않는다면 앞으로도 그럴 것입니다. 하지만 제 후임자의 지명은 죽음의 경고와 똑같이 받아들일 것입니다. 우리는 서로 일종의 동맹 조약을 맺어야 합니다. 그에 기초해 원수께서는 다른 모든 국정을 주재하시고, 저는 계속해서 속주를 관리하는 것입니다."

이 이야기는 아무래도 이상하다. 그러나 다음과 같은 사실을 생각하면 반드시 거짓말도 아닐 것으로 생각된다. 세야누스의 모든 친인척 가운데서 가이툴리쿠스만이 무사히 살아남아 카이사르의 큰 호의를 변함없이 향수했다. 티베리우스도 자신이 국민으로부터 미움을 받고 있고 나이도 죽을 때가 가까워지고 있으며 자신의 정권이 실력보다 위신에 의존하고 있다는 것 등을 잘 알고 있었을 것이다.

3. 동방의 동란

31 가이우스 케스티우스 갈루스와 마르쿠스 세르빌리우스 노니아누스가 집정관이 되었다.[54] 이해에 파르티아의 귀족이 아르타바누스 왕[55] 몰래 로마를 방문했다. 왕은 게르마니쿠스를 두려워하고 있을 때에는 로마에 충실하고 신하에 관대했다. 그렇지만 이윽고 우리에게는 오만 불손한 태도를, 파르티아인에게는 잔인하고 냉혹한 태도를 보이기 시작했다. 주변국을 상대로 행운의 승리를 거두고는 전쟁에 자신감을 갖고, 다른 한편으로는 티베리우스의 노화를 무기력으로 해석하고 경멸했다. 그래서 왕은 아르메니아를 탐내고 그곳의 아르타크시아스 왕이 사망하자[56] 자신의 장남 아르사케스를 왕위에 앉혔다. 그뿐만 아니라 사절을 보내 로마를 모욕하고, "보노네스가 시리아와 킬리키아에 남겨 두었던 보물을 인도하라"고 요구했다.[57] 그와 함께 페르시아와 마케도니아 사이의 옛 국경선을 주장하고, "나는 이제 곧 처음에는 키로스가, 그 후에는 알렉산드로스가 통치했던 전 영역을 손에 넣을 것이다"고 큰소리를 쳤다. 이것은 허풍이고 자만심에서 나온 위협이었다.

그런데 파르티아인 중에서 왕 몰래 로마에 밀사를 보내려고 가장 적극적으로 움직인 주모자는 신나케스(Sinnaces)였다. 그는 고귀한 가문 출신의 부유한 귀족이었다. 그 다음으로 영향력이 강한 사람은 환관 아브두스(Abdus)였다. 야만인 사이에서는 거세한 자들이 경멸당하기는커녕 도리어 막강한 힘을 지니고 있었다. 이 두 사람이 다른

---

54) 서기 35년. 집정관 세르빌리우스는 59년에 사망했다. 만년에 역사가(14권 14절)로 유명해졌다. 클라우디우스 시대사였던 것 같다.
55) 2권 2절, 3절, 58절 참조.
56) 서기 34년경.
57) 아마도 이 보물에 대한 언급이 앞에 빠져 있을 것이다.

귀족들을 끌어들였다. 그러나 이 일당은 아르사케스 왕가의 피를 이어받은 사람을 최고 지위에 앉힐 수가 없었다. 왕가 일족이 거의 대부분 아르타바누스에게 살해되고 생존한 자도 성년에 이르지 못한 상태였다. 그래서 프라아테스 왕의 아들 프라아테스[58]를 로마에 요구했던 것이다. 그들은 "우리에게 필요한 것은 이름과 권위뿐이다. 요컨대 카이사르의 승인을 얻어 아르사케스 왕가의 후예가 에우프라테스 강변에 모습을 나타내면 그것으로 충분하다"고 말했다.

32 이것은 티베리우스에게 바라 마지 않던 일이었다. 그래서 프라아테스를 아버지의 왕위에 앉히기 위해 왕의 표장標章과 필요한 것을 제공해 주었다. 그리하여 티베리우스는 "외교 문제는 원모 심려로 해결하려고 애쓰고 무력은 피한다"는 종래의 방침을 견지했다. 그럭저럭 하는 사이에 아르타바누스가 은밀히 모의가 이루어지고 있는 것을 눈치챘지만 공포심과 맹렬한 복수심이 번갈아 가며 그를 사로잡았다. 야만족에게는 우유 부단함은 노예의 약점으로, 신속한 행동은 왕다운 것으로 보였지만, 아르타바누스는 결국 유리하다고 생각되는 수단을 취하기로 했다. 즉 우정의 가면을 쓰고 아브두스를 저녁 식사에 초대하고 서서히 효과를 발휘하는 독약으로 불구를 만들어 버렸다. 신나케스에게는 선물을 주어 내심을 감추는 동시에 공무로 바쁘게 만들고 죽이는 것은 일시 보류했다.

한편 프라아테스는 시리아에 오자 그때까지 오랫동안 익숙해져 있었던 로마의 생활 양식을 버리고 파르티아인의 관습을 받아들였다. 그렇지만 조국의 풍습을 견디지 못하고 병들어 죽어 버렸다. 그럼에도 불구하고 티베리우스는 시작한 계획을 단념하지 않았다. 아르타바누스의 대항마로 프라아테스와 같은 혈통인 티리다테스(Tiridates)[59]

---

58) 프라아테스 4세(2권 1절, 2절)의 네 아들 중 막내아들. 6세로 불린다.
59) 네 아들 중 한 명이었을까?

를 선택했다. 이와 동시에 아르메니아를 탈환하기 위해 이베리아족의 미트리다테스를 택하고는 이베리아의 왕인 그의 형 파라스마네스(Pharasmanes)와 화해시켰다. 동방에서의 이런 여러 계획의 책임자로 루키우스 비텔리우스를 임명했다. 명백히 그는 로마에서 평판이 나쁘고 그와 관련해 추접스런 이야기가 많이 나돌았지만 속주를 통치할 때에는 상고주의적尙古主義的인 도덕가였다. 그 후 로마로 돌아오자 가이우스 카이사르에게 위협받고 클라우디우스와 친해져 후세 사람들에 의해 아부의 전형으로 간주될 정도로 점차 추악한 예속의 굴레 속으로 전락해 버렸다. 이리하여 그의 경력의 처음 부분이 후반생의 배후에 숨겨지고, 젊은 날의 선행이 노년의 파렴치한 행위 때문에 잊혀지고 있다.

33 여러 왕 가운데서 맨 먼저 움직인 것은 미트리다테스였다. 그는 자신의 계획을 책략과 무력으로 후원해 주겠다고 약속하도록 형 파라스마네스를 설득했다. 이어서 적당한 사람을 찾아내자 그로 하여금 아르사케스 왕의 정신廷臣을 매수한 뒤 막대한 돈을 써서 억지로 왕을 독살하게 했다. 그리고 때를 같이하여 이베리아족 대군을 거느리고 아르메니아를 침략해 수도 아르타크사타를 점령했다.

아르타바누스는 이것을 알게 되자 다른 아들 오로데스(Orodes)에게 복수를 명했다. 그리고 그에게 파르티아의 군대를 주고, 사람들을 급파해 지원군을 고용하게 했다. 한편 파라스마네스는 알바니아인과 동맹을 맺고 사르마타이족[60]에 도움을 청했다. 사르마타이족의 태수들은 양쪽으로부터 선물을 받고 각기 대립했다. 이것이 이 민족의 관습이었다.

---

60) 카우카소스(코카서스) 산맥 북쪽에 거주하는 민족의 총칭으로 사용되었던 것. 주된 지족支族은 '아오르시족,' '시라키족' (12권 15절, 16절), '야지게스족' (12권 29절, 30절).

이베리아족은 샛길[61]을 장악하고 있었기 때문에 사르마타이족을 곧 그곳을 통해 아르메니아에 침입시켰다. 한편 파르티아인을 도우러 가고 있던 사르마타이족은 어이없이 쉽게 저지당했다. 접근할 수 있는 길이 모두 이베리아족에 의해 막혀 버리고, 바다와 알바니아 산맥[62]의 쑥 내민 끝 사이에 있는 단 하나 남은 길[63]도 여름에는 서북 계절풍 때문에 해안선에 물이 차서 통행할 수가 없었다. 다만 겨울에는 남풍이 파도를 역류시키기 때문에 바다가 난바다로 밀려나 바닷가에 얕은 여울이 드러났다.

34 이윽고 동맹군을 빼앗긴 오로데스에게 원군으로 증강된 파라스마네스가 도전했다. 하지만 싸움을 회피하자 적지에 침입해 요새 부근까지 말을 몰고 달려가 군량과 마초 징발 지역을 황폐화시켰다. 이어서 포위하듯이 몇 겹에 걸쳐 전초로 에워쌌다. 이런 모독에 익숙지 않은 파르티아인들이 마침내 오로데스 왕을 에워싸고는 전쟁을 벌이자고 재촉했다.

파르티아인의 유일한 강점은 기병이었다. 파라스마네스 쪽은 보병도 강했다. 원래 이베리아족과 알바니아족은 미개간된 삼림 지대에서 살고 힘든 결핍 생활에 더 익숙해져 있었기 때문이다. 더군다나 그들은 이아손[64]이 메데아를 유괴한 뒤 그녀로 하여금 아이를 낳게 하고, 이윽고 아이에테스 왕의 빈 궁전으로 돌아와 비어 있는 콜키스인[65]의 왕위에 올랐을 때까지 거슬러올라가며 "테살리아인이 우리의 선조이다"고 자부하고 있다. 그들은 이 영웅 이아손에 얽혀 있는 많

---

61) 카우카소스 산맥 한가운데를 남북으로 가로지르는 좁고 험한 길(오늘날의 Darial pass).
62) 카우카소스 산맥.
63) 현대의 바쿠와 데르벤트를 잇는 '알바니아 샛길'을 가리킨다.
64) 아버지는 테살리아의 왕.
65) 이베리아족과 알바니아족의 거주지가 콜키스로 생각되고 있었다. 아이에테스는 콜키스의 왕이고 메데아는 그의 딸이었다.

은 전설[66]과 프릭소스의 신탁에 관한 신화[67]를 즐겨 이야기하고 있다. 그래서 그들은 아무도 숫양을 희생물로 삼지 않을 것이다. 진짜 동물인지 뱃머리의 상인지 불확실하지만, 그들은 숫양이 프릭소스를 운반해 왔다고 믿고 있기 때문이다.

그것은 그렇다 치고, 양쪽 군대가 전열을 갖추자 오로데스가 파르티아 제국과 아르사케스 왕가의 위대함을 칭송하고 "적은 용병을 거느린 비천한 이베리아족이다"고 강조했다. 파라스마네스는 "우리는 일찍이 파르티아인의 지배를 받아 본 적이 없다. 우리가 지향하는 곳이 높으면 높을수록 승리의 영광도 한층 더 빛날 것이다. 하지만 등을 돌리면 불명예와 위험이 증대될 것이다"고 말하고, 자기 군대의 위협적인 전열과 메디아인[68]의 황금으로 장식된 진용을 가리키며 "이쪽에서는 전사가, 저쪽에는 전리품이 있다"고 소리쳤다.

35 그러나 사르마타이족 사이에서는 이베리아족 장군의 목소리만 들리지 않았다. 그들끼리 서로를 격려했다. "화살의 일제 발사로 전투가 시작되어서는 안 된다.[69] 선수를 치고 돌격해 백병전을 벌여야 한다!" 그래서 전투가 온갖 종류의 혼전 양상을 보였다. 추격하거나 퇴각하는 일에 똑같이 능수 능란한 파르티아인은 기병을 분산시키고 화살을 쏘는 데 필요한 거리를 유지하려고 애썼다. 그렇지만 사르마타이족 기병은 사정 거리가 짧은 그들의 활을 버리고 긴 화살촉과 칼을 바싹 가까이 다가붙었다. 어떤 때는 정규 기병전처럼 서로 충돌과 후퇴를 되풀이하고, 또 어떤 때는 백병전처럼 몸과 무기를 맞부딪치

---

66) 인류가 최초로 만들었다는 큰 배 아르고를 타고 금양모를 찾아 떠난 이야기가 특히 유명하다.

67) 보이오티아의 왕 아타마스의 아들로 계모 이노에게 학대받다가 금빛 양을 타고 콜키스로 도망쳐 가서 그곳의 왕의 딸을 아내로 맞아들였다.

68) 파르티아인을 가리킨다.

69) 파르티아인은 기마술에 능하고 말 위에서 화살을 쏘는 것이 장기였기 때문에 전술적으로 백병전을 피하고 말을 타고 달리며 멀리서 화살을 발사했다.

며 밀치락달치락했다. 마침내 알바니아족과 이베리아족 보병이 덤벼들어 적을 말 위에서 끌어내리고 협공했다. 적은 위쪽에서는 기병에게, 보다 가까운 아래쪽에서는 보병에게 공격을 받아 고전하기 시작했다.

그 사이에 파라스마네스와 오로데스는 용감한 자들은 격려하고 겁쟁이들은 도와 주고 있었다. 그러자 두 사람이 점차 눈에 띄어 서로 상대방을 알아보고는 말을 타고 달리고 소리를 지르고 창을 휘두르며 전투에 돌입했다. 파라스마네스의 공격이 좀더 거세었다. 적의 투구를 뚫고 상처를 입혔기 때문이다. 하지만 그는 공격을 계속할 수 없었다. 그의 말이 지나쳐 버리고, 정예 경호병들이 부상당한 오로데스를 호위했기 때문이다. 그러나 오로데스가 전사했다는 소문을 잘못 믿고 파르티아인들이 겁을 집어먹고 승리를 양보했다.

36 이윽고 아르타바누스가 왕국의 전 병력을 거느리고 복수하러 왔다. 그러나 아르메니아의 지리에 정통한 이베리아족이 좀더 유리하게 싸웠다. 그럼에도 불구하고 만약 루키우스 비텔리우스가 군단을 집결시키고 금세라도 메소포타미아에 침입할 것 같은 엉터리 소문을 흘리며 로마군과 전투를 벌이게 될지 모른다는 경보를 울리지 않았으면, 이 정도의 일로 아르타바누스는 퇴각하지 않았을 것이다.

이리하여 아르타바누스가 아르메니아를 포기하자 그의 운명이 뒤집혔다. 먼저 비텔리우스가 파르티아인들을 부추겼다. "평시에는 잔혹하고 전쟁 때에는 비참하게 패하는 왕 따윈 폐위시켜 버려라." 그래서 이미 말했듯이 전부터 왕에게 반감을 품고 있었던 신나케스가 아버지 아브다가이세스(Abdagaeses)와, 자신의 계획을 전부터 은밀히 알리고 계속되는 참패로 바야흐로 한층 더 마음이 내키게 된 그 밖의 자들에게 왕을 배신하도록 권유했다. 그러자 선의라기보다는 공포심에서 아르타바누스에 굴복하고 있던 자들까지 지도자들이 나타난 것을 보고 용기를 얻고 점차 이 일에 가담했다.

이제 아르타바누스 곁에는 외국인 경호원 외에는 아무도 남아 있지 않았다. 그들은 모두 조국에서 추방된 자로 정의도 모르고 악에 대해 전혀 개의치 않으며 돈이면 무엇이든 하는 범죄의 도구일 뿐이었다. 아르타바누스는 원조의 희망을 품고 이자들을 거느리고서 먼 스키티아의 국경으로 달아났다. 히르카니아족과 카르마니아족이 그와 혈연 관계에 있는데다가 이렇게 생각하고 있기도 했기 때문이다. "파르티아인은 언제나 자리를 비우게 된 왕에게는 관대하고 눈앞의 왕은 못 견뎌 하기 때문에 일간 마음을 바꾸고 후회할 것이다."

37 아르타바누스가 도망치고 파르티아의 민중이 새 왕을 맞아들이고 싶어할 때, 비텔리우스가 티리다테스에게 이 기회를 놓치지 말라고 충고했다. 그리고 스스로 로마 군단과 동맹군의 정예를 거느리고 유프라테스 강변까지 갔다. 그리고 이곳에서 희생식을 거행했다. 비텔리우스는 로마의 관습에 따라 돼지와 양과 수소를 군신 마르스에게 바쳤다. 티리다테스는 성장盛裝한 말[70]을 바치며 강의 신을 위로했다. 그러자 인근의 주민들이 이렇게 알려 왔다. "유프라테스 강이 비의 힘을 빌리지 않고 저절로 수량을 엄청나게 많이 늘렸다. 그와 동시에 수면에 마치 왕의 머리띠 같은 새하얀 물거품 고리가 생겼다. 이것은 필시 도하가 성공할 것을 보여 주는 상서로운 징조일 것이다."

어떤 사람들은 좀더 명석한 해석을 내렸다. "이 계획은 처음에는 성공해도 오래 지속되지는 않을 것이다. 일반적으로 하늘과 대지가 나타내는 전조 쪽에 보다 신뢰를 둘 수 있다. 그 변해 가기 쉬운 성질상 강이 전조를 보였다고 생각하자마자 그것이 사라져 버리기 때문이다."

그것은 그렇다 치고, 배를 연결해 다리를 놓고 군대가 강을 건넜다.

---

70) 말은 파르티아인의 가장 중요한 동물이기 때문에 귀중한 희생물이었다.

수천 명의 기병을 거느리고 로마의 진영에 맨 먼저 달려와 합류한 것은 오르노스파데스(Ornospades)였다. 오래 전에 파르티아에서 추방되었던 그는 티베리우스가 달마티아와 전쟁을 벌일 때[71] 눈에 띄게 도와 주어 그 공적으로 로마 시민권을 수여받았다. 그 후 왕과의 우정을 회복하자 많은 명예를 수여받고, 최근에는 유프라테스와 티그리스라는 유명한 두 강 사이에 끼인, 메소포타미아라 불리는 평원의 태수가 되어 있었다. 그 직후 신나케스도 합류했다. 이 일파의 대들보인 아브다가이세스는 재보와 왕위의 표장을 가져왔다.

비텔리우스는 이것으로 충분히 로마의 무위를 과시할 수 있었다고 생각했다. 그리고 티리다테스에게 조부 프리아테스와 양부 아우구스투스 이야기를 하며 그 두 사람의 고귀한 인품을 마음속에 깊이 새기게 했다. 유력한 귀족들에게는 왕에 대한 복종심과 로마에 대한 존경심을 잊지 말고 각자 자신의 명예와 신용을 유지하라고 충고했다. 그러고는 그는 군단을 이끌고 시리아로 돌아갔다.

38 이상이 두 번의 여름에 걸쳐 일어난 사건이다. 그것을 함께 기술한 것은 다름 아니라 국내의 불행에서 가능한 한 우리의 주의를 돌려 놓고 싶었기 때문이다. 확실히 세야누스가 사형에 처해진 뒤 이미 3년이나 지나 다른 사람이라면 대개 기분이 누그러졌을 텐데, 그 사이의 세월이나 탄원, 충족된 만족감도 티베리우스의 마음은 달래지 못했다. 그렇기는커녕 세상 사람들이 잊어버리고 있던 죄나 증거가 확실치 않은 죄를 자못 중대하고 아주 최근의 일인 것처럼 벌하고 있었다. 이에 놀란 루키우스 풀키니우스 트리오가 임박한 고소인들의 탄핵을 모면하기 위해 스스로 목숨을 끊었다. 그리고 티베리우스의 주요 해방 노예들이나 나이비우스 수토리우스 마크로를 맹렬히 비난

---

71) 서기 6~9년의 반란 진압을 가리킨다.

하고, "오랜 은거로 사실상 추방 생활을 하고 있는 노망난 늙은이"라고 황제조차 공격하는 유서를 남겼다. 이 유서를 상속인들이 감추고 있었는데, 티베리우스가 공표하라고 명했다. 다른 사람들의 자유로운 발언에 관대하다는 것을 과시하고 자신의 악평에 무관심하려 했던 것일까? 아니면 세야누스의 죄를 오랫동안 몰랐기 때문에 이제부터는 어떤 직언이든 다 공개해 자신의 수치스런 부분이 드러나더라도 어쨌든 아부로 왜곡된 진실을 알아 두는 것이 좋다고 생각했던 것일까?

이 사건을 전후해 원로원 의원인 그라니우스 마르키아누스(Granius Marcianus)가 가이우스 셈프로니우스 그라쿠스에 의해 반역죄로 고발당하고 스스로 목숨을 끊었다. 전 법무관 타리우스 그라티아누스(Tarius Gratianus)도 같은 법률 위반자로 선고받고 극형에 처해졌다.

39 티투스 트레벨레누스 루푸스와 섹스티우스 파코니아투스가 비슷하게 최후를 마쳤다. 트레벨레누스는 자결하고, 파코니아투스는 감옥에서 황제를 비방하는 시를 쓰고 그곳에서 교살당했다. 티베리우스는 이런 소식들을 전처럼 해협 저편에서 저 멀리서 도착하는 전령으로부터 듣지 않았다. 그날 안으로나 하룻밤을 사이에 두고 집정관에게 답신할 수 있고, 또 집에서 집으로 넘쳐흐르는 피와 사형 집행인들의 움직임을 거의 지켜 볼 수 있을 정도로 가까운 수도의 교외에 있었다.

이해 말에 가이우스 포파이우스 사비누스가 세상을 떠났다. 비천한 태생이었지만 황제들의 우정으로 집정관을 역임하고 개선 장군 현장을 수여받았다. 24년간이나 중요한 속주의 관리를 위임받았던 것은 특별히 뛰어난 재능 탓이 아니었다. 직무를 감당할 인물이고 결코 그 이상은 아니었기 때문이다.

40 뒤이어 퀸투스 플라우티우스(Quintus Plautius)와 섹스투스 파

피니우스 알레니우스(Sextus Papinius Allenius)가 집정관이 되었다.[72] 이해에 루키우스 아루세이우스(Lucius Aruseius)가 〈――〉[73] 사형에 처해졌는데도 수많은 비극에 익숙해진 나머지 시민들은 별로 공포를 느끼지 않았다. 그러나 로마 기사 비블레누스 아그리파(Vibulenus Agrippa)가 고발자의 증언을 다 들은 뒤 곧 품에서 독약을 꺼내 원로원의 그 자리에서 마셔 버린 사건에는 모두 전율했다. 바닥에 쓰러져 죽어 갈 때 릭토르들이 황망히 감옥으로 끌고 간 뒤 이미 숨이 끊어진 그의 목에 교수형 밧줄을 걸었다.

일찍이 아르메니아의 지배자였던 티그라네스[74]조차 이제는 피고의 몸으로 변해 버려 왕이라는 칭호에 의해서도 일반 시민의 처벌을 모면하지 못했다. 전 집정관 가이우스 술피키우스 갈바[75]와 퀸투스 유니우스 블라이수스[76]의 두 아들이 자신의 의지로 목숨을 끊었다. 갈바는 카이사르로부터 속주의 총독 추첨에 참여하는 것을 금하는 불길한 편지를 받았기 때문이었다. 블라이수스의 두 아들은 그들의 집안이 번영할 때 카이사르로부터 성직을 약속받았는데, 집안의 뿌리가 흔들리자 카이사르가 임명을 질질 미루고는 이제 와서 공석이었던 것처럼 다른 사람들에게 주었다. 두 사람은 이것을 죽음의 지시로 받아들이고 그에 따랐던 것이다.

아이밀리아 레피다는 이미 말했듯이[77] 청년 드루수스의 아내로서 남편을 끝없이 탄핵하며 괴롭혀 세상 사람들로부터 미움을 받았는데도 아버지 마르쿠스 아이밀리우스 레피두스가 살아 있는 동안은 처

---

72) 서기 36년.
73) 사본의 탈락은 다음과 같이 보충되고 있다. 〈추방에서 돌아왔는데도, 그의 고발에 의해 많은 사람이〉 사형에…….
74) 2권 3절의 티그라네스의 후예였을까?
75) 3권 52절의 갈바.
76) 세야누스의 숙부(3권 35절).
77) 제5권의 결손 부분에 있었던 것일까? 제5권 [옮긴이의 덧붙이는 글] 참조.

벌받지 않았다. 아버지가 세상을 떠나자 밀고자에 의해 노예와의 간통 혐의로 고발당했다. 이 추악한 죄는 의심의 여지가 없다. 그래서 그녀는 자신의 변호를 포기하고 자살했다.

41 이 무렵에 카파도키아의 아르켈라우스 왕[78]이 지배하는 키에타 이족에게 로마식 재산 신고서에 따라 공물을 바치라고 강요했다. 그래서 그들은 타우루스 산맥의 산등성이에 숨어 들고 그 지리적 이점을 이용해 왕의 무능한 부하들로부터 몸을 지키고 있었다. 마침내 시리아의 총독 비텔리우스가 군단장 마르쿠스 트레벨리우스(Marcus Trebellius)로 하여금 군단병 4천 명과 원군 정예를 이끌고 출정하게 했다. 그들은 야만족이 점거하고 있는 두 구릉(작은 쪽은 카드라, 큰 쪽은 다바라라 했다) 주변에 보루를 쌓았다. 이 포위선을 돌파하려고 한 용감한 자들은 로마군의 무력으로 인해, 다른 자들은 갈증으로 인해 항복하지 않을 수 없었다.

한편 티리다테스는 파르티아인의 승인을 얻어 메소포타미아의 두 도시 니케포리온과 안테무시아스를 점령했다. 이어서 마케도니아인이 창설해 그리스 이름을 지니고 있는 다른 도시들과 파르티아인의 도시 할루스와 아르테미타도 점령했다. 이 여러 도시의 주민들은 스키타이족 속에서 양육된 아르타바누스 왕을 그 잔인성 때문에 저주하고 있었다. 그래서 티리다테스에게 다투어 가며 기쁨의 뜻을 나타냈다. 이 왕이 로마식 교양을 몸에 익히고 인도적인 성격을 지니고 있을 것으로 기대했기 때문이다.

42 그 중에서 가장 눈에 띄게 아부적인 태도를 보인 것은 셀레우키아[79]의 주민이었다. 성벽으로 둘러싸인 이 강력한 도시는 창립자 셀레우코스의 정신을 충실히 지켜 야만적인 습속에 빠진 적이 한 번도

---

78) 2권 42절에 나오는 아르켈라우스의 아들. 속주 카파도키아에 인접한 킬리키아의 일부가 이 왕의 영토였던 것 같다. 키에타이족은 바로 그 영토의 주민이었던 것 같다.

없었다. 재력과 견식으로 인해 시민 가운데서 선발된 300명이 일종의 원로원을 구성하고, 민중 자체에도 고유의 권력이 존재하고 있었다. 양자가 화합할 때에는 언제나 파르티아인을 무시했다. 그러나 일단 의견이 틀어지면 각자 경쟁 상대에 대항해 후원자를 찾았다. 그리고 어느 한쪽의 외부 조력자가 양쪽을 똑같이 압도해 버렸다.

이런 일이 최근의 아르바타누스의 통치 시대에도 일어났다. 그는 자신의 이익을 생각해 귀족들을 위해 민중을 희생시켰다. 민주 정치는 자유 가까이에 있고, 과두 정치는 왕의 전제에 보다 가깝기 때문이다. 이럴 때 티리다테스가 왔기 때문에 민중이 그를 치켜세우고 옛 시대의 왕이 받았던 명예 외에 새 시대가 고안해 낸 보다 많은 영예도 수여했다. 이와 동시에 아르타바누스를 맹렬히 비난하고 "어머니쪽 조상은 확실히 아르사케스 왕가와 친척이지만 그 밖의 점에서는 비천하다"고 말했다.

티리다테스는 셀리우키아의 정치를 민중에게 주었다. 그 직후 대관식 날짜에 대해 생각하고 있을 때 그가 가장 강력한 현의 태수[80]인 프라아테스와 히에로(Hiero)로부터 편지를 받았다. 두 태수가 "좀 날짜를 뒤로 미루어 달라"고 요청했다. 그는 이 두 세력이 도착하길 기다리기로 하고 그 사이에 수도 크테시폰으로 돌아갔다. 그렇지만 그들이 잇따라 날짜를 연기해, 마침내 수레나[81]가 이 민족의 관례에 따라 군중 앞에서 그 찬동을 얻어 티리다테스를 왕의 표장으로 장식했다.

43 그 후 곧 티리다테스가 오지나 그 밖의 부족을 방문했으면 태도

---

79) 기원전 300년경에 건설되었다. 이 당시 인구 60만으로 로마에 버금가는 대도시였다(현재의 바그다드에서 약간 남쪽에 위치).

80) 파르티아는 아르사케스 왕가의 절대적인 독재 국가로 주요 귀족이 각 현(18현으로 구분되어 있었다고 한다)의 태수였다

81) 귀족 가운데서 가장 큰 세력을 자랑하는 집안의 이름. 왕관을 수여하는 권리를 지니고 있었다.

를 정하지 못한 자들의 시의심猜疑心을 무산시켜, 파르티아 왕국 전체가 그 한 사람의 손에 귀속되었을 것이다. 하지만 그는 아르타바누스가 재보와 첩들을 옮겨 놓은 요새를 봉쇄했다. 이 일로 시간을 보내는 사이에 부족들이 충성의 서약을 내던져 버렸다. 프라아테스와 히에로가 대관식에 참석하지 않은 자들과 함께 아르타바누스 쪽으로 넘어갔기 때문이다. 그 일부는 아르타바누스를 두려워했기 때문이지만, 어떤 자들은 아브다가이세스를 질투했기 때문이었다. 이제는 그가 궁정과 새 왕을 좌지우지하고 있었다.

히에로 등이 히르카니아족의 땅에서 아르타바누스를 발견했을 때, 그는 때가 잔뜩 낀 모습으로 활로 먹을 것을 구하고 있었다. 그는 처음에는 함정이 아닐까 의심하며 경계했지만, 마침내 "이들은 왕권을 돌려 주기 위해 온 것이 틀림없다"는 확신이 들어 활기를 되찾고는 "이렇게 갑자기 변하게 된 이유는 무엇이냐?"고 물었다. 그래서 히에로는 티리다테스의 유치함을 비난하고 "지배권은 이제는 아르사케스 왕가에 없습니다. 이국의 연약한 풍습에 물든 저 얼뜨기에게는 공허한 명칭만 있을 뿐입니다.실권은 아브다가이세스의 일족이 쥐고 있습니다 " 하고 말했다.

44 지배 경험이 많은 아르타바누스는 히에로 등의 애정은 아무리 가짜이더라도 증오는 진짜라는 것을 알아챘다. 그는 스키타이족에서 원군을 모집하는 동안만 출발을 늦추었을 뿐, 곧 전속력으로 진군했다. 이렇게 하여 적이 음모를 꾸미거나 자기 편의 마음이 변하기 전에 기선을 제압했다. 민중의 동정을 받기 위해 더러운 옷도 벗어 던지지 않고, 달래거나 사정사정하는 등 온갖 수단을 다 동원해 망설이는 자들을 꾀어 들이고 흥미를 보이는 자들의 마음을 굳혔다. 그리하여 그가 많은 부하를 거느리고 셀레우키아 근처까지 육박하자, 티리다테스 쪽은 소문과 동시에 본인이 나타났기 때문에 깜짝 놀랐다. 왕은 상

반되는 생각으로 망설였다. 요격해야 할까, 아니면 결전을 미루어야 할까? 속전 속결이 좋다는 생각하는 자들은 이렇게 설득했다.

"적은 아직 한 곳에 집결되어 있지 않고 또 오랜 행군으로 지쳐 있습니다. 그들은 심적으로도 아르타바누스에 대한 충성심으로 똘똘 뭉쳐져 있지 않습니다. 그들은 최근에 등을 돌리고 무기를 겨누었던 자를 또다시 떠받들기 시작하고 있기 때문입니다."

그렇지만 아브다가이세스는 메소포타미아로 퇴각할 것을 권했다. "그곳에 가서 티그리스 강이 지켜 주는 사이에 먼저 아르메니아족이나, 엘리마에이족[82]과 같은 적의 배후에 있는 부족들을 부르고, 이어서 이 동맹군과 로마 장군이 파견해 줄 원군 등으로 아군이 증강되었을 때 비로소 운명을 시험해 보아야 합니다."

이 의견이 우세했다. 아브다가이세스는 누구보다 권위를 지니고 있었고, 티리다테스는 위험에 맞설 용기가 결여되어 있었기 때문이다. 그러나 퇴각은 어디에서 보아도 도망이었다. 그래서 먼저 아라비아족[83]이, 이어서 다른 부족이 잇달아 고국으로 떠나거나 아르타바누스 진영으로 달려갔다. 마침내 티리다테스는 얼마 안 되는 부하와 함께 시리아로 돌아감으로써 도주한 자들이 모두 배신자라는 오명에서 벗어날 수 있게 주었다.

---

82) 페르시아 만의 안쪽 깊숙한 연안이나 티그리스 강 하구에 살았다.
83) 아라비아 본토의 주민이 아니라 메소포타미아 북서쪽의 에데사를 중심으로 하는 부족(12권 12절 참조).

4. 티베리우스의 최후

45 같은 해에 로마에서 아주 큰 화재가 발생했다. 대경기장[84]의 아벤티누스 언덕에 접한 부분과 아벤티누스 언덕 그 자체가 소실되었다. 카이사르는 시민의 저택이나 공동 주택[85]의 손해를 보상함으로써 이 재해로 면목을 일신했다. 증여한 의연금은 100만 세스테르티우스였다. 그가 개인 돈으로 건물을 짓는 일을 삼가고 공공 건물도 2개밖에 짓지 않았기 때문에, 세상 사람들이 더한층 기뻐하며 이것을 받아들였다. 두 건축물은 아우구스투스 신전과 폼페이우스 극장의 무대였다. 그리고 준공되었을 때에도 인기를 얻는 것을 경멸했기 때문인지, 아니면 노쇠했기 때문인지 직접 봉납식을 거행하지 않았다.

그것은 그렇다 치고, 이때 카이사르는 4명의 종손주 사위, 즉 그나이우스 도미티우스 아헤노바르부스와 루키우스 카시우스 롱기누스, 마르쿠스 비니키우스, 가이우스 루벨리우스 블란두스를 위원으로 지명해 각 시민의 피해액을 사정하게 했다. 여기에 집정관들의 지명으로 푸블리우스 페트로니우스가 추가되었다.

원로원 의원들이 각자 취향에 따라 독창적으로 갖가지 명예를 생각해 내고 그것들을 황제에게 수여하기로 의결했다. 티베리우스가 그 중에서 어떤 것은 흔쾌히 받아들이고 어떤 것은 거절했는지는 확실히 알 수 없다. 그의 최후의 날이 가까이 다가오고 있었기 때문이

---

84) 팔라티움과 아벤티누스 언덕의 양 사면을 이용해 기원전 4세기에 그 골짜기에 지었다. 카이사르가 재건한 것은 길이 700미터, 폭 130미터로 15만 명을 수용할 수 있었다고 한다. 서쪽 출발점만 빼놓고 삼면에 3층의 아치가 있었고, 맨 아래쪽은 대리석이지만 다른 부분은 목조였다. 아치의 바깥쪽 밑에는 노점(15권 38절 주 참조)이나 수상한 사람들(점성술사, 매음부 등)의 소굴이 있었다. 여기에서 개최되는 경기는 주로 전차 경기나 경마였고, 여기에서 사람들은 도박을 하거나 운세를 점쳤다.
85) 15권 41절 주 참조.

다. 그 직후에 티베리우스 통치 시대의 마지막 집정관인 그나이우스 아케로니우스 프로쿨루스(Cnaeus Acerronius Proculus)와 가이우스 페트로니우스 폰티우스 니그리누스(Gaius Petronius Pontius Nigrinus)가 그 직위에 취임했다.[86]

이 무렵에 마크로의 세력이 절정에 이르렀다. 이때까지 가이우스 카이사르의 호의를 결코 얕보고 있지 않았던 그가, 이제는 날마다 열심히 그와의 교제를 구하고 있었다. 유니아 클라우디아가 죽고 나서부터는(그녀와 가이우스와의 결혼에 대해서는 이미 말한 바 있다) 마크로는 자신의 아내 엔니아(Ennia)로 하여금 가이우스에게 홀딱 반한 체하고 그를 꾀어 결혼 약속을 받아 내게 했다. 가이우스는 정권을 잡는 데 도움이 되는 일이라면 무엇이든 거절하지 않았다. 격하기 쉬운 기질을 타고났지만 조부의 슬하에서 본성을 숨기는 비겁한 수법을 완벽하게 익혔기 때문이다.

46 황제는 이런저런 사정을 모두 알고 있었다. 그래서 정권을 누구에게 넘겨야 할지 몰라 망설였다. 먼저 자신의 손자들 가운데서 후보자를 골라 보았다. 그 중에서 드루수스의 아들 티베리우스 게멜루스(Tiberius Gemellus)[87]가 혈연과 애정 면에서 가장 가까웠다. 그렇지만 아무래도 아직 소년의 영역을 벗어나지 못했다. 게르마니쿠스의 아들 가이우스는 혈기 왕성한 청년으로 뭇 사람들의 기대를 모으고 있었다. 바로 이것이 조부의 반감을 사는 원인이었다. 다음으로 클라우디우스까지 생각했다. 그는 나이가 지긋하고 취미도 고상했지만[88] 그의 의지가 박약한 것[89]이 장애가 되었다. 그러나 카이사르 가 바깥에

---

86) 서기 37년.
87) 게멜루스는 18세, 가이우스는 25세, 클라우디우스는 46세였다.
88) 문학에 취미가 많은데다가 리비우스를 스승으로 삼아 많은 사서를 저술하기도 했다.
89) 부정한 아내에 마음대로 휘둘리고 해방 노예에 좌지우지된 만년의 그의 생활에서 태어난 세간의 비판이었을 것이다.

서 후계자를 찾으면 아우구스투스의 유덕과 카이사르 가의 이름이 비웃음과 모욕의 대상이 되지 않을까 걱정되었다. 확실히 티베리우스는 생존시의 평판보다 사후의 평가에 더 신경쓰고 있었다.

결단을 내릴 수도 없고 몸도 쇠약해, 티베리우스는 곧 자신의 힘이 부치는 이 결정을 운명의 손에 맡겼다. 하지만 티베리우스는 그가 장래의 일을 예측하고 있다고 추론할 수 있는 말을 이따금 내뱉었다. 예를 들어 수수께끼 같지만 그 뜻을 명확하게 파악할 수 있는 말로 마크로를 이렇게 비난했다. "자네는 솟아오르는 태양에 마음을 빼앗겨 지는 태양을 버리고 있어." 가이우스가 대담 중에 우연히 루키우스 술라를 비웃자, 티베리우스는 이렇게 예언했다. "가이우스는 술라의 악덕은 다 갖추어도 미덕은 하나도 지니지 못할 것이다." 티베리우스는 눈에 눈물을 가득 담은 채 좀더 나이가 어린 손자 게멜루스를 꼭 껴안고 또 한 명의 손자 가이우스의 음험한 얼굴을 바라보면서 이렇게 말했다. "네가 이애를 죽일 거야. 그리고 누군가가 너도 죽일 거야."[90]

그런데 티베리우스는 건강이 나빠져 가고 있음에도 불구하고 무절제한 생활을 그만두지 않았다. 고통을 참으면서 기력이 정정한 모습을 보이려고 애썼다. 언제나 의술을 비꼬고, 서른 살이 넘어서도 자기 몸에 좋고 나쁜 것을 식별하기 위해 남의 충고를 필요로 하는 사람을 비웃었다.

47 한편 수도에서는 티베리우스의 사후에도 싹을 내미는 유혈의 씨앗이 뿌려지고 있었다. 데키무스 라일리우스 발부스(Decimus Laelius Balbus)가 푸블리우스 비텔리우스의 전처 아쿠티아(Acutia)를 반역죄로 고발하고 그녀의 유죄가 선고되었다. 원로원에서 고발자에게 그

---

90) 티베리우스의 이 예언은 적중해 가이우스는 게밀루스를 37년에 죽이고, 가이우스는 41년에 살해되었다.

에 상응한 보수를 주자는 동의안이 제출되었을 때, 호민관 유니우스 오토에 의해 이것이 거부되었다. 이것이 원인이 되어 오토와 발부스가 서로 반목하고, 이윽고 오토가 파멸했다.

이어서 많은 정부를 두어 악명이 높은 알부킬라(Albucilla)가 황제에 대한 불경 행위를 이유로 고발당했다. 그녀의 전 남편은 세야누스의 음모 사건을 밀고한 적이 있는 사트리우스 세쿤두스라는 자였다. 이때 그나이우스 도미티우스 아헤노바르부스와 가이우스 비비우스 마르수스, 루키우스 아룬티우스가 알부킬라의 공범자로서, 또 정부로서 언걸을 입었다. 도미티우스가 명문 출신이라는 것은 이미 언급한 바 있다. 마르수스 역시 뛰어난 문학적 재능 외에 이름 높은 조상을 두고 있었다.

그런데 이 사건에서 마크로가 증인 심문이나 노예의 고문을 지휘했다는 것을, 원로원에 송부된 예심 보고서를 보면 한눈에 알 수 있었다. 그리고 피고의 처벌에 관한 최고 사령관의 서한이 한 통도 없었기 때문에, 세상 사람들은 이렇게 의심했다. "마크로가 누구나 다 알고 있는 아룬티우스에 대한 원한을 풀기 위해 티베리우스가 노쇠한 틈을 타서, 그리고 어쩌면 그가 모르는 사이에 일련의 죄를 날조한 것이 아닐까?"

48 그래서 도미티우스는 자기 변호를 구상하면서, 마르수스는 단식을 각오한 듯이 행동하면서 수명을 연장시켰다. 아룬티우스는 "사태가 진행되어 가는 것을 가만히 지켜 보면서 자결을 늦추는 것이 좋겠네" 라고 충고하는 친구에게 이렇게 대답했다.

"모든 사람이 똑같은 방식으로 명예를 얻을 수는 없네. 나는 이미 충분히 살았네. 그러나 후회하는 일이 딱 하나 있네. 그것은 우롱당하고 위협받으면서 불안한 노년을 견뎌 온 것이네. 오랫동안 세야누스에게, 이제는 마크로에게, 이런 식으로 언제나 누군가 그 당시의 권세가에게 미움을 받는 것은 나의 죄 때문이 아니네. 내가 그들의 파렴치한 행동을 묵인하지 않기 때문이네. 확실히 티베리우스가 숨을 거둘 때까지 며칠 동안은 내 생명을 유지할 수 있을 것이네. 하지만 그 다음의 애송이를 어떻게 피할 수 있겠는가? 그래, 그렇게 오랫동안 세상을 경험한 티베리우스가 절대적인 지배권을 부여받자 완전히 싹 변하고 미쳐 버리지 않았는가? 하물며 어린애에서 갓 벗어나 아무것도 모르고 해독害毒 속에서 자란 가이우스 카이사르가, 한층 더 나쁜 자임에도 불구하고 세야누스를 진압하기 위해 발탁되어 좀더 끔찍한 범죄를 저지르며 국가에 재난을 초래하고 있는 마크로의 지도를 받으며 과연 더 훌륭한 정치를 할 수 있겠는가? 나는 지금보다 더 비참한 예속 시대가 예상되네. 그래서 과거와 동시에 미래로부터도 도피하고 싶네."

이렇게 예언자처럼 말하고 나서 혈관을 절개했다. 아룬티우스가 죽음을 선택한 것이 얼마나 올바른 행동이었는가를 속권續卷의 이야기가 잘 증명해 줄 것이다. 알부킬라는 칼로 자신의 몸을 찔렀지만 실패하고 상처를 입은 채 원로원의 명령에 따라 감옥에 갇혔다. 그녀의 추행의 방조자로서 전 법무관 카르시디우스 사케르도스는 섬에 유배되고, 폰티우스 프레겔라누스(Pontius Fregellanus)는 원로원 계급의 자격을 박탈당했다. 데키무스 라일리우스 발부스에게도 같은 벌이 선고되었다. 이것만은 원로원을 만족시켰다. 발부스는 무고한 사람을 호시탐탐 노리고 있는 잔혹한 웅변가로 간주되고 있었기 때문이다.

49 이 무렵에 집정관급 집안 출신인 섹스투스 파피니우스가 느닷없이 보기 흉한 죽음을 선택했다. 즉 창문 밖으로 몸을 던져 버렸다. 원인은 그의 어머니에게 있는 것으로 여겨졌다. 오래 전에 이혼한 그녀가 자식에게 교태를 부려 불륜의 정욕 속으로 꾀어 들이고는 거기에서 탈출하려면 죽음 외에는 길이 없는 막다른 골목까지 자식을 몰

아넣은 것으로 추정되었다. 그래서 그녀는 원로원에 고발되었다. 그녀는 의원들 앞에 엎드려 이런 불행을 겪을 경우 누구든 부모로서 느끼지 않으면 안 되는 괴로움, 특히 약한 여성의 기분에 대해 말했다. 그리고 장황하게 똑같이 고통스러운 다른 슬프고 처량한 일들을 호소했다. 그러나 그녀는 수도에서의 생활을 10년간 금지당했다. 그 사이에 연하인 아들이 유혹에 약한 청춘기에서 벗어날 것으로 생각되었기 때문이다.

50 티베리우스의 건강과 체력이 이제는 쇠약해져 가고 있었다. 하지만 본성을 숨기는 버릇만은 여전했다. 정신도 아직 또렷하고, 말과 표정도 엄격하게 제어되고 있었다. 누가 보아도 쇠약한 모습이 확연했지만, 이따금 그것을 숨기려고 애써 상냥하게 굴었다. 연신 주거지를 바꾸던 끝에 미세눔 곶의, 전에 루키우스 리키니우스 루쿨루스가 소유했던 별장에 정착했다. 이곳에서 그의 최후가 다가오고 있다는 것을, 사람들은 다음과 같은 경위로 알게 되었다.

카리클레스(Charicles)라는 명의가 있었다. 그는 황제의 건강을 밤낮으로 관리하는 시의侍醫가 아니었다. 이따금 진단할 기회가 주어질 뿐이었다. 이 의사가 사적인 용무라도 생긴 듯 물러날 때 경의를 표하는 체하고 황제의 손을 잡고 혈관의 맥박을 손을 댔다. 하지만 티베리우스의 눈을 속일 수 없었다. 아마도 부아가 났을 것이다. 그만큼 더욱더 고집이 생겨 분노를 눌러 참으면서 향연을 계속하라고 명했다. 그리고 물러간 의사의 체면을 세워 주듯이 평소보다 더 오래 긴 안락의자에 누워 있었다.

카리클레스는 자신 있게 마크로에게 이렇게 단언했다. "카이사르의 생명력이 약해져 가고 있습니다. 이틀 이상 사시지 못할 것입니다." 그래서 마침 그 자리에 있던 측근들끼리 회의를 한 뒤 서둘러 모든 것을 적절히 조치하고 총독이나 군대에 급사를 파견했다.

3월 16일, 그의 숨이 멎었다. 그래서 천수를 다한 것으로 믿어졌다. 가이우스 카이사르는 통치의 제일보를 내딛기 위해 축하하러 달려온 군중 앞에 모습을 나타냈다. 그때 뜻밖의 소식이 전해졌다. "티베리우스가 말을 하고 눈을 떴다. '식사를 가져와라' 하고 사람을 부르고 있다. 실신 상태에서 원기를 회복하고 있는 것 같다." 그래서 군중은 깜짝 놀라 모두 재빨리 사방으로 흩어졌다. 모두 거짓으로 슬픈 표정을 짓거나 모르는 체했다.

가이우스는 할 말을 잃고 망연자실한 표정으로 서 있었다. 부풀어 오르던 희망이 꺾이고, 최악의 사태가 예상되었다. 마크로는 태연자약한 얼굴로 부하들에게 이렇게 명했다. "산더미처럼 덮이도록 노인네를 향해 이불이나 요를 던지고 그냥 내버려 둔 채 모두 방에서 도망쳐 나와라." 이렇게 하여 티베리우스가 세상을 떠났다. 향년 78세였다.

51 티베리우스의 아버지는 네로였다. 어머니의 적籍이 양자 결연으로 인해 처음에는 리비우스 씨족으로, 그 다음에는 율리우스 씨족으로 옮겨지긴 했지만, 그는 아버지와 어머니 양쪽을 통해 클라우디우스 씨족의 피를 이어받았다. 티베리우스의 운명[91]은 갓난아이 시절부

---

91) 티베리우스의 연보는 다음과 같다.

기원전 42년 11월 17일 태어남. 양친과 이탈리아를 방황함. (5권 1절)

38년 어머니가 아우구스투스의 아내가 됨. 동생 드루수스가 태어남. (1권 3절)

33년 아버지가 세상을 떠남. 아우구스투스의 의붓아들이 됨. (1권 4절)

31년 아우구스투스가 로마의 지배자가 됨.

27년 티베리우스가 성년식을 거행함.

23년 19세에 재무관(3권 29절 주)이 됨. 티베리우스의 첫번째 경쟁자인 마르켈루스가 사망함.

20년 22세에 군단 부관으로서 칸타브리아 전쟁에 출정. 그 후 아르메니아에서 왕관을 수여하기 위해 동방으로 파견됨. (2권 3절)

17년 25세에 법무관이 됨.

15년 알프스 산악인을 정복. 비프사니아 아그리피나와 결혼. (1권 12절)

터 파란만장했다. 그는 아버지가 법률의 보호 밖에 두어지게 되었을 때 함께 추방되었다. 아우구스투스의 집에 의붓아들로 맞아들여진 뒤에는 많은 경쟁자들과 싸우지 않으면 안 되었다. 처음에는 마르켈루스와 아그리파가, 그 다음에는 가이우스 카이사르와 루키우스 카이사르가 세력을 뽐내고 있었기 때문이다. 동생인 드루수스조차 민중의 인기라는 측면에서는 형을 능가하고 있었다.

하지만 그의 운명이 최대의 시련에 부딪힌 것은 율리아를 아내로 맞이했을 때부터였다. 처음에는 아내의 부정을 용인하거나 그로부터 도피해 거리를 두고 살아갔다. 이윽고 로도스 섬에서 돌아오자 후계자가 없어진 황제의 저택에서 12년 동안 살고, 이어서 거의 23년간 로마 세계의 지배권을 행사했다.

그의 성격도 또한 운명과 함께 변했다. 단순한 개인이었을 때나 아

13년 첫번째 집정관.

12년 두번째 경쟁자 아그리파가 세상을 떠남. 티베리우스가 아내와 이혼하고 아그리파의 미망인 율리아를 아내로 맞아들이게 됨(1권 53절). 달마티아 · 판노니아에 출정. 개선 장군 현장을 수여받음.

9년 판노니아 정복에 의해 첫번째로 최고 사령관 칭호를 받음. 동생 드루수스가 사고로 죽음. 게르마니아에 출정.

7년 두번째로 최고 사령관 칭호. 최초의 개선식을 거행함. 두번째 집정관.

6년 5년간 호민관 직권을 수여받음. 아우구스투스의 손자들을 꺼려, 또 율리아에게서 벗어나 로도스 섬으로 은퇴함. (1권 4절)

서기 2년 율리아가 사망함. 루키우스 카이사르가 세상을 떠남(1권 3절). 티베리우스가 로마로 돌아옴.

4년 가이우스 카이사르가 사망함(1권 3절). 티베리우스가 46세에 아우구스투스 가의 양자가 됨.

6년 판노니아와 달마티아의 반란을 진압하기 위해 출정.

12년 개선식을 거행함.

13년 호민관 직권 갱신. 동시에 아우구스투스와 동등한 명령권을 부여받음.

14년 일리리쿰에 파견되었다가 아우구스투스의 부음을 접하고 8월 19일 이탈리아로 돌아옴. 황제 지위를 승계함.

†

이때까지는 타키투스에 따르면 "일상 생활이든 세상의 평판이든 나무랄 데가 없었다"고 한다.

우구스투스 밑에서 명령할 때에는 일상 생활이든 세상의 평판이든 나무랄 데가 없었다. 게르마니쿠스와 드루수스가 아직 살아 있을 때에는 자신을 숨기고 교활하게 미덕을 가장했다. 어머니가 건재했을 때에는 그에게 선과 악이 똑같이 혼재하고 있었다. 세야누스를 중용하거나 두려워하던 시대에는 그의 잔혹성은 꺼림칙하더라도 변태적인 욕망은 아직 숨겨져 있었다. 마지막으로 두려움이나 수치심에서 해방되어 그 자신의 본성에만 따르게 되고 나서부터는 온갖 나쁜 짓과 파렴치한 행위 속에 깊이 빠져 들었다.

†

19년 게르마니쿠스가 세상을 떠남.
23년 드루수스가 사망함.
　　　　　이 8년 동안은 "자신을 숨기고 교활하게 미덕을 가장했다"고 한다.

†

26년 카프리 섬에 은거함.
29년 아우구스타가 세상을 떠남. 네로와 아그리피나가 단죄됨.
　　　　　9년째부터 15년째까지의 통치에는 "선과 악이 똑같이 혼재하고 있었다"고 한다.

†

30년 드루수스(게르마니쿠스의 차남)가 감금됨.
31년 세야누스가 처형됨.
　　　　　세야누스의 세력이 절정에 이르렀던 기간(29~31년)에는 티베리우스의 "잔혹성은 꺼림칙하더라도 변태적인 욕망은 아직 숨겨져 있었다"고 한다.

†

37년 3월 16일 세상을 떠남.
　　　　　만년의 6년간은 '그 자신의 본성'이 드러난 시대라고 타키투스는 말하고 있다.

†

　　이상의 타키투스의 '티베리우스 상'에 첫 의문을 품은 근대인은 볼테르였다. 19세기 중엽부터 티베리우스를 변호하는 책이 잇달아 출간되었지만, 그의 성격에서 유래된 비극적인 결말만은 변호할 수 없을 것이다.

Caligula

Claudius

제 7권 ~ 제 10권 (서기 37~46년)

1. ······원전 분실······

2. 〔옮긴이의 덧붙이는 글〕

타키투스의 원전은 제7권부터 제10권까지는 완전히, 그리고 제11권은 처음 일부분이 망실되었다. 그래서 37년 3월 16일부터 47년 중엽까지 10년간, 즉 가이우스 카이사르(통칭 칼리굴라)의 4년간에 걸친 통치와 클라우디우스의 통치 기간의 첫 부분(41년 1월 24일 이후의 6년간)이 타키투스의 묘사에서 빠져 있다. 아마도 원전의 제7권과 제8권 두 권은 칼리굴라의 치세를 다루고, 제9권에서 제12권까지 4권은 클라우디우스의 치세를 그리고 있었을 것으로 생각된다. 독자들의 이해를 돕기 위해 로마와 황제를 중심으로 간단히 연대기식으로 빠져 있는 부분을 보충해 보겠다.

제 7권과 제 8권 (칼리굴라 재위 37~41년)

37년

3월 16일, 나폴리 만의 별장에서 티베리우스가 영면하자, 이때 사인私人에 지나지 않았던 가이우스 칼리굴라가 곧 친위대장 마크로를 로마에 파견해 자신이 황제직을 원활히 계승할 수 있도록 손을 쓰게 했다. 18일, 원로원에서 그가 황제로 결정되었다. 29일, 그가 티베리우스의 유해를 운구해 로마로 돌아오자 일반 시민이 열렬히 환호했다. 티베리우스의 국장을 마치자 판다테리아 섬과 폰티아 섬에 가서 어머니 아그리피나와 큰형 네로의 유골을 수습해 로마로 돌아온 뒤 장례식을 성대하게 치르고 아우구스투스 영묘에 모셨다.

7월 1일, 숙부 클라우디우스와 함께 보결 집정관으로 취임했다. 그러나 2개월 뒤에 사임했다.

원로원과 시민들을 상대로 티베리우스 게멜루스(티베리우스의 손자)를 소개했다. '청년 중 제일인자'로 부르게 하고 양자로 삼았다. 티베리우스의 유증금과 아직 지불되지 않은 아우구스타의 유증금을 전부 나누어 주고, 곡물도 무상으로 배급했다. 반역죄 소송을 폐지할 것을 선언하는 한편, 티베리우스 시대의 추방자나 죄인을 석방하고

라비에누스나 코르두스 등의 금서의 출간을 명했다.

10월 중엽, 무절제가 원인이 되어 큰 병을 앓고 선천적인 간헐적 정신 이상이 항구화되고 점점 더 심해져 갔다. 그 첫 징후는 게멜루스에게 자살을 강요한 일이었다. 이어서 로마의 최고 시민 중 한 사람으로 황제의 장인이 되는 마르쿠스 유니우스 실라누스에게도 자살을 명했다.

38년, 아퀼리우스 율리아누스와 노니우스 아스프레나스가 집정관이 되었다.

그렇긴 하지만 여전히 인기를 끄는 정책이 수립되어 시행되었다. 칼리굴라는 민회를 형식적이긴 하지만 부활시키고 1퍼센트의 경매세를 폐지했다. 화재 피해자들에게 시혜를 베풀고, 기사 계급에 속주의 피를 수혈했다.

그러나 은혜를 입은 친위대장 마크로와 그의 아내 엔니아에게 자살을 명했다. 후계자로 지명할 정도로 깊이 사랑하고 있던 누이동생 드루실라가 세상을 떠났다. 낙담한 나머지 한 차례 자살을 결심할 정도였지만, 시민들에게 오랫동안 복상을 강요하고 원로원으로 하여금 그녀의 신격화를 의결하게 함으로써 가까스로 마음을 달랬다.

이 무렵까지 갖은 명목으로 돈을 함부로 써대 37억 세스테르티우스나 되는 티베리우스의 유산을 탕진해 버렸다고 한다. 그래서 다른 사람의 재산을 몰수해 황제 금고를 채우려고 했다. 많은 부자가 여러 가지로 트집을 잡혔다. 누이동생 아그리피나까지 세야누스의 음모에 가담했다는 억울한 죄를 뒤집어썼다.

39년, 가이우스 카이사르(두번째)와 루키우스 아프로니우스 카이시아누스가 집정관이 되었다.

이해에 돈을 낭비한 것이 가장 유명하다. 바이아이 만에 선교船橋를 놓은 뒤 알렉산드로스 대왕의 흉갑을 입고 그 위에서 개선 행진을 했다. 실용적인 계획은 수도를 건설하고 시킬리아 해협의 양쪽 끝에 곡물선의 피난항을 만드는 것, 코린토스 지협의 개착開鑿 등이었다.

이해에도 일류 시민이 재산을 몰수당하거나 자살을 강요받았다. 희생자는 칼비시우스 사비누스, 티티우스 루푸스, 유니우스 프리스쿠스 등이었다.

이해 9월에 느닷없이 갈리아를 방문했다. 구실은 게르마니아의 불온한 정세였지만, 참된 목적은 렌툴루스 가이툴리쿠스의 움직임을 견제하는 데 있었다. 가이툴리쿠스는 황제 암살을 계획한 집단의 중심 인물로 의심받고 있었다. 그러나 가이툴리쿠스는 무력적인 저항을 시도하지 않고 자결했다. 음모의 주범 레피두스는 살해되고, 공범자였던 칼리굴라의 두 누이동생 아그리피나와 율리아는 폰티아 섬으로 유배되었다.

금고의 부족분을 보충하기 위해 전래의 가보를 갈리아의 루그두눔에서 경매에 내놓았다. 카이소니아를 마지막 아내로 맞아들였다.

40년, 루그두눔에서 칼리굴라가 단독으로 세번째 집정관으로 취임했다(동료 예정 집정관은 로마에서 사망했다).

1월 13일, 집정관직을 사임하고 2명의 보결 집정관에게 그 자리를 넘겨 주었다. 8월 31일, 로마로 돌아온 이후 원로원과 귀족들에게 적의를 보이고 저명한 인사, 예컨대 비텔리누스 카시우스와 그 아버지 카피토 등을 잇따라 죽였다.

칼리굴라는 미친 듯이 자기 숭배에 빠져 들었다. 쌍둥이신 카스토르와 폴룩스의 신전을 주거지로 삼는 한편, 그 신들의 복장을 하고 부속품을 지녔다. 그리고 이런 모습으로 종종 사람들 앞에 나타났다. 어떤 때는 아폴론 신, 어떤 때는 군신 마르스, 때로는 여신 베누스나 디아나로 분장하고 시내를 돌아다녔던 것 같다. 그뿐만 아니라 자신의 상을 세계의 유명한 신전에 안치하라는 명을 내렸다. 시리아의 총독 페트로니우스는 유대의 예루살렘 신전의 지성소에 칼리굴라의 상을 안치시키지 않을 수 없게 되었다. 하지만 현지인들의 반대에 부딪혀 곤혹스러워하고 있을 때 칼리굴라가 암살당해 무사할 수 있었다고 한다.

41년, 가이우스 카이사르(네번째)와 센티우스 카툴리누스가 집정관이 되었다.

친위대 부관인 가이우스 카시우스 카이레아와 코르넬리우스 사비누스가 칼리굴라 암살을 계획했다. 해방 노예 칼리스투스 등도 가담해 1월 24일 팔라티움에서 황제를 살해했다. 아내 카이소니아도 백인대장의 칼에 찔려 죽고, 딸도 같은 운명에 처해졌다.

제9권과 제10권 및 제11권의 일부

(클라우디우스 재위 41~54년)

그날(41년 1월 24일) 곧 원로원이 임시로 소집되어 밤늦게까지 사태를 논의했다. 공화제 부활을 부르짖는 사람도 있었다. 카이사르 가 이외의 사람들 가운데서 황제를 택해야 한다고 주장하는 사람도 있었다. 갈팡질팡하며 결론을 내리지 못한 채 산회하게 되었다. 바깥에서는 대소동이 벌어지고 있었다. 카이사르 가에 고용된 게르마니아인 종자들이 황제의 복수를 기도했다. 그리고 음모 사건과 아무 관계도 없는 명사들을 살해했다. 민중도 폭동을 일으킬지 모르는 일촉즉발의 상황이었다. 그러나 이것은 아시아티쿠스의 대담한 행동으로 진정되었다.

그럭저럭 하는 사이에 친위대가 클라우디우스를 발견하고는 그를 떠받들며 "최고 사령관 만세!" 라고 환호했다. 클라우디우스는 칼리굴라의 숙부였다. 그래서 그는 신변의 위험을 느끼고 팔라티움 깊숙한 곳에 숨어 있었던 것이다. 클라우디우스는 친위대 병영으로 가게 되자 각 병사에게 1만 5천 세스테르티우스의 은사금을 주기로 약속하고 그들로부터 '충성의 서약' 을 받았다. 원로원은 어쩔 수 없이 친위대의 선택을 승인하기로 의결했다.

칼리굴라가 살해되고 나서 31일째 되는 날 처음으로 클라우디우스가 등원했다. 칼리굴라에 손을 댄 카이레아와 그 아내의 살해자인 백인대장은 사형을 명받았다. 사비누스는 자결했다. 그 밖의 자들의 은사라는 이름 하에 용서받았다. 그리고 나서 칼리굴라의 폭정으로 어지럽혀져 있는 로마 세계의 재건에 나섰다.

이해에 리비아의 마우리족이 정복되었다. 그리고 게르마니아의 카티족을 격파하고 바루스가 패배하면서 잃어버렸던 제3군단기를 되찾았다.

같은 해에 클라우디아의 세번째 아내 메살리나가 아들 브리타니쿠스를 낳았다. 그리고 점차 그녀의 해로운 영향이 나타나기 시작했다. 칼리굴라가 추방했던 율리아가 클라우디우스의 부름을 받고 (언니 아그리피나와 함께) 돌아왔지만 메살리나의 질투로 다시 유배되었다. 이번에는 세네카와의 밀통이 구실로 이용되었다. 세네카는 코르시카 섬으로 유배되었다. 율리아는 판다테리아 섬으로 유배되고 그곳에서 곧 세상을 떠났다.

42년, 클라우디우스 카이사르(두번째)와 카이키나 라르구스가 집정관이 되었다.

아프리카의 마우리타니아가 최종적으로 로마 속주로 편입되었다. 행정상 두 주로 분할되고 각기 3급 황제 속주가 되었다.

명문 귀족 아피우스 유니우스 실라누스가 사소한 일로 메살리나를 화나게 만들었다. 그래서 그녀는 클라우디우스를 꼬드겨 실라누스를 죽이게 했다. 이때 카이사르 가의 유력한 해방 노예 나르키수스도 거들었다. 그는 불길한 꿈 이야기를 하며 황제를 위협했다. 이 사건은 안니우스 비니키아누스를 비롯해 많은 귀족, 그 중에서도 특히 달마티아의 총독 푸리우스 카밀루스 스크리보니아누스로 하여금 황제 암살을 계획하게 만들었다. 카밀루스는 위협적인 편지를 보내 클라우디우스에게 제정의 폐지와 공화정의 부활을 강요했다. 실은 카밀루스 자신이 통치권을 노리고 있었던 것이다. 그러나 달마티아의 군대가 일단 파기했던 최고 사령관에 대한 '충성의 서약'을 부활시켰기 때문에, 이 음모는 5일 만에 자멸하고 말았다. 카밀루스는 살해되고, 비니키아누스는 자결했다. 많은 귀족이 원로원에서 황제임석 하에 단죄되었다. 희생자 중에서도 카이키나 파이투스와 그의 아내 아리아의 극기적_{克己的}인 최후는 유명하다.

43년, 클라우디우스 카이사르(세번째)와 비텔리우스(두번째)가 집정관이 되었다.

이해의 최대의 사건은 브리타니아에 로마군이 침입한 일이다. 장군은 플라우티우스 실바누스였다. 클라우디우스도 16일 동안 현지에서 직접 지휘를 했다.

같은 해에 메살리나가 친위대장 유스투스 카토니우스를 살해했다. 그녀의 간통을 황제에게 밀고하려고 했다는 이유에서였다. 그녀는 드루수스(티베리우스의 친아들)의 딸 율리아도 살해했다.

44년, 파시에누스 크리스푸스(두번째)와 타우루스 스타틸리우스가 집정관이 되었다.

이해 초에 클라우디우스가 브리타니아에서 귀환해 개선식을 거행했다. 승리를 기념해 경기를 개최했다.

이탈리아에서의 재무관 직할지 제도가 폐지되었다. 국고의 관리가 법무관에서 공화정 시대와 같이 재무관의 손으로 넘어갔다.

45년, 마르쿠스 비니키우스(두번째)와 스타틸리우스 타우루스 코르비누스가 집정관이 되었다.

클라우디우스는 자신의 생일날 일식이 일어날 것을 예측하고 사람들이게 그것을 설명했다고 한다.

46년, 발레리우스 아시아티쿠스(두번째)와 유니우스 실라누스가 집정관이 되었다.

전년도의 집정관 비니키우스가 메살리나에게 독살당했다. 그녀는 비니키우스의 아내 율리아를 몇 해 전에 죽였기 때문에 그가 복수하지 않을까 두려웠던 것이다. 아시니우스 갈루스가 황제 암살 음모를 기도했다. 그러나 대규모적인 것이 아니었기 때문에 추방형만 당하고 살아남을 수 있었다. 전년도의 집정관 스타틸리우스도 이 음모에 가담했던 것 같다.

47년, 클라우디우스 카이사르(네번째)와 비텔리우스(세번째)가 집정관이 되었다.

이해 초에 두 사람은 사임하고 함께 감찰관 임무를 맡았다. 이 관직은 약 70년 동안 그 임명이 중단된 상태였다.

같은 해에 플라우티우스 실바누스가 브리타니아에서 돌아와 약식 개선식을 거행했다. 후임 장군은 오스토리우스 스카풀라였다.

메살리나가 탐욕스런 송곳니로 귀족이나 부호를 물어 죽이고 있었다. 마르쿠스 리키니우스 크라수스 푸르기와 그의 아내 스크리보니아, 아들 폼페이우스 마그누스, 이어서 아시아티쿠스의 파멸을 기도했다.

(타키투스는 이 다음부터 다시 이야기하고 있다)

제3부

클
라
우
디
우
스

Claudius

제 11권 (서기47~48년)

1. 메살리나의 교만 방자함

1 ……왜냐하면 (메살리나는) 두 번에 걸쳐 집정관을 역임한 데키무스 발레리우스 아시아티쿠스(Decimus Valerius Asiaticus)[1]가 일찍이 〈포파이아 사비나(Poppaea Sabina)〉의 정부였다고 믿고 있었기 때문이다. 그뿐만 아니라 메살리나는 아시아티쿠스의 정원도 몹시 탐내고 있었다. 맨 처음에 루키우스 리키니우스 루쿨루스(Lucius Licinius Lucullus)가 조성하고 아시아티쿠스가 아름답게 장식한 이곳은 화려한 정원으로 유명했다[2]. 그래서 메살리나는 푸블리우스 수일리우스 루푸스(Publius Suillius Rufus)를 부추겨 아시아티쿠스와 포파이아를 고발하게 했다. 브리타니쿠스[3]의 가정 교사인 소시비우스(Sosibius)도 이 일에 한몫 끼어 거들었다. 선의를 가장한 그의 임무는 클라우디

---

1) 35년과 46년에 집정관을 역임했다. 나르보 갈리아의 알로브로게스족의 주읍主邑인 비엔나 출신이고, 이 속주인으로는 처음으로 집정관이 되었다.
2) 그의 루쿨루스의 정원은 핀키우스의 언덕에 있었다.
3) 41년에 태어났다. 7권~10권 〔옮긴이의 덧붙이는 글〕 41년 항목을 참조할 것.

우스에게 이렇게 진언하며 경고하는 것이었다. "또 다른 자, 즉 부호富豪를 조심하십시오. 만만치 않은 힘으로 안락함을 위협하며 황제 일족을 노리고 있습니다. 아시아티쿠스야말로 칼리굴라 암살의 주범입니다! 그는 대담하게도 공공 집회에서 거리낌 없이 로마 시민에게 그것을 시인했습니다.[4] 오히려 그는 스스로 나서서 이 무도한 행위를 뽐냈습니다. 그래서 이 사건 이후 그는 수도에서 일약 유명해지고, 더군다나 속주들에까지 그의 명성이 널리 알려지고 있습니다. 이것은 게르마니아의 군단 방문 계획을 예고하고 있습니다. 그는 갈리아의 비엔나 출신이기 때문입니다. 그 지방의 유력한 연고자들이 그를 크게 지지하고 있습니다. 따라서 조상의 땅의 부족들을 선동하고자 마음만 먹으면 쉽사리 그 수단을 발견할 수 있을 것입니다."

클라우디우스는 더 이상 탐색하려 하지 않고 친위대장 루프리우스 크리스피누스(Rufrius Crispinus)을 지휘관으로 삼아 반란을 진압하기에 충분한 병력을 파견했다. 병력을 이끌고 전속력으로 달려간 크리스피누스는 바이아이에서 아시아티쿠스를 발견하고는 사슬에 묶어 로마로 데려왔다.

2 그는 원로원에서 심리받을 권리를 거부당하고 카이사르 가의 한 침실에서 신문을 받았다. 메살리나도 여기에 동석했다. 그 앞에서 수일리우스는 이렇게 탄핵했다. "아시아티쿠스는 병사들을 타락시켰습니다. 온갖 흉악한 짓을 다 저지르게 하기 위해 뇌물과 방탕에 빠질 기회를 주어 그들을 끌어들였습니다." 이어서 그와 포파이아와의 부정한 관계를, 마지막으로 그의 여성화된 몸까지 비난했다.

이에 그 대단한 피고도 묵비默秘의 결심을 깨고 마침내 이렇게 소리

---

4) 그가 가이우스 칼리굴라의 살해에 참여했다는 증거는 없다. 그는 민중이 격분하며 "누군가가 카이사르를 살해했다"고 아우성칠 때, 아시아티쿠스가 "내가 하고 싶었을 정도다"고 반박하며 민중을 침묵시켰다.

쳤다. "수일리우스여, 자네의 자식들[5]에게 물어 보게. 그들이 내가 남자임을 보증해 줄 걸세." 그러고는 자신을 변호하기 시작했다. 클라우디우스가 그 말에 크게 감동하고, 메살리나조차 눈물을 흘렸다. 그녀는 눈물을 닦기 위해 방에서 나가면서 루키우스 비텔리우스(Lucius Vitellius)에게 "피고가 빠져나가지 못하게 하세요" 하고 주의를 주었다.

그러고는 그녀는 포파이아 사비나가 파멸의 구렁텅이에 빠지도록 서둘러 일을 꾸몄다. 그녀에게 매수된 자들이 포파이아에게 감옥에 대한 두려움을 심어 주어 자살하게 만들었다. 카이사르, 즉 클라우디우스는 이에 대해 전혀 모르고 있었다. 그래서 며칠 뒤 궁전에서 연회가 개최되었을 때 포파이아의 남편 푸블리우스 코르넬리우스 렌툴루스 스키피오(Publius Cornelius Lentulus Scipio)[6]에게 이렇게 물을 정도였다. "어째서 아내를 동반하지 않았소?" 어쩔 수 없이 스키피오도 "그녀가 유명을 달리했습니다"라고 대답했다.

3 그런데 클라우디우스가 아시아티쿠스를 무죄 방면하는 것이 어떻겠느냐고 물어 보자, 루키우스 비텔리우스는 눈물을 흘리며 그와의 오랜 우정과 둘이 함께 손을 잡고 황제의 어머니 안토니아에게 헌신하던 일을 회상했다. 그리고 이어서 아시아티쿠스의 국가에 대한 봉사, 그 중에서도 특히 최근의 브리타니아 원정 중의 공적을 간추려 말했다. 그 외에 클라우디우스의 동정심을 유발할 수 있는 이야깃거리를 모두 열거하고는, 비텔리우스는 "어떤 죽음의 방식을 택하든 그에게 맡겨야 합니다"라고 진언했다. 이에 따라 클라우디우스도 똑같이 자비로운 취지의 판결을 내렸다. 그래서 아시아티쿠스의 친구

---

5) 두 아들의 이름은 카이소니우스(36절)와 네룰리누스(13권 43절)였다. 이 두 사람과 아시아티쿠스가 부자연스런 관계였다고 아버지에게 비난받았던 것일까?

6) 포파이아의 두번째 남편. 첫번째 남편은 올리우스(13권 45절)로 후자와의 사이에서 네로의 아내 포파이아가 태어났다.

들은 단식에 의한 안락사를 권유했다. 그는 호의에 감사하면서도 이것을 거부했다. 그는 평소처럼 체조를 하고 목욕을 마친 뒤에 더할 나위 없이 즐거운 듯이 식사를 했다. 이때 그가 이렇게 말했다. "여자의 책략이나 비텔리우스의 후안무치한 감언이설에 휘말려 죽기보다는 티베리우스의 노회함이나 가이우스 카이사르의 짜증의 희생물이 되는 것이 더 명예로웠을 텐데." 그러고는 혈관을 절개했다. 하지만 그전에 그는 화장용 땔감이 놓여 있는 장소를 점검하고 불의 열기로 잎사귀가 무성한 정원의 나무들이 해를 입지 않도록 다른 장소로 옮기게 해놓았다. 마지막 순간까지 이토록 침착하고 냉정했다.

■4 그 후 원로원이 소집되었다. 생각대로 되어 우쭐해진 푸블리우스 수일리우스 루푸스가 여기에서도 페트라(Petra)라는 이름의 2명의 상급 기사를 고발했다. 이 두 사람이 사형에 처해진 진짜 이유는 "그들이 자신들의 집을 므네스테르(Mnester)[7]와 포파이아의 밀회 장소로 제공했다"는 추측에 바탕을 두고 있었다. 그러나 두 사람의 페트라 중 한 사람이 고발당한 외견상의 이유는, "그가 클라우디우스가 이삭이 거꾸로 붙어 있는 밀관[8]을 쓰고 있는 꿈을 꾸고 그것을 곡물 기근의 전조로 판단했다"는 것이었다. 달리 전해지는 바에 따르면 꿈에 본 것은 잎이 하얗게 변한 포도잎 관이고, 그것을 가을이 끝나기 전에 황제가 죽을 전조로 해석했다고 한다. 어떤 꿈이었든 단순한 꿈이 그와 그의 형제를 파멸 속으로 몰아넣은 것은 틀림없는 사실이다.

원로원이 친위대장 루프리우스 크리스피누스에게 150만 세스테르

---

7) 메살리나의 정부였던 것 같다. 그런데 포파이아에게 빼앗겨 메살리나가 분노했던 것이다. 유명한 무언극 배우였다.

8) '거꾸로 붙어 있다'는 것이 불길한 징조로 해석되었다. 그리고 '곡물의 기근'을 예언하는 것은 황제에 대한 불신감의 표현(황제가 곡물을 배급하는 역할을 맡고 있었다)으로 반역죄가 되었다. 클라우디우스는 황제의 지위에 오른 서기 41년에 심각한 식량 부족 사태로 강력한 조치를 취했다.

티우스와 법무관 현장懸章[9]을 수여하기로 의결했다. 비텔리우스는 다음과 같이 추가로 제안했다. "소시비우스는 브리타니쿠스의 스승으로서, 또 클라우디우스의 조언자로서 최선을 다했으므로 그에게 100만 세스테르티우스를 증여해야 한다." 스키피오도 의견을 제시할 것을 요청받자 이렇게 대답했다. "포파이아의 비행과 관련해서는 다른 모든 사람과 같은 견해이므로, 내 의견도 여러분과 똑같다고 생각해 주시기 바랍니다."[10] 이것은 남편으로서의 애정과 원로원 의원으로서의 의무를 적절히 타협시킨 대답이었다.

5 그 후 수일리우스는 잔혹함에 사로잡힌 듯이 고발 행위를 멈추지 않았다. 게다가 그의 파렴치하기 짝없는 행위를 모방하는 자가 잇달아 나타났다. 황제가 모든 사법권과 행정권을 손안에 넣음으로써 약탈의 기회가 확대되고 있었기 때문이다. 그리고 공인된 시장에서 변호인의 성실하지 못한 태도만큼 팔림새가 좋은 상품도 없었기 때문이다. 예컨대 상급 로마 기사 사미우스(Samius)는 수일리우스에게 40만 세스테르티우스를 뇌물로 준 뒤에 배신당한 것을 알고는 수일리우스의 집에서 칼 위에 몸을 던졌다.

그래서 예정 집정관 가이우스 실리우스(Gaius Silius)[이 사람의 권세와 죽음에 대해서는 머지않아 적당한 곳에서 말하게 될 것이다]가 발의하고 원로원 의원들이 일제히 기립해 킨키우스법[11]을 강화할 것을 요구했다. 이것은 옛날 사람들이 법정 변호를 목적으로 금전이나

---

9) 원로원 계급에 속하지 않는 사람으로 최초로 법무관이나 재무관의 현장(1권 72절 주해 참조)을 수여받은 사람은 세야누스였다. 원로원에 착석하는 것은 허락되지 않았지만, 제례 때 의원 예복을 입거나 경기장의 의원석에 앉을 수는 있었다.

10) "다른 모든 사람과 마찬가지로 포파이아의 죄를 믿고 있지만, 내 입으로는 말할 수 없다," 혹은 "여러분도 믿지 않듯이 나도 믿고 있지 않다"는 뜻일까? 원로원 의원은 발언 요구에 대답할 의무가 있었다.

11) 이 법이 제정된 것은 기원전 204년이었다. 그리고 나중에 아우구스투스에 의해 부활되었다.

선물을 받는 것을 금지시켰던 법률이다.

6 그러자 이 제안의 성립으로 체면이 손상된 사람들이 시끄럽게 이의를 제기하며 불만을 터뜨렸다. 그렇지만 수일리우스를 증오하던 실리우스가 옛날의 변론가들을 상기시키며 날카롭게 반박했다. "옛날 사람들은 웅변의 보수로 현재와 후대의 명성만을 생각했소. 그러잖으면 교양 기예 가운데서 가장 고귀하고 가장 중요한 이 웅변술이 돈의 노예가 되어 더럽혀지고 말 것이오. 변론가가 호주머니에 들어오는 금액만을 계산할 때에는 그 신뢰마저 완전히 유지할 수 없게 될 것이오. 그러나 만약 보수를 위해 소송을 벌이는 일이 없어진다면, 소송의 건수도 크게 줄어들 것이오! 그런데 실제로는 적개심과 탄핵, 증오, 부정이 조장되고, 그 결과 마치 병마가 의사들의 호주머니를 가득 채워 주듯이 법정의 전염병이 변호인들을 부유하게 만들어 주고 있소. 여러분, 회상해 보시오, 가이우스 아시니우스 폴리오(Gaius Asinius Pollio)나 마르쿠스 발레리우스 메살라 코르비누스(Marcus Valerius Messalla Corvinus)와 같은 변론가를, 최근에도 루키우스 아룬티우스(Lucius Arruntius)나 마르쿠스 클라우디우스 마르켈루스 아이세르니누스(Marcus Claudius Marcellus Aeserninus)와 같은 인물이 있었던 것을. 그들은 자기 자신과 재능을 타락시키지 않은 채 그 분야의 최고의 위치에 오르지 않았소?"

이와 같이 예정 집정관이 연설을 하자, 다른 사람들이 이에 동조했다. 그리고 "위반자는 불법 강탈죄에 관한 법률로 단속해야 한다"는 동의안을 가결시키려 할 때, 수일리우스나 코수티아누스 카피토, 그 밖에 재판뿐만 아니라(죄가 이미 명백했기 때문이다) 처벌도 받으리라 생각한 사람들이 카이사르의 주위를 에워싸고 과거의 행위를 용서해 달라고 애걸했다.

7 이어서 카이사르가 발언을 허락하자, 그들이 이렇게 변명하기

시작했다.

"다른 모든 사람들처럼 변론가들도 영원한 명성만 희망할 수 없다. 그들은 사람들의 실제적인 필요성을 충족시키기 위해, 아무도 변호인이 부족해 권력 있는 소송 당사자에게 지는 일이 절대로 없게 하기 위해 일을 해야 한다. 그러나 변론가는 변론술을 익힐 때까지 상당히 희생을 치른다. 또한 다른 사람의 사건에 열중하는 나머지 자신의 일을 돌아보지도 않는다.

다른 의원들은 군사직이나 농사로 생계를 꾸려 가는 경우가 많다.[12] 누구나 미리 그로 인해 들어올 수입을 계산한 뒤에야 비로소 직업을 구한다. 아시니우스나 메살라처럼 아우구스투스와 안토니우스의 내전에서 전리품으로 돈을 잔뜩 번 사람이나, 아이세르니누스나 아룬티우스처럼 부유한 가문의 상속자 등은 아량을 베풀기가 쉬웠을 것이다. 그러나 똑같이 우리 쪽도 곧 모범이 되는 사람들을 발견할 수 있다. 푸블리우스 클로디우스(Publius Clodius)나 가이우스 스크리보니우스 쿠리오(Gaius Scribonius Curio)[13] 같은 예전의 웅변가들은 광장에서 연설하고 항상 얼마나 많은 사례금을 받았던가? 우리는 극히 평범한 재산을 갖고 있는 원로원 의원들이다. 나라가 평온 무사한 상태에 놓여 있는 한 평화시의 돈벌이 수단을 찾는 수밖에 없다. 법정 변론으로 명성을 손에 넣는 서민의 입장을 헤아려 주기 바란다. 변론술의 보수를 제외하면 변론술 그 자체가 사라지게 될 것이다."

이런 이상주의적인 면이 부족한 논지들에 클라우디우스는 조금도 경의를 표하고 싶은 생각이 들지 않았다. 하지만 그래도 다소 일리가

---

12) 토지나 자본이 없는 의원은 군사직, 즉 속주 통치를 통해, 이것을 원하지 않는 사람은 변호료로 살아가고 있었다.

13) 전자는 기원전 58년의 호민관으로 키케로의 적이고, 후자는 기원전 50년의 호민관이었다. 둘 다 공화정 시대 말기의 악명 높은 정치가였다. 살아가고 있었다.

있다고 판단해, 황제는 변호인의 사례금을 최고 1만 세스테르티우스로 제한하고 그 이상의 액수를 받는 자는 불법 강탈의 법률로 구속하기로 결정했다.

8 이 무렵에 미트리다테스(Mithridates)[14]가 클라우디우스의 권고를 받고는 파라스마네스(Pharasmanes)의 지지를 기대하고 다시 왕국으로 돌아갔다(그가 아르메니아의 왕이었던 것과, 그때 가이우스 카이사르〈의 명령으로〉 체포된 경위에 대해서는 이미 언급한 바 있다). 파라스마네스는 이베리아족의 왕이자 미트리다테스의 형제였다. 이 사람이 "지금 파르티아가 두 파로 분열된 채 왕위를 둘러싸고 또다시 옥신각신하고 있어 작은 문제들은 모두 방치되고 있는 상태이다"라고 알려 왔던 것이다.

그것은 다음과 같은 사정에서 비롯된 일이었다. 파르티아의 왕 고타르제스(Gotarzes)가 극악무도한 행동을 여러 번 거듭하다가 이윽고 형제 중 한 명인 아르타바누스(Artabanus)를 그 아내 및 자식들과 함께 암살했다. 그래서 깜짝 놀란 파르티아인들이 왕이 무서워 저 멀리에 있는 형제 바르다네스(Vardanes)를 불러들였다. 이 사람은 어떤 대모험에도 곧 달려드는 성격을 지니고 있었다. 그래서 이틀 사이에 3천 스타디움[15]이나 침입해 상대의 허를 찌르고 공황 상태에 빠져 버린 고타르제스를 국외로 추방해 버렸다. 이어서 숨돌릴 사이도 없이 주위에 있는 파르티아의 여러 주를 점령했다. 다만 티그리스 강변에 있는 셀레우키아의 시민들만이 바르다네스의 지배를 거부했다. 이 시민들이 자신의 아버지 아르타바누스(Artabanus)에게도 반기를 든 적이 있기 때문에, 그는 눈앞의 이익을 내팽개칠 정도로 격렬한 분노

---

14) 36년에 티베리우스의 지지로 아르메니아의 왕이 되었지만(6권 32절) 칼리굴라에 의해 로마에 감금되었다가(39년) 클라우디우스에 의해 석방되었다.
15) 3천 스타디움은 약 555킬로미터. 대기병대의 경우 이런 전진 속도는 전혀 믿을 수가 없다.

에 휩싸였다. 그리하여 바르다네스는 그 앞으로 지나가는 강과 성벽으로 방어되고 식량을 풍부하게 저장해 놓은 이 견고한 도시를 포위 공격하는 곤란한 처지에 말려들었다.

그 사이에 고타르제스가 다하이족과 히르카니아족의 원조로 병력을 증강해 전쟁을 재개했다. 바르다네스는 어쩔 수 없이 포위를 풀고 셀리우키아를 포기하고는 박트리아의 평원으로 진영을 옮겼다.

9 이처럼 동방에서 왕의 위세가 분열되고 사태의 귀추가 혼미한 틈을 이용해, 미트리다테스가 아르메니아를 점거할 기회를 잡았다. 로마의 군대가 산지의 요새를 분쇄하는 동안, 이베리아족의 기병은 평원을 자유롭게 질주했다. 아르메니아의 부족이 태수 데모낙스(Demonax)가 위험을 무릅쓰고 도전했다가 궤멸당하고 나서는 전혀 저항하려 하지 않았기 때문이다. 소小아르메니아[16]의 왕 코티스(Cotys)가 아르메니아의 귀족 일부가 도움을 요청해 잠시 복종을 망설였지만 카이사르의 서한으로 저항을 단념했다. 모든 지방이 복종해 미트리다테스가 안정된 상태로 자리를 잡았다. 그러나 그는 새 왕으로서 현명하다고 생각되지 않을 정도로 완고한 태도를 보여 주었다.

그런데 파르티아 왕국에서 2명의 권력자가 금세라도 결전을 벌이려 하다가 돌연 휴전 협정을 맺었다. 고타르제스가 신하들이 모반을 꾸미는 것을 알고 그것을 형제인 바르다네스에게 털어 놓았기 때문이다. 두 사람은 처음 만났을 때는 서로 상대방의 의중의 탐색했지만, 이윽고 오른손을 잡고 신들의 제단 앞에서 "적들의 배신에 복수하고 서로 양보하겠다"고 서약했다. 왕으로서 나라를 유지하는 데는 바르다네스가 더 적합하다고 생각되었다. 그래서 고타르제스는 형제간의 경쟁의 소지를 없애기 위해 히르카니아의 오지로 물러났다. 바르다

---

16) 베스파시아누스가 72년에 카파도키아 속주에 합병시킬 때까지 로마의 보호국이었다. 13권 7절을 참조할 것.

네스가 돌아오자, 셀레우키아가 항복했다. 반기를 든 지 7년째 되는 해의 일이었다. 이토록 오랫동안 단 하나의 도시에 우롱당했기 때문에 파르티아 왕국의 위신이 땅에 떨어져 있었다.

10 그 후 바르다네스는 주요한 여러 주를 순방했다. 그러고는 아르메니아를 탈환하려고 기회를 엿보았다. 그러나 시리아의 총독 비비우스 마르수스(Vibius Marsus)의 전쟁 위협으로 야심을 접고 말았다. 그 동안에 고타르제스가 왕위를 양보한 것을 후회하기 시작했다. 바로 그때 평시에는 항상 왕으로부터 특별히 가혹한 예속을 강요당하는 파르티아국의 귀족들이 그를 부르러 왔다. 그래서 고타르제스는 수하 병사들을 모았다. 바르다네스 쪽도 이에 대항해 에린데스(혹은 바르페루슈) 강으로 진격했다. 이 강을 건널 때 격렬한 전투가 벌어져, 바르다네스가 압도적인 승리를 거두었다. 그 후 일련의 성공적인 전투로 그는 다하이족과 아리이족의 경계를 이루는 신데스(혹은 테드젠) 강까지의 전 부족을 잇달아 정복했다. 하지만 그는 마침내 여기에서 순조로웠던 진격을 멈추었다. 파르티아인은 승리하더라도 먼 나라에서의 전투를 꺼렸기 때문이다. 그래서 전승 기념비를 세운 뒤 그 위에 왕의 무위武威를 기록하고, 그 이전에는 아르사케스 왕가의 누구도 이 지방의 부족들에게 공물貢物을 부과하지 못했음을 입증했다.

귀국하자 그는 큰 승리와 영예를 손에 넣은 뒤인 만큼 한층 더 전제적이 되어 신하들이 견뎌 내기가 힘들었다. 그래서 그들은 미리 함정을 파두고 사냥에 열중하느라 그것을 깨닫지 못한 왕을 살해해 버렸다. 그는 갓 청년이 되어 아직 매우 젊었다. 만약 그가 적을 위압하려고 했을 정도의 열성으로 신민의 애정을 얻으려 노력했다면, 아무리 오래 살았더라도 명성에서 그에게 필적할 수 있는 왕이 적었을 것이다. 바르다네스가 살해되자, 누구를 왕으로 맞아들일까 하는 문제로 국론이 분열되어 파르티아 왕국이 무정부 상태에 빠져 버렸다. 다수는 고타르제스 지지로, 일부는 프라아테스(Phraates)의 자손이지만 인질로 로마에 맡겨져 있던 메헤르다테스(Meherdates) 지지로 기울었다. 이윽고 고타르제스가 이겼다. 그가 왕권을 손안에 넣자 방자하게 굴며 잔혹하고 방탕한 생활을 일삼아, 파르티아인은 왕 몰래 로마의 황제에게 사절을 보내지 않을 수 없었다. 그들은 "메헤르다테스를 해방시켜 조상의 왕위를 이어받게 해주십시오"라고 간청했다.

11 같은 집정관 하에서 로마의 도시 국가가 창건된 지 800년째 되는 해에, 그리고 아우구스투스가 개최한 해에서 64년째 되는 해에 세기제世紀祭[17] 축전이 거행되었다. 이 두 황제가 1세기를 어떻게 계산했는지는 여기에서는 설명을 생략하겠다. 최고 사령관 도미티아누스(Domitianus)의 치세를 기술한 역사서[18] 속에 이미 상세히 설명해 놓았기 때문이다. 도미티아누스도 세기제를 개최했다. 그때의 제전에는 나도 15인 신관의 한 사람으로, 또 그해의 법무관으로서 남보다 갑절 더 열심히 참가했다.[19] 내가 이것을 언급하는 것은 허영심에서가 아니라, 이 세기제가 예로부터 15인 신관의 직무이고, 게다가 때마침 정무관직을 겸하고 있는 15인 신관에게 종교적 의식을 거행할 특별한 책임이 있었다는 것을 말하고 싶었기 때문이다.

그런데 클라우디우스의 임석 하에 경기장에서 전차 경주[20]가 벌어

---

17) 공화정 시대의 기원이나 횟수, 연도 등은 분명치 않다. 일설에 따르면 기원전 509년, 348년, 249년, 149년이고, 그 다음이 아우구스투스의 기원전 17년의 축전이다. 그때 '세기'를 110년으로 정했다는 것이다. 그렇지만 클라우디우스는 로마 건국(기원전 753년)을 기준으로 100년을 1세기로 하여 이해에 '세기제'를 개최했고, 이에 따라 147년, 247년에 거행되었다. 즉 110년의 세기제와 100년의 세기제가 병행되고 있었다.

18) 《역사》인데, 현존하는 부분에서는 보이지 않는다. 〈이 책을 읽는 분에게〉 1절을 참조할 것.

19) 〈이 책을 읽는 분에게〉 2절을 참조할 것.

20) 세기제의 한 행사. 다만 '트로이 모의전'은 세기제와 관계가 없고, 아우구스투스에 의해 부활된 옛 관행이었다.

질 때, 귀족 소년들이 말에 올라타고 트로이 모의전을 벌였다. 소년들 가운데는 최고 사령관의 적자인 브리타니쿠스와, 곧 양자가 되어 통수권을 손에 넣고 네로라 불리게 될 루키우스 도미티우스 아헤노바르부스(Lucius Domitius Ahenobarbus)[21]가 있었다. 민중의 인기는 후자 쪽이 더 높았다. 세상 사람들에게는 이것이 일종의 예언으로 받아들여졌다. 하지만 네로가 어릴 적에 큰 뱀이 보초처럼 그의 곁에 붙어 있었다는 그 이상의 소문은 꾸며 낸 것으로서 확실히 이국의 기담을 흉내내고 있다. 실제로 그리 겸손하지 않은 네로 자신이 늘 이렇게 말하곤 했다. "침실에서 뱀 한 마리가 발견되었을 뿐이다."

12 그것은 그렇다 치고 이런 민중의 인기는 게르마니쿠스에 대한 기억이 지금도 생생하다는 증거였다. 실제로 게르마니쿠스의 남자 자손 중에서 살아남은 사람은 네로 단 한 사람뿐이었다. 그리고 네로의 어머니 아그리피나에 대한 세상 사람들의 동정도 메살리나의 잔혹한 처사로 커져 가고 있었다. 메살리나는 그렇지 않아도 늘 아그리피나를 원망하고 질투하고 있었는데, 특히 최근에 이르러서는 점점 더 악의를 품고 심하게 대하게 되었다. 그래서 만약 그녀가 또다시 미친 듯한 연정의 포로가 되지 않았다면 아그리피나의 죄를 날조한 뒤 사람을 시켜 고발하게 했을 것이다.

메살리나는 가이우스 실리우스라는 로마에서 가장 아름다운 청년에게 열중하고 있었다. 그러던 끝에 그의 아내인 유니아 실라나(Junia Silana)라는 명문 가문 출신의 아내와 억지로 헤어지게 만들어 간통 혐의를 받을 염려 없이 독신 정부情夫로서 마음대로 다루게 되었다. 실리우스는 이것이 수치를 모르는 철면피한 행위이고 자신을 위험에 빠뜨리는 짓이라는 것을 아주 잘 알고 있었다. 그러나 거부할 경우

---

21) 브리타니쿠스는 6세, 네로는 10세였다.

파멸이 불 보듯 뻔했다. 게다가 클라우디우스를 속일 수 있는 가망성이 전혀 없지 않았다. 그리고 뭐니 뭐니 해도 큰 보수가 굴러 들어왔기 때문에, 미래에 눈을 감고 현재를 즐기며 자신을 달랬다.

메살리나는 다른 사람들의 눈을 꺼리기는커녕 언제나 수많은 시종을 거느리고 떠들썩하게 실리우스 가를 방문했다. 정부가 외출할 때에는 곁에 붙어 다니고, 돈과 명예를 닥치는 대로 마구 주었다. 마침내 마치 황제의 지위가 이동한 듯이 카이사르 가의 노예나 해방 노예, 가구나 비품이 정부의 저택 내에서 발견될 정도였다.

13 그렇지만 클라우디우스는 자신의 아내에 대해 아무것도 모른 채 감찰관[22]으로서의 권력을 행사하고 있었다. 먼저 엄격한 포고령을 내려 일반 시민의 극장 내에서의 방종을 질책했다. 민중이 집정관급 인사로 극작가이기도 한 푸블리우스 폼포니우스(Publius Pomponius)나 명문가의 여성들을 조롱하고 모욕했기 때문이다. 다음으로 냉혹하고 무정한 고리 대금업자들을 단속하기 위해 법률을 제정했다. 이것에 의해 아버지의 죽음을 예상하고 자식에게 돈을 빌려 주는 것이 금지되었다.

심브루이움 구릉 지대의 원천에서 물을 끌어 대어 수도로 흘려 보냈다. 또 그때까지 없었던 모양의 자모(字母)를 새로 고안해 일반 사람들이 사용하게 했다. 그리스어의 자모도 모두 한꺼번에 만들어져 정착된 것이 아니라는 것을 알게 되었기 때문이다.

14 맨 처음 동물의 형상을 사용해 인간의 사상을 표현한 것은 이집트인이다(인류 역사상 가장 오래된 이 기념물이 그곳의 돌에 새겨져 있어 지금도 볼 수 있다). 그리고 그들은 "문자도 우리가 처음으로 생각해

---

22) 감찰관(censor)은 기원전 23년 이후 폐지된 상태였다. 아우구스투스는 그 대신 풍기 위원이라는 명칭 하에 감찰관의 권력을 행사했다. 클라우디우스가 옛것을 좋아하는 취향에서 이 직책을 부활시켰지만, 그 후 폐지되었다.

냈다"고 주장하고 있다. "당시 바다를 제패하고 있던 페니키아인이 이 문자를 우리 땅에서 그리스로 가져갔는데, 실제로는 차용자에 지나지 않는 페니키아인이 발명자인 것처럼 그 영광을 누리고 있다."

　요컨대 전승에 따르면 페니키아인인 카드무스(Cadmus)가 배를 타고 건너가 아직 미개하고 문맹이었던 당시의 그리스인에게 글자 쓰는 법을 가르쳐 주었다고 한다. 하지만 다른 설에 의하면 옛 트로이 전쟁 시대에 아테네인인 케크로프스(Cecrops)[혹은 테베인인 리노스(Linos)라고도 함]와 아르고스인인 팔라메데스(Palamedes)가 16개의 자모를 고안해 내고, 그 후에 다른 사람들이, 그 중에서도 특히 시모니데스(Simonides)[24]가 나머지 자모를 생각해 냈다고 한다.

　한편 이탈리아에서는 에트루리아인은 코린토스인인 데마라토스(Demaratos)[25]에게서, 아보리기네스인[26]은 아르카디아인인 에반드로스(Evandros)[27]에게서 각각 문자를 배웠다고 한다. 그래서 현재의 라틴어 자모는 그리스의 가장 오래된 자모와 비슷하다. 우리의 자모와 마찬가지로 그들의 문자도 처음에는 소수였지만 후세에 추가되었다.[28]

　이런 선례에 따라 클라우디우스는 3개의 자모[29]를 덧붙였다. 이것들은 그의 치세 중에서는 사용되었지만 그 후에는 폐기되어 버렸다. 그러나 오늘날에도 여전히 공공의 광장이나 신전에 걸려 있는 동판

---

23) 1권 26절 주를 참조할 것.

24) 케오스의 서정 및 애가 시인(기원전 556~468년)).

25) 리비우스는 코린토스의 '참주'인 데마라토스가 로마의 왕 타르퀴니우스 프리스쿠스(기원전 6세기경에 활약한 것으로 전해지고 있음)의 아버지라고 주장하고 있다.

26) 라틴인을 가리킨다.

27) 베르길리우스에 따르면 에반드로스는 아이네아스가 로마에 도착했을 때 팔라티노의 왕이었다고 한다.

28) 이것은 과장된 표현이다. 후세에 추가된 것은 4개 정도(G, X, Y, Z)일 것이다.

29) ⅄(반자음적인 v를 표현하기 위해), Ɔ(라틴어의 특수음 ps나 bs를 표현하기 위해), Ⱶ(i와 u의 중간음 y를 표현하기 위해). 오늘날에도 이것들을 비문에서 확인할 수 있다.

에서 이 문자들을 볼 수 있다.

15 이어서 클라우디우스는 원로원에서 복장사卜腸師의 동업 조합[30] 설립과 관련해 연설을 했다.

"복장술은 이탈리아에서 가장 오래된 전통을 지닌 학예이다. 우리의 무관심으로 인해 이것이 근절되어 버리는 것은 좋지 않다. 국가가 역경에 빠졌을 때 소환된 복장사의 권고에 따라 종교 의식들이 부활되고 후세를 위해 보다 엄격히 보존되는 경우가 많았다. 게다가 에트루리아의 귀족들은 그들 스스로 솔선하든, 로마 원로원의 장려에 의해서든 이 지식을 유지하고 자손 대대로 전해 왔다. 그렇지만 오늘날에는 사회가 일반적으로 유익한 학예에 무관심하고, 다른 한편으로는 외래 미신[31]이 영향력을 미치고 있기 때문에, 이것도 소홀히 취급되고 있다. 확실히 지금 국가 전체가 번영하고 있다. 그러나 신들의 이 은혜에 감사하는 의미에서 위기를 맞이했을 때 준수했던 여러 가지 종류의 종교 의식을 한창 번영할 때 잊어서는 안 될 것이다."

이 의견에 따라 원로원은 결의를 이렇게 결의했다. "대제관은 복장사 제도를 보존하고 강화하는 방법을 연구해야 한다."

2. 게르마니아의 정황

16 같은 해에 케루스키족이 로마에 왕을 요구했다. 국내의 전란으로 인해 그 귀족들이 절멸하고 왕가의 후예가 단 한 사람 살아남았는데, 이탈리쿠스(Italicus)라는 이름을 지닌 그가 로마에서 살고 있었다.

---

30) 조합원은 60명 정도였던 것 같다. 복장사는 (1) 산 제물의 내장을 보고 점을 치고, (2) 기괴한 자연 현상이나, (3) 번개의 신의神意를 묻고 속죄를 지시했다. 예로부터 원로원의 질문에 답하고 지시를 내렸지만, 로마인들 사이에서는 그다지 존경을 받지 못했던 것 같다.
31) 유대교, 이집트의 이시스교, 점성술, 주술(마법) 등.

그의 아버지는 아르미니우스(Arminius)의 형제인 플라부스(Flavus)이고, 어머니는 카티족의 수장인 카투메루스(Catumerus)의 딸이었다. 이탈리쿠스는 잘생긴데다가 무술과 마술馬術 모두 모국과 로마의 두 양식에 정통해 있었다. 그래서 카이사르가 그의 재산을 늘려 주고 시종병들을 제공해 주는 동시에 "조상 전래의 고귀한 지위를 당당한 태도로 받아들이라"고 격려하고, "로마에서 태어나 인질로서가 아니라 한 시민으로 성장한 뒤 외국의 왕위에 오르는 것은 그대가 처음이다"고 덧붙여 말했다.

그런데 게르마니아인은 처음에는 그가 온 것을 기뻐하고 환영했다. 그는 현지의 분쟁에 전혀 말려들지 않고 누구에게나 똑같이 친절하게 대했기 때문에 사람들의 신망을 얻고 존경을 받았다 —— 때로는 아무도 싫어하지 않는 상냥함과 겸손함으로, 그보다 더 많은 경우에는 야만인들이 즐겨 덕목으로 삼는 대취와 호색으로.

그의 명성이 점차 인근 부족들에서 멀리 떨어져 있는 부족들에게로 퍼져 나갔다. 그러자 당파 근성을 이용해 이득을 보며 뽐내던 자들이 그의 권력을 시기하기 시작했다. 그들은 주변의 부족들까지 찾아가서는 "예로부터의 게르마니아의 자유는 사라지고 로마 세력이 대두하고 있다"고 말했다. "정말로 이 땅에서 태어난 사람 중에 최고의 지위를 차지할 만한 자격이 있는 인물이 없는가? 로마의 간첩이었던 플라부스의 자식이 만인 위에 군림하게 하지 않으면 안 되는가? 아르미니우스를 구실로 삼더라도 소용 없다. 설사 아르미니우스의 자식이라 해도 적지에서 성인이 된 뒤에 왕위를 계승하러 돌아온다면 불신감을 품게 되는 것이 당연하지 않은가? 교육이나 노예 제도, 세련된 생활 양식과 같은 이국의 모든 풍습에 물들어 있기 때문이다. 더구나 이탈리쿠스가 아버지의 뜻을 이어받고 있다면 어떻게 되겠는가? 그의 아버지가 보여 주었던 것과 같은, 조국과 조상 전래의 신들에 대항하는 행위를 할 사람이 그 외에 또 누가 있겠는가!"

17 그들은 이런 논지의 선동 연설로 많은 지지자를 끌어모았다. 이 탈리쿠스 쪽도 그에 못지 않게 많은 추종자를 확보했다. 그는 이렇게 설득했다. "나는 여러분의 뜻을 거슬러 가며 난폭하게 밀고 들어오지 않았다. 어느 누구보다 고귀한 피를 이어받고 태어났기 때문에 초청을 받았던 것이다. 내가 백부인 아르미니우스나 외조부인 카투메루스의 명성에 걸맞을 정도의 무용武勇을 보여 줄지 어떨지 한번 시험해 보도록 하라. 그러면 알게 될 것이다. 그리고 나는 아버지를 결코 부끄럽게 여기지 않는다. 아버지는 게르마니아인의 양해를 얻은 뒤에 로마에 신의를 바쳤고 한 번도 배신하지 않았기 때문이다. '자유'라는 단어는 개인으로서 타락하고 국가에는 치명적인, 그리고 내란으로밖에 야심을 실현할 수 없는 무리가 세상 사람들의 눈을 속이기 위해 간판으로 삼는 것이다."

이 말에 민중이 열광적인 갈채를 보냈다. 이리하여 야만족끼리 격렬한 전투를 벌이고, 마침내 왕이 승리를 거두었다. 하지만 그는 이 행운으로 인해 오만의 심연으로 점차 미끄러져 들어가 추방되어 버렸다. 그 후 랑고바르드족의 지지로 다시 왕위에 올랐지만, 그는 형편이 좋을 때나 역경에 처했을 때나 케루스키족의 공동체에 우환 덩어리였다.

18 같은 시기에 카우키족은 부족 내에 의견 대립도 없고 평화로웠다. 그런데 이들이 총독인 퀸투스 산퀴니우스 막시무스(Quintus Sanquinius Maximus)가 세상을 떠나자 뻔뻔스럽게도 이 기회를 이용해 후임자인 그나이우스 도미티우스 코르불로(Cnaeus Domitius Corbulo)[32]

---

32) 나르보 갈리아 출신일까(아버지는 3권 31절의 코르불로이고, 어머니는 여섯 번이나 남편을 바꾼 비스틸리아였다)? 39년에 보결 집정관, 52~53년에 아시아 지사, 54~67년에 동방의 제군대의 최고 지휘관을 역임했다. 당대 제일의 장군이었다. 67년에 네로에게 자살을 강요당했다.

가 도착하기 전에 저지 게르마니아 속주에 침입했다. 적의 지휘자는 간나스쿠스(Gannascus)라는 자였는데, 그는 칸니네파테스족 출신으로 한때 로마의 원군 속에서 봉사한 적도 있었다. 거기에서 도망친 뒤에는 해적이 되어 가볍고 빠른 작은 배들을 몰고 돌아다니며 특히 갈리아 지방의 해안을 약탈했다. 이 지방의 주민이 부유하고 전쟁을 싫어한다는 것을 잘 알고 있었던 것이다.

코르불로는 속주에 부임하자 매우 신중하게 작전을 세우고 곧 명성을 얻었는데, 바로 이때의 전투가 그 시발점이었다. 먼저 삼단 갤리선들만 라인 강의 본류를 따라 내려가게 하고, 그 밖의 배는 각기 그 기능에 따라 염수호나 운하에 집결시켰다. 그러고는 적의 가볍고 빠른 작은 배들을 침몰시키고 간나스쿠스를 쫓아냈다.[33]

이리하여 사태가 충분히 진정되었을 때, 그가 훈련이나 계획적인 활동을 게을리하는 한편 약탈을 즐기는 군단병들의 군기를 옛 전통의 수준으로 되돌리려 했다. 행군 중에 대열에서 이탈하거나 명령 없이 전투를 시작하는 것을 금지했다. 보초를 서거나 야간 순찰을 돌 때 —— 주야를 불문하고 어떤 임무를 수행하든 —— 무장을 하게 했다. 전해지는 바에 따르면 한 병사는 무기를 허리에 차지 않고, 다른 한 병사는 단도만 갖고 보루를 쌓기 위해 흙을 팠다는 이유로 사형에 처해졌다고 한다. 이 이야기는 과장되어 있고, 어쩌면 꾸며낸 것일지도 모른다. 그렇더라도 이런 소문의 뿌리는 장군의 추상과 같은 엄격함으로 귀착된다. 사소한 과실에 대해서조차 이토록 엄격하고 주의를 게을리하지 않는 사람이었으므로, 중대한 위반에는 틀림없이 냉혹한 태도를 취하며 절대 정상을 참작하지 않았을 것이다.

19 그것은 그렇다치고 장군에 대한 공포감은 군단병과 적군에 각

---

33) 코르불로의 배들은 네로 드루수스가 창설한 라인 함대 소속이었다.

기 정반대되는 반응을 초래했다. 우리 군의 사기는 왕성해지고, 야만족의 전의戰意는 꺾였다. 예를 들어 전에 모반을 기도하고 루키우스 아프로니우스(Lucius Apronius)를 패주시킨[34] 이래 줄곧 적개심과 불신 감을 품고 있던 프리시족이 인질을 보내고 코르불로가 지정한 영역에 정착했다. 그래서 그들에게 곧 의회와 관리, 법률을 부과했다.[35] 그리고 그들이 명령을 어기지 않도록 영역 내에 요새를 구축했다.

그 후 코르불로는 대大카우키족에는 간첩들을 보내 순종할 것을 권유하는 한편, 함정을 파서 간나스쿠스를 책략으로 쓰러뜨리려 했다. 이 함정이 성공했다. 이것은 반드시 면목이 없는 일이라고 할 수 없다. 상대가 신의를 저버린 도망자였기 때문이다. 하지만 간나스쿠스가 암살당하자 카우키족이 마음의 동요를 일으켰고, 코르불로는 더욱더 그들 사이에 모반의 씨앗을 뿌렸다.

수도에서는 대부분의 사람들은 이것을 호의를 갖고 환영하고, 일부는 악의를 품고 개탄했다. "왜 적을 자극한 것일까? 실패하면 로마가 패배자가 될 것이고, 성공하면 그가 일약 명성을 날리며 평화를 위협하고 무능한 황제에게는 성가신 존재가 될 것이다." 그래서 클라우디우스는 게르마니아로의 새로운 진격을 금지했다. 그뿐만 아니라 수비대를 라인 강 우안까지 철수시키라고 명하기도 했다.

20 이 훈령이 도착했을 때 코르불로는 이미 적의 영토 내에 한창 진영을 설치하고 있었다. 그래서 이 훈령은 정말로 아닌 밤중에 홍두깨 격이었다. 코르불로의 가슴속에 최고 사령관에 대한 의구심과 야만족의 경멸, 동맹군의 비웃음 등 많은 감정이 일시에 밀어닥쳤다. 그렇지만 그는 "옛 로마의 장군들은 운이 좋았다!"는 말만 하고 철수 명령을 내렸다.

---

34) 4권 73절을 참조할 것.
35) 즉 자치를 허용했다. 그 반면에 요새를 구축하는 것이 로마 정책의 특징이었다.

그러나 그는 병사들이 놀지 못하게 하기 위해 모사 강과 라인 강 사이에 23마일에 이르는 운하를 개통시켰다. 이것은 불안정한 북해를 우회하려는 것이 목적이었다. 클라우디우스는 코르불로가 전쟁을 일으키지 못하도록 금지했지만 개선 장군 현장을 수여하는 데는 동의했다.

그 직후에 고지 게르마니아의 쿠르티우스 루푸스(Curtius Rufus)도 동일한 명예를 손에 넣었다. 그가 마티아키족의 영지에서 갱도를 파고 은 광맥을 발견했다. 그 매장량이 적고 채굴 기간도 짧았지만, 군단병들에게는 괴롭기 짝없는 중노동이었다. 배수구를 파거나 그 외에 땅 위에서도 힘들게 여겨지는 일을 땅속에서 했다. 이 일에는 그 대단한 병사들도 완전히 녹초가 되어 버렸다. 이와 비슷한 노역勞役이 여러 속주에서 강제되었기 때문에, 병사들이 견딜 수가 없어서 은밀히 서한을 작성한 뒤 전 군대의 이름으로 최고 사령관에게 이렇게 탄원했다. "장군에게 군대를 맡기려 하신다면 먼저 그에게 개선 장군 현장을 수여해 주십시오."

21 쿠르티우스 루푸스의 출생과 관련해, 어떤 설은 그가 검투사의 자식이었다고 전하고 있다. 나는 잘못된 것을 말하고 싶지 않지만, 여기에서 진상을 상세히 추구하는 일은 삼가겠다. 청년이 되었을 때, 그는 때마침 아프리카의 임지에 있던 어느 재무관의 종자가 되었다. 그는 어느 날 한낮에 하드루멘툼(Hadrumentum)이라는 도시의 인적이 없는 주랑柱廊에서 혼자 산책하고 있었다.[36] 그때 눈앞에 사람으로 생각되지 않을 정도로 몸집이 큰 여자의 모습이 나타나 이렇게 부르는 소리가 들렸다. "루푸스야, 네가 이윽고 이 속주에 지사가 되어 돌아올 것이다." 이 상서로운 징조에 고무된 그는 높은 이상을 품고 아프

---

36) 아프리카처럼 무더운 곳에서는 한낮이 조용하고 환영幻影이 나타나기에 적합한 시각이다.

리카 땅을 떠나 수도로 돌아왔다. 그는 친구들의 관대한 원조와 자신의 빈틈없는 재능으로 재무관으로 발탁되었다. 그 후 고귀한 태생의 지원자들 틈에 끼었다가 황제의 추천으로 법무관직을 손에 넣었다. 이때 티베리우스가 다음과 같은 말로 루푸스의 불명예스러운 태생을 비호해 주었다. "내게는 쿠르티우스 루푸스가 그 자신에게서 태어난 것처럼 생각된다."

그는 그 이후 이 고령에 이르기까지 윗사람들에게는 음험하게 아첨하고, 아랫사람들은 오만 무례하게, 동등한 사람들은 거북하게 대하며 집정관직과 개선 장군 현장을 얻고, 마지막으로 아프리카 속주를 손에 넣었다. 그리고 이곳에서 세상을 떠나 예언된 운명이 실현되었다.

3. 클라우디우스의 연설

22 그런데 이 무렵 로마에서는 그나이우스 노니우스(Cnaeus Nonius)라는 로마 기사가 아침 문안 인사를 올리려고 다른 많은 사람들과 함께 황제 앞에 나왔을 때 칼을 허리에 차고 있는 것이 발견되었다.[37] 그때도 동기가 명확하지 않았지만, 그 후에도 결국 확인되지 않았다. 그가 고문을 받아 온몸이 찢긴 뒤에 자신의 죄는 〈인정했지만〉 공범자들의 이름은 자백하지 않았기 때문이다. 공범자들이 있었는지, 숨기려 했는지 알 수 없다.

같은 집정관 하에서 푸블리우스 코르넬리우스 돌라벨라(Publius Cornelius Dolabella)가 이렇게 제안했다. "연례적인 검투사 시합은 재

---

37) 황제에게 문안 인사를 올리는 사람들은 복장 검사를 받았다. 이 관례는 베스파시아누스 때 폐지되었다고 한다.

무관으로 예정되어 있는 사람들이 자기 부담을 개최해야 한다."

전통적으로 관직을 덕의 대가代價로 생각해 왔다. 훌륭한 인격에 자신이 있으면 어떤 시민이든 관직에 입후보할 권리가 있었다. 취임시의 연령도 규정되어 있지 않았기 때문에, 청년이 되면 언제든지 집정관이나 독재관의 관직에 취임할 수 있었다.

그런데 재무관직은 로마가 아직 왕의 지배를 받던 시절에 만들어졌다. 이것은 루키우스 유니우스 브루투스(Lucius Junius Brutus)가 다시 제안한 구민회법區民會法에 의해 입증되고 있다.[38] 그 후 재무관을 선택할 수 있는 권한이 집정관의 손안에 쥐어졌다. 마지막으로 이 관직도 민중의 투표에 맡겨지게 되었다. 그리하여 민중이 맨 처음 선출한 재무관은 발레리우스 포티투스(Valerius Potitus)와 아이밀리우스 마메르쿠스(Aemilius Mamercus) 두 사람이었다. 이것은 타르퀴니우스 왕가가 추방되고 나서 63년째 되는 해의 일이었다. 그들의 임무는 군대 금고를 관리하는 것이었다. 그 후 일의 분담이 늘어 2명이 증원되었고, 이들은 로마의 국고를 관리했다. 이윽고 이탈리아 전역이 납세 의무를 부과받고 재무관 관할지의 간접세가 새로 들어와 정원이 두 배로 늘어나게 되었다.

그 후 술라의 법안[39]에 의해 재무관의 정원이 20명으로 정해졌다. 그 목적은 원로원을 보충 강화하고 의원들에게 배심권[40]을 부여하기 위해서였다. 배심권은 뒤에 다시 로마 기사들에게 이양되었지만, 그

---

38) 왕이 추방되고(기원전 510년의 일로 전해지고 있다) 국가의 여러 공직에 적용되는 법률이 제정될 때 공화정가 왕제의 뒤를 이은 것으로 기술되고 있다. 재무관직(지금은 공화정 시절에 만들어진 것으로 믿어지고 있음)은 기원전 447년에 선출직으로 개편되었다.

39) 기원전 81년에 술라가 재무관을 원로원 계급의 등용문으로 정했다.

40) 상설 재판소의 배심권. 이곳에 배심원을 공급하기 위해 원로원의 의황제를 증가시켰지만, 이번에는 기사 계급이 공급하게 되었다(3권 30절). '그럼에도 불구하고' 재무관의 20명이라는 정원은 유지되었다는 뜻이다. 12권 60절의 주를 참조할 것.

럼에도 불구하고 재무관직은 시종 일관 지원자의 품위에 기반을 두거나, 혹은 선거인의 사랑에 의해 주어져 왔다. 당선 사례 따윈 필요하지 않았다. 마침내 돌라벨라의 이때의 제안으로 이 관직이 사실상 상품과 똑같은 것[41]으로 전락해 버렸다.

23 아울루스 비텔리우스(Aulus Vitellius)와 루키우스 비프스타누스(Lucius Vipstanus)가 집정관이 되었다.[42] 원로원의 보충 문제가 토의되었다. 그때 흔히 '장발長髮의 갈리아'[43]로 불리는 지방의 수장들이 로마에서 관직을 얻을 수 있는 권리를 요구했다(그들은 훨씬 전에 로마와 동맹 조약을 맺고 로마 시민권을 손에 넣고 있었다). 원로원은 이 문제를 둘러싸고 활발하게 여러 가지 의견을 교환했다. 황제의 면전에서도 찬성파와 반대파가 치열하게 설전을 벌였다. 반대파는 이렇게 주장했다.

"이탈리아는 자신의 수도의 원로원을 보충할 수 없을 만큼 인물이 부족하지 않다. 옛날에는 로마와 혈연 관계에 있는 부족들조차 본토 박이 로마인만으로 이루어진 원로원에 만족했다. 또한 그 시절의 정치도 영광스러운 일로 회상되고 있다. 오늘날에 이르기까지 사람들은 고대 로마인의 품성을 용기와 명성의 모범으로 인용하고 있다. 그 것은 그렇다 치고 베네티족이나 인수브레스족[44]이 이미 로마의 원로원에 파고든 것으로 충분하지 않은가? 아니면 이국인을 대량으로 받아들여 로마를 말하자면 점령된 도시처럼 만들고 싶은가?

그렇게 되면 살아남은 귀족이나 라티움 출신의 가난한 원로원 의

---

41) 가난한 사람이 행사의 비용을 대는 것은 쉬운 일이 아니었기 때문이다.
42) 서기 48년을 가리킨다.
43) 장발의 갈리아는 나르보 갈리아(남부의 가장 로마화된 속주)를 제외하고 아퀴타니아와 루그두눔 갈리아, 벨기카 등 북부 및 중부의 세 속주를 가리킨다. 카이사르에게 정복되기만 했을 뿐, 예로부터의 장발 스타일은 버리지 않았다.
44) 두 부족 모두 포 강 이북(트란스파다나) 지방의 부족들을 대표해 거론되고 있다. 율리우스 카이사르에 의해 이 지방에 시민권이 주어진 것은 기원전 49년의 일이다.

원은 모두 더 이상 명예를 손에 넣을 기회를 잃어버리게 될 것이다. 저 부유한 갈리아인들이 모든 지위를 다 차지해 버릴 것이다. 그들의 조부나 증조부는 적의를 지닌 부족들의 장군으로 우리 군을 칼이나 폭력으로 살해하고, 신군 율리우스 카이사르를 알레시아[45]에서 포위하지 않았던가? 이 사건이 아직도 기억에 새롭다. 그러나 카피톨리움 언덕이나 로마의 성채 밑에서 다름 아닌 이 갈리아인들의 손에 의해 쓰러진 많은 사람들의 영령까지 잊어버린다면 대체 어떻게 될 것인가?[46] 그들로 하여금 로마 시민의 칭호를 누리게 하면 그것으로 충분하다. 하지만 원로원 의원의 표장과 정무관직의 영예는 결코 값싸게 팔아서는 안 된다."

24 이런 논지에 황제는 수긍하지 않고 즉석에서 곧 반론을 가했다. 그러고는 원로원을 소집하고 다음과 같은 연설을 했다.

"내 선조들, 그 중에서도 특히 가장 멀리 거슬러올라가는 시조 클라우수스(Clausus)는 사비니족 출신이셨소. 하지만 그분은 로마 시민권을 부여받자마자 로마의 귀족 계급 대열에 서게 되었소. 이 선조들의 예에 고무되어, 나는 이와 동일한 방침을 국가의 행정 면에서 응용해야 한다고 생각했소. 그것은 요컨대 어느 지방 출신이든 뛰어난 사람은 모두 이 수도로 데려온다는 것이오. 실제로 나는 다음과 같은 사실을 잊지 않고 있기 때문이오. 즉 율리우스 씨족은 알바 롱가, 코룬카니우스(Coruncanius) 씨족은 카메리움(Camerium),[47] 포르키우스(Porcius) 씨족은 투스쿨룸 출신이오. 더 이상 고사故事에 파고드는 일은 그만두기로 하고, 아무튼 이와 같이 여러 씨족이 에트루리아 지방

---

45) 율리우스 카이사르가 기원전 52년에 베르킹게토릭스를 패배시킨 곳.
46) 전승에 따르면 켈트족, 즉 갈리아인의 일원인 세노네스족에 의해 로마가 파괴된 것은 기원전 390년의 일이다.
47) 라티움 지방의 도시 이름이었을 것이다.

이나 루카니아 지방, 아니 이탈리아 전역에서 원로원에 받아들여졌소. 그리고 마침내 이탈리아라는 개념 자체가 알프스 지방[48]까지 확대되고, 특정한 개인뿐만 아니라 거주지나 부족까지 로마의 이름 아래 함께 발전했소.

이윽고 국내에 평화가 정착되고 대외적으로 국위가 선양되자, 이번에는 트란스파다나 지방의 부족들이 로마의 도시 국가에 받아들여졌소. 그리고 또 세계 곳곳에 군단의 퇴역 고참병들을 정착시켰다는 것을 구실로 속주민에서 선발된 용사들을 군단병으로 추가 배치함으로써 인적 자원이 부족했던 우리 나라가 보강되었소.

그런데 우리가 히스파니아에서 발부스(Balbus) 가[49] 사람들을, 이에 못지 않게 훌륭한 인물들을 나르보 갈리아에서 맞아들인 것을 후회하고 있소?[50] 그들의 자손은 지금도 이 수도에 거주하고 있소. 그리고 현재의 이 조국에 대해 품고 있는 그들의 애정은 우리의 조국애를 능가하면 능가했지 못하지 않소. 스파르타나 아테네 사람들이 막강한 군사력을 바탕으로 연전 연승했음에도 불구하고 결국 파국을 맞이한 이유는 다른 데 있지 않소. 그들이 정복한 민족을 끝까지 이국인으로 차별 대우했기 때문 아니오? 그런 점에서 우리의 건국자 로물루스는 대단히 현명하셨소. 수많은 민족을, 적으로서 싸운 그날 안에 이미 동포 시민으로 대우하셨소. 그뿐만 아니라 외래자가 왕으로서 우리 위에 군림하기까지 했소. 이와 마찬가지로 해방 노예의 자식에게 관직을 맡긴 적도 있소. 이런 일은 많은 사람이 오해하고 있는 것처럼 최근의 현상이 아니오. 옛날부터 종종 벌어졌던 일이오.

---

48) 공화정 말기의 이탈리아는 루비콘 강까지였고, 그 이북의 포 강 부근에서 알프스 산맥까지는 갈리아로 불리고 있었다. 이 지역에 시민권이 부여된 것은 기원전 49년의 일이다.
49) 이탈리아 이외의 이방인으로서 최초의 집정관(기원전 40년)을 배출한 가문.
50) 이하는 부록 〈클라우디우스의 연설〉을 참조할 것.

우리가 세노네스족[51]과 싸움을 벌인 것은 사실이오. 하지만 볼스키족이나 아이퀴족[52]이 우리에 맞서 전열戰列을 가다듬은 적이 한 번도 없단 말이오? 정말 우리는 갈리아인의 포로가 되었소. 우리는 이웃들에게도 전투에서 패했소. 그래서 우리는 투스쿠스족[53]에게 인질을 보낸 적도, 삼니테스족에게 굴복한[54] 적도 있소. 그것은 그렇다 치고 만약 실제로 외국과의 모든 전쟁을 비교 검토해 본다면, 갈리아와의 전쟁으로 소비된 기간이 다른 어떤 민족과의 싸움보다 짧은 것을 깨닫게 될 것이오. 그 이후 줄곧 양자 사이의 평화와 우의는 흔들리지 않고 있소. 이미 갈리아인이 우리의 관습이나 문화에 동화되고 우리의 가족들과 결혼하기도 했으므로, 그들의 금광이나 재산을 독식하게 하기보다는 우리에게 가져오게 하는 것이 어떻겠소?

원로원 의원 여러분, 어떤 제도든 아무리 오래된 것으로 보이더라도 예전에는 모두 새로운 것이었소! 예컨대 로마의 귀족에 이어서, 로마의 평민이, 평민 다음에는 라틴족이, 라틴족 다음에는 그 밖의 이탈리아의 여러 부족이 관직을 얻게 되었소. 이와 마찬가지로 이번에는 지금 제기된 혁신안이 언젠가 옛것이 될 것이오. 그리고 오늘날 우리가 과거의 모범적인 사례를 들어 정당화하려 하고 있는 것도 장래에는 선례가 될 것이오."

25 황제의 이 연설에 이어 원로원 의결이 행해졌다. 그것에 의해 갈리아인 중에서 맨 먼저 아이두이족이 로마 원로원에 초빙될 권리를 얻었다. 이것은 그들과의 동맹 조약이 특별히 오랜 역사를 지니고 있었기 때문이다. 또 한 가지 이유는 장발의 갈리아인 중에서 이 부족

---

51) 갈리아인. 주 46)을 참조할 것.
52) 라티움 지방(로마 부근)의 여러 부족.
53) 투스쿠스족(에트루리아)의 왕 포르세나(Porsenna)에게 정복되었을 때의 일이다.
54) 기원전 321년의 일이다. 로마인은 삼니테스족에게 카우디움에서 패했다.

만이 '로마인의 형제'라는 명칭을 누리고 있었기 때문이다.

동同 회기에 카이사르는 최고참 원로원 의원이나 공적이 특히 두드러진 사람을 부친으로 둔 의원을 로마의 귀족 계급에 편입시켰다. 이 당시에는 로물루스가 대로마 귀족으로 불렸던 명문이나 루키우스 유니우스 브루투스(Lucius Junius Brutus)가 소로마 귀족이라 명명했던 명문이 이미 거의 남아 있지 않았다. 그뿐만 아니라 독재관 카이사르가 카시우스법[55]으로, 황제 아우구스투스가 사이니우스법[56]으로 보충한 로마 귀족조차 소멸되어 버렸다. 클라우디우스의 조치는 국가에 도움이 되는 일로서 일반인의 환영을 받았다. 카이사르도 때를 만난 듯 즐거운 표정으로 감찰관으로서의 이 임무를 수행했다.

다음으로 카이사르는 좋지 않은 품행으로 악명이 높은 의원들을 원로원에서 쫓아내는 방법에 대해 고민했다. 그러던 끝에 옛날의 엄격한 방식을 따르기보다 최근에 고안된 온화한 수단을 채택하기로 했다. 즉 각각의 의원에게 자기 반성을 촉구하고 자진해서 원로원 의원의 제명권을 황제에게 요청하도록 권고했다. "이런 요청은 즉시 허용될 것이다. 그리고 축출된 의원과 사퇴한 의원의 이름을 동시에 발표할 생각이다. 그렇게 하면 감찰관의 판정과 자발적으로 물러난 사람의 겸손이 뒤섞여 추방당한 사람의 굴욕감이 완화될 것이다."

이런 배려에 감사해 집정관 루키우스 비프스타누스 포플리콜라(Lucius Vipstanus Poplicola)가 클라우디우스에게 '원로원의 아버지'라는 존칭을 수여할 것을 제안했다. "'조국의 아버지'라는 존칭은 이미 다른 사람들에게도 바쳐졌기 때문이다. 이런 참신한 국가에 대한

---

55) 기원전 45년의 '평민을 귀족으로 선출하는 카시우스법'. 이때 옥타비우스 씨족이 귀족이 되었다.
56) 기원전 30년의 일이다.

공헌을 진부한 호칭으로 칭송해서는 안 될 것이다." 그러나 카이사르는 이것을 도가 지나친 아부로 생각하고 집정관의 제안을 거부했다. 이어서 그는 대재계大齋戒를 마쳤다.[57] 이때의 인구 조사에서는 로마 시민권의 소유자가 598만 4072명이었다.

그리고 이제 가까스로 클라우디우스가 자신의 집안 일에 대한 무지에 종지부를 찍었다. 이윽고 그는 어쩔 수 없이 아내의 부정을 폭로하고 처벌해야 했다. 이것은 단지 그 후 곧 패륜적인 결혼에 열을 올리기 위해서일 뿐이었지만.

4. 메살리나의 파멸

26 그런데 메살리나는 이 무렵 아무 저항도 받지 않는 정사에 권태를 느끼고 전대미문의 음탕함 속으로 스스로 빠져 버렸다. 가이우스 실리우스조차 숙명적이라고 해야 할 심란함에서였는지, 아니면 목전에 다가온 위기를 돌파하는 데는 모험 외에는 다른 방법이 없다고 생각했기 때문인지 메살리나에게 은닉된 관계를 청산해야 한다고 열심히 권했다. "이미 상황이 황제가 늙어 죽기를 기다릴 수 있을 만큼 여유롭지가 않습니다! 결백한 사람만이 옆 사람에게 폐를 끼치지 않는 다소 분별 있는 계획을 세울 수 있습니다. 공공연히 파렴치한 죄를 저지른 자는 후안무치한 수단으로 자신을 구해야 합니다. 함께 죄를 저질러 똑같은 처벌을 받지 않을까 두려워하고 있는 공범자들이 우리

---

57) 징세와 병역을 목적으로 하는 인구 조사(재산 사정)가 기원전 443년부터 감찰관에 의해 실시되었다. 이 조사 후에 '대재계'(토지나 주민으로부터 모든 악을 추방하는 의식)가 행해졌다. 아우구스투스가 실시한 14년의 인구 조사 때에는 493만 7천 명이었다. 이 숫자에는 여자와 아이는 포함되어 있지 않은 것으로 생각된다.

편에 서 줄 것입니다. 나는 독신자이고 자식도 없습니다. 당신과 결혼하면 브리타니쿠스를 양자로 삼을 생각입니다. 당신은 지금까지 그랬던 것처럼 권력을 휘두르게 될 것입니다. 게다가 만약 클라우디우스의 기선을 제압하면 안전도 보증될 것입니다. 황제는 화는 금세 내지만 함정을 눈치채는 데는 굼뜨니까요."

메살리나는 마지못해 이 제안을 승낙했다. 물론 남편인 클라우디우스를 사랑하기 때문이 아니었다. "실리우스는 최고의 지위를 손에 넣으면 곧 정부인 나 따위 돌아보지 않을 거야. 지금은 궁지에 몰려 내 죄를 묵인하고 있지만 언젠가는 정당한 가치로 나를 평가하지 않을까?" 하는 의구심을 품고 있었기 때문이다. 그럼에도 불구하고 그녀가 결혼이라는 것에 그토록 집착한 이유는 이중 결혼이라는 엄청난 파렴치 때문이었다. 그것이야말로 온갖 방탕한 짓을 다한 인간의 최후의 쾌락이다.

그래서 그녀는 클라우디우스가 희생제에 참석하기 위해 오스티아로 출발할 때까지 간신히 기다렸다가 즉시 정식 절차를 밟아 결혼식을 올렸다.

27 두말할 나위 없이 나도 이 이야기가 황당무계하게 생각된다는 것을 부정하지 않는다. 무엇이든 곧 소문이 퍼지고 널리 알려지는 이 수도에서 누가 되었든, 하물며 예정 집정관이라는 자가 그토록 경솔하게 행동하다니. 정해진 날짜를 예고하고 결혼 계약서에 서명할 증인들을 초대하고 마치 자식 교육을 목적으로 삼고 있는 것처럼 황제의 아내와 부부의 맹세를 주고받다니. 신부가 조점사鳥占師의 축복의 말을 듣고는 신랑의 집으로 안내되어 신들에게 산 제물을 바치고, 그후 두 사람이 피로연 자리에 나와 키스하고 포옹하고는 결국은 부부의 권리를 믿고 기세를 부리며 함께 밤을 보내다니.

그러나 이것은 괴이함을 자랑하며 만들어진 거짓 이야기가 아니다. 나는 나이든 사람들에게서 직접 들은 사실이나 그들이 기록해 놓은 진실 그대로 말했고, 앞으로도 그렇게 할 것이다.

28 한데 이런 이유에서 황제의 저택이 벌컥 뒤집혔다. 너나 할것없이 야단법석을 떨었다. 특히 권력을 장악하고 있는 해방 노예들이 몹시 당황하며 허둥댔다. 그들은 이후 정권이 교체되는 일까지 벌어지는 것이 아닐까 걱정했던 것이다. 이렇게 되자 이제는 은밀히 의논할 상황이 아니었다. 거리낌없이 땅땅거렸다. "무언극 배우[58]가 황제의 침실을 침범할 때에는 물론 그 자체가 결코 명예스러운 일은 아니었지만 황제의 위험과는 아주 거리가 멀었다. 하지만 지금은 잘생긴 용모와 강인한 정신력을 지니고, 또 이윽고 집정관이 될 지위가 높은 청년이 큰 야망을 품고 결혼한 것이다. 그렇다, 이런 결혼 뒤에 무엇이 기다리고 있을지 이미 누구의 눈에나 뻔히 보이지 않는가?"

그들은 클라우디우스가 둔감하고 아내에게 줄곧 마음대로 휘둘려 온 사실, 메살리나의 명령으로 많은 암살이 행해져 온 것 등이 머릿속에 떠올라 필시 불길한 예감에 사로잡혔을 것이다. 그렇지만 최고 사령관의 마음대로 조종되는 유순한 성격 자체에서 그들은 희망과 자신감을 얻었다. "메살리나의 엄청난 죄 덕분에 황제가 그녀보다 우리를 더 신뢰한다면, 정식으로 법정으로 데려가기 전에 그녀를 단죄하고 처형할 수도 있을 것이다. 그러나 운명의 갈림길은 실로 다음과 같은 점, 즉 황제가 그녀에게 변명의 여지를 줄 것인가 아닌가, 실제로 그녀의 참회에 대해서조차 그가 끝내 귀를 막을 것인가 아닌가에 달려 있다."

29 그래서 먼저 이미 가이우스 카시우스 카이레아(Gaius Cassius Chaerea)의 살해 때 언급한 적이 있는 칼리스투스(Callistus)[59]와 가이

---

58) 므네스테르를 가리킨다. 4절과 36절을 참조할 것.
59) 황제의 탄원 수리 담당자였다.

우스 아피우스 유니우스 실라누스(Gaius Appius Junius Silanus)의 불의의 습격의 주모자인 나르키수스(Narcissus),[60] 이 당시 황제의 총애를 가장 많이 받고 있었던 팔라스(Pallas)[61] 등 3명의 해방 노예가 모여 구수 회의를 했다.[62] "다른 것은 아무것도 모르는 체하며 메살리나를 은밀히 위협해 실리우스와의 정사에서 깨끗이 손을 떼게 할 수 있는 방법이 없을까?" 그러나 이윽고 팔라스와 칼리스투스는 자신을 파멸의 늪으로 몰아넣고 있는 듯한 불안감을 느끼고 이 계획을 단념했다. 그 동기는 소심함에 있었지만, 칼리스투스에게는 다른 하나의 원인이 더 있었다. 즉 선대 황제 시대의 체험으로 권력을 유지시키는 것은 강경 수단보다는 오히려 권모술수임을 깨닫고 있었기 때문이다. 나르키수스는 초지일관하며 뜻을 굽히지 않았다. 다만 처음 계획과 달라진 것은 단둘이서 밀담해 그녀에게 혐의나 고발자에 대한 예비 지식을 제공하기보다는 단숨에 해치우기로 했다는 점이다.

나르키수스가 기회가 찾아오길 이제나저제나 기다리고 있을 때, 마침 카이사르가 오스티아에서의 체재를 연장했다. 그래서 그는 황제가 특히 자주 찾는 2명의 첩[63]을 선물이나 감언이설로 꾀는 동시에 황제의 아내를 몰락시키면 그녀들의 권력도 늘어날 것이라고 일깨워 주었다.

30 첩 중 한 명인 칼푸르니아(Calpurnia)는 사적인 알현이 허락되자 카이사르의 발 아래 부복하고는, "메살리나 님께서 실리우스와 결혼하셨습니다" 하고 외쳤다. 이와 동시에 동료인 클레오파트라(Cleopatra)에게 "당신도 알고 있죠?" 하고 물었다. 이 질문만을 위해

---

60) 황제의 문서 기초 담당자. 29년의 집정관이었던 아피우스(4권 68절)는 42년에 살해되었다. 7권~10권의 〔옮긴이의 덧붙이는 글〕을 참조할 것.
61) 황제의 회계 담당자.
62) 클라우디우스의 통치 시대에는 황제 휘하의 해방 노예들의 권력이 전례 없이 커졌다.
63) 황제의 첩은 해방 노예. 네로의 아크테(13권 12절)가 유명하다.

겉에서 기다리고 있던 클레오파트라가 고개를 끄덕여 보이자, 칼푸르니아는 "나르키수스를 부르세요" 하고 권했다. 나르키수스는 지난날의 이야기를 하고 베티우스 발렌스(Vettius Valens)나 플라우티우스 라테라누스(Plautius Lateranus)의 일 등을 숨겨서 죄송하다고 사죄했다. "하지만 지금 저는 또한 메살리나 님의 부정을 비난할 생각도 없습니다. 그렇지 않으면 카이사르 가의 저택이나 노예, 그 밖의 황제의 지위를 나타내는 부속품을 되찾지 않으면 안 됩니다. 아니, 그런 것은 실리우스에게 주어 버리고 그를 기쁘게 해주어도 괜찮습니다. 하지만 마님만은 돌려받아야 합니다. 결혼 서약서를 파기하게 해야 합니다. 아니면 아내에게 절연당한 것을 묵인하실 것입니까? 아무래도 그런 것 같습니다. 아무튼 일반 시민이나 원로원 의원, 병사 등 모든사람이 실리우스와 결혼하는 것을 보았으니까요. 만약 신속히 움직이지 않으시면 수도인 로마를 정부情夫가 지배하게 될 것입니다!"

31 클라우디우스는 즉시 주요 측근들을 모두 호출했다. 그는 맨 먼저 식관장인 가이우스 투라니우스(Gaius Turranius)에게, 이어서 친위대장 루시우스 게타(Lusius Geta)에게 사건의 진상을 물었다. 두 사람이 인정하자, 나머지 사람들이 카이사르를 둘러싸고 앞다투어 이렇게 주장했다. "친위대 병영으로 가서 병사들을 장악하셔야 합니다. 먼저 복수보다 신변 안전을 생각하셔야 합니다."

클라우디우스는 공포에 사로잡혀 "내가 아직도 정권을 잡고 있느냐? 실리우스가 여전히 일개 시민에 지나지 않느냐?" 하고 되풀이해서 몇 번이나 물었다고 한다. 자못 있음직한 이야기이다.

그런데 메살리나는 전례를 찾아볼 수 없을 정도로 무절제한 방종에 빠져 있었다. 마침 가을이 한창 깊어 갈 무렵이라 실리우스의 저택 안에서 모의 포도 수확제가 행해지고 있었다. 포도 압축기가 움직이고 짜낸 즙이 큰 통에서 흘러넘치고 있었다. 새끼 사슴 가죽을 몸에 걸친 여자들이 이 통을 에워싸고 산 제물을 바치며 어지럽게 춤추는 주신酒神 바쿠스의 시녀들처럼 깡충깡충 뛰어 돌아다니고 있었다. 메살리나 자신은 머리칼을 풀어 헤치고 바쿠스의 지팡이를 휘둘렀다. 실리우스는 담쟁이덩굴 관을 쓰고 비극 배우의 편상 반장화를 신고는 그녀의 곁에서 계속 머리를 흔들고 있었다. 그 주변에서는 합창단이 방약무인하게 마구 소리를 질러 대고 있었다.

전하는 바에 따르면 이때 베티우스 발렌스라는 자가 반장난으로 가장 높은 나무로 기어올라 갔다고 한다. 그리고 "뭐가 보이느냐?"는 질문을 받자, "저 멀리 오스티아 방향에서 무서운 폭풍우가 다가오고 있어요"라고 대답했다는 것이다. 정말로 그런 자연 현상이 일어나기 시작하고 있었을까, 아니면 우연히 그런 말이 나왔는데 나중에 예언처럼 해석된 것일까?

32 이윽고 들어온 정보는 단순한 소문이 아니었다. 여기저기에서 돌아온 사자가 가져온 것이었다. "클라우디우스가 모든 것을 다 알았다. 그가 복수를 결심하고 기세 당당히 로마를 향해 달려오고 있다." 그래서 부부는 각기 헤어져 메살리나는 루쿨루스의 정원으로 도망치고, 실리우스는 공포심을 감추려고 일하기 위해 중앙 광장으로 급히 달려갔다. 다른 사람들도 제각기 흩어졌다. 그곳으로 백인대장들이 달려와 그들을 길이나 숨은 곳에서 발견하고 닥치는 대로 쇠사슬로 묶었다.

메살리나는 막다른 골목에 몰려 책략을 꾸밀 마음의 여유가 없었지만 곧 "남편을 마중나가 내 모습을 보이자"고 결심했다. 그녀는 지금까지 이 수법으로 여러 차례 곤경에서 벗어났다. 그녀는 또 사람을 보내 브리타니쿠스와 옥타비아에게 이런 말을 전하게 했다. "아버지를 찾아가 얼싸안도록 품속에 뛰어들거라." 그리고 자신은 비비디아 (Vibidia)라는 최고참 베스타 성녀를 찾아가 다음과 같이 애원했다.

"대제관장[64]을 만나 저를 위해 용서하라고 설득해 주세요."

그 후 그녀는 단 3명의 수행원만 거느리고 —— 순식간에 이렇게 버림받은 것이다 —— 수도 끝에서 끝까지[65] 터벅터벅 걸어갔다. 오스티아 가도로 나오자 정원의 쓰레기를 운반하는 데 사용되는 수레를 얻어 탈 수 있었다. 그래도 그녀를 동정하는 사람이 하나도 없었다. 그녀의 파렴치한 행위를 미워하는 마음이 더 컸기 때문이다.

33 한편 카이사르측의 불안감도 이에 못지 않게 컸다. 친위대장 루시우스 게타는 선이나 악 어느 쪽으로든 쉽게 옮아갈 것 같아 충분히 신뢰할 수 없었다. 그래서 같은 우려를 하고 있는 다른 사람들의 지지를 등에 업고 나르키수스가 카이사르에게 이렇게 역설했다. "친위대의 지휘권을 오늘 하루만 누군가 해방 노예의 손에 넘겨 주시지 않겠습니까? 그렇잖으면 카이사르의 안전을 확보할 가망성이 없습니다." 그러고는 "제가 그 일을 맡을 각오가 되어 있습니다" 하고 자청했다.

그뿐만이 아니었다. 수도로 돌아가는 도중에 동료인 루키우스 비텔리우스나 가이우스 카이키나 라르구스(Gaius Caecina Largus)의 말을 듣고 카이사르가 마음을 바꾸어 후회할 일이 생기면 곤란하다고 생각하고 그들과 같은 마차의 자리에 앉게 해달라고 요청하고 동승을 허락받았다.

34 이 사건이 벌어진 뒤 언제까지고 사라지지 않고 널리 퍼진 소문인데, 황제는 마차 안에서 끊임없이 앞뒤가 맞지 않는 말을 늘어놓았다고 한다. 방금 전까지는 아내의 뻔뻔함을 매도하는가 싶더니, 이번에는 결혼 생활을 그리워하고 자식들의 어린 시절의 추억에 빠지는

---

64) 황제를 가리킨다. 3권 58절. 베스타 성녀는 지책상 황제에 대한 중재를 부탁받는 경우가 많았다.
65) 루쿨루스 정원은 수도의 북쪽 끝, 오스티아 가도(항구 도시 오스티아로 통하는 국도)의 문은 남쪽 끝에 있었다.

그런 식으로. 이에 비텔리우스는 단지 이렇게 맞장구를 치곤 할 뿐이었다. "이게 어찌된 일이야. 발칙하기 짝이 없군!" 그래서 나르키수스가 집요하게 이 애매한 말의 설명을 요구하며 비텔리우스의 진의를 파악하려고 기회를 엿보았다. 그럼에도 불구하고 이 노력은 수포로 돌아갔다. 비텔리우스는 시종일관 우물거리거나 대답을 해도 도저히 알아들을 수 없는 말만 했다. 카이키나 라르구스도 그를 본보기 삼아 똑같이 흉내냈다.

그럭저럭 하는 사이에 마침내 메살리나의 모습이 보였다. 그녀는 "옥타비아와 브리타니쿠스의 어머니의 말에 귀를 기울여 주세요" 하고 계속 외쳐 댔다. 나르키수스가 이것을 방해하며 실리우스의 일이나 결혼한 것을 소리 높여 맹렬히 비난했다. 다른 한편으로는 그녀의 바르지 못한 행실들이 열거된 문서를 건네 황제의 시선을 그쪽으로 돌려 놓았다. 이윽고 황제 일행이 수도 안으로 들어갔다. 그때 부부의 피를 이어받은 자식들이 황제 앞으로 이끌려 나왔다. 나르키수스가 이 아이들을 데려가라고 명했다. 하지만 베스타 성녀 비비디아는 쫓아 버릴 수 없었다. 그녀는 더없이 분개한 목소리로 치근치근 불평을 늘어놓고는 "아내의 말을 들어 보지 않고 처형해서는 안 됩니다" 하고 주의를 환기시켰다. 나르키수스는 어쩔 수 없이 이렇게 대답했다. "황제께서는 마님의 말씀에 귀를 기울이실 것입니다. 아마도 결백함을 증명할 기회를 주실 것입니다. 여하튼 성녀께서는 이곳을 떠나 성직에 전념하십시오."

35 기묘한 일이지만 클라우디우스는 이런 일이 벌어지는 동안 줄곧 입을 다문 채 한마디도 하지 않았다. 비텔리우스는 마치 무슨 일이 일어나고 있는지 나는 모른다는 듯한 태도였다. 그래서 해방 노예인 나르키수스가 주도권을 잡고 모든 일을 처리했다. 그는 정부인 실리우스의 저택 문을 열게 하고 그 안으로 카이사르를 안내하라고 명했

다. 그는 먼저 현관 앞에 있는 실리우스 부친의 동상을 지적하며 "이 것이 원로원의 의결로 파괴를 명받은 상입니다" 하고 말했다.[66] 이어 서 파렴치한 행위의 대가로 이 집에 들어오게 된 클라우디우스 가나 율리우스 가 전래의 보물을 모두 보여 주었다.

이렇게 하여 클라우디우스가 분노하며 위협적인 말을 내뱉게 하는 데 성공하자, 나르키수스는 카이사르를 이번에는 친위대 병영으로 데려갔다. 이미 병사들이 집합 대형을 갖추고 있었다. 그들 앞에서 나 르키수스가 먼저 경위를 설명하고, 이어서 클라우디우스가 연설했지 만 짧았다. 분노하는 것이 당연함에도 불구하고 부끄럽고 창피해서 도저히 그것을 표현할 수 없었기 때문이다.

뒤이어 친위대 병사들이 계속해서 일제히 피고들의 이름과 처벌을 요구하는 소리를 질러 댔다. 그래서 실리우스가 지휘대 앞으로 끌려 갔다. 그는 자신을 변호하려 하지도, 심리의 연기를 요청하지도 않고 어서 빨리 죽어 달라고 말했다. 일부 상급 기사들도 똑같이 침착한 태도로 [즉결 처분을 요망했다] 실리우스에게서 메살리나의 감시[67] 를 부탁받고 두 사람의 죄를 폭로한 티티우스 프로쿨루스(Titius Proculus)와 죄를 자백한 베티우스 발렌스, 그리고 로마 기사단의 다 른 두 구성원인 폼페이우스 우르비쿠스(Pompeius Urbicus)와 사우페 이우스 트로구스(Saufeius Trogus) 등 4명을 공범자로서 사형 집행인 의 손에 넘기라는 명이 내려졌다. 이어서 소방대장 데크리우스 칼푸 르니아누스(Decrius Calpurnianus)와 검투사 양성소장 술피키우스 루 푸스(Sulpicius Rufus), 연소한 원로원 의원 융쿠스 베르길리아누스 (Juncus Vergilianus)에게도 똑같은 벌이 내려졌다.

---

66) 4권 18절 이하를 참조할 것. 기억의 단죄에 의해 상을 안치하는 것을 금지당한 것이리라 (6권 2절, 3권 17절 등을 참조할 것).

67) 정교情交하는 남녀가 서로에게 감시자를 붙이는 습관은 풍자 시인들이 좋아하는 주제였다.

36 처벌을 망설이게 만든 것은 므네스테르 한 사람뿐이었다. 그는 옷을 잡아 찢으면서 클라우디우스를 향해 이렇게 계속 외쳐 댔다. "이 채찍 자국 좀 보세요. 황제님, 메살리나의 명령에 절대 복종하라고 제게 분부하셨던 그 말씀을 상기해 주십시오. 다른 자들은 선물이나 큰 야망에 유혹을 받아 죄를 저질렀습니다. 하지만 저는 어쩔 수 없이 죄를 지었습니다. 만약 실리우스가 천하를 손에 넣었다면 맨 먼저 제가 살해되었을 것입니다."

관대한 성격을 지닌 카이사르는 이 자백에 감동했다. 그래서 막 은사를 베풀려고 할 때, 해방 노예들이 이렇게 설득했다. "그렇게 많은 명사를 처형하고 이제 와서 새삼스럽게 정상을 참작해 무언극 배우 따위에게 자비를 베푸셔서는 안 됩니다. 이렇게 중대한 죄를 저질렀을 때에는 자발적이었든 강요를 받았든 그것은 별로 중요하지 않습니다."

로마의 기사 섹스투스 트라울루스 몬타누스(Sextus Traulus Montanus)조차 변호를 허용받지 못했다. 그는 신중한 청년이지만 사람들의 시선을 끄는 잘생긴 외모 탓으로 메살리나의 부름을 받았다가 하룻밤도 지나지 않아 버림을 받은 적이 있었다. 그녀는 욕망을 느끼는 것만큼이나 싫어하는 것도 변덕스러웠다. 수일리우스 카이소니누스(Suillius Caesoninus)와 플라우티우스 라테라누스는 사형을 모면했다. 후자는 숙부의 빛나는 공적 덕분에, 전자는 그 자신의 배덕背德 덕분에 목숨을 건졌다. 그는 저 추악한 모임에서 단지 여자 역할을 맡았을 뿐이었기 때문이다.

37 그 사이에 메살리나는 루쿨루스 정원에서 자신의 목숨을 위해 투쟁하고 있었다. 그녀는 얼마간 기대를 품고, 심지어 때로는 분개하기까지 하면서 탄원서를 작성했다. 최후의 순간까지 이토록 오만 불손한 여자였다. 그래서 정말로 만약 나르키수스가 그녀의 암살을 서

두르지 않았다면 도리어 치명타가 고발한 그 쪽으로 방향을 바꾸었을 것이다. 실제로 그날 저택으로 돌아온 클라우디우스가 일찌감치 저녁 식사를 마친 뒤에 흥분이 가라앉고 약간 취해 욕정이 솟구치자 "저 가엾은 여자"(이런 말을 사용했다고 한다)가 있는 곳에 가서 "내일 아침 자신을 변호하러 오라"고 전하라고 명했기 때문이다.

이 말을 들은 나르키수스는 걱정이 되었다. "클라우디우스의 분노가 가라앉은 것이 분명해. 애정도 되살아나고. 이대로 우물쭈물하다가는 내일 밤에는 아내의 침실을 그리워할 위험이 있어." 그는 허둥지둥 방에서 나가 몇 명의 백인대장과 마침 곁에 있는 1명의 부관에게 "메살리나의 처형을 집행하라. 이것은 최고 사령관의 명령이다" 하고 알렸다. 감시와 검증의 역할을 해방 노예 중 하나인 에우오두스(Euodus)에게 맡겼다. 그는 서둘러 출발해 병사 일행보다 먼저 루쿨루스 정원에 도착했다. 메살리나는 땅에 엎드려 있고, 그 곁에 그녀의 어머니 도미티아 레피다(Domitia Lepida)가 앉아 있는 것이 보였다. 딸이 더없는 영화를 누리고 있을 때에는 냉담했던 어머니도 딸이 진퇴유곡의 곤경에 빠지자 동정심에 사로잡혔던 것이다. 그녀는 "사형 집행인이 기다리게 해서는 안 돼. 이제 네 인생은 끝났어. 명예롭게 최후를 맞이하는 수밖에 없어" 하고 설득하고 있었다.

하지만 방탕한 생활로 속속들이 썩어 버린 그녀의 본성에는 염치라는 것이 손톱만큼도 남아 있지 않았다. 언제까지고 눈물을 흘리며 헛되이 한탄을 되풀이할 뿐이었다. 마침내 병사들이 몰려가 매우 난폭하게 문을 열어 제쳤다. 부관은 말없이 곁에 서 있었다. 해방 노예가 그녀에게 노예 근성을 드러내며 욕설을 퍼부어 댔다.

38 그제서야 비로소 그녀가 자신의 운명을 깨달았다. 그녀가 단검을 받고는 벌벌 떨면서 그것을 목과 가슴 쪽으로 가져갔지만 차마 찌르지 못하자, 부관이 단숨에 찔러 죽였다.[68] 그녀의 유해는 어머니 곁

에 남겨 두었다. 메살리나가 죽었다는 소식이 도착했을 때, 클라우디우스는 아직 식탁에 있었다. 보고자는 자살인지 타살인지 따로 설명을 덧붙이지 않았다. 그도 물어 보려 하지 않고 술을 더 갖고 오라고 말하고는 여느 때처럼 향연을 계속 즐겼다.

클라우디우스는 그 후 며칠 동안 기뻐 날뛰는 탄핵자들을 보더라도, 비탄에 잠겨 있는 자식들을 보더라도 증오나 기쁨, 분노나 슬픔, 요컨대 인간적인 감정을 일절 내비치지 않았다. 원로원은 메살리나의 이름과 상을 개인 저택이나 공공 장소에서 제거하기로 의결해 황제가 아내를 잊을 수 있도록 도와 주었다. 그리고 또 나르키수스에게 재무관 현장[69]을 수여하기로 결의하기도 했다. 그러나 이것은 팔라스나 칼리스투스의 상급자로서 행동하고 있는 그에게는 조금도 자부심이 느껴지지 않는 하찮은 명예였다. 그의 행위 그 자체는 물론 정당했다. 하지만 그로 인해 더 무서운 일이 [많은 비애를 수반하며] 벌어졌다.

(68) 24세 때 죽었다. 그녀는 15세에 결혼했는데, 이때 클라우디우스는 50세 가까운 나이였다.
(69) 4절 주를 참조할 것.

5. 부록 〈클라우디우스의 연설〉[70]

(24절에서 타키투스가 인용하고 있는 본래의 연설)

첫번째 난欄

......[71]

무엇보다 먼저 여러분의 마음에 곧 떠오르리라 예상되는 저 우려를, 즉 지금 이 제도가 처음 로마에 도입된 것처럼 두려워하는 일을 부디 그만두어 주시오. 그러기보다는 오히려 이 나라에서 새로운 것이 얼마나 많이 만들어졌는지, 우리의 도시 국가 창건 직후부터 우리 공동체가 얼마나 많은 양식과 체제를 이식해 왔는지 고려해 보아야 하오. 일찍이 이 도시는 왕에 의해 지배되고 있었소. 그러나 어떤 왕도 자신과 같은 혈통의 후계자에게 이 도시를 물려준 적이 없소. 왕위를 계승한 것은 다른 집안 출신이고, 때로는 이방인이 이어받기까지 했소. 예를 들어 로물루스 왕의 뒤를 이은 누마 왕은 사비니족 출신이었소. 물론 사비니족은 이웃 부족이었소. 하지만 그 당시는 이방인이었소. 앙쿠스 마르키우스 왕의 뒤를 이은 것은 프리스쿠스 타르

---

70) 1528년 가을에 리옹(옛 지명 루그두눔)의 교외에서 한 조각의 동판이 발견되었다. 상부가 파손된 길이 1.93미터, 폭 1.39미터, 두께 8밀리미터의 판에 마치 책을 펼친 듯이 왼쪽 난에서 오른쪽 난에 걸쳐 크기 2센티미터의 아름다운 로마자가 죽 새겨져 있었다. 이 동판은 〈클라우디우스 동판〉으로서 현재 리옹의 미술관에 소장되어 있다. 이 부록에는 동판의 내용을 완역한 것이 수록되어 있고, 원전으로는 Documents illustrating the Reigns of Claudius and Nero, No. 5(compiled by M. P. Charlesworth, 1951, Cambridge)=CIL. xiii. 1668=ILS 212를 사용했다. 주요한 원로원 의결이나 황제 포고는 동판에 새겨 관계되는 여러 지방에 게시되는 것이 로마의 관례였다. 이 동판도 그런 것의 일종으로, 클라우디우스가 48년에 '장발의 갈리아'의 귀족들에게 '관직에 취임할 수 있는 권리'를 허가한 연설의 사본이다. 이것을 인용한 타키투스의 연설(24절)과 비교할 때 타키투스의 신빙성 혹은 문체상의 문제와 관련해 어떤 해명의 실마리를 제공해 준다.

71) 몇 행이 없어졌는지 알 수 없다.

퀴니우스 왕이오. 그의 아버지는 코린토스인 데마라토스이고, 어머니는 타르퀴니이[72]의 귀족 출신이었소. 그녀는 이런 남편이라도 좇을 수밖에 없다고 생각할 정도로 가난했소. 이리하여 피가 더럽혀졌기 때문에 타르퀴니우스는 관직에 오르는 것을 거부당해 로마로 이주했소. 그 후 그는 로마의 왕위를 손에 넣었소.

타르퀴니우스와 그의 자식인가 손자(이 점에서 역사가들의 의견이 때문이오) 사이에도 세르비우스 툴리우스 왕이 끼여 있소. 만약 로마의 전승에 따른다면 툴리우스는 오크레시아(Ocresia)라는 포로 여성의 자식이오. 에트루리아의 전승에 의하면 그는 일찍이 카일레스 비벤나[73]의 가장 충실한 동지로서 온갖 어려움을 함께 헤쳐 나갔다고 하오. 갖가지 운명에 농락당하던 끝에 카일리스의 남은 휘하 병사들은 모두 거느리고 에트루리아에서 무사히 달아나 카일리우스 언덕을 점거했소. 이 언덕의 이름은 그들의 장군 카일리스의 이름을 딴 것이오. 툴리우스도 이름을 바꾸어(에트루리아에 있을 때에는 마스타르나 [Mastarna]라 불렸소) 지금 불리고 있는 이름을 갖게 되었소. 그리고 국가에 큰 공헌을 했기 때문에 왕위에 오르게 되었소. 마지막으로 타르퀴니우스 수페르부스 왕이 그 생활 태도로 점차 우리 시민들의 미움을 사게 되고 나서 그의 지배든 그 자식의 지배든 일반적으로 왕제 王制라는 것에 시민들의 마음이 완전히 정나미가 떨어지게 되었소. 그리하여 2명의 집정관, 즉 임기 1년의 정무관의 손에 국가의 관리가 맡겨지게 되었소.

그런데 이 집정관 명령권보다 더 강력한 독재관의 명령권이 우리의 조상들에 의해 새로 만들어졌다는 것, 그것이 최악의 전시라든가 격렬한 내란시에 행사되었다는 것을 지금 여기에서 말할 필요가 있

---

72) 에트루리아의 옛 도시.
73) 4권 65절을 참조할 것.

겠소? 혹은 평민을 돕기 위해 호민관 제도가 창설되었다든가, 또 명령권이 집정관에서 10인 법관의 손으로 이관되고, 10인 법관의 지배가 해체된 뒤 다시 집정관의 손으로 돌아왔다든가, 혹은 집정관의 명령권이 한꺼번에 많은 사람들에 의해 공유되고, 그들이 '집정관 명령권을 지닌 호민병관護民兵官'이라 지칭되며 6명, 때로는 8명이나 선출되었다는 것, 마침내 이 명령권의 명예뿐만 아니라 성직의 영예까지 귀족과 일반 평민이 서로 공유하기에 이르렀다는 것, 이런 역사에 지금 내가 주석을 달 필요가 있겠소?

더 나아가 만약 여기에서 우리의 조상이 어떤 민족과 싸움을 시작하고 어디까지 진격했는지 말한다면, 내가 매우 오만해 보이지 않을까 걱정되오. 그리고 북해 저편에까지 영역을 확장시킨 공적[74]을 내가 자랑하고 있다고 받아들일 것 같소. 그러나 이런 것에서 본론으로 돌아가도록 합시다.

로마 시민권은……

두번째 난

……

확실히 새로운 제도요. 하지만 내 조부이신 신군 아우구스투스 님도, 백부이신 티베리우스 카이사르 님도 모든 곳[75]의 식민시나 자치시의 정수精髓, 즉 덕으로 이름이 높은 사람이나 유복한 사람의 정수란 정수를 모두 원로원에 모아 두고 싶어하셨소. 그렇다면 왜 이탈리아인이 속주민보다 원로원 의원으로서 우선적으로 발탁되지 않는 것

---

74) 클라우디우스의 브리타니아 정복을 가리킨다. 7권~10권 [옮긴이의 덧붙이는 글] 43년 항목을 참조할 것.
75) 이탈리아의 '모든 곳'으로 해석된다.

일까? 여러분의 이런 의문에 대한 내 해답은, 내가 감찰관으로서 이 임무에 손을 댈 때 여러분이 만족할 수 있도록 사실로 제시할 것이오.

그러나 속주민이라도 원로원을 빛낼 만한 능력을 지니고 있다면 그 입적을 거부할 필요가 없다고 나는 생각하오. 저 가장 빛나는 식민시, 더없이 풍요로운 시 비엔나가 얼마나 오랫동안 로마의 원로원에 의원을 보냈을까? 그 식민시 출신인 루키우스 베스티누스는 기사계급의 소수의 정예 중 정예이고 나의 가장 친한 친구이지만 오늘날에도 아직 황제 속리로서 그 자리에 머물러 있소. 나는 여러분에게 부탁하오. 그의 자식은 원로원으로의 제1단계인 성직聖職을 향수하고, 그리고 앞으로는 매년 그들이 승진하고 명예를 드높일 수 있게 해주길(불길한 이름의 저 악당[76]이, 그리고 내가 증오하고 있는 저 격투사처럼 보이는 성질이 비뚤어진 자가 자신이 태어난 식민시가 로마 시민권이라는 확실한 행복을 손에 넣기 전에 자기 집안으로 집정관직을 가져가고 말았다는 것에 대해서는 새삼 여기에서 언급할 필요도 없을 것이오). 똑같은 것을 그의 형제에 대해서도 말할 수 있을 것이오. 정말로 가엾은, 그에게 부적합한 운명이지만, 그는 아직 여러분에게 유익한 원로원 의원임을 입증해 보이지 못하고 있소.

티베리우스 카이사르 게르마니쿠스여,[77] 지금이야말로 자네의 연설이 의도하고 있는 것을 원로원 의원 여러분 앞에 피력할 때일세. 왜냐하면 자네는 지금 나르보 갈리아의 맨 끝까지 와 있기 때문이네. 보시오, 저 젊은이들[78]은 내가 보는 한 모두 훌륭한 인물이오. 그들이

---

76) 비엔나 출신의 아시아티쿠스를 가리킨다. 1절 이하.
77) 황제가 자신을 부르고 있는 것이다. "마침내 나는 이야기의 맥락상으로나 지리적으로나 나르보 갈리아의 끝에 와 있다. 지금부터 '장발의 갈리아' 속주에 들어가 그들의 원로원 등록 문제를 논해 보자"는 뜻일까?
78) 이 '젊은이'들은 원로원에 사절로 온 '장발의 갈리아'의 귀족들. 황제가 연설할 때 입장을 허용받고 방청하고 있었을 것이다.

원로원 의원이 되는 것을 우리가 부끄럽게 생각할 정도라면, 내 친구로 고귀한 태생인 페르시쿠스[79]가 그의 조상의 상 중에서 알로브로기쿠스(Allobrogicus)라는 별명을 지닌 사람이 발견되는 것을 더 부끄럽게 여겨야 할 것이오. 그래서 만약 여러분이 이 점에 동감한다면, 그리고 루그두눔[80] 출신이 여러분과 똑같이 원로원 계급에 속해 있는 것도 후회하고 있지 않다면, 바로 나르보 갈리아 속주의 경계 저편의 땅이 이번에는 여러분이 있는 곳으로 원로원 의원을 보낼 차례라는 것을, 내가 이 손가락으로 명시하는 것 외에 여러분이 무엇을 바라겠소?[81]

여러분, 나는 확실히 여러분에게 무척 익숙하고 친숙한 속주의 경계를 겁을 내면서 넘었소. 하지만 지금 '장발의 갈리아'의 문제는 특별히 고려해야 하오. 이 경우 만약 누군가가 그들이 전쟁으로 10년간이나 신군 율리우스 카이사르 님을 괴롭혔다는 데 주의를 기울인다면, 그와 동시에 그들의 100년간에 걸친 확고 부동한 신의와, 우리가 여러 차례 위기를 맞이했을 때 그들이 입증해 보인 더 많은 복종심의 예를 비교 대조해야 할 것이오. 그들은 내 아버지이신 드루수스 님이 한창 게르마니아를 정복하실 때 그 배후에서 유순하게 행동하며 평화를 확실히 보증하고 유지했소. 그랬소. 아버님이 그때 첫 경험으로, 게다가 갈리아인에게 익숙지 않은 재산 사정[82]을 마친 뒤에 곧 게르마니아 전쟁[83]에 소환되셨을 때에도 그렇게 했소. 설사 이번의 재산

---

79) 로마의 귀족 파울루스 파비우스 페르시쿠스(6권 28절)의 조상 중에 파비우스 알로브로기쿠스(Fabius Allobrogicus)라는 기원전 121년의 집정관이 있었다. 하지만 그는 알로브로게스족의 피를 이어받고 있었던 것이 아니라(만약 그렇다면 부끄러워해야 할 일이지만) 그 부족을 정복한 사람이다. 클라우디우스의 논리가 기묘하다.
80) 현재의 리옹. 기원전 43년에 로마의 식민시가 된 이곳은 '장발의 갈리아' 내에 있긴 했지만 원주민이 거주하는 다른 도시들과는 성질이 달랐다.
81) "새삼 내가 말할 필요도 없을 것이다"라는 뜻의 수사적인 표현.
82) 기원전 12년의 일. 1권 31절을 참조할 것.

사정이 단지 로마 국력의 공적인 확인을 목적으로 하고 있다 하더라도,[84] 이것을 수행하는 것이 우리에게 얼마나 어려운 일인지 많은 체험으로 나도 잘 이해할 수 있소.

---

83) 기원전 12~9년.
84) 세금 징수에 목적이 있지 않으며, 전체적으로는 국력의 통계적인 조사이고 개인적으로는 원로원 의원 자격 재산(100만 세스테르티우스)의 유무 조사라는 뜻일까? 이 결론은 돌발적이고 명료하지 않다.

제12권 (서기 48~54년)

1. 클라우디우스의 재혼

■ 메살리나의 죽음으로 황제의 저택이 크게 요동쳤다. 클라우디우스는 독신 생활을 견디지 못한데다가 아내에게 마음대로 휘둘리는 사람이고, 대체 누가 그의 아내를 선택할 것인가 하는 문제와 관련해 해방 노예들이 서로 으르렁거렸기 때문이다. 여자들 사이의 경쟁도 똑같이 맹렬했다. 제각기 막상막하로 자신의 고귀한 태생과 미모, 재산을 겨루며 나야말로 이런 고귀한 결혼에 적합한 여자라고 뽐내 보였다.

끝까지 선택을 망설이게 만든 주요 경쟁자는 집정관급 인사인 마르쿠스 롤리우스(Marcus Lollius)[1]의 딸 롤리아 파울리나(Lollia Paulina)와 게르마니쿠스의 딸 율리아 아그리피나(Julia Agrippina)였다. 후자는 팔라스가, 전자는 칼리스투스가 밀었다. 나르키수스는 투베로 가 출신인 아일리아 파이티나(Aelia Paetina)[2]를 지지하고 있었다. 가장

---

1) 손녀딸이라는 설이 있다. 롤리아의 아버지가 집정관이 된 흔적이 없기 때문이다. 그녀의 첫 남편은 멤미우스 레굴루스(22절), 두번째 남편은 가이우스 칼리굴라였다.

중요한 클라우디우스는 측근의 충고를 들을 때마다 이리 기울었다 저리 기울었다 하며 계속 마음을 바꾸었다. 마침내 그가 경쟁자들을 한자리에 모아 놓고는 의견을 발표하고 추천 이유를 덧붙여 말하라고 명했다.

2 나르키수스는 이렇게 설명했다. "파이티나 님은 전에 황제 님의 아내셨습니다. 두 분 사이에 따님도 두셨습니다(클라우디아 안토니아라는). 이처럼 속마음을 아는 아내를 불러 되돌아오게 하면 황제님의 가정에 다툼이 일어나지 않을 것입니다. 그분이라면 계모로서 브리타니쿠스와 옥타비아 두 자녀분을 혐오하는 일이 결코 없을 것입니다. 이 두 자녀분과 그분이 낳으신 자녀분이 서로 같은 피를 나눈 이복 형제이기 때문입니다."

칼리스투스는 이렇게 반박했다. "파이티나 님은 오랜 동안의 이혼으로 자격을 잃으셨습니다. 만약 또다시 정실 부인으로 맞이하신다면 그만큼 한층 더 오만해지실 것입니다. 롤리아 님을 맞이하시는 것이 훨씬 더 바람직합니다. 그분은 한 번도 자식을 낳으신 적이 없습니다. 그래서 의붓 자식들에게 질투심을 품지 않고 자식분들의 진짜 어머니가 되실 것입니다."

팔라스는 아그리피나를 추천하면서 그녀가 게르마니쿠스의 손자[3]를 의붓 자식으로 데려온다는 점을 특히 강조했다. "이 자제분이야말로 지배자의 지위에 가장 적합하십니다. 황제님께서는 이 고귀하신 자손, 즉 〈율리우스〉와 클라우디우스 양 씨족의 피를 이어받으신 후예와 반드시 연을 맺으셔야 합니다. 아그리피나 님은 아이를 낳지 못하는 여자가 아님을 증명해 보이셨습니다. 게다가 아직 한창 청춘이

---

2) 클라우디우스의 두번째 부인. 안토니아를 낳은 뒤 대수롭지 않은 일로 황제의 기분을 상하게 해 이혼당했다.
3) 미래의 황제인 네로.

십니다.[4] 이 카이사르 가의 정화精華를 다른 가문에 빼앗기셔서는 안 됩니다."

3 이 마지막 주장이 아그리피나의 유혹도 곁들여져 우세해졌다. 그녀는 친척임을 구실 삼아 뻔질나게 숙부를 방문하며 그의 마음을 단단히 사로잡아 다른 경쟁자들보다 우세했다. 그리고 아직 본처가 아닌데도 아내로서의 권력을 행사하기 시작했다. 그녀는 자신의 결혼에 확신을 갖게 되자 더 큰 야심을 품고서 그나이우스 도미티우스 아헤노바르부스(Cnaeus Domitius Ahenobarbus)와의 사이에서 태어난 아들 루키우스 도미티우스 아헤노바르부스, 즉 미래의 네로를 위해 계획을 세우는 데 몰두하고 그와 클라우디우스의 딸 옥타비아를 결혼시키려 했다. 하지만 이 계획을 실행에 옮기려면 아무래도 죄를 짓지 않으면 안 되었다. 카이사르가 이미 루키우스 유니우스 실라누스 토르콰투스(Lucius Junius Silanus Torquatus)를 옥타비아의 약혼자로 결정해 놓고 있었기 때문이다. 그리고 그러잖아도 유명한 이 젊은이에게 개선 장군 현장을 수여하고 구경거리로서 성대한 검투사 시합을 그의 이름으로 증여해 민중의 인기를 높여 주었다.[5]

그러나 황제의 마음을 바꾸는 것이 어려운 일로 생각되지 않았다. 그가 좋아하거나 싫어하는 것은 모두 다른 사람의 훈수나 지시에 따른 것이었기 때문이다.

4 그런데 루키우스 비텔리우스가 자신의 비열한 책략을 숨기기 위해 감찰관의 지위를 이용했다. 즉 그는 미래의 지배자를 예측하고는 아그리피나의 총애를 받으려고 그녀의 계획에 말려들어 실라누스를 무고했다. 실라누스에게는 유니아 칼비나(Junia Calvina)라는 확실

---

4) 이때 그녀의 나이는 33세였다. 14권 12절.
5) 실라누스가 이해의 법무관으로 취임했을 때, 클라우디우스가 자신의 비용으로 개최해 주었다는 뜻.

히 아름답고 쾌활한 누이 동생이 있었다. 이 여자가 최근에 비텔리우스의 아들에게 시집왔는데, 이것이 실라누스 고발의 실마리를 제공해 주었다. 그는 이 오빠와 누이 동생의 경솔하고 남의 눈을 꺼리지 않는, 하지만 순수하기 짝없는 애정 교환을 파렴치한 행위로 곡해했다.

카이사르가 이 참소에 귀를 기울였다. 그는 딸에 대한 사랑으로 인해 미래의 사위가 받고 있는 혐의를 아주 쉽게 그대로 받아들였다. 실라누스는 이런 음모를 전혀 모르고 있었다. 때마침 이해의 법무관이었던 그가, 이미 원로원 명부가 완성되고 대재계도 완료되었는데도 불구하고 갑자기 비텔리우스의 고시[6]로 원로원에서 추방되었다. 이와 동시에 클라우디우스는 실라누스와의 약혼을 해소하고 강제적으로 관직에서 사임시켰다. 그리고 임기가 하루밖에 남지 않은 이해의 법무관직이 티투스 클로디우스 에프리우스 마르켈루스(Titus Clodius Eprius Marcellus)에게 넘어갔다.

5 가이우스 폼페이우스 롱기누스 갈루스(Gaius Pompeius Longinus Gallus)와 퀸투스 베라니우스(Quintus Veranius)가 집정관이 되었다.[7] 클라우디우스와 아그리피나의 결혼 약속이 거리의 소문과 두 사람의 밀통으로 결정적인 것이 되어 갔다. 그러나 두 사람은 아직 결혼식을 올릴 용기가 없었다. 숙부가 조카딸을 아내로 맞이한 선례가 없었기 때문이다. "정말로 근친상간으로 받아들여지지 않을까? 설사 세상 사람들의 이런 비난은 무시한다 해도 천벌이 전 국민을 덮치지 않을까?" 하는 두려움이 엄습했다.

그러나 이런 위구심이나 망설임은, 비텔리우스가 그 특유의 한 가

---

6) 감찰관의 명령은 고시를 통해 행해졌다. 감찰관의 임기는 명목상으로는 5년이지만 실제로는 18개월로, 이때도 클라우디우스와 비텔리우스는 47년부터 48년 6월까지로 임기로 끝났을 것이다('대재계도 완료되었는데도 불구하고'의 뜻을 참조할 것).
7) 서기 49년을 가리킨다.

지 계책을 짜내 두 사람의 결혼식 문제를 떠맡고 나서자 곧 사라져 버렸다. "국민의 명령과 원로원의 권위에 양보할 생각이 있으십니까?" 하는 질문을 받자, 카이사르는 "나는 한 시민에 불과하오. 그러므로 국민 전체의 뜻을 거스를 수 없소" 하고 대답했다. 그래서 비텔리우스는 "팔라티움에서 기다리십시오" 하는 말을 카이사르에게 남기고 원로원으로 들어가 허세를 부리며 국가의 존망이 걸린 더없이 중요한 문제이니 맨 먼저 발언할 수 있는 권리를 달라고 요청하고는 다음과 같이 말하기 시작했다. "황제의 임무는 그 범위가 로마 세계 전체에 걸쳐 있소. 따라서 그 짐이 엄청나게 무겁소. 황제께서 가정의 걱정에서 벗어나 공무에 전념하시기 위해서는 협력자가 필요하오. 더군다나 감찰관에 어울리는 정신을 지니고 계신 분에게는 고락을 함께 하고 심중을 털어놓고 어린 자식들을 맡길 수 있는 아내를 맞이하는 것보다 더 훌륭한 휴식은 없을 것이오. 실제로 황제께서는 방탕이나 쾌락에 전혀 흥미가 없고 아주 젊은 시절부터 법을 충실히 지켜온 분이시오."

6 이와 같이 사람들의 호감을 살 것 같은 서두를 늘어놓아 의원들의 폭넓은 찬성을 얻게 되자, 비텔리우스는 본론으로 들어갔다. "우리가 모두 나서 황제께 결혼을 권유할 결심을 굳혔다면, 이번에는 고귀한 혈통과 자식을 낳을 가능성, 정숙함 등의 측면에서 비교될 사람이 없는 여성을 택하지 않으면 안 되오. 아그리피나 님이 빛나는 혈통이라는 점에서 가장 뛰어나다는 것은 새삼 논할 필요도 없소. 그리고 그분이 아이를 낳지 못하는 여성이 아니라는 증거도 이미 제시되어 있소. 그분의 미덕도 그 태생에 어울리오. 게다가 신들의 섭리로 그분은 마침 지금 독신이시오. 이런 분과 자신의 아내밖에 사랑한 적이 없으신 황제가 부부가 된다는 것은 실로 바라지도 못할 만큼 좋은 일이오.

여러분은 양친으로부터 듣거나 여러분 자신의 눈으로 직접 확인했듯이 카이사르 님들이 기분 내키는 대로 많은 사람의 아내를 빼앗으셨소. 이것은 현재 황제님의 겸허한 마음과는 전혀 관련이 없소. 그러므로 지금 우리가 최고 사령관이 〈원로원으로부터〉 아내를 선사받는 선례를 만들어 내는 것이오! 물론 형의 딸을 아내로 맞이하는 것은 우리 로마인에게는 낯선 일이오. 그래서 이에 반대할지도 모르지만, 다른 민족들의 경우에는 이런 관례가 있을 뿐만 아니라 어떤 법률로도 금지되어 있지 않소. 한편 로마에서도 오랫동안 모르고 지내 온 사촌끼리의 결혼이 해를 거듭함에 따라 빈번해지고 있소. 관습은 필요와 함께 변해 가오. 이것도 역시 이윽고 유행하는 관례 중 하나가 될 것이오."

7 이 말을 듣고는 일부 의원이 "만약 카이사르 님께서 망설이신다면 강제로라도 납득시켜 보이겠다"고 벼르면서 서로 앞으로 다투어 원로원에서 달려 나갔다. 원로원 바깥에서는 모여 있던 여러 계층의 사람들이 "로마 국민도 같은 마음이오" 하고 계속 외쳐 댔다. 이렇게 되자 클라우디우스도 꾸물거릴 수 없었다. 그는 중앙 광장에 모습을 나타내고는 군중의 축하 인사를 받았다. 그러고는 원로원에 들어가 "숙부와 그 형제의 딸과의 결혼을 장래에도 정당하다고 인정한다"는 원로원의 의결을 요청했다. 하지만 이런 결혼을 추구한 자는 단 한 명밖에 나타나지 않았다. 알레디우스 세베루스(Alledius Severus)라는 로마 기사로, 당시 사람들은 모두 "그의 동기는 아그리피나의 호감을 사려는 데 있을 것이다" 하고 수군거렸다.

그 후 수도의 양상이 일변했다. 모든 사람이 그저 시키는 대로 한 여자에게 완전히 복종하게 되었다. 하지만 그녀는 메살리나처럼 기분을 달래기 위해 제멋대로 로마 국가를 갖고 놀지는 않았다. 국민을 노예로 삼는 고삐를 거의 남자처럼 바짝 죄었다. 그녀는 공식 석상에서는 엄격하게, 그 이상으로 오만하게 했다. 가정에서는 권세욕에서 그것을 필요로 하지 않는 한 부정한 행위를 하지 않았다. 금전욕은 엄청났지만, 지배를 위한 자금을 준비한다는 구실로 은폐시킬 수 있었다.

■8 결혼식을 올리는 날, 실라누스가 자살했다. 이날에 이르자 마침내 삶에 대한 희망을 잃어버리게 된 것일까, 아니면 상대에 대한 원한을 더욱 노골적으로 나타내기 위해 일부러 그날을 택한 것일까? 그의 누이 동생 칼비나는 이탈리아에서 추방되었다. 그뿐만 아니라 클라우디우스는 대제관단에 툴루스 호스틸리우스(Tullus Hostilius) 왕의 법률에 기초해 디아나의 성림聖林[8]에서 희생제를 올리고 속죄식을 거행하라고 명했다. 이것은 세상 사람들의 비웃음을 샀다. 그 자신이 막 근친상간을 저지르려 할 때 그와 비슷한 죄를 처벌하고 그 속죄식을 거행했기 때문이다.

한편 아그리피나는 나쁜 행실만으로 유명해지고 싶지 않아 루키우스 안나이우스 세네카(Lucius Annaeus Seneca)[9]를 위해 추방 해제와 법무관직의 수여를 황제에게 건의해 허락을 받았다. 세네카의 빛나는 학식이 국정에 좋은 영향을 미치게 하고, 또 이런 훌륭한 교사에게 루키우스 도미티우스의 유년기 교육을 맡기고 싶었던 것이다. 이와 함께 그녀 일파의 지배욕을 실현시키는 데 이 사람의 조언을 활용할 수도 있었다. 요컨대 세네카는 그녀의 친절한 중재를 언제까지고 잊지 않고 그녀의 충실한 친구가 되고, 다른 한편으로 클라우디우스에게는 일찍이 그로부터 부당한 벌을 받은 쓰라린 체험에서 계속 반

---

8) 디아나의 성림은 라티움의 옛 도시 알리키아 옆에 있는 네미의 숲.

9) 유명한 철학자 세네카가 비로소 등장한다. 스페인의 코르도바에서 기원전 4년에 수사학자의 아들로 태어났다. 41년에 메살리나의 간교한 음모에 의해 게르마니쿠스의 딸 율리아 리빌라와 간통했다는 혐의로 추방되어 8년 동안 코르시카 섬에서 지내고 있었다.

감을 품을 것이라 믿었던 것이다.

9 이어서 그녀 일파는 너무 뒤로 미루는 것은 좋지 않다고 생각했는지 예정 집정관 루키우스 맘미우스 폴리오(Lucius Mammius Pollio)를 큰 것을 약속하겠다고 꾀어 원로원에서 다음과 같은 제안을 하게 했다. "클라우디우스 황제님께서 옥타비아와 도미티우스의 약혼을 고려하시길 희망한다. 두 사람의 연령이 걸맞지 않는다고 생각되지 않는다.[10] 이것에 의해 카이사르 가의 전도가 더욱더 양양해질 것이다." 폴리오의 연설은 얼마 전에 비텔리우스가 행한 것과 거의 똑같았다.

이리하여 옥타비아의 약혼이 결정되었다. 도미티우스는 그때까지의 황제의 양자라는 관계에 더하여 이제는 약혼자가 되고 미래의 사위가 되어 브리타니쿠스의 경쟁자가 되었다. 이것은 오로지 어머니의 열성과, 메살리나를 고발했기 때문에 그녀 자식의 복수를 두려워한 자들의 책략 덕분이었다.

2. 동방의 동란〔계속〕

10 같은 시기에 이미 언급했듯이[11] 메헤르다테스[12]의 인도를 요구하러 온 파르티아인 사절이 원로원에 들어와 대략 다음과 같은 말로 사명을 전달했다.

"우리는 양국간의 동맹 조약[13]을 잊지 않고 있다. 우리가 여기에 온

---

10) 네로 도미티우스는 12세, 옥타비아는 9세였다.

11) 11권 10절을 참조할 것.

12) 아우구스투스가 왕위를 손에 넣으라고 메헤르다테스의 아버지를 파르티아로 돌려보냈다.

13) 맨 처음 아우구스투스에 의해 체결되고(2권 1절), 티베리우스에 의해 갱신되었으며(2권 58절), 칼리굴라에 의해 개정되었다.

것은 아르사케스 왕조에 반역하기 위해서가 아니다. 귀족이나 평민 모두 고타르제스의 전제를 참아 낼 수 없기 때문에 그에 대항해 보노네스의 아들이자 프라아테스의 손자인 사람을 부르기 위해서이다. 고타르제스는 이미 그의 형제나 친척, 먼 혈족을 암살로 절멸시켜 버렸다. 그리고 이제는 임신한 아내들이나 어린 자식들에게까지 손을 대고 있다. 요컨대 내정에는 어둡고 외정은 실패투성이인 고타르제스는 자신의 무능함을 잔학함으로 덮어 가리고 있다. 우리와 로마 사이에는 국가끼리 맺은 오랜 우정이 있다. 로마는 동맹자에게 원조의 손길을 내밀어야 한다. 무력상으로는 로마와 대등하지만 존경하는 마음에서 양보하고 있는 것이다. 우리가 왕의 자식을 인질로 맡기고 있는 것은 국내의 지배자에게 염증을 느낄 경우, 황제와 원로원에 호소해 로마의 풍습에 익숙해진, 보다 훌륭한 왕을 받아들이려 했기 때문이다."

11 사절이 이상과 같은 취지의 설명을 마치자, 카이사르가 연설에 나섰다. 그는 먼저 로마의 패권과 파르티아의 신종臣從의 예에 대해 말했다. 이어서 자신을 신군 아우구스투스의 입장과 비교하며 그들이 아우구스투스에게 왕을 간청할 때의 경위를 회상시켰다. 하지만 마찬가지로 파르티아인에게 왕을 보냈던 티베리우스와 관련해서는 한마디도 하지 않았다. 마지막으로 카이사르는 메헤르다테스가 마침 그곳에 있었기 때문에 그에게 이렇게 충고했다. "왕의 입장을 노예에 대한 주인이 아니라 시민에 대한 지도자로 생각하는 것이 좋다. 그리고 자비와 정의를 열렬히 추구해야 한다. 야만족은 이런 미덕을 모르는만큼 더욱더 고마워할 것이다."

다음으로 사절을 향해 로마가 양육한 자식을 추켜세웠다. "메헤르다테스의 겸양은 지금까지 충분히 입증되었다. 그러나 왕의 성격이 어떻든 그것을 견뎌 내야 한다. 자주 왕을 바꾸는 것은 바람직하지 않다. 로마는 외국 민족의 평화까지 희망할 만큼 전쟁의 영예에 물려 있다." 그 후 카이사르는 시리아 총독 가이우스 카시우스 롱기누스 (Gaius Cassius Longinus)에게 젊은 왕을 유프라테스 강변까지 보내라고 명했다.

12 카시우스는 그 당시 가장 탁월한 법학의 대가였다. 정말로 전쟁의 기술은 천하가 태평할 때에는 잊혀져 버리고, 장군에게 용기가 있든 없든 평화로울 때에는 어느 쪽이든 똑같다. 하지만 카시우스는 전쟁이 없는 상태에서 가능한 한 옛 군기를 부활시키고 군단병을 훈련시키는 한편, 금세라도 적이 공격해 올 것처럼 언제나 주도면밀한 경계 태세를 갖추고 있었다. 그는 바로 이것이 자신의 조상에, 즉 이 지방의 민족에게까지 알려진 카시우스 가[14]의 이름에 부끄럽지 않는 행위라고 생각했다.

그래서 카시우스는 로마에 왕을 돌려보내 줄 것을 제안한 파르티아인들을 불러들이고 유프라테스 강을 건널 때 가장 편리한 제우그마(Zeugma)라는 땅에 진영을 구축했다. 이윽고 파르티아의 유명한 귀족들이나 에데사[15]의 아라비아족의 왕 아크바루스(Acbarus)가 달려오자, 카시우스는 메헤르다테스에게 이렇게 충고했다. "우리가 의구심을 가지고 망설이면 야만족이 충동적인 열정을 가라앉히고 냉정해지거나 표변해 배신을 하거나 하오. 그러므로 계획을 신속하게 실행에 옮겨야 하오." 하지만 아크바루스의 교활한 책동으로 이 충고가 무시되었다. 그가 아무것도 모르는 순진한 젊은이를 오랫동안 에데사에 잡아 두고 왕이라는 지위가 방탕 속에 있음을 납득시켰다.

이윽고 메소포타미아의 총독인 카레네스가 그를 불렀다. "지금 곧

---

14) 기원전 53년에 마르쿠스 리키니우스 크라수스(Marcus Licinius Crassus)가 카라에서 패하고 사망한 뒤에 파르티아인의 침입으로부터 시리아를 지켜 낸 가이우스 카시우스 롱기누스(훗날의 카이사르의 암살자)를 가리킬 것이다.

15) 오스로에네의 수도. 오늘날의 터키의 우르파로 추정된다.

오면 모든 일이 다 잘 풀릴 것이오" 하고 설득했지만, 왕은 메소포타미아로 직행하는 대신 우회해 아르메니아로 향했다. 그 시기가 나빴다. 이미 겨울이 시작되려 하고 있었기 때문이다.

13 이 때문에 눈이 쌓인 산속에서 고생을 했다. 평야 근처에서 카레네스의 군대와 합류했다. 티그리스 강을 건넌 뒤 아디아베니족의 영지를 가로질렀다. 이 부족의 왕 이자테스(Izates)는 표면상으로는 메헤르다테스의 맹우처럼 행동했지만 속으로는 고타르제스에게 기울어 더한층의 신의를 맹세하고 있었다. 그것은 그렇다 치고 일행은 진군하는 도중에 아시리아의 가장 오래된 수도 니노스를 점령했다. 이어서 다리우스와 알렉산드로스가 최후의 결전을 벌이고 페르시아군이 패배한 것으로 유명한 성채[16]도 함락시켰다.

한편 고타르제스 쪽은 순불라(Sunbulah)라 불리는 산속에서 그곳의 신들에게 기도를 올리고 서원했다. 가장 열렬히 숭배된 신은 헤라클레스였다. 이 신은 정기적으로 꿈속에 나타나 신관에게 이렇게 충고한다. "사냥 도구를 실은 여러 마리의 말을 신역 근처에 준비해 두거라." 화살이 가득 채워진 전통이 붙들어매고 숲 속에 풀어 놓으면, 말들이 이리저리 방황한다. 그리고 밤이 되어서야 비로소 전통을 비운 채 숨을 헉헉 몰아쉬면서 돌아온다. 그날 밤에 다시 헤라클레스 신이 꿈속에 나타나 신이 달리며 돌아다닌 숲 속의 길을 가르쳐 준다. 그러면 그대로 여기저기에서 화살에 맞아 쓰러진 많은 야생 동물이 발견된다.

14 그런데 고타르제스는 자신의 군대가 아직 충분히 집결하지 않았기 때문에 코르마 강을 성벽 대신 이용했다. 상대방이 사절을 보내모욕적인 말을 퍼부으며 여러 번 전투로 끌어들이려 했지만, 고타르

---

16) 니네베 북동쪽의 가우가멜라에 있었다(기원전 331년).

제스는 잇달아 기회를 뒤로 미루고 진지를 바꾸었다. 그리고 적 쪽에 간첩을 풀어 놓고 매수하거나 신의를 내팽개치게 하려 했다. 먼저 이자테스가 아디아베니족 군대를 이끌고, 이어서 아크바루스가 아라비아족을 이끌고 이쪽으로 탈주했다. 이들은 경박하고 불충한 것이 부족의 습성이었기 때문이다. 게다가 그들은 과거의 경험에 비추어 파르티아인이 로마에서 왕을 맞이하는 것을 달가워 하더라도 그를 계속 모실 마음은 없다는 것을 간파하고 있었다.

이리하여 강력한 원군을 빼앗긴 메헤르다테스는 다른 사람들에게도 배신당할까 염려되어 남은 단 한 가지 길을 택하려 했다. 즉 운명에 모든 것을 맡기고 전투로 자신을 시험하려고 결심했다. 고타르제스는 적측의 병력 감소로 용기를 얻었기 때문에 이번에는 전쟁을 거부하지 않았다. 이 조우전은 양군에 심대한 타격을 주었다. 승부는 어느 쪽이라고 판단하기 힘들었다. 그러나 마침내 카레네스가 맞서는 적을 타파하고는 그 기세로 너무 멀리까지 진격해 배후에서 새 적군에게 포위당했다.

그래서 메헤르다테스는 모든 희망을 잃어버렸다. 그는 아버지의 봉신封臣 파라케스의 약속에 귀를 기울이고 그의 간교한 계책에 걸려들어 쇠사슬에 묶인 뒤 승리자의 손에 인도되었다. 고타르제스는 메헤르다테스의 얼굴을 마주 대하고는 "너는 내 친척도 아니다. 아르사케스 왕가 사람도 아니다. 이방인이다. 로마인이다" 하고 비난한 뒤에 그의 귀만 자르고 목숨을 살려 주라고 명했다. 이리하여 그는 자신의 자비로움을 과시하고 로마를 모욕하려 한 것이다.

이윽고 고타르제스가 병들어 세상을 떠나자, 당시 메디아족의 지배자였던 보노네스(Vonones)가 부름을 받아 왕위에 올랐다. 이 왕은 이 여기에 기록할 정도의 번영도 불행도 없이 두드러지지 않는 짧은 통치 기간을 마치고 세상을 떠나자, 파르티아 왕국은 그의 자식 볼로게세스(Vologeses)의 손에 건네졌다.

15 보스포로스의 미트리다테스(Mithridates)[17]는 실각한 이후 각지를 방황하고 있었는데, 그가 이 무렵에 로마의 장군 아울루스 디디우스 갈루스(Aulus Didius Gallus)[18]와 그 정예병이 철수하고 새 왕국에 젊고 경험이 없는 코티스(Cotys)와 로마 기사 가이우스 율리우스 아퀼라(Gaius Julius Aquila)가 이끄는 소수의 원군밖에 남아 있지 않다는 것을 알게 되었다. 그래서 이 두 사람의 지도자를 얕보고 부족민을 선동해 이반을 부추겼다. 그러던 끝에 사방에서 군대를 그러모아 단다리카족[19]의 왕을 쫓아내고 그 왕국을 손에 넣었다.

이 정보가 전해지자 "미트리다테스가 필시 보스포로스에도 침입할 것이다" 하는 생각이 들었다. 아퀼라와 코티스는 자신들의 군대만으로는 자신이 없었다. 시라키족의 왕 조르시네스(Zorsines)가 다시 적의를 드러내고 있었기 때문이다. 그래서 코티스 일파도 외부의 원조를 구하기 위해 아오르시족의 강력한 지배자인 에우노네스(Eunones)에게 사절을 보냈다. 사절이 반역자 미트리다테스에 대항해 갖추어진 로마의 군사력을 자랑해 보이자, 상대가 쉽사리 동맹을 체결했다. 그 결과 에우노네스는 오로지 기병전에 몰두하고, 로마 병사들은 도시의 포위 공격을 목표로 삼기로 결정했다.

16 마침내 양군이 연합해 종대를 짓고 진군을 개시했다. 선두와 후미에는 아오르시족이, 중앙에는 로마의 원군과 로마식으로 장비를 갖춘 보스포로스의 부족이 배치되었다. 이런 대형으로 적을 격퇴하면서 단다리카 왕국의 수도 소자(Soza)에 도착했다. 미트리다테스는

---

17) 보스포로스는 흑해 북안, 즉 크리미아의 로마 속국. 중요한 곡물 생산 국가였다. 본문의 미트리다테스는 41년에 클라우디우스에게 왕위를 수여받았지만 44년인가 45년에 동생 코티스로 대치되었다.
18) 모이시아의 총독. 나중에 브리타니아의 충독이 된다. 40절을 참조할 것.
19) 보스포로스 왕국 동쪽에 거주했다.

이미 이 도시를 포기한 상태였다. 그 시민들의 충성심이 의심스러워 이곳에 예비대를 남겨 감시하기로 했다. 그 후 시라키족의 영지에 침입해 판다 강을 건너고 수도 우스페(Uspe)를 포위 공격했다. 이 도시는 구릉에 건설되고 성벽과 호濠로 방비되고 있었다. 하지만 이 성벽은 돌이 아니라 버들 세공품이나 나뭇 가지 세공품을 겹쳐 쌓고 그 사이를 흙으로 메운 것으로 돌파하는 데 별 장애가 되지 않았다. 포위 공격군은 성벽보다 높은 망루를 구축하고 그곳에서 횃불인 창을 던져 적을 혼란에 빠뜨렸다. 만약 밤이 찾아와 전투가 중단되지 않았다면 그 도시의 공략은 시작된 그날 안에 끝났을 것이다.

17 이튿날 그 도시가 사절을 보냈다. "자유민의 목숨을 보장해 달라"고 탄원하고 노예[20]를 1만 명 제공하려 했다. 이 제안은 승자에 의해 거부되었다. 투항했는데 살해한다는 것은 잔혹한 짓이고, 이런 엄청난 숫자의 노예를 감시하는 것도 힘든 일이었기 때문이다. 오히려 전쟁이라는 정당한 이유로 적을 죽여야 한다고 생각했다. 이미 공성용 사다리로 시내에 침입한 아군에게 살육의 명령이 내려졌다. 우스페 시민의 궤멸은 부근 사람들을 공포의 심연 속으로 몰아넣었다. "저런 무기와 방어 설비, 천연 요새와 산악, 강과 도시도 모두 같은 방식으로 돌파당한다면 더 이상 막을 방도가 없다"고 체념했다.

그래서 조르시네스는 미트리다테스의 절체절명의 위기를 구해 줄까, 아니면 조상 전래의 왕위를 유지할까 오랫동안 망설였다. 마침내 그는 자기 부족의 이익을 가장 중요시하고 인질을 제공하는 동시에 카이사르의 상[21] 앞에 부복했다.

이것은 로마군의 큰 명예였다. 그들이 타나이스 강[22]을 출발한 이후

---

20) 아마도 주인인 시라키족을 위해 일하는 토착 농노였을 것이다.
21) 군단기와 함께 카이사르(황제)의 상을 갖고 다녔다.
22) 돈 강을 가리킨다.

3일간의 행군 끝에 한 방울의 피도 흘리지 않고 승리를 쟁취했다는 것은 의심할 수 없는 사실이다.

그러나 돌아올 때에는 같은 행운을 누리지 못했다. 바다로 귀항하던 몇 척의 배가 타우리족[23]의 해안에 좌초한 뒤 그 야만족에게 포위되어 원군 대장과 그 병사들이 많이 살해되었다.

18 한편 자신의 군대를 조금도 믿지 못하게 된 미트리다테스는 누구의 동정심에 호소할까 하고 생각했다. 동생인 코티스는 전에 자신을 배신하고 또 그 후에는 적이 되어 싸웠기 때문에 신뢰할 수가 없었다. 로마 진영에서도 그 사람의 보증이 강력한 뒷배가 될 만큼 권위를 지닌 사람이 발견되지 않았다. 그래서 에우노네스에게 의지하려 했다. 그와의 사이에는 개인적인 원한도 적개심도 없었다. 더군다나 최근에 로마와 맺은 동맹 조약 때문에 얼굴이 알려져 잘 통하리라 생각되었다. 그런 사정에서 미트리다테스는 가능한 한 현재 놓여 있는 불우한 처지에 맞추어 복장과 외모를 꾸민 뒤에 에우노네스의 왕궁으로 간 뒤 그의 발밑에 엎드려 이렇게 애원했다.

"아주 오랫동안 육지와 바다에서 로마군에게 계속 추적당해 온 미트리다테스가 마침내 스스로 전하를 믿고 찾아왔습니다! 이 위대한 아카이메네스(Achaemenes)[24]의 후예를 좋으실 대로 처리해 주십시오. 이 조상의 영광이야말로 적이 저로부터 빼앗지 못한 단 하나의 것입니다."

19 에우노네스는 명성을 날렸던 이 사람의 역전된 운명과 지금도 여전히 위엄을 잃지 않은 애소에 깊은 감동을 받았다. 그는 미트리다테스를 위로하고, 로마의 은사를 청하기 위해 아오르시족과 그 왕의

---

23) 크리미아 반도에 거주하는 스키타이족의 한 지파.
24) 페르시아 왕국의 창립자인 키로스의 전승상의 중조부로 아카이메네스 왕조(기원전 559~330년)의 시조.

성의를 선택한 데 감사했다. 에우노네스는 즉시 사절과 다음과 같은 문서를 카이사르가 있는 곳으로 보냈다. "로마 국민의 최고 사령관들과 위대한 민족의 왕들의 우정은 먼저 비슷한 지위에서 비롯되고 있다. 더군다나 나와 클라우디우스는 승리의 동반자이다. 전쟁의 가장 행복한 결말은 은사이다. 예를 들어 조르시네스도 정복당했지만 아무것도 박탈당하지 않았다. 물론 미트리다테스는 더욱 엄한 벌을 받아야 마땅하다. 그를 위해 권력이나 왕위의 부활을 바라는 것이 아니다. 다만 그를 개선식에 끌고 나가거나 참수로 징계하지 않기를 바라는 것뿐이다."

20 클라우디우스는 본래 이국의 귀족들에게 관대했지만, 이번 경우에는 미트리다테스의 생명을 보증하고 포로로 받아들여야 하는지, 아니면 무력으로 그를 빼앗아야 하는지 결정할 수가 없었다. 그가 후자에 이끌린 것은 모욕을 받았을 때의 불쾌한 경험과 그 복수를 하고 싶다는 욕망 때문이었다. 하지만 사람들이 이것을 반박했다. "길이 없는 대륙이나 항구 없는 바다에서 싸워야 합니다. 그뿐만 아니라 그 지방의 왕들은 완고하고 신하들은 변덕스러우며 산물은 적다고 들었습니다. 전쟁을 오래 끌면 지루함이, 서두르면 위험이 초래됩니다. 이긴다 해도 그 영광은 뻔한 것이고, 격퇴당한다면 큰 망신입니다. 어째서 주어진 기회를 잡지 않으십니까? 그가 추방자로 살아갈 수 있도록 허락해 주십시오. 모든 것을 다 잃어버린 자는 오래 살수록 벌의 고통을 크게 느끼게 될 것입니다."

이런 의견에 설복당해 클라우디우스는 에우노네스에게 이렇게 썼다. "미트리다테스는 어떤 엄벌도 받을 만하다. 그자를 징계할 힘이 내게 없는 것도 아니다. 그러나 단호한 결의로 적에 임하듯이 탄원자에게는 관대하게 행동하는 것이 로마의 전통이다. 개선식만은 정복한 민족과 왕국 전체에 대해 행해질 것이다."

21 그 후 미트리다테스가 로마군에 인도되었다. 그리고 폰투스의 황제 속리인 유니오 킬로(Junio chilo)에 의해 로마로 호송되었다. 하지만 그는 카이사르의 면전에서 놓여진 처지에 어울리지 않는다고 생각될 정도로 기개를 보이며 연설을 했다고 한다. 그의 말로서 인구에 회자되고 있는 것은 다음과 같은 문구이다. "나는 당신이 있는 곳으로 다시 끌려온 것이 아니오. 스스로 돌아온 것이오. 만약 이것을 믿지 못하겠으면 나를 자유롭게 풀어 주고 다시 잡아 보시오."

그는 경비병들에 에워싸인 채 중앙 광장의 연단 곁에 서서 군중의 시선을 받을 때에도 시종일관 당당한 태도를 취했다.

원로원은 킬로에게는 집정관 현장을, 아퀼라에게는 법무관 현장을 수여하기로 결의했다.

3. 아그리피나의 야심

22 같은 집정관의 해에 아그리피나는 롤리아 파울리나의 죄와 고발자를 날조했다. 적에게는 가차없는 아그리피나는 황제와의 결혼을 둘러싸고 경쟁을 벌였다는 이유에서 롤리아에게 증오심을 품고 있었다. 고발자가 이렇게 탄핵했다. "롤리아는 최고 사령관의 결혼과 관련해 점성술사나 마술사를 찾아가거나 클라로스의 아폴론 상에 문의를 했다." 그러자 클라우디우스는 피고의 자기 변호도 듣지 않고 원로원에 보고했다. 그는 먼저 그녀의 고귀한 태생에 대해 장황하게 이야기했다. "그녀는 루키우스 볼루시우스 사투르니누스(Lucius Volusius Saturninus)의 생질녀요. 마르쿠스 아우렐리우스 코타 막시무스 메살리누스(Marcus Aurelius Cotta Maximus Messallinus)는 그녀의 종조부요. 그녀 자신은 일찍이 푸블리우스 멤미우스 레굴루스(Publius

Memmius Regulus)의 아내였소." 그녀와 가이우스 카이사르의 결혼에 대해서는 일부러 말하지 않았다. 그러고는 마지막으로 이렇게 덧붙여 말했다.

"그녀는 국가에 위험천만한 계획을 품고 있소. 그녀에게서 해악을 끼칠 수 있는 잠재적인 힘을 빼앗지 않으면 안 되오. 그러므로 재산을 몰수하고 이탈리아 본토에서의 생활을 금지시켜야 하오."

이리하여 롤리아는 막대한 재산을 다 빼앗기고 500만 세스테르티우스만 손에 쥔 채 이탈리아에서 추방되었다.

이어서 명문가의 여성인 칼푸르니아도 호되게 당했다. 황제가 그녀의 미모를 칭찬했기 때문이다. 그녀에게 마음이 있어서 한 말은 아니었다. 잡담하다가 우연히 입 밖에 나온 말에 지나지 않았다. 그래서 아그리피나의 분노도 중도에 풀리고 극단적인 수단에까지 이르지 않았다.

그렇지만 롤리아의 경우에는 거주하는 곳에 친위대 부관이 파견되고, 그가 자살을 강요했다. 이어서 비티니아의 총독인 가이우스 카디우스 루푸스(Gaius Cadius Rufus)가 그 속주민들에 의해 고발되어 불법 강탈죄의 법률에 따라 단죄되었다.

23 나르보 갈리아[25]는 원로원에 특별한 경의를 표하고 있다는 이유에서 그 속주 출신의 의원은 황제에게 허가를 신청하지 않더라도 자신들의 재산을 살펴보러 갈 수 있다는 특권이 부여되었다. 이것은 그때까지 시킬리아에만 허용된 권리였다.

이투라이아인[26]과 유대인은 그들의 왕인 소하이무스(Sohaemus)와

---

25) 나르보 갈리아는 '속주라기보다는 이탈리아'라는 말을 들을 정도로 로마화되어 있었다. 의원은 이탈리아 본토 이외의 지방을 여행할 때에는 '자유 사절'(사절의 의무를 지지 않고 개인적인 용건으로 자유롭게 속주를 여행할 수 있는 자격)이라는 직함을 허가받아야 비로소 그것이 가능했다.

26) 아라비아족의 한 지파. 현재의 요르탄 동쪽의 사막 지대에 거주했다.

아그리파(Agrippa)[27]가 각기 세상을 떠났기 때문에 시리아에 병합되었다.

국가의 안태安泰를 위한 새점[鳥占] 의식을 부활시키고 앞으로 영속시키기로 결정했다. 이 의식은 지난 75년간 중지되고 있었다.

카이사르는 로마의 옛 관례에 따라 수도의 점복 경계[28]를 확대시켰다. 요컨대 로마의 명령권이 미치는 영역을 확대시킨 사람은 수도 그 자체를 한계도 넓힐 수 있는 권리가 주어져 있었다. 하지만 로마의 장군들이 그토록 많은 민족을 정복했음에도 불구하고 루키우스 술라(Lucius Sulla)와 신군 아우구스투스를 제외하고는 이 권리를 행사한 사람이 하나도 없었다.

24 이 권리를 둘러싼 여러 왕의 허영심이나 명예는 이미 여러 가지 전승을 통해 널리 알려져 있다. 그러나 여기에서 수도의 창건이나 로물루스가 정한 점복 경계의 유래를 탐구해 밝히는 것도 반드시 부적당하다고는 생각되지 않는다. 그런데 로물루스 때 수도의 경계를 구분하는 고랑[29]은 현재 수소의 동상이 보이는 가축 시장[30]에서 시작되고 있었다. 이런 종류의 동물이 쟁기에 매어 있었기 때문이다. 그리고 헤라클레스의 대제단[31] 바깥쪽을 돌고 , 그곳에서 같은 간격으로 표석을 놓아 두면서 팔라티움 언덕의 기슭을 따라서 가고 콘수스의 제단[32]에 이르렀다. 그 후 옛 구민 회의장[33]을 향해 나아가고, 그곳에서

---

27) 헤롯 대왕의 손자인 아그리파는 서기 44년에 사망했다.
28) 수도의 성벽 바깥쪽에 복조관이 지정한 좁은 띠 모양의 공간이 점복 경계라 불리고, 바깥 둘레는 표석으로 구분되어 있었다. 이것이 수도의 점복의 한계를 나타내는 동시에 정무관의 권한의 범위도 나타냈다.
29) 고랑은 점복 경계를 의미했다. 새로운 시 구역 결정자는 길일을 택한 뒤 의식복을 입고 두 마리의 흰 소가 쟁기를 끌게 하며 왼쪽에서 오른쪽으로 돌아 갔다.
30) 대경기장과 티베리스 강 사이에 있었다. 국도의 기점이고 시내 교통의 중심지였다.
31) 가축 시장의 동쪽 끝에 있었다.
32) 대경기장의 동쪽 끝의 전환표지점 근처에 있었다.

방향을 라레스의 소성당小聖堂[34]으로 바꾸고, 그곳에서 중앙 광장까지 왔다. 중앙 광장과 카피톨리움을 수도의 범위에 추가한 것은 일반적으로 믿고 있는 것처럼 로물루스 왕이 아니라 티투스 타티우스(Titus Tatius) 왕이었다.[35]

그 후 점복 경계가 영토의 확대에 비례해 확장되었다. 그리고 클라우디우스가 이때 정한 경계는 지금도 쉽게 그 흔적을 더듬을 수 있고 공문서를 통해서도 확인된다.

☒ 가이우스 안티스티우스 베투스(Gaius Antistius Vetus)와 마르쿠스 수일리우스 네룰리누스(Marcus Suillius Nerullinus)가 집정관이 되었다.[36] 이해에 도미티누스의 양자 결연이 권력자 팔라스의 제창으로 돌연 이루어졌다. 이자는 아그리피나의 결혼을 주선해 그녀와 단단히 맺어지고, 이윽고 그녀와의 불륜 관계로 꼼짝도 할 수 없게 되어 있었다. 그가 클라우디우스에게 이렇게 재촉했다. "국가의 장래를 깊이 생각하셔야 합니다. 연소하신 브리타니쿠스 님에게 강력한 후원자가 있어야 합니다. 그 증거로 신군 아우구스투스 님께서도 손자분들의 지원을 받으셨음에도 불구하고 의붓자식들을 중용하셨습니다. 티베리우스 님께서도 적자분들이 계신데도 불구하고 게르마니쿠스 님을 양자로 맞아들이셨습니다. 그러므로 클라우디우스 님께서도 가까운 장래에 국정의 일부를 담당할 청년을 만들어 놓으셔야 합니다."

이런 의견에 설복당한 클라우디우스는 자신의 자식보다 3살 더 많

---

33) 위치가 명확치 않다. 아마도 팔라티움 동북단에 있었을 것이다.

34) 아마도 팔라티움의 북서단일 것이다. 즉 로물루스의 경계선은 가축 시장, 콘수스의 제단, 옛 구민 회의장, 중앙 광장을 잇는 사각형으로 팔라티움을 에워싸고 있었다.

35) 전설적인 티투스 타티우스 왕은 사비니족으로 적이었지만 그 후 로물루스의 공동 통치자가 되었다. 고고학에 의해 중앙 광장은 최초의 언덕 정착자들의 공동 묘지로 쓰였고, 배수도 되지 않았으며, 훗날까지 시에 편입되지도 않았다는 것이 입증되고 있다. 카피톨리움은 처음에는 정치적 망명자들의 안식처였을 것으로 믿어졌다.

36) 50년을 가리킨다.

은 도미티우스[37]를 자기 자식의 상위에 두었다. 그리고 원로원에서 해방 노예의 말을 듣고 깨달은 대로 연설을 했다. 이때 고사故事에 정통한 사람들은 로마의 귀족인 클라우디우스 씨족이 이때까지 한 번도 양자를 들인 적이 없고, 또 이 씨족이 아투스 클라우수스(Attus Clausus) 이래 면면히 이어지며 혈통이 끊인 적이 없다는 데 주목했다.

26 그것은 그렇다 치고 원로원은 황제에게 감사하는 연설을 하고, 도미티우스에게는 좀더 세심하게 공들여 아첨을 했다. 즉 도미티우스가 클라우디우스 가에 입적하더라도 네로라는 이름을 사용하게 한다는[38] 법률이 제안되었다. 아그리피나도 '아우구스타'라는 존칭[39]으로 지위가 높아졌다.

이리하여 모든 일이 다 결말이 나자, 브리타니쿠스의 운명을 가엾게 여기며 마음 아파 하지 않는 그런 무정한 사람은 하나도 없었다. 이 소년은 시중드는 노예들로부터도 점차 버림받았다. 하지만 그는 계모의 위선적인 행위를 꿰뚫어 보고 그녀의 시의 적절치 못한 친절함을 비웃고 있었다. 실제로 그는 선천적으로 예민했다고 한다. 정말로 그랬을까, 아니면 그의 불행한 신세를 동정한 세상 사람들이 지어낸 이야기로, 이것이 예증되지 않은 채 오늘날까지 그대로 믿어져 온 것일까?

4. 서방의 동란

27 그런데 아그리피나가 이제는 자신의 권력을 동맹 제부족에게

37) 네로는 37년 12월 15일에, 브리타니쿠스는 41년 2월 13일에 태어났다.
38) 이후 정식 이름은 티베리우스 클라우디우스 네로 카이사르였다.
39) 1권 8절을 참조할 것.

까지 과시하려고 했다. 그녀는 황제에게 호소해 자신이 태어난 우비족의 수도에 퇴역 고참병들을 입식자로 보내게 했다. 그리고 그 도시에 자신의 이름을 붙였다.[40] 그 땅의 부족이 라인 강을 건너왔을 때 동맹자로서 그들을 받아들인 것이 우연히 아그리피나의 조부 아그리파였다는 인연도 이 명령이 내려지는 데 일조를 했다.

같은 시기에 고지 게르마니아 속주가 약탈을 목적으로 침입한 카티족 때문에 혼란에 빠졌다. 총독 푸블리우스 폼포니우스 세쿤두스(Publius Pomponius Secundus)는 즉시 반기오네스족과 네메테스족으로 구성된 원군과 동맹자들의 기병대를 현지로 파견하면서 "약탈자들의 퇴각로를 차단하든가, 만약 아직 흩어져 있다면 적이 알아차리지 못하게 포위하라"는 명령을 내렸다. 장군의 이 작전 명령은 신중히 실행에 옮겨졌다. 병사들은 2개의 행군 대형으로 나누어졌다. 왼쪽 길로 진격한 한 부대는 조금 전에 돌아간 적을 습격해 약탈품으로 야단법석을 떨고 깊은 잠에 빠져 있는 자들을 생포했다. 이 과정에서 푸블리우스 큉크틸리우스 바루스가 패배하고 나서 40년이 지난 뒤에 겨우 노예 신세에서 벗어난 소수의 로마 병사들이 발견되어 특히 한층 더 기뻤다.

28 한편 오른쪽 지름길을 더듬어 올라간 부대는 적과 정면 충돌하고 죽음을 두려워하지 않는 적군의 반격에 맞서 도리어 더 큰 패배를 안겨 주었다. 그리고 전리품과 명예를 짊어지고 타우누스 산으로 귀환했다. 그곳에서는 폼포니우스가 카티족이 복수의 일념에서 싸울 기회를 찾아낼 것에 대비해서 군단병을 이끌고 대기하고 있었다. 하지만 그들은 이쪽에서는 로마군으로부터, 저쪽에서는 언제나 적대 관계에 있는 케루스키족으로부터 협공당할까 두려워 로마에 사자와

---

40) 이후 '아그리피나 식민시'(콜로니아 아그리피넨시스)로 불렸다(현재의 쾰른의 옛 지명).

인질을 보냈다.

이리하여 폼포니우스에게 개선 장군 현장을 수여하기로 결의되었다. 이 훈공은 그의 사후의 명성에 그다지 이바지하지 못하고 있다. 그보다는 시인으로서의 광영이 훨씬 더 이채異彩를 발하고 있기 때문이다.

29 같은 시기에 일찍이 드루수스 카이사르가 수에비족의 왕위에 앉혔던 반니우스(Vannius)[41]가 그 자리에서 쫓겨났다. 지배하기 시작할 때에는 평판도 좋고 부족민으로부터 경애받고 있기도 했다. 이윽고 세월이 흘러감에 따라 그의 태도가 오만해지면서 인근 부족들의 증오와 동시에 내부의 반란도 초래해 정권이 전복된 것이다. 주모자는 헤르문두리족의 왕 비빌리우스(Vibilius)와 반니우스의 생질인 반기오(Vangio), 시도(Sido)였다.

클라우디우스는 반니우스로부터 여러 차례 도움을 요청받았지만 야만족끼리의 싸움에 무력으로 개입하고 싶지 않아 추방될 경우 안전한 피난처를 보장했을 뿐이다. 그리고 판노니아 총독 섹스투스 팔펠리우스 히스테르(Sextus Palpellius Hister)에게 훈령을 내렸다. "휘하의 군단병과 그 속주에서 급히 모집한 원군을 거느리고 다뉴브 강변을 따라 진을 쳐라." 이 목적은 패배자를 지원하는 동시에 행운에 우쭐해진 승자가 우리 나라의 평화까지 어지럽히지 않도록 위협을 가하는 데 있었다.

실제로 루기족이나 다른 부족들로 이루어진 대군이 속속 몰려들고 있었다. 그들은 반니우스가 30년간의 약탈과 수탈로 축적했다는 왕국의 부富에 이끌렸던 것이다. 반니우스 쪽에는 그의 부족의 보병과 사르마타이족의 한 지파인 야지게스족의 기병이 있었다. 이것으로는

---

41) 2권 63절을 참조할 것.

적의 대군에 맞설 수 없었다. 그래서 그는 성채에 틀어박혀 지구전을 벌이며 시간을 벌기로 결심했다.

30 그렇지만 야지게스족이 적의 포위를 견디지 못하고 부근의 평원을 헤매며 돌아다녀, 마침내 전투를 피할 수 없게 되었다. 그 부근까지 루기족과 헤르문두리족이 쳐들어왔기 때문이다. 그래서 반디우스는 성채에서 나가 싸움에 패했다. 하지만 형세가 불리함에도 불구하고 개인적으로 근접해 칼을 휘두르며 몸의 전면에 상처를 입어 면목을 세우며 칭송을 받았다.

결국 그는 다뉴브 강에서 대기하고 있는 우리 함대까지 도망쳐 왔다. 이윽고 그의 부하들도 뒤쫓아왔기 때문에, 그들은 판노니아의 땅을 얻은 뒤에 그곳에 정착했다. 그의 왕국은 반기오와 시도에 의해 양분되었다. 두 사람 모두 로마에는 시종일관 충성하며 성의를 다했다. 지배권을 추구할 때에는 신하들로부터 크게 추앙을 받았지만, 왕권을 손에 넣자 전의 왕보다 더 눈에 띄게 미움을 받았다. 왕들의 성격에서 유래하는 것일까, 아니면 예속자의 근성에 의한 것일까?

31 브리타니아[42]에서도 불온한 상황이 총독 푸블리우스 오스토리우스 스카풀라(Publius Ostorius Scapula)의 부임을 기다리고 있었다. 적군이 우리 동맹자의 영지[43]에 쇄도했다. 새로운 장군이 부하들과 친숙해지지 않았고 또 겨울이 이미 시작되어 반격해 오지 않으리라 확신하고 한층 더 맹렬히 약탈에 나섰다. 장군은 적이 두려움을 느끼게 할 것인가 자신감을 갖게 할 것인가는 첫 전과에 달려 있다는 것을 잘 알고 있었다. 그래서 그는 경무장 부대와 신속히 행군해 반항하는 자들을 죽이고 흩어져 달아나는 자들을 추적했다. 그 후 장군은 이렇게 생각했다. "적이 두 번 다시 집결할 기회를 주지 않으려면 어떻

---

42) 브리타니아 사태가 47년부터 58년까지 연속적으로 여기에 기술되어 있다.
43) 로마화되고 로마에 우정을 품고 있었던 브리타니아인의 거주지.

게 해야 할까? 적개심과 불신감으로 가득 찬 평화는 결코 우리 장병들에게 휴식의 기회를 주지 않을 것이다." 그래서 의심스러운 부족에게서 무기를 빼앗고, 트리산토나(Trisantona) 강과 사브리나(Sabrina) 강까지의 전 지역을 요새로 저지하려고 준비했다. 이에 맨 먼저 반항한 것은 이케니족이었다. 이 강력한 부족은 전투에서 우리에게 한 번도 패한 적이 없었다. 자진해서 우리의 동맹자가 되었기 때문이다. 이 부족에 자극을 받아 인근의 여러 부족도 들고일어났다. 전장戰場으로 택한 곳은 천연의 둑으로 둘러싸이고 입구가 좁아 기병이 지나갈 수 없을 것 같은 장소였다. 로마의 장군은 강력한 군단병의 지원 없이 동맹자의 군대만 거느리고 있었지만 이 요새를 격파하려 했다. 동맹군을 몇 개 부대로 나누어 적당한 곳에 배치하고 기병도 지상에서 싸울 수 있도록 무장시켰다. 그러고는 전투 개시 명령을 내렸다. 병사들이 둑을 무너뜨리고 침입했다. 적군은 자신들의 장벽에 갇혀 혼란에 빠졌다. 하지만 그들은 자신들이 모반자라는 것과 도망칠 길이 없다는 것을 각오하고 눈부신 무용을 여러 차례 보여 주었다. 이 전투에서 총독의 아들 마르쿠스 오스토리우스 스카폴라(Marcus Ostorius Scapula)가 시민 구조의 영예를 손에 넣었다.

■32 그런데 이케니족이 패하자, 전쟁과 평화 사이에서 망설이던 다른 야만족들이 잠잠해졌다. 그래서 로마의 창칼이 데캉기족[44] 쪽으로 돌려졌다. 그들의 영지를 황폐화시키고 곳곳에서 약탈했다. 적은 감히 공공연히 반격에 나서지 못하고, 이따금 매복한 뒤 행군하는 우리 군대를 괴롭히려 하다가 곧 그 간교한 계책의 대가를 호되게 치렀다. 이리하여 히베르니아 섬[45]이 바라다보이는 해안 근처까지 진격해 왔

---

44) 웨일스 북동부에서 발견된 납에 새겨진 명문에 따르면 타키투스가 데캉기족으로 알고 있는 부족은 자신들을 '데게앙글리족'으로 부르고 있었을지도 모른다.
45) 아일랜드.

을 때, 브리간테스족의 영내에서 반란이 일어났다. 그래서 장군은 즉시 되돌아갔다. "옛 정복지를 확실히 해두지 않고 새 원전을 기도해서는 안 된다"는 것이 그의 신조였다. 브리간테스족은 반항하는 소수가 죽임을 당하고 나머지 사람들이 은사를 받자 원래대로 진정되었다.

그러나 실루레스족은 엄벌이나 자비 어느 것에도 뜻을 굽히지 않았다. 그러기는커녕 도전해 왔기 때문에, 어쩔 수 없이 군단병 진영을 설치하고[46] 진압하지 않으면 안 되었다. 이 목적을 보다 원활히 완수하기 위해 정복지에 건장한 퇴역 고참병들을 입식시켜 카물로두눔 (Camulodunum)이라는 도시를 건설하게 했다. 이리하여 모반에 대비한 방파제를 만드는 동시에 동맹자들이 법률에 기초한 통치에 익숙해지게 하려 한 것이다.

33 그 후 오스토리우스는 실루레스족의 영지로의 진격을 개시했다. 그들은 특유의 날카롭고 사나운 성격을 지니고 있었다. 게다가 카라타쿠스(Caratacus)[47]의 무위武威를 신뢰하고 있었다. 카라타쿠스는 그때까지의 승부가 결정되지 않은 수많은 전투와 다수의 승리로 용명勇名을 떨치며 브리타니아의 모든 장군 위에 군림하고 있었다. 이때 그는 병력상의 열세를 더 나은 전략과 복잡한 지형에 대한 지식으로 상쇄시키고 전쟁터를 오르도비케스족의 영지로 옮겼다. 그리고 로마의 평화[48]를 두려워하는 부족들을 자기 편으로 끌어들이고는 마침내 전투에서 최후의 운명을 시험하려 했다. 전장으로 택한 곳은 입구나 도주로 등 모든 점에서 우리 군에 불리하고 적군에 유리한 장소였다. 한쪽에는 우뚝 솟은 산악이 있고, 쉽게 접근할 수 있을 것 같은 산허

---

46) 실루레스족의 영지 어느 곳에 진영을 설치했는지 알 수 없다.
47) 카라타쿠스는 쿠노벨리누스(Cunobelinus)의 아들이었다.
48) 로마에 종속되어 강요되는 질서와 평화라는 뜻. 여기에서 훗날 팍스 아메리카(미국의 평화)라는 말이 만들어졌다.

리에는 성벽처럼 돌을 쌓아올렸다. 전면에는 수심의 변화가 심해 쉽게 건널 수 없는 강이 흐르고 있었다. 그리고 무장한 대군이 보루를 따라 배치되었다.

34 더군다나 각 부족의 지도자들이 전열을 따라 돌아다니며 부하들을 격려했다. 그들은 자신감을 북돋으며 두려움을 없애 주고 희망을 불어넣고 이런저런 것으로 전의를 자극했다. 물론 카라타쿠스도 이리저리 말을 몰고 다니며 역설했다. "바로 오늘이, 바로 이 전투가 자유의 탈환이나 영원한 예속, 어느 한쪽의 시발점이 될 것이다." 그러고는 조상들의 도움을 기원했다. "독재관 카이사르를 격퇴한 것은 그분들이다. 그분들의 용기 덕분에 우리가 로마의 관권과 공세貢稅에서 해방되고, 아내와 자식들이 능욕을 모면할 수 있었다." 이처럼 격려하는 카라타쿠스에게 군중이 일제히 떠들썩하게 호응하고는 저마다 부족의 신들의 이름을 외치며 "창에도, 상처에도 주눅들지 않을 것이다"라고 맹세했다.

35 이 열광적인 함성 소리에 로마의 장군들은 당황했다. 더욱 골치가 아픈 것은 앞길을 가로막는 강과 그 뒤에서 대기하고 있는 보루, 돌출된 절벽, 눈에 보이는 한 모든 지점에서 방어전에 나서고 있는 사나운 적의 대군이었다. 하지만 병사들은 어서 빨리 전투를 벌일 것을 재촉했다. 그들은 "어떤 어려움이 닥쳐도 우리의 용기로 극복할 수 있다"고 계속 외쳐 댔다. 원군 대장이나 군단 부관들도 동조하며 병사들의 전의를 더욱더 부추겼다.

그래서 오스토리우스는 먼저 돌파하기 힘든 지점이나 진입하기 쉬운 곳을 조사하고 나서 열성적인 부하들을 이끌고 어렵지 않게 강을 횡단해 보루 옆에까지 왔다. 하지만 그때 양군이 날아가는 무기로 싸우게 되었는데, 이 사이에는 우리 군이 한층 더 많은 사상자를 냈다. 그러나 방패를 들어올리고 귀갑龜甲 대형을 지으며 날림으로 쌓아올린 볼품 없는 돌담을 무너뜨리고 대등한 조건에서 백병전을 벌이게 되고부터는 산 정상까지 야만족이 후퇴했다. 그리고 그곳까지 우리의 경무장 부대와 중무장 부대[50]도 바싹 추격해 갔다. 전자는 칼로 덤벼들고, 후자는 밀집 대형으로 압도했다.

이에 반해 브리타니아인의 전열은 무질서하게 흐트러졌다. 그들은 몸을 보호하는 흉갑이나 투구 따위가 없었다. 우리의 원군에 맞서면 군단병의 칼과 투창으로, 군단병에 저항하려 하면 원군의 긴 칼과 창에 몰살되었다. 이것은 대승리였다. 카라타쿠스의 아내와 딸을 포로로 잡고 그 형제의 항복을 받아들였다.

36 카라타쿠스 자신은 몸을 의탁하기 위해 브리간테스족의 여왕 카르티만두아(Cartimandua)을 찾아갔지만, 영락하면 손을 내미는 사람이 없는 것이 세상의 관례였다. 그는 밧줄에 묶여 승리자에게 인도되었다. 브리타니아에서 전쟁이 시작되고 나서 9년째 되는 해[51]의 일이었다. 이런 이유에서 그의 명성이 이 섬을 넘어 인근 속주에 자자해지고 이탈리아 전역에까지 드날렸다. "이렇게 오랫동안 우리 나라의 위신에 도전해 온 그는 대체 어떤 인물일까? 꼭 보고 싶다"고 누구나 소망했다. 로마에조차 카라타쿠스의 이름이 알려져 있었다. 그래서 카이사르는 자신의 명예를 높이려 하다가 도리어 패자의 면목을 세워 주게 되었다. 그 경위는 다음과 같다.

클라우디우스는 마치 특별한 구경거리라도 개최하는 양 민중을 불러 모았다. 친위대 병사들이 완전 무장하고 병영 앞의 연병장에 정렬했다. 그 후 카라타쿠스 왕의 부하들이 행진했다. 이어서 장식물이나 목걸이 등 왕이 다른 부족과의 전쟁에서 획득한 모든 전리품이 운반

---

49) 기원전 55년과 54년 두 차례의 원정을 가리킨다.
50) 각각 원군과 군단병을 가리킨다.
51) 51년을 가리킨다.

되었다. 다음으로 형제와 아내, 딸이, 마지막으로 왕 자신이 모습을 나타냈다. 다른 사람들은 공포심에서 모두 비굴하게 탄원했다. 하지만 카라타쿠스만은 고개를 숙이지도, 자비를 구하지도 않고 지휘대 앞에 서자 다음과 같이 연설했다.

37 "만약 내가 전성 시대에 나의 고귀한 태생과 지위에 적합한 겸손한 태도를 지니고 있었다면, 이 도시에 포로로서가 아니라 친구로서 방문했을 것이다. 당신도 경멸하지 않고 이 훌륭한 조상의 후예를, 많은 부족의 패자霸者를 평화의 동맹자로서 맞이했을 것이다. 지금의 내 운명이 내게 비참할수록 당신에게는 큰 기쁨이다. 전에는 내게 말도 병사도, 무기도 부도 있었다. 이런 것을 모두 잃어버려 분해 한다 해도 뭐가 이상하겠는가? 물론 당신은 전세계의 통치를 원하고 있다. 그렇다고 해서 전세계 사람들이 예속을 환영하겠는가? 만약 내가 쉽사리 항복하고 이곳으로 끌려왔다면 나의 영락도, 당신의 승리도 이토록 유명해지지 않았을 것이다. 이것조차 나를 살해한다면 곧 잊혀져 버릴 것이다. 하지만 만약 내 목숨을 보호해 준다면, 나는 당신의 자비심의 영원한 증거가 될 것이다."

카이사르는 이에 응답해 카라타쿠스는 물론, 그의 아내와 형제에게도 은사를 베풀었다. 그들은 사슬에서 풀려나자 그 옆의 또 하나의 지휘대에 이채를 발하며 앉아 있는 아그리피나 앞으로 나아간 뒤 황제 앞에서 했던 것과 똑같이 경의를 표하고 감사의 인사를 했다. 여자가 로마의 군기 앞에 앉는 것은 고대의 풍습에 어긋나는 전혀 새로운 광경이었다. 아그리피나는 자신이 조상이 손에 넣은 지배권의 공유자라는 것을 과시하고 있었던 것이다.

38 그 후 원로원이 소집되어 카르타쿠스의 귀순과 관련해 많은 자화자찬의 연설이 행해졌다. "이것은 푸블리우스 코르넬리우스 스키피오 아프리카누스(Publius Cornelius Scipio Africanus)가 시팍스

(Syphax)[52]를, 루키우스 아이밀리우스 파울루스(Lucius Aemilius Paullus)가 페르세우스(Perseus)[53]를, 혹은 다른 장군들이 그 밖의 왕을 포로로 로마 국민에게 보여 주었을 때보다 나으면 낫지 못하지 않은 빛나는 공적이다." 오스토리우스에게 개선 장군 현장을 수여하기로 결의되었다. 하지만 그의 운명이 순조로웠던 것은 이 무렵까지였다. 그 후에는 점차 요동치기 시작했다. 어쩌면 카라타쿠스를 제거하자 전쟁까지 끝난 것으로 착각해 그때까지 왕성했던 우리 군의 사기가 약화되었기 때문일지도 모른다. 아니면 아마도 적이 위대한 왕의 운명을 동정해 보다 격렬한 복수심에 불탔기 때문일 것이다.

실루레스족의 영지에 전초前哨를 세우기 위해 남아 있던 둔영장屯營長 지휘 하의 군단병이 적에게 포위되었다. 이때 가까운 진영으로부터 보고를 받고 지원군을 보내지 않았으면 적의 대규모 포위진에 전멸당하는 쓰라림을 겪었을 것이다. 그렇긴 하지만 둔영장과 8명의 백인대장, 가장 용감한 병사들이 모두 이 싸움에서 죽었다. 그 직후에 우리 군의 식량 징발대와 이들을 호위하기 위해 파견된 기병이 패주했다.

39 그래서 오스토리우스는 경무장 부대를 파견했다. 하지만 그들조차 군단병이 전선에 참가할 때까지 아군의 패주를 막아낼 수 없었다. 군단병의 분투로 전투가 호각지세를 이루게 되었다. 이어서 우리 군의 형세가 유리해지고, 적이 퇴각했다. 이미 해가 지고 있었기 때문에 적의 손해는 경미했다. 그 후에도 작은 전투가 계속되었다. 적은 대부분의 경우 도적단처럼 삼림이나 소택지에서 각자의 운에 맡기거나 혈기에 휘말려 무턱대고, 때로는 심모원려 하에 분을 풀거나 약탈하기 위해 상관의 명령에 따라, 때로는 지휘를 무시하고 습격해 왔다.

---

52) 누미디아(북아프리카)의 왕. 기원전 203년에 대스키피오에 의해 정복되었다.
53) 마케도니아의 왕. 기원전 167년에 정복되었다.

특히 실루레스족의 공격이 집요했다. 이것은 로마의 최고 사령관의 훈령[54]이라는 것이 그들 사이에 퍼져 적개심을 북돋우고 있었기 때문이다. "일찍이 수감브리족을 절멸시켜 버리거나 갈리아 속주로 이주시켜 버렸듯이,[55] 실레루스족이라는 이름도 이 지상에서 완전히 말살시켜 버려야 한다."

그래서 실루레스족은 대장들의 탐욕으로 경계를 게을리하며 약탈하고 있는 로마의 원군 2개 대대를 포위했다. 그리고 로마군에게서 빼앗은 전리품이나 포로를 아낌없이 선물로 주면서 다른 부족들의 모반을 부추기기 시작했다. 바로 이때 오스토리우스가 과도한 걱정으로 심신이 피폐되어 이 세상을 떠났다. 적은 기뻐했다. 비록 전선의 전쟁터에서 쓰러지지는 않았더라도 확실히 전쟁이 이 유능한 장군의 목숨을 앗아 갔다는 이유에서였다.

40 카이사르는 총독의 사망 소식을 접하고는 속주를 지도자가 없는 상태에 놓아 두고 싶지 않아 아울루스 디디우스 갈루스(Aulus Didius Gallus)를 후임자로 삼았다. 그는 허둥지둥 서둘러 임지로 건너갔다. 그러나 상황이 더욱 악화된 것을 알게 되었다. 그 사이에 만리우스 발렌스(Manlius Valens)가 이끄는 군단병이 일패도지했기 때문이다. 적군은 신임 장군의 간담을 서늘하게 하기 위해 이 승리를 과장해서 널리 퍼뜨렸다. 장군도 적의 소문을 과장해 로마에 보고했다. 진압할 경우 한층 더 큰 명예를 손에 넣고, 또 적이 버틸 경우에는 그만큼 더 변명이 잘 먹혀 들리라 생각되었기 때문이다. 이때의 손실도 또한 살루레스족에게 입은 것이었다. 그들은 디디우스의 도착으로 저지될 때까지 광범위한 지역을 약탈했다.

그런데 카라타쿠스가 체포되고 나서부터는 적의 가장 우수한 전략

---

54) 여기에서는 오스토리우스 총독을 의미한다.
55) 티베리우스가 기원전 8년에 남은 수감브리족을 라인 강 저편으로 이주시켰다.

가는 브리간테스족 출신의 베누티우스(Venutius)였다. 그는 앞에서 이미 언급했듯이[56] 여왕 카르티만두아와 부부의 인연을 맺고 있고 있을 때에는 줄곧 로마의 충실한 벗으로 로마의 보호를 받고 있었다. 그러나 두 사람이 이혼하고 그 후 곧 전쟁이 시작되자, 베누티우스는 우리에게까지 적의를 품었다. 하지만 처음에는 브리간테스족끼리 싸웠다. 카르티만두아는 교묘한 수법을 써서 베누티우스의 형제와 친척을 암살했다. 이에 그녀의 적이 격앙했다. 그녀의 지배를 받는 것을 굴욕적으로 여기는 마음도 이것을 자극했다. 건장한 젊은이들로 구성된 정예군이 그녀의 왕국에 침입했다. 우리 쪽은 이 일을 예상하고 있었다. 원군 부대를 파견해 그녀를 도우며 격렬히 싸웠다. 처음에는 어떻게 승부가 날지 알 수 없었지만, 싸움이 종반으로 치닫게 되자 승운이 따랐다. 군단병의 전투에서도 원군에 못지 않은 성과를 거두었다. 진두 지휘에 나선 것은 카이시우스 나시카(Caesius Nasica)였다. 디디우스는 고령으로 움직이기가 귀찮고 손에 넣은 명예도 많아 참모들을 통해 명령을 내리고 적을 막으며 만족하고 있었다.

이상과 같은 사건들이 장기간에 걸쳐 2명의 총독의 통치 하에서 일어났다. 그것들을 정리해 한 곳에 기술해 놓은 것은 독자들의 기억력에 필요 이상의 부담을 주지 않을까 하는 우려에서였다. 그러면 이제 올바른 일련의 연대기적인 사건으로 돌아가자.

5. 아그리피나의 야심〔계속〕

41 티베리우스 클라우디우스(다섯번째)와 세르비우스 코르넬리우

---

56) 원전 분실 부분(10권일까?)에서 언급되었을 것이다.

스 살비디에누스 오르피투스(Servius Cornelius Salvidienus Orfitus)가 집정관이 되었다.[57] 네로는 보통 소년보다 일찍 성년식을 올렸다.[58] 이미 정권을 담당할 자격이 있다는 것을 과시하고 싶었던 것이다. 카이사르도 원로원의 아첨을 기꺼이 받아들였다. 즉 네로가 20세 때 집정관직에 취임해야 한다는 것, 그때까지는 예정 집정관으로서 수도 이외의 곳에서 집정관 대행 명령권[59]을 행사할 수 있다는 것, '청년 제일인자'[60]로 불려야 한다는 것 등이 의결되었다. 더 나아가 황제는 네로의 이름으로 병사들에게는 은사금을, 시민들에게는 축의금을 나누어 주었다.

대경기장에서 전차 경주가 벌어졌다. 네로가 민중의 인기를 얻게 하기 위해서였다. 이때 브리타니쿠스는 미성년자의 복장을 하고, 네로는 개선복凱旋服[61]을 입고 입장했다. 이것은 민중이 명령권자의 복장인 네로와 소년 복장을 한 브리타니쿠스를 보고 두 사람의 미래의 운명이 각각의 지금의 복장에 대응하리라는 것을 간파할 수 있으리라 생각하고 꾸민 연극이었다.

이윽고 친위대의 백인대장이나 부관으로 브리타니쿠스를 동정하던 자들이 대부분 억울한 죄를 뒤집어쓰고 그 자리에서 쫓겨났다. 개중에는 승진을 구실로 그 자리에서 물러나게 된 사람도 있었다. 해방노예조차 브리타니쿠스에 대한 충성심을 버리지 않는 자는 예컨대

---

57) 51년을 가리킨다.
58) 성년식은 제정기에는 15, 6세가 보통이었다. 네로는 이때 13세였다.
59) 이것은 보통 관직과는 달리 법정 연령이 없었다. '수도 이외의 곳'으로 그것을 행사할 수 있는 지역이 한정되어 있는 것은 수도 내에서도 행사할 수 있는 황제의 명령권(1권 14절 주를 참조할 것)과 구별하기 위해서였다.
60) 첫번째 '청년 제일인자'는 아우구스투스의 손자인 가이우스 카이사르와 루키우스 카이사르였다.
61) 공화정 시대에는 개선 장군이 개선했을 때와 고급 정무관이 의식 때 착용했다. 제정 시대에는 카이사르 가의 예복이 되었다.

다음과 같은 구실로 추방되었다. 우연히 두 소년이 만났을 때 네로는 "브리타니쿠스" 하고 부르며, 브리타니쿠스는 "도미티우스" 하고 부르며 서로 인사했다. "이것이야말로 형제간의 불화와 싸움의 첫번째 징조입니다" 하고 아그리피나는 말하며 남편에게 장황하게 불평을 늘어놓았다. "양자 결연을 무시하고 있지 않습니까? 원로원이 의결하고 국민이 명령한 결정을 황제의 집안에서 파기한 것입니다. 이런 불쾌한 적대 행위를 브리타니쿠스에게 가르친 부도덕한 자들을 제거해 주십시오. 그러잖으면 그들이 폭동을 일으켜 국가를 멸망시킬 것입니다."

넌지시 빗대며 책임을 추궁하는 말에, 클라우디우스는 당황했다. 그래서 그는 자식의 가정 교사들 중에서 가장 훌륭한 사람들을 모두 유배형이나 사형에 처했다. 그리고 계모가 지명한 해방 노예들을 자식의 곁에 감시자로 배치했다.

42 이것만으로는 아그리피나도 저 최후의 흉계[62]를 실행에 옮길 용기를 내지 못했을 것이다. 아직 루시우스 게타와 루프리우스 크리스피누스를 친위대장의 지위에서 몰아내지 않으면 안 되었다. 그녀는 이 2명의 대장이 메살리나에 대한 추모의 정에 충실하며 그녀의 자식들을 위해 충성을 다 바치고 있다고 믿고 있었다. 그래서 아그리피나는 남편에게 이렇게 충고했다. "대장들이 병사들의 비위를 맞추기 위해 서로 경쟁하는 바람에 친위대가 둘로 나누어져 있습니다. 만약 한 사람이 지휘를 하면 군기가 한층 더 엄정해질 것입니다." 그래서 친위대 지휘권이 군인으로서 명성이 높은 섹스투스 아프라니우스 부루스(Sextus Afranius Burrus)에게 넘어갔다. 그러나 누구의 지원으로 대장직에 올랐는지 본인도 잘 알고 있었다.

---

62) 클라우디우스의 독살. 66절.

아그리피나는 자신의 존엄성을 더욱더 높이려고 사두 마차를 탄채 그대로 카피톨리움으로 들어갔다.[63] 이것은 예로부터 성직자나 성물에만 허용된 명예 혹은 특권이었다. 그래서 이 여성에 대한 존경심이 한층 더 커졌다. 그녀야말로 최고 사령관의 딸이고 세계의 통치자의 누이 동생이자 아내이고 어머니였다.[64] 이런 예는 오늘날까지 그녀 단 한 사람이었다.

그러저럭 하는 사이에 그녀의 최대의 지지자인 루키우스 비텔리우스가 그 절대적인 권세와 죽을 때가 가까운 고령에도 불구하고 고발되어 법정에 끌려가게 되었다(이 정도로 권세가의 운명은 불안정하다). 손아래의 원로원 의원 유니우스 루푸스(Junius Lupus)로부터 "반역죄를 저지르며 지배권을 노리고 있다"는 탄핵을 받았다. 카이사르가 이 고발에 귀를 기울이려 할 때, 아그리피나가 탄원해, 아니 그보다는 오히려 위협해 남편의 마음을 바꾸어 고발자에게 물과 불의 금지를 선고하게 했다. 비텔리우스는 그 이상의 처벌을 바라지 않았다.

43 이해에 기괴한 현상이 잇따라 일어났다. 불길한 새[65]들이 카피톨리움에 둥지를 틀었다. 지진이 자주 발생해 집들이 무너졌다. 지진에 대한 공포가 확산됨에 따라 공황에 휩쓸린 군중에 의해 약한 사람들이 모두 짓밟혀 버렸다. 작황도 좋지 않았다. 그래서 사람들이 굶주림에 시달렸다. 이것조차 불길한 전조로 받아들여졌다. 사람들은 뒤에서만 불만을 털어놓으며 수군거리지 않았다. 클라우디우스가 마침 재판을 하고 있을 때, 흥분한 민중이 환성을 지르며 그를 에워쌌다. 그러고는 중앙 광장의 가장 먼 구석까지 그를 밀고 간 뒤 금세라도

---

63) 사두 마차(carpentum)는 원로원에 의해 메살리나에게 허용된 적이 있고, 또 리비아에 경의를 표하기 위해 발행된 티베리우스의 동전에 새겨져 있었다.
64) 최고 사령관은 게르마니쿠스, 세계의 통치자는 칼리굴라, 클라우디우스, 네로를 가리킨다.
65) 올빼미.

완력으로 밀어 넘어뜨리려 할 것 같을 때, 일단의 친위대가 달려왔다. 그제서야 비로소 황제는 폭도들 틈에서 빠져 나올 수 있었다.

그 무렵 수도의 식량 비축분이 15일분밖에 안 되었다는 이야기는 사실이다. 파국에서 벗어날 수 있었던 것은 신들의 큰 은혜와 온화한 겨울 덕분이었다. 그렇다 치더라도 어떻게 이토록 달라졌을까? 분명히 일찍이 이탈리아는 먼 속주에까지 식량을 수출해 군단병에게 공급하고 있었다. 그런데 오늘날에는 이렇게 고생하고 있다. 이탈리아의 땅이 척박해졌기 때문이 아니다. 아프리카나 이집트의 경작에 더한층 힘을 쏟은 결과이다. 로마 시민의 생명을 곡물선의 운명에 완전히 맡겨 버리고 있기 때문이다.

6. 아르메니아 전쟁

44 이해에 아르메니아인과 히베리아인 사이에 전쟁이 벌어졌다. 이것은 파르티아와 로마 양국 사이의 정치 관계에 중대한 영향을 미치는 불씨가 되었다. 이 당시 파르티아에서는 볼로게세스가 군림하고 있었다. 그는 그리스인 첩의 자식이었지만 형제들[66]이 양보해 왕위에 오를 수 있었다. 히베리아에서는 파라스마네스(Pharasmanes)가 오랫동안 왕권을 소유하고, 그의 형제인 미트리다테스가 아르메니아를 로마의 후원 하에 점유하고 있었다. 파라스마네스에게는 라다미스투스(Radamistus)라 불리는 자식이 있었다. 균형이 잡힌 키가 큰 몸과 뛰어난 체력을 지니고 조국의 무술 전반에 정통해, 이 젊은이의 명성이 인근 여러 나라에까지 알려졌다. 하지만 아버지의 장수長壽 때문

---

66) 티리다테스(Tiridates)와 파코루스(Pacorus)

에 작은 히베리아 왕국의 계승을 기다리다 못해 지쳐 너무나 자주, 그 것도 노골적으로 투덜대 마침내 아버지에게 그 야심을 간파당하고 말았다.

파라스마네스는 이미 고령에 접어든 자신의 나이에 불안감을 느끼고 있었다. 그래서 대권을 장악할 수 있는 실력을 갖추고 민중의 인기로 무장된 자식을 다른 야망 쪽으로 인도하려 했다. 그는 아르메니아를 지목하며 옛날 이야기를 들려 주었다. "아르메니아는 본래 내가 파르티아인을 쫓아내고 미트리다테스에게 준 것이다. 그러나 무력을 사용하는 것은 뒤로 미루도록 해라. 그보다는 오히려 함정을 이용하고 방심하고 있는 틈에 멸망시키는 것이 더 낫다."

그래서 라다미스투스는 숙부의 나라로 갔다. 부자간의 불화를 가장하고서 "계모의 가혹한 처사를 더 이상 견뎌 낼 수 없습니다" 하고 털어놓고 이야기했다. 숙부는 대단히 친절하게 맞아들이고 자기 자식처럼 대해 주었다. 그러나 라다미스투스는 조금도 의심하지 않는 미트리다테스를 상대로 반란을 일으키도록 아르메니아의 귀족들을 매수했다.

45 이윽고 라다미스투스는 화해한 듯한 체하며 아버지가 있는 곳으로 돌아갔다. 그리고 이렇게 보고했다. "책략을 이용해 가능한 한 모든 것을 다 준비해 놓았습니다. 이제는 무기로 결말을 짓기만 하면 됩니다." 이윽고 파라스마네스는 전쟁을 일으키기 위해 이런 구실을 만들어 냈다. "알바니아족의 왕과 싸울 때 내가 로마군의 원조를 요청했지만, 동생은 그것을 반대했다. 그때 모욕당한 것을 설욕하기 위해서는 동생을 죽이지 않으면 안 될 것이다." 이와 동시에 많은 병력을 자식에게 넘겨 주었다. 느닷없이 침입한 라다미스투스는 깜짝 놀란 미트리다테스를 아르메니아의 평원에서 쫓아낸 뒤 고르네아이의 성채로 몰아넣었다. 이 성채는 견고하고 로마군에 의해 지켜지고 있

었다. 이곳의 지휘관은 원군 대장 카일리우스 폴리오(Caelius Pollio)와 백인대장 카스페리우스(Casperius)였다.

야만족에게는 우리 군이 가장 자신 있어 하는 투석기의 사용법이나 공성攻城 전술만큼 생소한 것이 없다. 그래서 라다미스투스는 우리 군의 보루에 효과 없는, 때로는 손실까지 수반하는 공격을 되풀이하다가 성채를 봉쇄하기 시작했다. 그러나 그 힘이 경멸당했기 때문에, 이번에는 원군 대장 카일리우스 폴리오의 탐욕에 호소해 그를 매수하려 했다. 백인대장 카스페리우스는 양쪽에 항의했다. "동맹국의 왕과 로마 국민이 그에게 선물한 아르메니아 영토를 간책이나 뇌물로 전복시킨다는 것은 당치도 않소." 그러나 폴리오는 적의 대군을 방패로 삼고, 라다미스투스는 아버지의 명령을 구실로 삼아 결말이 나지 않았다. 마침내 휴전 조약이 준비되었다. 카스페리우스는 "파라스마네스가 전쟁을 포기하게 할 힘이 내게 없으면, 적어도 아르메니아의 상황을 시리아 총독 움미디우스 두르미우스 콰드라투스(Ummidius Durmius Quadratus)에게 보고라도 해야 한다" 하고 생각하며 혼자 떠났다.

46 백인대장이 떠나 버리자, 원군 대장은 마치 감시의 눈에서 벗어난 듯이 미트리다테스에게 조약의 비준을 권했다. 형제간의 화목에 대해, 연상의 파라스마네스에 대해, 그 밖의 두 사람의 혈연 관계에 대해, 즉 그의 아내는 파라스마네스의 딸이고, 그의 딸은 라다미스투스의 아내라는 것 등을 강조하며 설득했다. "히베리아족이 지금 우세하지만 화평 조약의 체결을 거부하지 않고 있습니다. 왕께서도 아르메니아인의 배신에 대해 익히 알고 계실 것입니다. 지금은 양식이 부족한 요새 외에는 의지할 곳이 없습니다. 운을 하늘에 맡기고 결전에 나서기보다는 피를 흘리지 않는 협정을 택해야 합니다!"

미트리다테스는 이 권유에 곧 응할 수 없었다. 원군 대장의 저의도

의심스러웠다. 실제로 대장이 왕의 첩 중 한 명을 유혹했고, 또 매수되어 어떤 비열한 행위든 다 저지를 것 같은 자로 생각되었다. 한편 카스페리우스는 그 사이에 서둘러 파라스마네스가 있는 곳으로 달려갔다. 그리고 히베리아족의 포위망을 풀어 달라고 요청했다. 왕은 면전에서는 말끝을 얼버무리며 타협적인 태도로 대답했지만, 뒤로는 밀사를 보내 라다미스투스에게 이런 훈령을 내렸다. "어떤 수단을 쓰든 서둘러 성채를 점령하라." 그래서 추접스러운 거래의 액수가 올라갔다. 폴리오도 부하들을 은밀히 매수하며 꾀었다. 병사들은 왕에게 집요하게 화평 조약을 맺을 것을 요구하며 "그러잖으면 우리는 더 이상 원조하지 않을 것이오" 하고 위협했다. 이 압력에 미트리다테스는 굴복했다. 그는 화평 조약을 맺는 일시와 장소에 찬성하고 나서 성채에서 나갔다.

47 라다미스투스는 만나자마자 미트리다테스의 품안에 뛰어들고는 공손한 태도를 보이면서 장인이라 부르기도 하고 아버지라고 부르기도 했다. "신들에게 맹세하건대 저는 칼이나 독으로 절대 생명에 위해를 가하지 않을 것입니다" 하고 보충해 말하고는 곧 인근의 성림聖林으로 안내했다. "그곳에는 이미 희생제 준비가 다 되어 있습니다. 신들이 보시는 앞에서 화평 조약을 비준하기 위해서입니다" 하고 되풀이해서 변명하면서.

동방의 왕들은 조약을 체결하기 위해 만나면 다음과 같은 절차를 밟는 것이 관례이다. 두 사람은 서로 오른손을 잡고 각자의 엄지손가락을 끈으로 함께 묶고 단단한 매듭을 짓는다. 이윽고 엄지손가락 끝의 관절이 충혈되면 칼로 살짝 베어 피를 내고 서로 상대의 피를 핥는다. 이런 피의 교환으로 조약이 신비롭게 비준된 것으로 생각한다.

이때 라다미스투스는 손가락을 묶는 끈을 상대방 쪽으로 가져가려 하다가 미끄러진 것처럼 가장하고는 미트리다테스의 무릎을 잡고 땅

위에 쓰러뜨렸다. 그 후 다른 자들이 달려와 쇠사슬로 묶었다. 게다가 야만족이 치욕으로 여기는 차꼬까지 채우고 질질 끌고 갔다. 민중은 그의 잔혹한 압정에 시달렸기 때문에 모욕을 주며 매질을 했다. 그렇지만 이처럼 운명이 엄청나게 바뀐 것을 동정하는 사람도 있었다. 그의 아내는 어린 자식들을 데리고 남편 뒤를 따르면서 주변을 울음 소리로 가득 채웠다. 부부는 각기 포장 마차에 감금된 상태로 파라스마네스의 명령이 내려지길 기다렸다.

파라스마네스는 자신의 동생이나 딸에 애정보다 왕국에 대한 집념이 더 컸다. 그뿐만 아니라 그의 마음은 언제든지 죄를 저지를 수 있는 상태에 놓여 있었다. 하지만 이런 그일지라도 역시 처형 장면은 목격하고 싶지 않았던 것일까, 현장에 입회하는 것을 삼갔다. 라다미스투스는 지난번의 맹세를 잊지 않은 듯이 누나와 숙부에게 칼이나 독을 사용하지 않았다. 두 사람을 땅 위에 밀어 넘어뜨리고 많은 무거운 옷으로 그 위를 덮어 질식시켜 죽였다. 미트리다테스의 자식들도 양친의 죽음에 눈물을 흘렸기 때문에 살해되었다.

48 시리아의 총독 콰드라투스는 미트리다테스가 배신당하고 그 왕국이 살해자의 손에 들어갔다는 소식을 듣고는 보좌 기관을 소집했다. 그는 지금까지의 경위를 설명하고 복수해야 하는지 말아야 하는지 조언을 구했다. 로마의 체면을 우려한 사람은 소수이고, 대부분은 신중론을 폈다. "이국인의 죄악은 무엇이든 다 크게 환영해야 합니다. 그렇지 않아도 이쪽에서 불화의 씨앗을 뿌려야 할 판국입니다. 마치 로마의 역대 황제께서 종종 아르메니아를 선물처럼 꾸며 여러 야만족의 왕들 앞에서 내던지고 내분을 부추기셨듯이 말입니다. 라다미스투스로 하여금 간책으로 가로챈 영지를 지배하도록 놓아 두십시오. 그가 일간 미움이나 악평을 받는다면, 그 편이 명예로운 수단으로 왕위를 손에 넣은 것보다 우리에게는 더 형편이 좋을 것입니다."

모두 이 의견에 찬성했다. 그러나 로마가 비겁한 행위를 묵인하고 있는 것처럼 받아들여져서는 곤란하고, 또 카이사르가 이와 반대되는 훈령을 내려도 난처했다. 그래서 파라스마네스에게 사절을 보내 "군대를 아르메니아 국경에서 철수시키고 자식도 데리고 돌아오라"고 권고했다.

49 이 당시에 속주 카파도키아에 율리우스 파일리그누스(Julius Paelignus)라는 로마 기사가 황제 속리로 있었다. 그는 우둔함과 기형적인 몸 때문에 누구에게서나 경멸당했지만 클라우디우스로부터 무척 귀여움을 받고 있었다. 클라우디우스가 황제의 지위에 오르기 전에 사인私人으로 지낼 무렵에 이런 익살꾼들과 교제하며 한가한 시간을 즐기고 있었기 때문이다. 그가 아르메니아 탈환이라는 명목 하에 속주민을 상대로 원군을 모집했다. 하지만 중요한 적지보다 동맹자의 주거지를 더 심하게 황폐화시켰다. 그래서 부하들에게 버림받고 야만족에게 공격당해 의지할 데가 없어 라다미스투스가 있는 곳으로 도망쳤다. 라다미스투스에게 선물을 받고 매수당하자, 파일리그누스는 자진해서 왕위의 표장標章을 인수하라고 권유했다. 그뿐만 아니라 즉위식에 그 자신이 승인자 겸 종자로 입회했다.

이 추악한 정보가 전해져 시리아 총독의 귀에 들어갔다. 로마인이 모두 파일리그누스와 같지 않다는 것을 보여 주어야 한다고 생각하고 군단장 헬비디우스 프리스쿠스(Helvidius Priscus)에게 "현지의 상황에 따라 혼란에 잘 대처하라"는 훈령을 내리고 군단병과 함께 파견했다. 프리스쿠스는 신속히 타우루스 산을 넘었다. 그리고 무력 행사보다 온건한 수단으로 사태를 수습했다. 그러고는 총독의 명령으로 파르티아에 전쟁 구실을 주지 않기 위해 시리아로 철수했다.

50 실제로 파르티아의 국왕 볼로게세스는 지금이야말로 아르메니아를 침략할 수 있는 좋은 기회가 찾아왔다고 판단하고 군대를 집결

시키고 있었다. 아르메니아는 본래 그의 조상이 점유하고 있었는데 비겁한 책략으로 이국의 왕에게 빼앗겼다는 이유에서였다. 그리고 "내 일족은 모두 지배권을 갖지 않으면 안 된다"며 종생 티리다테스를 아르메니아의 왕위에 앉히려고 준비했다.[67] 파르티아인이 국경을 넘어 습격을 하자, 히베리아인은 제대로 한 번 싸워 보지도 못하고 쫓겨났다. 그리고 아르메니아의 주요 도시인 아르탁사타와 티그라노케르타도 함락되었다.

그렇지만 이윽고 몹시 추운 겨울이 찾아오고 식량 보급도 제대로 이루어지지 않게 되었다. 이 두 가지 원인으로 전염병이 돌아, 볼로게세스는 계획을 일시 포기하고 철수하지 않을 수 없게 되었다. 이리하여 무정부 상태가 된 아르메니아에 다시 라다미스투스가 침입해 이전보다 더 포악한 정치를 했다. "아르메니아인은 배신했다. 때가 되면 또 반역할 것이다" 하고 생각했기 때문이다. 예속에 길들여져 있던 아르메니아인도 정말이지 더 이상 견딜 수 없어 무기를 들고 왕궁을 포위했다.

51 라다미스투스는 준마들에 자신과 아내를 맡기는 외에 달리 목숨을 구할 방도가 없게 되었다. 그래서 말을 타고 도망쳤지만, 그의 아내가 임신 중이었다. 적에 대한 두려움과 남편을 사랑하는 일념에서 처음에는 이 도피행을 최선을 다해 견뎌 냈다. 그러나 이윽고 끊임없는 질주로 아주 심하게 흔들리고 태아가 진동되어 남편에게 애원하기 시작했다. "명예롭게 죽여 치욕스런 포로 신세에서 구해 주세요." 남편은 아내의 용기에 감동하고, 또 버리면 누군가에게 붙잡힐까 걱정되고 가슴이 아파 처음에는 그녀를 꼭 껴안고 위로하고 격려했다. 그렇지만 마침내 열렬한 애정에서, 그리고 잔혹한 일에 익숙해

---

67) 또 다른 동생 파코루스는 메디아 아트로파테네의 왕이었다.

져 있기도 해서 만도劃刀를 뽑아 그녀를 찔러 죽였다. 그러고는 그대로 아락세스 강변까지 끌고 가 시신마저 적에게 넘겨 줄 수 없다며 물속에 던졌다. 그러고는 곧장 쏜살같이 아버지의 히베리아 왕국으로 도망쳤다.

그러나 제노비아(이것이 그의 아내의 이름임)가 조용한 웅덩이에 떠올라 숨을 쉬면서 살아 있는 징후를 보이고 있는 것을 목동들이 발견했다. 여자의 고귀한 모습을 보고 비천한 태생이 아니라고 생각하고는 상처에 붕대를 감고 민간 요법으로 치료를 했다. 그리고 여자의 이름과 불행한 이야기를 듣고 아르탁사타 도시까지 데려다 주었다. 그곳에서 관청의 보호를 받으며 티리다테스가 있는 곳으로 안내되었다. 왕은 친절히 제노비아를 맞이하고 이후 왕후의 대우를 해주었다.

7. 클라우디우스의 만년과 죽음

52 파우스투스 코르넬리우스 술라 펠릭스(Faustus Cornelius Sulla Felix)와 루키우스 살비우스 오토 티티아누스(Lucius Salvius Otho Titianus)가 집정관이 되었다.[68] 루키우스 아룬티우스 푸리우스 스크리보니아누스(Lucius Arruntius Furius Scribonianus)가 추방형에 처해졌다. 점성술사들에게서 황제의 죽음에 대해 알아내려 했다는 이유에서였다. 이에 연좌되어 그의 어머니 비비아(Vibia)도 탄핵받았다. 전에 로마에서의 생활을 금지하는 선고를 받았을 때 순순히 그 운명에 따르지 않았다는 이유에서였다. 스크리보니아누스의 아버지 카밀루스(Camillus)[69]는 달마티아에서 무장 봉기를 기도한 적이 있었다. 그

---

68) 52년. 후자는 뒷날의 황제 오토의 형제이고 63년에 아시아의 지사가 되었다.
69) 6권 1절, 7권~10권〔옮긴이의 덧붙이는 글〕 42년 항목.

래서 카이사르는 "이 적의 자손을 살려 둔 것에서도 나의 자비심이 예증된다" 하고 자랑했다. 그러나 유형자는 오래 살지 못했다. 스크리보니아누스가 천명에 따라 숨을 거두었는지 독약으로 죽었는지는 알 수 없다. 사람들은 제각기 믿는 바대로 수군거렸다.

원로원은 점성술사를 이탈리아에서 추방하기로 의결했다. 엄격히 실행되었지만 그다지 효과를 거두지 못했다. 이어서 황제가 연설을 하며 가난 때문에 자발적으로 원로원 계급을 포기한 사람들을 칭찬했다. 그리고 이 계급에 남아 가난한데다가 철면피하다는 오명까지 뒤집어쓰고 있는 사람들을 제적했다.

53 같은 회기에 황제는 노예와 부부가 된 자유민 여성을 처벌하는 것이 어떻겠느냐고 제안했다. 그 결과 원로원은 다음과 같이 의결했다. "이런 관계로 타락한 여자는 만약 상대 노예의 주인이 모르고 있을 경우에는 노예로 취급된다. 만약 주인이 동의한 경우에는 해방 노예로 간주된다."

카이사르는 이 제안의 발의자가 팔라스[70]라는 것을 공포했다. 그러자 예정 집정관 마르키우스 바레아 소라누스(Marcius Barea Soranus)가 "팔라스에게 법무관 현장과 500만 세스테르티우스를 수여해야 한다"고 제안하고, 푸블리우스 코르넬리우스 렌툴루스 스키피오가 "팔라스에게 국민의 감사를 바쳐야 한다"고 덧붙여 말했다. "그는 아르카디아 왕가의 후예이지만 이 유서 깊은 고귀한 혈통을 국가의 이익을 위해 희생시키고, 자신은 단지 황제의 일개 하인에 지나지 않는다고 생각하고 있기 때문이다." 클라우디우스는 이렇게 언명했다. "팔라스는 명예만으로 만족하고 지금까지와 같은 빈곤 상태에 머무

---

70) 팔라스라는 이름은 그가 안토니아를 섬기고 있을 때 머릿속에 떠올려진 것으로 신화상의 아르카디아 왕과는 아무 관계도 없었다. 하지만 이 당시에는 이런 신화적인 계보를 퍼뜨리는 취미가 유행되고 있었다.

르겠다는 의사를 밝혔다." 그래서 원로원의 의결을 동판에 새겨 공시했다. 거기에는 3억 세스테르티우스의 재산을 소유하고 있는 이 해방 노예가 고풍스런 검약가라는 찬사까지 실려 있었다.

54 그렇지만 그의 동생인 로마 기사 안토니우스 펠릭스(Antonius Felix)[71]는 형만큼 겸손의 미덕을 발휘하지 않았다. 유대의 통치를 위임받은 지 이미 오래되었지만 형의 절대적인 권세를 믿고 어떤 짓을 해도 처벌받지 않으리라 생각하며 악행을 저지르는 것을 우습게 보고 있었다. 그러나 유대인은 〈가이우스 카이사르로부터 그의 상을 신전에 안치하라는 명령을 받았을 때〉 확실히 폭동을 일으키고 불온한 움직임을 보인 적이 있었다. 가이우스가 죽었다는 소식이 전해지고 명령은 실행되지 않았지만, 황제 중 누군가가 같은 명령을 내릴 것이라는 불안감이 언제나 그들을 따라다니고 있었다. 이럴 때 펠릭스가 상황에 맞지 않는 분별 없는 징계 조치로 원주민을 분개시켜 범죄가 점점 더 만연되어 갔다.

이 속주의 일부를 관리하고 있던 벤티디우스 쿠마누스(Ventidius Cumanus)도 펠릭스와 경쟁적으로 악정을 펼쳤다. 이 당시 유대가 양분되어 그는 갈릴라이아족을, 펠릭스는 사마리아족을 지배하고 있었다. 그 양 부족은 전부터 견원지간이었는데, 이때는 현 통치자에 대한 경멸감 때문에 더욱 증오심을 억누를 수 없었다. 그러던 끝에 그들이 서로 도적단을 보내 거주지를 황폐화시키거나 함정을 파고, 때로는 공공연히 무력 충돌을 벌이기까지 했다. 약탈하거나 훔친 물품은 황제 속리가 있는 것으로 가져갔다. 두 사람 모두 처음에는 기뻐했다. 이윽고 학살의 경향이 심해져 가 로마군을 개입시키자, 로마 병사가 살해되었다.

---

71) 이사람이 〈사도행전〉 24장의 그 펠릭스이다.

그래서 만약 시리아 총독 콰드라투스가 사태 수습에 나서지 않았으면 이 속주는 전화에 휩싸이고 말았을 것이다. 기습해 로마 병사를 살해한 유대인들에게는 추호도 망설이지 않고 신속히 목을 베어 죄의 대가를 치르게 했다. 그러나 쿠마누스와 펠릭스의 경우에는 골머리를 앓았다. 클라우디우스가 반란의 경위를 듣고 이 속리들의 처치에 관한 결정권조차 총독에게 주었기 때문이다. 그러나 콰드라투스는 펠릭스를 배심원 중 한 사람처럼 보이게 하며 재판관석에 앉혀 고발자들의 기세를 꺾어 버렸다. 그래서 쿠마누스만 두 사람의 지은 죄때문에 처벌받았다. 이리하여 속주 유대는 본래의 평화를 되찾았다.

55 그 직후에 키에타이족이라 불리는 킬리키아의 야만스런 한 부족이 그때까지도 종종 폭동을 일으켰지만, 이번에는 트록소보리스(Troxoboris)의 지도 하에 요새를 쌓고 험준한 산악을 점거하고는 이곳에서 해안 지대나 도시로 내려와 경작자나 시민, 특히 로마의 교역상인이나 선주에게 폭력을 휘둘렀다. 그리고 아네무리움 시를 포위했다. 이것을 구하기 위해 시리아에서 원군 대장 쿠르티우스 세베루스(Curtius Severus)와 함께 기병대가 파견되었지만 격퇴당했다. 조시주변이 험한 지형이라 보병전에는 적합해도 기병전은 거의 불가능했기 때문이다. 그래서 마침내 킬리키아 해안 지방의 왕 안티오코스 에피파네스(Antiochos Ephiphanes)[72]가 폭도들을 감언 이설로 꾀는 한편, 책략으로 수괴를 함정에 빠뜨리고 야만족 세력을 분열시켰다. 이리하여 트록소보리스와 소수의 선동자가 살해되자 다른 자들에게는 은사를 베풀어 폭동을 진압했다.

56 같은 시기에 푸키누스 호와 리리스 강을 연결하는 지하 수로가

---

72) 그의 아버지(안티오코스 3세)가 세상을 떠난 뒤에 콤마게네(Commagene)가 시리아 속주에 합병되었지만(2권 56절), 그(안티오코스 4세)는 클라우디우스에 의해 콤마게네와 킬리키아의 일부의 왕이 되어 있었다.

관통되었다. 이 공사의 웅대한 규모를 가능한 한 많은 사람에게 구경시키려고, 카이사르는 그 호수 자체를 해상 모의전의 무대로 삼았다. 일찍이 아우구스투스도 티베리스 강의 맞은편 하안의 인공 못에서 이것을 개최한 적이 있었다. 하지만 이때만큼 전선도 크지 않았고, 해병의 총 숫자도 많지 않았다. 클라우디우스는 삼단 갤리선이나 사단 갤리선에 각종 장비를 싣게 하고 1만 9천 명을 무장시켰다. 그리고 그 주변을 뗏목으로 에워싸 그곳에서 도망칠 수 없게 했다.[73] 그러나 뗏목 안의 수역은 노 젓는 사람들의 기예나 키잡이의 조종술, 배의 공격이나 그 밖의 일반적인 해전 전술을 보여 줄 수 있을 만큼의 넓이는 되었다. 뗏목 위에는 친위대의 몇 개 대대와 부속 기병이 그 앞에 보루를 쌓고 그곳에서 노포나 투석기를 발사할 준비를 갖춘 채 질서 정연하게 늘어서 있었다.

호수의 나머지 부분은 해병이 승선한 장갑선들이 차지하고 있었다. 호숫가나 언덕, 산꼭대기는 극장처럼 많은 군중으로 가득 차 있었다. 그 대부분이 부근의 자치시민이었다. 개중에는 로마에서 왕성한 호기심을 충족시키거나 황제의 비위를 맞추기 위해 온 사람도 있었다. 클라우디우스는 화려한 장군 외투를, 그 옆의 아그리피나는 금실로 수놓은 그리스풍 외투를 걸치고 지휘했다. 전투는 죄인들끼리 벌였지만 용감한 병사와 똑같은 기개를 보였기 때문에 부상자가 많이 나왔다. 그래서 그 후에는 서로 죽이지 않아도 되었다.

57 구경거리 행사가 종료되고 수로가 개통되었다. 그러자 곧 공사의 결함이 드러났다. 수로가 호수 밑바닥까지, 아니 중간 정도의 깊이까지도 충분히 파여 있지 않았다. 그래서 시간을 들여 더욱 깊은 곳까지 수로를 팠다. 또다시 많은 사람을 불러모으기 위해 검투사들이 보

---

73) 싸우는 자 대부분이 죄인이므로 불온한 행동을 보일 때를 대비한 것이다.

병전을 벌이는 구경거리가 제공되었다. 호수에 보병 전투에 적합한 선교船橋가 건조되었다. 그뿐만 아니라 호수의 배수구 부근에서 연회까지 벌어졌다. 이것이 한창 진행될 때, 사람들이 공포의 심연으로 빠져들었다. 배출되는 물의 기세가 엄청나 근처에 있는 것을 모두 빨아들이고 멀리 있는 것도 뿌리째 낚아채는데다가 그 굉음과 폭음으로 주변이 두려워 떨었다.

아그리피나는 황제가 깜짝 놀라는 것을 이용해 이때라는 듯이 공사의 감독자 나르키수스의 탐욕스런 횡령을 매도했다. 하지만 나르키수스도 잠자코 있지 않았다. 여자의 오만불손한 태도와 너무 분수에 넘치는 야심을 공격했다.

58 데키무스 유니우스 실라누스 토르콰투스(Decimus Junius Silanus Torquatus)와 퀸투스 하테리우스 안토니누스(Quintus Haterius Antoninus)가 집정관이 되었다.[74] 16세가 된 네로는 카이사르의 딸 옥타비아와 결혼했다. 네로는 고상한 취미를 세상에 알리고 웅변가로서의 명성을 떨치고 싶어 트로이 시민의 호소를 떠맡았다. 그는 로마의 트로이 기원이나 율리우스 씨족의 시조 아이네아스 등 그 도시 이야기와 이와 비슷비슷한 사물의 유래를 상세히 논하고, 그러던 끝에 "트로이 시민은 모든 공적 의무에서 제외되어야 한다"는 결론을 내렸다.

똑같이 네로의 제안으로 잿더미가 되어 버린 보노니아에 부흥 자금으로 1000만 세스테르티우스를 제공했다. 로도스 섬[75]의 주민에게 다시 자치권을 주었다. 그들은 로마가 외적과 싸울 때 봉사하거나 내란으로 로마에 폐를 끼칠 때마다 자유를 빼앗기거나 되찾았다.

다음으로 프리기아의 아파메아 시민이 지진으로 파괴되었기 때문

---

74) 53년을 가리킨다.

75) 미트리다테스 전쟁에 협력해 자치권을 얻었지만 9년 전에 로마인을 몇 명 죽여 자치권을 빼앗긴 상태였다.

에 향후 5년간 납세의 의무를 면제받았다.

59 클라우디우스는 여전히 아그리피나의 술책에 걸려 생각할 수 있는 한 최대의 학정을 강요당하고 있었다. 그녀는 자산가로서 유명한 티투스 스타틸리우스 타우루스(Titus Statilius Taurus)의 정원이 몹시 탐나 타르퀴티우스 프리스쿠스(Tarquitius Priscus)로 하여금 고발하게 하여 그를 파멸에 빠뜨렸다. 프리스쿠스는 타우루스가 집정관 대행 명령권을 갖고 아프리카를 통치할 때의 보좌관이었다. 함께 귀국하자 부하가 상관을 불법 강탈죄로 고발하고, 이에 덧붙여 특히 마법에 대한 미신을 공격했다. 이윽고 타우루스는 엉터리 탄핵과 망신살이 뻗친 모욕을 견디지 못하고 원로원이 판결이 내려지기 전에 자결했다. 그러나 프리스쿠스는 원로원에서 추방되었다. 아그리피나의 반대 운동에도 불구하고 의원들은 이 고발자를 증오한 나머지 이런 판결을 내렸다.

60 같은 해에 황제가 여러 번에 걸쳐 연설을 통해 황제 속리가 다루는 재판상의 판결[76]은 앞으로 황제 자신의 결정과 같은 효력을 지닌다는 견해를 되풀이했다. 이것을 우연히 언급한 것이 아니라는 것을 증명하기 위해 원로원 의결로도 황제 속리에게 전보다 상세한 규정을 제시하고 풍부한 권한을 주었다. 확실히 신군 아우구스투스는 이집트를 관리하는 기사 계급[77] 인사에게 사법권을 주고, 그들의 포고가 로마의 고급 정무관의 재결과 같은 효력을 지닌다고 규정하고

---

76) 황제 금고와 관련된 소송의 재판권을 가리킨다. 일반적인 황제 속리는 그때까지 검사 역을 맡고, 재판은 황제 법정에서 행해졌다(4권 6절). 하지만 상급 황제 속리(즉 3급 황제 속주의 관리자)는 티베리우스 이후 재판권(민사·형사)을 갖고 있었던 것 같다. 따라서 본문의 의미는 상급 황제 속리에게는 명확한 '상세한 규정'을 제시하고, 일반적인 황제 속리에게는 '풍부한 권한을 주었다'는 것이리라.

77) 이집트 영사를 가리킨다(2권 59절 주를 참조할 것). 이 직책도 넓은 의미에서는 황제 속리이고 결코 정무관(국가의 관리)이 아니었다.

있었다. 그 후 다른 속주에서도, 심지어는 수도에서조차 전에는 법무관에 의해 재판되던 소송이 종종 황제 속리에게 위임되었다.

이때 클라우디우스는 옛날에 많은 폭동이나 무장 봉기의 원인이 되었던 권한[78]을 모두 속리에게 양도했다. 즉 가이우스 셈프로니우스 그라쿠스(Gaius Sempronius Gracchus)[79]의 제안으로 기사 계급에 배심권이 주어졌을 때에도, 퀸투스 세르빌리우스 카이피오(Quintus Servilius Caepio)[80]의 법으로 다시 배심권이 원로원에 반환되었을 때에도 그랬고, 일찍이 마리우스와 술라가 전쟁을 벌인 것도 주로 이 권한 때문이었다. 그렇지만 이런 예전의 충돌들은 계급 투쟁으로 쟁취한 성과가 계급 전체의 이익이 되었다.

율리우스 카이사르의 위신을 방패로 삼아 재량에 따라 화평 조약을 체결하고 선전宣戰을 결정할 수 있었던 최초의 기사는 가이우스 오피우스(Gaius Oppius)와 루키우스 코르넬리우스 발부스(Lucius Cornelius Balbus)[81]였다. 그 뒤를 잇는 가이우스 마티우스(Gaius Matius)나 푸블리우스 베디우스 폴리오(Publius Vedius Pollio)[82] 등 권세를 자랑한 로마 기사의 이름을 열거하더라도 아마도 별 의미가 없을 것이다. 클라우디우스가 이제 자기 집안의 재산을 관리하게 하고 있는 해방 노예들에게조차 황제나 법률에 필적하는 권위를 부여해 주었기 때문이다.

61 이어서 클라우디우스는 코스 섬 주민에게 납세를 면제하는 문

---

78) 공화정 시대에 원로원과 기사 계급이 다툰 권한은 상설 재판소의 배심권이었다(11권 22절). 그러나 본문에서는 황제와 개인 사이의 민사 소송에 관한 황제 속리의 재판권이 문제가 되고 있기 때문에, 타키투스가 착오를 일으키고 있다고 볼 수 있다.

79) 기원전 123년의 호민관.

80) 기원전 106년의 집정관.

81) 모두 카이사르의 친구. 타키투스는 황제 속리의 재판권에서 기사 계급의 배심권으로, 다시 그 특권으로 기묘하게 화제를 바꾸어 가고 있다.

82) 모두 아우구스투스의 친구.

제에 관해 제안하고 그 섬 주민의 유서 깊은 내력에 대해 장황하게 이야기했다. "이 섬의 최초의 개척자는 아르고스인이었다. 혹은 어쩌면 레토(Leto)의 아버지 코이오스(Coeos)였을지도 모른다. 이윽고 아스클레피오스(Asclepios)[83]의 도래로 의술이 전해지고, 그 의술이 특히 그의 자손들에 의해 유명해졌다." 카이사르는 그 한 사람 한 사람의 이름을 거론하고, 그들이 각기 살았던 시대도 이야기했다. "나 자신이 그 의술의 혜택을 받고 있는 크세노폰(Xenophon)도 아스클레피오스 가 출신이다. 우리는 그의 탄원에 응답해 코스 섬 주민에게 앞으로 모든 세금을 면제해 주고, 그들이 저 신성한 섬에서 의신의 예배에만 전념할 수 있도록 배려해 주어야 한다."

물론 이때 클라우디우스는 이 섬 주민이 종종 로마 국민을 위해 힘썼던 공적이나 그들과 협력해 얻었던 승리를 말해도 되었을 것이다. 하지만 그는 이런 데면데면한 이유를 원용하지 않고 평소의 원만하고 좋은 성격에서 한 개인에게 기울이고 있던 총애를 숨기려 하지 않았던 것이다.

62 다음으로 비잔티움의 시민이 무거운 세금 부담에서 벗어나고 싶다며 원로원에 호소했다.[84] 변명의 기회가 주어지자, 그들은 자신들이 예전에 로마에 도움을 주었던 일을 죄다 이야기했다. 그들은 로마가 마케도니아의 왕(비천한 태생이라는 이유에서 가짜 필리포스라는 별명이 붙여져 있었다)과 싸울 때[85] 그들과 맺은 동맹 조약부터 말하기

---

83) 그리스 신화의 의술의 신. 레토는 제우스의 아내로 아폴론과 아르테미스를 낳았다. 코이오스는 거인족 중 한 사람.

84) 이 도시가 원로원 속주인 비티니아에 속해 있었기 때문이다.

85) 마케도니아의 가짜 필리포스는 안드리코스(Andricos)로 기원전 148년의 전쟁에서 패했다. 그 후 자유시가 되어 있었다. 최근에 납세 의무를 지게 되었던 것일까? 트리움비르 안토니우스(Triumvir Antonius)의 아버지인 크레티쿠스는 기원전 74~72년에 해적들과 싸웠다. 루쿨루스는 기원전 73~66년에 폰토스의 미트리다테스 6세를 상대로 전쟁을 계속했다.

시작했다. 이어서 안티오코스(Antiochos)나 페르세우스(Perseus), 아리스토니코스(Aristonicos)와의 전쟁에서 그들이 파견했던 원군에 대해, 또 해적전에서 안토니우스 크레티쿠스(Antonius Creticus)를 원조했던 경위를 이야기했다. 술라나 루키우스 리키니우스 루쿨루스(Lucius Licinius Lucullus), 혹은 폼페이우스에게 제공했던 원조, 더 내려와 마침내 최근에 카이사르들을 위해 봉사한 일[86]도 거론했다. 확실히 그들의 도시는 로마군 장병이 해륙 양면으로 이동할 때뿐만 아니라 식량 수송이라는 측면에서도 편의를 제공하는 위치에 있었다.

63 비잔티움은 유럽과 아시아 사이의 해협이 가장 좁아지는 곳, 유럽의 맨 끝 땅에 그리스인에 의해 건설된 도시이다. 그들은 피티아의 아폴론에게 도시를 건설할 장소를 묻고 "맹인의 땅 맞은편에서 주거지를 찾아라"라는 신탁을 받았다. 이 수수께끼로 가득 찬 말은 칼케돈을 의미하고 있었다. 칼케돈 시민들이 예전에 이 지역에 도착한 뒤 이 훌륭한 장소를 먼저 보고서도 더 나쁜 곳을 택했기 때문이다.

실제로 비잔티움의 토질은 비옥하고 근해의 산물도 풍부했다. 흑해의 무수한 물고기 떼가 이 해협으로 우르르 몰려 나오다가 해면 밑의 완만하게 경사진 암초대에 놀라 굴곡진 맞은편의 아시아 해안선에서 이쪽 후미로 도망쳐 들어왔다. 그래서 비잔티움은 처음에는 부유함을 자랑하며 번영하고 있었다. 이윽고 조세의 막대한 부담에 압박을 받았기 때문에 면제나 경감을 청원한 것이다.

황제는 그들 편을 들며 "그들은 "최근에 트라키아나 보스포로스와 전쟁을 벌여 피폐되어 있기 때문에 도와 주어야 한다"고 주장했다. 이리하여 향후 5년간 세금이 면제되었다.

64 마르쿠스 아시니우스 마르켈루스(Marcus Asinius Marcellus)와

---

86) 15절 이하의 보로포로스 전쟁이나 트라키아전(4권 46절) 때 원군을 제공했던 일.

마니우스 아킬리우스 아비올라(Manius Acilius Aviola)가 집정관이 되었다.[87] 불길한 현상이 잇따라 일어나고, 나라의 정치가 한층 더 악화되어 가는 전조로 생각되었다. 군대의 깃발이나 천막이 벼락에 불타버렸다. 카피톨리움 신전의 박공에 벌떼가 집을 지었다. 반인반수半人半獸의 아이가 태어났다. 돼지가 매의 발톱을 지닌 새끼를 낳았다. 모든 정무관의 인황제가 줄어든 것도 흉조로 손꼽혔다. 즉 겨우 몇 개월도 안 되는 사이에 재관이나 조영관, 호민관, 법무관, 집정관이 각기 1명씩 사망했다.

그러나 누구보다 불안에 떤 것은 아그리피나였다. 술에 취한 클라우디우스가 우연히 입밖에 낸 "아내의 죄를 참았다가 이윽고 처벌하는 것이 내 운명이야"라는 말에 경악하고 신속히 자신의 계획을 실행에 옮기기로 마음을 굳혔다. 하지만 여성 특유의 질투심에서 먼저 도미티아 레피다(Domitia Lepida)[88]를 파멸시켰다. 레피다는 대大안토니아의 딸로 아우구스투스의 종손녀이고 아그리피나와 육촌 시누이 올케 사이이며[89] 그녀의 첫 남편 그나이우스 도미티우스 아헤노바르부스의 누이 동생이었기 때문에 고귀한 혈통이라는 면에서 아그리피나와 대등하다고 믿고 있었다. 용모나 연령, 재산이라는 측면에서도 비슷비슷하고, 게다가 두 사람 모두 부정不貞한데다가 악명이 높고 광포했다. 행운이 가져다 준 선물이라는 점에서와 마찬가지로 악덕이라는 면에서도 서로 다투었다. 가장 날카롭게 대립한 것은 이 고모[90]와 어머니 어느 쪽이 네로에게 큰 영향을 미치는가 하는 점이었다. 레피다는 감언이설과 활수한 선물로 젊은이의 마음을 농락했다. 이에 반

---

87) 54년을 가리킨다.
88) 메살리나의 어머니였다.
89) 오촌이기도 하고, 사촌 시누이 올케 사이도 된다.
90) 네로의 아버지 도미티우스가 죽고 어머니는 추방되어 고아나 똑같은 신세가 되었을 때 3살밖에 안 된 네로를 맡아 길러 주었다고 한다.

해 아그리피나는 엄격하고 위압적인 태도로 대했다. 그것은 자식에게 지배권을 주더라도 자식에게 지배당하는 것은 참을 수 없는 성격이었기 때문이다.

65 그것은 그렇다 치고 레피다는 다음과 같은 탄핵을 받았다. "그녀는 황제의 아내를 저주해 죽이려고 했다. 게다가 칼라브리아에서 노예[91] 봉기를 진압하지 못함으로써 이탈리아의 평화를 어지럽혔다." 나르키수스가 맹렬히 반대했지만, 그녀는 이런 죄목으로 사형을 선고받았다. 나르키수스는 아그리피나에 대한 의심이 점점 더 깊어져 가 친한 친구들에게 이렇게 속마음을 털어놓았다고 한다. "앞으로 브리타니쿠스나 네로 두 사람 중 누가 나라를 지배하든, 내가 파멸할 것은 확실하다.[92] 그러나 클라우디우스를 위해서라면 생명을 바쳐도 좋을 만큼 은혜를 입고 있다. 그래서 나는 만약 네로의 통치가 예정되어 있다면 메살리나와 가이우스 실리우스를 없앴을 때와 똑같은 동기에서 또다시 탄핵자가 되지 않을 수 없을 것이다.[93] 브리타니쿠스가 후계자가 되면 황제에게 위기는 없다. 하지만 계모의 음모로 카이사르가 전체가 쓰러질 것이다. 이것을 알고도 모르는 체한다면, 그것은 전처의 부정을 묵인하고 있었던 것보다 더 큰 죄를 저지르는 것이 될 것이다. 아니, 그 부정조차 지금의 아내에게 없다고 할 수 없다. 그녀는 팔라스와 정을 통하고 있기 때문이다. 하지만 그녀가 명예나 정절이나 육체, 그 밖의 무엇보다 지배권을 중요시하고 있다는 것을 아무

---

91) 아풀리아나 칼라브리아 지방의 산악 지대에 광대한 목장을 갖고 있는 지주들의 목동 노예를 가리킨다. 레피다도 그 부근에 농장을 갖고 있었을 것이다.

92) 나르키수스는 브리타니쿠스의 어머니를 파멸시키고(11권 29절 이하), 네로의 어머니에게도 맞서고 있었다.

93) 의미가 애매한데 다음과 같은 뜻이 아닐까 생각된다. 네로가 예정되어 있다면 팔라스와 아그리피나는 클라우디우스 암살에 의해 목적을 달성할 것이다. 따라서 메살리나 때와 마찬가지로 클라우디우스를 돕기 위해 팔라스 등을 탄핵하지 않으면 안 될 것이다.

도 의심치 않을 것이다."

　나르키수스는 이와 비슷한 말을 되풀이하며 브리타니쿠스를 껴안고 신들에게 손을 내밀며 가능한 한 빨리 성년이 되길 기원하곤 했다. 혹은 손을 브리타니쿠스에게 내밀며 "어서 커서 아버지의 적을 내쫓고 어머니를 죽인 자에게도 복수하세요" 하고 탄원했다.

　66 나르키수스는 이처럼 여러 가지로 쌓이는 마음의 피로에 짓눌려 병이 들어 버렸다. 그래서 온화한 기후와 효능 있는 온천의 물로 건강을 되찾기 위해 시누에사로 갔다. 아그리피나는 이 절호의 기회를 놓치지 않고 재빨리 이용했다. 독살 결심은 오래 전에 굳히고 있었고, 사람도 준비되어 있었다. 그러나 독극물의 종류와 관련해 상담할 필요가 있었다. 간교한 책략이 폭로되지 않게 하기 위해서도 즉시 효력이 나타나는 극약은 피하는 것이 좋았다. 하지만 서서히 쇠약해지는 가벼운 독을 택해도, 클라우디우스는 죽을 때가 되어 함정에 빠진 것을 깨닫고 자식에 대한 애정을 되찾을 우려가 있었다. 그래서 정신 착란도 일으키고 죽는 시기도 늦추는 그런 미묘한 작용을 하는 독약을 사용하기로 했다. 이 분야에 관해서는 전문가인 로쿠스타(Locusta)라는 여자가 발탁되었다. 이 여자가 독살죄로 처형된 것은 최근[94]의 일인데, 그녀는 이때까지 오랫동안 독재 정치의 도구로 카이사르 가에 고용되어 있었다. 그녀는 머리를 짜내 독극물을 조제했다. 직접 복용시킨 것은 할로투스(Halotus)라는 환관이었다. 그는 황제에게 식사를 가져다 주고 그것을 사전에 시식하는 역할을 맡고 있었다.

　67 이 사건의 전모가 곧 세상에 널리 알려졌기 때문에 동시대의 역사가들조차 이렇게 전하고 있을 정도이다. 독극물은 각별히 맛있는 버섯에 뿌려졌다. 그 효과는 그렇게 빨리 나타나지 않았다. 클라우디

---

94) '최근' 이란 타키투스의 시대에서 보았을 때를 말한다. 68년에 처형되었다고 한다.

우스가 둔감했기 때문일까, 아니면 취했기 때문일까? 아무튼 식사 후에 곧 위를 비운 것이 그를 구해 냈던 것 같다. 그래서 아그리피나는 당황했다. 당연히 최고의 벌이 예상되었기 때문에, 눈앞의 불명예 따윈 무시해 버리고 공범자가 되기로 이미 약속한 시의侍醫 크세노폰을 불러오게 했다. 그는 클라우디우스가 먹은 것을 자연스럽게 토하려는 것을 도와 주는 체하며 효과가 빠른 독약을 바른 깃털을 목구멍 속에 집어넣었다고 한다.[95] 엄청난 죄에서는 처음에는 위험이, 해치운 뒤에는 포상이 수반된다는 것을 그는 잘 알고 있었던 것이다.

68 이윽고 원로원이 소집되고, 황제의 건강 회복을 위해[96] 집정관과 성직자들이 기도를 올렸다. 그러나 이 무렵에는 이미 황제가 숨을 거두어[97] 모포와 습포에 감싸여 있었다. 게다가 다른 한편으로 네로의 지배를 확실히 해두는 데 필요한 조치가 강구되고 있었다. 우선 먼저 아그리피나는 마치 슬픔에 겨워 위안을 받으려는 듯이 브리타니쿠스를 껴안고는 "아버지의 모습 그대로구나" 하고 언명하고 모든 수단을 다 동원해 방에서 나오지 못하게 했다. 그의 누나인 클라우디아 안토니아와 옥타비아까지 억류시켰다. 감시병을 두고 방문객을 모두 내쫓았다. 그리고 "황제의 건강이 점차 회복되고 있다"는 정보를 끊임없이 흘려 친위대 병사들을 안심시키면서 점성술사의 예언에 따라 길조가 보이는 순간을 기다리고 있었다.

69 마침내 10월 13일 정오에 팔라티움의 문이 갑자기 열렸다. 네로가 섹스투스 아프라니우스 부루스를 따라 친위대 앞에 나타났다. 이들은 친위대 규칙에 따라 카이사르 가의 경비를 맡고 있는 대대였

---

95) 로마인의 구토 습관은 그 당시 유행한 일상적인 의학적 처방에 지나지 않았다. 주량도 적고 먹는 것에도 무관심했던 율리우스 카이사르도 토해 내면서 식사를 했다. 클라우디우스는 이때 시의의 도움(깃털로 목구멍 속을 간질이는 것)을 필요로 했던 것이다.

96) 맨 먼저 시도된 버섯으로 병들었다는 정보가 흘러나갔던 것일까?

97) 클라우디우스는 62년 2개월을 살고 세상을 떠났다.

다.[98] 그곳에서 친위대장이 경위를 설명하고, 네로는 징조가 좋은 환호를 받으며 침상 가마에 올라탔다. 전해지는 바에 따르면 그때 몇 명의 병사가 환호하길 망설이고 주위를 돌아보며 "브리타니쿠스님은 어디 계시는 거야?" 하고 집요하게 물었다고 한다. 그러나 다른 병사들이 나서며 이 반대 제안에 동조하지 않았기 때문에, 이윽고 그들도 눈앞에 제시된 선택지를 따랐다는 것이다.

네로는 친위대 병영으로 가서 그 자리에 적합한 연설을 했다. "아버지가 정해 놓은 관대한 기준에 따라 나도 은사금을 나누어 주겠다"고 약속하고, "최고 사령관 만세"라는 인사를 받았다. 친위대의 이 결정에 이어 원로원이 승인 절차를 밟았다. 속주들에서도 이 결정에 아무 망설임도 보이지 않았다. 원로원은 클라우디우스에게 천상의 명예를 의결했다. 장례식은 신군 아우구스투스의 경우와 똑같이 행해졌다. 아그리피나가 증조모 리비아에 못지 않게 성대한 장례식을 치르고 싶었기 때문이다. 그러나 유서는 공개되지 않았다. 친자보다 양자가 우선시되었기 때문에, 대중이 부정을 눈치 채고는 증오심을 품고 불온한 움직임을 보이지 않을까 걱정되었기 때문이다.

---

98) 친위대의 주요 임무는 이탈리아와 수도의 치안, 경비였다. 카이사르 가의 호위를 맡은 것은 1개 대대에 지나지 않았다. 그들은 대장과 함께 팔라티움에 상주하고 있었다. 다른 대대는 병영에 머물렀다. 1권 7절, 2권 34절, 3권 4절을 참조할 것.

Nero

제13권 (서기 54~58년)

1. 네로의 통치가 시작됨

1 새 황제의 통치 하에서 처음으로 희생당한 사람은 아시아 총독 마르쿠스 유니우스 실라누스(Marcus Junius Silanus)였다. 그는 네로도 모르는 사이에 아그리피나의 간교한 책략으로 죽었는데, 그의 파멸을 초래한 것은 그의 사나운 기질이 아니었다. 그렇기는커녕 그는 예전의 황제들에게 경멸당했다. 예를 들어 가이우스 카이사르 등이 그를 '황금 양'¹⁾이라고 언제나 부를 정도로 무기력한 자였다. 실은 아그리피나가 그의 형제인 루키우스 유니우스 실라누스 토르콰투스를 죽였기 때문에 그것을 복수하지 않을까 두려워했던 것이다. 게다가 다음과 같은 소문이 민중 사이에 계속 나돌고 있기 때문이기도 했다. "이제 막 소년기를 벗어난 네로보다 실라누스를 황제로 삼아야 한다. 네로는 범죄를 저지르고 지배권을 손에 넣었다. 그 반면에 실라누스는 연령상으로도 적합하고 죄로 더럽혀지지도 않았으며 혈통도 고귀

---

1) 실라누스의 부와 무기력을 암시한다. 고대 그리스의 키니코스 학파의 대표적인 철학자인 디오게네스(기원전 400년경~325년))가 부유한 바보를 '황금 양'이라고 불렀다고 한다.

하다. 그뿐만 아니라 (이것이야말로 그 당시 사람들이 존중하고 있었던 것인데) 그는 카이사르 가의 후예이기도 하다."

확실히 실라누스도 신군 아우구스투스의 고손자였다. 이것이 원인이 되어 그가 암살당했던 것이다. 앞잡이로 이 일에 나선 것은 로마기사 푸블리우스 켈레르(Publius Celer)와 해방 노예 헬리우스(Helius)였다. 이들은 함께 속주 아시아의 황제 재산을 관리하고 있었는데, 비밀을 유지하기 위해 조심하지도 않고 지사 실라누스가 식사하는 도중에 아주 당당히 독을 투여했다.

이에 못지 않게 급히 서두른 것은 클라우디우스의 해방 노예 나르키수스의 살해였다. 그와 아그리피나의 갈등에 대해서는 이미 서술한 그대로이다.[2] 그는 감금 생활과 가혹한 대우, 임박한 처형의 위협으로 자살하지 않을 수 없었다. 이것도 황제 네로의 뜻이 아니었다. 네로는 아직 감추어져 있는 악덕으로 인해, 나르키수스의 탐욕과 방종으로 인해 서로 이상할 정도로 마음이 잘 맞았기 때문이다.

2 만약 섹스투스 아프라니우스 부루스와 안나이우스 세네카가 저지하지 않았으면, 이런 식으로 잇따라 살인이 계속되었을 것이다. 이 두 사람은 젊은 최고 사령관의 후견인이자 스승이었다. 권력을 공유하고 있을 경우 이 두 사람은 드문 일이지만 의좋게, 그리고 각기 다른 방식으로, 즉 부루스는 군인다운 충실한 근무와 엄격한 사생활로, 세네카는 웅변술의 지도와 위엄을 갖춘 배려로 똑같이 네로에게 영향력을 발휘했다. 그리고 위험한 청춘기의 황제가 만약 고상한 지향점을 소홀히 하면 그런대로 해가 되지 않는 쾌락을 제공하며 한층 더 쉽게 고삐를 죄려고 서로 협력했다.

아그리피나의 거만한 행동에도 두 사람은 서로 손을 잡고 대항했

---

2) 12권 57절, 65절을 참조할 것.

다. 그녀는 어떤 악랄한 수단에 호소하더라도 지배하고 싶은 욕구에 불타고 있었고, 팔라스를 자기 편으로 삼고 있었다. 이자의 부추김을 받아 클라우디우스가 근친 상간적인 결혼과 치명적인 양자 결연을 하고 결국 자기 신세까지 망쳤던 것이다.

하지만 네로는 순순히 노예들에게 굴복하는 성격이 아니었다. 한편 팔라스는 해방 노예로서의 분수를 지키지 않고 무뚝뚝한 오만함으로 네로에게 혐오감을 주고 있었다. 그럼에도 불구하고 네로는 표면상으로는 아그리피나에게 온갖 명예를 다 안겨 주었다. 친위대 부관[3]이 군대의 습관에 따라 암구호를 요구하자, 네로는 '최고의 어머니'라는 말을 암구호로 사용하게 했다. 원로원도 이미 그녀에게 2명의 릭토르를 붙이고 클라우디우스 사제(司祭)라는 성직을 수여하는 동시에, 클라우디스의 장례식으로 국장으로 치르고 그를 신격화하는 명예를 수여하기로 의결했다.

3 장례식 날 황제는 클라우디우스의 추도 연설을 시작했다. 네로가 클라우디우스 씨족의 옛 기원에 대해 말하고 그 조상들 가운데서 집정관직을 역임한 사람이나 개선식을 거행한 장군의 이름을 열거할 때에는, 그 자신이나 듣고 있는 사람 모두 열심이었다. 클라우디우스의 학문상의 업적이 회상될 때에도, 그리고 "그의 치세 중에는 국가가 외적으로부터 어떤 손해도 입지 않았다"는 말을 들을 때에도 사람들은 기꺼이 귀를 기울였다. 하지만 네로가 클라우디우스의 선견지명이나 예지에 대해 이야기하기 시작하자, 너나없이 모두 웃지 않을 수 없었다. 하지만 이 연설문은 세네카에 의해 씌어지고 많은 퇴고를 거친 것으로 그 당시의 문학적 취미에 아주 잘 맞는, 그의 사람을 매

---

3) 카이사르 가에 주둔하는 1개 대대(12권 69절)의 대장. 암구호는 이 대대에서만 통용되는 것이었다.
4) 1권 14절의 리비아에 대한 거부와 대조적이다.

혹시키는 재능을 보여 주는 훌륭한 실례였다.

과거와 현재를 비교하며 시간을 보내는 노인들은 다음과 같은 것을 깨달았다. 즉 국가를 통치한 역대 황제 가운데서 다른 사람의 웅변술을 필요로 한 사람은 네로가 처음이었다. 독재관 율리우스 카이사르는 최고의 웅변가들과 당당히 논쟁을 벌였고, 아우구스투스는 황제의 지위에 어울린다고 생각될 만큼 즉흥 연설이 뛰어난 유창한 웅변가였기 때문이다. 티베리우스도 말을 신중히 골라서 하는 데 뛰어났다. 게다가 그의 표현은 늠름하고 힘차며, 설사 애매하더라도 그것은 고의적인 것이었다. 가이우스 카이사르의 경우에도 비록 정신 착란 증세를 보이고 있었다 하더라도 그로 인해 변론의 기백까지 손상되지는 않았다. 클라우디우스의 연설 속에서도 그가 사전에 숙고하고 발표했을 때에는 언제나 세련된 문체를 발견할 수 있었다. 네로는 일찍이 유년기부터 자신의 활발한 정신을 웅변술과는 다른 방향으로 돌리고 조각이나 회화, 시가詩歌, 마술馬術의 기예를 연마했다. 이따금 쓴 시에서도 시재詩才의 싹이 엿보였다.

4 익살극이라고나 해야 할 국상이 끝나자, 네로는 원로원에 들어가 연설을 했다. 우선 먼저 의원들의 황제 승인 의결과 군대의 지지에 대해 감사한다는 말을 했다. 그리고 "나는 통치권을 아무 탈 없이 행사하는 데 필요한 훌륭한 조언자와 모범적인 인물들을 눈앞에 두고 있다. 게다가 젊기 때문에 시민끼리의 싸움이나 가정 불화로 몸을 더럽히지도 않았고, 누구에게 증오심을 품은 적도 없으며, 누구에게서도 모욕을 당한 적도 없다. 따라서 복수하고 싶은 욕망도 없다."

이어서 그는 장래의 통치 정책의 대략적인 윤곽을 밝히고, 지금까지 세상 사람들의 큰 미움을 산 여러 가지 정책과 완전히 손을 끊겠다고 특히 강조했다. "요컨대 나 자신이 직접 모든 종류의 소송을 재판하지 않을 것이다. 따라서 고발자와 피고를 한 집에 가두어 두고 소수의 사람이 사법권을 행사하는 일도 없을 것이다.⁵⁾ 내 집에서 매수나 정실情實이 접근하는 길을 모두 배제할 것이다. 카이사르 가와 국가 사이에 명확한 선이 그어질 것이다.⁶⁾ 원로원은 예로부터의 권한을 확보하게 될 것이다. 이탈리아 본토의 시민과 국가 관할 하의 속주민⁷⁾은 집정관에게 상소해 그 재판을 받게 될 것이다. 또 집정관의 중재로 원로원의 심리도 받게 될 것이다. 나는 내게 맡겨진 군대⁸⁾만 관리할 것이다."

5 이 약속을 네로는 충실히 지켰다. 많은 규칙이 원로원의 결재로 공포되었다. 예를 들어 어떤 사람이든 변호할 때 보수나 선물에 매수되어서는 안 되었다. 예정 재무관은 검투사 시합을 개최하는 의무⁹⁾를 지지 않게 되었다. 후자는 클라우디우스의 법령¹⁰⁾을 파기하는 것이 된다며 아그리피나가 반대했지만, 의원들이 밀어붙였다. 이 심의 때에는 그녀도 곁에서 들을 수 있도록 원로원 의원들이 팔라티움에 소집되었다. 즉 회의장 뒤에 문을 만들고 거기에 커튼을 친 뒤 모습은 보이지 않더라도 회의하는 것을 들을 수 있게 했다.

그뿐만이 아니었다. 아르메니아의 사절이 그 민족의 탄원을 네로 앞에서 호소하기 시작할 때, 아그리피나가 막 최고 사령관의 높은 좌석으로 올라가 네로와 함께 접견하려 했다. 주변 사람들은 모두 두려움에서 움직이지 못했다. 이때 세네카가 네로에게 충고해 다가오는

---

5) 클라우디우스 시대에 유행했던 카이사르 가 안에서의 개인 재판(3권 10절, 11권 2절 등)을 가리킨다.
6) 이 선이 그어지지 않았던 것이 클라우디우스 시대였다. 그는 카이사르 가에 공공 기관의 지위를, 하인들에게 국가의 정무관 지위를 부여했다.
7) 즉 원로원 관할 속주. 이탈리아 대표자의 호소는 13권 48절, 14권 17절을 참조할 것. 원로원 속주의 호소는 3권 60절, 12권 62절.
8) 군대와 그들이 주둔하는 황제 속주를 뜻한다.
9) 11권 22절을 참조할 것.
10) 이 법령과 11권 7절의 클라우디우스의 법령과의 관계는 확실히 알 수 없다. 후자를 보완한 것이었을까?

어머니를 맞이하게 했다.[11] 이리하여 효심이라는 가면을 쓰고 그 자리에서 벌어질 추태를 미연에 방지했던 것이다.

6 이때가 끝날 무렵에 사람들의 마음을 어지럽히는 소문이 퍼졌다. 파르티아인이 다시 침입해[12] 아르메니아를 약탈하고, 라다미스투스는 쫓겨났다는 것이었다. 라다미스투스는 다시 아르메니아 왕국을 지배했지만 그때마다 추방당하고, 이번에도 또 전쟁을 피하고 도망쳤다. 그래서 말하기 좋아하는 로마 시민들은 서로 이렇게 물었다. "갓 17세가 된 황제가 이 충격적인 사건을 어떻게 견뎌 내거나 이겨 낼 수 있을까? 여자에게 좌지우지되고 있는 황제에게 어떤 해결책을 기대할 수 있을까? 전투나 도시 공략, 그 밖의 작전이 저 스승들에 의해 끝까지 치러질 수 있을까?"

이에 대해 다른 사람들이 반박했다. "클라우디우스의 경우보다 더 나을 것이다. 고령의 나이와 무기력으로 신뢰할 수 없는 클라우디우스가 전쟁을 책임지게 되었다면 노예들의 명령에 따르는 것이 고작이었을 것이다. 하지만 부루스와 세네카는 다방면으로 경험을 쌓은 사람들로 알려져 있다. 최고 사령관의 경우에도 거의 다 자랐는데 성숙함이라는 점에서 얼마나 더 부족하단 말이냐? 시민 전쟁을 이끌 때 폼페이우스는 18세이고, 카이사르 아우구스투스는 19세였지 않은가? 게다가 최고의 지위에 있는 사람은 대개 무기를 들고 팔을 휘두르기보다 명령하고 작전을 세움으로써 책임을 완수한다. 네로가 친구로서 의논하는 사람이 성실한 사람일지, 나쁜 사람일지, 혹은 네로가 질투하는 목소리나 압력을 무시하고 고결한 인사를 장군으로 삼을 것인지, 음모에 넘어가 정실로 지탱되는 재산가를 택할 것인지, 이런 것들이 이제 곧 확실히 증명될 것이다."

---

11) 두 사람은 그대로 이 자리를 떠났을 것이다. 그 후 별실에서 네로만이 회견했을 것이다.
12) 12권 51절에서 이어지고 있다.

7 이런 여러 이야기들이 나도는 사이에, 네로는 다음과 같이 손을 썼다. 즉 동방의 여러 군단에 명해 인접한 속주에서 청년들을 모집해 병력을 충분히 보충하고 아르메니아의 국경 부근까지 이동하게 했다. 2명의 늙은 보호국 국왕 아그리파(Agrippa)와 안티오코스 에피파네스(Antiochos Epiphanes)에게는 파르티아 국경을 넘어 언제라도 침입할 수 있도록 병력을 대기시켜 두는 동시에 에우프라테스 강에 다리를 놓으라고 명했다. 그리고 소아르메니아는 아리스토불루스(Aristobulus)에게, 소페네 지방은 소하이무스(Sohaemus)에게 각각 왕위의 표장과 함께 위탁했다.

마침 이때 파르티아 왕 볼로게세스를 상대로 자식 바르다네스(Vardanes)가 반란을 일으켰다. 파르티아인은 전쟁을 뒤로 미루려는 듯이 아르메니아에서 철수했다.

8 그러나 원로원은 이런 것들을 모두 야단스럽게 칭송했다. 네로를 위해 감사제를 열 것과 그 축제 당일 그가 개선복을 착용할 것, 그리고 약식 개선식을 거행하며 로마에 입성할 것, 복수자 마르스의 신상과 같은 크기의 황제 상을 만들고 그 신전에 둘 것 등을 제안했다. 여느 때처럼 아부하기 위해서만 그랬던 것은 아니다. 진실로 만족했던 것이다. 네로가 아르메니아를 확보하기 위해 그나이우스 도미티우스 코르불로(Cnaeus Domitius Corbulo)를 최고 책임자로 임명해 덕 있는 사람에게 출세의 길이 열렸다는 인상을 주었기 때문이다.

동방의 군대는 다음과 같이 나뉘었다. 원군 일부는 2개 군단[13]과 함께 속주 시리아에 남아 총독 움미디우스 두르미우스 콰드라투스(Ummidius Durmius Quadratus)의 지시를 받았다. 같은 숫자의 군단병과 원군이 카파도키아에서 동영하고 있는 보병 및 기병과 함께 코르

---

13) 보통 시리아의 수비대는 4개 군단과 원군으로 구성되어 있었다.

불로의 휘하로 들어갔다. 우방국 왕들은 어느 쪽이든 전황에 따라 지휘를 받으라는 명을 받았다. 하지만 왕들은 어느 쪽인가 하면 코르불로 쪽을 신뢰하고 있었다.

새로운 일을 기도할 때 가장 효과를 거두는 것은 위엄과 신망이다. 코르불로는 이 위엄과 신망을 조속히 보여 주기 위해 현지로의 여정을 서둘렀다. 킬리키아의 주요 도시인 아이게아이에 도착하자, 콰드라투스가 이곳으로 와 그를 만났다. 콰드라투스가 여기까지 마중나온 것은 "만약 코르불로가 군대를 넘겨받기 위해 시리아로 들어오면 군대 전체의 시선이 그 한 사람에게 쏠리지 않을까" 하는 우려 때문이었다. 실제로 코르불로는 당당한 체구를 갖춘 긍지 높은 웅변가이고, 그의 체험이나 뛰어난 지혜를 제쳐 두고 겉모습만으로도 위압할 수 있는 사람이었다.

9 그것은 그렇다 치고 두 장군 모두 볼로게세스 왕에게 사절을 보내 이렇게 충고했다. "전쟁보다 평화를 택해야 한다. 인질을 보내고 선대 왕들이 항상 로마 국민에게 표했던 경의를 유지하는 것이 좋을 것이다." 그러자 볼로게세스는 적당한 기회가 올 때까지 전쟁을 준비하겠다고 생각했는지, 경쟁 상대로 의심되는 자들을 인질이라는 명목 하에 제거하려 했는지 아무튼 아르사케스 왕가 중에서도 가장 고귀한 사람들을 인도했다. 이들을 넘겨받은 것은 콰드라투스가 보낸 연소한 백인대장 인스테이우스 카피토(Insteius Capito)였다. 그가 이전의 어떤 문제와 관련해 콰드라투스에 의해 파견되어 우연히 그곳에 가 있었기 때문이다. 이것을 알게 된 코르불로가 원군 대장 아리우스 바루스(Arrius Varus)를 파견해 이 인질을 넘겨받으라고 명했다. 그래서 백인대장과 원군 대장 사이에 언쟁이 벌어졌다. 두 사람은 이 추한 광경을 이방인들에게 오래 보여 주어서는 안 된다고 생각하고, 이 일의 판정을 인질들과 그들을 안내해 온 파르티아인 사절에게 위임

했다. 그러자 그들은 코르불로의 근래의 눈부신 명성에서 적이면서도 어떤 종류의 애착을 느꼈는지 그쪽을 택했다.

그 결과 두 장군 사이에 반목이 생겼다. 콰드라투스는 자신의 기지로 손에 넣었던 것을 가로채였다고 불만을 터뜨렸다. 이에 코르불로는 다음과 같이 항변했다. "내가 전쟁 수행을 위해 장군으로 선택되었기 때문에 왕이 승산이 없다고 보고 꽁무니를 뺀 것이다. 그때까지 왕은 인질을 보낼 생각이 없었다." 네로는 대립하는 두 사람 사이를 중재하기 위해 다음과 같은 포고를 발표했다. "콰드라투스와 코르불로의 위업 때문에 최고 사령관의 속간이 월계수로 장식되었다."

이상의 사건이 이듬해까지 이어졌지만 여기에 함께 기술했다.

10 같은 해에 카이사르는 원로원에서 그의 아버지 그나이우스 도미티우스 아헤노바르부스를 위해 동상을 건립하고, 유년 시대의 가정 교사 아스코니우스 라베오(Asconius Labeo)에게 집정관 현장을 수여하는 것을 허가해 줄 것을 요청했다. 어떤 의원이 네로를 위해 순금이나 은제 상을 건립할 것을 제의하자, 네로는 거절했다. 또한 원로원이 네로가 태어난 12월을 새해의 기점으로 삼자는 결의를 했지만, 네로는 1월 1일을 새해의 기점으로 삼는 예로부터의 관습을 굳게 지켰다. 원로원 의원 카리나스 켈레르(Carrinas Celer)가 노예에 의해 고발당했을 때에도, 기사 율리우스 덴수스(Julius Densus)가 브리타니쿠스에 대한 동정을 탄핵받았을 때에도, 네로는 이 소송을 받아들이지 않았다.

11 클라우디우스 네로와 루키우스 안티스티우스 베투스(Lucius Antistius Vetus)가 이해의 집정관이 되었다.[14] 이해의 새 정무관들이 황제의 여러 법령을 준수할 것을 맹세할 때,[15] 네로는 동료 집정관 안

---

14) 55년을 가리킨다.
15) 1권 72절을 참조할 것.

티스티우스가 자신의 법령에 대해 복종을 맹세하는 것을 금지시켰다. 의원들은 일제히 이것을 격찬했다. 이런 사소한 일로도 자꾸 추어 올리면 젊은 황제의 마음이 점점 더 위대한 행위를 위해 힘껏 노력하게 되리라 생각했기 때문이다.

다음으로 네로의 관대한 조치가 플라우티우스 라테라누스에게 내려졌다. 메살리나의 정부라는 이유로 원로원 계급에서 추방되었던 그를 본래의 신분으로 회복시켜 주었다. 네로는 연설를 통해 재삼재사 자신의 자비 깊은 조치를 엄숙히 약속했다. 이런 연설들은 세네카가 자신의 교육이 얼마나 현명한지를 증명해 보이려고, 혹은 자신의 재능을 과시하려고 황제의 입을 통해 발표했던 것이다.

2. 네로와 어머니 아그리피나

12 그것은 어떻든지 간에 어머니 아그리피나가 영향력을 점차 잃어 가고 있었다. 네로가 아크테(Acte)[16]라는 여성 해방 노예와 사랑에 빠졌기 때문이다. 같은 시기에 이 정사情事에 대해 털어놓을 수 있는 상대로 〈마르쿠스 살비우스〉 오토(Marcus Salvius Otho)[17]와 클라우디우스 세네키오(Claudius Senecio)를 친구로 삼았다. 모두 세련되고 멋있는 청년으로 오토는 집정관급 가문 출신이고, 세네키오는 카이사르 가의 해방 노예의 자식이었다. 처음에는 어머니가 모르는 사이에, 이윽고는 어머니의 반대도 보람 없이 아크테가 자유 분방한 정열과

---

16) 아시아 속주 태생. 네로는 친구들로 하여금 그녀가 왕가 출신이라고 거짓 맹세를 시켜 가며 그녀와 진심으로 결혼하고 싶어했던 것 같다. 네로의 유골을 묻은 여자. 16권 〔옮긴이의 덧붙이는 글〕을 참조할 것.

17) 다음 황제로 69년에 몇 달간 통치했다. 그는 이해에 23세였다.

관능적인 밀회로 점차 네로의 마음속 깊이 파고들었다. 황제의 나이든 조언자들도 이것을 좋지 않게 보지 않았다. 한 여자 때문에 다른 여자가 상처입지 않고 황제의 욕망도 충족되었기 때문이다. 이 무렵 네로는 어떤 숙명에서인지, 혹은 부정한 짓이 더 큰 매력을 지니고 있기 때문인지 고귀한 태생과 만인이 인정하는 정숙함에도 불구하고 아내 옥타비아를 혐오하며 멀리하고 있었다. 그래서 만약 그의 정욕을 억누르면 언제 돌파구를 찾아 상류 계급 여성을 능욕할지 모른다는 걱정이 들었던 것이다.

13 그러나 아그리피나는 역시 여자였다. 발끈 화를 내며 "해방 노예 년이 내 경쟁 상대가 되다니" 혹은 "하녀를 며느리로 맞이해야 한단 말인가" 등과 같은 종류의 푸념을 늘어놓으면서 자식이 마음을 바꾸거나 싫증을 낼 때까지 기다리지 않았다. 어머니의 갖은 욕설이 심해질수록 네로의 연정이 더욱더 격렬하게 불타올랐다. 마침내 사랑의 힘에 굴복해 공공연히 어머니에게 순종하지 않게 된 네로는 세네카에게 도움을 청했다. 그래서 세네카의 친구 안나이우스 세레누스[18]가 그 여성 해방 노예를 사랑하고 있는 것처럼 가장하며 청년 네로의 첫 연애를 비호해 주었다. 그리고 황제가 몰래 여자에게 주려고 하는 물건을, 세레누스가 자신의 이름으로 여보란 듯이 선물했다.

그래서 아그리피나도 방법을 바꾸어 비위를 맞추고 알랑거리며 자식과 가까워지려고 했다. 그녀 쪽에서 자진해서 자신의 침실을 밀회 장소로 제공해 주고, 네로의 젊음과 최고의 지위가 당연히 필요로 하는 기분 전환에 마음을 써주었다. 그뿐만 아니라 그녀는 엄격함이 지나쳤다고 인정하고 최고 사령관의 재산에 필적할 정도의 그녀 개인 재산을 마음대로 처분하도록 네로에게 맡겼다. 이리하여 그때까지

---

18) 세네카의 사촌 형제로 소방대장이었다.

극단적으로 자식을 억압했듯이 이제는 지나치게 사근사근하게 나가기 시작했다. 이런 표변한 태도에 네로는 속지 않았다. 주위의 친구들도 경계하며 이렇게 충고했다. "그녀는 항상 당신에게 심하게 대했고, 게다가 지금은 속이려 하고 있다. 그녀가 파놓는 함정에 주의하라."

그러던 어느 날 우연히 네로가 과거의 황제의 아내나 어머니가 사용했던 아름다운 장신구를 살펴보았다. 그리고 옷과 보석을 그 속에서 꺼내 들고 어머니에게 선물했다. 어떤 여자든지 욕심낼 최고품을 부탁하지도 않았는데 활수하게 주었다. 그럼에도 불구하고 아그리피나는 사람들 앞에서 태연히 이렇게 지껄였다. "이런 것들로 내 옷장 안에 있는 것들이 늘어나지 않았다. 그렇기는커녕 이것을 받고 다른 것은 일절 소유를 금지당했다. 내 자식은 모든 재산을 내게 받고 그 중의 극히 일부를 다시 나누어 준 것에 지나지 않는다."

14 어떤 사람이 이 말을 과장해 네로에게 알렸다. 네로는 이 여성의 오만함을 뒷받침해 주고 있는 자에게 맹렬한 적개심을 느끼고 팔라스를 해임했다. 그는 클라우디우스에 의해 카이사르 가의 재산 관리를 위임맡아[19] 마치 한 왕국의 지배자처럼 행동하고 있었다. 전해지는 바에 따르면 팔라스가 카이사르 가를 떠날 때 정말로 많은 종자를 거느렸기 때문에, 네로가 "팔라스가 선서하러 가고 있군"[20] 하고 익살을 부리며 날카롭게 논평했다고 한다. 실은 팔라스는 다음과 같

---

19) 즉 회계계였다. 11권 29절 주. 이것은 다른 직책, 즉 문서계(그리스어 및 라틴어 문서계)나 탄원 수리계 등과 함께 클라우디우스가 창설한 카이사르 가의 해방 노예가 맡는 직책이었다. 회계 담당자는 황제의 중앙 금고를 관리하고 지방 지금고支金庫 관리자(황제 속리)에게 명령을 내렸다.

20) 정무관(따라서 카이사르 가의 해방 노예와는 관계가 없음)은 취임할 때(1권 72절)와 마찬가지로 사임할 때에도 중앙 광장에서 "재임 중에 어떤 위법 행위도 하지 않았다"고 선서했다. 그때 많은 친구와 부하가 입회했다.

은 증서를 네로에게서 감쪽같이 받아 낸 상태였다. "나의 어떤 행위도 과거로 거슬러 올라가 그 이유를 조사해서는 안 된다. 나와 국가 사이의 대차貸借 계산[21]도 다 청산된 것으로 간주되어야 한다."

이 사건 뒤에 아그리피나가 갑자기 태도를 바꾸고 네로에게 욕설을 퍼부으며 협박했다. 그러던 끝에 황제의 귀에 대고 이런 말까지 했다. "브리타니쿠스가 이제는 이미 훌륭한 청년이 다 되었다. 그 아이야말로 아버지의 통치권의 정당하고 또 적합한 계승자이다. 너는 다른 집안에서 침입해 양자로 거두어지고, 게다가 어머니를 학대할 목적으로 통치권을 사용하고 있기 때문이다." 그러고는 불행한 카이사르 가의 모든 죄악을, 그 주에서도 특히 그녀가 클라우디우스와 결혼하고 그를 암살한 경위를 거리낌없이 밝혔다. "의붓자식인 브리타니쿠스를 살려 둔 것은 단지 신들과 나만이 앞날을 꿰뚫어 보고 있었기 때문이다. 나는 그애를 데리고 친위대 병영으로 갈 것이다. 그리고 병사들에게 먼저 게르마니쿠스의 딸인 내 말을 들려 주고, 그 후 각기 불구가 된 손과 변론 교사의 변설로 제멋대로 전 인류에 대한 지배권을 요구하는 자들, 즉 불구자인 부루스와 저 돌아온 피추방자 세네카의 주장을 듣게 할 것이다!"

이렇게 말하고는 팔을 벌리고 천상의 클라우디우스나 실라누스 형제의 지옥의 원령怨靈, 노력이 수포로 돌아간 과거의 모든 죄악을 증인으로 불러내면서 네로를 비난하고 매도했다.

15 어머니에게서 이런 위협을 받은데다가 때마침 브리타니쿠스의 만 14세 생일[22]이 다가왔기 때문에, 네로는 몹시 불안해졌다. 어머니의 과격한 성품과 브리타니쿠스의 성격에 대해 혼자 이리저리 깊이

---

21) 황제 금고와 국고 사이의 재정적 처리(예컨대 전자의 후자로의 대여, 15권 18절을 참조할 것)를 언급한 것일까?

22) 이날 브리타니쿠스가 관례를 치르면 성인이 되고 공공 장소에서 네로와 대등해진다.

생각했다. 의붓동생의 기질은 최근의 아주 사소한 사건으로 알 수 있었다. 그러나 의붓동생은 그 때문에 많은 사람의 동정을 받은 것처럼 생각되었다. 사투르누스 축제[23]가 벌어지던 어느 날, 소년들이 모여 여러 가지 놀이를 했다. 그 중 하나로 '임금님 놀이'[24]를 하고 있을 때, 우연히 네로가 당첨되어 왕이 되었다. 그래서 네로가 다른 소년들에게 여러 가지 여흥을 명했지만 창피를 당하는 그런 것은 시키지 않았다. 하지만 브리타니쿠스에게는 "일어난 뒤 한가운데로 나와 노래를 불러라" 하고 명령했다. 이 소년은 음주를 삼가는 향연에조차 —— 하물며 광란을 떠는 향연 따위에랴 —— 익숙해져 있지 않기 때문에 필시 모든 사람의 웃음거리가 되리라 기대했던 것이다. 그러나 소년은 주저하는 기색도 없이 노래를 부르기 시작했다. 그 노래로 아버지의 집에서 쫓겨나고 최고의 지위에서 밀려난 자신의 심정을 표현하고 있었다. 그래서 사람들이 깊이 동정했다. 이것도 한밤중의 거리낌없는 분위기에서 감정으로 속일 필요가 없었기 때문에 더욱 노골적으로 드러났다.

이리하여 네로는 자신에 대한 의붓동생의 원한을 알고 한층 더 증오심이 커졌다. 여기에 기름을 붓듯이 아그리피나의 위협이 살의를 돋우었다. 그러나 의붓동생에게는 책망할 죄도 없고, 더군다나 살해를 공공연히 명할 용기도 네로에게는 없었다. 그래서 은밀히 일을 도모하며 먼저 독약을 조제하라고 명했다. 실은 전부터 브리타니쿠스 곁에는 정의나 충성과는 아무 관계도 없는 자들만 있도록 마음을 쓰고 있었다. 이 일의 앞잡이가 된 것은 친위대 부관 율리우스 폴리오(Julius Pollio)였다. 그는 독살죄를 선고받은 로쿠스타(Locusta)라는 악명 높은 여자를 자신의 책임 하에 감금하고 있었다. 최초의 독약은

23) 12월 17일부터 며칠간.
24) 당첨되어 왕이 된 자가 그 무리에 공상적인 명령을 내리는 유희.

가정 교사의 손을 통해 브리타니쿠스에게 건네졌다. 독성이 강하지 않았기 때문인지, 아니면 곧 효능이 나타나지 않도록 묽게 했기 때문인지 구토할 때 섞여 나와 버렸다.

그러나 네로는 살해 시기가 늦추어지는 것을 참을 수 없었다. 그래서 "너희 두 사람은 세간의 소문을 신경쓰며 만약의 경우 빠져 나갈 수 있을 길을 강구하면서 네로의 신변 안전은 두번째로 생각하고 있다"고 말하며 부관을 위협하고 독약 제조사에게 사형을 명했다. 마침내 그들도 "칼에 찔렸다고 생각될 정도로 빨리 효력이 나타나게 하겠다"고 약속했다. 카이사르의 침실 옆에서 미리 성분을 시험하고 효력이 빠른지 확인하고 나서 독액을 조합했다.

16 그 당시에는 황제의 자식들이 같은 또래의 귀족 자제와 식사를 함께 할 때에는 양친이 보고 있는 앞에서 저마다 어른보다 간소한 식탁을 향해 앉는 것이 관습이었다. 브리타니쿠스도 이와 같이 식사를 하고 있었다. 그러나 그 앞에 내오는 음식이나 음료는 하인 한 명이 시식하기 때문에 이 관례가 무시당하지 않도록, 그리고 하인까지 죽어 간교한 계책이 탄로나지 않도록 이렇게 머리를 짜냈다. 맨 먼저 아직 독이 들어 가지 않은 아주 뜨거운 음료[25]를 시식 담당자가 한 모금 마시게 한 뒤 브리타니쿠스에게 주었다. 너무 뜨거워 이것을 거절하자, 독액이 든 냉수를 거기에 부었다.

이리하여 독이 곧 온몸에 퍼져 말도 못 한 채 경련을 일으키다가 숨을 거두었다. 주위 사람들은 모두 부들부들 떨었다. 경위를 모르는 사람들이 식당에서 뛰쳐 나갔다. 어느 정도 사정을 납득할 수 있었던 사람들은 꼼짝도 하지 않고 그대로 앉아 네로 쪽을 가만히 주시했다. 네로는 누운 채 아무 일도 없었던 듯한 표정을 지으며 "늘 저 모양이

---

25) 로마인이 좋아했다는, 포도주에 뜨거운 물을 섞은 음료.

다. 간질 탓이다. 브리타니쿠스는 어릴 때부터 앓았다. 곧 몸과 의식이 회복될 것이다" 하고 말했다. 그 순간 아그리피나는 두려움과 마음의 동요를 나타냈다. 곧 태연한 표정을 지으려 애썼지만, 그 혼비백산한 모습으로 미루어 보아 그녀는 브리타니쿠스의 누이 동생 옥타비아와 마찬가지로 사전에 아무것도 몰랐던 것이 분명했다. 실제로 그녀는 최후의 보루마저 잃었다고 생각하고 이것이 어머니를 죽일 전조라고 느꼈던 것이다. 옥타비아도 아직 어렸지만 고뇌나 애정, 그 밖의 모든 감정을 숨기는 방법을 터득하고 있었다. 이리하여 잠시 침묵이 흐른 뒤에 연회가 전처럼 활기를 띠었다.

17 브리타니쿠스가 죽은 그날 밤중에 시신이 화장되었다. 죽기 전에 이미 장례식 준비가 갖추어져 있었다. 그것은 거의 형식뿐인 것이었다. 마르스 공원의 아우구스투스 영묘에 유골이 모셔질 때, 마침 비가 내렸다. 그 맹렬한 기세에 "이것이야말로 신들이 네로의 무도함에 분노하고 있는 증거이다" 하고 사람들이 믿을 정도였다. 그러나 대부분의 사람들은 "형제간의 싸움은 먼 옛날부터 있었고, 2명의 참주는 공존할 수는 없다"는 사정을 고려해 이 일을 묵인하려 했다.

그 시대의 많은 사가史家에 따르면 네로는 상당히 오래 전부터 여러 번에 걸쳐 브리타니쿠스의 동정을 농락했다고 한다. 그렇다면 이 죽음은 브리타니쿠스에게 너무 빠른 것으로도, 잔혹한 것으로도 생각되지 않았을지도 모른다. 물론 클라우디우스 가의 마지막 자손이 신성한 식탁[26]을 향하고 있는 사이에 누이 동생을 포옹할 시간조차 갖지 못하고 적의 눈앞에서 돌연 살해되었다. 하지만 그 피가 독의 침범을 받기 전에 이미 능욕당하고 있었던 것이다.

카이사르는 포고를 발표하고 장례식을 서두른 이유를 변명했다.

---

26) 집에서의 식사는 집의 보호신인 라레스에게 바쳐진 것으로 생각되고 있었기 때문일까?

"요절한 사람의 장례식은 이처럼 세상의 이목을 꺼리고 추도 연설이나 화려한 행렬 등으로 오랜 시간을 보내지 않는 것이 예로부터의 관습이다. 그것은 그렇다 치고 동생의 도움을 잃게 된 지금, 나는 모든 희망을 국가에 걸 뿐이다. 그런만큼 원로원이나 국민은 전보다 훨씬 더 깊은 애정을 이 황제에게 기울여 주기 바란다. 나야말로 최고의 지위를 타고난 집안의 유일한 생존자이기 때문이다."

18 그 후 네로는 가장 가까운 친구들에게 아낌없이 선물을 주고 부를 늘려 주었다. 이때 평소에 근엄함을 생활 신조로 삼고 있던 사람들이 저택이나 별장 선물을 마치 전리품처럼 나누어 갖는 것을 보고 비난하는 사람들이 있었다. 다른 사람들은 이렇게 생각했다. "그 사람들은 할 수 없이 황제에게 받고 있는 것이다. 그가 죄의식을 느끼고 이 주요 시민들을 모두 선물을 통해 자신 곁에 붙들어 두고 죄를 용서받으려 했기 때문이다."

그러나 어머니의 분노만은 어떤 활수한 선물로도 누그러뜨릴 수 없었다. 그녀는 옥타비아의 후원자가 되고, 늘 친한 사람들과 은밀히 회합을 거듭하고 있었다. 그리고 타고난 것 이상의 집념에 찬 탐욕스러움을 보이며 자신의 계획을 뒷받침하기 위해 마치 원군援軍의 자금을 조달하듯이 모든 곳에서 돈을 그러모았다. 친위대 부관이나 백인대장들을 친절하게 환대하고, 그 당시에도 아직 남아 있던 유명하고 역량을 갖춘 귀족들에게 경의를 표했다. 그녀는 마치 일당의 두목과 그 당원들을 찾고 있는 것처럼 행동했다.

이것을 알게 된 네로는 전에는 황제의 아내로서, 지금은 황제의 어머니로서 아그리피나를 섬기고 있는 경비병들이나 똑같이 존경의 의미에서 새로 추가한 게르마니아인 종자들을 철수시키라고 명했다. 더 나아가 그는 자신이 있는 곳으로 문안 인사를 오는 사람들이 그녀 쪽으로 가지 못하도록 그녀와 자신의 주거지가 서로 멀리 떨어져 있게 하기 위해 전에 소小안토니아가 살았던 대저택으로 어머니의 처소를 옮겼다. 네로가 그곳을 방문할 때에는 언제나 백인대장들의 호위를 받고 허둥지둥 서둘러 포옹과 키스를 하고 뒤로 물러섰다.

19 이 세상에서 권세가 자신의 고유의 힘으로 지탱되고 있지 않을 때의 명성만큼 불안정하고 덧없는 것은 없다. 아그리피나의 대저택 현관은 순식간에 사람들로부터 버림을 받았다. 두세 명의 여자를 제외하고는 위로해 주는 사람이나 방문하는 사람이 사라져 버렸다. 그 여자들도 참된 애정에서 찾아오는 것인지, 증오심에서 방문하는 것인지 알 수 없었다. 그 중 한 사람이 유니아 실라나였기 때문이다. 그녀가 메살리나 때문에 가이우스 실리우스와 억지로 이혼하게 된 것에 대해서는 이미 기술한 적이 있다.[27] 고귀한 태생과 아름다운 용모, 방탕함으로 평판이 높았던 이 여자는 아그리피나와 예날부터 대단히 친했다. 그렇지만 이윽고 서로에게 마음속의 반감을 감추는 사이가 되었다. 그 경위는 다음과 같다. 아그리피나가 명문가의 청년 티투스 섹스티우스 아프리카누스(Titus Sextius Africanus)에게 "실라나는 행실이 나쁘고 한창때가 지난 여자이다"라고 말하며 실라나와의 결혼을 단념하게 했다. 그것은 아그리피나가 아프리카누스를 자신의 것으로 만들고 싶었기 때문이 아니었다. 그가 남편이 되어 자식이 없는 실라나의 재산을 손에 넣는 것이 마음에 들지 않았던 것이다.

실라나는 복수의 기회를 발견했다. 수하들 가운데서 이투리우스(Iturius)와 칼비시우스(Calvisius)를 골라 이들을 밀고자로 만들었다. 그러나 이 두 사람이 비난한 것은 지금까지 자주 들었던 진부한 것, 예컨대 아그리피나가 브리타니쿠스의 죽음을 한탄하며 슬퍼하고 있다든가, 그녀가 옥타비아에 대한 네로의 심한 처사를 소문내고 있다

27) 11권 12절.

든가 하는 내용이 아니었다. "아그리피나는 어머니 쪽 혈통을 통해 신군 아우구스투스와의 관계가 네로와 똑같은 루벨리우스 플라우투스(Rubellius Plautus)[28]를 부추겨 정변을 일으키고 그와 결혼한 뒤 그에게 통치권을 맡겨 다시 국가를 침해하려 하고 있다"고 비난했다.

이런 중상 모략을 이투리우스와 칼비시우스가 네로의 고모 도미티아의 해방 노예 아티메투스(Atimetus)에게 전했다. 이 말을 들은 그는 득의양양한 미소를 짓고는(아그리피나와 도미티아 사이에는 끈질긴 감정적인 대립과 충돌이 있었기 때문이다) 똑같이 도미티아의 해방 노예인 무언극 배우 파리스(Paris)를 부추겨 서둘러 네로를 찾아가 어머니의 죄를 더욱 심하게 과장해 밀고하게 했다.

20 이미 밤이 상당히 깊었다. 네로가 술에 취한 상태로 시간을 보내고 있는 곳으로 파리스가 들어왔다. 그는 이때뿐만 아니라 평소에 늘 이런 시각에 찾아와서는 황제의 방탕한 행위에 생기를 불어넣었다. 그러나 이날 밤에는 몹시 힘이 빠진 기색으로 입수한 정보에 대해 자세히 말했다. 네로는 이 말을 듣고는 공포에 휩싸였다. 어머니와 플라우투스를 죽이는 것은 물론, 부루스까지 아그리피나의 호의로 등용되어 친위대장의 직무를 수행하고 있다는 이유에서 그 직위를 해임하기로 결심할 정도였다. 역사가인 파비우스 루스티쿠스(Favius Rusticus)[29]가 전하는 바에 따르면 네로가 가이우스 카이키나 투스쿠스(Gaius Caecina Tuscus) 앞으로 친서를 쓰고 그에게 친위대의 지휘권을 맡기려 했지만, 세네카가 애써 만류해 부루스가 그 자리를 지키고 투스쿠스의 명예가 그 밑에 머무르게 되었다고 한다. 하지만 대大

---

28) 율리아(티베리우스의 아들 드루수스의 딸)와 가이우스 루벨리우스 블란두스(6권 27절)의 아들.

29) 세네카와 똑같이 스페인 출신. 네로 시대에는 청년이었고, 도미티아누스 시대에 역사가로서 명성이 높아졌다. 그가 쓴 《역사》는 클라우디우스와 네로 시대의 역사를 다루었다고 한다.

플리니우스나 클루비우스 루푸스[30] 모두 네로가 친위대장의 충성에 의심을 품고 있었다고 기술하지 않고 있다. 확실히 파비우스는 세네카의 우정 덕분에 출세한 사람인만큼 그에게는 걸핏하면 세네카를 지나치게 칭송하려는 경향이 있다. 나는 가능한 한 여러 사람의 일치된 견해를 따를 생각이다. 만약 이설을 말하는 사람이 있을 경우에는 그 사람의 이름과 함께 그 설을 전하기로 하겠다.[31]

그런데 네로는 전전긍긍하며 어머니를 살해하는 일만 생각하고 있었다. 그래서 부루스가 "만약 아그리피나 님의 죄가 확실히 증명된다면, 제가 그분을 죽이는 일을 맡겠습니다" 하고 약속하자, 그제서야 비로소 네로가 일시 살의를 거둘 수 있을 정도였다. "어떤 사람에게든 변호할 기회를 주어야 합니다. 하물며 낳아 주신 부모님이야 말해 무엇 하겠습니까? 게다가 현재 아직 고발자도 정식으로 출두하지 않았습니다. 단 한 사람이, 그것도 그분에게 적의를 품은 집안의 사람이 지껄이고 있을 뿐입니다. 지금은 바깥은 어둡고, 향연으로 밤도 완전히 이슥해졌습니다. 무엇이든 경솔한 행동이나 잘못된 생각을 불러일으키기 쉬운 상황이라는 것을 반성하셔야 합니다."

21 이리하여 네로의 불안감도 일단 가라앉았다. 부루스는 날이 새자마자 아그리피나를 찾아가 만났다. 그 목적은 그녀에게 혐의의 내용을 알려 반박하게 하고, 만약 사실이라면 그 대가를 치르게 하기 위해서였다. 부루스가 이 중요한 역할을 맡고, 세네카도 동석했다. 여기에 몇 명의 해방 노예가 입회인으로 참여했다. 부루스는 참소讒訴의 경위와 밀고자의 이름을 밝힌 뒤에 위협하는 듯한 태도로 심문했다.

---

30) 보결 집정관(41년 이전)이 되었다. 갈바 시대의 히스파니아 총독. 그의 《역사》는 아우구스투스에서 비텔리우스 시대까지를 다루고 있었던 것 같다.
31) 타키투스가 파비우스 루스티쿠스나 마르쿠스 클루비우스 루푸스, 大플리니우스 등의 역사서에 어느 정도나 의존하고 있었는지가 오랫동안 논쟁거리였다.

아그리피나는 여느 때처럼 지기 싫어하는 성격을 잃어버리지 않고 이렇게 반박했다.

"실라나는 자식을 낳은 경험이 없기 때문에 어머니의 사랑을 이해하지 못한다! 이것은 그리 이상한 일이 아니다. 실제로 어머니는 파렴치한 여자가 정부를 바꾸듯이 자식을 쉽게 바꾸거나 하지 않는다. 이투리우스와 칼비시우스는 재산을 탕진한 끝에 따로 간직해 둔 수단, 즉 고발자 역할을 맡음으로써 저 간악한 노파의 은혜에 보답하려고 한 것이다. 틀림없이 그럴 것이다. 그렇다고 하더라도 내가 자식을 죽인 오명을 뒤집어쓰고 황제가 어머니를 죽인 죄의식에 시달리지 않으면 안 되는 어디에 있는가? 도미티아와 관련해서는 만약 그녀가 내 자식 네로에 대한 애정에서 나와 경쟁하려는 것이라면, 그녀가 나를 미워하는 것을 고마워할 것이다. 그렇지만 어떤가? 정부인 아티메투스와 무언극 배우 파리스를 이용해 연극과 같은 이야기를 날조했다. 내가 내가 네로를 위해 양자 결연이나 집정관 대행 명령권, 예정 집정관, 그 밖의 지상권을 획득하기 위해 만반의 준비를 갖추고 있을 때, 그녀는 마음에 드는 바이아이에서 열심히 양어장을 장식하고 있지 않았던가? 아니, 내가 수도를 군대를 선동했다고 비난하는 사람이 있어도 상관없다. 속주 군대의 충성심을 동요시켰다든가, 농예나 해방 노예를 매수해 네로를 독살시키려 했다고 중상하는 사람이 있으면 제멋대로 그렇게 하게 내버려 두겠다. 그러나 만약 브리타니쿠스가 정권을 잡고 있다면, 내가 이렇게 살아 있을 수 있겠는가? 장차 플라우투스나 다른 누군가가 나라를 지배하게 된다면 틀림없이 나를 재판할 것이다. 그때는 분명히 나를 고발하는 사람들도 나타나, 내가 자식에 대한 어쩔 수 없는 애정에서 비롯된 때때로의 부주의한 말 등을 탓하지 않고, 자식 외에는 누구로부터도 용서받을 수 없는 죄를 탄핵할 것이다!"

그 자리에 있던 사람들은 모두 감동했다. 이번에는 그들이 아그리피나의 분노를 달랠 차례가 되었다. 아그리피나는 자식과의 대담을 요구했다. 두 사람이 만나자, 어머니는 자신의 결백함에 대해 자신이 없는 듯이 한마디도 변명하지 않았다. 네로를 나무라듯이 이때까지의 그녀의 은혜에 대해서도 전혀 언급하지 않았다. 다만 밀고자를 벌하고 그녀와 친한 사람들에게 상을 내리겠다는 언질을 네로로부터 받았을 뿐이다.

22 식관장 직책이 파이니우스 루푸스(Faenius Rufus)에게, 카이사르가 계획하고 있던 경기제 감독 자리가 아룬티우스 스텔라(Arruntius Stella)에게, 이집트를 관리하는 직책이 티베리우스 클라우디우스 발빌루스(Tiberius Claudius Balbillus)에게 각각 내려졌다. 시리아 총독에 푸블리우스 안테이우스(Publius Anteius)가 임명되었지만 그 후 여러 가지 구실로 연기되어 마침내 죽을 때까지 수도에 머물르게 되었다.

실라나는 추방되었다. 칼비시우스와 이투리우스도 격리되었다. 아티메투스는 사형에 처해졌다. 파리스는 네로의 방탕과 도락에서 너무나 중요한 역할을 하기 때문에 처벌받지 않았다. 플라우투스의 일은 당분간 그냥 묵인하기로 했다.

23 이윽고 팔라스와 부루스가 고발당했다. 두 사람이 공모해 파우스투스 코르넬리우스 술라 펠릭스를 권좌에 앉히려 했다는 것이다. 고귀한 가문에 태어난 술라는 클라우디아 안토니아와 결혼해 클라우디우스의 사위라는 혈연 관계에 있었다. 이 참소의 장본인은 파이투스(Paetus)라는 자로 국가에 몰수된 물건을 손에 넣는 재능으로 그 이름이 세상에 알려져 있었다. 그의 이야기가 날조된 것이라는 사실이 곧 분명해졌다. 하지만 팔라스가 무죄로 판명된 것은 별로 만족감을 주지 않았다. 오만한 태도로 혐오감을 불러일으켰기 때문이다. 공모

자로서 팔라스의 몇 명의 해방 노예의 이름이 거론되었을 때, 그가 이렇게 대답했기 때문이다. "나는 집안 사람들에게 뜻을 나타낼 경우 고개를 끄덕이거나 손짓을 할 뿐이다. 많은 내용을 지시할 필요가 있을 때에는 그들과 말을 나누지 않도록 문서를 사용하고 있다."

부루스는 피고였는데도 재판석에서 판결을 낭독했다.[32] 고발자는 추방형을 선고받았다. 그리고 세상 사람들이 잊고 있던 국고에 대한 대금貸金 청구권을 부활시키려고 고발자가 작성해 놓은 명세서도 불태워 버렸다.

24 이해 말경에 공적인 개최 행사에 언제나 입회했던 친위대 병사들이 철수했다. 그 의도는 시민들에게 자유롭다는 인상을 더욱 강하게 주려는 데 있었다. 그와 동시에 병사들이 극장의 경박한 분위기를 접촉하지 않고 한층 더 건전한 규율을 유지하고, 서민이 경비병 없이 과연 질서를 유지할 수 있는지 시험해 보는 데 있었다.

유피테르와 미네르바의 신전에 벼락이 떨어졌다. 그래서 황제는 복장사의 답신에 기초해 수도의 불제 의식[33]을 거행했다.

3. 수도 로마의 사건

25 퀸투스 볼루시우스 사투르니우스(Quintus Volusius Saturnius)와 푸블리우스 코르넬리우스 렌툴루스 스키피오가 집정관이 되었다.[34] 이해에는 모든 지역이 평온했지만, 수도 로마에서만은 풍속이 크게

---

32) 피고 팔라스가 카이사르 가 사람이었기 때문에 황제 법정에서 재판이 벌어지고, 부루스는 황제의 배심자로 앉아 있었던 것일까?

33) 5년에 한 번씩 거행되는 대재계(11권 25절)와 똑같지만, 이것은 불길한 현상이 있을 때 복장사(11권 15절 주를 참조할 것)의 답신으로 행해지는 임시적인 행사였다.

34) 56년을 가리킨다.

흐트러졌다. 네로가 노예 옷을 입고 신분을 숨긴 채 수도의 가로나 창가娼家, 술집을 싸다녔는데, 곁에 따라다니는 자들이 가게 앞에 진열되어 있는 물건들을 날치기하거나 길에서 만나는 사람들에게 상처를 입혔기 때문이다. 상대는 아무것도 몰랐기 때문에 네로까지 보복당해 한동안 얼굴에 상처의 흔적이 남아 있을 정도였다. 마침내 이 폭한이 다름 아닌 황제라는 것을 알게 되었을 때, 상류의 신사숙녀 사이에서 난폭한 짓을 하는 경향이 한층 더 심해졌다. 일단 방종을 너그럽게 용서해 주자, 다른 자들도 그것을 모방해 무리를 짓고 네로의 이름을 사칭하며 행패를 부려도 처벌을 받지 않았다. 이리하여 수도는 밤이 되면 마치 점령된 도시와 같은 양상을 보였다.

어느 날 밤에 우연히 율리우스 몬타누스(Julius Montanus)가 카이사르와 부딪쳤다. 그는 원로원 계급 인사이지만 아직 관직에는 취임하지 않았다. 그는 어둠 속에서 완력을 휘두르려는 상대에게 쓴맛을 보여 준 뒤에야 비로소 네로임을 깨닫고 진심으로 사죄했다. 이 애원을 네로는 비난의 의미로 받아들이고 그에게 자살을 강요했다. 이 일이 있고 나서 네로는 겁을 먹었는지 많은 병사나 검투사로 하여금 자신의 주위를 지키게 했다. 이자들은 황제가 싸움을 시작해도 별것 아닌 한 일반 시민의 싸움과 똑같이 내버려 두었다. 그러나 상대가 혼이 나더라도 끈질기게 저항할 때에는 강력히 개입했다.

또 네로는 좋아하는 무언극 배우가 다른 패거리들이 제멋대로 굴며 서로 말다툼을 벌여도 벌을 내리기는커녕 상을 주어 극장을 전쟁터와 같은 상태로까지 악화시켰다. 네로는 사람들의 눈에 띄지 않게, 많은 경우에는 공공연히 이것을 방관했다. 마침내 시민간의 원한과 한바탕 큰 소동이 벌어질 듯한 험악한 분위기를 없애기 위해서는 배우들을 이탈리아 본토에서 추방하고,[35] 병사들에게 또다시 극장 경비를 명하는 수밖에 없게 되었다.

26 같은 시기에 원로원에서 해방 노예들의 발칙한 행위가 의제로 상정되었다. 해방 노예의 신분에 어울리지 않는 자는 그 자유를 취소할 수 있는 권한을 보호자에게 부여해야 한다는 안이 제출되었다. 이 제안은 널리 지지를 받았지만, 두 집정관은 황제의 의견을 참조하지 않고 이 안을 가결시킬 용기가 없어 원로원의 의견을 황제에게 보고하기만 했다. 네로는 소수의 조언자에게 이 법안을 비준해야 하는지 어떤지 〈자문을 구하자〉, 의견이 둘로 나뉘었다. 어떤 사람들은 불만을 호소했다. "해방 노예들의 오만 무례함은 굳어질 대로 굳어져 이제는 어찌 할 도리가 없는 데까지 이르렀다. 폭력이나, 그렇지 않으면 대등한 법적 권리에 호소하며 보호자의 의견을 강요한다. 심지어는 때릴 듯이 주먹을 치켜들거나, 아주 빈정대는 말투로 '나를 처벌해 달라' 며 졸라 댄다. 그것도 그럴 만하다. 보호자가 모욕당하더라도 해방 노예를 100마일 이상 떨어진 캄파니아의 해안 지방으로 추방하는 외에 어떤 처벌을 인정받고 있단 말인가? 그 밖의 소송과 관련해서는 보호자나 해방 노예나 법적으로는 대등하고 동일시된다. 보호자는 경멸당하지 않도록 뭔가 무기를 갖지 않으면 안 된다. 해방 노예가 순종적이었기 때문에 획득한 자유 신분을 똑같이 순종적으로 보유하는 것은 그리 어려운 일이 아니다. 죄가 증명된 자는 노예 신분으로 다시 환원시키는 것이 가장 합당하다. 은혜에 의해 노예 근성이 바뀌어지지 않은 자는 벌칙으로 제제할 필요가 있기 때문이다."

27 이에 대해 다음과 같은 반론이 제기되었다. "소수가 저지른 죄는 그자들만 대가를 치르게 해야 한다. 그로 인해 모든 해방 노예가 권리를 침해당해서는 안 된다. 근래에 이 계급 사람들이 급격이 늘어

---

35) 4권 14절을 참조할 것.

나 선거구민이든 십인조이든 정무관이나 성직자들의 종자[36]이든 그 대부분이 그들로 채워져 있는 상태이다. 더군다나 소방대도 해방 노예들을 상대로 모집하고 있다. 그리고 기사 계급의 대부분의 사람이, 원로원 계급의 많은 사람조차 그 조상을 찾아 밝히면 해방 노예 외의 그 무엇도 아니다. 만약 해방 노예가 분리되어 버리면, 자유 시민이 얼마나 소수인지 명료해질 것이다.

우리의 조상들이 신분을 계급적으로 구별하더라도 자유만은 전 계급의 공동 재산으로 삼은 것은 반드시 이유가 없는 것은 아니었다. 그뿐만 아니라 노예를 해방시킬 때에도 두 단계의 제도[37]를 두었다. 이 목적은 계약을 파기하든, 더 은혜를 베풀든 그런 재고의 여지를 주인에게 남겨 두기 위해서였다. 보호자가 관장官丈을 통해 공적으로 자유를 주지 않은 자는 아직 노예의 굴레에서 벗어나지 못하고 있는 것과 같다. 보호자는 제각기 노예의 공로를 잘 숙고해야 한다. 그리고 일단 베풀고 나면 철회할 수 없는 것을 주는 것이므로 신중하지 않으면 안 된다.”

이 의견 쪽이 유력했다. 그래서 카이사르는 원로원 앞으로 이렇게 써보냈다. “해방 노예와 관련된 소송은 보호자로부터 고소가 들어올 때마다 각기 사안별로 행해져야 한다. 해방 노예 전체의 권리를 훼손해서는 안 된다.”

---

36) 선거구민과 관련해서는 1권 15절 주를 참조할 것. 십인조는 최하급 동료제同僚制 공복으로 릭토르, 서기, 포고 알림꾼, 전달꾼 등의 총칭. 정무관이나 성직자들의 종자도 공복(국가 노예)이지만 동료제는 아니었다.

37) 즉 공적(시민법 상의) 및 사적 해방 방식을 가리킨다. 전자는 국민 등록, 유서, 관장에 의해 해방되는 것인데, 이 중에서 관장 방식(고급 정무관 앞에서 노예의 머리를 릭토르가 직권을 나타내는 관장, 즉 권표로 두드렸다)이 가장 흔한 것이었다. 후자에는 5명의 친구를 증인으로 삼고 그 앞에서 해방을 선언하는 것, 5명이 연서連署한 문서에 의한 것, 노예를 주인의 식탁에서 대접하는 것 등 세 가지 방식이 있었다. 이 사적인 형식을 밟고 공적으로 해방되면 로마 시민이지만, 전 단계만 거치면 법적인 자유는 주어지지만 몇 가지 권리(유산 상속권, 유언 작성권, 혼인권 등)는 누리지 못했다.

그 직후에 해방 노예인 파리스가 마치 시민으로서의 권리를 인정받은 듯이 네로의 고모 도미티아의 보호에서 벗어났다. 그로 인해 네로도 체면이 깎였다고 하지 않을 수 없었다. 네로의 명령으로 파리스가 자유민이라는 판결이 내려졌기 때문이다.

28 그렇기는 하지만 이 당시에는 아직 공화제의 잔영이 얼마간 남아 있었다. 예를 들어 법무관 비불리우스(Vibullius)와 호민관 안티스티우스 소시아누스(Antistius Sosianus) 사이에 논쟁이 벌어졌다. 법무관이 질서를 어지럽힌 무언극 배우를 좋아하는 패거리를 투옥하자, 호민관이 그 보석을 명했기 때문이다. 원로원은 법무관의 조치가 옳다고 인정하고 안티스티우스의 행위를 월권이라고 질책했다. 그리고 원로원은 호민관이 법무관과 집정관의 사법권을 침해하는 것을 금지했다. 더 나아가 민사 소송이 이탈리아의 도시에서 가능할 경우에 호민관이 그 지방에서 소송 당사자를 소환하는 것도 금지했다.

여기에 덧붙여서 예정 집정관 루키우스 칼푸르니우스 피소(Lucius Calpurnius Piso)가 다음과 같은 제한을 제안했다. "호민관은 자택에서 공적인 벌을 내릴 수 없다. 그들이 선고한 벌금은 어떤 액수이든 4개월이 경과하지 않으면 국고계 재무관이 이것을 국가 회계 장부에 기입해서는 안 된다. 이 기간 중에는 피고가 이의를 제기할 수 있고, 집정관도 그 상소에 대해 결정을 내릴 수 있기 때문이다."

마찬가지로 조영관의 권한도 축소되었다. 고등 조영관이나 평민 조영관[38]이 재산을 차압하거나 벌금을 부과할 수 있는 최고 한도가 정해졌다. 이어서 호민관 헬비디우스 프리스쿠스(Helvidius Priscus)가 국고계 재무관 오불트로니우스 사비누스(Obultronius Sabinus)가 강제 경매의 권한을 잔혹하게도 가난한 사람들의 차압품에까지 남용

---

38) 고등 조영관은 귀족 가운데서 선출되었지만, 제정 시대에는 이런 구별이 없어졌다. 고등 조영관 2명, 평민 조영관 4명으로 구성되었고, 직무는 똑같았다. 2권 85절 주를 참조할 것.

한 것을 구실로 개인 공격을 가했다. 그래서 황제는 국가 회계의 관리를 재무관들에게서 빼앗아 새로이 경험이 많은 법무관 출신의 국가 관리 위원들에게 맡겼다.

29 국고 관리는 예로부터 여러 형식을 취하면서 자주 변해 왔다. 아우구스투스는 원로원에 국고 관리 위원의 선거권을 주었다. 이윽고 이 선거에서 부도덕한 유세 운동이 벌어지는 기색이 보여, 국고의 관리자가 현직에 있는 법무관의 정원 가운데서 추첨으로 선출되었다. 이 제도도 오래 지속되지 않았다. 자칫하면 이 임무에 적합하지 않은 사람이 추첨될 수 있었기 때문이다. 그래서 클라우디우스는 다시 재무관에게 국고의 관리권을 주었다. 그리고 세상 사람들의 반감이 반감이 두려워 관리의 엄정 중립성을 잃지 않도록 그들에게 예외적인 승진을 약속했다.[39] 그러나 재무관은 맨 먼저 취임하는 정무관직이기 때문에 취임하는 사람이 연령이라는 점에서 성숙함이 결여되어 있었다. 그래서 네로는 법무관 경력이 있고 또 이 분야의 숙련자로 정평이 난 사람들을 국가 관리 위원으로 선발하기로 했던 것이다.

30 같은 집정관들 하에서 비프사니우스 라이나스(Vipsanius Laenas)가 사르디니아 속주를 관리할 때 공갈 착취죄를 저질러 유죄 선고를 받았다. 케스티우스 프로쿨루스(Cestius Proculus)는 크레타 섬 주민들에 의해 불법 강탈죄 혐의로 고발당했지만 무죄 방면되었다. 푸블리우스 팔펠리우스 클로디우스 퀴리날리스(Publius Palpellius Clodius Quirinalis)는 해병대장으로서 라벤나에 체재 중일 때 제멋대로 방탕한 짓을 하고 잔혹하게 굴며 이탈리아인이 마치 최하등 민족이기라도 한 듯이 괴롭혔다는 혐의로 고발당했지만 단죄되기 전에 독을 단

---

39) 클라우디우스는 44년에 이탈리아의 재무관 관할지를 폐지시키는(4권 27절) 동시에 본문의 개혁을 단행했다. 이 임무를 훌륭하게 마치면 호민관 또는 조영관을 건너뛰어 법무관으로 취임했다.

숨에 들이키고 스스로 목숨을 끊었다.

카니니우스 레빌루스(Caninius Rebilus)는 법학의 권위자로서도 부호로서도 일류 시민이었지만 노년의 병을 걱정하고 그것에서 벗어나기 위해 혈관을 절개하고 피가 흐르게 했다. 평소에 유약한 호색한으로 악평을 받고 있었던 사람인만큼 자살할 정도로 의연한 결단력을 지니고 있으리라고는 아무도 믿지 않았다. 루키우스 볼루시우스 사투르니누스[40]가 빛나는 명성을 남긴 채 이 세상을 떠났다. 그는 93세라는 긴 생애 동안 정당한 수단으로 막대한 재산을 모았지만 역대의 최고 사령관들의 우정을 잃은 적이 없었다.

31 네로가 다시 루키우스 칼푸르니우스 피소와 함께 집정관이 되었다.[41] 이해는 기록할 만한 사건이 거의 없었다. 하긴 카이사르가 마르스 공원에 건립한 거대한 원형 극장의 기초와 들보의 훌륭함을 칭찬하는 것으로 사서史書의 장수를 채우려는 사람들의 눈에는 달리 보이겠지만 말이다.[42] 로마 국민의 존엄성에 어울리게 이런 기사는 국민일보에 맡기고 역사에는 명예로운 사적을 싣는다는 관례가 확립되어 있기 때문이다.

그것은 그렇다 치고 로마의 두 식민시인 카푸아와 누케리아가 새로운 노병들의 입식에 의해 점차 공고해져 갔다. 네로는 수도의 평민에게 400만 세스테르티우스의 축의금을 나누어 주었다. 국고에 대해서도 국민의 신뢰를 유지하기 위해 4000만 세스테르티우스를 기부했다. 그리고 4푼의 노예 구입세[43]를 면제해 주었다. 이 조치는 실질

---

40) 이해(56년)의 집정관의 아버지이고, 그 자신도 3년의 집정관이었다. 티베리우스 시대부터 칼리굴라 시대에 걸쳐 달마티아의 총독. 죽을 때는 수도 경비대장. 아우구스투스 동지회원.
41) 57년을 가리킨다.
42) 네로의 원형 극장의 구조에 대한 이 언급은 《박물지》에 있는 대大플리니우스의 기술을 그리 우호적이지 않은 감정으로 회상하고 있는 것 같다.
43) 아우구스투스가 소방대의 인건비를 마련하기 위해 7년에 부과한 것. 로마 시내의 매매에 대해서만 부과되고, 사는 사람은 로마 시민이고 파는 사람은 대개 비시민이었다.

보다 외양을 고려한 데 지나지 않는다. 이때부터 판매자 쪽이 세금을 부담하게 되어 그만큼 구매가가 인상되었기 때문이다.

카이사르는 포고를 발표하고 국가 정무관이나 황제 속리가 저마다 관리하고 있는 속주에서 검투사 시합이나 야수 사냥 등의 행사를 개최하는 것을 일절 금지했다. 지금까지 그들은 이런 선물로 불법적인 강탈보다 심하면 심했지 못하지 않은 고통을 속주민에게 주고 있었다. 즉 부도덕한 욕망에서 지은 죄를 덮기 위해 비위를 맞추었던 것이다.

32 원로원은 징벌과 동시에 안녕을 목적으로 한 것을 의결했다. "주인이 자신의 노예에게 살해되었을 경우, 주인의 유언장에 의해 해방을 약속받은 노예일지라도 범행 당시 그 집에 있었을 때에는 다른 노예와 함께 죄의 대가를 치르지 않으면 안 된다." 불법적인 강탈 혐의로 훨씬 이전에 제적되었던 집정관급 인사 루리우스 바루스(Lurius Varus)가 다시 원로원 계급으로 받아들여졌다. 명문가의 여성인 폼포니아 그라이키나(Pomponia Graecina)⁴⁴⁾가 이국의 완고하고 사리에 어두운 교의敎義의 신자로 고발당했다. 이 재판은 그녀의 남편 아울루스 플라우티우스(Aulus Plautius)에게 일임되었다. 그가 브리타니아에서의 공적으로 약식 개선식을 거행한 것은 이미 기술한 그대로이다.⁴⁵⁾ 플라우티우스는 옛 관례⁴⁶⁾에 따라 아내의 친척들이 보는 자리에서 그녀의 생명과 명예와 관련해 심리를 하고 "무죄입니다" 하고 보고했다. 폼포니아의 긴 생애는 비애의 연속이었다. 드루수스의 딸 리비아 율리아(Livia Julia)⁴⁷⁾가 메살리나의 간교한 계책으

---

44) 16년의 집정관 폼포니우스의 딸. 그녀는 크리스트 교도라고도 하고 유대교도라고도 했다.
45) 7권~10권 〔옮긴이의 덧붙이는 글〕 47년 항목을 참조할 것.
46) 2권 50절의 주를 참조할 것.
47) 율리아는 중조모 폼포니아(티투스 폼포니우스 아티쿠스〔2권 43절〕의 딸로 마르쿠스 아그리파와 결혼했다)를 통해 본문의 폼포니아와 친척 관계를 맺고 있었던 것 같다.

로 살해된 이후 40년 동안 상복 이외의 다른 옷은 입지 않고 슬픔 외에는 어떤 감정도 나타내지 않았다. 그래서 클라우디우스의 치세 중에 벌을 받지 않았다. 그 이후에는 도리어 세상 사람들의 칭송의 대상이 되었다.

33 같은 해에 많은 사람이 고발당했다. 그 중 한 사람인 푸블리우스 켈레르는 속주 아시아에 의해 고소당했다. 카이사르는 그를 무죄 방면할 수 없어 켈레르가 노쇠해 죽을 때까지 소송을 연기했다. 이미 말했듯이 켈레르는 아시아 지사 실라누스를 살해한 사람이었다. 이 큰 죄로 인해 그의 다른 범죄들이 그늘에 감추어져 있었던 것이다. 코수티아누스 카피토(Cossutianus Capito)는 킬리키아의 속주민들에 의해 고소당했다. 본래 도의에 어긋한 탐욕스러운 자였기 때문에 로마에서와 똑같은 철면피한 행위를 그 속주에서도 계속했던 것으로 보인다. 그는 끈질긴 탄핵에 맞서 악전 고투하다가 마침내 변호를 단념하고 불법 강탈법에 의해 죄를 선고받았다.

티투스 클로디우스 에프리우스 마르켈루스(Titus Clodius Eprius Marcellus)[48]는 리키아의 속주민들에 의해 기소당했지만, 거꾸로 그를 법정에서 탄핵한 자들이 마치 결백한 사람을 망치려 한 것처럼 추방형이라는 처벌을 받았다. 그 정도로 마르켈루스의 책략이 훌륭하게 주효한 것이다.

4. 코르불로의 동방 원정

34 네로가 세번째 집정관이 되었다.[49] 동료로서 마르쿠스 발레리우

---

48) 마르켈루스는 이 시대의 누구보다 말 잘하는 사람 중 하나였다.
49) 58년을 가리킨다.

스 메살라 코르비누스(Marcus Valerius Messalla Corvinus)가 취임했다. 메살라의 증조부로 웅변가였던 코르비누스가 네로의 고조부인 신군 아우구스투스의 동료로 집정관에 취임한 적이 있었다. 이것을 기억하고 있는 노인이 이 당시에는 이미 적었을 것이다. 그런데 이 고귀한 발레리우스 가는 해마다 50만 세스테르티우스의 연금을 받게 되어 명성이 더욱더 드높아졌다. 연금 덕분에 메살라가 청빈淸貧에 만족할 수 있게 되었기 때문이다. 황제는 또한 아우렐리우스 코타(Aurelius Cotta)와 퀸투스 하테리우스 안토니누스에게도 연금을 주기로 결정했다. 하지만 이 두 사람은 방탕에 의해 조상이 남겨 준 재산을 다 써 버린 상태였다.

이해 초에 아르메니아의 소유권을 둘러싸고 이때까지 가볍게 전초전을 벌여 왔던 파르티아인과 로마인 사이에 한층 더 격렬한 전투가 벌어졌다. 그 원인은 여러 가지였다. 우선 볼로게세스는 동생 티리다테스에게 주었던 아르메니아의 왕권을 잃은 것도, 이것을 강대한 외국의 선물로서 보유하는 것도 용납할 수 없었다. 한편 코르불로는 그 옛날에 루키우스 리키니우스 루쿨루스(Lucius Licinius Lucullus)나 폼페이우스가 정복한 땅을 탈환하는 것이 로마 국민의 존엄성에 적합한 일로 생각되었다. 그뿐만 아니라 아르메니아의 신의가 변하기 쉽고, 또 양쪽 모두에 군사적인 원조를 요청하고 있기도 했기 때문이다. 아르메니아인은 지리적인 조건이나 풍습의 유사성이라는 측면에서 파르티아인에 가깝고, 통혼에 의해 서로의 피도 섞여 있었다. 그래서 자유를 모르는 그들은 어차피 예속당할 것이라면 로마인보다는 파르티아인 쪽이 좋겠다고 생각하고 있었다.

35 그러나 코르불로에게 가장 힘들었던 것은 적의 배신보다 부하들의 떨어진 사기에 대한 조치였다. 시리아에서 전출되어 온 군단병들은 장기간에 걸친 평화 때문에 나태해져 진영이 부과하는 의무에

심한 혐오감을 나타내고 있었다. 이 군대 안에 보초 근무를 서거나 야간 경계에 나서 본 적이 없고, 또 보루나 호를 보고 마치 처음 본 풍물처럼 놀라며 이상하게 여긴 고참병들이 있었다는 이야기는 사실이다. 그들은 갑주도 투구도 없지만, 그러면서도 옷을 현란하게 차려 입고 돈도 많이 저축하며[50] 도시 한가운데에서 군대 생활을 했던 것이다. 그래서 코르불로는 군무에 적합하지 않은 노령자나 병약자를 제외시킨 뒤 그만큼 보충할 계획을 세우고 갈라티아와 카파도키아에서 병력을 모집했다. 여기에 게르마니아에서 1개 군단과 그에 부속된 원군 기병과 보병이 파견되었다.

이 모든 군대가 동계 천막 안에 머물렀다. 그러나 이 지방의 추위가 대단히 심해 온통 다 얼음으로 뒤덮여 있기 때문에, 땅을 파지 않으면 천막을 설치할 곳이 없었다. 혹한 때문에 많은 병사의 사지가 동상에 걸렸다. 보초 가운데서 동사하는 병사조차 나왔다. 땔감을 묶어 운반하던 어느 병사의 손이 완전히 얼어 버려 짐을 가만히 쥔 상태로 두 팔이 모두 떨어져 나갔다고 기록되어 있다. 코르불로로 말하면 그는 가벼운 복장에 모자도 쓰지 않고, 행군 중이나 노역 중에 곁으로 다가가 진지한 병사는 추어 주고 허약한 병사는 위로하며 모든 병사에게 모범을 보였다.

그래도 가혹한 기후와 군무 때문에 많은 사람이 반항하거나 도망쳤기 때문에, 코르불로는 엄벌로 문제를 해결하려 했다. 다른 군대에서처럼 첫번째 위반도, 두번째 위반도 정상 참작이 되지 않았다. 군기를 포기한 자는 즉시 사형으로 죄값을 치르게 했다. 그러던 끝에 이런 조치가 유익하고 관대함보다 도리어 효과적이라는 것이 증명되었다. 실제로 그의 진영에서는 배려가 깊은 대책을 강구한 다른 진영보

---

50) 평화 시대에는 병사의 상거래가 허락되고 있었다(51절 참조). 그리고 군장軍裝의 필요성도 없었다.

다 탈주병이 적었다.

36 이리하여 봄이 한창 무르익을 무렵까지 코르불로는 군단병들을 진영에 가두어 놓았다. 원군 부대는 적당한 장소에 배치하고, 이쪽에서 먼저 싸움을 걸지 않도록 미리 경고했다. 이 전초 부대의 지휘를 맡은 사람은 수석 백인대장직을 역임한 파키우스 오르피투스(Paccius Orfitus)였다. 그는 장군 앞으로 "야만족은 경계를 게을리하고 있습니다. 바로 지금이 급습하면 성공할 기회입니다" 하고 써보냈다. 그렇지만 "보루 안에 몸을 숨기고 좀더 강력한 군대가 도착할 때까지 기다려라" 하는 명령을 받았다. 그럼에도 불구하고 이 훈령을 무시하고 가장 가까운 진영에서 소수의 기병을 불러내고 어리석게도 싸우자고 고함을 지른 뒤 적을 공격하다가 패주했다.

틀림없이 그를 도와 주었을 원군이 이 패배에 깜짝 놀라 저마다 자신의 진영으로 황급히 부산을 떨며 돌아갔다. 이 정보를 접하자 코르불로는 분노했다. 파키우스를 심하게 질책하고 원군 대장과 병사들에게 보루 바깥에 야영하라는[51] 명을 내렸다. 이런 면목 없는 모습을 장기간 보인 뒤에 전군 장병의 탄원으로 겨우 사면을 받았다.

37 그런데 티리다테스는 이제 자신의 부하들에 형 볼로게세스의 군대가 가세하게 되자 지금까지처럼 은밀히가 아니라 여봐란 듯이 무력에 호소했다. 그는 아르메니아를 공격하고, 로마측에 충성을 맹세했다고 생각되는 일부 아르메니아인의 영토를 약탈하기 시작했다. 그곳으로 로마군이 향하려 하면 그때마다 몸을 돌려 피하고 이리저리로 돌아다니며 싸움보다 그 예고로 우리 군을 매우 놀라게 했다. 코르불로는 장기간에 걸쳐 교전을 시도하려고 헛된 노력을 거듭하던 끝에 적의 전법을 모방해 전역戰域을 넓히지 않을 수 없게 되었다. 그

---

51) 로마군의 옛 벌칙.

래서 병력을 여러 부대로 나누고 각각의 부대에 군단 부관이나 원군 대장을 우두머리로 앉힌 뒤 한꺼번에 여러 방면을 공격하려 했다.

이와 동시에 콤마게네의 왕 안티오코스 에피파네스에게는 가장 가까운 아르메니아의 몇 개의 군郡으로 병력을 진격시키라고 명했다. 히베리아의 왕 파라스마네스도 로마의 충실한 동맹자임을 증명하려고 자식인 라다미스투스를 배신자로 몰아 죽이고 아르메니아인에 대한 숙원을 실컷 풀었다. 그리고 모스키족은 아르메니아의 전인 미답의 오지로 침입했다. 이 부족은 처음으로 이때 로마 편에 서고, 이후 어느 부족보다 충실한 로마의 동맹자가 되었다.

이리하여 티리다테스의 작전이 모두 빗나가 버렸다. 그래서 사절을 보내 그와 파르티아인의 이름으로 다음과 같이 항의하며 로마측의 해명을 요구했다. "우리는 최근에 로마에 인질을 제공하고 양국간의 우의를 다시 다졌다. 그래서 로마로부터 새로운 은혜를 기대해도 좋을 터인데, 어째서 거꾸로 우리를 오랜 영지인 아르메니아에서 쫓아내려 하고 있는가? 애시당초 볼로게세스로부터도 아직 아무런 움직임도 발견되지 않고 있다. 바로 이것이 그와 우리가 무력보다 공평한 절차로 사태를 해결하려 하고 있다는 무엇보다 좋은 증거가 아닌가? 만약 로마가 전쟁을 강행할 생각이라면 아르사케스 왕가는 이미 여러 번에 걸쳐 로마를 이겨 시험이 끝난 저 용기와 행운에 호소할 것이다."

코르불로는 볼로게세스가 히르카니아족의 반란에 마을 빼앗기고 있는 것을 확실히 간파하고 있었다. 그래서 티리다테스에게 이렇게 권고했다. "카이사르가 있는 곳으로 가서 탄원하는 것이 좋을 것이다. 만약 당신이 아득히 멀리 떨어져 있는, 실현 가능성이 희박한 희망을 버리고 바로 눈앞의 좀더 확실한 희망을 추구할 생각이라면, 당신의 왕위는 확고 부동해지고, 왕국도 피에 물들지 않은 채 당신 것이 될 것이다."

38 그 후에도 몇 번 더 양국 간의 사자의 교환이 이루어졌지만, 이것은 궁극적인 평화의 약속에는 조금도 기여하지 못했다. 그래서 본인끼리 회담하기 위해 시간과 장소를 결정하기로 했다. 티리다테스는 "1000명의 기병을 호위대로 거느리고 나가겠다"고 전해 왔다. "코르불로가 거느리고 오는 호위대의 숫자와 병종兵種과 관련해서는 트집을 잡지 않겠다. 다만 그 병사들은 가슴받이나 투구를 착용하지 않고 평화로운 모습으로 와야 한다는 것이 조건이다." 이것이 야만인의 교활한 제안이라는 것 정도는 누구나 곧 깨달았을 것이다. 하물며 선견지명이 있는 노련한 장군인 코르불로임에랴. "저쪽이 자신의 병력을 소수로 한정하고 우리 쪽에 보다 많은 병사를 허용한 이상, 당연히 함정을 팔 생각일 것이다. 실제로 무장하지 않은 병사들이 궁술이 뛰어난 적의 기병과 마주치면 아무리 숫자가 많아도 도움이 안 될 것이다."

그러나 코르불로는 이런 생각을 상대방이 눈치채지 못하도록 이렇게 대답했다. 양국의 이익과 관련된 문제는 전군이 보는 앞에서 토의하는 것이 더 공평하게 생각된다." 그리고 그가 회담 장소로 택한 곳은 한쪽에는 보병이 전열을 갖출 수 있을 만큼 완만하게 경사진 언덕이 있고, 다른 한쪽에는 기병대를 전시키는 데 형편이 좋은 평지가 펼쳐져 있었다.

합의한 당일, 코르불로가 먼저 도착했다. 양 날개에 동맹군의 보병과 보호국 왕의 원군이, 중앙에 제6군단이 늘어섰다. 제6군단에는 전날 밤에 다른 진영에서 불러온 제3군단의 병력 3000명이 섞여 있었지만, 다른 사람들의 눈에는 1개 군단의 병력처럼 비치도록 독수리 깃발이 하나밖에 없었다. 티리다테스가 나타났을 때에는 이미 해가 서쪽으로 기울고 있었다. 그리고 상대는 목소리가 들린다기보다 모습이 겨우 보인다고 생각될 정도로 멀리 떨어진 곳에 멈추었다. 그래서 로마의 장군은 회담도 하지 않고 자신의 군대를 각각의 진영으로 철수시켰다.

39 로마의 군대가 일제히 많은 방면으로 진군하기 시작했기 때문에, 티리다테스가 이것을 계략으로 의심했는지, 아니면 흑해와 트라페주스 시에서 접근하고 있는 우리 군의 식량 수송대를 차단하려고 했는지 신속히 철수했다. 그러나 적은 수송대를 공격하지 않았다. 수송대는 우리의 전초 부대에 의해 점거되고 있던 산길을 지나고 있었기 때문이다.

코르불로는 전쟁을 쓸데없이 오래 지연시키고 싶지 않았다. 아르메니아를 자기 방어의 입장 속으로 몰아넣으려고 적의 성채 파괴를 계획했다. 장군 자신은 인근에 있는 아르메니아의 여러 군에서 가장 견고한 볼란둠이라 불리는 요새를 맡았다. 비교적 작은 다른 요새들은 군단장 코르넬리우스 플라쿠스(Cornelius Flaccus)와 둔영장 인스테이우스 카피토에게 맡겼다. 그후 코르불로는 적의 방어 설비를 충분히 정찰하고 공략에 필요한 준비를 마치자 병사들을 고무 격려했다. "적은 망설이며 평화든 전쟁이든 결단을 내리지 못하고 있다. 도망쳐 다님으로써 스스로 믿을 수 없는 비겁한 존재라는 것을 인정하고 있다. 적들을 그 소굴에서 몰아내자. 영광과 함께 전리품도 염두에 두고 싸우도록 하라."

그러고는 그는 자신의 군대를 넷으로 나눈 뒤 그 중 한 부대로 하여금 귀갑龜甲 형태로 둥글게 대형을 짓게 하고는 그들을 이끌고 성벽을 파괴하러 갔다. 다른 부대에는 성벽에 사닥다리를 걸치게 하고, 다른 한 부대에는 노포로 횃불이나 창을 발사하라고 명했다. 투척병이나 투석병에게는 멀리서 납탄을 던질 수 있는 장소가 할당되었다. 이리하여 사방 팔방에서 일제히 공격해 곤경에 빠졌을 때에도 적끼리

서로 도울 수 없게 했다. 이 작전으로 병사들의 투혼이 확 불타올라, 낮의 3분의 1도 지나지 않았는데 하나도 남김없이 방어자를 성벽에서 쫓아내고 성문의 방해물을 파괴한 뒤 요새를 강습해 점령했다. 적의 성인 남자는 모두 살해되었다. 아군의 손실은 전혀 없고 극소수의 부상자만 나왔을 뿐이었다. 다수의 비전투원은 노예 시장에서 경매에 붙여졌다. 그 밖의 전리품은 승리자의 손에 건네졌다.

군단장과 둔영장도 똑같이 행운의 개가를 올렸다. 하룻새에 세 군데의 요새가 함락되었다. 그 밖의 성채는 위협이나 주민의 자발적인 뜻에 의해 우리 군문에 투항했다. 그 결과 아르메니아인의 수도 아르타크사타도 공격할 수 있다는 자신감이 생겼다. 그러나 군단병이 그곳까지 진격한 길은 최단의 경로가 아니었다. 만약 그랬으면 아락세스 강에 다리를 놓고 건너지 않으면 안 되어 강에 인접한 도시의 성벽에서 마음대로 겨냥하고 쏘았을 것이다. 로마군은 도시에서 멀리 떨어진 넓은 여울을 건넜다.

40 티리다테스는 굴욕감과 공포심에 시달렸다. 만약 로마군의 포위에 저항하지 않는다면 자신의 위신이 땅에 떨어지고 말 것이다. 만약 저지하면 자신과 기병대가 조건이 나쁜 장소로 끌려 들어갈 것이다. 마침내 그는 전열을 가다듬기로 결심했다. 그리고 적당한 날짜가 되면 전쟁을 시작하든가, 도망치는 체하며 함정을 파든가 하기로 마음을 굳히고는 이윽고 갑자기 행군 중인 로마군을 포위했다. 물론 우리의 장군은 이것을 예측하고 행군과 전투에 모두 대응할 수 있는 대형을 취하고 있었다. 우측 열에서는 제3군단이, 좌측에서는 제6군단이, 중앙에서는 제10군단의 정예가 진군했다. 수송병들은 이 대열들 사이에 끼여 있었다. 후방을 지키고 있는 1000명의 기병은 "적이 바로 옆에까지 다가오면 반격하고, 도망치면 추격하라"는 명을 받고 있었다. 그리고 양 날개에서 도보 상태의 궁병과 나머지 기병이 행군하

고 있었다. 특히 좌익은 언덕의 기슭에 연해 길게 뻗어 있어 적이 돌격해 오면 정면과 옆쪽에서 동시에 나아가 맞아 싸울 수 있었다.

티리다테스가 반대쪽에서 공격해 왔다. 날아가는 무기의 사정권 안까지 접근하지 않은 채 위협하거나 때로는 겁을 집어먹은 체하며 아군의 전열을 무너뜨리고 각개 격파하려고 애썼다. 우리의 전열은 이런 무모한 작전에 의해 조금도 흐트러지지 않았다. 이때 로마의 기병대장 단 한 사람만이 대담하게도 돌진하다가 적의 화살에 맞아 쓰러졌다. 이 본보기 하나만으로도 다른 자들이 명령을 지키기에 충분했다. 이리하여 적이 철수할 때에는 이미 밤이 가까이 다가와 있었다.

41 그래서 코르불로는 현재의 지점에 진영을 설치했다. 그는 밤중에 경무장한 군단병을 이끌고 아르타크사타로 접근해 포위할까 말까 망설였다. 티리다테스가 돌아가 아직 그곳에 몸을 숨기고 있을 것으로 생각되었기 때문이다. 이윽고 척후병이 "왕은 먼 나라로 도망쳤습니다. 행선지가 메디아인지 알바니아인지는 알 수 없습니다" 하고 보고했다. 그래서 그는 이튿날 아침까지 기다리기로 하고 경무장 부대만 먼저 출발하게 했다. 이 부대는 날이 샐 때까지 수도의 성벽을 에워싸고 멀리에서 공격을 개시하라는 명을 받았다. 하지만 그 시민들이 자진해서 문을 열고 자신들의 생명과 재산을 로마군의 뜻에 맡겼다. 이리하여 시민들은 생명을 구조받았다. 아르타크사타는 불에 타고 파괴되어 자취도 없이 사라져 버렸다. 이 도시의 성벽이 장대해 강력한 수비대가 아니면 유지할 수 없고, 둘로 나뉘어 한편으로는 이 수도를 방어하고 다른 한편으로는 전투를 강행할 정도로 아군의 병력이 많지 않았기 때문이다. 이 도시를 고스란히 본래의 무방비 상태로 놓아 두면 점령한 것이 아무 이익도, 명예도 되지 않았기 때문이다. 게다가 신의 뜻이라고 생각되는 기적이 일어났다. 아르타크사타가지의 전 평야가 햇빛으로 빛나고 있는데, 성벽으로 에워싸인 지역만이

돌연 번쩍이는 번개와 함께 검은 구름에 휩싸였다. "이것이야말로 노한 신들이 이 도시의 파괴를 바라고 있는 증거이다" 하고 사람들이 믿을 정도였다.

이 승리로 인해 네로가 최고 사령관으로서 공식적으로 환호를 받았다. 원로원 의결에 기초해 감사제가 거행되었다. 그리고 황제의 입상立像과 전첩 기념문을 건조할 것, 집정관직의 연속적인 취임을 허용할 것, 승리를 거둔 날과 그 기쁜 소식이 도착한 날, 원로원에서 정식으로 보고된 날을 축일에 추가할 것, 그 밖의 유사한 제안이 잇따라 결의되어 도가 지나치자, 그때까지의 명예에 찬성했던 가이우스 카시우스 롱기누스가 마침내 참을 수가 없어 이렇게 발언했다. "만약 신들에게 각각의 은총에 적합한 만큼의 감사를 드린다면 1년간이라도 감사제의 일수로 부족할 것이다. 따라서 축제일과 일하는 날을 적당히 배분해야 한다. 그렇게 하면 지상의 일을 방해받지 않은 채 종교적인 의무도 수행할 수 있을 것이다."

5. 수도 로마의 사건

42 이어서 갖가지 운명에 희롱당하고 많은 사람의 원한을 샀던 인물이 고발되어 원로원에서 죄를 선고받았다. 하지만 그 결과 세네카도 세상 사람들의 반감을 초래했다. 이 사람은 푸블리우스 수일리우스 루푸스(Publius Suillius Rufus)라는 자로서 클라우디우스의 통치 시대에 금전으로만 문제를 해결해 사갈처럼 혐오시되었다. 시대가 바뀌었는데도 그는 적이 바라는 만큼 주눅든 채로 살아가지 않았다. 비굴한 탄원자보다 오히려 죄인으로 보이길 바라는 모습이었다. 그를 해치우기 위해서는 금전을 목적으로 소송의 변호를 한 자에게 적용

되는 킹키우스법[52]의 벌칙과 저 원로원 의결을 부활시키는 외에 다른 방법이 없다고 생각되었다.

수일리우스는 누구도 꺼리지 않고 마구 화풀이하며 매도했다. 천성적으로 옹고집인데다가 고령이기 때문에 생각나는 대로 까놓고 말했다. 세네카에게도 이렇게 덤벼들었다. "그는 클라우디우스의 친구를 모두 적대시하고 있다. 하지만 그는 그 황제 밑에서 아주 정당한 이유에서 추방되었다! 그는 쓸데없는 학문의 연구자이고 세상 물정에 어두운 풋나기 교사일 뿐이다. 그래서 사내다운 당당한 웅변을 구사해 시민을 지키는 사람을 질투하는 것이다. 내가 게르마니쿠스 휘하의 재무관이었을 때, 세네카는 그 집의 샛서방[53]이었다. 그렇다. 정정 당당하게 일하고 소송 당사자의 자발적인 호의에서 보수를 받는 것이 카이사르 가 여성의 침실을 범하는 것보다 더 중대한 범죄인가? 세네카는 대체 어떤 지혜를 갖고, 또 어떤 철학적은 교훈으로 국왕[54]과 겨우 4년간에 걸쳐 우정을 나누는 동안 3억 세스테르티우스의 재산을 모았는가? 그는 로마에서 마치 그물로 사냥감을 끌어들이듯이 상속자가 없는 재산을 손에 넣었다. 터무니없는 고리대로 이탈리아와 속주의 돈을 빨아 들였다. 그러나 나는 설사 얼마 안 되는 보수일지라도 이마에 땀을 흘리며 번 것이다. 오랫동안 내 노력으로 쌓아올린 위신을 저 벼락 부자의 변영 앞에 굴복시키느니 차라리 단죄든 위험이든 어떤 위험이든 감수하겠다!"

43 이 말을 그대로, 혹은 심하게 과장해 세네카에게 전해 주는 사람들도 있었다. 수일리우스를 고발한 사람들 중에는 그가 아시아 속

---

52) 11권 5절. '저 원로원의 의결' 은 47년(11권 7절)의 것.

53) 게르마니쿠스의 막내딸 율리아와 세네카의 관계를 말하는 것이다(7권~10권 〔옮긴이의 덧붙이는 글〕 41항목을 참조할 것). 진상은 알 수 없다.

54) 로마 작가가 황제를 '왕' 으로 부르는 것은 증오심과 야유를 전달하려 할 때이다.

주의 지사 시절에 그곳의 동맹자들의 돈을 빼앗고 공금을 횡령했다고 탄핵하는 사람도 있었다. 하지만 이윽고 이 소송은 죄의 증거를 굳히려면 1년간의 시간이 필요하기 때문에 증거를 곧 수집할 수 있는 수도에서의 혐의부터 시작하는 것이 더 빠르겠다는 생각이 들었다. 그래서 고발자들은 다음과 같은 사실을 탄핵했다. "그의 잔인하고 인정 사정 없는 고발로 퀸투스 폼포니우스 세쿤두스(Quintus Pomponius Secundus)가 어쩔 수 없이 내란[55]의 소용돌이에 휘말려들었다. 그리고 드루수스의 딸 리비아 율리아[56]와 포파이아 사비나는 자살을 강요당했다. 그리고 데키무스 발레리우스 아시아티쿠스와 집정관을 역임한 다른 두 인사, 즉 퀸투스 루테티우스 루시우스 사투르니누스(Quintus Lutetius Lusius Saturninus)와 코르넬리우스 루푸스(Cornelius Lupus)도 지위를 잃었다. 그리고 많은 로마 기사가 벌을 받은 것도, 클라우디우스의 모든 잔혹 행위도 모두 수일리우스 탓이었다."

수일리우스는 "이런 여러 가지 비난 중에 내 뜻으로 한 일은 하나도 없다. 모두 황제의 명령에 따른 것이다"라고 변명하기 시작했다. 마침내 네로가 이렇게 단언하며 그가 빠져 나갈 구멍을 막아 버렸다. "내 아버지이신 클라우디우스 님께서 그런 고발을 누구에게도 명하시지 않았다는 것이 그분의 비망록[57]에 비추어 볼 때 분명하다." 그래서 피고가 "메살리나의 지시로"라고 핑계를 댔지만, 이 변명도 흔들렸다. "그렇다면 왜 너 이외의 사람들은 저 잔인하고 파렴치한 여자의 대변자로 선택되지 않았느냐?"라고 네로가 추궁했다. "죄의 대가로 받은 돈은 호주머니 속에 집어넣고 그 책임은 다른 사람에게 전가하려고 하는 악의 앞잡이는 처벌받지 않으면 안 된다."

---

55) 7권~10권 〔옮긴이의 덧붙이는 글〕 42년 항목을 참조할 것. 6권 18절.
56) 이하 32절, 11권 1절을 참조할 것.
57) 업적록이나 자서전과 달리 공개되지 않는 문서였던 것 같다.

이리하여 피고 수일리우스는 재산의 절반을 몰수당하고 발레아레스 제도로 유배되었다. 나머지 절반의 재산은 아들 마르쿠스 수일리우스 네룰리누스(Marcus Suillius Nerullinus)와 손녀딸에게 양도되었다. 그리고 이 자식과 손녀딸은 어머니 또는 할머니의 유언으로 물려받은 재산도 몰수를 모면했다. 수일리우스는 한창 재판이 진행 중일 때에도, 죄를 선고받은 뒤에도 조금도 의기소침해지지 않았다. 전해지는 바에 따르면 그는 유형지에서 윤택하고 안락한 생활을 했다고 한다.

고발자들은 아버지에게 원한을 품은 나머지 자식인 네룰리누스를 가렴주구죄의 혐의로 공격했다. 하지만 황제는 "그의 집안은 이미 충분히 징계받았다"고 말하며 이 고소의 수리를 거부했다.

44 같은 시기에 폰티아(Pontia)라는 유부녀에게 빠진 호민관 옥타비우스 사기타(Octavius Sagita)가 엄청난 선물을 해 부정不貞을 저지르게 하고, 이어서 남편과 인연을 끊게 했다. 그는 결혼을 약속하고, 그녀도 아내가 될 것을 보증했다. 그렇지만 여자가 혼자 몸이 되자 미적거리며 그와의 결혼을 연기하고 그 구실로 아버지의 반대를 내세웠지만, 실은 더 부자와 결혼하고 싶어 약속을 일방적으로 어겼던 것이다. 이에 대해 옥타비우스는 어떤 때는 푸념을 늘어놓고, 어떤 때는 으름장을 놓으며 "명예도 잃었다. 재산도 다 써버렸다"고 호소했다. 결국은 그에게 남은 유일한 것, 즉 생명까지도 그녀의 의사에 맡겨 버렸다. 그래도 그녀에게 거절당하자, 그는 하다못해 위로의 차원에서 하룻밤 함께 지낼 수 있는 기회만이라도 달라고 간청했다. "그러면 어느 정도 마음도 안정되고, 앞으로 나 자신을 억제하는 데도 도움이 될 것이다."

그날 밤의 날짜가 정해졌다. 폰티아는 신뢰하는 하녀에게 침실을 지켜 보아 달라고 부탁했다. 남자가 해방 노예 한 명을 거느리고 방문했다. 그는 단도를 품속에 숨겨 놓고 있었다. 이윽고 두 사람은 사랑하면서도 증오하는 사람들 사이에서 흔히 벌어지듯이 서로 싸우고 애원하고 힐난하고 변명했다. 그리고 이날 밤의 일부가 애정에 바쳐졌다. 그 후 남자가 격정에 휩싸인 듯이 갑자기 품안의 단도로 마음을 푹 놓고 있던 여자의 가슴을 찔렀다. 달려 들어온 하녀에게도 상처를 입히고 위협하며 침실에서 뛰쳐 나갔다.

이튿날 이 살인 사건이 세상에 널리 알려졌다. 살인자와 관련해서는 의문의 여지가 없었다. 남자가 여자의 집에서 하루밤을 보낸 사실이 증명되었기 때문이다. 그러나 옥타비우스의 해방 노예가 "이 범행은 내가 저질렀다"고 고백했다. "나는 모욕받은 주인의 복수를 했다." 이 고백을 의심하기에는 너무나 희생이 컸기 때문에 확신이 흔들린 사람도 있었다. 그러나 마침내 하녀가 상처가 나은 뒤에 진상을 밝혔다. 살해된 여자의 아버지가 집정관에게 호소해, 남자는 호민관 임기가 끝난 뒤 원로원 판결에 의해 살인에 관한 법률[58]에 의해 처벌받았다.

45 세상 사람들의 주목을 끌었다는 점에서 이에 못지 않은 방종한 사건이 이해에 일어났고, 그것이 국가의 큰 불행의 발단이 되었다. 수도에 포파이아 사비나라는 여자가 있었다. 아버지의 이름은 티투스 올리우스(Titus Ollius)였지만, 그녀의 이름은 외조부의 이름을 따서 지은 것이었다. 외조부는 집정관으로서나 개선 장군으로서 명성을 떨쳤다. 지금도 세상 사람들의 기억에 선명히 남아 있는 가이우스 포파이우스 사비누스(Gaius Popaeus Sabinus)가 바로 그 사람이다. 아버지 올리우스는 아직 요직에 취임하지 못했을 때 세야누스와의 우정

---

58) 공화정 시대의 코르넬리우스법을 말한다. 다만 처벌 조항이 제정 시대에 개정되어 신분이 높은 사람은 추방형(3권 17절 주를 참조할 것)에, 비천한 사람은 사형에 처해졌다.

이 빌미가 되어 파멸당했다.

포파이아는 고상한 정신을 제외하고는 여자로서 모자란 것이 아무 것도 없었다. 즉 같은 세대의 여성을 미모로 압도하고 있었던 그녀의 어머니로부터 그 평판 높은 용모를 물려받은데다가 그 빛나는 가문에 어울리게 재산도 많고, 애교 섞인 말하는 모양, 기지가 풍부한 재능, 정숙이라는 가면을 쓴 방종한 생활, 좀처럼 외출하지 않고, 외출할 때에는 으레 베일로 얼굴을 가렸다. 보는 사람의 마음을 애태우기 위해서였을까, 아니면 그것이 정말로 그녀에게 잘 어울렸기 때문이었을까? 그녀는 세간의 소문을 조금도 신경쓰지 않고, 남편과 정부를 구별하지도 않았다. 자신의 애정이나 타인의 애정에 구속받지 않고 이익이 되는 것을 깨달으면 언제든지 누구에게나 정을 주었다.

그래서 그녀는 로마의 기사 루프리우스 크리스피누스(Rufrius Crispinus)와의 결혼 생활을, 두 사람 사이에 아들 한 명이 있었음에도 불구하고 해소했다. 마르쿠스 살비우스 오토의 젊음과 사치에 매혹 당했기 때문이다. 게다가 오토가 네로의 친구로서 가장 존중받고 있기 때문이기도 했다. 두 사람의 정사가 결혼으로 바뀌는 데 별로 시간이 걸리지 않았다.

46 오토는 아내의 아름다운 용모와 세련된 취미를 황제 앞에서도 치켜세웠다. 주책없이 정사 이야기를 하다가 무심코 지껄인 것일까, 아니면 네로의 연정을 부채질해 두 사람이 공동으로 한 여자와 즐기게 되면, 그 기묘한 우정의 유대로 인해 그의 세력이 더욱 강화될 것이라고 생각했던 것일까? 아무튼 오토가 황제의 향연을 즐기고 식탁을 떠나려 할 때 자주 이런 말이 들렸다. "이제 그녀에게로 돌아가겠습니다. 바로 그녀가 세상의 남자들이 동경하고 행운아만이 즐길 수 있는 저 우아한 아름다움을 제게 줄 것이기 때문입니다." 이런저런 자극을 받아, 네로가 더 이상 망설일 수 없게 되었다. 포파이아에게

카이사르 가 출입을 허용했다. 그녀는 곧 정성을 다한 아부로 네로의 마음을 사로잡았다. 네로의 용모의 포로가 되어 더 이상 자신의 애욕을 억제할 수 없는 체했다. 그렇지만 네로의 연정이 깊어졌을 때에는 그녀의 태도가 갑자기 바뀌어 오만불손해졌다. 네로가 하룻밤이나 이틀 밤 이상 묵게 하려 하면, 그녀는 언제나 이렇게 말했다. "저는 유부녀입니다. 그리고 오토와의 결혼 생활을 단념하는 일 따윈 할 수 없습니다. 저는 남편에게 홀딱 반했습니다. 그 사람의 생활 방식 탓입니다. 그도 그럴 것이 어떤 사람도 제 남편은 당해 내지 못하기 때문입니다. 성격도 너그럽고, 취미도 세련되었습니다. 그 사람의 집에서 보이는 것은 최고의 지위에 어울리는 것뿐입니다. 하지만 황제님은 어떻습니까? 아크테인가 하는 하녀를 첩으로 삼고 그 밀통 생활에서 벗어나고 있지 못하고 있지 않습니까? 그런 여자 노예와 결합하면 천하고 불결한 것 외에 무엇을 배우겠어요?"

오토는 지금까지의 친밀한 교제를 네로로부터 거부당했다. 곧 아침 문안 인사도, 바깥에서의 수행도 금지당했다. 마지막으로 수도에서 연적으로 행동하지 못하도록 루시타니아 총독[59]으로 임명되었다.

오토는 임지에서 내란이 일어날 때까지 과거의 불명예스러웠던 행실과 인연을 끊고 사적인 시간은 자기 마음대로, 공무를 처리할 때에는 현명하게 자신을 억제하고 청렴하며 나무랄 데 없는 생활을 했다.

47 네로는 아무튼 이 무렵에는 자신의 파렴치한 행동이나 죄의 그럴 듯한 구실을 찾아내려고 애쓰는 일을 그만두었다. 특히 파우스투스 코르넬리우스 술라 펠릭스를 의심하고 있었기 때문이다. 실은 우둔한 술라의 성격을 완전히 반대로 오해해 가면을 쓴 교활한 자로 생

---

59) 법무관급 총독이 부임하는 황제 2급 속주이므로 26세로 재무관에 불과한 오토에게는 명예로운 좌천이었다. 그 땅에 10년(58~68년) 동안 있다가 68년 내전의 발발과 함께 갈바의 뒤를 이었다.

각하고 있었던 것이다. 이 네로의 시의심을 한층 더 부채질한 것이 카이사르 가의 해방 노예로 티베리우스의 통치 시대 이후 줄곧 섬겨 와 황제의 가정 사정에 정통한 그라프투스(Graptus)라는 노회한 늙은이였다. 그는 대략 다음과 같은 이야기를 날조해 냈다.

이 당시 물비우스 다리[60]는 밤의 환락지로 유명해, 네로도 수도의 교외에서 홀가분하게 장난치고 싶으면 종종 그곳을 찾아갔다. 그래서 몇 사람이 네로의 귀로를 노리고 플라미니우스 가도에 잠복하고 있었다. 하지만 어찌 된 셈인지 그날 밤은 그가 다른 길을 통해 살루스티우스 정원으로 돌아왔기 때문에 재난을 모면했다. 그런데 "실은 이 함정을 판 장본인은 바로 술라입니다!" 하고 그라프투스가 주장하며 날조된 이야기를 늘어놓았던 것이다. 이런 거짓말을 한 것은 황제의 하인이 그곳에서 돌아오는 도중에 우연히 그 당시 유행하던 젊은이들의 엉뚱한 못된 장난에 걸려 어린애처럼 깜짝 놀랐기 때문이다.

물론 술라의 노예나 부하는 한 사람도 확인되지 않았다. 무엇보다 모험 따위를 할 것 같지 않은 술라의 소심하고 비열한 성격이 이런 소행과 모순되고 있었다. 그럼에도 불구하고 술라의 죄가 증명된 것처럼 조상 대대로 살아온 수도에서 추방하고 마실리아 시의 성벽 안에 유폐시킬 것을 명했다.

48 같은 집정관들 하에서 푸테올리의 시의회와 시민들이 보낸 각각의 대표가 원로원에서 대립되는 의견을 진술했다. 전자는 시민들이 다수임을 믿고 폭력을 휘두른다고, 후자는 시의 관리나 유력자들이 모두 공갈 착취한다고 비난했다. 양자의 분쟁은 이미 돌을 던지고 불을 지르며 서로를 위협하는 단계로까지 발전해 있었다. 그래서 무기에 의한 살인이 유발되지 않게 하기 위해 가이우스 카시우스 롱기

---

60) 플라미니우스 가도가 로마 시에서 북쪽으로 2마일 떨어진 교외에 있는 티베리스 강에 이르는 다리.

누스가 선출되어 해결책을 강구하려고 했다. 시민들이 그의 엄격한 조치에 불만을 품었기 때문에, 카시우스 자신의 간청으로 스크리보니우스 형제(푸블리우스 술피키우스 스크리보니우스 프로쿨루스와 술피키우스 스크리보니우스 루푸스)가 이 책임을 맡았다. 이 형제는 친위대 1개 대대를 빌린 뒤 그들로 위협하고 소수의 선동자를 처형해 시민들이 협조심과 일체화된 마음을 되찾게 해주었다.

49 원로원은 시라쿠사이의 시민에게 1년간 개최하는 검투사 시합이 법정 횟수를 넘겨도 된다는 결의안을 통과시켰다. 이 실로 진부한 의결은 다음과 같은 사건이 없었으면 기술하는 일도 없었을 것이다. 푸블리우스 클로디우스 트라세아 파이투스(Publius Clodius Thrasea Paetus)[61]가 이 의결에 반대한다고 외쳐 평소에 그를 욕하던 사람들에게 그의 의견을 공격할 수 있는 기회를 제공하고 말았다. "만약 트라세아가 원로원의 자유 재량권이 국가를 위해 필요하다고 믿고 있다면, 어째서 이런 사소한 문제를 집요하게 추구하고, 다른 한편으로 전쟁이라든가 평화, 조세 법안 등 로마 국민의 운명과 관련된 중요한 안건에 대해서는 조금도 찬성하거나 반대하려 하지 않는 것인가? 원로원 의원은 발언권을 인정받으면 언제나 자신의 의견을 발표하고 그 문제의 심의를 요청할 수 있다. 시라쿠사이 시가 법정외의 구경거리를 개최하지 못하게 하는 것이 수정할 만한 단 하나의 의제일까? 그 외의 것과 관련해서는 로마 세계의 모든 땅에서 통치자가 네로가 아니라 트라세아이기라도 한 것처럼 그토록 모두 완벽한 상태에 있을까? 그렇다 하더라도 아주 중대한 의안을 시치미를 떼고 통과시키는 사람이라면, 더욱더 사소한 문제에는 말참견을 하지 말아야 하지 않을까?"

---

61) 공화파와 스토아 학파로 구성된 네로 반대파의 주요 인사였다.

이에 대해 동료들로부터 해명하라는 요구를 받고, 트라세아는 이렇게 대답했다. "내가 이 의결에 수정 의견을 말한 것은 현재의 일반적인 상황에 어둡기 때문이 아니다. 사소한 일에 주의를 기울이는 사람은 반드시 중요한 문제들에 대해서도 관심을 보인다는 것을 원로원 의원들의 명예를 생각해서라도 명확히 해두고 싶었기 때문이다."

50 같은 해에 징세 청부인의 냉혹 무정함에 대해, 민중이 너무 시끄럽게 불만이나 고충을 호소해, 네로는 이것저것 생각하며 고민했다. "차라리 모든 간접세를 폐지해 버리는 것이 어떨까? 그것이야말로 인류에게 주어지는 가장 멋진 선물이 아닐까?" 원로원 의원들은 먼저 그의 고상한 관대한 마음을 큰소리로 칭송한 뒤 서서히 간하며 이 발작적인 착상을 보류시켰다. "만약 국가의 토대가 되고 있는 수입을 삭감하면 국가가 붕괴될 것입니다. 간접세를 없애면 당연히 그후 곧 직접세의 폐지도 청구될 것입니다. 징세 청부인 조합은 대부분 더없이 자유로운 공화제 시대에 집정관이나 호민관의 손으로 설치된 것입니다.[62] 그 밖의 조합은 그 후 국가의 수입원과 필요한 경상비와의 균형을 고려하면서 잇따라 증설되어 왔습니다. 그것은 그렇다 치고 징세 청부인의 탐욕은 당연히 제지되지 않으면 안 됩니다. 그러잖으면 그들이 사람들에게 새로운 고통을 가해 불평도 하지 않고 지금까지 오랫동안 참아 온 세금을 증오하게 만들게 될 것입니다."

51 이런 사정에서 황제는 포고를 발표했다. 즉 지금까지 비밀로 해온 각 세금의 징수에 관한 규정을 공시해야 한다. 우연히 간과되어온 세금의 청구는 그것이 1년 이상 경과된 경우에는 그 권리를 잃는다. 징세 청부인을 상대로 한 소송은 수도에서는 법무관이, 속주에서

---

62) 공화정 시대에 속주가 증가하면서 징세 청부인 조합(4권 6절 주를 참조할 것)이 설치되었는데, 그것은 그때마다 '집정관이나 호민관'이 제창한 법률이나 민회의 의결에 의한 것이었다는 뜻이다.

는 총독 또는 지사가 이것을 우선적으로 재판해야 한다. 군인은 판매하기 위한 물건을 제외하고는 지금까지의 관행대로 세금을 면제받는다.[63]

이 밖에 잠깐 동안 실행되었다가 이윽고 유명 무실해진 지극히 공평한 규정이 공포되었다. 그러나 2푼 5리세라든가 2푼세[64]의 부과, 그리고 징세 청부인이 불법적인 착취를 목적으로 제멋대로 만들어 냈던 그 밖의 명목의 특권은 이때 폐지된 채 오늘날에 이르고 있다. 또 해외 속주에서 밀을 운반하는 것이 용이하도록 제도가 바뀌었다. 그리고 교역 상인 소유의 선박은 재산 신고의 대상에 포함되지 않고, 따라서 그 재산세도 낼 필요가 없도록 결정되었다.

52 아프리카에서 집정관 대행 명령권을 행사한 적이 있는 퀸투스 술피키우스 카메리누스(Quintus Sulpicius Camerinus)와 마르쿠스 폼페이우스 실바누스(Marcus Pompeius Silvanus)를 그 속주민들이 고소했다. 그러나 카이사르는 두 사람 모두 면소시켜 주었다. 카메리누스는 불접적인 강탈죄보다는 오히려 몇 명의 개인에 대한 냉혹한 행위를 비난받았다. 실바누스는 많은 고발자에게 에워싸였다. 그들은 증거를 수집하기 위해 재판의 연기를 청구했지만, 피고는 지금 곧 변호를 들러 달라고 재촉했다. 마침내 부자이고 나이가 많으며 자식이 없는 실바누스의 주장이 이겼다. 하지만 그를 위해 동분 서주하며 궁지에서 구해 준 사람들이[65] 그보다 먼저 세상을 떠나고 말았다.

---

63) 병사가 본국에서부터 갖고 있었던 물건, 자신이 사용하기 위해 산 것, 전리품에 대해서는 관세를 물리지 않았다.

64) 어떤 성격의 세금이었는지 알 수 없다.

65) "유산의 분배에 참여하려 했는데"라는 구절을 보충해야 된다고 생각된다.

6. 게르마니아의 정황

▣ 이 무렵까지 게르마니아의 정세는 평온했다. 그것은 개선 장군 현장이 남발되고 있기 때문에, "평화를 유지할 수 있다면 그것에 의해 무훈 이상의 영광을 손에 넣고 싶다"고 우리의 장군들이 생각하고 있었기 때문이다. 그 당시 이곳 군대의 지휘관은 폼페이우스 파울리누스(Pompeius Paulinus)[66]와 루키우스 안티스티우스 베투스였다. 병사들이 나태해지지 않도록 파울리누스는 63년 전에 드루수스가 라인 강의 범람을 막을 목적으로 공사에 착수했던 제방을 완성하고, 베투스는 모셀라 강[67]과 〈아라르 강〉 사이에 운하를 파 두 하천을 이을 계획을 세웠다. 이것이 완성되면 바다에서 운반된 화물이 론 강에서 아라르 강으로 거슬러올라가고, 이 운하를 통해 이번에는 모셀라 강으로 들어가고, 이어서 라인 강을 따라 내려간 뒤 마침내 북해에 도달한다. 이것으로 육상 운송의 어려움이 해소되고, 로마 세계의 서부와 북부 양 해안을 배가 왕래하게 된다.

이 계획은 벨기카 갈리아의 총독 아일리우스 그라킬리스(Aelius Gracilis)의 질투심을 자극했다. 그에게 베투스가 군단병을 다른 속주에 거느리고 들어와 갈리아 주민의 호감을 사려 하는 것은 참을 수 없는 일이었다. 그래서 베투스를 여러 번에 걸쳐 위협했다. "이 계획은 틀림없이 최고 사령관을 혼비 백산하게 만들 것이다." 대개의 경우 이런 말에 의해 존경할 만한 시도가 좌절되고 만다.

▣ 그런데 로마군이 너무나 오랫동안 조용히 있었기 때문에, "총독

---

66) 갈리아 속주 출신으로 그의 누이는 세네카의 아내였다. 53년경에 보결 집정관을 역임하고 이때는 저지 게르마니아의 군사령관이었다. 베투스는 고지 게르마니아의 군사령관으로 13권 11절의 집정관 안티스티우스.
67) 현재의 모젤 강. 아라르 강은 론 강의 상류 부분인 손 강을 가리킨다.

이 우리를 상대로 군대를 움직일 수 있는 지휘권을 빼앗긴 것이 틀림없다"는 소문이 적들 사이에 퍼졌다. 그래서 프리시족이 젊은이들은 삼림이나 소택지를 지나, 비전투원들은 호수를 건너 라인 강변 쪽으로 이동하게 한 뒤 로마 병사들이 쓰려고 마련해 둔 공터에 정착했다. 선동자는 베리투스(Verritus)와 말로릭스(Malorix)였다. 만약 게르마니아인이 왕의 지배를 받고 있다고 할 수 있다면, 이 두 사람이야말로 그 부족에 군림하고 있었다. 그들이 이리하여 집을 짓고 밭에 씨앗을 뿌리며 이 부근 일대를 마치 조상 전래의 땅이기라도 한 것처럼 개척하기 시작했다.

이때가 되어서야 비로소 (파울리누스로부터 속주를 갓 이어받은) 루키우스 두비우스 아비투스(Lucius Duvius Avitus)가 로마군의 세력을 과시하며 "프리시족은 옛 거주지로 돌아가든가, 새 땅의 거주권을 카이사르에게 간청하라" 하고 위협했다. 어쩔 수 없이 베리투스와 말로릭스는 청원하러 가기로 결심하고 로마로 떠났다. 네로가 다른 용건에만 매달려 있어, 두 사람은 그것을 기다리는 동안 폼페이우스 극장에 들어갔다. 이 극장은 로마인이 자국의 위대함을 과시하기 위해 통상적으로 야만인을 안내하는 장소 중 하나였다. 그들은 극장 안에서 지루한 나머지(상연 중인 극을 이해할 수 없어 흥미가 없었기 때문이다) 시간을 보내기 위해 군중의 계단 좌석 배치나 계급 구별에 대해 듣고는 기사 계급은 어디에 앉고, 원로원 의원의 특별석은 어디인가 등등을 끈질기게 물었다. 때마침 원로원 계급의 좌석[68]에서 이국풍의 옷차림을 한 몇 사람이 눈에 띄었다. 곧 그 사람들의 신원을 묻고는 "저 사람들은 용기와 로마에 대한 우정이라는 면에서 가장 뛰어난 민족의 사절이기 때문에 저런 명예를 수여받은 것이다"라는 말을 듣자,

---

(68) 15권 32절 주를 참조할 것.

"무용武勇과 로마에 대한 신의에 관한 한 게르마니아인을 능가하는 민족은 하나도 없다"고 외치며 자리에서 일어난 뒤 밑으로 뛰어 내려가 의원들 사이로 비집고 들어갔다. 이것은 보고 있던 사람들이 고풍스러운 충동과 선의의 경쟁심 때문에 저렇게 행동했을 것이라고 호의적으로 해석하고 묵인했다.

네로는 두 사람에게 로마 시민권을 수여하고 프리시족에게는 문제의 그 땅에서 떠나라고 명했다. 하지만 그들이 이 명령을 무시해, 로마는 불시에 원군 기병대를 보냈다. 그리고 완강히 저항하는 자들을 포로로 잡거나 죽여 억지로 명령에 복종시켰다.

55 같은 땅을 이번에는 암프시바리이족이 점거했다. 그들은 숫자상으로도 지난번의 프리시족을 능가하는데다가 주변 부족의 동정을 사고 있었다. 그들은 카우키족에게 쫓겨나 살던 곳을 잃고 안전한 피난처를 탄원하고 있었기 때문이다. 그들을 위해 발벗고 나선 것은 그 부근의 부족들 사이에 이름이 알려지고 로마측의 신용도 높은 보이오칼루스(Boiocalus)라는 사람이었다. 그는 총독에게 이렇게 호소했다.

"케루스키족이 로마에 반기를 들었을 때,[69] 아르미니우스의 명령으로 내게 족쇄가 채워졌다. 그 후 나는 티베리우스와 게르마니쿠스, 이 두 장군 밑에서 계속 로마군에 봉사했다. 지금까지 나 자신의 50년에 걸친 충성에 더하여 내 부족도 로마의 지배권에 복종시켜 왔다. 대체 로마는 무슨 목적으로 그런 방대한 땅을 휴경 상태로 내박쳐 두고 있는 것인가? 장차 그곳에 로마 병사들의 소나 사역에 쓰이는 짐승을 이동시켜 방목할 예정인가? 물론 가축을 위해 휴한지를 따로 간수해 두고 그 사이에 인간이 굶어 죽어 가게 할 생각이라면 그렇게 하라. 하지만 설마 우정이 깊은 부족보다 인적이 없는 황무지를 옆에 두고

---

69) 9년에 바루스가 패배했을 때. 1권 55절.

싫어하지는 않으리라 생각된다.

그 땅은 일찍 카마비족의 땅이었다. 이윽고 투반테스족이 거주하고, 이어서 우시피족도 거주한 적이 있다. 천상이 신들의 것이듯이, 땅은 죽어야 하는 인간에게 주어진 것이다. 사람이 살고 있지 않은 땅은 인류 공통의 재산이다."

이렇게 말하고는 그는 태양을 올려다보고 모든 천체들의 이름을 부르며 그것들이 눈앞에 있는 것처럼 외쳤다. "천체들이여, 너희들은 인간이 없는 땅을 내려다보길 좋아하느냐? 아니, 우리를 쫓아내기보다는 오히려 대지의 강탈자들의 머리에 바닷물을 쏟아부어 다오!"

56 이에 감동한 총독 아비투스는 다음과 같이 대답했다. "인간은 누구나 자신보다 뛰어난 사람의 명령에 복종하지 않으면 안 된다. 로마인은 생사 여탈의 결정권을 쥐고 있고, 자신 외의 누구로부터도 판정을 받는 것을 좋아하지 않는다. 이것은 너희들이 탄원한 신들의 뜻이기도 하다." 이 답변이 암프시바리족 전체에 공시되었다. 다른 한편으로 보이오칼루스 개인에게는 그의 우정을 기념해 땅을 줄 것을 약속했다. 하지만 그는 이 선물을 내통의 보수로 생각하고 거부하며 "우리에게 살 땅은 없어도 죽을 땅은 있을 것이다" 하고 외쳤다. 이리하여 쌍방 모두 적개심을 드러내며 헤어졌다.

그들은 브루크테리족과 텡크테리족, 그리고 아주 멀리 떨어져 있는 부족까지 전쟁을 벌이자고 꾀어 동맹자로 삼았다. 아비투스는 고지 게르마니아군의 사령관 티투스 쿠르틸리우스 만키아(Titus Curtilius Mancia)에게 편지를 써보내 라인 강을 건너가 적의 배후에서 위력을 과시해 달라고 요청했다. 그 자신은 군단병을 이끌고 텡크테리족의 영지로 침입한 뒤 그들이 동맹자와의 제휴를 포기하지 않으면 거주지를 파괴하겠다고 으름장을 놓았다. 이리하여 텡크테리족이 동료를 버리자, 동일한 협박에 마음이 걸려 브루크테리족도 기가 죽어 버렸다. 그 밖의 부족들도 자신과 직접 관계가 없는 위험에서 손을 뗐다. 암프시바리족은 고립 무원의 상태에 빠져 오지인 우시피족이나 투반테스족의 영지로 도망쳤다. 하지만 그 땅에서도 쫓겨나자 카티족으로, 그 다음에는 케루스키족으로 의지하러 갔다. 이리하여 오랫동안 낯선 땅을 유랑하며 식객으로 대우받다가 거지 취급을 받고 나중에는 적이 되어, 젊은이는 모두 살해되고 비전투원은 전리품이 되어 뿔뿔이 흩어져 버렸다.

57 같은 해 여름에 헤르문두리족과 카티족이 사이에 격렬한 전투가 벌어졌다. 양 부족이 다량의 염분이 포함된 경계선상의 강[70]을 힘에 호소해 자기 것으로 만들려고 했기 때문이다. 무슨 일이든 무기로 해결하려는 야만적인 혈기에 더하여 종교적인 깊은 신념도 작용하고 있었다. 즉 "그 유역이 하늘에 가장 접근해 있다. 그래서 신들이 그 어느 곳보다 가까운 곳에서 인간이 기원하는 것을 듣는다. 그리고 신들의 은총에 의해 그 강이나 부근의 숲에 소금이 생기는 것이다. 여기에서는 다른 부족들에서처럼 바닷물을 가두어 두고 수분을 증발시키지 않는다. 타오르는 장작 더미 위에 강물을 쏟아부을 때, 정반대의 요소가, 즉 불과 물이 융합해 소금이 결정된다."

그런데 전쟁은 헤르문두리족에게는 좋은 결과를 가져다 주고, 카티족에게는 파국을 초래했다. 양 부족 사이에는 이기는 쪽이 적대자를 마르스와 메르쿠리우스[71]에게 희생으로 바치는 관습이 있었기 때문이다. 이 서약에 따라 카티족의 말이든 남자든 [살아 있는 것은] 모두 참살되었다. 따라서 적어도 여기에서는 적의 위협이 적 자신에게로 향해졌던 것이다.

그렇지만 우리의 동맹자 우비족이 예상치 못한 재난을 겪었다. 대

---

70) 베제르 강 상류의 베라 강이라고 한다.
71) 게르마니아어로는 티우(Tiu)와 보탄(Wotan).

지에서 불이 솟아올라[72] 도처에서 집이나 농경지, 촌락이 타버리고, 얼마 전에 건설된 로마 식민시의 성벽 안까지 침입했다. 이 맹렬한 불길은 어떻게 해도 꺼지지 않았다. 비가 내려도, 강물을 뿌려도 꺼지지 않았다. 어떤 물이든 다 소용이 없었다. 마침내 아무 대책도 없어 자포 자기 상태가 된 농민들이 멀리서 돌을 던지기 시작했다. 뒤이어 불의 기세가 정돈 상태에 빠지기 시작할 무렵에 가까이 다가가 야수를 쫓는 식으로 막대기나 그 밖의 도구로 때렸다. 마지막으로 자신의 옷을 벗어 던졌다. 평상복, 그것도 더럽고 오래된 것일수록 불을 진압하는 데 더 효과적이었다.

58 같은 해의 일인데, 투표장의 '루미나'라 불리는 무화과의 나뭇가지가 마르고 줄기가 시들며 참혹한 모습을 드러냈다. 이것은 840년 전에 레무스와 로물루스 쌍둥이를 비호해 주었던 나무이다. 한때 이 일을 흉조로 보고 걱정했지만 가까스로 새로운 어린 가지가 돋아나면서 생기를 되찾았다.

---

72) 아마도 쾰른 부근의 이탄질 소택지가 자연 발화했을 것이다.

제14권 (서기 59~62년)

1. 아그리피나의 암살

1 가이우스 비프스타누스 아프로니아누스(Gaius Vipstanus Apro-
nianus)와 가이우스 폰테이우스 카피토(Gaius Fonteius Capito)가 집정
관이 되었다.[1] 네로는 그때까지 오랫동안 생각해 온 범죄를 더 이상
늦출 수 없게 되었다. 황제의 지위에 오래 있어 좀더 대담해지고, 포
파이아에 대한 애정도 날이 갈수록 깊어져 갔기 때문이다. 포파이아
는 아그리피나가 살아 있는 한 자신이 네로와 결혼할 수도, 옥타비아
와 이혼시킬 수도 없으리라 비관하고 있었다. 그래서 연신 황제를 힐
책하고, 어떤 때는 농담처럼 '피후견인 님'이라고 부르며 이렇게 비
난했다. "그도 그럴 것이 당신은 남이 시키는 대로 하고, 통치권은커
녕 자유까지도 빼앗기고 있잖아요? 만약 그렇지 않다면 어째서 나와
의 결혼을 미루고 있는 거죠? 내 용모나 전쟁터에서 개선한 내 조상
님들이 그리 마음에 들지 않아서, 아니면 내가 자식을 낳지 못하는 여

---

1) 59년을 가리킨다.

자로 생각되어서, 혹은 진실한 애정이 없는 여자로 보여서일까요? 아뇨, 그렇지 않아요. 어머님은 필시 내가 아내가 되면 적어도 당신이 눈을 뜨게 해주고, 어머님의 오만함과 탐욕스러움에 대해 원로원이 어떻게 투덜대고, 시민들이 어떻게 분노하고 있는지 알게 해줄 정도의 힘을 지니게 되리라 생각하며 두려워하고 계실 거예요. 만약 아그리피나 님이 아들에게 해가 되는 여자 외에는 누구도 며느리로 맞이하고 싶어하시지 않는다면, 나를 다시 오토의 아내로 만드세요! 나는 세계 어디로든 가버릴 거예요. 멀리서 당신이 모욕당하는 소식을 듣는 것이 직접 보는 것보다, 또 그것이 당신이 나처럼 위험에 처해 있는 것을 곁에서 지켜 보는 것보다 얼마나 더 마음이 편할까요!"

대략 이런 말이 색녀色女가 흔히 사용하는 그럴 듯한 수단이나 눈물과 함께 깊이 파고들었기 때문에, 네로가 아닌 누구라도 거기에 저항하지 못했을 것이다. 물론 세상 사람들도 어머니의 권력 붕괴를 바라고 있었다. 그러나 설마 자식의 증오심이 어머니를 죽일 정도로까지 커지리라고는 아무도 믿지 않았다.

2 클루비우스 루푸스(Cluvius Rufus)는 이렇게 전하고 있다. 아그리피나는 권력을 유지하고 싶다는 격렬한 충동에서 마침내 자신을 잊어버리고 한낮에 때마침 네로가 몸이 뜨거워지기 시작할 무렵에 여러 번에 걸쳐 화장을 하고 나타나 술에 취한 네로와 불륜 관계를 맺으려 했다. 이윽고 음란하게 키스하는 모습이나 사악하게 정욕을 유발하는 애무 행위가 측근들의 눈에 띄었다. 그래서 세네카가 여자의 유혹에 대항하는 방법은 여자라고 생각하고 해방 노예인 아크테를 네로가 있는 곳으로 보냈다. 이 여자는 자신의 위험한 입장과 함께 네로의 불명예도 우려했다. 그래서 그녀는 "모자간의 음란한 사건이 세상에 다 알려졌습니다. 어머님께서는 그것을 자랑하고 계시지만, 병사들은 죄로 더럽혀진 황제의 명령에는 따르지 않을 것입니다" 하

고 네로에게 호소했다고 한다.

파비우스 루스티쿠스에 따르면 불륜 관계를 강요한 것은 아그리피나가 아니라 네로이고, 이 계획을 좌절시킨 것은 역시 여자 해방 노예 아크테의 솜씨였다고 한다. 그러나 쿨루비우스의 설이 다른 전거들에 의해서도 뒷받침되고 있는데다가 구전되는 것도 이쪽으로 기울고 있다. 확실히 이런 언어 도단의 행위를 생각해 낸 것은 아그리피나였을 것이다. 아니면 이 전대미문의 음탕한 취향은 그런 여자에게나 어울린다고 생각되었던 것일까? 그녀는 소녀 시절에 이미 지배욕에 사로잡혀 마르쿠스 아이밀리우스 레피두스(Marcus Aemilius Lepidus)[2]와 부도덕한 죄를 지은데다가 같은 권세욕에서 팔라스의 정부로까지 타락하고, 숙부와의 결혼으로 어떤 파렴치한 행위에나 다 아주 익숙해져 있었기 때문이다.

3 그래서 네로는 어머니와 아들 두 사람만의 만남을 피하게 되었다. 그녀가 정원이나 투스쿨룸이나 안티움에 있는 별장으로 떠나면, 네로는 "여가를 갖는 것은 좋은 일입니다" 하고 말하며 추어 주었다. 하지만 그녀가 어디에 있든 네로에게 대단히 귀찮은 존재로 생각되었다. 그래서 마침내 없애 버리기로 마음을 굳혔다. 다만 여기에서 문제가 된 것은 독을 사용할 것인가, 칼을 쓸 것인가, 아니면 다른 힘을 빌릴 것인가 하는 것이었다. 처음에는 독살이 좋겠다는 생각이 들어 이것으로 정했다. 그러나 만약 황제가 주최하는 연회석에서 독을 섞으면 브리타니쿠스가 그렇게 해서 죽은 뒤인만큼 더 이상 우연 탓으로 돌릴 수 없을 것이다. 그리고 어머니 집의 하인을 매수한다 하더라도 그녀가 범죄에 경험이 많아 함정에 조심하기 때문에, 이것도 곤란하다고 생각되었다. 그뿐만 아니라 그녀 자신이 식전에 해독제를 복

---

2) 아이밀리아 레피다(6권 40절)의 오빠. 아그리피나가 '소녀 시절'에 그랬다는 것은 과장된 것이다. 24세였기 때문이다. 7권~10권 〔옮긴이의 덧붙이는 글〕 39년의 항목을 참조할 것.

용해 신변의 안전을 꾀하고 있었다. 남의 눈에 띄지 않고 칼로 죽일 수 있는 방법은 누구도 발견할 수 있을 것 같지 않았다. 게다가 이런 엄청난 죄일 경우에는 선택된 부하도 명령에 따르지 않을 우려도 있었다.

마침내 아니케투스(Anicetus)라는 해방 노예가 자진해서 지혜를 빌려 주었다. 이 미세눔 함대의 지휘관은 네로의 유소년 시절의 가정교사이고 아그리피나와는 서로 원한을 품고 증오하는 사이였다. 그래서 그는 "바다 위에서 어떤 부분이 붕괴하도록 장치가 되어 있는 배를 만들어 알지 못하는 사이에 침몰시키는 것이 어떻겠습니까?" 하고 권했다. "바다만큼 재난이 일어나기 쉬운 곳이 어디 있습니까? 그래서 만약 배가 부서져 그녀가 뜻밖의 최후를 마친다면, 바람이나 파도가 지은 죄를 인간의 소행으로 돌릴 만큼 분별 없는 자가 있겠습니까? 그리고 좀더 확실히 해두려는 목적에서 황제로서 세상을 떠나신 어머님을 위해 신전이나 제단을 건립하거나, 그 밖에 효심을 세상에 효심을 보여 주기 위해 여러 가지 일을 하시면 될 것입니다."

■4 이 교활한 계획이 네로의 마음에 들었다. 게다가 시기도 적절했다. 때마침 미네르바 축제[3]가 벌어지는데, 네로는 이때에는 관례적으로 바이아이에 갔다. 그래서 그는 어머니를 그곳으로 초대하기로 했다. "부모의 노여움은 참아 내고 그 기분을 풀어 드려야 한다"는 말을 그는 측근들에게 퍼뜨렸다. 그러면 모자가 화해했다는 소문이 퍼지고, 여자들은 경솔하게 믿는 경향이 있으므로 아그리피나도 기꺼이 이 소문을 받아들이리라 생각했던 것이다.

이리하여 그녀가 찾아오자, 네로는 해안까지 마중나갔다. 그녀가 안티움에서 배로 도착했기 때문이다. 네로는 손을 내밀고 껴안을 듯

3) 3월 19일부터 23일까지.

이 하며 바울리로 안내했다. 바울리는 별장의 이름으로 미세눔 곶과 바이아이 호 사이에 위치하며 후미 바로 옆에 지어져 있었다. 그 만에는 많은 배들 틈에 섞여 유달리 공들여 의장艤裝된 배가 마치 그 배까지 어머니에게 경의를 표하며 바친 듯이 닻을 내리고 있었다. 실제로 그녀는 언제나 삼단노선을 타고 해병대의 노군櫓軍을 쓰고 있었다.

이윽고 그녀가 저녁 식사에 초대되었다. 사람들의 눈으로부터 배에서 벌어질 범죄를 감추기 위해 밤을 선택한 것이다. 그때 밀고자가 나타나 아그리피나에게 함정이 있는 것을 알려 주었기 때문에, 그녀는 반신반의하면서 침상 가마를 타고 바이아이로 갔다고 한다. 이 이야기를 지금은 아무도 의심하지 않고 있다. 그런데 그곳에서 네로가 비위를 맞추고 알랑거리며 어머니의 위구심을 가라앉혀 주었다. 다정하게 어머니를 맞아들이고 상석에 앉혔다. 그는 여러 가지 이야기를 많이 했다. 때로는 소년처럼 까불며 떠들어 대고, 그런가 싶으면 또 갑자기 진지한 표정으로 무언가 중대한 이야기라도 털어놓는 식으로 밤늦게까지 향연을 지연시켰다. 그녀가 돌아갈 때에는 전송하러 나오고, 전에 없이 마음을 담아 어머니의 눈을 응시하며 가슴을 부둥켜 안았다. 그것은 자신의 연극을 끝마무리하기 위해서였을까, 아니면 짐승 같은 마음이라도 이윽고 죽어야 하는 어머니의 마지막 모습에 깊이 마음이 끌렸기 때문이었을까?

5 그날 밤은 별빛이 밝고 바다도 잔잔하고 조용했다. 신들이 마치 죄악을 드러내려고 이렇게 만반의 준비를 갖춘 것 같았다. 배가 출범하고 나서 아직 얼마 시간이 흐르지 않았다. 수많은 측근 중에서 두 사람만이 아그리피나를 수행하고 있었다. 그 중 한 사람인 크레페레이우스 갈루스(Crepereius Gallus)는 조타수 옆에 있고, 다른 한 사람인 아케로니아(Acerronia)는 침대에 누운 아그리피나의 발 위로 몸을 구부리고 네로의 몹시 후회하고 있는 듯한 행동과 어머니의 위신이

회복된 것 등에 대해 기쁜 표정을 지으며 이야기하고 있었다.

그때였다. 신호와 함께 다량의 납으로 무거워진 천장이 떨어져 그 밑에 깔린 크레페레이우스는 곧 숨이 끊어졌다. 아그리피나와 아케로니아는 공교롭게 침대의 기대는 부분이 높고 무거운 하중을 견뎌 낼 수 있을 만큼 튼튼해 목숨을 구했다. 게다가 배가 그 후 곧 붕괴하지도 않았다. 모두 이 소동에 눈이 뒤집혀 아무것도 모르는 대부분의 승무원이 음모 관계자들을 방해했기 때문이다. 가까스로 일부 노군이 배를 한쪽으로 기울여 단숨에 가라앉히려고 했다. 하지만 그들은 기민함이 결여된데다가 이 급격한 동작에 호흡이 맞지 않았다. 더군다나 다른 사람들이 반대쪽으로 되돌리려고 애썼기 때문에, 배가 서서히 바다 속에 가라앉는 여유가 제공되고 말았다.

정말 어리석게도 아케로니아는 "나는 아그리피나이다! 황제의 어머니를 도와 다오! 도와 다오!" 하고 외쳤기 때문에 곧 장대나 노, 그 밖의 닥치는 대로 손에 잡힌 선구에 두들겨 맞아 죽고 말았다. 아그리피나 자신은 잠자코 있었기 때문에 그만큼 사람들에게 눈치채이지 않았다. 그래도 어깨에 한 군데 타박상을 입은 채 헤엄을 치다가 마침내 어부들의 작은 배를 만나 구조되었다. 그 후 이 배로 루크리누스 호까지 간 뒤 그곳에서 가마를 타고 자신의 별장으로 갔다.

6 그녀는 지금까지의 일을 곰곰이 생각해 보았다. "내가 거짓 편지로 초대받고 특별한 명예로 대우받은 것도 이 때문이었다. 배는 해안 가까이에 있었고, 폭풍이 불지도 않았다. 암초에 부딪치지도 않았다. 배는 육지에서 가끔 보는 장치[4]에 의해 꼭대기에서부터 무너져 내렸다." 아케로니아가 어떻게 죽었는지 회상하는 동시에 자신의 상처를 바라보았다. "이 함정에서 빠져 나갈 수 있는 단 한 가지의 길은

---

4) 부호의 식당 천장이 열리며 선물이 손님 앞에 떨어지는 장치.

이것을 눈치채지 못한 체하는 것이다."

그래서 그녀는 해방 노예인 아게리누스(Agerinus)를 보내 자식에게 이렇게 보고하게 했다. "나는 신들의 은혜와 네로의 행운의 별에 의해[5] 뜻밖의 재난을 모면할 수 있었다. 어머니가 위험한 사고를 당한 데 놀랐겠지만, 수고스럽게 위문하러 오려고 할 필요가 없다. 부디 조금 뒤로 미루어 달라. 현재 내게 가장 필요한 것은 휴식이니까."

그 사이에 그녀는 특별히 문제될 것이 없는 듯한 모습으로 상처를 치료하고 온몸을 찜질했다. 그러고는 아케로니아의 유서를 찾아낸 뒤 유산에 자신의 도장을 찍으라고 명했다. 이것만은 짐짓 모른 체하지 않고 해치워 버렸다.

7 그런데 네로 쪽은 간교한 계책이 성공을 거두었다는 소식을 기다리고 있었는데, 어머니가 가벼운 타박상만 입고 살아났지만 누가 주모자인지 대략 짐작이 갈 정도로 충분히 혼났다는 보고가 도착했다. 네로는 넋을 잃은 듯이 놀라며 "이제 어머니가 찾아올 거야. 곧 복수에 착수할 거야!" 하고 계속 마음속으로 외쳤다. "노예들을 무장시키든가, 군대를 선동할지도 몰라. 아니, 필시 원로원과 국민에게로 달려가 배가 침몰하고 자신이 부상당한 일, 수행원이 살해된 일, 등을 폭로할 거야! 어떻게 해야 이 위험에서 벗어날 수 있을까? 부루스와 세네카에게 도움을 청하는 수밖에 없어."

그는 즉시 자고 있는 두 사람을 깨워 불러들였다. 두 사람이 이 간교한 계책을 전부터 알고 있었는지 어떤지는 알 수 없다. 누구도 말을 꺼내지 않아 한참 동안 침묵이 흘렀다. "네로에게 단념하라고 설득해도 소용없을 것이다" 하고 체념했던 것일까, 아니면 "사태가 이미 아그리피나보다 먼저 손을 쓰지 않으면 네로가 죽게 될 지경에까

---

5) 아첨하는 말이다. '네로 덕분에'라는 뜻.

지 이르러 있다"고 판단했던 것일까? 마침내 세네카가 마음을 아주 굳게 먹고 부루스를 돌아보며 "그녀를 없애라고 부대에 명령을 내릴 수 있겠소?" 하고 물었다. 부루스는 이렇게 대답했다. "친위대는 카이사르 가의 모든 사람에게 헌신적입니다. 특히 병사들의 마음속에 있는 게르마니쿠스의 그림자 때문에 그의 자손에게 잔학한 행위를 하지 못할 것입니다. 오히려 저 아니케투스에게 약속한 것을 이행하게 해야 합니다."

생각했던 바와 같이 문제의 남자는 조금도 망설이지 않고 범행의 주역을 자임하고 나섰다. 이 승낙의 말을 듣고, 네로가 심중을 털어놓았다. "오늘에야 비로소 내게 통치권이 주어졌다. 이 커다란 선물을 준 것은 다른 누구도 아닌 해방 노예인 너이다. 곧 출발하라. 네 명령을 가장 충실히 따르는 부하들을 데리고 가도록 하라."

네로는 아그리피나가 보낸 사자 아게리누스가 도착했다는 말을 듣자 선수를 쳐 어머니의 죄를 날조할 무대를 설치했다. 사자가 한창 전언을 읽고 있을 때 그의 발 사이로 칼을 던졌다. 그 자리에서 곧 마치 현행범을 붙잡은 듯이 사자를 체포하게 했다. 그것은 "어머니가 황제를 암살하려고 하다가 범죄가 발각난 것이 부끄러워 스스로 죽음을 선택했다"는 이야기를 조작해 내기 위해서였다.

8 그 사이에 아그리피나가 중태에 빠졌다는 소문이 퍼지고, 그것이 뜻밖의 재난의 결과인 듯이 전해졌다. 사람들은 이 소문을 듣자마자 잇따라 해안으로 달려갔다. 어떤 사람들은 제방으로 올라가거나 가까이에 있는 어선에 올라탔다. 개중에는 가능한 한 멀리까지 바다 속으로 걸어 들어가거나 두 손을 내뻗고 흔드는 사람도 있었다. 비탄과 기도 소리, 이것저것 묻거나 확인되지 않은 답변을 하는 사람들의 이야기 소리로 해안이 뒤덮이고, 손에 손에 횃불을 든 엄청난 인파가 몰려들었다. 하지만 그녀가 위험하지 않고 편안하다는 소식이 퍼지

자, 이번에는 경축의 뜻을 표하기 위해 모두 그 준비에 착수했다. 하지만 결국 그곳에 모습을 나타낸 아니케투스 등 일단의 무장병에 겁을 집어먹고 사방으로 흩어져 버렸다.

아니케투스는 별장 주위에 보초를 세워 두고는 문을 부수고 들어가 만나는 대로 노예들을 모두 잡아들이고, 마침내 어머니의 침실문 앞에까지 왔다. 그곳에는 2, 3명의 하인밖에 없었다. 다른 자들은 모두 침입자의 위세에 놀라 도망친 상태였다. 침실 안에는 어슴푸레하게 등불이 켜져 있고, 시녀 한 사람이 있었다. 아그리피나의 불안감이 점차 커져 갔다. "아들로부터 사자가 아무도 오지 않았다. 아니, 아게리누스조차 아직 돌아오지 않다니. 좋은 일이 일어나고 있다면 상황이 좀더 달랐을 것이다. 아까까지의 정적, 그리고 조금 전의 갑작스러운 소음. 최악의 사태의 전조일까?"

이윽고 한 명의 시녀도 방에서 나갔다. "너까지 나를 버리느냐?" 하고 말하면서 뒤를 돌아보자, 그곳에 아니케투스가 삼단 갤리선의 선장 헤르쿨레이우스(Herculeius)와 해병대 백인대장 오바리투스(Obaritus)를 거느리고 서 있었다. "만약 네가 문병하러 왔다면 이젠 좋아졌다고 전해 다오. 만약 나쁜 짓을 하러 찾아왔다면 자식이 파견했다고 도저히 믿을 수 없다. 그애가 어머니를 죽이라고 명령할 리 없다." 자객들이 침대 주위를 에워쌌다. 선장이 먼저 곤봉으로 그녀의 머리에 일격을 가하고 끝장내려고 백인대장이 칼을 뽑자, 그녀가 자궁이 있는 아랫배를 내밀며 "배를 찔러 다오."[6] 하고 외치고는 많은 상처를 입고 숨을 거두었다.

9 여기까지는 모든 기록이 일치하고 있다. "네로가 어머니의 유해를 보고 아 아름다운 몸을 칭찬했다"는 이야기는 의문시된다. 그렇게

---

6) 다른 전승에는 "여기를 찔러, 아니케투스, 자. 여기에서 네로가 태어났으니까"로 되어 있다.

전하는 사람이 있는가 하면 완전히 부정하는 사람도 있기 때문이다. 그날 밤에 시신이 식당용 침상 의자에 눕혀진 채 초라한 장례식을 거친 뒤에 화장되었다.

네로는 정권을 쥐고 있는 동안 줄곧 그곳에 흙을 쌓아 올리려 하지도, 묘석을 세우려 하지도 않았다. 네로가 죽은 뒤에 아그리피나의 하인들이 발기해 작은 묘를 만들었다. 그 무덤은 미세눔으로 향하는 연도 가까이에 있는, 발밑에 펼쳐져 있는 만을 저 멀리에서 내려다보는 독재관 율리우스 카이사르의 별장 옆에 지금도 있다.

화장용 장작이 타고 있을 때, 아그리피나의 해방 노예인 므네스테르(Mnester)라는 자가 칼로 자신의 몸을 찔렀다. 여주인을 위해 목숨을 바쳤는지, 아니면 암살을 두려워했기 때문인지 그것은 확실하지 않다. 아그리피나는 자신의 이런 최후를 이미 몇 년 전부터 각오하고 그리 마음에 두고 있지 않았다. 어느 날 네로와 관련해 점을 쳐보자 점성술사가 "네로는 정권을 잡을 것이다. 그리고 어머니를 죽일 것이다" 하고 대답해, 그녀가 그 말을 듣고 "네로가 천하를 쥐면 나를 죽여도 좋다" 하고 말했기 때문이다.

10 그런데 카이사르는 일이 끝나고 나서야 비로소 큰 죄를 지은 것을 통감했다. 한밤중에 어떤 때는 한마디도 하지 않은 채 멍하니 시간을 보내고, 때로는 공포에 사로잡혀 벌떡 일어나고는 정신 착란 상태로 마치 최후가 다가올 것처럼 날이 새기를 기다렸다. 그래서 맨 먼저 부루스의 제안으로 백인대장이나 부관들이 찾아와 아첨을 하며 네로의 기운을 북돋아 주려 했다. 네로의 손을 잡고 그가 뜻밖의 재난을 모면하고 어머니의 흉계를 잘 피했다고 말하며 축복했다. 이어서 네로의 친구들이 신전에 참배했다. 이 선례를 따라 부근에 있는 캄파니아의 여러 도시 사람들도 희생을 바치고 네로에게 대표를 보내 기쁨을 표시했다. 이와 반대로 네로 자신은 슬픈 표정을 지으며 자신이 재

난을 당하지 않고 무사한 것이 유감스러운 듯이 어머니의 죽음에 눈물을 흘렸다. 그러나 인간의 얼굴처럼 형편 좋게 풍물風物의 표정은 바뀌지 않는다. 저 바다나 저 해안의 음울한 경치가 언제까지고 네로의 눈에서 떠나지 않았다. 게다가 '주위의 언덕 쪽에서 나팔 소리가 들린다'든가, "어머니의 무덤 주변에서 사무치는 비탄의 소리가 들린다"고 믿는 사람들이 있었다. 마침내 네로는 나폴리(네아폴리스)로 거처를 옮겼다. 그곳에서 원로원 앞으로 서한을 보냈는데, 그 개요는 대략 다음과 같았다.

"아그리피나가 가장 신뢰하는 해방 노예 아게리누스를 암살 현행범으로 그 칼과 함께 체포했다. 그녀는 범죄를 기도했기 때문에 그 죄의식을 느끼고 자신의 몸에 벌을 내렸다."

11 그러고는 더욱 거슬러올라가 그녀의 생전의 죄를 추궁했다. "어머니는 통치권의 공유를 원하고 친위대의 자신에 대한 복종을 서약받으려 했다. 그뿐만 아니라 원로원과 국민에게도 이런 모욕을 주려고 했다. 이 야심이 수포로 돌아가자 군대와 원로원, 국민에 반감을 품고는 내가 주려고 하는 병사들에 대한 은사금과 시민들에 대한 축의금에 반대하고 쟁쟁한 시민들의 파멸을 기도했다. 그녀가 원로원 의사당에 억지로 들어가려고 할 때, 혹은 외국의 사절에게 답례하려고 할 때, 내가 얼마나 고심했던가?"

다음으로 클라우디우스 시대까지 넌지시 공격하며 그의 치세 중에 일어난 추악한 사건을 모두 어머니의 책임으로 돌리고, "그녀의 죽음은 국가에 다행한 일이었다"고 말했다. 따라서 당연히 배의 난파에 대해서도 말했지만, 그것이 우연한 사고였다는 말을 듣고, 혹은 그녀가 조난을 당한 뒤에 단 한 명에게 칼을 들려 보내 황제의 친위대나 해병대를 분쇄시키려 했다는 말을 듣고 그것을 곧이곧대로 믿는 어리석은 자가 있겠는가? 그래서 바야흐로 세상의 비난을 초래하기에 이른 것은 그 극악 무도함으로 어떤 비난이든 다 무색하게 만드는 네로가 아니라 이런 변명문을 써서 네로로 하여금 스스로 죄를 고백하게 했다고 생각되는 세네카였다.

12 그럼에도 불구하고 어이없게도 지도적인 원로원 의원들은 서로 앞을 다투어 다음과 같이 제안하고 의결했다. "모든 신전에서 네로의 무사함을 신들에게 감사하며 기도를 올릴 것. 미네르바제는 그 기간 중에 어머니의 음모가 발견되었기 때문에 앞으로 매년 전차 시합을 개최하고 성대하게 이것을 축하할 것. 미네르바 여신의 황금상을 원로원 안에 안치하고 그 곁에 황제의 상을 세울 것. 아그리피나의 탄생일을 흉일에 추가시킬 것."

푸블리우스 클로디우스 트라세아 파이투스는 그때까지 언제나 의원들의 아부를 침묵하거나 간단히 동의만 하면서 무시해 왔다. 하지만 이때에는 원로원에서 나가 버렸다. 이것은 이윽고 그의 파멸의 원인이 되기만 했을 뿐, 그 밖의 사람들에게 자유의 정신을 촉구하는 계기가 되지는 못했다.

그 사이에도 기괴한 현상이 빈번히 일어나고 있었다. 어떤 여자는 뱀을 낳았다. 다른 여자는 남편의 팔에 안겨 있을 때 벼락을 맞아 죽었다. 그리고 태양이 갑자기 어두워지고,[7] 수도의 14구 전부에 벼락이 떨어졌다. 하지만 이것 자체에는 별 의미가 없었다. 물론 신들의 생각과 아무 관계도 없었다. 네로가 그 뒤에도 오랫동안 권좌에서 거듭해서 죄를 지었기 때문이다.

그것은 그렇다 치고 네로는 어머니의 나쁜 평판을 더욱 부채질하고 어머니가 죽고 나서 자신의 관용의 정도가 현저하게 늘어났다는 증거를 보여 주려고 명문가의 여성 유니아 칼비나와 칼푸르니아, 그

---

7) 59년 4월 30일의 일식을 가리키는 것일까?

리고 2명의 법무관 전력자 발레리우스 카피토(Valerius Capito)와 리키니우스 가볼루스(Licinius Gabolus)가 선조의 집으로 돌아가게 해주었다. 그들은 모두 전에 아그리피나에 의해 추방되었기 때문이다. 그리고 네로는 롤리아 파울리나에 대해서도 그 유골을 갖고 돌아가 뫼를 쓸 수 있게 해주고, 얼마 전에 네로 자신이 추방한 실라나의 수하인 이투리우스와 칼비시우스를 그 벌에서 해방시켜 주었다. 그런데 똑같이 아그리피나의 증오심에 희생되었던 실라나 자신은 아그리피나의 감정이 누그러지기 시작할 무렵에, 아니 그보다는 그녀의 지위가 흔들리기 시작할 무렵에 먼 유배지에서 타렌툼으로 돌아와 그 땅에서 천수를 다 누리고 세상을 떠났다.

13 그러나 네로는 이때에도 아직 캄파니아 지방의 도시들에서 꾸물거리고 있었다. "어떻게 수도로 돌아가지? 원로원이 고분고분 순종할까? 국민이 내게 갈채를 보낼까?" 하고 걱정하면서. 이에 대해 근성이 나쁜 측근들은 모두(그 숫자가 어느 나라의 왕궁보다 많았다) 이렇게 단언했다. "누구나 다 아그리피나라는 이름을 꺼리고 싫어하고 있습니다. 그 양반이 죽은 뒤에 도리어 황제님에 대한 민중의 인기가 높아졌습니다. 정정 당당히 돌아가세요. 그리고 민중이 황제님에 대해 품고 있는 경애심을 직접 몸으로 확인하셔야 합니다." 그들은 이렇게 말하고는 즉시 한 발 앞서 출발하게 해달라고 간청했다. 그리고 네로는 그들이 보증했던 것보다 더 열광적인 환영을 받았다. 선거구민들[8]이 마중나와 있었다. 원로원 의원들은 예복을 입고, 아내나 자식들은 성별이나 연령별로 열을 지어 늘어서 있었다. 네로가 지나가는 길 양쪽에는 개선식 때 볼 수 있는 계단식 관람석이 설치되어 있었다. 네로는 이 노예 국가의 정복자로서 오만한 태도로 카피톨리움

---

8) 3권 4절을 참조할 것.

으로 가서 감사의 기도를 올렸다.[9]

그 후 네로는 더할 나위 없이 못된 온갖 행실에 다 몰두했다. 물론 그때까지 완전히 억제하고 있었던 것은 아니었다. 아그리피나가 어떤 어머니였든 어머니에 대한 외경심에서 욕망을 자제하고 있었다.

2. 네로제祭

14 네로에게는 어린 시절부터 네 마리의 말이 끄는 전차를 조종하고 싶은 욕구가 있었다. 이에 못지 않게 천박한 야심은 무대 예능인처럼 수금竪琴에 맞추어 노래를 부르고 싶다는 것이었다. 그는 늘 이렇게 말하곤 했다. "전차 경주는 옛날의 왕이나 장군에게는 꼭 갖추어야 하는 하나의 소양이었다. 그리고 이 경기는 시인의 찬가에 의해 축복받고 신들의 명예로 바쳐지고 있었다. 시가詩歌는 두말 할 나위 없이 아폴론에게 바쳐지고 있다. 그러므로 이 위대한 예언의 신 아폴론은 그리스의 도시들뿐만 아니라 로마의 신전들에서도 수금 연주자로 분장하고 있는 것이다."

그리하여 네로는 이제 욕망에 저항할 수 없게 되었다. 세네카와 부루스는 네로가 양쪽 모두 손에 넣지 못하게 어느 것이든 하나를 양보하는 것이 현명하리라 생각했다. 그래서 바티카누스 분지에 경주로를 만들고 주위에 담을 친 뒤 네로가 그곳에서 전차를 몰아도 세상 사람들의 눈에 띄지 않게 했다. 그러나 곧 네로 쪽에서 자진해서 로마 시민을 초대했다. 시민들이 네로의 기예를 칭송해 기뻐 어쩔 줄 모르게 했다. 민중은 본래 이렇다. 쾌락을 몹시 탐낸다. 그리고 자신

---

9) 비문碑文을 근거로 판단하건대 6월 24일의 일이었던 것 같다. 어머니를 살해하고 나서 벌써 3개월이 지났던 것이다.

들과 같은 취향을 황제가 갖고 있으면 기뻐하는 것이 당연하다.

그러나 네로는 조언자들이 기대했던 대로 세상 사람들에게 창피를 당하는 데 싫증을 내지 않고 도리어 더욱더 자극받았다. 그리고 많은 사람에게 이런 저열한 행위를 시키면 그만큼 자신의 불명예스러운 면이 좀 덜 눈에 띄게 되리라 생각해 가난 때문에 타락한 고귀한 가문의 자손을 공중의 면전에 끌어냈다. 이 사람들은 이미 천수를 다하고 세상을 떠났지만 여기에 그들의 이름을 밝히지 않는 것이 그들의 조상에 대한 예의일 것이라고 나는 생각한다. 그뿐만 아니라 이 불명예의 책임은 그들을 타락시키지 않으려 하기보다도 그들로 하여금 추태를 보이게 하려고 돈을 준 쪽에 있기 때문이다. 또한 네로는 유명한 로마의 기사들에게도 엄청난 선물을 주고 투기장에서 봉사하도록[10] 꾀고 약속하게 만들었다. 하지만 명령할 수 있는 자가 돈을 준다는 것은 강제력으로 속박하는 것 바로 그것이다.

15 그것은 그렇다 치고 네로는 아직 공공 극장에서 몸을 더럽히려 하지 않았다. 그 대신 '청년제'[11]라 불리는 제전을 창설했다. 많은 사람이 자진해서 이 일에 나섰다. 그들이 그리스 극이나 라틴 극의 배우 연기를 보여 주고, 끝내는 유약한 체하거나 선율을 흉내낼 정도로 타락하는 것을 고귀한 태생이나 연령, 현직顯職 경력 어느 것도 막지 못했다. 그뿐만 아니라 상류 계급의 여성까지도 음란한 대사를 암기했다. 그리고 아우구스투스가 모의 해전장[12] 주위에 조성해 놓은 숲속에는 밀회 장소나 술집이 지어지고, 거기에서 방탕을 자극하는 온갖 물건이 팔렸다. 축의금이 뿌려지고, 본성이 선량한 사람은 어쩔 수 없이, 천박한 사람은 여봐란 듯이 이것을 낭비했다.

---

10) 검투사 또는 투수사鬪獸士로 출장하는 것.
11) 네로는 자신의 턱수염을 처음 깎은 것을 축하하기 위해 이것을 만들었다.
12) 12권 56절을 참조할 것.

이로 인해 패덕悖德과 오욕의 영향력이 점차 커져 갔다. 퇴폐 상태에 빠진 이미 오래된 수도의 풍속에 이 쓰레기라 해야 할 네로 패거리만큼 큰 영향력을 미친 세력이 없었다. 우리 몸의 청렴 결백함을 유지하는 것은 존경한 만한 생활 태도를 지니고 있어도 상당히 힘든 일인데, 하물며 악덕을 다투는 세상에서랴. 이런 곳에서는 순결이나 염치, 그 밖의 어떤 미풍 양속도 지켜 내기가 불가능하다.

마침내 네로가 무대에 올라 신중히 수금을 연주하고 노래 교사의 도움을 받아 가며 발성 연습을 했다. 친위대 병사나 백인대장, 부관들이 이것을 들으러 우르르 몰려왔다. 부루스도 마음 아파 하면서 박수를 쳤다. 기사 계급을 상대로 '아우구스투스단'이라 불리는 박수 갈채단을 모집한 것도 이때가 처음이었다. 단원은 모두 젊음과 기개로 사람들의 눈길을 끄는 자들뿐이었는데, 그 중 일부는 선천적인 무분별함에서, 대부분은 자신의 세력 확장을 목적으로 가담한 무리였다. 이들이 밤낮으로 박수를 쳐대며 황제의 몸짓연기나 목소리를 신들의 이름으로 치켜세웠다. 이리하여 그들은 마치 위업을 달성한 듯이 낯 간지럽게 행동하며 명사연했다.

16 그러나 최고 사령관은 무대의 재능으로 명성을 드날린 것으로 만족하지 않고, 시에도 취미가 있는 것을 보여 주려 했다. 창작 재능을 얼마간 지니고 있지만 아직 세상에 이름이 알려지지 않은 시인들을 불러 모았다. 그들은 저녁 식사 뒤에 함께 앉아 가져온 시구나 그 자리에서 떠올린 구절을 짜맞추거나, 네로가 어떻게든 쥐어 짜낸 시구를 바탕으로 시를 완성했다. 저간의 사정을 그의 시를 보기만 해도 짐작할 수 있다. 박력도 없고 감흥도 없으며 문체도 통일되어 있지 않다. 그리고 네로는 각 파의 철학자들의 이야기에도 저녁 식사 후의 시간을 할애했다. 그러나 네로의 마음은 각 파의 모순된 명제를 논쟁시키며 즐기는 쪽으로 쏠려 있었다. 그래서 이것을 왕궁의 여흥 중 하나

로 생각하고 일부러 비통한 모습을 보여 주거나 그런 표정을 지으려는 철학자도 있었다.

17 같은 시기에 사소한 일이 계기가 되어 누케리아와 폼페이 양 식민시의 주민들 사이에 잔혹한 살육전이 벌어졌다. 그것은 이미 기술했듯이[13] 원로원에서 추방된 리비네이우스 레굴루스(Livineius Regulus)가 개최한 검투사 시합이 한창 진행되고 있을 때 발생한 사건이었다. 그들은 이 난폭한 지방 도시 사람들답게 함부로 욕설을 퍼붓다가 돌을 던지기 시작하고 끝내는 칼을 빼들고 싸우기에 이르렀다. 시합의 개최지인 폼페이의 시민들이 더 강했다. 누케리아의 주민들은 대부분이 부상을 입고 손발이 절단된 채 수도로 운송되었다. 많은 사람이 자식이나 부모의 시신을 보고 통곡했다.

황제는 이 사건의 조사를 원로원에 일임하고, 원로원은 집정관에게 이 일을 맡겼다. 다시 원로원에 그 결과가 보고되고, 거기에 기초해 폼페이의 시민은 향후 10년간 이런 종류의 시합을 시의 이름으로 개최하는 것이 금지되었다. 또한 법을 위반하고 설립된 그 도시의 각종 조합[14]도 해산되었다. 리비네이우스와 소요 선동자들은 추방형에 처해졌다.

18 페디우스 블라이수스(Pedius Blaesus)도 원로원에서 제적되었다. 그가 키레네 시민들로부터 "아스클레피오스 신전의 보고寶庫를 약탈하거나 수뢰와 교사로 징모병을 부패시켰다"는 탄핵을 받았기 때문이다. 이 키레네 시민들은 또한 아킬리우스 스트라보(Acilius Strabo)도 고소했다. 그는 클라우디우스로부터 법무관 직권을 부여받

---

13) 망실된 부분일 것이다.

14) 이 조합들과 저 조합원들 사이에서 시작되었던 것일까? 조합은 경제 조건의 개량을 목적으로 결성된 동업 조합이 아니라 단순한 우호 단체(때로는 정치적인 당파와 관련을 맺고 있기도 했지만)였다. 원로원의 승인이 없으면 해산을 명받았다.

고 그 도시에 토지 문제의 조정자로 파견되어 있었다. 문제의 토지는 키레네의 왕 프톨레마이오스 아피온(Ptolemaeos Apion)[15]의 조상이 대대로 소유했던 것으로, 본인이 죽을 때 왕국과 함께 로마 국민에게 유증했다. 이것을 어느 틈에 주변의 지주들이 침해하고는 정의와 공평에 기반을 두고 있는 듯이 제멋대로 장기간 불법 점거하고 있었다. 그래서 스트라보가 이 토지들을 몰수하자, 횡령자들이 이 결정에 반대하며 불만을 제기했던 것이다. 원로원은 "클라우디우스의 명령에 대해 아무것도 모르므로 황제와 의논해야 한다"고 답변했다. 네로는 원로원에 다음과 같은 답변서를 보냈다. "나는 스트라보의 결정이 옳다고 인정한다. 그럼에도 불구하고 동맹자들의 뜻에 영합해 그들의 횡령을 계속 너그럽게 보아 봐주기로 하겠다."

▣ 유명한 사람 두 명이 잇따라 세상을 떠났다. 그나이우스 도미티우스 아페르(Cnaeus Domitius Afer)와 마르쿠스 세르빌리우스 노니아누스(Marcus Servilius Nomianus)가 바로 그들인데, 두 사람 모두 생전에 최고의 명예와 뛰어난 웅변으로 존경받았다. 전자는 법정 변론가로서, 후자는 오랫동안 법정에서, 그 다음에는 사가로서, 또 우아한 생활 태도로도 명성을 날렸다. 후자가 한층 더 평판이 좋았던 것은 재능이라는 점에서 전자와 비등하면서도 성격이라는 면에서는 정반대였기 때문이다.

▣ 네번째의 네로와 코수스 코르넬리우스 렌툴루스(Cossus Cornelius Lentulus)가 집정관이 되었다.[16] 이해에 그리스의 경기제를 본보기 삼아 로마에 오년제[17]가 창설되었다. 그러자 새로운 것에 따라붙는 찬반 논란이 벌어졌다. 반대파 사람들은 옛날의 예까지 끄집어 냈다.

---

15) 키레네 왕국의 마지막 왕 프톨레마이오스 아피온은 기원전 96년에 그 땅을 (그의 아버지가 계획했던 대로) 로마에 유증했다.
16) 60년을 가리킨다.

"그나이우스 폼페이우스조차 당시의 노인들로부터 항구적인 극장[18]을 지었다고 비난받았다. 사실 그 전에는 연극을 공연할 때마다 갑자기 즉흥적으로 계단 관람석을 만들고 무대도 그때그때 상황에 따라 설치했다. 좀더 거슬러올라가 그 옛날에는 모든 사람이 내내 선 채로 구경했다. 극장에 앉으면 연극이 상연되는 동안은 며칠이 되었든 다른 것은 아무것도 하지 못한 채 보낼 우려가 있었기 때문이다. 극장은 어떻든, 구경거리만이라도 옛 전통을 보존시키는 것이 좋다. 법무관이 주재할[19] 무렵에는 언제라도 어떤 시민에게도 기예를 겨루는 일을 강요하지 않았다. 하지만 다른 한편으로 외부에서 자꾸 오락을 수입하기 때문에 그러잖아도 점차 쇠퇴해 가고 있는 조상의 풍습이 근저에서부터 파괴되기 시작하고 있다. 그것도 오로지 스스로도 썩어 가고 다른 것도 썩게 하는 힘이 있는 것을 세계에서 그러모아 이 수도에 보여 주고 싶은 듯이, 그리고 이국 취미에 의해 젊은이들을 타락시켜 체육가나 게으름뱅이, 성적 도착자[20]를 만들고 싶은 듯이.

그 책임은 황제와 원로원에 있다. 그들은 악덕이 제멋대로 날뛰는 것을 묵인하고 있을 뿐만 아니라, 웅변술이나 시를 장려한다는 명목으로 지도적인 시민들에게 강요해 무대에서 몸을 더럽히게 하고 있다. 이 지경에까지 이르면 뒤에 무엇이 남겠는가? 무장하고 군무에 종사하는 대신 벌거벗은 채 수갑을 차고 격투 연습만 할 것 아닌가?

---

17) 보통 네로제라 불렸다. 체육과 음악, 전차 경기 등 세 부문으로 이루어지고, 음악에 시와 웅변 경기도 포함되어 있었다. 그리스의 피티아제(아폴론 신에게 제사를 지냈다. 경기 종목은 기악, 연극, 낭송, 운동, 말)를 모방한 것. 5년마다(로마에서는 처음과 끝 해를 포함했기 때문에 우리 식으로는 4년마다) 개최되었기 때문에 다음 회의 연도는 64년이었지만 큰 화재로 65년으로 연기되었다. 16권 4절.
18) 즉 석조 극장. 폼페이우스 대극장을 가리킨다. 13권 54절.
19) 이때까지 법무관이 매년 1회(12권 3절 주를 참조할 것) 개최하고 있었는데, 네로 시대에 몇 번 개최되고 집정관급 인물이 추첨으로 주재했다.
20) 체육 애호가들 사이에서 남색이 유행하고 있었다.

그렇지 않으면 기사 계급으로 이루어진 배심원단[21]이 연약한 음조나 달콤한 목소리를 전문가인 체하고 들으면, 정의의 영향력이 그만큼 더 커지고 배심원으로서의 고귀한 역할을 더 훌륭하게 수행할 수 있단 말인가? 축제의 밤에조차 비열한 행위가 계속되고 있다! 그것은 한 순간이라도 양식 있는 행위를 위한 시간을 남겨 두고 싶지 않다는 의도에서, 아니 오히려 모든 방탕자가 가능하면 낮에도 하고 싶은 것을 난잡하고 혼잡한 어둠 속에서 아무 거리낌 없이 하려는 데서 비롯된 것이다."

21 그러나 바로 이 방종이 대부분의 사람을 기쁘게 해주고 있었다. 찬성파 사람들은 다음과 같은 그럴 듯한 구실을 내세웠다. "그때그때의 국운國運에 어울리는 구경거리나 오락은 옛날 사람들도 결코 혐오하지 않았다. 그 증거로 투스쿠스(에트루리아)로부터 무언극 배우를, 투리이로부터 전차 경기를 수입했다. 아카이아와 아시아[22]를 정복하자 경기제가 전보다 더 규모가 크고 화려하게 개최되었다. 루키우스 뭄미우스(Lucius Mummius)가 개선하고 나서 이런 종류의 구경거리를 수도에 처음 보여 준 지 200년이 지났다. 하지만 그 동안 유서 깊은 가문의 로마인은 결코 '전문' 무대 연예인이 될 정도로 타락하지 않았다. 그뿐만 아니라 항구적인 극장을 건조한 것은 해마다 막대한 비용을 들여 짓거나 부수거나 하는 것보다 절약되리라 생각했기 때문이다.

그런데 이 네로제의 비용을 담당하는 것은 국가이기 때문에 옛날처럼 정무관이 주재자로서의 책임에서 재산을 고갈시키는 일도 없고, 국민도 앞으로는 정무관에게 '그리스식의 경기를 개최하라'고

21) 3권 30절을 참조할 것.
22) 아카이아(그리스)와 아시아(아나톨리아 서부)는 각각 기원전 146년(루키우스 뭄미우스가 다음해에 개선식을 거행했다)과 133년에 병합되었다.

졸라댈 필요도 없을 것이다. 웅변가나 시인의 승리는 다른 재능이 있는 사람을 고무시킬 것이다. 어떤 배심원이든 공인된 여흥을 통해 이런 훌륭하고 멋진 말에 귀를 기울이는 것이 어째서 품위를 떨어뜨리는 일이 되는가? 그리고 방종, 아니 그보다는 오히려 환희를 위해 소모되는 시간은 5년 가운데서 겨우 이 며칠 밤에 지나지 않는다. 게다가 다른 사람들의 눈길을 피해 가며 불법적인 행동을 저지르지 못하도록 횃불이 밝게 타오르고 있지 않은가?"

확실히 이 오년제는 어떤 눈에 띄는 추문도 없이 끝났다. 게다가 시민들의 저 이상한 연극열도 조금도 타오르지 않았다. 무언극 배우의 공연이 다시 허용되었지만 이 신성한 경연[23]에서는 제외되었기 때문이다. 변론 대회의 일등상은 아무도 손에 넣지 못하고 결국 카이사르가 승리자로 발표되었다. 축제 도중에 하고 있었던 그리스풍의 복장은[24] 끝나자마자 유행하지 않게 되었다.

22 이럭저럭 하는 사이에 혜성이 나타났다. 민간의 신앙에 따르면 혜성은 왕의 교체를 예고한다고 한다. 그래서 사람들은 네로가 이미 추방된 것처럼 생각하고 다음에 선택될 황제의 하마평을 시작했다. 모든 사람이 입을 모아 한결같이 거론한 사람의 이름은 루벨리우스 플라우투스(Rubelius Plautus)였다. 그의 고귀한 혈통은 어머니를 통해 율리우스 씨족에서 유래했다. 그는 상고주의尙古主義를 신봉해 엄숙하게 행동하고 번잡한 세상을 멀리하며 사인으로서 청렴한 생활을 하고 있었다. 그리고 신변의 위험을 느껴 정계를 피하려 하면 할수록 그의 명성이 점점 더 높아져 갔다.

낙뢰 사건도 마찬가지로 근거 없는 미신에 의해 해석되었기 때문

---

23) 그리스의 신성한 경기를 흉내내 네로제를 '신성한 경연'이라고 비꼬아 불렀던 것이다.
24) 네로나 그의 비위를 맞추려는 사람들이 그리스풍의 축제 도중에 복장도 그리스식으로 하고 있었던 것이다.

에, 이 왕 교체설이 더한층 의미 있게 받아들여졌다. 그 사건은 바로 이런 것이었다. 네로가 심브루이움 호 부근의 술라케움이라는 이름 〈의 별장〉에서 식사를 하고 있을 때, 접시에 벼락이 떨어져 식탁이 산산 조각났다. 이곳이 때마침 티부르 시, 즉 플라우투스의 아버지가 태어난 고장 인근에 있었기 때문에, "플라우투스는 신들의 뜻에 의해 다음 황제로 예정되어 있다"고 세상 사람들은 믿었다. 그리고 본성이 탐욕스럽고 사람들은 오도하는 경우가 많은 야심을 품고서 너무 때이르게 혁명과 모험을 바라는 자들이 플라우투스를 받들기 시작했다.

네로는 이 일로 고민하다가 플라우투스 앞으로 편지를 보냈다. "수도의 안녕과 질서를 염두에 두어 달라. 악의적인 소문을 퍼뜨리는 자들을 멀리해 주기 바란다. 다행히 아시아에 조상 전래의 영지가 있으니 그곳에서 안전하고 조용하게 청년 시대를 즐기도록 하라." 이리하여 플라우투스는 아내인 안티스티아 폴리타(Antistia Pollitta)와 몇 명의 하인을 동반하고 아시아로 은퇴했다.

같은 시기에 네로는 기상천외한 것을 생각해 내 불명예와 위험을 자초했다. 그는 로마로 통하는 마르키우스 상수도의 원천 호수로 들어가 헤엄을 쳤다. 그 청정한 물과 그 장소의 신성함[25]이 그의 불결한 몸으로 더럽혀진 것처럼 사람들에게는 느껴졌다. 과연 그 후 곧 네로가 병들어 신들의 분노를 입증해 보였다.

23 그런데 코르불로는 아르타크사타를 분쇄한 뒤 적의 생생한 공포를 이용해 티그라노케라도 점령하기로 결심했다. "이 도시를 파괴하면 적의 공포심이 더욱 커질 것이다. 만약 그러잖고 인정을 베풀면 자비롭다는 평판을 얻게 될 것이다." 그는 그 도시를 향해 진격했다. 적이 은사에 대한 기대를 단념하지 않도록 병사들에게 위협적인 태

---

25) 강의 원천이나 상수도의 원천, 깊은 못은 신성시되고 있었다.

도를 취하지 않게 하고, 다른 한편으로는 빈틈없이 만반의 경계 태세를 갖추라고 명했다. 상대는 마음을 쉽게 바꾸는 민족으로 위기에 처하면 곧 사기가 저하되고, 기회가 닿으면 배신하는 버릇이 있다는 것을 잘 알고 있었기 때문이다.

야만족은 각 부족의 기질에 따라 기도하면서 출두하거나, 마을을 버리고 멀리 떨어진 오지로 흩어져 달아나거나, 가족과 함께 동굴 속에 숨었다. 그래서 로마의 장군도 여러 가지 대책을 강구했다. 탄원하는 자에게는 동정을 표시하고, 도망자는 신속히 추적하며, 은신처에 숨어 있는 자에게는 냉혹하게 굴며 동굴의 입구와 출구를 나뭇가지나 관목으로 막고 불을 질렀다.

그러나 마르디족 영역 옆을 지나갈 때, 그들이 습격해 왔다. 그들은 약탈을 생업으로 삼고 있었기 때문에 곧 산으로 도망쳐 들어가 우리 군의 공격을 막았다. 코르불로는 히베리아족을 보내 그 영지를 황폐화시켰다. 이 이방인의 피로 무모한 적에게 복수했다.

24 로마의 장병은 전투로 인해서는 어떤 손상도 입지 않았지만 식량 부족과 과로로 완전히 지쳐 있었다. 굶주림을 면하기 위해 어쩔 수 없이 가축의 고기[26]를 먹을 정도였다. 게다가 물도 부족하고 아주 무더운 여름인데다가 장거리 행군을 하게 되어 있었다. 단 한 가지 위안이 되는 것은 장군의 인내력이었다. 그는 일반 병사들과 똑같이, 아니 그 이상의 고통을 견뎌 냈다. 이리하여 가까스로 동경 지대에 도착해 곡물을 수확했다. 그 지방의 아르메니아인이 도망쳐 들어간 2개의 요새 중 한 곳은 공격해 일거에 함락시키고, 다른 하나는 첫 돌격을 물리쳤기 때문에 어쩔 수 없이 포위전으로 항복을 받아 냈다.

여기에서 타우라우니티스 지방으로 방향을 돌리고, 그곳에서 코르

---

26) 로마 병사들은 곡물을 주식으로 하고 육식은 해롭게 여기고 있었다.

불로는 뜻밖의 재난을 모면했다. 장군의 천막 바로 곁에서 무기를 든 한 명의 지위가 높은 야만인이 발견되었기 때문이다. 고문을 가하자, 이자는 코르불로의 암살을 계획했다는 것, 자신이 주모자이고 다른 동료도 있다는 것 등을 자백했다. 곧 우정의 가면을 쓰고서 모반을 기도한 것이 확인된 자들이 처벌받았다.

그 직후 티그라노케르타에서 사절이 찾아왔다. "시의 성문은 열려 있다. 시민들은 명령에 따를 각오이다" 하고 전하고, 이와 함께 빈객에 대한 선물로서 황금 관을 바쳤다. 그는 이것을 정중하게 받았다. 그들을 관대하게 다루면 더 유순하게 복종하리라 생각하고 그 시를 조금도 약탈하지 않았다.

25 그러나 레게르다의 요새는 있었기 때문에 날카롭고 사나운 젊은이들이 농성하고 있기 때문에 전투를 하지 않고는 함락시킬 수 없었다. 그들은 대담하게도 성벽 밖으로 나와 도전했다. 성채 안으로 격퇴되고 나서도 로마군이 공성 보루를 쌓고 성벽을 돌파할 때까지 항복하지 않았다. 이 승리는 생각했던 것보다 간단히 손에 넣을 수 있었다. 이 무렵 파르티아인이 히르카니아족과의 전쟁으로 방해를 받고 있었기 때문이다. 그래서 히르카니아족은 로마의 황제가 있는 곳으로 사절을 보내 동맹을 탄원했다. 우정의 증거로서 그들이 볼로게세스를 꼼짝 못 하게 한 공적을 내세웠다.

이 사절이 돌아갈 때 유프라테스 강을 건너자 파르티아인 전초병들에게 포위당할 위험이 있어, 코르불로는 호송병을 붙여 홍해[27] 연안까지 안내해 주게 했다. 사절은 그곳에서 파르티아인 국경을 피하면서 조상의 거주지로 돌아갔다.

26 다시 성공이 계속되었다. 티리다테스가 메디아족의 영토를 지

---

27) 페르시아 만.

나 아르메니아의 국경을 침입했을 때에도, 코르불로는 군단장 베룰라누스 세베루스(Verulanus Severus)를 동맹군과 함께 선발대로 보내고 자신도 군단병을 이끌고 급속 행군을 했다. 그리고 티리다테스를 견제하고 저 먼 곳으로 격퇴시키는 동시에 전쟁의 야망을 버리게 했다. 그 후 우리 군에 적개심을 지니고 있다고 생각되는 지방의 주민을 죽이고 집을 불태워 완전히 황폐화시켜 아르메니아의 지배권을 빼앗았다.

이때 티그라네스가 네로에 의해 선택되어 이 나라의 통치자로 왔다. 그는 카파도키아의 왕가 출신으로 아르켈라오스 왕의 증손이었다. 하지만 오랫동안 인질로 로마에서 생활했기 때문에 노예적인 인종忍從을 감수하는 비굴한 인간으로 영락해 있었다. 그것은 어찌 되었든, 그는 아르메니아인의 전적인 찬성 속에 맞아들여졌던 것이 아니다. 일부 사람들 사이에서는 아르사케스 왕가에 대한 호의적인 감정이 강했다. 그러나 대부분의 사람은 파르티아인의 오만 무례함을 마음 밑바닥에서부터 증오하고 있었기 때문에 로마가 지명한 왕을 오히려 선호했다.

왕을 지키기 위해 군단병 1000명과 동맹군 보병 3개 대대와 기병 2개 중대를 주둔시켰다. 새로운 왕국을 좀더 쉽게 방어하기 위해 인근의 왕인 이베리아의 파라스마네스와 폰토스의 폴레모(Polemo), 소아르메니아의 아리스토불루스(Aristobulus), 콤마게네의 안티오코스에게 각기 자신의 영지에 접하는 아르메니아의 부분을 관할하라고 명했다. 이리하여 코르불로는 시리아로 철수했다. 이 속주는 총독 움미디우스가 세상을 떠나 공석 상태로 그에게 남겨져 있었기 때문이다.

27 같은 해에 아시아의 유명한 도시 라오디케아가 지진으로 파괴되었다. 그러나 로마에서 어떤 원조도 받지 않고 자력으로 복구했다. 이탈리아의 유서 깊은 도시 푸테올리가 로마 식민시의 권리와 네로

의 이름을 부여받았다.[28] 타렌툼과 안티움은 퇴역 고참병 가운데서 입식자를 추가 모집해 받아들였지만, 그 도시들의 인구 감소를 저지하는 데 아무 도움도 되지 않았다. 대부분의 입식자가 병역을 마쳤을 때의 속주로 흩어져 버렸기 때문이다. 게다가 그들은 결혼하거나 자손을 양육하는 습관[29]이 없어 죽을 때에는 언제나 상속자가 없는 빈 집을 남겼다. 그 무렵에는 이미 옛날처럼 군단병이 모두 하나가 되어 부관이나 백인대장을 중심으로 각 부대마다 집단 입식하고 융화와 애정으로 공동체를 만드는 일이 없었다. 각 부대에서 모여든 세대라 서로 얼굴을 모르는 사람들이 지도자도 없고 상호간의 우애도 없어 마치 이민족끼리 갑자기 한 곳에 모인 것 같았다. 식민시라기보다는 오합지중에 지나지 않았다.

28 법무관 선거는 원로원 자유 의지에 맡겨져 있었지만, 이해에는 평소와 달리 운동의 열기가 뜨거워 황제가 정원이 넘는 3명의 후보자를 군단장에 임명해 사태를 냉각시켰다.[30] 네로는 원로원의 명예를 높이려고 민사 소송의 경우 원로원에 상소하는 자는 최고 사령관에게 상소할 때와 같은 액수의 보증금을 공탁하라고 명했다. 그 이전에는 원로원에 대한 상소는 무제한이고 벌금도 일절 면제되고 있었기 때문이다.[31]

이해 말경에 로마 기사 비비우스 세쿤두스(Vibius Secundus)가 불법

---

28) 그러나 이곳은 기원전 194년 이후 로마의 정주지였다.

29) 현역병은 법적으로는 결혼이 금지되어 있었다. 제대와 함께 주어지는 결혼 허가가 도리어 무거운 짐이 되었던 것일까? 하지만 현역 중에 내연의 아내를 둔 병사도 많았다.

30) 후보자 15명 중 정원 12명이 넘는 3명을 군단장으로 임명하고 이듬해에는 법무관으로 삼았을 것이다. 반대로 금년의 12명의 법무관은 다음해에 모두 군단장으로 임명했을 것이다.

31) 이 해석도 어렵다. 아우구스투스가 기원전 30년에 설치한 황제 상소심에는 소송을 낸 총액의 3분의 1이 공탁금으로 지정되고 원 판결이 확인되면 이것이 몰수되었다. 그렇지만 원로원 상소심(의원을 배심원으로 하는 집정관관에 대한 상고)에서는 보증금이 불필요했기 때문에 신청이 쇄도했던 것일까?

강탈 혐의로 마우리족에 의해 고발당하고 죄를 선고받아 이탈리아에서 추방당했다. 좀더 무거운 벌을 부과받지 않은 것은 형제인 퀸투스 비비우스 크리스푸스(Quintus Vibius Crispus)의 세력 덕분이었다.

3. 브리타니아의 동란

29 루키우스 카이센니우스 파이투스(Lucius Caesennius Paetus)와 푸블리우스 페트로니우스 투르필리아누스(Publius Petronius Turpilianus)가 집정관이 되었다.[32] 이해에 브리타니아에서 크게 패배당했다. 이미 앞에서 말했듯이[33] 총독 아울루스 디디우스 갈루스는 정복한 영토를 유지하는 데만 자신의 노력을 한정시키고 있었지만, 그의 후임자인 퀸투스 베라니우스(Quintus Veranius)는 소규모 원정만 시도하며 실루레스족의 영지를 황폐화시키고 더 이상 전쟁을 발전시키지 않았는데 그 도중에 사망하고 말았다. 생존 중에 그는 극기심으로 명성을 날렸지만 유언장에서 보이는 대로 마지막 말[言]로 허영심을 속속들이 드러냈다. 그 속에서 그는 네로에게 요란스럽게 아첨하는 말을 늘어놓다가 끝내는 "2년 더 살았으면 이 속주 전체가 네로 님의 발밑에 머리를 조아리게 할 수 있었을 것입니다" 하고 덧붙였다.

그런데 이해의 브리타니아의 총독은 가이우스 수에토니우스 파울니우스(Gaius Suetonius Paulinus)였다. 그는 군사상의 지식으로든, 어떤 사람에게서도 상대를 찾아내 경쟁시키는 민중의 평판으로든 코르불로의 호적수였다. 그 자신도 코르불로가 아르메니아 탈환으로 획득한 것과 똑같은 명성을 이 땅의 모반자들을 정복해 얻고 싶었다.

---

32) 61년을 가리킨다.
33) 12권 40절을 참조할 것.

그래서 그는 날렵하고 사나운 토착민이 살고 도망자들이 피난처로 삼고 있는 모나 섬을 공격할 계획을 세웠다. 연안의 수심이 얕고 조류의 변화가 심하기 때문에 바닥이 평평한 배를 만들었다. 보병은 이 배로 운송하고, 이어서 기병이 얕은 여울을 걸어서 건너가거나 깊은 물속을 말에 의지하며 헤엄쳐 건너갔다.

30 적이 무장한 채 밀집 대형을 갖추고 해안선에 연해 기다리고 있었다. 그 사이를 누비며 뛰어 다니는 여자들. 마치 복수의 여신처럼 상복을 입고 산발을 한 채 횃불을 머리 위로 쳐들고 있었다. 그 주변에서는 드루이데스[34]들이 양손을 하늘을 향해 내뻗고 큰소리로 소름이 끼치게 저주를 퍼부어 대고 있었다. 이 신기한 광경에 우리 병사들이 몹시 놀라 온몸이 마비된 듯 한 걸음도 떼지 못하고 적의 공격에 몸을 노출시키고 있었다. 그래서 장군은 병사들의 사기를 고무시켰다. 병사들도 여자나 광신자 무리가 두려워 주춤거리느냐고 서로를 격려했다. 군기를 앞세우고 밀고 나아가고, 맞서는 자를 베어 쓰러뜨리고, 적의 횃불로 적을 에워싸 버렸다.

이렇게 개가를 올린 뒤에 정복지에 수비대를 두고 잔인한 미신적 의식이 행해지던 성림聖林을 죄다 벌목해 버렸다. 그들은 포로의 피로 제단을 정화시키고, 인간의 장기를 보고 신의 뜻을 알아내는 것을 신성한 규칙으로 삼고 있었기 때문이다. 수에토니우스가 이런 일을 하고 있다가 돌연 속주[35] 내에서 모반이 일어났다는 소식을 들었다.

31 이케니족의 왕 프라수타구스(Prasutagus)[36]는 장기간에 걸친 호사스런 생활로 세상에 알려진 인물이었다. 그는 유언장에 2명의 딸과 함께 카이사르를 상속인으로 지정해 놓고 있었다. 이런 겸허한 마음

---

34) 갈리아나 브리타니아의 켈트 민족 사이에서 신뢰를 받았던 예언자적·마법사적 승려.
35) 항복한 지역을 속주라는 한 것이다.
36) 클라우디우스 이래 로마의 보호국 왕이었을 것이다. 이해에(61년)에 사망한 것 같다.

을 표명하면 자신의 왕국과 왕실이 모든 박해를 모면할 수 있으리라 기대했던 것이다. 하지만 실제로는 그 반대의 일이 벌어졌다. 왕국은 로마의 백인대장들에게, 왕실은 로마의 노예들에게 마치 정복되기라도 한 듯이 전리품처럼 약탈당했다. 그들은 맨 먼저 왕비 보우디카 (Boudicca)를 채찍으로 때리고 딸들을 능욕했다. 이어서 왕국 전체를 선물로 받은 것처럼 이케니족의 모든 호족으로부터 조상 전래의 땅을 몰수하고 왕의 친척들을 노예처럼 취급했다.

이런 모욕을 당한 토착민은 정식으로 속주에 편입된다면 더 심한 학대를 받지 않을까 하는 두려움에서 마침내 무기를 들고 반란을 일으켰다. 이 봉기에 자극을 받아 트리노반테스족과 다른 부족들도 모반에 나섰다. 그들은 아직 로마에의 예속에 의해 기가 꺾이지 않고 은밀히 연락을 하면서 자유의 탈환을 노리고 있었다. 그들의 증오심은 특히 로마의 제대병들에게 쏠리고 있었다. 그 얼마 전에 제대병들이 카물로두눔에 입식하기 위해 왔을 때 토착민을 함부로 포로나 노예로 부르며 집에서 쫓아내고 밭을 빼앗았다. 제대병들의 난폭한 짓은 그들과 함께 생활해 행동 방식이 같고 자신들을 위해 이와 유사한 방종을 기대하고 있던 현역병들에 의해 더욱 부추겨졌다.

여기에 더하여 신군 아우구스투스에게 바쳐졌던 신전이 영원한 압정의 요새처럼 보였다. 신전의 사제로 선택된 원주민들은 성스런 의식을 구실로 전 재산을 날리지 않으면 안 되었다. 그러나 식민시에는 아직 어떤 보루도 축조되어 있지 않았기 때문에 그곳을 파괴하는 것이 그리 어렵게 생각되지 않았다. 우리 장군은 필요한 방비보다 쾌적한 설비를 중시하다가 그 준비에 소홀했던 것이다.

32 마침 이 무렵에 카물로두눔의 승리의 여신상[37]이 뚜렷한 원인도

---

37) 점령한 증거로 각지에 세워져 있었다.

없는데 갑자기 쓰러져 버렸다. 그것도 마치 적으로부터 퇴각한 듯이 뒤를 향해 뒤집혀져 있었다.

미친 듯한 망상에 사로잡힌 여자들이 "로마인의 파멸이 다가왔다"는 말을 퍼뜨리며 돌아다녔다. "카물로두눔의 의사당에서 기괴한 외침 소리가 들렸다. 극장에서는 날카로운 소리가 메아리쳤다. 타메사 강[38]의 하구 부근에서 수면에 파괴된 이 식민시의 모습이 비쳐졌다. 그리고 북해는 핏빛으로 물들고, 조수가 빠진 해안에 인간의 시신과 닮은 자국들이 남아 있다." 이런 현상이 브리타니아인에게는 길조로, 제대병들에게는 흉조로 해석되었다.

식민시의 제대병들은 수에토니우스가 원정하고 있기 때문에 황제 속리 카투스 데키아누스(Catus Decianus)에게 원조를 요청했다. 그는 정규적인 무장을 하지 않은 병사 200명 정도를 가까스로 그곳으로 파견했을 뿐이다. 그 도시에는 약간의 수비병밖에 주둔하고 있지 않았다. 아군은 신전을 에워싸고 있는 돌담을 과신하고 있었다. 게다가 뒤에서 적과 내통하며 모반을 기도한 원주민들이 아군의 계획을 교란하고 방해해 신전 주위에 해자를 파거나 보루를 쌓지 않았다. 남아 있는 것은 젊은이들뿐만이 아니었다. 노인이나 여성을 피난시키지 않았다. 깊은 평화가 지배하고 있는 듯이 경계를 게을리하고 있었다. 이때 야만인들이 떼지어 그들을 에워쌌다. 도시의 그 밖의 부분은 첫 공격으로 약탈당하거나 불태워졌다. 신전만이 그곳에서 병사들이 굳게 버티고 있었기 때문에 이틀간 포위당한 뒤에 함락되었다.

제9군단장 퀸투스 페틸리우스 케리알리스 카이시우스 루푸스(Quintus Petilius Cerialis Caesius Rufus)가 구원하러 달려왔다. 이겨서 의기양양한 브리타니아인은 이 군단을 도중에 요격해 보병 주력을

---

38) 템스 강의 옛 이름.

전멸시켰다. 게리알리스는 기병과 함께 진영까지 달아난 뒤 보루 뒤로 피신했다. 황제 속리 카투스는 자신의 탐욕으로 전쟁으로까지 몰고 간 속주민의 증오심과 이 패배에 깜짝 놀라 바다를 건너 갈리아로 도망쳐 버렸다.

33 한편 수에토니우스는 경탄할 만한 불요 불굴의 정신으로 적지를 돌파해 론디니움[39]에 도착했다. 이 도시는 로마 식민시라는 명칭은 지니고 있지 않지만 교역 상인이 북적이고 상거래가 가장 활발히 이루어지는 중심지였다. 그곳에서 그는 이 도시를 작전 근거지로 삼아야 할까 그러지 말아야 할까 고심하며 망설였다. "그러려면 내 병력이 부족하다. 그렇다. 얼마 전에 페틸리우스의 무모함이 그 대가를 치른 것만으로도 이미 충분한 교훈을 얻었다"고 반성하고, 이 도시 하나를 희생물로 삼아 브리타니아 전체를 구하기로 결심했다. 그의 권고를 애원하는 시민들의 호소와 눈물에도 결심을 바꾸지 않고 출발 신호를 내렸다. 그와 행동을 함께 하는 주민들은 행군 대형 속에 끼여 들었다. 싸울 힘이 없는 여성이기 때문에, 노쇠한 노인이기 때문에, 혹은 그 도시에 대한 애착 때문에 남은 사람들은 모두 적에게 살해되었다.

이와 똑같이 불행한 일이 자치 도시 베룰라미움에서도 벌어졌다. 야만족은 로마군의 진영이나 경비 지역은 내버려 두고 전리품이 가장 풍부하면서도 방비력이 없는 도시를 습격하고는 다른 것은 아무 것도 생각지 않고 약탈만 즐겼기 때문이다. 신뢰할 수 있는 기록에 따르면 상기 장소에서 살육된 로마 시민과 동맹자의 숫자가 7만 명에 이르렀다고 한다. 확실히 이 브리타니아의 야만족은 포로나 노예

---

39) 런던의 옛 이름. 런던에 관한 최초의 문헌. 수에토니우스는 모나 섬에서 와틀링 가도를 경유해 여기에 도착하고, 다시 이 도로를 따라 되돌아가다가 종점인 비로코니움(오늘날의 슈롭셔의 록스터)과 베룰라미움의 중간 지점에서 적과 전투(34절)를 벌인 것이다.

의 매매 등 전쟁과 연관된 다른 일체의 상거래에 전혀 관심이 없었다. 더군다나 어차피 보복당할 운명이라면 그때까지 복수하자는 식으로 서둘러 참살하거나 교수형이나 화형, 책형에 처했다.

34 이미 수에토니우스는 제14군단과 제20군단[40]의 예비대에 인근의 진영에서 부른 원군을 합쳐 약 1만 명쯤 되는 무장 병력을 동원해 놓고 있었다. 마침내 지금까지의 주저하는 태도를 버리고 전투 태세를 갖추었다. 그는 배후가 숲으로 둘러싸이고 입구가 좁은 지역을 전장으로 선택했다. 정면을 제외하고는 어느 곳에서도 적으로부터 공격을 당하지 않고, 평지는 앞이 훤히 트여 복병을 걱정할 필요가 없다는 것을 사전에 확인해 두었던 것이다. 그래서 중앙에 군단병의 전열을 두텁게 배치하고, 양 옆에는 경무장 병사들을 두고, 양 날개의 말단에 기병을 밀집시켰다.

한편 브리타니아인 군대는 보병이나 기병 모두 대오를 짓고 오만방자하게 뛰어다니고 있었다. 일찍이 유례를 보지 못했을 정도의 대군이었다. 그들의 기세가 얼마나 당당하고 승리를 확신하고 있었는지는 승리의 증인으로 아내들을 데려와 전장 가장자리에 늘어선 짐수레들 위에 앉혀 놓았던 것으로도 알 수 있을 것이다.

35 보우디카는 딸들을 앞에 태우고 전차를 몰아 야만족 한 사람 한 사람에게 다가가서는 이렇게 호소했다. "브리타니아인은 예로부터 흔히 여자의 지휘 하에 전쟁을 해왔다. 그러나 지금은 위대한 왕가의 자손으로서 내 왕가와 부를 위해 싸운 것이 아니다. 민중의 한 사람으로 빼앗긴 자유와 채찍으로 얻어맞은 몸, 능욕당한 딸들의 정절을 위해 복수하는 것이다. 로마인의 정욕이 이미 우리의 몸은 물론, 늙은 여자나 처녀까지 모두 욕보이지 않고는 그냥 넘어가지 않을 정도로

---

40) 클라우디우스 시대에 게르마니아군에서 이동해 브리타니아군에 편입되어 있었다(1권 31절, 37절). 이 양 군단의 진영은 비로코니움에 있었다.

격렬해졌다. 그러나 신들께서 우리의 정의의 복수를 가호해 주고 계시다. 그 증거로 감히 싸움을 걸어 온 로마의 군단병이 전멸했다. 살아남은 자들은 진영에 숨어 있든가, 퇴각의 기회를 노리고 있다. 아군의 엄청난 병사들의 소음과 함성에조차 맞설 기력도 없을 것이다. 하물며 우리의 공격과 무기에 대해서랴. 만약 무장한 자의 숫자를 비교한다면, 전쟁의 원인을 생각한다면 이 전투에서 어떻게든 이기지 않으면 안 된다. 그러지 못하면 죽어야 한다. 이것이 한 여자로서의 결심이다. 남자들은 살아남아 노예가 되든 마음대로 하라."

36 물론 수에토니우스도 이 중대한 운명의 갈림길에서 입을 다물고 있지 않았다. 부하들의 용기를 신뢰하고 있긴 했지만 갈마들며 격려하고 간청했다. "야만인의 시끄럽게 떠드는 소리나 허세를 두려워해서는 안 된다! 살펴보았더니 적은 젊은이보다 여자가 더 많다. 그들은 무기가 없는 비전투원이다. 지금까지 여러 번 도망쳤으므로 상승군常勝軍의 칼과 용기를 보자마자 눈 깜박할 사이에 굴복하고 말 것이다. 설사 군단병이 많이 있더라도 전쟁에 결정적인 영향을 미치는 것은 소수의 병사이다. 만약 너희들이 약간의 병력으로 브리타니아의 로마군 전체의 영예를 손에 넣는다면, 너희들의 무훈은 더욱 높아질 것이다. 처음에는 전열의 간격을 좁히기만 하면 된다. 그 후에 투창을 던지고, 이어서 방패와 칼로 쉴 틈도 없이 찌르고 베어 쓰러뜨려라. 약탈품 따윈 생각지 마라. 싸움에 이기면 모두 너희 손에 들어가게 될 것이다."

장군의 말에 대답하고 병사들은 곧 투혼을 불태웠다. 온갖 전투로 단련된 고참병들이 원기 왕성하게 창을 바싹 당기기 시작했다. 그래서 수에토니우스가 승리를 확신하고 전투 개시 신호를 내렸다.

37 처음에는 군단병은 자기 위치에서 움직이지 않고 좁은 입구를 성채처럼 단단히 지키고 있었다. 적이 더욱 가까이 공격해 오자 투창

을 확실히 명중시키고 다 던지자 쐐기 모양의 대형을 짓고 적을 돌파했다. 이와 동시에 원군도 돌격했다. 기병은 창을 쭉 뻗으며 맞서는 대담한 적을 한쪽 끝에서 쫓아 흩뜨렸다. 그 밖의 적은 등을 돌렸다. 퇴각하기가 극도로 어려웠다. 주변을 에워싼 짐수레가 도로를 막고 있었기 때문이다. 사정을 봐주지 않고 여자들도 참살해 버렸다. 가축에게도 투창을 던져 시체가 산더미처럼 쌓여 갔다. 이날 과거의 위대한 승리들에 필적하는 빛나는 명예를 손에 넣었다. 전해지는 바에 따르면 살해된 브리타니아인은 8만 명을 밑돌지 않았다고 한다. 그리고 우리 군의 손실은 약 400명, 부상병도 거의 같은 숫자였다.

보우디카는 독을 마시고 생애를 마쳤다. 제2군단의 둔영대장 포이니우스 포스투무스(Poenius Postumus)는 제14군단과 제20군단이 승리했다는 소식을 듣자마자 칼로 자신의 몸을 찔렀다. 그는 자신의 군단병을 속인 채 다른 군단과 같은 명예를 얻을 수 있는 기회를 주지 않았고, 또 군의 규율을 어기고 장군의 명령을 무시했기 때문이다.

38 이윽고 전군은 한 곳에 집결하고 전쟁을 완전히 끝마칠 때까지 동계 진영에서 지내게 되었다. 카이사르는 케르마니아에서 군단병 2000명, 원군 보병 8개 대대와 기병 1000명을 보내 브리타니아의 진용을 강화했다. 그들이 도착함으로써 제9군단의 병력이 보충되었다. 원군의 보병과 기병은 다른 곳의 동영 천막에 배속시켰다. 그 후 태도가 애매한 부족이나 적의를 보이는 부족을 모두 화공火攻과 무기로 황폐화시켰다. 그렇지만 적을 가장 괴롭힌 것은 굶주림이었다. 그들은 곡물의 씨앗을 뿌릴 기회를 잃어버린데다가, 로마군의 식량을 빼앗으려고 남자는 어떤 연령이든 다 전쟁에 동원되었기 때문이다.

그럼에도 불구하고 이 사나운 부족들의 마음은 평화 쪽으로 기우는 데 시간이 상당히 오래 걸렸다. 그 원인은 황제 속리 카투스의 후임으로 파견된 율리우스 알피누스 클라시키아누스(Julius Alpinus

Classicianus)가 수에토니우스와 사이 좋게 지내지 않고 사적인 원한에서 국가의 이익에 지장을 주고 있었기 때문이다. 그는 이런 의견을 퍼뜨리고 있었다. "적의 분노를 사지 않고 승리를 자랑하지 않으면 복종하는 사람을 관대하게 다루려 하는 새 총독을 기다리지 않으면 안 된다." 이와 동시에 수도에 친서를 보내 "수에토니우스가 교체되지 않는 한 전쟁의 종결을 기대할 수 없을 것이다" 하고 알렸다. "그의 실책은 그 자신의 배덕背德 탓이고, 그의 성공은 행운 덕분에 지나지 않는다."

39 그래서 브리타니아의 상황을 시찰하기 위해 카이사르 가의 해방 노예 폴리클리투스(Polyclitus)가 파견되었다. 네로는 이 해방 노예의 권위로 총독과 황제 속리를 화해시킬 수 있을 뿐만 아니라 야만족의 반항적인 감정도 평화리에 진정되리라 생각하며 큰 기대를 걸었다. 폴리클리투스는 이때라는 듯 엄청난 수행원을 거느리고 도중에 이탈리아와 갈리아 사람들에게 큰 폐를 끼치고, 북해를 건너고 나서도 우리 군의 병사들에게까지 공포심을 불어넣으면서 여행을 했다. 그러나 적군 사이에서는 웃음거리가 되었다. 야만족은 그 무렵에도 아직 자유의 정신이 왕성하게 살아 있어서 카이사르 가 해방 노예들의 세력이 어떤지 전혀 이해하지 못했다. 그런 큰 전쟁을 치른 장군이나 병사들이 노예에게 몸을 낮추고 고개를 숙이는 것을 보고 이상하게 생각하기만 했다.

그럼에도 불구하고 폴리클리투스는 최고 사령관에게 모든 것을 부드럽게 완화시켜 보고했다. 그래서 수에토니우스는 그 지위에 머물고 지금까지 해온 것처럼 지휘를 맡게 되었다. 이윽고 총독은 해안에서 소수의 배를 그 노군들과 함께 잃어버렸다. 그래서 전쟁이 아직 계속되고 있다고 판단되어 푸블리우스 페트로니우스 투르필리아누스에게 군대를 인도하라는 명을 받았다. 페트로니우스는 이때 이미 집정관을 사임한 상태였다. 그는 적을 자극하지도 않고 적에게 공격 당하지도 않으며 게으른 무위無爲 정책을 계속 쓰면서 여기에 평화라는 그럴 듯한 이름을 붙이고 있었다.

4. 수도 로마의 사건

40 같은 해에 로마에서 하나는 원로원 계급 인사에 의해, 다른 하나는 대담한 노예에 의해 두 가지 유명한 범죄 사건이 발생했다. 도미티우스 발부스(Domitius Balbus)라는 법무관 경력이 있는 사람이 있었다. 그는 이미 고령에 달해 있었고 자식도 없는 자산가였다. 그것으로 함정에 걸려들 조건이 갖추어져 있었다. 그의 친척 중 한 사람으로 장차 고관 자리를 약속받고 있던 발레리우스 파비아누스(Valerius Fabianus)가 로마 기사 비니키우스 루피누스(Vinicius Rufinus)와 테렌티우스 렌티누스(Terentius Lentinus) 두 사람과 공모해 유서를 위조했다. 그들은 마르쿠스 안토니우스 프리무스(Marcus Antonius Primus)와 마르쿠스 아시니우스 마르켈루스(Marcus Asinius Marcellus)도 한 패거리로 끌어들였다. 안토니우스는 무슨 짓이든 다 할 준비가 되어 있었다. 마르켈루스는 증조부 가이우스 아시니우스 폴리오의 후광을 입고 있었고, 그 자신의 소행도 그가 가난을 최대의 불행으로 믿고 있었던 점을 제외하고는 비난의 여지가 없었다.

이리하여 파비아누스는 위에 언급된 4명의 동료, 그리고 지위가 낮은 다른 사람들[41]을 증인으로 삼아 거짓 유언서에 서명했다. 이 사건은 원로원에서 심의되었고, 파비아누스와 안토니우스는 루피누스 및

---

41) 아마 3명이었을 것이다. 유서에는 7명의 증인이 필요했기 때문이다.

테렌티우스와 함께 코르넬리우스법[42]에 의해 처벌받았다. 마르켈루스는 조상의 공적과 카이사르의 중재로 처벌을 모면했지만 오명은 씻을 수 없었다.

41 이 판결이 내려진 날에 폼페이우스 아일리아누스(Pompeius Ae-lianus)도 벌을 선고받았다. 재무관급의 이 청년은 파비아누스의 범행에 연루되었다는 이유에서 이탈리아 본토와 그의 출신지인 히스파니아에 출입하는 것이 금지되었다. 발레리우스 폰티쿠스(Valerius Ponticus)도 수도 경비대장 하에서 판결이 내려지지 않도록 피고들을 법무관에게 인도했다는 이유에서 똑같이 불명예스런 처벌을 받았다.[43] 즉 처음에는 법률을 준수하는 듯 보이게 하다가 실제로는 이윽고 공모共謀 소송으로 처벌을 무효화시키려 했던 것이다. 원로원 의결[44]에는 다음과 같은 조항이 추가되어 있었다. "이런 봉사[45]를 팔거나 사는 자는 형사 소송에서 무고誣告[46] 혐의로 단죄된 자와 같은 벌이 부과된다."

42 그 후 얼마 안 되어 수도 경비대장 루키우스 페다니우스 세쿤두스(Lucius Pedanius Secundus)가 그의 노예에게 살해되었다. 원인은 그가 이 노예의 해방 요금[47]의 액수를 승인한 뒤에도 여전히 자유를

---

42) 유서 위조를 벌하는 법률(기원전 81년에 코르넬리우스 술라가 제정한 것). 신분이 높은 사람은 추방, 낮은 사람은 강제 노동.

43) 제정 초기에는 수도 경비대장(6권 11절의 주를 참조할 것)의 재판권은 수도의 신분이 비천한 사람들의 치안 문제에 한정되어 있었지만, 3세기경에는 어떤 계급 사람이 저지른 범죄에도 간섭할 수 있었다. 그 과도기인 네로 시대에는 법무관과 수도 경비대장 사이에 재판권 다툼이 있었을 것이다. 전자의 재판이 후자의 재판보다 한층 더 법적 절차가 복잡했기 때문에 '공모 소송'을 위한 시간을 벌기가 쉬웠다.

44) 유서 위조 예방책을 강구한 원로원 의결로 생각된다.

45) 공모 소송을 가리킨다.

46) 무고의 예는 이미 많이 있었다. 3권 37절, 4권 31절, 36절, 6권 7절, 9절 등. 민사 소송의 경우에는 손해 배상금 견적액의 10분의 1 내지 4분의 1의 벌금. 형사 소송의 경우에는 추방 내지 지위 박탈 등.

47) 노예는 주인에게 받는 급여를 저축하면 그것을 자기 재산으로 인정받았다. 노예는 이것을 해방을 사는 자금으로 삼았다. 해방 요금의 시세는 5만 세스테르티우스 정도였다.

주기를 거부한 데 있었을까, 아니면 이 노예가 남창에게 열중한 나머지 마침내 연적인 주인을 용납할 수 없게 된 데 있었을까? 아무튼 예로부터의 관례에 따르면 이런 경우에는 범인과 같은 지붕 아래에서 살아가고 있는 모든 노예가 사형에 처해지게 되어 있었다. 그래서 민중이 다수의 죄 없는 노예들의 목숨을 변호하려고 모이고 결국 소요까지 일으켰다. 아니, 원로원에조차 "이런 조치는 너무나 가혹하다"고 격렬하게 반대하는 일파가 있었다. 물론 대다수의 의원은 종래의 법을 조금도 바꾸지 않는다는 데 찬성했다. 찬성파 중 한 사람인 가이우스 카시우스 롱기누스가 발언할 차례가 되자 다음과 같은 의견을 내놓았다.

43 "원로원 의원 여러분, 나는 이 회의에 출석해 조상의 제도나 법률에 역행하는 새로운 동의안이 제출되는 것을 종종 경험했소. 지금까지 내가 이에 반대하지 않았던 것은 고대의 조치가 어떤 문제와 관련해서는 현대의 그것보다 더 낫고 올바른 식견識見에 바탕을 두고 있다는 생각, 바꾸어 말하면 우리가 수정한 것은 어느 것이나 다 개악改惡된 것이라는 생각에 의심을 품고 있었기 때문이 아니오. 오히려 옛날 사람들의 풍속과 관습을 동경하는 나의 과도한 정열 때문에 법률가라는 나의 직업을 지나치게 높이 평가하고 있는 것처럼 받아들이지 않을까 우려했기 때문이오. 그와 동시에 끊임없이 반대 의견을 말해 이 직업과 관련해 세상 사람들로부터 인정받고 있는 내 권위가 얼마가 되었든지간에 실추되지 않도록 하자, 내 판단을 국가가 필요로 하는 날까지 이 권위가 손상당하지 않도록 조심하자 하고 마음속으로 다짐했기 때문이오.

이제 그날이 찾아왔소! 그것은 한 사람의 집정관급 인사가 자신의 저택에서 노예의 비열한 수단에 의해 살해되었기 때문이오. 이런 경우 한 집안 전체의 노예를 사형에 처한다고 위협하고 있는 저 원로원 의결이 아직 무효화되지 않았는데, 다른 노예들이 사전에 그 일을 막으려 하지도, 주인에게 밀고하려 하지도 않았소. 좋소. 여러분이 희망한다면 그들에게 무죄 방면이라는 판결을 내리시오. 그러나 수도 경비대장이라는 신분이 아무 도움도 되지 않는다면, 대체 어떤 지위여야 보호받을 수 있단 말이오? 페다니우스 세쿤두스의 400명[48]에 이르는 노예 중에 그를 보호하려는 자가 한 명도 없었다는데, 대체 몇 명의 노예가 있어야 우리의 생명이 안전하겠소? 지금 벌칙으로 위협받고 있는데도 노예들이 우리의 위험에 무관심하다면, 장차 어느 누가 노예의 원조를 기대할 수 있겠소?

아니면 태연히 거짓말을 늘어놓는 일부 사람들처럼 저 살인범이 자신에게 가해진 부당한 처사[49]에 복수한 것에 지나지 않는다는 것이오? 즉 그 노예가 상속 재산과 관련해 주인과 계약을 맺고 있었기 때문이라는 것이오? 또는 조상 전래의 소유권을 박탈당했기 때문이라는 것이오? 만약 그것이 사실이라면 더욱더 이렇게 선전하는 것이 좋을 것이오. '우리는 저 주인이 살해된 것을 정당하다고 인정한다.'

44 여러분은 보다 현명한 사람들이 훨씬 전에 해결해 놓은 문제를 또다시 논의하고 싶은 것이오? 좋소. 여기에서 처음으로 결론을 내린다고 가정합시다. 먼저 한 노예가 주인을 죽이려고 결심했을 때 그가 어떤 식으로든 위협하는 말을 흘린다든가, 대담한 행위로 넌지시 살의를 예상하게 만들 것 같지 않소? 물론 그는 자신의 계획을 끝까지 잘 숨길 수 있을 것이오. 아무도 모르는 사이에 칼도 준비할 것이오. 그렇더라도 아무에게도 눈치채이지 않은 채 파수꾼 사이를 빠져 나

---

48) 중류 로마 시민이 거느리는 노예의 숫자는 평균 8명. 최고는 500명 정도였다.
49) 이하는 비꼬는 것. 엄격한 법률에 따르면 부모 자식간의 관계도 인정받지 못하고, 재산을 소유하거나 상속할 수도 없으며, 권리 주장이나 계약도 할 수 없었다. 따라서 노예는 '부당한 처사' 따위를 받을 리가 없었다.

간 뒤 주인의 침실 문을 열고 나서 등불을 들고 들어가 암살에 성공하겠소? 범죄에는 그것을 예고해 주는 것이 많이 선행하게 마련이오. 만약 노예들이 그런 것을 알려 준다면, 우리는 혼자라도 많은 노예 틈에서 안심할 수 있을 것이오. 불안한 것은 노예들이기 때문이오. 설사 우리가 살해될 운명이라 하더라도 결국에는 가해자도 처벌받기 때문에 그들과 함께 살 수 있는 것이오.

옛날의 노예는 주인과 같은 농지나 집에서 태어나고 탄생시부터 친절한 대우를 받았소. 그럼에도 불구하고 우리의 조상은 그들의 본성을 의심했소. 하물며 노예가 여러 곳에서 태어나고 그 습관이 우리와 다르며 종교가 이국풍이거나 전혀 없는 지금에랴. 그런 쓰레기 같은 자들을 제압하려면 벌칙으로 위협하는 수밖에 없을 것이오. 분명히 무고한 노예도 여러 명 죽게 될 것이오. 그러나 부대 전체가 패배를 당하고 그 벌로 10명에 1명꼴로 곤봉에 얻어맞아 죽게 될 때 용감했던 병사도 그 제비를 뽑아야 하오. 본보기 삼아 내리는 벌은 언제나 부당한 요소가 수반되게 마련이오. 그러나 개인이 입는 손해는 공공의 복지로 보상받게 되오."

45 카시우스의 의견에 맞대 놓고 반대하는 사람은 하나도 없었다. 그러나 노예의 숫자나 연령, 성(性)과 관련해 정상 참작을 요구하는 사람이나 의심할 나위 없이 죄 없는 대부분의 노예를 동정하는 사람들의 불복하는 어수선한 목소리는 있었다. 그래도 결국 처형 판결에 투표한 숫자 쪽이 우세했다. 하지만 민중이 패거리를 지어 돌이나 횃불을 던지며 위협해서 형을 집행할 수 없었다. 그래서 황제는 포고를 통해 시민들을 질책하고, 무장병을 동원해 죄인들이 처형장으로 연행되는 길에 죽 늘어서게 했다.

그 후 킨고니우스 바로(Cingonius Varro)가 "같은 지붕 밑에서 살아온 해방 노예도 이탈리아 본토에서 추방해야 한다"고 제안해지만, 이것은 황제에 의해 거부되었다. "옛 관례를 동정심에서 경감시켜서도 안 되지만 잔혹한 마음에서 강화시키는 것도 좋지 않다."

46 같은 집정관 하에서 타르퀴티우스 프리스쿠스(Tarquitius Priscus)가 불법적인 강탈 혐의로 비티니아의 속주민들에 의해 고발되었다. 이에 원로원이 그의 유죄를 선고했는데, 이때 의원들은 가슴속이 후련해지는 것 같았다. 일찍이 이자가 자신의 상관이었던 지사 티투스 스타틸리우스 타우루스(Titus Statilius Taurus)를 탄핵한 사건을 잊지 않고 있었기 때문이다.

갈리아의 여러 속주에서 퀸투스 볼루시우스 사투르니우스와 티투스 섹스티우스 아프리카누스, 루키우스 트레벨리우스 막시무스(Lucius Trebellius Maximus)가 재산을 사정했다. 고귀한 가문 출신인 볼루시우스와 아프리카누스가 경쟁하며 서로의 발목을 잡고 있는 사이에, 두 사람이 얕보고 있던 트레벨리우스가 그들을 앞질러 버렸다.

47 같은 해에 푸블리우스 멤미우스 레굴루스[50]가 세상을 떠났다. 그의 권위와 절조節操, 명성은 모든 것을 가려 버리는 최고 사령관의 지위에만 허용될 정도로 빛나는 것이었다. 실은 이런 이야기가 있을 정도였다. 네로가 병을 앓을 때 병상을 에워싼 아첨꾼들이 "만약 네로 님의 신상에 무슨 일이 일어난다면 로마 세계는 끝장날 것입니다"라고 한탄하는 소리를 듣고, 네로가 이렇게 대답했다. "국가를 떠받치는 지주가 있소." "대체 그 사람이 누구입니까?" 하고 묻자, 네로가 "멤미우스 레굴루스요" 하고 덧붙여 말했다. 하지만 그 후에도 레굴루스는 아무 탈 없이 살아남았다. 그의 안전을 보증해 준 것은 조심스럽고 소극적인 태도였다. 게다가 그의 가문이 귀족의 대열에 서게 된 지 얼마 되지 않았고, 또 재산도 사람들을 선망을 불러일으킬 정도는

---

50) 속주 출신. 31년의 보결 집정관, 이어서 모이시아의 총독, 아시아 지사.

아니었기 때문이기도 했다.

같은 해에 네로는 체육관을 지었다. 그리고 그리스풍의 무절제함을 흉내내 기사 계급과 원로원 계급 인사들에게 향유[51]를 나누어 주었다.

48 푸블리우스 마리우스 켈수스(Publius Marius Celsus)와 루키우스 아피니우스 갈루스(Lucius Afinius Gallus)가 집정관이 되었다.[52] 앞에서 호민관 시절에 권력을 남용한 이야기를 이미 한 적이 있는 법무관 안티스티우스 소시아누스가 황제를 비방한 시를 짓고, 마르쿠스 오스토리우스 스카풀라(Marcus Ostorius Scapula)의 저택에서 대연회가 한창 진행되고 있을 때 이 시를 많은 사람 앞에서 큰소리로 낭독했다. 이것을 코수티아누스 카피토(Cassutianus Capito)가 반역죄로 밀고했다. 카피토는 의붓아버지인 가이우스 오포니우스 티겔리누스(Gaius Ofonius Tigellinus)[53]의 탄원으로 원로원 계급으로 갓 복적한 상태였다. 반역죄법이 다시[54] 실시된 것은 이때가 처음이었다.

그러나 최고 사령관은 안티스티우스를 파멸시키는 것보다 자신이 좋은 점수 따는 쪽을 더 염두에 두고 있었던 것 같다. 즉 원로원이 안티스티우스에게 죄를 선고하면 호민관 직권의 거부권을 행사해 피고를 처형에서 구해 주려고 했던 것 같다. 그것은 그렇다 치고 증인 심문 때 오스토리우스는 "아무것도 듣지 못했다"고 주장했다. 하지만 반대 증언 쪽이 신뢰를 얻었다. 그래서 예정 집정관 퀸투스 유니우스 마룰루스(Quintus Junius Marullus)는 "피고를 법무관직에서 추방하고

51) 체육 경기자가 시합 전에 몸에 바른 것. 그리스에서는 무료로 나누어 주고 있었다. 네로는 이것으로 기사나 의원들에게 경기에 참가할 것을 호소할 생각이었을까?

52) 62년을 가리킨다.

53) 제2의 세야누스라고 할 만한 네로의 총신寵臣으로 큰 영향력을 발휘했다. 출신은 알 수 없다. 친위대의 공동 대장이었던 그가 여기에서 처음으로 언급되고 있다. 51절 이하를 참조할 것.

54) 티베리우스 이후 이런 소송이 벌어지지 않았다는 것.

옛날 식대로 처형[55]해야 한다"고 제안했다. 다른 의원들도 모두 이 의견에 찬성했다. 단 한 사람 푸블리우스 클로디우스 트라세아 파이투스만은 황제를 치켜세우는 한편, 안티스티우스를 혹독하게 질책한 뒤에 이렇게 연설을 계속했다.

"증오할 만한 이 피고는 어떤 징벌이든 받을 만하다. 하지만 훌륭한 황제 밑에서 어떤 강제력에도 얽매어 있지 않은 원로원이 이런 벌을 선고할 필요가 없다. 첫째 교수형 집행자와 올가미가 폐물이 되어 버린 지 이미 오래되었다. 벌칙 자체가[56] 이미 반역죄법에 규정되어 있지 않은가? 그것에 따라 벌을 선고하면 우리 배심원도 쓸데없이 잔혹해질 필요가 없고, 우리 시대도 불명예를 피할 수 있을 것이다. 그뿐만 아니라 피고는 재산을 몰수당하고 섬에서 지내는 생활이 길어지면 길어질수록 개인적으로 점점 더 비참한 생각이 커져 갈 것이다. 그리고 바로 그가 우리 나라가 지닌 자비심의 가장 전형적인 본보기가 될 것이다."

49 트라세아의 자유 정신이 다른 의원들의 노예 근성을 부수어 버렸다. 집정관이 표결을 허가했더니 소수의 사람을 제외하고는 모두 다 트라세아의 의견에 찬성했다. 소수의 반대파 속에 아울루스 비텔리우스[57]가 있었다. 이자는 누구보다 앞장서서 아첨을 하고, 누구든 존경할 만한 사람에게 싸움을 걸거나 모욕을 가하고 반박당하면 다른 겁쟁이들과 똑같이 입을 다물어 버리는 것이 예사였다.

그런데 두 집정관은 이 원로원 판결을 승인할 용기가 없어 카이사르에게 문서로 원로원의 일치된 의견을 통지했다. 네로는 수치심과 복수심 사이에서 고민을 하다가 마침내 다음과 같은 답변서를 써보

---

55) 2권 32절 주를 참조할 것.
56) 3권 50절 주를 참조할 것.
57) 미래의 황제(69년)

냈다. "안티스티우스는 전에 부당한 처사로 인해 감정이 상한 일도 없는데 황제에게 대단히 모욕적인 말을 퍼부어 댔다. 그의 징벌을 요구한 것은 원로원이다. 따라서 당연히 원로원이 이 엄청난 죄에 적합한 벌을 선고해야 했다. 그것은 그렇다 치고 나는 가혹한 판결에 반대하려는 마음을 먹고 있었기 때문에 관대한 조치를 거부할 의사가 없다. 원로원은 희망하는 대로 판결을 내리도록 하라. 원한다면 피고를 무죄 석방해도 좋다."

네로는 대략 이상과 같은 내용의 서한을 원로원에서 낭독시키며 자신의 불쾌한 기분을 노골적으로 드러냈다. 하지만 두 집정관은 동의안을 수정하지 않았고, 트라세아도 자신이 제안한 것을 철회하지 않았다. 다른 의원들의 경우에도 일부는 황제에게 정면으로 불만을 터뜨리게 하고 싶지 않아서, 대부분은 숫자를 믿고 앞서의 찬성했던 입장을 그대로 고수했다. 트라세아는 평소의 의연한 정신에 기반을 두고, 나아가서는 자신의 명성을 잃지 않으려고 그리 했던 것이다.

50 거의 유사한 범죄로 아울루스 디디우스 갈루스 파브리키우스 베이엔토(Aulus Didius Gallus Fabricius Veiento)가 파멸했다. 그는 《유언서》라는 제목의 시집을 출간해 원로원 의원이나 성직자들을 심하게 비방했다는 이유에서였다. 게다가 고발자 가이우스 테렌티우스 툴리우스 게미누스(Gaius Terentius Tullius Geminus)가 "피고는 황제의 총애를 이용해 관직을 승진시켜 준 대가로 뇌물을 받았다"고 탄핵했다. 이것이 원인이 되어 네로가 직접 소송을 심리했다. 그리고 베이엔토의 유죄를 선고하고 그를 이탈리아에서 추방하고 그의 책을 불태워 버리라고 명했다. 그의 책을 사람들이 열심히 구해 낭독한 것은 그것을 입수하는 것이 위험했던 동안의 일이고, 이윽고 자유롭게 읽을 수 있게 되자 잊혀져 버렸다.

5. 세네카의 은퇴

51 그런데 국가의 악폐는 날로 심해져 가는데 그것을 바로잡아 고치는 힘은 점점 더 약화되어 가고 있었다. 먼저 부루스가 이 세상을 떠났다. 병 때문이었는지, 독살 때문이었는지 알 수 없다. 그가 점차 목구멍 안이 부어 호흡 장애를 일으키다가 질식사했기 때문에, 병으로 추정하는 사람들도 있다. 하지만 대부분의 사람은 다음과 같은 이야기를 믿고 있었다. "네로의 명령으로 의사가 부루스를 치료하는 것처럼 보이게 하고는 실제로는 그의 입천장에 독약을 발랐다. 부루스는 이 간교한 계책을 꿰뚫어 보았기 때문에 황제가 문병왔을 때에도 연신 병세를 묻는데도 시선을 돌리면서 '저는 대단히 기분이 좋습니다' 하고 대답하기만 했던 것이다."

시민들은 오랫동안 그의 죽음을 애석해 했다. 그의 미덕이 사람들의 기억에서 좀처럼 사라지지 않았기 때문이다. 게다가 두 사람의 후임자 중 한 사람은 무기력해 해도 이득도 되지 않는 사람이고, 다른 한 사람은 악명 높은 범죄자이기 때문이기도 했다. 즉 황제는 부루스가 세상을 떠난 뒤에 친위대장직을 2인제로 바꾸었다. 그 중 하나로 파이니우스 루푸스(Faenius Rufus)가 임명된 것은 식관장 시절에 공평 무사한 관리로 시민들의 인기가 높았기 때문이다. 다른 한 사람인 가이우스 오포니우스 티겔리누스는 장기간에 걸친 패덕과 악명으로 네로의 신임을 받았다. 그리고 두 사람은 성격에서 예상되는 대로 행동했다. 티겔리누스는 황제의 총애를 받고 그의 방탕한 행위에까지 참여했다. 루푸스는 시민과 병사들 사이에서 평판이 좋아 그로 인해 네로의 반감을 크게 샀다.

52 부루스의 죽음은 세네카의 세력도 약화시켰다. 황제에게 미치는 선량한 영향력이 말하자면 한쪽 수령이라고도 말할 수 있는 인물

을 잃음으로써 전과 같은 힘을 유지할 수 없게 되고, 네로가 저열한 세력 쪽으로 기울게 되었기 때문이다. 본성적으로 악한 자들이 갖가지 중상 모략으로 세네카를 공격했다. "그는 이미 일개 시민의 신분을 넘어설 정도로 막대한 재산을 지니고 있다. 그런데도 점점 더 재산을 늘려 가고 있다." "그는 시민들의 호의가 네로가 아니라 자신에게 향하게 하려 하고 있다." "그는 쾌적한 정원이나 호화스러운 별장을 갖고 있다는 점에서 확실히 황제를 능가하고 있다."

더 나아가 이렇게도 참소했다. "세네카는 자기 혼자만이 웅변가로서 칭송받을 자격이 있다는 망상에 빠져 있다. 네로가 시를 애호하게 되자, 세네카는 전보다 열심히 시를 읽기 시작했다. 황제의 도락에 대해서도 세네카는 공공연히 혐오감을 나타내고, 네로의 전차 조종술을 깎아내리고, 네로가 노래를 부를 때마다 그 음조를 비웃었다. 세네카의 마음에 드는 것 외에는 결코 수도에서 칭찬받지 못하는 이런 현상이 대체 언제까지 계속될 것인가? 아무튼 네로는 이제 더 이상 어린애가 아니다! 바야흐로 한창 청년기이다. 이제 슬슬 가정 교사를 내보내야 할 때이다. 네로의 조상들을 스승으로 모시면 한층 더 다방면의 학문을 익힐 수 있을 것이다."

53 물론 세네카가 이런 비난들에게 대해 모르고 있었던 것은 아니다. 어느 정도 염치라는 것을 알고 있는 사람들이 일의 전말을 그에게 알려 주었다. 게다가 카이사르 자신이 세네카와의 개인적인 만남을 점차 꺼리고 있었다. 그래서 어느 날 세네카 쪽에서 이야기할 기회를 달라고 요청해 허락을 받자 이처럼 말을 꺼내기 시작했다. "카이사르시여, 당신께서 장래의 지위를 약속받았을 때부터 헤아리자면 벌써 14년간 서로 알고 지내 왔습니다. 당신께서 통치하기 시작하실 때부터 따져도 8년째입니다. 그 사이에 당신께서는 제가 넘치는 명예와 부를 쌓게 해주셨습니다. 이제는 사퇴하고 겸손하게 그것들을 즐기

는 것이 제 행복의 필수 조건이 되어 있을 정도입니다. 그러니 제가 아니라 당신의 지위와 관계된 위대한 본보기들을 회상하게 해주십시오.

당신의 고조부이신 아우구스투스 님께서는 마르쿠스 아그리파(Marcus Agrippa)가 미틸레네로 은퇴하는 것을 허락하고, 가이우스 마이케나스(Gaius Maecenas)가 수도에 있으면서도 이방인처럼 한가롭고 조용하게 살아가는 것을 승낙해 주셨습니다.[58] 전자는 전쟁을 보좌하고 후자는 수도에서 이례적인 직무를 수행해 두 사람 모두 확실히 사람들의 눈길을 끄는 은상恩賞을, 그러나 그 위대한 공적에 적합한 보수를 받았습니다. 그렇지만 저는 말하자면 햇빛이 비치지 않는 곳에서 길러졌다고나 해야 할 학문을 제외하면 당신의 활수한 선물에 무엇으로 보답할 수 있었습니까? 게다가 이 학문으로 저는 명성도 얻었습니다. 제가 당신의 어린 시절 교육에 얼마간이라도 공헌을 했다고 세상 사람들이 생각하고 있기 때문입니다. 하지만 이 명성조차 제 봉사에 과분한 보수였습니다.

당신께서는 한없는 총애와 헤아릴 수 없는 재산으로 저를 에워싸 주셨습니다. 종종 이렇게 마음속으로 물을 정도입니다. '나 같은 기사 계급, 그것도 속주 출신이 쟁쟁한 일류 시민의 대열에 서도 될까? 뛰어난 많은 선조를 자랑하는 귀족 속에서 나의 낯선 이름이 아름답게 빛나게 되다니. 욕심이 없고 조심스러우며 소극적이었던 나의 저 정신이 지금 어디로 간 것일까? 그것이 이런 정원을 만들고, 저런 별장을 자랑스러운 듯이 걸어 다니고, 이런 광대한 농지나 이렇게 막대한 자본에 제정신을 잃고 있다니.' 제 머릿속에 떠오르는 단 한 가지 변명은 당신께서 아낌없이 주시는 것을 거절할 수 없었다는 것입니다.

---

58) 아그리파는 기원전 23년에 일시 은퇴했는데 그 동기는 알 수 없다. 마이케나스의 경우에는 만년에 8년간 별장에서 한가롭고 조용하게 살았는데, 그 원인은 무분별한 행동으로 아우구스투스의 신뢰를 잃었기 때문이라고 한다.

54 어떻든 이미 우리는 어느 쪽이나 한도를 채웠습니다. 당신께서는 황제로서 친구에게 줄 수 있는 한 모든 것을 다 주시고, 저도 친구로서 황제님으로부터 받을 수 있는 한 모든 것을 다 받았습니다. 그 이상은 세상 사람들의 질투심을 키워 갈 뿐입니다. 인간적인 것이 모두 다 그렇듯이 이 질투심도 당신의 높은 지위에까지 이르지 못하고 제 위에 떨어질 것입니다. 저는 당신께서 도와 주시길 바랍니다. 마치 전쟁터나 여행지에서 지쳤을 때 지팡이를 간청하듯이, 이 인생의 여행에서도 사소한 마음의 피로에도 견디지 못할 정도로 쇠약해져 더 이상 재산의 무게를 지탱할 수 없게 되어 도움을 요청하는 것입니다. 부디 제 재산을 당신 재산 속에 추가시켜 당신의 속리들로 하여금 관리하게 해주십시오. 그러나 제 자신을 가난의 깊은 구렁 속으로 떨어뜨릴 생각은 없습니다. 눈이 아찔할 듯한 재산을 당신께 양도하고, 정원이나 별장 관리에 할애되는 시간을 정신을 위해 되찾고 싶습니다. 당신께서는 아직 젊음으로 충만해 계십니다. 그리고 이미 오랜 세월에 걸쳐 최고의 권력 지배에 정통해지셨습니다. 우리 늙어 빠진 친구들은 휴식을 요청할 수 있습니다. 당신께서 적당히 만족하고 있던 사람들을 높은 지위로 등용하는 것만으로도 당신의 성망을 높이실 수 있을 것입니다."

55 이에 대해 네로는 대략 다음과 같이 대답했다. "당신이 미리 생각해 두고 있던 이론에 내가 이렇게 즉답할 수 있다는 것이 곧 내가 당신에게 감사하지 않으면 안 되는 첫번째 은혜입니다. 당신이 내게 사전에 준비해 놓은 의견뿐만 아니라 즉석에서 생각을 발표할 수도 있도록 지도해 주셨기 때문입니다. 확실히 내 고조부이신 아우구스투스 님은 아그리파나 마이케나스에게 노고 끝에 여가를 즐길 수 있도록 허락하셨습니다. 그러나 벌써 그때 아우구스투스 님은 그분이 어떤 것을 주든 자신의 권위로 정당화시킬 수 있을 정도의 연령에 도

달해 계셨습니다. 그뿐만 아니라 그분은 일단 준 은상을 누구에게서도 다시 빼앗거나 하지 않으셨습니다. 물론 그 두 사람은 전쟁과 위험에 앞장서서 그런 포상을 받았습니다. 아우구스투스 님의 청년 시대가 그런 환경에 놓여 있었기 때문에 당연하지 않습니까? 나도 방패와 창 사이에서 성장했다면 당신의 무기와 기량을 필요로 했을 것입니다. 그러나 당신은 현재의 조건이 당신에게 요구한 것, 즉 선견지명과 깊은 사려, 교훈으로 나의 유년 시절을, 이어서 청년 시대를 자애롭게 돌보아 주셨습니다.

당신의 선물은 틀림없이 내가 살아 있는 한 언제까지고 그 가치를 잃지 않을 것입니다! 그에 반해 당신이 내게 받은 것은 정원이든 별장이든 자본이든 모두 상황에 달려 있습니다. 그것들은 살펴보면 대단할 것입니다. 그래도 당신의 업적에 미치지 못하는 많은 사람이 당신 이상의 재산을 소유하고 있습니다. 내 해방 노예가 당신보다 부자로 생각되고 있는 데 대해서는 여기에서 말하는 것조차 삼가고 싶습니다. 나는 가장 소중한 친구인 당신이 재산과 지위 면에서 아직 세계의 모든 사람을 능가하지 못하고 있는 것이 부끄러워 견딜 수 없습니다.

56 다행히 당신은 늙었어도 아직 충분히 국정을 감당하고 그 보수를 즐길 수 있을 만큼 기력이 정정합니다. 게다가 우리는 겨우 통치의 1단계에 갓 접어들었을 뿐이지 않습니까? 아니면 당신[59]은 세 번 집정관직을 역임한 루키우스 비텔리우스보다 못하고, 나도 클라우디우스 님보다 못하다고[60] 생각하는 것입니까? 넓은 도량을 지닌 내가 루키우스 볼루시우스 사투르니우스가 오랫동안 열심히 검약해 저축한

---

59) 세네카는 한 번만(56년 보결).
60) 선물을 주는 아량 면에서.

정도의 재산을 당신에게 줄 수 없다고 생각하는 것입니까? 아니, 그런 것보다 탈선하기 쉬운 나이의 내가 조금이라도 헛디디기 시작하면 올바른 길로 되돌아오게 해주어야겠다는 마음이 들지 않습니까? 넘쳐 흐르는 내 정력을 사려 깊게 막아 내고, 지금 이상으로 열심히 지도해 주어야겠다는 마음이 들지 않습니까?

당신이 만약 재산을 반환한다면, 그리고 만약 황제를 버린다면, 세상 사람들은 당신의 신중하고 겸손한 태도나 은퇴에 대해서 수군거리지 않을 것입니다. 그것은 모두 나의 천박한 행위나 잔학성에 대한 공포와 관련되어 있을 것입니다. 설사 당신의 겸허함과 자제력이 칭송받는다 하더라도, 친구에게 오명을 초래하는 방식으로 자신의 면목을 세우는 것은 현자로서 부끄러운 일이 아닙니까?"

이렇게 말하고는 네로는 포옹하고 키스했다. 거짓된 아첨으로 마음속의 증오를 숨기는 재능은 네로의 천부적인 것이고, 그것이 습관적으로 단련되어 있었다. 세네카는 주군主君[61]과 회담한 뒤에 언제나 끝에 붙이는 감사의 말을 이때도 했다. 그러나 그 이후 세네카는 권위자로서의 생활 방식을 버리는 한편, 문안 오는 사람들도 거부하고 아랫사람들을 거느리고 다니는 것도 피했다. 수도에는 거의 모습을 나타내지 않고 건강을 해쳤다거나 철학을 연구한다는 구실로 집안에 틀어박혀 지냈다.

57 세네카를 제거하자[62] 파이니우스 루푸스의 체면을 깎아내리는 것 정도는 식은 죽 먹기였다. 그는 아그리피나와의 우정을 탄핵받았다. 이에 반해 루푸스의 동료인 티겔리누스의 세력은 날로 커져 갔다. "만약 네로와 내가 공범자가 되어 범죄를 저지른다면, 내가 마음대로

---

61) '왕'(13권 42절의 주를 참조할 것)과 같이 '주군'도 비꼬는 말로 사용하고 있다. 2권 87절 주를 참조할 것.
62) 주어는 티겔리누스 일파.

다룰 수 있는 유일한 재능, 즉 악랄한 수완을 더욱 신뢰받게 될 것이다"라고 티겔리누스는 생각하고 네로의 공포의 대상을 연구하기 시작했다. 그러고는 "가장 두려워해야 할 인물은 루벨리우스 플라우투스와 파우스투스 코르넬리우스 술라 펠릭스입니다" 하고 진언했다. "물론 플라우투스는 아시아로, 술라는 나르보 갈리아로 최근에 추방되었습니다. 그러나 두 사람 모두 고귀한 가문 출신인데다가, 전자는 로마 세계의 동방 군대, 후자는 게르마니아의 군대 바로 옆에서 살아가고 있습니다. 저는 부루스처럼 양다리[63]를 걸치지 않고 오로지 황제님의 태평 무사함만을 염려하고 있습니다. 수도에서의 음모에 관련해서는 어떻게든 제 부하들만으로도 황제님의 신변을 지켜 드릴 수 있습니다. 그러나 먼 지방에서의 폭동은 어떻게 진압할 수 있겠습니까?

갈리아인은 저 술라라는 독재관의 이름을 들으면 또다시 궐기할 것입니다. 아시아 사람들도 플라우투스의 조부인 드루수스[64]의 명성을 생각해 내고 똑같이 큰 기대로 들끓을 것입니다. 술라는 가난합니다. 그래서 더욱더 필사의 각오를 다지고 있습니다. 그가 게으름과 무능함을 가장하고 있지만, 그것은 단지 모험의 기회를 찾을 때까지의 일일 뿐입니다. 플라우투스는 막대한 재산가입니다. 조용히 여생을 보내려는 기색조차 보여 주지 않고 있습니다. 상고주의자로 자임하며 선동가나 정치적 야심가를 낳는 저 오만불손한 스토아 학파[65]의 교의를 신봉하고 있습니다."

이렇게 되자 행동이 잠시도 유예되지 않았다. 자객들이 출발하고

---

63) 네로와 함께 아그리피나에게도 의리를 느끼고 있었기 때문이다. 12권 42절을 참조할 것.
64) 13권 19절 주.
65) 은둔적인 에피쿠로스 학파와 대조적으로 스토아파 철학은 정치적 광신자(공화정 지지자)를 만들어 내는 것으로 세상 사람들로부터 오해받고 있었다(16권 22절).

나서 6일째 되는 날 바다를 건너 마실리아에 도착하고 위험하다는 소문도 듣지 못한 채 식사를 하려고 누워 있는 술라를 살해했다. 그의 머리가 운송되어 오자, 네로는 "나이에 어울리지 않게 머리칼이 하얘 추해 보이는군"라고 말하며 비웃었다.

58 플라우투스의 암살 계획은 똑같이 비밀리에 수행되지 않았다. 많은 사람이 그의 안전을 염려하고 있었고, 그가 죽을 때까지의 바다와 육지의 먼 여로와 거기에 소요된 긴 시간이 이미 세간의 소문을 자극하고 있었기 때문이다. "플라우투스가 코르불로에게로 도망쳤다. 코르불로는 지금 마침 막강한 군대를 지휘하고 있다. 결백한 명사가 살해당한다면 그야말로 맨 먼저 공격의 대상이 될 사람이다. 나아가 속주 아시아도 이 플라우투스 청년을 동정해 무기를 들었다. 암살을 위해 파견된 네로의 병사들은 숫자도 적고 용기도 부족해 명령을 실행에 옮기지 못하고 결국 혁명의 야망을 품은 일파로 변신하고 말았다." 아무 근거도 없는 이런 풍설이 여느 때처럼 한가로운 사람들에 의해 경박하게 믿어지고 과장되었다. 그러나 사실은 이랬다.

플라우투스의 해방 노예 한 명이 순풍을 타고 네로가 파견한 백인대장보다 먼저 그가 있는 곳에 도착했다. 그는 플라우투스의 장인인 루키우스 안티스티우스 베투스의 전언을 주인에게 전했다. 안티스티우스는 "달아날 길이 있는 한 보기 흉하게 죽어서는 안 되네! 자네의 훌륭한 명성에 세상 사람들이 동정하고, 조만간 필시 그 가운데서 훌륭한 사람들도 발견되고 용감한 사람들도 가담해 줄 걸세. 그때까지 어떤 작은 원조라도 얕보아서는 안 되네. 만약 60명의 병력(이것이 곧 도착할 총 병력이네)을 격퇴하면, 이 소식이 네로에게 전해지고 새로다른 병력이 바다를 건너갈 때까지 잇따라 사건이 일어나고, 결국에는 전쟁으로까지 발전할 걸세. 그러므로 위와 같은 생각에 따라 신변의 안전을 강구하도록 하게. 여하튼 대담함보다 더 나은 것은 없네.

아무 대책 없이 손을 놓고 있다가 맞이하는 것보다는 위험이 더 적을 것이기 때문이네" 하고 충고했다.

59 그러나 이런 장인의 충고에도 플라우투스는 마음이 흔들리지 않았다. 무기가 없는 추방자로서 어떤 사전 공작도 할 수 없었기 때문일까, 아니면 어떻게 될지 모르는 앞날의 일로 고민하는 데 염증이 났기 때문일까, 혹은 아내와 자식에 대한 애정에서 비롯된 것이었을까? 즉 황제의 간담을 서늘하게 하는 소동을 일으키지 않으면 자신이 죽은 뒤에 처자식이 보다 관대한 처분을 받으리라 기대했기 때문일까?

어떤 설에 따르면 장인으로부터 또다른 서신이 도착했는데, 거기에는 "이제는 위험하지 않을 것이네"라고 씌어 있었다고 한다. 다른 설에 의하면 두 사람의 철학자, 즉 그리스인인 코이라누스(Coeranus)와 투스쿠스인인 가이우스 무소니우스 루푸스(Gaius Musonius Rufus)가 플라우투스에게 "불안과 공포에 시달리며 오래 사는 것보다 조용한 마음으로 죽음의 순간이 도래하길 기다리도록 하시오"라고 설득했다고 한다. 아무튼 다음에 기술하는 것은 틀림없는 사실이다. 그가 한낮에 체조를 하려고 벌거벗고 있다가 백인대장에게 발견되어 그 모습 그대로 참살되었다. 그 자리에 입회한 것은 환관 펠라고(Pelago)이다. 네로가 이자에게 수행원으로 마치 추종자를 거느린 동방 왕실의 시종처럼 백인대장과 일반 병졸을 주었던 것이다. 살해된 플라우투스의 머리를 갖고 돌아와 황제에게 보여 주자, 네로는 (그의 말을 그대로 사용하면) "네로여, 너는 어째서 〈이렇게 코가 긴 자를 두려워했던 거냐?〉" 하고 말했다.

네로는 공포의 원인을 제거하자 이런 불안 때문에 그때까지 미루고 있었던 포파이아와의 결혼을 서두르기로 했다. 아내인 옥타비아는 정숙한 여자이기는 하지만 아버지의 이름과 국민의 인기 때문에 거북한 존재였다. 먼저 그녀와 이혼해야 한다고 그는 생각했다.

그것은 그렇다 치고 네로는 원로원에 서한을 보내 술라와 플라우투스의 암살건에 대해서는 한마디도 언급하지 않고 "두 사람 모두 선동적인 성격의 소유자이기 때문에 국가의 태평 무사를 위해 나는 크게 염려하고 있다"고 말했다. 이것을 구실[66]로 원로원은 감사제를 거행하고 술라와 플라우투스를 원로원 명부에서 삭제할 것을 결의했다. 이런 조롱은 죄를 짓는 것보다 더 혐오스런 일이다.[67]

60 네로는 원로원 의원들의 이런 의결에 대해 듣고는 자신의 악행이 모두 선행으로 받아들여진 것을 알게 되었다. 그래서 마침내 옥타비아를 석녀石女라 칭하며 쫓아내고, 이어서 포파이아를 아내로 맞아들였다. 포파이아는 오랫동안 첩이었을 때에는 정부로서의 네로를, 이윽고 아내가 되고 나서는 남편으로서의 네로를 깔고 뭉갰다. 이 여자가 옥타비아의 하인 중 한 사람을 꼬드겨 옥타비아가 노예와 밀통했다고 참소하게 했다. 피고로 꾸며진 것은 알렉산드리아 태생의 에우카이루스(Eucaerus)라는 이름의 피리 부는 소년이었다.

이 때문에 옥타비아의 하녀들에 대한 심문이 행해졌다. 일부 하녀는 고문에 굴복해 거짓 죄를 진실이라고 인정했지만, 대부분의 하녀는 한사코 여주인의 정절을 변호했다. 그 중 한 사람은 곁에서 심문하는 티겔리누스에게 "옥타비아 님은 그 어느 부분이든 당신 입보다는 깨끗합니다"라고 반박했다. 그럼에도 불구하고 옥타비아는 먼저 표면상으로는 시민법 상의 이혼 절차를 거쳐 집에서 쫓겨나고,[68] 부루스의 저택과 플라우투스의 소유지라는 불길한 위자료를 받았다. 이어서 캄파니아 지방으로 추방되고, 더군다나 병사들의 감시 하에 놓여졌다.

---

66) 네로가 이렇게나 국가의 태평 무사에 신경을 쓰고 있다며.
67) 죽은 사람을 살아 있는 것처럼 단죄하는 것은 살인보다 더 혐오스런 일이라는 뜻.
68) 석녀를 이유로 이혼했다는 뜻.

그래서 민중이 저마다 떠들썩하게 공공연히 비난했다. 그들은 아무튼 사려가 부족하고 그 사회적 지위도 두드러지지 않아 그리 위험하지 않았기 때문이다. 마침 그때 "네로가 자신의 잘못을 후회하고 옥타비아를 다시 불러들여 아내로 맞이했다"는 〈아무 근거도 없는 소문이 퍼져 이 시위 운동이 진정되었다.〉

61 민중은 환호하며 카피톨리움으로 올라가 가까스로[69] 신들에게 감사의 기도를 올렸다. 그들은 포파이아의 상을 잡아당겨 쓰러뜨리고 옥타비아의 상들을 어깨에 메고, 게다가 빗발치듯 꽃을 던지며 중앙 광장이나 신전들에 안치했다. 그뿐만 아니라 그들은 옥타비아를 다시 부른 것에 감사하며 황제도 칭송하려고 앞으로 나아갔다. 이리하여 팔라티움까지 이미 군중과 그 함성으로 파묻혀 있을 때, 친위대의 한 부대가 몰려 나와 채찍이나 칼을 휘두르며 시민들을 위협해 쫓아 버렸다. 그리고 이 소동이 벌어지는 동안 일어난 여러 가지 변화가 모두 본래대로 환원되고, 포파이아의 상도 다시 안치되었다.

포파이아는 언제나 증오심에서 짜증을 냈지만, 이때는 신변의 위험이 걱정되어 화가 나 미칠 것만 같았다. 그녀는 민중의 폭력 사태가 더 이상 악화되지 않도록, 그리고 옥타비아에 대한 민중의 동정심 때문에 네로가 마음을 바꾸지 않도록 네로의 발밑에 몸을 던지고 이렇게 호소했다.

"나는 이미 결혼을 위해 싸울 입장에 있지 않습니다. 확실히 결혼은 제게 생명보다 중요하지만, 생명 그 자체가 옥타비아의 부하나 노예들에 의해 갈림길에 놓여 있습니다. 그들은 로마 시민을 자임하면서 전시에도 거의 발견되지 않는 난폭한 짓을 이 평시에 저질렀습니다. 그들은 황제에 대항해 무기를 들었습니다. 그들에게 부족한 것은

---

69) 연이은 재난에 신들의 정의를 의심했던 민중의 마음을 나타내고 있다.

두목뿐입니다. 이 문제조차 폭동이 일어나면 간단히 해결될 것입니다. 옥타비아가 캄파니아를 버리고 수도로 돌아오기만 하면 됩니다. 그녀가 지금 여기에 있지 않아도 고개만 끄덕이면 동란이 일어날 것입니다.

만약 지난번 소동이 당신을 목표로 삼은 것이 아니라면, 대체 나는 어떤 죄를 지었단 말입니까? 누구의 감정을 얼마만큼 손상시켰습니까? 혹은 이 모든 것이 내가 장차 카이사르 가에 참된 후계자를 낳아 줄 것이기 때문입니까? 아니면 로마 국민이 저 이집트 태생의 피리 부는 자의 아이를 최고 사령관이라는 위엄 있는 지위에 억지로 앉히고 싶어합니까? 아무튼 그것이 국가의 이익이 된다면, 당신은 강요받기 전에 자진해서 그 여주인[70]을 다시 부르세요. 그럴 수 없다면 자신의 안위를 꾀하셔야 합니다. 당신은 이미 최초의 폭동을 정당한 복수와 온건한 조치로 진압하셨습니다. 그들도 옥타비아를 다시 당신의 아내로 만들 수 없다는 것을 알고 희망을 잃게 된다면 그녀에게 다른 남편을 찾아 줄 것입니다."

62 이처럼 상대의 공포와 함께 분노를 자극하는 교활한 호소 방식이 네로를 놀라게 하는 동시에 잔뜩 화나게 만들었다. 그러나 문제의 소년 노예에 걸려 있는 혐의에 대한 확실한 증거가 확보되지도 않고, 시녀들의 심문으로도 기대가 충족되지 않았다. 그래서 누군가 다른 사람을 찾아 그자로 하여금 옥타비아와의 간통을 자백하게 하고, 더 나아가 국가의 변혁을 기도했다는 원죄冤罪도 뒤집어씌우기로 했다.

그자로는 네로의 어머니를 해치운 저 아니케투스가 안성맞춤이라고 생각되었다. 이미 앞에서 말한 대로 그는 미세눔 함대장이었지만 그 범행 뒤에 네로에게 큰 감사의 인사도 받지 못했다. 그러기는커녕

---

70) 아내의 노예가 되는 것이 좋다는 뜻.

점차 배척받고 있었다. 일단 범죄의 앞잡이로 사용한 자는 언제나 비난의 눈으로 보고 있는 것처럼 생각되기 때문이었다. 그래서 카이사르는 그를 불러들여 과거에 봉사한 것을 상기시켰다. "자네만이 저 마음을 놓을 수 없는 어머니로부터 황제의 안전을 지켜 주었네. 만약 혐오스러운 아내를 해치워 준다면, 내게 전에 못지 않은 큰 은혜를 베푸는 것이 될 걸세. 지금이 바로 그때라네. 이번에는 폭력이나 무기는 필요없네. 옥타비아와의 부정한 행위를 자백해 주기만 하면 되네. 지금 구체적으로 밝힐 수는 없지만 반드시 막대한 사례금과 쾌적한 은거지가 주어질 걸세"라고 약속하고, "만약 거절하면 죽일 수밖에 없네"라고 위협했다.

그는 선천적으로 비뚤어진 자이고 이미 파렴치한 행위를 경험했기 때문에 쉽게 마음을 정했다. 그래서 알아들은 것 이상의 거짓말을 했다. 그가 자백하기 전에 황제의 친구들이 불려와 배심원처럼 앉아 있었다. 이리하여 아니케투스는 사르디니아 섬으로 유배되고 그 섬에서 아주 자유롭게 천명대로 살다가 죽었다.

63 한편 네로는 포고를 통해 "다음과 같은 사실이 확인되었다"고 발표했다. "옥타비아는 해병대를 자기 편으로 삼으려고 대장을 꾀었다. (그리고 전에 석녀로 비난했던 것을 잊어버리고) 그녀는 부정한 관계를 스스로 인정하고 낙태시켰다.[71]" 그러고는 옥타비아를 판다테리아 섬에 유폐시켰다. 그녀를 전송하러 나온 사람들의 눈에서 지금까지의 어떤 여성 추방자보다 더 많은 동정의 눈물이 흘러내렸다. 어떤 사람은 티베리우스에 의해 추방된 아그리피나[72]를 아직도 기억하고 있었고, 좀더 최근 것으로 클라우디우스에 의해 추방된 율리아 리빌라

---

71) 낙태는 이 무렵에는 아직 죄가 되지 않았다. 옥타비아를 추방한 이유는 반역죄(해병대의 모반을 부추겼다는 것)였다.
72) 게르마니쿠스의 아내

에 대한 추억도 사라지지 않고 있었다. 하지만 그녀들은 나이도 어느 정도 들고 그때까지 얼마간 더 나은 생활도 하고 있었다. 그래서 행복했던 과거의 운명을 추억하며 눈앞의 비참함과 괴로움을 누그러뜨릴 수 있었을 것이다.

그러나 옥타비아의 경우에는 애시 당초 결혼식 날 죽은 것이나 마찬가지였다. 그녀는 슬픔과 고통 외에는 아무것도 찾아낼 수 없는 집안으로 시집을 갔다. 먼저 아버지를, 그 직후에 남동생을 독살로 잃었다. 이어서 주인인 그녀보다 그녀의 하녀가 네로의 총애를 받았다. 그 후 네로의 아내인 그녀는 그 자리를 이어받은 포파이아에 의해 파멸당했다. 그리고 그 끝은 죽음보다도 더 끔찍한 이 탄핵 포고였다.

64 나이가 22세의 젊디젊은 그녀는 백인대장과 병사들의 감시를 받으면서 자신의 최후를 예감하고 삶의 희망을 버리고 있었다. 그래도 아직 죽음 속에서 안식을 찾는 것이 허용되지 않았다. 그로부터 며칠 지난 뒤에 그녀에게 죽음의 명령이 도착했다. 이때 그녀는 "나는 이제 황제의 아내가 아니다. 누이일 뿐이다"라고 항의하고는 이 오빠와 누이의 공통의 조상인 게르마니쿠스 가家 사람들의 이름을 부르고, 마지막으로 아그리피나의 이름에 호소했다. 실제로 아그리피나가 생존할 때에는 옥타비아의 결혼 생활이 불행하기는 했지만 최소한 죽음의 운명만은 모면하고 있었다.

옥타비아는 밧줄에 결박된 채 사지의 혈관이 모두 절개되었다. 그러나 공포로 인해 혈관이 죄어져 피가 뚝뚝 떨어질 정도여서 죽음에 이를 때까지 시간이 걸렸다. 그래서 증기탕의 엄청나게 뜨거운 열기 속으로 몰아넣고 질식시켰다. 게다가 한층 더 잔혹하게도 그녀의 머리를 자른 뒤 수도로까지 운반해 포파이아에게 보여 주었다.

원로원은 이 일로 신전에 감사의 공물을 바칠 것을 결의했다. 이런 결의를 나는 대체 언제까지 계속 기록해 가야 할까? 그렇다, 이것을 마지막으로 더 이상은 기록하지 말자. 그러나 이 시대의 불행한 일들을 내 저술이나 다른 역사가를 통해 알고자 하는 사람은 누구나 사전에 다음과 같은 사실을 알아 두기 바란다. 즉 황제가 추방이나 죽음을 명할 때마다 언제나 신들에 대한 감사의 의식이 집행되었고, 일찍이는 경축할 만한 일과 관련되었던 이 의식이 당시에는 국가의 불행의 상징이 되어 있었다. 그렇지만 원로원 의결이 의원들의 아첨에 의해 신기한 형태를 취할 때나 예속의 구렁텅이로 빠져 들어갈 때에는 그것을 등한히 하지 않을 것이다.

65 같은 해에 네로는 세력을 과시하는 해방 노예를 몇 명 독살한 것으로 믿어지고 있다. 그 중 한 사람인 도리포루스(Doryphorus)는 포아피아와의 결혼을 반대했다는 이유에서, 다른 한 사람인 팔라스는 언제까지고 죽지 않고 오래 살며 그 막대한 재산을 네로에게 넘겨 주려 하지 않았다는 이유에서였다.

로마누스(Romanus)가 세네카를 밀고하고 가이우스 칼푸르니우스 피소(Gaius Calpurnius Piso)와의 교우를 탄핵했다. 그렇지만 도리어 세네카 쪽에 의해 같은 죄로 고발당하고 보다 유력한 증거가 제시되어 파멸하고 말았다. 이것이 피소에게 신변에 위험이 다가오고 있다는 느낌을 주어, 이윽고 네로에 대한 대규모적인, 그러나 불행히도 실패로 끝나는 저 유명한 음모 사건의 발단이 되었다.

제15권 (서기 62~65년)

1. 아르메니아 전쟁〔계속〕

1 그런데 이런 사이에 파르티아의 국왕 볼로게세스가 코르불로의 동정을 전해 듣고 이국 출신의 티그라네스가 아르메니아의 왕위에 오르는 동시에 자신의 동생인 티리다테스가 쫓겨나 아르사케스 왕가의 위신이 손상된 데 대해 복수하려 하면서도, 다른 한편으로는 로마군의 대군에 놀라고 또 양국 간의 오랜 동맹 조약을 꺼려 의지와 다른 생각으로 끌려 가고 있었다. 그는 선천적으로 우유부단한 사람이었다. 게다가 날카롭고 사나운 부족 히르카니아가 모반을 일으켜 줄곧 수많은 싸움에 얽매여 있기도 했다. 이처럼 망설이며 결행하지 못하고 있을 때 또다시 모욕을 받았다는 새로운 정보를 접하고 마침내 분연히 떨치고 일어났다.

요컨대 티그라네스가 아르메니아의 국경을 넘어 가장 가까이에 있는 아디아베니족을 습격하고 단순한 약탈 행위라고 생각되지 않을 정도로 넓은 범위에 걸쳐 장기간 황폐화시키며 돌아다녔다. 이에 파르티아인 지도자들이 더 이상 참을 수 없게 되었다. "로마의 장군이라면 또 몰라도 오랫동안 노예로 생각되었던 저 분별없는 인질에게 공격을 당할 정도로 우리를 완전히 얕보고 있는 것인가?" 그들은 굴욕감에 기름을 부은 것은 모노바주스(Monobazus)[1]였다. 그는 아디아베니족의 왕으로 파르티아의 귀족들을 이렇게 힐책했다. "우리가 어떤 원조를 어디에서 구하면 좋겠소? 당신들은 이미 아르메니아를 단념했소. 이번에는 거기에 인접한 여러 부족 차례요. 만약 파르티아인이 우리를 방어해 주지 않는다면 싸우다가 포로가 되느니보다 처음부터 무기를 버리고 로마인에게 예속당하는 것이 간단하고 좋을 것이오."

왕좌에서 쫓겨난 티리다테스도 또한 말없이, 혹은 조심스럽게 소극적으로 불만을 호소하며 도리어 훨씬 더 효율적으로 큰 압력을 가했다. "큰 영토를 유지하려면 소극적인 방법 갖고는 안 된다. 병력과 무기를 사용해 싸움을 벌어야 한다. 최고의 지위가 걸려 있을 때에는 힘이 정의이다. 일개 시민은 자신의 재산을 지킴으로써 명성을 떨칠 수 있다. 하지만 왕은 타국의 재산을 요구함으로써만이 그럴 수 있다."

2 이 호소에 마음이 움직여 볼로게세스는 고문 회의를 소집했다. 자신의 바로 곁에 티리다테스를 세워 놓고 이렇게 이야기하기 시작했다. "이 사람은 나와 같은 아버지에게서 태어나고 나이가 적어 최고의 지위를 내게 양보했다. 그래서 나는 그로 하여금 아르메니아의 봉토를 소유하게 했다. 아르메니아의 왕위는 권위의 순위에서 세번째로 간주되고 있다. 즉 그보다 먼저 파코루스가 메디아인의 왕이 되었기 때문이다. 이리하여 우리 왕실은 전통적인 형제간의 반목이라든가 육친끼리의 갈등도 없이 공평하게 자리잡힌 것처럼 생각되었다. 그런데 로마인이 이것을 방해했다. 지금까지 놈들 자신의 피해 없

---

1) 동생 이자테스(12권 13절)가 죽은 뒤 왕위를 계승했다.

이는 교란시킬 수 없었던 우리 나라의 평화를 이제 또 놈들의 파멸을 각오하고 깨뜨리려 하고 있다. 나는 가능하면 유혈의 참사보다는 정의로, 무력보다는 대의명분으로 조상의 영토를 확보하려고 했다. 이것은 부정하지 않는다. 그러나 만약 이 망설임에 의해 내가 잘못을 저질렀다면 용기로 보상할 것이다. 적어도 여러분의 무력과 영광은 줄어들지 않았다. 게다가 자신을 잘 제어한다는 명성도 얻었다. 그렇다, 자제심은 가장 위대한 인간조차 경멸하지 않고, 신들도 높이 평가하는 미덕이다."

이렇게 말하고는 티리다테스의 머리를 왕관을 대신하는 머리띠로 묶어 주었다. 그리고 관례적으로 왕을 호위하는 휘하의 기병대를 모나이세스(Monaeses)라는 귀족에게 건네 주고, 여기에 아디아베니족 원군을 추가해 준 뒤 티그라네스를 아르메니아에서 추방하라고 명했다. 볼로게세스 자신은 히르카니아족과의 분쟁을 해결하고 나서 국내의 전투력을 총동원해 로마의 속주를 위협하기로 했다.

3 코르불로는 이상과 같은 동향을 신뢰할 수 있는 척후를 통해 듣자 즉시 2개 군단을 루키우스 베룰라누스 세베루스(Lucius Verulanus Severus)와 마르쿠스 베티우스 볼라누스(Marcus Vettius Bolanus)에게 주고 티그라네스를 지원하게 했다. 이때 "만사를 서두르기보다 신중히 처리하라"고 은밀히 지시한 것은 전쟁을 끝내기보다는 오래 질질 끌기를 바랐기 때문이다. 카이사르에게는 이렇게 보고했다. "아르메니아를 방어하는 데 특별한 원군이 필요하다. 게다가 볼로게세스가 침입해 올 기색이므로 시리아는 한층 더 긴박한 상태이다."

그 사이에 그는 나머지 군단병을 유프라테스 강변에 연해 배치했다. 급히 모집한 속주민을 무장시키고 이들을 전초로 세워 적이 침입해 올 듯한 곳을 모두 막았다. 그 지방은 마실 물이 매우 부족해, 그는 일부 샘을 지키기 위해 그 주변에 성채를 쌓고 나머지는 모래로 채워

없애 버렸다.[2]

4 이처럼 코르불로가 시리아의 방어 체제를 정비하고 있는 동안, 모나이세스는 가까이 다가오고 있다는 소식보다 먼저 도착하려고 부하들을 급속 행군시켰다. 그래도 급습했을 때에는 이미 티그라네스가 이것을 눈치채고 대기하고 있었다. 티그라네스가 점거하고 있는 도시는 티그라노케르타라는, 많은 수비대와 긴 성벽으로 단단히 방비가 되어 있는 곳이었다. 게다가 얕볼 수 없는 폭을 지닌 니케포리우스 강이 성벽의 일부를 에워싸고 있고, 강에 의지할 수 없는 부분의 성벽은 큰 해자가 둘러싸고 있었다. 이 안에는 로마 병사도 있고, 식량도 사전에 준비되어 있었다. 이 식량을 수송하고 있을 때 소수의 로마 병사가 혈기에 날뛰며 경솔하게 뛰쳐 나가 순식간에 적에게 포위당했다. 이것이 다른 병사들의 공포심보다는 도리어 복수심을 자극했다.

그런데 파르티아인은 포위 공격전을 끝까지 수행하는 데 필요한 백병전에 대한 용기가 결여되어 있었다. 그들이 산발적으로 쏘아 대는 화살은 농성자들에게 아무 위협도 되지 않고 단지 그들 자신의 마음을 속이고 있을 뿐이었다. 아디아베니족이 사닥다리나 공성 도구를 접근시키기 시작했지만 간단히 격퇴되었다. 이윽고 우리 군이 돌격해 그들을 섬멸해 버렸다.

5 그렇지만 코르불로는 아군의 성공에도 불구하고 행운 앞에 겸손한 태도를 취해야 한다고 생각했다. 그래서 볼로게세스에게 사절을 보내 로마의 속주에 대한 그의 부당한 폭력에 대해 항의했다. "게다가 로마의 동맹자이자 친구인 아르메니아 왕과 로마군을 포위하고 있다. 가능하다면 이 포위를 풀기 바란다. 그러잖으면 나도 또한 적의

---

2) 확보할 수 없는 샘들을 적에게 넘겨 주지 않기 위해 메워 버린 것이다.

영토 내에 진영을 구축할 것이다."

이 사절도 선택된 것은 백인대장 카스페리우스(Casperius)였다. 그는 티그라노케르타에서 37마일이나 떨어진 니시비스 시에서 파르티아 국왕과 회견하고 의연히 자신의 사명을 수행했다. 볼로게세스는 예전부터 로마군과의 대결을 극력 피한다는 주의를 마음속에 깊이 새겨 두고 일관되게 지키고 있었다. 게다가 그가 놓여 있는 상황이 지금 당장은 유리한 쪽으로 움직이고 있지 않았다. 먼저 포위 공격진의 별로 효과를 발휘하지 못하고 있었다. 강력한 로마 병사들과 많은 식량이 티그라네스를 지켜 주고 있었다. 공략을 시도하던 자들은 패주했다. 다음으로 아르메니아에는 로마 군단이 파견되었고, 시리아 국경을 다른 군단병은 언제든지 파르티아에 침입할 수 있는 태세를 갖추고 있었다. 다른 한편으로 파르티아의 기병은 식량 부족으로 큰 어려움을 겪고 있었다. 메뚜기 떼가 발생해 풀이나 잎사귀를 모조리 먹어 치웠기 때문이다.

그래서 볼로게세스는 겉으로 공포심을 드러내지 않고 타협적인 태도를 가장하면서 이렇게 대답했다. "머지않아 로마의 최고 사령관에게 사절을 보내 아르메니아의 반환 요구와 양국 사이의 평화의 강화와 관련해 교섭할 생각이다." 그리고 모나이세스에게 티그라노케르타를 포기하라고 명하고, 왕 자신도 철수했다.

6 이것은 왕의 공포심과 코르불로의 위신이 초래한 성과였다. 즉 로마의 영광이라고 많은 사람이 극구 칭송했다. 다른 사람들은 "두 사람이 비밀 거래를 한 것이다"고 해석했다. "그래서 양군이 전쟁을 포기한 것이다. 그리고 볼로게세스가 떠나가자 곧 티그라네스도 아르메니아에서 철수했다. 만약 그렇지 않다면 어째서 로마 군대가 티그라노케르타에서 철수했겠는가? 어째서 싸워 지켜 낸 곳을 평화가 찾아오자 포기한 것일까? 그때까지 확보했던 왕국의 수도를 버리고

카파도키아의 변경에 오두막을 급조하고 겨울[3]을 보내다니, 과연 이것이 현명한 짓일까? 볼로게세스는 코르불로가 아닌 다른 장군과 싸우기 위해, 코르불로는 오랜 세월에 걸친 전공으로 얻은 영광을 더 이상 위험에 노출시키고 싶지 않아 전쟁을 잠시 연기한 것이 아닌가?"

이렇게 억측을 하는 것도 무리가 아니었다. 앞에서 말했듯이 코르불로는 아르메니아를 방어하는 별도의 장군을 요구하고 있었고, 루키우스 카이센니우스 파이투스(Lucius Caesennius Paetus)의 도착이 임박했다는 소식이 들어왔기 때문이다.

파이투스가 부임하자[4], 병력이 다음과 같이 나누어졌다. 제4군단과 제12군단에 조금 전에 모이시아에서 불러들인 제5군단을 추가하고, 폰투스와 갈라티아, 카파도키아의 원군이 모두 파이투스의 지휘 하에 두었다. 제3군단과 제6군단, 제10군단, 예로부터의 시리아 원군은 코르불로의 휘하에 머물렀다. 나머지 군대는 상황에 따라 한쪽에 가세하거나 양분되었다.

그러나 코르불로는 경쟁자를 용납하지 못하는 사람이었다. 파이투스는 코르불로 다음으로 평가되어도 그것을 영광으로 알고 만족해야 하는 사람인데도 코르불로의 공적을 깎아내렸다. "그는 적을 죽이지도 않고, 전리품을 빼앗지도 않았다. 도시를 공략했다는 것도 명목상의 일일 뿐이다. 나는 패배자에게 공물과 법률을 부과하고, 그림자처럼 왕을 대신해 그들에게 로마의 명령권이 미치게 해보일 것이다"고 호언장담했다.

7 같은 시기에 볼로게세스의 사절이 이미 말한 그런 경위에서 황제가 있는 곳으로 파견되었지만 아무 목적도 이루지 못하고 돌아왔다. 그래서 곧 파르티아인이 공공연히 무기를 들었다. 파이투스도 도

---

3) 61년부터 62년에 걸친 겨울.
4) 62년 봄이 되기 전에.

전에 응했다. 2개 군단을 이끌고 아르메니아로 침입했다. 당시의 제4
군단장 루키우스 푸니술라누스 베토니아누스(Lucius Funisulanus Vet-
tonianus)이고, 제12군단장은 칼라비우스 사비누스(Calavius Sabinus)
였다. 전조는 불길했다. 유프라테스 강을 건너가고 있을 때의 일이다.
다리를 놓고서 횡단하고 있는데 뚜렷한 원인도 없는데 집정관 현장[5]
을 운반하고 있던 말이 흠칫흠칫 놀라며 뒤로 도망쳤다. 이어서 동계
진영 주위에 방어물을 구축하고 있을 때에는 곁에 서 있던 산 제물[6]
이 도망치더니 반쯤 공사가 완성되어 있던 것을 무너뜨리고 보루 밖
으로 나가 버렸다. 게다가 일부 병사들의 투창에 불이 붙었다. 이 기
괴한 현상은 적인 파르티아인이 창 발사기로 싸우기 때문에 한층 더
사람들의 이목을 끌었다.

8 그렇지만 파이투스는 이런 전조들에 개의치 않았다. 동계 진영
의 방비가 아직 충분하지 않고 예비 식량도 확보되지 않았는데 돌연
군대를 이끌고 타우루스 산을 넘었다. 이 목적은 그의 선언에 따르면
티그라노케르타를 탈취하고 코르불로가 손을 대지 않고 남겨 두었던
지역을 황폐화시키는 것이었다. 이리하여 확실히 몇 개의 성채를 점
령하고 어느 정도의 영광과 전리품을 획득했다. 다만 유감스럽게도
이 공적을 겸허하게, 약탈품을 신중히 다루려 하지 않았을 뿐이다. 파
이투스는 너무 멀리까지 군대를 진격시키고 도저히 확보할 수 없을
정도로 광대한 지역을 황폐화시키며 돌아다니다가, 갖고 있는 식량
이 썩어 버리고 겨울도 다가와 어쩔 수 없이 군대를 철수시켰다. 그리
고 카이사르 앞으로 마치 전쟁이 끝난 것처럼 호언장담하고 실제로
는 아주 공허한 서한을 보냈다.

9 그 사이에도 코르불로는 유프라테스 강변의 경비를 게을리하

---

5) 그 대표적인 속간을 의미하고 있다. 총독은 6개를 지녔다.
6) 공사가 완성되었을 때 희생으로 바쳐지는 것.

지 않고, 더욱더 수비병을 증강시켜 가며 견인불발하고 있었다. 다수의 적 기병대가 이미 여봐란 듯이 강 맞은편 평원에서 말을 타고 돌아다니고 있었기 때문에, 그들이 다리 공사를 방해하지 못하도록 장대들로 연결되고 장갑 포탑으로 방비가 강화된 큰 배 몇 척을 강에 띄우고 횡단시킨 다음 그 위에서 투시기나 투석기를 발사해 적군을 혼란시켰다. 돌이나 창은 이에 대항해 쏘아 대는 적의 화살이 미치지 못할 만큼 멀리 날아갔다.

이윽고 다리가 완공되고, 맞은편 강변의 언덕이 먼저 동맹군의 보병에 의해, 이어서 군단 진영에 의해 점거되었다. 그 사이의 빠르고 능란한 솜씨와 눈부신 무용에, 파르티아인이 시리아 침략 준비를 포기하고 모든 야심을 아르메니아로 돌릴 정도였다. 그 아르메니아에서는 파이투스가 목전에 임박한 이 위험을 알아차리지 못하고 제5군단을 멀리 폰투스에 두고 그 밖의 군단병에게는 무차별적으로 휴가를 주어 군사력을 약화시키고 있었다. "볼로게세스가 가공할 대군을 이끌고 접근하고 있다"는 보고를 접한 것은 바로 이런 때였다.

10 파이투스는 제12군단을 불러들였다. 이것으로 병력이 증강되었다는 인상을 적에게 주리라 기대했지만 아군의 허약함만 드러냈을 뿐이다. 그러나 만약 파이투스가 자신의 계획이든 타인의 계획이든 그것을 확고 부동하게 실행에 옮겼다면, 이 정도의 병력으로도 그는 진영을 고수하면서 전쟁을 질질 끌어 파르티아인이 고민에 빠지게 만들 수 있었을 것이다. 그렇지만 전투 경험이 있는 참모들로부터 목전의 위험과 대결한 각오를 요구받자, 다른 사람들의 의견을 불필요하다는 태도를 보여 주려고 곧 다른 사람들의 생각과는 정반대되는, 그것도 더 조잡한 작전으로 바꾸었다. 그리고 "적에 대항하기 위해 내가 받은 수단은 해자나 보루가 아니라 인간과 무기다"라고 외치고는 동계 진지를 버리고 이제부터 싸워 보자며 군단병을 진격시켰다.

이윽고 적의 병력을 정찰하기 위해 먼저 떠났던 백인대장과 몇 명의 부하가 전사하자 깜짝 놀라 되돌아왔다. 볼로게세스는 생각했던 것만큼 끈질기게 추격하지 않았다. 그래서 파이투스는 다시 헛된 자신감을 가졌다. 왕의 진로를 차단할 목적으로 3000명의 정예 기병에게 타우루스 산맥의 가장 가까운 산꼭대기를 점거하게 했다. 다른 한편으로는 기병의 주력인 판노니아의 원군 기병을 평원의 일부에 배치했다. 또 그의 아내와 자식을 아르사모사타라는 요새에 집어넣고 그곳을 방비하라고 원군 1개 대대를 주었다. 만약 전군을 한 곳에 집중시켰다면 산만한 적의 공격을 보다 효과적으로 막을 수 있었을 텐데 이처럼 병력을 분산시켜 버렸던 것이다.

일설에 따르면 파이투스는 부하들로부터 강요받고 나서야 비로소 마지못해 "적의 공격을 받고 있다"고 코르불로에게 보고했다고 한다. 코르불로도 위험도가 커질수록 구원의 명예가 높아진다고 생각하고 서두르지 않았다고 한다. 그러나 실은 코르불로는 자신의 3개 군단에서 각각 선발한 1000명의 보병과 800명의 원군 기병과 같은 수의 보병에게 즉시 출발하라고 명했다.

11 볼로게세스는 앞길을 파이투스에 의해 저지당하고 있었는데, 한쪽 길은 보병이, 다른 길은 기병이 가로막고 있었다. 그렇지만 볼로게세스는 계획을 조금도 바꾸지 않았다. 군세와 위협으로 기병을 쫓아버리고 군단병을 분쇄해 버렸다. 단 한 사람 백인대장 타르퀴티우스 크레스켄스(Tarquitius Crescens)는 그 안에 틀어박혀 수비하고 있던 망루를 용감하게 방어했다. 종종 밖으로 나와서는 보다 가까이 공격해 온 야만족을 참살했다. 그러나 결국 타오르는 횃불을 사방에서 던져 굴복했다. 부상당하지 않은 병사들은 멀리 떨어진 황무지로 도망치고, 부상병은 진영으로 돌아갔다. 그리고 왕의 강담함과 야만족의 잔학한 태도, 그 대군 등과 관련해 무엇이든 공포심에서 크게 과장해

이야기했다.

같은 운명에 빠질 것을 염려하고 두려워하던 다른 병사들은 이 이 야기를 쉽게 믿었다. 장군조차 이 패배에 맞서 일어서려고 하지 않았 다. 군인으로서의 의무를 내팽개쳐 버리고 다시 코르불로에게 전령 을 보내 이렇게 탄원했다. "급히 달려와 주기 바란다. 대대기나 독수 리 깃발, 그리고 이름만 남아 있는 불행한 군대를 지켜 주기 바란다. 그때까지 생명이 남아 있는 한 우리는 조국에 대한 충절을 견지할 것 이다."

12 코르불로는 조금도 놀라지 않았다. 유프라테스 강변에 구축한 방어 진지를 유지하기 위해 시리아에 일부 병력을 남겨 두고는 식량 보급이 가능한데다가 가장 거리가 짧은 길을 택해 콤마게네 지방으 로 향하고, 이어서 카파도키아로 나아갔다. 그곳에서 아르메니아의 영토를 목표로 진군했다. 군대의 후미에서는 일반 군용 부대에 더해 곡물을 실은 엄청난 낙타 대열이 따라오고 있었다. 적과 함께 굶주림 에도 이기기 위해서였다. 도중에 아군 도망자들을 만났다. 맨 먼저 상 급 백인대장 파키우스 오르피투스(Paccius Orfitus), 그리고 많은 병사 들. 그들은 제각기 구실을 내세우며 도망친 것을 정당화하려 했다. 코 르불로는 "군기 밑으로 돌아가 파이투스의 자비를 탄원하라. 나는 승 자에게만 관대하다." 그러고는 자기 군단병 쪽으로 걸어가 고무 격려 했다. 옛 승리를 상기시키고 새로운 영광에 희망을 품게 했다. "이번 노력의 목적과 보람은 아르메니아의 촌락이나 도시가 아니다. 로마 의 진영과 그 안에서 버티고 있는 2개 군단이다. 만약 한 사람 한 사 람이 시민 구조라는 특별히 명예로운 시민관市民冠[7]을 최고 사령관에 게 직접 수여받는다면, 바꾸어 말하면 생명을 구한 자와 구조받은 자

---

7) 이 영예로운 화관에는 세금 면제나 경기장에서의 특별석 등의 은전이 수반되었다.

가 같은 숫자라는 것을 알게 되었을 때, 그것이 그 얼마나 멋진 영광이겠는가!" 이런 말로 코르불로는 전 병사를 열광 속으로 몰아넣었다. 물론 개중에는 형제나 친척의 신변의 위험이 특별히 동기가 되어 전의를 불태운 병사도 있었다. 그들은 낮과 밤을 가리지 않고 휴식도 취하지 않는 채 강행군을 계속했다.

⑬ 그래서 볼로게세스는 더욱 포위된 로마군을 더욱 거세게 압박했다. 어느 때는 군단의 보루를, 어느 때는 비전투원이 틀어박혀 있는 요새를 공격하며 파르티아인은 평소의 모습과는 달리 가까이까지 접근했다. 이 대담한 작전으로 상대를 전장으로 끌어들이려고 했던 것이다. 하지만 로마군은 좀처럼 적에게 현혹되어 진영 바깥으로 나가지 않고 성채를 방어하기만 했다. 일부는 장군의 명령을 지키고 있었기 때문이고, 다른 사람들은 선천적인 소심함에서, 혹은 코르불로의 도착을 기다리기 위해, 혹은 무모하게 공격을 하면 예전의 카우디움이나 누만티아[8]에서 벌어졌던 불행한 사건의 전철을 밟게 될 것이라고 예측했기 때문이다. "하지만 이탈리아의 단순한 한 부족 삼니테스와 이 로마 세계의 호적수인 파르티아는 그 힘에서 비교가 되지 않는다. 게다가 용감한 것으로 이름이 높았던 옛사람들이라 하더라도 운명이 자신들에게 불리하다는 것을 알았다면 언제든지 자신의 생명을 먼저 생각하지 않았을까?"

장군은 이런 병사들의 절망적인 목소리에 굴복해 볼로게세스에게 처음으로 편지를 써보냈다. 탄원한다기보다는 비난하는 투였다. "아르메니아는 언제나 로마의 지배 하에 있든가, 아니면 최고 사령관이 지명한 왕에게 복종하고 있었다. 그런 아르메니아를 편들며 왕은 무

---

8) 전자는 남이탈리아의 옛 도시로, 로마군이 이 도시에 기원전 321년에 삼니테스인에 의해 갇혀 버렸다. 후자는 속주 히스파니아의 도시로 기원전 137년에 로마군이 이곳의 부족에게 항복했다.

기를 들고 있다. 평화야말로 쌍방에 유익하다. 현상만 생각해서는 안된다. 지금 왕은 왕국의 전 병력을 동원해 로마의 2개 군단에 대항하고 있다. 로마인의 경우에는 이 전쟁에 힘을 빌려 줄 전세계가 뒤에서 기다리고 있다."

14 이에 대해 볼로게세스는 중요한 점은 전혀 언급하지 않고 이렇게 대답했다. "나는 형제인 파코루스와 티리다테스가 도착하기를 기다려야 한다. 그때 이 장소에서 우리는 아르메니아를 앞으로 어떻게 할 것인가에 대해 협의하게 되어 있다. 게다가 로마 군단의 운명도 결정한다는 아르사케스 왕가에 적합한 임무를 신들이 추가하고 있다." 그래서 파이투스는 전령을 보내 왕과의 회견을 요구했다. 왕은 기병 대장 바사케스(Vasaces)에게 나가 만나 보라고 명했다. 이때 파이투스는 루키우스 리키니우스 루쿨루스(Lucius Licinius Lucullus)나 폼페이우스에 대해 이야기했다. 그리고 대대로 카이사르가 아르메니아를 유지하거나 제공하기 위해 어떻게 행동했는지 말했다. 바사케스는 "로마가 아르메니아를 보유하거나 증여하는 것은 겉보기에 지나지 않는다. 실력을 갖고 있는 것은 파르티아다"라고 반박했다.

이리하여 오랫동안 두 사람이 논쟁했다. 그 이튿날 협정을 맺기 위해 아디아베니족의 수장 모노바주스를 증인으로 불렀다. 파르티아는 로마 군단의 포위를 풀고, 로마는 전군을 아르메니아의 국경에서 철수시키며, 요새와 식량은 파르티아인에게 양도하기로 타협했다.

15 이어서 파이투스는 진영 앞으로 흐르고 있는 아르사니아 강에 다리를 놓았다. "로마군을 위해 이 다리를 놓는 것이다"라고 변명했지만, 실은 파르티아가 승리의 기념으로 이 일을 명했던 것이다. 실제로 이것을 사용한 것은 그들이고, 우리 군은 정반대 방향에서 출발했다. 그뿐만이 아니었다. 풍설에 따르면 군단병들이 멍에의 문을 빠져나가야 했다고 한다. 그 외에 패배자의 입장에 적합한 모욕을 여러 가

지로 받았다. 아르메니아인으로부터도 똑같은 모욕을 실컷 받았다고 한다. 즉 아르메니아인은 로마군이 철수하기 전에 보루 안으로 들어왔다. 그리고 길을 양쪽에 늘어서서 예전에 약탈당한 노예나 가축이 자기 것으로 확인되면 다시 빼앗았다. 입고 있는 의복까지 벗기고 무기를 빼앗아도, 군단병들은 벌벌 떨며 전쟁의 빌미를 조금이라도 주지 않으려고 하는 대로 내버려 두었다.

볼로게세스는 로마군의 패배를 기념해 무기와 전사자의 시신을 산더미처럼 쌓아올렸다. 그러나 달아나는 군단병을 구경하는 것만은 꺼렸다. 흡족할 정도로 자존심을 충족시켰기 때문에 겸손하다는 명성을 얻으려 한 것이다. 왕은 코끼리에 올라타고 시종들은 말의 힘에 의지해 아르사니아스 강을 건너갔다. 문제의 다리는 기계 장치에 의해 무게가 가해지면 곧 무너지도록 설계되었다는 소문이 퍼져 있었기 때문이다. 그러나 눈 딱 감고 과감히 건넌 사람들은 그 다리가 튼튼하고 신뢰할 수 있다는 것을 알게 되었다.

16 이상과 같은 이야기는 어찌 되었든지간에 농성하고 있던 우리 군에 다량의 곡물이 저장되어 있었기 때문에 곡물 창고에 불을 지르지 않으면 안 되었다[9]는 것은 틀림없는 사실이다. 이에 반해 파르티아인은 코르불로의 《회상록》에 따르면 식량 궁핍과 여물의 고갈로 포위전을 포기하기 직전이었다고 한다. 그리고 코르불로가 목적지까지 3일밖에 걸리지 않는 지점에까지 다가와 있었다고 한다. 더 나아가 코르불로는 이렇게 덧붙이고 있다. 즉 파이투스는 군기 앞에서 왕이 보낸 증인이 입회한 가운데 이렇게 맹세해야 했다는 것이다. "네로가 평화에 동의하느냐 안 하느냐 하는 서한을 보낼 때까지 어떤 로마인도 아르메니아에 침입하지 않을 것이다." 이것은 파이투스의 불

---

9) 파르니타인에게 넘어가지 않게 하기 위해.

명예를 과장하려는 의도에서 날조된 이야기라 하더라도, 다음과 같은 기술에는 의문이 여지가 없다고 생각된다. 파이투스는 하루에 40마일[10]의 행정을 답파하고 그 사이에 부상자들을 곳곳에 버렸다. 이렇게 허둥지둥 도주하는 광경은 전장에서 등을 돌리고 달아날 때 못지 않을 정도로 볼꼴 사나웠다.

코르불로는 자신의 군대와 함께 유프라테스 강변에서 그들을 만났다. 강렬하게 대조되며 그들을 나무라는 듯한 드러나게 화려한 훈장이나 무기를 몸에 달거나 지니지 않았다. 코르불로의 부하들은 동포의 불운을 슬퍼하며 위로하고 눈물도 참으려 하지 않았다. 울음 소리 때문에 서로 인사도 제대로 할 수 없었다. 무용武勇을 다투는 마음이나 영광에 대한 야심과 같은 행운아 고유의 감정은 어디론가로 사라져 버렸다. 동정심만이 두드러졌다. 특히 계급이 낮은 병사들 사이에서.

17 잠시 후에 두 장군이 서로 짧은 말을 주고받았다. 코르불로는 한탄했다. "내 노력이 수포로 돌아갔소. 파르티아의 패주로 전쟁을 끝마칠 수 있었을 텐데." 파이투스는 이렇게 대답했다. "우리는 어느 쪽이든 아무것도 잃지 않았소. 독수리 깃발을 적 쪽으로 돌립시다. 군대를 합쳐 아르메니아를 칩시다. 볼로게세스가 철수해 지금은 무방비 상태가 되어 있기 때문이오." 코르불로는 다음과 같이 말했다. "그런 지령은 최고 사령관으로부터 받지 못했소. 내가 속주를 떠난 것은 군단병의 위험을 걱정했기 때문이오. 파르티아의 의도가 분명치 않으니 일단 시리아로 철수해야겠소. 지금 단계에서 우리가 할 수 있는 것은 오랜 행군으로 지친 우리 보병이 평원을 따라 쉽게 따라올 적의 기민한 기병대에 추월당하지 않도록 자비로운 행운의 여신에게 기원

---

10) 여름에는 로마군의 보통 행군은 1일 5시간으로 20마일, 강행군은 24마일이었다고 한다.

하는 것이 고작이오."

그래서 파이투스는 카파도키아에서 겨울을 보냈다. 볼로게세스는 코르불로가 있는 곳으로 사절을 보내 유프라테스 강의 맞은편 강변에 구축한 요새를 철거하고 전처럼 이 강을 국경으로 삼으라고 요구했다. 코르불로는 아르메니아에서도 적의 수비대를 모두 철수시키라고 강력하게 주장했다. 왕은 결국 이에 동의했다. 그래서 코르불로는 유프라테스 강 건너편에 만들어 놓은 요새를 제거했다. 이리하여 아르메니아인은 타국으로부터 간섭을 받지 않는 입장에 놓였다.

18 그렇지만 로마에서는 마침 그 무렵에 파르티아 정복 기념비가 세워지고, 카피톨리움의 중턱에 전승 기념문이 건조되고 있었다. 이것이 원로원에서 결의될 무렵에는 아직 승패가 어느 쪽으로도 정해지지 않은 상태였다. 정해진 지금에도 공사가 중단되지 않았다. 사실 인식에 눈을 감아 버리고 외관에만 마음을 썼기 때문이다. 아니, 그뿐만이 아니었다. 네로는 대외 관계의 중대한 국면에서 사람들의 눈을 돌리기 위해 오래되어 썩고 있는 시민용 곡물[11]을 티베리스 강에 버리게 했다. 그것에 의해 식량 공급에 대한 신뢰를 유지하려 했던 것이다. 때마침 폭풍우로 200척에 이르는 곡물 운반선이 오스티아 항구에 정박해 있었음에도 불구하고 침몰했다. 티베리스 강을 이미 거슬러올라가 있던 100척의 배도 우연한 화재로 불타 버렸다. 하지만 곡물 가격은 조금도 오르지 않았다.

이어서 네로는 3명의 집정관급 인사, 즉 루키우스 칼푸르니우스 피소와 아울루스 두케니우스 게미누스(Aulus Ducenius Geminus), 폼페이우스 파울리누스를 국고 수입 감독 지위에 앉혔다. 이때 네로는 이전 황제들을 비난했다. "그들은 일정한 연수입을 써야 할 시기 이전

---

11) 무상 배급용 곡물이 아니라 만약의 경우 곡물을 방출해 곡물 가격을 조정하기 위해 저장해 놓고 있었던 것.

에 미리 당겨 쓰는 동시에 터무니없이 낭비해 버렸다. 나는 매년 6000천만 세스테르티우스를 국가에 기증하고 있다."

19 이 무렵에 좋지 않은 습관이 널리 유행하고 있었다. 관직 선거나 속주 지사의 추첨 시기가 다가오면 자식이 없는 많은 사람[12]이 허위로 양자 결연을 맺어 자식을 집에 들이고 다른 진짜 아버지들과 함께 제비를 뽑았다. 이리하여 법무관직이든 속주 지사직이든 그것을 할당받으면 곧 양자를 부권父權에서 해방시켰다. 〈그래서 아버지들이〉 원로원을 에워싸고 격렬하게 비난했다. 천부적인 권리를 주장하고, 일시적인 양자 결연이라는 교활한 사기와 비교하며 자식을 양육하는 노고를 누구이 열거하며 기염을 토했다. "자식이 없는 사람은 그만큼 충분히 대가를 손에 넣고 있다. 그다지 고생도 하지 않으며 번둥번둥 지내고, 권위나 명예, 그 밖의 무엇이든 간단히 손에 넣는다. 법률이 보증하고 있는 은전이 우리의 장기간에 걸친 기대에도 불구하고 웃음거리가 되고 있다. 아버지로서의 노고를 알지 못하는 사람이, 자식이 없는 것이 사별死別에서 비롯되지 않은 사람이 순식간에 아버지의 숙원을 평등한 입장에서 손에 넣고 있는 것이 작금의 현실이다."

이런 호소에 의해 다음과 같은 원로원 의결이 통과되었다. 의제擬制 양자 결연에 의해서는 공적인 성격을 지닌 직책에 오르려는 사람에게 어떤 편의도 제공되지 않는다. 유산 상속의 경우에도 그 효력이 인정되지 않는다.

20 이어서 크레타 섬 사람인 클라우디우스 티마르쿠스(Claudius Timarchus)가 원로원에 고발당했다. 대부분의 비난은 막대한 부로 하층 계급을 압박하는 지위가 높은 유력한 속주민이 흔히 받는 것이었다.

---

12) 포파이우스법(3권 25절 주를 참조할 것)의 은전에 참여하기 위해 가짜 자식을 만들었다.

단 한 가지 예외는 요컨대 원로원의 체면을 손상시키고 모욕한(한 번 이상) 그의 말이었다. 즉 그는 언제난 이렇게 자랑하고 있었다 한다. "크레타를 관리한 지사에 대해 주민이 감사 결의를 할 것인가 말 것인가는 나의 권한에 속한다."

이 기회를 공공의 복지를 위해 이용하려는 마음에서 푸블리우스 클로디우스 트라세아 파이투스는 "피고를 크레타 섬에서 추방해야 한다"고 제안하고 이렇게 설명을 덧붙였다. "원로원 의원 여러분, 우리는 경험을 통해 알고 있듯이 좋았던 옛 시대의 훌륭한 법률이나 존경할 만한 대책은 타인의 비행의 결과로 생겨났소. 예컨대 킹키우스법은 변호사의 부정에서, 율리우스법[13]은 관직 후보자의 권모술수에서, 칼푸르니우스법[14]은 정무관의 탐욕에서 태어났소. 즉 시간적으로는 벌칙보다 먼저 죄악이 존재하고, 과실이 교정에 선행하오. 그러므로 이번 속주민의 새로운 오만에 대해 로마의 위신과 존경에 적합한 결정을 내려야 하오. 우리의 동맹자에 대한 보호를 조금도 손상시키지 않으면서 우리의 인격의 평가가 로마 이외의 땅에 사는 사람들의 판단에 의해 정해진다는 생각을 버리게 하기 위해 그렇게 해야 하오.

21 예전에는 법무관이나 집정관뿐만 아니라 관직이 없는 일개 시민[15]도 속주민을 시찰하기 위해 파견되어 각각의 속주의 복종 상황을 보고했소. 그리고 각 속주민은 시찰하러 온 한 사람의 평가를 두려워하며 벌벌 떨었소. 그렇지만 오늘날에는 우리가 외지인의 비위를 맞추며 아양을 떨고 있소. 속주민 중 누군가 한 사람이 고개를 끄덕이는 것만으로 감사의 연설이 행해지기도 하고 그 이상으로 간단히 고소

---

13) 아우구스투스가 기원전 18년에 정한 '선거 운동에 관한 율리우스법'을 가리킨다.
14) 기원전 149년에 호민관 칼푸르니우스가 제안한 '불법적인 강탈죄 소송을 다루는 상설 재판소 설치에 관한 법률'.
15) 자유 사절의 특권을 지니고 속주에 가는 의원. 12권 23절의 주를 참조할 것.

가 결정되기도 하는 실정이오! 좋소, 속주민에게 고소 결정권을 부여해 줍시다. 그들이 권력을 이런 식으로 과시하는 습관은 그대로 남겨 둡시다. 하지만 속주민에게 빌다시피 해서 억지로 하게 하는 거짓 칭송 연설은 그들의 악의적인 잔혹한 고소와 마찬가지로 엄격히 억압되어야 하오. 일반적으로 우리는 다른 사람의 분노를 사려 하기보다 은혜를 입히려 하다가 한층 더 많은 범죄를 저지르오. 그뿐만 아니라 미덕 중 몇 가지는 사람들의 반감을 사오. 예컨대 고집스런 근엄함이라든가, 다른 사람의 호의에 굴하지 않는 굳건한 절조와 청렴 결백함이 그렇소. 바로 이런 이유에서 우리 정무관들이 대개 임기 초기에는 성실히 근무하고 말기에는 인기 표를 그러모으는 관직 후보자처럼 타락하고 마는 것이오. 만약 이런 악습을 저지한다면 속주가 좀더 공평하고 또 건실하게 통치될 것이오. 불법적인 강탈 재판에 대한 공포가 통치자의 탐욕을 억제시켰듯이, 속주의 감사 결의권을 박탈하면 인기를 얻기 위한 책동도 제약을 받을 것이오."

22 많은 의원이 트라세아의 의견을 지지하며 환영했다. 하지만 원로원에서 의결되지는 못했다. 집정관이 "이 문제는 의사 일정에 올라 있지 않았다"고 선언했기 때문이다.[16] 이윽고 황제의 제창으로 다음과 같은 법률을 제정했다. 속주민 회의에서는 누구라도 원로원이 총독 혹은 지사에 대해 감사의 연설을 하라고 제안해서는 안 된다. 또 누구라도 이런 목적으로 위해 사절로 파견되어서도 안 된다.[17]

---

16) 의사 일정 외의 제안 의제를 원로원에서 정식으로 논의할 것인가 말 것인가 하는 판단은 집정관(의장)에 마음에 달려 있었다. 그러나 원로원의 판결(14권 49절 주를 참조할 것)과 마찬가지로 의사의 토의(5권 7절)나 제안의 가결(13권 26절)도 황제가 사전에 알고 있지 않을 경우에는 행해질 수 없다는 분위기가 조성되어 있었다.
17) 속주민이 임기가 끝난 통치자에게 감사의 뜻을 표할 경우, 속주민 회의의 제안에 기초해 속주 사절이 로마에 와서 원로원에 호소했다. 속주민 회의는 속주 내의 도시나 부족 대표가 해마다 한 번 공통의 의제를 토의하기 위해 모이는 회의.

같은 집정관 하에서 체육관이 벼락을 맞아 불타 버렸다. 그 안에 있던 네로의 상은 녹아 볼품없는 구리 덩어리가 되어 버렸다. 캄파니아의 번화한 도시 폼페이가 지진으로 거의 다 붕괴했다. 베스타의 성녀 라일리아(Laelia)가 세상을 떠나고, 그 대신 코수스 가 출신의 코르넬리아(Cornelia)가 성녀로 선택되었다.

23 가이우스 멤미우스 레굴루스(Gaius Memmius Regulus)와 루키우스 베르기니우스 루푸스(Lucius Verginius Rufus)가 집정관이 되었다.[18] 이해에 포파이아가 딸을 낳았다. 자식을 보게 된 네로의 기쁨은 인간으로서의 척도를 넘어서 있었다. 아기를 아우구스타로 명명하고, 포파이아에게도 같은 칭호를 수여했다. 딸의 탄생지는 식민시 안티움[19]으로 네로 자신도 여기에서 태어났다. 원로원은 딸이 태어나기 전부터 포파이아의 회임懷妊을 신들에게 보고하고 국가적인 기원식을 거행했다. '다산多産' 신전을 건립하고, 악티움의 성경기聖競技[20]를 본떠 경기회를 로마에서 개최할 것 등을 결의했다. 그리고 '운명의 자매신'의 황금상을 카피톨리움의 유피테르 신전의 옥좌에 안치할 것, 일찍이 율리우스 씨족을 축복하며 보빌라이에서 개최했던 것과 같은 경기장 시합을 클라우디우스 씨족과 도미티우스 씨족을 축복하며 안티움에서도 개최할 것을 의결했다.

그러나 이런 의결들은 그때에 한정된 덧없는 것이었다. 4개월도 되지 않아 아기가 세상을 떠나 버렸다. 다시 온갖 아부 행위가 벌어졌다. 그녀에게 여신의 명예를 수여하고 성의자聖椅子[21]와 성당, 성직자

---

18) 63년을 가리킨다.
19) 카이사르 가의 별장지.
20) 아우구스투스가 악티움 해전의 승리를 기념해 그 맞은편 해안의 도시 니코폴리스에서 창설한 5년마다 열리는 경기제. 아폴론에게 바쳐졌기 때문에 '성'이라는 형용사가 붙었다.
21) 각 가정 또는 신전에서 향연을 개최하는 경우에 신들의 상을 높히는 의자. 본문의 의미는 각 신전에 아우구스타를 위한 성의자를 비치하게 했다는 것일까?

를 바칠 것을 결의했다. 네로는 지난번의 기쁨과 마찬가지로 이번의 비탄하는 모습도 상식적인 선을 벗어나 있었다.

그런데 여기에서 주의를 환기시키고 싶은 것이 있다. 그것은 모든 원로원 의원이 출산과 동시에 안티움으로 달려갔을 때 트라세아만이 알현을 거절당했다는 것이다. 그는 태연 자약하게 이 모욕을 임박한 죽음의 전조로 받아들였다. 그러나 소문에 따르면 그 후 곧 카이사르는 "트라세아와 화해했다"고 말하며 세네카에게 자랑하고, 세네카도 카이사르에게 축하한다는 말을 했다고 한다. 이와 같이 명사들의 영광과 동시에 위험도 증대되어 가고 있었다.

24 그럭저럭 하는 사이에 초봄에 이르러 파르티아의 사절이 볼로게세스의 전언을 갖고 왔다. 그 서한 내용은 대략 다음과 같은 것이었다.

"내가 전부터 종종 표명해 온 아르메니아의 점유권 문제는 지금은 불문에 부치겠다. 아무리 위대한 국민이라도 심판하는 신들이 로마의 명예를 얼마간 손상시키고 아르메니아의 패권을 파르티아에 주었기 때문이다. 최근에 나는 티그라네스를 포위했다. 그 후에 파이투스와 그 군단병을 분쇄하려고 마음먹었으면 그럴 수 있었을 텐데 손상을 입히지 않고 도망치게 해주었다. 그래서 충분히 파르티아의 무위武威가 증명되었다. 그와 동시에 관용의 모범적인 사례도 제시되었다. 티리다테스는 성직자로서의 의무로 인해 금족을 당하지 않았으면 왕관을 수여받으러 로마에 가는 것도 사양하지 않았을 것이다. 그는 로마의 군기와 황제의 상이 있는 곳까지 갈 것이다. 그곳에서 군단병이 입회한 가운데 앞날을 축복받으며 왕위에 오를 것이다."

25 볼로게세스의 편지는 이런 식으로 파이투스가 대세가 아직 결정되지 않은 듯이 써보낸 보고[22]와 크게 어긋났다. 그래서 네로는 사

---

22) 파르티아의 사절을 안내해 온 백인대장에게 맡긴 편지.

절을 안내해 온 백인대장에게 아르메니아의 현상을 물어 보았다. "로마군은 모든 그 땅에서 철수했습니다"라고 백인대장이 대답했다. 그래서 네로가 "이것은 조롱이다"라고 깨달았다. "이미 손에 넣은 것을 고의적으로 요구하고 있기 때문이다."

그래서 일류 시민들을 모아 놓고[23] 위험한 전쟁을 해야 할 것인지, 아니면 불명예스런 평화를 수락해야 할 것인지를 자문받았다. 그들은 망설이지 않고 전쟁을 선택했다. 그리고 오랜 군문의 체험으로 부하들이나 적에 대해 잘 알고 있는 코르불로에게 책임지고 이 전쟁을 수행하게 했다. 코르불로 이외의 사람들은 경험이 없기 때문에 또다시 실패하지 않을까 우려되었기 때문이다. 그들은 파이투스로 인해 인해 이미 질려 버린 상태였다.

그래서 사절은 목적을 이루지 못하고 돌아갔다. 하지만 선물은 가지고 갔다. 그것은 같은 요구라도 본인인 티리다테스가 탄원하러 왔으면 성공했을 것이라는 인상을 주기 위해서였다.

시리아의 민정民政은 가이우스 케스티우스 갈루스(Gaius Cestius Gallus)에게 위임되었다. 그 땅의 전 군대는 코르불로의 지휘 하에 들어갔다. 여기에 판노니아에서 마리우스 켈수스(Marius Celsus)가 이끌고 온 제15군단이 추가되었다. 동방의 소군주나 왕, 수비대장이나 황제 속리 및 인근 제속주의 관리자에게는 코르불로의 명령에 복종하라는 지령이 내려졌다. 이리하여 코르불로의 권한은 일찍이 로마 국민이 해적 토벌전[24]의 지휘자로서 그나이우스 폼페이우스에게 부여했던 권한에 거의 필적할 정도로 증대되었다. 파이투스는 로마로 돌아오고 나서 최악의 조치를 예상하며 떨고 있었지만, 카이사르는 비

---

23) 비상시에 황제의 상담에 응하는 장로들의 황제 고문 회의. 친위대장과 수도 경비대장, 7인의 원로원 의원으로 구성되어 있었다.
24) 기원전 67년의 일.

웃는 것으로 만족했다. 그것은 대략 이런 말이었다. "내가 지금 즉시 용서해 주겠다. 그토록 쉽게 깜짝 놀라는 자를 오랫동안 걱정하게 두면 병들어 버릴 것이기 때문이다."

26 코르불로는 제4군단과 제12군단이 용감한 병사를 모두 잃고 살아남은 병사들도 놀라 거의 전투를 견뎌 낼 수 없는 상태인 것을 알고 이 2개 군단을 시리아로 이동시켰다. 그 대신 여러 차례 눈부신 활약으로 단련된 완전무결한 제6군단과 제3군단을 시리아에서 아르메니아로 데려갔다. 여기에 폰투스에 주둔하는 바람에 불행을 모면한 제5군단과 최근에 모집된 제15군단, 그리고 일리리쿰과 이집트에서 파견된 정예병을 추가했다. 이 병력과 휘하의 원군 기병과 보병 전체, 그리고 여러 왕의 동맹군을 멜레테네라는 곳에 집결시켰다. 그곳에서 유프라테스 강을 건널 계획이었다. 먼저 코르불로는 관례에 따라 전군의 불제 의식을 거행했다. 이어서 집합을 명하고 장중한 말로 최고 사령관의 새점과 자신의 공적에 대해 말했다. 최근의 패배는 파이투스의 무능함 탓으로 돌려 버렸다. 그의 태도는 군인에게 있어서는 웅변술을 대신하는 저 위엄으로 넘쳐흐르고 있었다.

27 마침내 코르불로는 출발했다. 그 옛날에 루키우스 리키니우스 루쿨루스[25]가 개척한 길을 따라 오랜 세월에 걸쳐 생겨난 장애물을 제거하면서 나아갔다. 도중에 티리다테스와 볼로게세스가 보낸 평화 교섭 사절을 만났다. 예의 바르게 맞아들이고 다음과 같은 온건한 권고문과 함께 백인대장을 딸려 돌려보냈다.

"사태가 피비린내나는 격전을 필요로 하는 데까지 와 있지는 않다. 로마인은 많은 성공을 거두었고, 파르티아인도 여러 번 승리를 거두었다. 바로 이것이 우쭐해 하는 데 대한 교훈이다. 그러므로 티리다테

---

25) 기원전 69년에 티그라노케르타에 이르는 이 길을 따라 진군했다.

스로서는 아르메니아 왕국이 황폐화되기 전에 순순히 로마의 선물로 받는 것이 상책이다. 볼로게세스도 파르티아인을 생각한다면 서로 손상을 입는 것보다 로마와 동맹하는 것이 현명할 것이다. 파르티아 국내에 얼마나 큰 의견 대립이 있는지, 그리고 왕이 얼마나 고집이 세고 다루기 힘든 신민을 거느리고 있는지, 이런 사정을 나도 잘 알고 있다. 이에 반해 로마의 최고 사령관은 모든 곳에서 반석과 같은 평화를 향수하고 있다. 다만 한 곳, 즉 이곳에서 전쟁이 일어나고 있을 뿐이다."

이렇게 충고하고, 여기에 위협도 첨가했다. 그리고 솔선해서 로마에 모반을 기도한 아르메니아의 대공들을 영지에서 추방했다. 그들의 성시城市는 파괴되고 평지와 산악, 강자와 약자 모두 공포심에 사로잡혔다.

28 그러나 코르불로의 이름은 야만족에게조차 증오심이나 적개심의 대상이 아니었다. 그래서 그의 충고가 신뢰감 있게 받아들여졌다. 그런 사정에서 볼로게세스는 전반적인 문제에서 타협적인 태도를 나타내고 몇 개의 군郡에서의 휴전을 요청했다. 티리게네스도 회견 장소와 시간을 희망했다. 시기는 가능한 한 빠를 것. 장소로는 야만족이 승리를 기념하는 곳이라는 이유에서 파이투스와 군단병이 최근에 포위당했던 곳을 지정하고 있었다. 코르불로는 운명이 어찌나 대조적으로 변하는지 그것이 도리어 자신의 영광을 높일 정도라고 생각하고 별로 반대하지 않았다. 게다가 그는 파이투스의 치욕에 그리 괴로워하지도 않았다. 그것은 그가 파이투스의 자식인 군단 부관에게 몇 개 부대를 이끌고 부행한 전투의 유물을 묻어 보이지 않게 하라고 명한 것으로 가장 잘 알 수 있다.

지정일이 되어 티리다테스의 진영으로 간 것은 병참대장으로 임명되어 있던 상급 로마 기사 티베리우스 율리우스 알렉산데르(Tiberius

Julius Alexander)와 코르불로의 사위로 원로원 의원 자격 연령에 이르지 못했는데도 제5군단장 대리로 임명되어 있던 안니우스 비니키아누스(Annius Vinicianus)였다. 이것은 왕에게 경의를 표하기 위해서였다. 그와 동시에 두 사람을 인질로 보내 왕의 함정에 대한 의심을 없애려 했던 것이다. 그 후 양자는 20명의 기병을 각각 거느리고 다가갔다. 코르불로의 모습을 발견하자 왕 쪽에서 먼저 말에서 내렸다. 재빨리 코르불로도 그것을 모방하고, 두 사람은 서로에게 다가가 악수를 교환했다.

29 그 후 로마의 장군은 젊은 왕이 저돌적인 만용을 버리고 견실하고 안전한 길을 택했다며 치켜세웠다. 왕은 먼저 고귀한 가문을 내세우며 장황하게 자화자찬한 뒤에 삼가는 태도로 이렇게 덧붙여 말했다. "나는 반드시 로마에 가서 카이사르에게 보기 드문 영광, 즉 파르티아가 불리한 입장이 아닌데도 아르사케스 왕가 사람이 탄원하는 영예를 줄 것이다."

이어서 두 사람은 서로 의논해 티리다테스가 왕위의 표장을 네로의 손을 거쳐 다시 달 때까지 일단 카이사르의 상 앞에 두기로 결정했다. 이리하여 회견은 키스로 끝을 맺었다.

며칠 뒤에 양군은 화려하게 치장한 모습으로 회견했다. 한쪽에는 조국의 깃발 아래 대오를 갖춘 파르티아의 기병. 다른 한쪽에는 찬란히 빛나는 군기와 독수리 깃발, 마치 신전 내에 있는 것처럼[26] 신상神像을 높이 받들어 들고 군단병이 정렬했다. 양군 사이에는 지휘단이 있고, 그 위에 고관高官 의자를 두고 의자에 네로의 상을 안치했다. 관례에 따라 산 제물을 바쳤다. 티리다테스는 상 앞으로 다가간 뒤 머리에서 왕의 머리띠를 풀고 상의 발밑에 내려놓았다. 그 자리에 있는

---

26) 회견 장소를 신성하게 만드는 듯이.

모든 사람에게 감개무량한 광경이었다. 로마군이 학살되고 포위된 모습이 아직 가슴에 깊이 새겨져 있었던만큼 한층 더 감동적이었다. "이제 국면이 일변했다. 티리다테스가 구경거리가 되기 위해 로마로 가는 것이다. 포로와 똑같지 않을까?"

30 코르불로는 면목을 세운 이런 의식 뒤에 정성을 다한 연회를 베풀었다. 왕은 뭔가 신기한 것을 발견하면 그때마다 설명을 요구했다. 예를 들어 "백인대장이 야경시夜警時가 시작되는 것을 알리는 이유는 무엇인가?" "회식이 뿔피리 신호로 끝나는 이유는 무엇인가?" "복조관 천막 앞에 설치되어 있는 제단의 불을 횃불로 켜는 이유는 무엇인가?" 그때마다 코르불로는 짐짓 점잔을 빼며 설명해 주었다. 그리고 왕의 마음을 우리 나의 오랜 관습에 대한 경외감으로 가득 채웠다.

그 이튿날 왕은 "로마로 긴 여행을 떠나기 전에 형제와 어머니를 만날 시간을 달라"고 요청했다. 그 동안의 인질로 딸을 코르불로에게 건네 주는 동시에 네로에게 보내는 탄원서도 맡겼다.

31 이리하여 티리다테스가 그곳을 떠나 메디아로 가서 파코루스를 만나고, 에크바타나에서 볼로게세스를 만났다. 특히 후자는 동생의 운명에 상당히 깊은 관심을 기울이고 있었다. 동생을 위해 특별 사절을 보내 코르불로에게 이렇게 요구했기 때문이다. "티리다테스에게 투항자와 같은 태도를 강요하지 말기를 바란다. 언제나 칼을 차게 해달라. 속주의 통치자들이 그를 포용하려고 할 때 이것을 금지하지 말기 바란다. 또 통치자들이 저택 앞에서 그를 기다리게 하고, 로마에서는 집정관에게 바쳐지는 명예를 모두 그에게 수여해 주기 바란다."

이렇게 보면 볼로게세스는 야만족의 화려한 겉모습에 익숙해져 버려 진짜 실력을 존중하고 허식虛飾을 무시하는 로마인의 정신을 이해하지 못했던 것이 분명하다.

32 같은 해에 카이사르는 연해 알프스 지방의 주민에게 라티움권[27]

을 부여했다. 그리고 경기장에서의 로마 기사의 좌석을 서민석의 전열前列로 지정했다. 이때까지는 양자는 좌석의 구분 없이 앉았다. 로스키우스법[28]이 밑에서 제14단까지의 극장 내의 열을 규정하기만 했기 때문이다.

같은 해에 검투사 시합이 개최되었다. 그 성대함은 여느 때와 똑같았지만, 투기장에 나타나 명예를 더럽힌 명문가의 부녀자나 원로원의원 숫자가 전례 없이 많았다.

2. 로마의 대화재

33 가이우스 라이카니우스 바수스(Gaius Laecanius Bassus)와 마르쿠스 리키니우스 크라수스 프루기(Marcus Licinius Crassus Frugi)가 집정관이 되었다.[29] 네로는 날로 커져 가는, 공개적인 무대에 서고 싶다는 욕구에 시달리고 있었다. 이 무렵까지는 청년제 때 자신의 대저택이나 정원 안에서 노래를 부르기만 했을 뿐이다. "그런 곳은 많은 청중을 수용할 수 없고, 무엇보다 나처럼 성량이 풍부한 사람에게는 너무 좁다"고 투덜대며 언제나 경멸하고 있었다. 그렇다고 로마에서 첫 무대에 오를 용기는 없어 "나폴리는 그리스 도시다"라고 핑계를 대며 이 도시를 선택했다. "그곳에서 시작하자. 그 다음 그리스로 건너가자. 그리고 유서 깊은 신성한 월계관을 획득하고 위대한 명성을 확

---

27) 라티움 지방 사람들이 아직 로마 시민이 아니었던 시대에 그 지방 사람들이 지니고 있었던 권리(로마 시민과의 통상, 혼인의 권리 등). 이탈리아 전역이 시민권을 지니게 된 후에는 라티움권은 속주민에게 로마 시민권을 주기 전단계로 받아들여졌다.
28) 기원전 67년의 호민관 로스키우스가 제안한 법률. 원로원 계급은 무대 앞의 반원형의 귀빈석에, 기사는 제1단에서 제14단까지 앉는 것을 인정했다.
29) 64년의 일이다.

립해 로마 시민을 자극하고 열광시키자."

이런 사정에서 나폴리의 주민이 다수 동원되었다. 사전 인기에 끌려 부근의 자치시나 식민시에서도 찾아왔다. 카이사르에게 경의를 표하기 위해, 혹은 갖가지 봉사를 하기 위해 로마에서 따라온 사람이나 친위대 병사들까지 들어와 극장이 가득 찼다.

34 그래서 사건이 발생했다. 대부분의 사람은 그것을 불길한 전조로 받아들였지만, 네로는 오히려 신들의 섭리와 가호에 의한 행운의 사건으로 해석했다. 구경하던 민중이 밖으로 나가 텅 비게 되었을 때 돌연 극장이 무너졌다. 그래서 인명 피해는 없었다. 네로는 즉시 이 사건의 운이 좋은 결과를 축복하기 위해 고심하며 신들에게 감사하는 송시頌詩를 지었다.

그 후 네로는 아드리아 해를 건너가기로 결심했다. 도중에 베네벤툼에 들렀을 때 바티니우스(Vatinius)라는 자가 그곳에서 검투사 시합을 성대하게 개최했다. 이자는 네로의 궁정에서 가장 추악한 괴물의 하나였다. 구두 수선 가게에서 자라난 이 기형적으로 생긴 비열한 익살꾼은 처음에는 놀림감으로 카이사르 가에 고용되었는데, 이윽고 저명한 사람들을 이 사람 저 사람 할 것 없이 모조리 참소해 대단한 세력을 지니기에 이르렀다. 네로의 총애와 자신의 재산, 중상中傷의 힘에 의해 악당들 사이에서조차 한 단계 뛰어났다.

35 네로는 이자가 개최한 것을 보며 즐기고 있는 사이에도 죄와의 인연을 끊지 않았다. 데키무스 유니우스 실라누스 토르콰투스에게 자살을 억지로 강요한 것도 마침 이 무렵의 일이었다. 그 원인은 그가 율리우스 씨족의 일원이라는 명성뿐만이 아니었다. "내 고조부는 신군 아우구스투스이다"라고 자랑하고 있었기 때문이기도 했다. 고발자들은 네로가 조종하는 대로 "실라누스가 활수하게 선물을 여기저기 나누어 주며 선심을 써 재산을 탕진했다"고 비난했다. "그 목적은

변혁 이외의 아무것도 아니다. 그뿐만 아니라 그는 자신의 집 해방 노예에게 문서계나 청원 수리계, 회계계라는 직명을 붙이고 있다. 이런 관직은 최고의 관리직을 위해 따로 간수되어 있는 것이다.[30] 따라서 그는 이미 그 사전 준비를 하고 있는 것이다."

　그 후 그의 심복 해방 노예들이 모두 체포되거나 납치되었다. 이리하여 죄의 선고가 목전에 임박했을 때, 토르콰투스가 두 팔의 혈관을 절개했다. 그 후 곧 네로는 틀에 박힌 연설[31]을 했다. "토르콰투스가 어떤 죄를 지었든, 그리고 변호받을 자격이 없다고 절망하고 있었든 단지 재판관의 자비에 한 가닥의 희망을 걸고 있었다면 생명을 구할 수 있었을 텐데."

　36 그 후 얼마 안 되어 네로는 그리스 방문을 일시 단념하고 로마로 돌아왔다(그 이유는 알려져 있지 않았다). 하지만 네로는 여전히 은밀히 마음속으로 동방 속주, 특히 이집트를 방문할 계획을 다듬고 있었다. 그러고는 포고에 의해 자신의 뜻을 공표했다. "내 외유는 그리 오래 걸리지 않을 것이다. 그 사이에 국내는 아무 이상 없이 평온 무사할 것이다."

　이 여행을 위해 카피톨리움으로 가고 그곳에서 신들에게 기원하고 나서 베스타 신전[32]으로 들어갔다. 그때 그의 손발이 갑자기 떨리기 시작했다. 여신의 위력에 깜짝 놀랐기 때문이었을까, 아니면 지은 죄를 생각해 내고 늘 겁내고 있었기 때문이었을까? 그는 시작한 계획을

---

30) 13권 14절 주. 이 직명들은 이전에는 대저택의 해방 노예에서 사용되고 있었지만 클라우디우스 시대 이후에는 카이사르 가의 해방 노예에만 한정되었다. 최고의 관리직은 카이사르 가의 관직이라는 듯.

31) 14권 49절의 안티스티우스에 대한 네로의 연설, 티베리우스의 리보의 자살에 대한 연설(2권 31절)을 참조할 것.

32) 베스타의 국민의 벽난로 여신인 동시에 국내 안전의 수호신이기 때문에 작별 인사를 한 것이다.

포기하고 이렇게 포고했다.

"조국애 앞에서는 나의 어떤 관심이든 다 사라져 버린다. 내가 그처럼 긴 여행을 떠난다고 시민들이 슬픈 얼굴을 하고 있다. 은밀히 한탄하는 소리도 들린다. 그들은 나의 일시적인 부재도 견디지 못하는 것이다. 황제의 모습을 보고 불행을 달래는 습관이 들어 있기 때문이다. 그래서 마치 개인적인 관계에서 가장 가까운 혈족이 가장 사랑스럽듯이, 나는 로마 국민에게 가장 큰 애착을 갖고 있다. 그들이 있어 달라고 부탁하면 그에 따르는 수밖에 없다."

이런 말에 민중은 몹시 기뻐했다. 그들은 오락에 굶주리고, 또 가장 큰 걱정거리인 식량의 배급 중단 사태가 네로의 부재로 야기되지 않을까 두려워하고 있었던 것이다. 원로원 의원이나 지도적인 인물들은 네로가 로마를 떠나 있을 때와 눈앞에 있을 때 중 어느 쪽이 더 좋은지 처음에는 가늠이 되지 않았다. 이윽고 큰 공포를 경험할 때 종종 그렇듯이 실제로 일어난 쪽이 더 나쁜 것 같았다.

37 네로 자신은 이 로마가 세계에서 가장 즐거운 곳으로 여겨지도록 여러 가지로 노력했다. 공공 장소에서 향연을 베풀고 수도 전체를 마치 자신의 집처럼 사용했다. 그 중에서 제정신을 가진 행동으로 생각되지 않는 낭비에 의해 가장 악명을 떨친 것은 티겔리누스가 준비한 향연이었다. 앞으로 똑같은 상궤를 벗어난 낭비 형태를 그때마다 되풀이해 언급하는 수고를 덜기 위해서라도 그 상태를 사소한 한 예로서 여기에 기술해 놓겠다.

티겔리누스는 마르쿠스 아그리파의 연못[33]에 뗏목을 만들어 띄우고 그 위에서 향연을 베풀고 몇 척의 배로 끌며 돌아다니게 했다. 배는 황금이나 상아로 장식되었다. 노젓는 자들은 방탕아로 나이나 경

---

33) 마르스 공원 안의 아그피파 목욕탕에 부속된 인공 연못.

험에 따라 각각의 배에 배치되었다. 여러 나라에서 새나 짐승을 모으고, 멀리 북해로부터는 바다 괴물을 가져오게 했다. 연못 제방에는 창가娼家를 짓고 이곳을 명문가의 여성으로 가득 채웠다. 그 맞은편 연못가에서는 매음부의 벌거벗은 모습이 보이고 그 행동 거지부터가 이미 외설스러웠다. 저녁 어스름이 밀려올 무렵에는 부근의 숲이란 숲, 주위의 집이란 집에서는 모두 노랫소리가 왁자하고 등불이 환히 빛나고 있었다.

네로는 자연, 부자연을 불문하고 온갖 음행으로 몸을 더럽히며 더 이상 타락할 도리가 없을 것이라는 생각이 들 정도로 패덕의 극한을 달리고 있었다. 그로부터 며칠이 지난 뒤에 정식 결혼 절차를 밟아 불결한 남색 상대자 중 한 명(그 이름은 피타고라스였다)과 결혼했기 때문이다. 적어도 최고 사령관이라는 자가 신부가 쓰는 주홍색 베일로 머리를 덮었다. 혼례 증인이 입회했다. 지참금이나 합환 침상, 결혼 횃불 등이 모두 그곳에 있었다. 끝내는 여성의 경우에는 밤에 의해 숨겨지는 것까지 모두 사람들 앞에 노출시켰다.

38 그 후 곧 재난이 일어났다. 우연이었는지, 황제의 책동에 의한 것이었는지 확실히 알 수는 없다(두 설 모두 제각기 신뢰할 수 있는 전거가 있기 때문이다). 그것은 그렇다 치고 이번의 화재는 그때까지 수도를 덮쳤던 어떤 맹화보다 규모가 크고 피해도 엄청났다. 불길이 맨 처음 일어난 곳은 대경기장이 팔라티움 언덕 및 카일리우스 언덕과 접하는 쪽이었다. 그곳에는 불에 타기 쉬운 상품을 진열해 놓은 점포[34]만 늘어서 있었다. 그래서 발생과 동시에 불길이 강해지고, 게다가 바람이 불고, 돌담으로 둘러싸인 저택이나 외벽으로 에워싸인 신전 등 연소를 늦출 수 있는 장애물이 전혀 없기 때문이기도 했다. 그래서 순

---

34) 대경기장(6권 45절 주를 참조할 것)의 바깥쪽 최하층 아케이드 밑에, 즉 좌석 밑에 노점이 늘어서 있었다.

식간에 대경기장을 확 둘러싸 버렸다. 불꽃이 광포한 기세로 먼저 평지를 모두 태워 버리자 이번에는 약간 높은 평지로 올라가더니 다시 저지대를 휩쓸었다. 어떤 소화 대책도 따라잡을 수 없을 정도로 재해의 기세가 빨랐다. 그 무렵의 로마는 폭이 좁은 길이 이리저리 꼬불꼬불 구부러지고, 집이 늘어선 모양도 불규칙했기 때문에 피해를 입기 쉬운 수도였다.[35]

거기에 더하여 무서워 바들바들 떠는 여자의 비명 소리, 늙어 빠진 사람, 철없는 아이. 누구든 자신의 안전을 꾀하며 다른 사람의 몸을 염려하고 약한 사람을 데려가거나 기다리면서, 어떤 사람은 뒤떨어지며, 어떤 사람은 허둥대며 모두 서로를 방해했다. 많은 사람이 뒤쪽을 신경쓰고 있는 사이에 불길이 옆쪽과 앞쪽에서 에워싸 버렸다. 인근 지역까지 도망쳤다 싶으면 그곳이 이미 불길에 휩싸여 있었다. 멀리 떨어져 있다고 생각한 장소도 역시 마찬가지 상태인 것을 발견했다. 마침내 어디로 피하고 어디로 도망쳐야 할지 가늠을 할 수 없게 되었다. 사람들은 도로에서 밀치락달치락하다가 땅 위에 구르고 쓰러졌다. 어떤 사람은 전 재산을 잃어 하루분의 식량도 없었다. 구해 줄 수 없었던 가족을 가엾게 여겨 피할 수 있는데도 목숨을 끊은 사람도 있었다.

이리하여 누구 한 사람 불길을 잡으려 하지 않았다. 그러기는커녕 불을 끄려 하는 것을 많은 사람이 종종 위협하고 방해했다. 개중에는 여봐란 듯이 횃불을 던지면서 "당국의 명령으로 하고 있는 것이다" 하고 외치는 자도 있었다. 정말로 명령을 받았던 것일까, 아니면 한층 더 뻔뻔스럽게 혼잡한 틈을 타서 방해받지 않고 도둑질을 하려 했던 것일까?

---

35) 불타기 전의 로마의 도로 폭은 5, 6미터였다고 한다. 양쪽에서 증축된 부분이 도로 위까지 튀어 나와 집들이 늘어선 모양이 어지러웠다고 한다.

39 마침 그때 네로는 안티움에 머무르고 있었다. 수도로 돌아왔을 때에는 팔라티움 언덕과 마이케나스 정원을 잇고 있는 '네로의 대저택'으로 금세라도 불이 옮겨 붙으려 하고 있었다. 그러나 불을 끌 수 있었던 것은 팔라티움 언덕이 카리사르 가나 그 주위의 건축물을 포함해 모두 잿더미로 변하고 만 뒤의 일이었다.

네로는 망연 자실한 모습을 하고 있는 이재민들의 원기를 북돋우기 위해 마르스 공원이나 아그리파 기념 건축물, 나아가서는 자신의 정원까지 개방했다. 그리고 임시로 긴급 가건물을 짓고 그곳에 무일푼 신세가 된 군중을 수용했다. 오스티아나 근교의 자치시에서 식량을 가져와 곡물 가격을 3세스테르티우스³⁶⁾까지 낮추게 했다. 민중을 위해 이런 조치를 취했지만 아무도 고마워하지 않았다. 다음과 같은 소문이 퍼져 있었기 때문이다.

"네로가 수도가 한창 불타고 있을 때 대저택 내의 사설 무대³⁷⁾에 올라서서 눈앞의 화재를 구경하면서 이것을 태곳적의 불행과 비교하며 〈트로이의 함락〉³⁸⁾을 노래하고 있었다."

40 6일째 되는 날 에스퀼리아이 언덕 기슭에서 가까스로 불길이 잡혔다. 광대한 범위에 걸쳐 건물이 붕괴되는 바람에 그 이상 맹화가 이어진다 해도 그 불길이 맞닥뜨리는 것은 넓고 아득한 지평선과 벌판밖에 없을 정도였다.

그렇지만 공포가 아직 가라앉지 않고 희망이 마음속에 되살아나지 않았을 때, 불길이 또다시 치솟았다. 이번에는 시내의 널찍한 지역을 덮쳤기 때문에 인명 손상은 적었지만, 신전이나 소요 주랑逍遙柱廊 등

---

36) 곡물의 평균 시세는 5세스테르티우스, 밀가루는 10세스테르티우스였다. 비상시에 황제가 곡물 가격을 내리는 것이 관례였다. 2권 87절, 15권 18절을 참조할 것.
37) 33절을 참조할 것.
38) 네로가 이런 제목의 서사시를 지은 것은 확실하고, 그 단편이 전해지고 있다.

이 보다 많이 붕괴되었다. 이 새 화재는 아이밀리아누스 가[39]의 티겔리누스의 소유지에서 일어났기 때문에 지난번보다 더 적의에 찬 소문이 추가되었다. "네로가 수도를 새로 다시 건설하고 거기에 자신의 이름을 붙이려는 야심을 평소에 품고 있었다." 그리고 사람들은 정말로 이것을 믿고 있었다.

실제로 로마는 14개구로 나누어져 있었는데 그 중에 완전한 모습으로 남아 있는 곳은 4개구밖에 되지 않았다. 3개구는 불탄 들판으로 변하고, 나머지 7개구는 완파되거나 반파된 집의 잔해가 약간 남아 있었다.

41 여기에서 소실된 저택이나 공동 주택,[40] 신전의 숫자를 밝혀 내기는 어려울 것이다. 그러나 가장 유서 깊은 종교 기념물 가운데서 골라내면 세르비우스 툴리우스(Servius Tullius)가 '달의 여신'에게 바친 신전, 아르카스 에반데르(Arcas Evander)가 눈앞에 나타난 헤라클레스에게 바친 대제단과 신역神域. 로물루스가 봉헌을 맹세한 옹호자 유피테르의 신전, 누마의 왕궁과 베스타 신전이 로마인의 수호신들과 함께 소실되었다. 그리고 수많은 승리로 획득한 타국의 재보, 그리스 예술품의 걸작, 마지막으로 로마의 옛 천재에 의해 완성된 진짜 기념물. 물론 그 후에 재건된 현재는 수도는 훌륭하다. 그러나 고로古老들이 기억하고 있는 이 많은 기념물은 이제는 두 번 다시 복원할 수 없다.

어느 사가는 이 대화재가 발생한 날이 7월 19일이고, 세노네스족이 수도를 점령하고 불을 지른 날도 역시 이날이었다는 데 주의를 기울

---

39) 카피톨리움의 서북부에 있었던 빈민 계급 지구. 티겔리누스가 네로의 환심을 사려고 자신의 소유물(임대 아파트?)에 불을 지른 것으로 생각되었던 것일까?

40) 저택은 보통 부자가 소유하는 큰(평균 150평) 집으로 홀과 안뜰, 방화벽이 있었다. 공동 주택은 사방이 길로 둘러싸인 섬 같은 임대 아파트(평균 30~120평). 1층은 대개 상점이고, 2층 이상에서 중하층 계급의 주민이 살았다. 4세기경의 로마에는 1797채의 저택과 4만 6654채의 주택이 있었다고 한다.

일 것을 촉구하고 있다. 다른 사람은 정말로 공들여 계산을 하고 이 두 대화재 사이에 똑같은 숫자의 연월일이 개재하고 있는 것을 발견하고 있다.[41]

42 그것은 그렇다 치고 네로는 조국의 괴멸을 이용해 '황금의 대저택'을 건조했다. 사람들이 깜짝 놀란 것은 안을 장식한 보석이나 황금이라기보다는(그것들은 예로부터 오래 써서 낡아 빠진 진부한 사치이기 때문에) 오히려 대저택 안을 차지하고 있는 잔디나 연못, 황무지를 흉내내 만든, 여기저기에 산재하는 숲이나 넓은 공터, 조망이었다. 이것을 설계하고 건조한 것은 세베루스(Severus)와 켈레르(Celer)로, 그들의 자유 분방한 공상력은 자연이 거부한 것까지도 인공적으로 창조해 황제의 재산을 탕진해 버렸다. 그 전에 또 그들은 아베르누스 호에서 티베리스 강 하구까지 암석층의 해안을 연하며, 혹은 장애가 되는 산악을 관통하며 항행용 운하[42]를 파겠다고 네로에게 약속한 상태였다. 이런 운하에 공급할 수 있는 물은 폼프티누스 소택지의 것 밖에는 없었다. 그 외의 지역은 모두 험준한 구릉이나 건조 지대로, 설사 개착의 전망이 서더라도 그 공사는 곤란하기 짝이 없고, 그 결과도 좋지 않았을 것이다. 그러나 네로는 기적을 꿈꾸는 사람이었다. 그래서 시험삼아 아베르누스 호 부근의 산악 지대에서부터 운하 개착에 착수했다. 그리고 이 헛된 희망은 오늘날에도 그 잔해를 남기고 있다.

43 네로의 대저택이 차지하지 않는 수도의 그 외의 부분은 갈리아인의 저 방화 사건 뒤에 벌어졌던 것과 같이 무계획적으로나 아무렇게나 재건되지 않았다. 늘어선 집들을 규칙적으로 구획하고, 도로의

---

41) 이 갈리아인이 로마를 점령하고 방화한 것은 기원전 390년 7월 19일의 일로 대화재 사건까지 454년의 월일, 즉 ($x + x/12 + x/365 = 454$에서 $x = 418$로) 418년과 418개월과 418일.
42) 수에토니우스는 운하의 총 길이를 172마일로 어림잡고 있다.

폭을 넓히고, 건물의 높이[43]를 제한하고, 공동 주택에 안뜰을 갖추고, 정면 방화 대책으로서 주랑을 부설했다. 네로는 "이 주랑들을 내 돈으로 짓겠다"고 약속하고 "집 주위의 잡동사니를 청소하면 그 공터를 집 주인에게 양도하겠다"고도 말했다.

그는 더 나아가 장려금 제도를 창설하고 규정된 기간 내에 저택이나 공동 주택을 짓는다는 조건으로 그 소유자의 사회적 지위나 재산에 비례한 금액을 대부해 주었다. 잡동사니 폐기장으로 오스티아 부근의 소택지가 지정되었다. 그것은 식량을 싣고 티베리스 강을 거슬러올라온 배에 잡동사니를 싣고 내려가게 하기 위해서였다. 주거와 관련해서는 일정한 부분은 목재를 사용하지 말고 가비이 산産이나 알바산 돌을 이용해 견고하게 지으라고 명했다. 그 돌들에는 내화성이 있기 때문이었다. 수도는 그때까지 개인이 제멋대로 중도에서 가로채고 있었기 때문에, 앞으로는 감시인을 두어 보다 풍부하게, 그리고 보다 널리 공공의 목적으로 공급되게 했다. 저택 소유자들은 누구나 빈터에 소화용 기구를 비치해 두도록 의무화했다. 공통 벽의 사용을 금지하고, 각각의 집을 고유의 벽으로 둘러싸도록 규정했다. 이런 조치들은 실용적인 견지에서 취해졌지만 새로운 수도의 미관에도 공헌했다. 그러나 "예전의 형태가 건강을 위해서는 더 좋았다"고 생각하는 사람도 있었다. 그 이전에는 보도가 좁고 집이 높기 때문에 태양광선을 많이 막았다. 그렇지만 이제는 폭이 넓고 집의 그림자가 도로를 덮지 않게 되어 태양이 더 맹렬한 열기로 도로를 달구었기 때문이다.

44 이상의 것은 인간의 사려에서 태어난 장래에 대한 대비책이었다. 이어서 신들의 분노를 달랠 수단이 강구되었다. 시빌라의 예언서

---

43) 아우구스투스는 공동 주택의 높이를 70보(20미터)로 한정하고, 네로는 더 나아가 60보(17미터)로 제한했다고 한다.

를 참조하고 거기에 준해 불카누스와 케레스, 프로세르피나 등의 신들[44]에게 기도를 올렸다. 유노 여신은 결혼한 여성들의 손으로 달래졌다. 먼저 카피톨리움의 신전에서 기도를 올리고, 다음으로 수도에서 가장 가까운 연안 지방에서 바닷물을 퍼다가 그 유노 여신의 신전과 상에 뿌렸다. 그 후 기혼 여성들이 또 이 여신에게 향연을 바치며 밤샘을 했다.

그러나 황제의 자비로운 원조도, 아낌없는 시여施與도, 신들에게 바친 속죄 의식도 불명예스런 소문을 잠재울 수 없었다. 민중은 "네로가 대화재를 명했다"고 믿어 의심치 않았다. 그래서 네로는 이 세간의 소문을 수습하려고 희생양을 만들고 대단히 공이 많이 든 치밀한 벌을 가했다. 그것은 평소부터 꺼림칙한 행위로 세상 사람들이 증오하며 '크리스투스 신봉자'[45]라 부르는 자들이었다. 이 일파의 명칭의 유래가 된 크리스투스라는 자는 티베리우스 치세 하에 황제 속리 폰티우스 필라투스(Pontius Pilatus)[46]에 의해 처형되었다. 그 당장은 이 해롭기 짝없는 미신이 일시 잠잠해졌지만, 최근에 이르러 다시 이 해악의 발상지인 유대에서뿐만이 아니라, 세계에서 마음에 안 드는 파렴치한 것들이 모두 흘러 들어오는 이 수도에서조차 극도로 창궐하고 있었다.

그래서 먼저 신앙을 고백하고 있던 자들이 체포되어 심문받고, 이어서 그자들의 정보에 기초해 실로 엄청나게 많은 사람이 방화죄라기보다 오히려 인류 적대죄를 선고받았다. 그들은 살해당할 때 놀림

---

44) 불카누스는 불의 신이기 때문에. 케레스와 프로세르피나는 그 신전이 화재가 일어난 지점 근처에 있었기 때문이다.

45) 크리스트교 신자. 이하는 이교도의 문헌에 나타나는 최초의 그리스도 처형에 대한 언급으로 유명하다. '꺼림칙한 행위'는 영아 살인과 인육 섭취, 근친 상간을 가리킨다. 크리스트교 신자에 대한 세간의 이런 비난을 타키투스는 전면적으로 믿고 있었던 것 같다.

46) 26~36년 유대의 황제 속리. 그리스도 처형은 33년경의 일로 생각된다.

감이 되었다. 즉 야수의 모피를 뒤집어쓴 채 개에게 물리고 찢겨 죽었다. [어떤 때는 십자가에 붙잡아 매고, 혹은 불에 타기 쉽게 만들어 놓고] 해가 지고 나서 야간의 등불 대신 불태웠다. 네로는 이 구경거리[47]를 위해 카이사르 가의 정원을 제공하고, 게다가 전차 경기까지 개최하고 그 사이에 전차 모는 사람으로 가장하고 민중 사이를 돌아다니거나 스스로 직접 전차를 몰았다. 그래서 사람들은 연민의 감정을 품기 시작했다. 물론 그들은 죄인[48]이고 어떤 끔찍한 징벌이든 다 받을 만했다. 하지만 그들이 희생된 것은 국가의 복지를 위해서가 아니라 네로 한 개인의 잔인성을 만족시키기 위해서인 것처럼 생각되었기 때문이다.

45 그럭저럭 하는 사이에 기부금 징수라는 명목으로 이탈리아 본토가 약탈당하고 속주나 동맹 제부족, 나아가서는 자유라는 이름이 앞에 붙어 있는 공동체까지 완전히 황폐화되었다. 신들조차 이 약탈의 운명을 인간과 공유했다. 수도의 여러 신전이 텅 비어 버리게 되었다. 로마인이 과거의 모든 시대에 승리를 거두거나 위기에 봉착해, 혹은 개선하거나 기원할 때 신들에게 바쳐 온 황금을 모두 빼앗겨 버렸다. 그뿐만 아니라 아카이아나 아시아에서는 봉납물은 물론, 신들의

---

47) 원형 극장 등에서 범인의 처형 장면을 관객에게 보여 주는 경우가 많았다.
48) 크리스트교 신자들이 어째서 범인으로 불리고 있을까? 해롭기 짝이 없는 미신과 인류를 증오한다는 점에서 죄인으로 불렸다는 설, 방화범이라는 점에서 죄인으로 불렸다는 설, 타키투스가 그렇게 믿었다는 설과 일반 대중이 그렇게 믿고 있었다는 설이 있다. 타키투스가 크리스트 교도를 크리스트 교도이기 때문에 벌했다는 설과 크리스트 교도를 방화범으로 벌했다는 설 사이에서 동요해 전후의 기술에 분명히 모순이 존재한다. 아마도 44절의 본문은 다음과 같이 해석되어야 할 것이다. "너무나 큰 화재에 민중은 범인을 상정하지 않고는 만족할 수 없었다. 좋지 않은 소문이 난 네로는 그것을 수습하려고 희생양을 찾았다. 측근이 귀띔한 책략이었을까, 인류에 대한 증오심이나 꺼림칙한 행위로 평소부터 미움받아 온 크리스트 교도를 주목했다. 그래서 실제로 방화했느냐 하지 않았으냐 하는 문제와는 상관없이 그들은 단지 크리스트 교도라는 그 하나의 이유만으로 체포되었다. 처형할 때 민중을 만족시키기 위해 투기장에서 크리스트 교도를 방화범으로 처벌했다."

상까지 가져가 버렸다.[49] 이것은 그 속주에 파견된 아크라투스(Acratus) 와 세쿤두스 카리나스(Secundus Carrinas)의 소행이었다. 전자는 어떤 파렴치한 짓에도 자진해서 달려드는 해방 노예이고, 후자는 혀끝으로만 그리스 학문을 농하는 자로 마음속까지는 교양이 배어 있지 않았다.

전해지는 바에 따르면 세네카는 이런 성물聖物 절도죄에 대한 세상 사람들의 증오심을 자신에게서 다른 데로 돌리기 위해 네로에게 "먼 시골로 은퇴하게 해주십시오" 하고 간청했다고 한다. 하지만 승낙이 떨어지지 않아 그 후에는 병들었다고 속이고 통풍 환자처럼 방에 틀어박힌 채 한 걸음도 밖으로 나오지 않았다는 것이다. 또 다른 이야기도 전해져 오고 있다. 세네카의 해방 노예인 클레오니쿠스(Cleonicus) 라는 자가 네로의 명령으로 독을 탔지만, 세네카가 이 위기를 모면했다고 한다. 그 해방 노예가 네로를 배신했기 때문이었을까, 아니면 세네카 자신이 조심했기 때문이었을까? 세네카는 평소에 간소하게 식사를 하고 과수원에서 자라는 과일을 그대로 먹고 갈증이 나면 흐르는 물을 마시는 식으로 살아가고 있었다.

46 같은 시기에 프라이네스테[50]라는 하는 마을에서 검투사들이 폭동을 기도했다. 전부터 이에 대비해 주둔하고 있던 수비병들이 진압했다. 즉시 사람들은 비슷한 옛날의 재난이나 스파르타쿠스의 일을 공공연히 화제로 삼았다. 실제로 민중은 언제나 정변을 기다리면서도 그것을 두려워한다.

그 직후에 해상 재난 소식이 전해졌다. 물론 전쟁 때문은 아니었다 (평화가 이 무렵만큼 오래 지속된 적이 일찍이 없었기 때문이다). 네로가

---

49) 델포이 신전만 500개의 상을 빼앗겼다고 한다. 이것들로 네로의 황금의 대저택이 장식되었던 것이다.
50) 로마 교외의 도시. 황제가 경영하는 검투사 양성소(11권 35절)가 있었던 것 같다.

해상의 기상 이변을 무시하고 함대에 지정일까지 캄파니아로 돌아올 것을 명했기 때문이었다. 함장들은 바다 물결이 거친데도 포르미아이에서 출항했다. 그리고 미세눔 곶을 통과하려 할 때 아프리카 태풍에 의해 쿠마이 해안에 내동댕이쳐져 다수의 함선과 소형선 대부분이 유실되어 버렸다는 것이었다.

47 이해 말경에 기괴한 현상이 일어났다. 곧 불행이 찾아올 전조라는 소문이 퍼졌다. 일찍이 없었을 정도로 빈번한 벼락. 그때마다 네로가 명사들의 피로 속죄를 하던 혜성의 출현. 머리가 둘인 갓난아기가 노상에 버려져 있거나, 희생물 가운데서 (어떤 신들에게는 새끼를 밴 산 제물을 바치는 관습이 있었기 때문에) 머리가 2개인 동물의 태아가 발견되었다. 더 나아가 플라켄티아 지방의 연도汧道에서는 머리가 가랑이 사이에 붙어 있는 송아지가 태어났다. 복장사는 이것을 즉시 다음과 같이 해석했다.

인간 세계에 또 하나의 머리가 준비되어 있다. 하지만 그것은 건강하게 성장하지 못할 것이다. 그리고 언젠가는 세상에 알려질 것이다. 이 송아지는 태내에서 이미 질식했고, 또 길가에서 세상의 빛을 보았기 때문이다.

3. 피소 일파의 음모

48 이윽고 아울루스 리키니우스 네르바 실라누스 피르무스 파시디에누스(Aulus Licinius Nerva Silanus Firmus Pasidienus)와 마르쿠스 율리우스 베스티누스 아티쿠스(Marcus Julius Vestinus Atticus)가 집정관으로 취임했을 때[51]에는 이미 음모가 진행되기 시작하고, 순식간에 그 세력을 늘려 나가고 있었다. 이 음모에는 어떤 사람은 네로에 대한

증오심에서, 어떤 사람은 가이우스 칼푸르니우스 피소에 대한 호의에서 원로원 의원과 기사, 병사 여성까지 앞을 다투어 참여했다.

피소는 칼푸르니우스 씨족 출신으로 부계의 고귀한 혈통을 통해 많은 명문가와 친인척 관계를 맺고 있었다. 그는 민중 사이에서 그 덕성 때문에, 혹은 덕으로 오인되는 성격 때문에 대단히 높은 명성을 누리고 있었다. 확실히 그는 시민들을 변호하기 위해 변론 재능을 발휘하고, 친구에게 관대하게 대하고 모르는 사람에게도 예의 바르게 응대하며 친절하게 행동했다. 그뿐만 아니라 행운도 겹쳐 날씬한 큰 키와 아름다운 용모를 갖추고 있었다. 그러나 근엄함과는 아주 거리가 멀고, 쾌락에 대한 자제심이 없으며, 경솔한 허영꾼이고, 자칫 잘못하면 방탕에 빠지는 경향이 있었다. 하지만 이런 결점들이 대중의 마음에 들었다. 그들은 이토록 악의 유혹으로 넘쳐흐르는 세계에 살고 있기 때문에 최고위의 지배는 너무 긴장된 것도, 지나치게 엄격한 것도 바람직하지 않았다.

49 음모는 그의 야망에서 태어나지 않았다. 그러나 최초의 주모자는 누구인가, 누가 선동하고 부추겨 그렇게 많은 사람이 가담했을까 하는 문제가 되면 간단히 대답할 수 없다. 하지만 중심부가 되어 열심히 돌아다닌 사람이 친위대 부관 수브리우스 플라부스(Subrius Flavus)와 백인대장 술피키우스 아스페르(Sulpicius Asper)였다는 것은 두 사람이 최후에 임해 보여 준 의연한 태도로도 증명된다.

안나이우스 루카누스(Annaeus Lucanus)[52]와 플라우티우스 라테라누스(Plautius Lateranus)는 네로에 대한 격렬한 증오심에서 말려들었다. 루카누스의 경우 그가 분개한 것은 개인적인 이유에서였다. 네로가 어리석게도 그에게 경쟁심을 품고 시인으로서의 그의 명성을 깎

---

51) 65년이 된다.
52) 철학자 세네카의 조카로 유명한 시인. 39년에 태어났으므로 26세 때 죽은 것이다.

아내리려고 그가 시재詩才를 보여 줄 수 있는 기회를 박탈해 버렸다. 예정 집정관인 라테라누스는 개인적인 원한에서가 아니라 조국에 대한 사랑에서 가담했다.

공히 원로원 의원인 플라비우스 스카이비누스(Flavius Scaevinus)와 아프라니우스 퀸티아누스(Afranius Quintianus)는 평소의 두 사람의 평판으로 보아 이런 엄청난 계획을 지도한다는 것은 상상도 할 수 없었다. 스카이비누스는 방탕함으로 정신을 황폐화시킨 채 게으름을 피우고 빈둥거리며 지루한 삶을 살아가고 있었기 때문이다. 한편 퀸티아누스는 성욕 도착자로 악명이 높았지만 네로가 풍자시 속에서 그의 체면을 손상시켜 이 모욕에 복수하려 있던 것이다.

50 이상의 사람들이 서로, 혹은 각각의 친구들과 함께 에둘러 황제의 수많은 죄상을 화제에 올리고, 그의 통치 시대가 끝날 때가 가까워오고 있다, 따라서 피폐한 국가를 재건할 수 있는 사람을 찾을 필요가 있다는 등의 뜻을 은근히 비추었다.

이리하여 클라우디우스 세네키오(Claudius Senecio), 케르바리우스 프로쿨루스(Cervarius Proculus), 볼카키우스 아라리쿠스(Volcacius Araricus), 율리우스 아우구리누스(Julius Augurinus), 무나티우스 그라투스(Munatius Gratus), 안토니우스 나탈리스(Antonius Natalis), 마르키우스 페스투스(Marcius Festus)와 같은 7명의 로마 기사가 각기 한 패로 가담했다. 그 중 한 사람인 세네키오는 네로와 특별히 친한 사이였기 때문에 마지막까지 우정의 가면을 버리지 못하고, 그로 인해 종종 궁지에 몰리며 고초를 겪었다. 나탈리스는 피소와 모든 비밀을 털어놓는 사이였다. 그 밖의 사람들은 정변을 통해 단물을 빨아 먹으려는 속셈에서 가담했다.

앞에서 거론했던 수브리우스나 술피키우스 외에도 다음과 같은 중견 군인이 참가했다. 친위대 부관 가이우스 가비우스 실바누스(Gaius

Gavius Silvanus), 스타티우스 프록수무스(Statius Proxumus), 백인대장 막시무스 스카우루스(Maximus Scaurus), 베네투스 파울루스(Venetus Paulus)가 그들이었다.

그러나 이 음모의 대들보는 뭐니 뭐니 해도 친위대장인 파이니우스 루푸스로 간주되고 있었다. 그는 생활 방식과 인품에서 사표師表로 추앙받을 만한 인물이었다. 당연한 일이지만 또 한 명의 친위대장 티겔리누스는 그 냉혹함과 방탕함으로 인해 황제의 호감을 샀다. 그는 평소부터 루푸스를 중상하며 괴롭히고 끊임없이 불안감을 조성했다. "루푸스는 아그리피나의 정부였다. 따라서 그녀를 잃은 슬픔에서 복수를 생각하고 있다." 그래서 음모자들은 친위대장 자신으로부터 여러 번 언질을 받고 "그도 우리 쪽으로 돌아섰다"는 확신이 들게 되자 마침내 마음이 내켜 암살 시간과 장소를 의논하기 시작했다.

당시의 소문에 따르면 수브리우스 플라부스는 무대에서 노래를 부르고 있을 때의 네로나, 대저택이 한창 불타고 있을 때 호위하는 사람도 동반하지 않고 밤길을 이리저리 돌아다니고 있을 때의 네로를 발작적으로 습격하고 싶은 충동에 사로잡혔다고 한다. 후자의 경우에는 곁에 아무도 없다는 상황에, 전자의 경우에는 그와 반대로 이런 고귀한 행위를 많은 사람이 목격하고 있다는 원하지도 않는 기회에 그의 마음이 끌렸던 것이다. 그러나 큰일을 도모할 때 언제나 장애가 되는, 저 처벌을 면하고 싶다는 의식이 단념하게 만들었을 것이다.

51 음모자들이 여전히 희망하면서도 두려워하며 주저하고 있을 때, 에피카리스(Epicharis)라는 여자가 음모를 냄새맡았다. 사실 그녀는 이런 고결한 계략과는 아무 관계도 없는 여자였기 때문에 어떻게 탐지해 냈는지 알 수 없다. 그녀는 음모자들을 부추기고 재촉했지만 마침내 그들의 우유부단한 태도에 정나미가 떨어졌다. 바로 그때 그녀는 캄파니아 지방에 머무르고 있었기 때문에 다음과 같은 일이 계

기가 되어 미세눔 해병대의 간부를 매수해 모의에 끌어들이려 애썼다.

그곳에는 볼루시우스 프로쿨루스(Volusius Proculus)라는 분견선 함장이 있었다. 그는 네로의 어머니 아그리피나가 살해될 때 하수인으로 일한 자들 중 하나였다. 하지만 그토록 위험한 죄를 졌는데도 그에 상응하는 만큼의 승진을 하지 못한 생각이 들었다. 이자가 에피카리스와 오랫동안 알고 지낸 사이였는지, 아니면 이때 처음 우정 관계가 생겼는지 알 수 없지만, 아무튼 그가 그녀에게 네로를 위해 애쓴 자신의 공적과 그것이 얼마나 보답을 받지 못했는지를 모두 털어놓고 불평을 하며 "기회가 닿으면 반드시 앙갚음을 하겠다"고 말하기까지 했다.

이에 에피카리스는 프로쿨루스를 설득하면 더 많은 협력자를 얻을 수 있겠다는 희망을 품게 되었다. "이 해병대는 아주 큰 도움이 될 것이다. 게다가 귀중한 기회도 많이 제공해 줄지 모른다." 네로가 특히 배를 타고 나가 프테올리나 미세눔의 난바다를 돌아다니는 것을 좋아했기 때문이다. 그래서 그녀는 한 걸음 더 나아가 먼저 황제의 모든 죄악부터 이야기하기 시작하고는 이렇게 말했다. "이제는 더 이상 원로원에 남아 있는 것이 없다. 그러나 국가를 파멸시킨 벌로 네로를 징계할 수 있을 정도의 수단은 이미 준비되어 있다. 여기에서 도와주지 않겠는가? 당신이 힘을 보태 용감한 병사들을 우리 쪽으로 끌어들여 주기만 하면 그것으로 족하다. 그리고 그에 상응하는 보수를 확실히 기대해도 좋을 것이다."

하지만 그녀는 이때 음모자들의 이름에 대해서는 일절 침묵을 지켰다. 그래서 프로쿨루스가 한 밀고는 효과가 없었다. 그는 에피카리스에게서 들은 것을 네로에게 보고했다. 그래서 에피카리스가 소환되어 밀고자와 대면했다. 프로쿨루스는 아무 증거도 제출하지 못하고 깨끗이 입을 다물었다. 그러나 그녀는 이후 감시 하에 놓여지게 되었다. "물론 사실로 입증되지는 않았다. 그러나 이 이야기는 반드시 모두 거짓말은 아닐 것이다"라고 네로가 의심했기 때문이다.

52 음모자들은 배신당할 위험에 초조함을 느끼고 바이아이에 있는 피소의 별장에서 신속히 네로를 해치우기로 결정했다. 카이사르는 그 별장의 쾌적함을 좋아해 그곳을 자주 방문하고, 호위라든가 그의 지위에 과시하는 번거로운 것을 다 던져 버리고 탕치湯治나 향연을 즐겼다. 그러나 피소가 이에 반대했다. 그는 "어떤 황제든 그를 죽인 피로 식탁의 신성함과 손님을 환대하는 신들을 모독하는 것은 꺼림칙한 일이다"라고 변명했다. "오히려 수도에 있을 때 죽이는 것이 좋다. 국가를 위해 궐기한 일을 하려는 것이기 때문이다. 그가 시민에게서 약탈한 것으로 지은 저 증오스러운 '황금의 대저택'에 있을 때라든가, 가로를 걷고 있을 때 노리는 것이 좋다."

모든 사람 앞에서 이렇게 말했지만, 실은 경쟁자인 루키우스 유니우스 실라누스 토르콰투스에게 통치권을 빼앗기게 되지 않을까 내심 우려하고 있었던 것이다. 실라누스는 가장 고귀한 혈통[53]과 가이우스 카시우스 롱기누스에게 교육받은 학식을 겸비해 어떤 높은 지위에도 취임할 수 있는 사람이었기 때문이다. 게다가 음모에 관여하지 않은 대중은 네로가 비열한 함정에 빠져 살해되기라도 한 듯이 동정하며 실라누스를 흔쾌히 황제로 추대할 터였다.

많은 사람은 이렇게 추측하고 있었다. "피소는 집정관 마르쿠스 율리우스 베스티누스 아티쿠스의 왕성한 기력을 두려워하고 있는 것이다. 베스티누스가 공화제 부활 운동을 일으키지 않을까, 또는 다른 사람을 최고 사령관으로 지명하고 그 사람에게 국가를 자신의 선물로 주지 않을까 하고 의심하면서." 실은 베스티누스는 이 음모 사건과

---

53) 아우구스투스의 현손으로 유니우스 실라누스(13권 1절)의 아들.

아무 관계도 없었다. 하긴 네로가 이 죄를 핑계삼아 결국은 이 무고한 사람에 대한 묵은 원한을 풀려 하긴 했지만.

53 가까스로 공모자들은 케레스 신에 바쳐지는 대경기장에서의 행사일[54]을 선택해 염원을 달성하기로 결정했다. 네로는 평소에는 거의 외출하지 않고 집이나 정원에 틀어박혀 있었지만, 경기장에서 행사가 벌어지면 자주 참석했다. 게다가 축제 때의 야단 법석 때문에 더한층 네로에게 접근하기 쉬웠기 때문이다. 그들은 암살 순서를 다음과 같이 결정해 놓고 있었다.

먼저 라테라누스가 가계의 어려움을 호소하며 원조를 간청하는 체하면서 끈덕지게 따라다닌다. 그리고 방심하는 틈을 타서 황제의 발밑으로 몸을 던지자마자 네로를 쓰러뜨리고 위에서 눌러 꼼짝 못 하게 한다. 그는 담력이 큰 거한이었다. 그 후 네로가 벌렁 나자빠진 채 어떻게도 할 수 없을 때, 친위대의 부관이나 백인대장, 그 밖의 사람들이 각각의 용기에 따라 그에게 덤벼들어 참살한다. 네로에게 첫 일격을 가하는 역할을 맡고 나선 것은 스카이비누스였다. 그는 한 자루의 단검을 [에트루리아의] 살루스 신전에서 훔친(달리 전해지는 바에 따르면 페렌티눔 시의 운명의 여신의 신전에서 훔쳤다고도 한다) 뒤에 뭔가 위대한 일에 바쳐진 성물처럼 몸에서 떼어 놓지 않고 갖고 다니고 있었다. 그 사이에 피소 쪽은 케레스 신전 안에서 기다린다. 그러면 그곳에서 친위대장 파이니우스와 그 부하들이 불러내 친위대 병영으로 안내한다. 그때에는 민중의 지지를 얻기 위해 클라우디우스 카이사르의 딸 클라우디아 안토니아(Claudia Antonia)도 함께 데려간다.

이상은 가이우스 플리니우스의 기술에 따른 것이다. 이 전승이 진실이든 거짓이든 나는 여기에 기록해 두는 것이 좋겠다고 생각했다.

---

54) 케레스 축제는 4월 12일부터 19일까지이고 첫날과 마지막 날에 대경기장에서 행사가 열렸다.

하지만 안토니아가 너무나 허황된 희망에 자신의 이름과 생명을 걸었다는 이야기나 애처가로 유명한 피소가 다른 여자에게 결혼을 약속하려 했다는 이야기는, 만약 지배욕이 인간의 온갖 욕망 가운데서 가장 강력한 것이 아니라면 아무래도 불합리하다고 생각된다.

54 그렇다 하더라도 가문이나 계급, 나이, 성이 다르고 부자도 가난한 사람도 있는 음모자들이 끝까지 침묵을 지키며 그토록 참을성 있게 모든 것을 비밀로 했다는 것은 정말 놀랄 만한 일이다. 그러나 마침내 배신자가 스카이비누스 가에서 나왔다. 그는 암살 전날 안토니우스 나탈리스와 장시간 이야기에 열중하고 집으로 돌아가자 유서를 봉인했다. 그 후 앞에서 언급한 단검을 칼집에서 꺼내더니 "오래되니 날도 무뎌졌군" 하고 투덜대면서 그것을 숫돌에 갈아 날을 세우라고 집안 사람에게 명했다. 이 일을 맡은 것은 해방 노예 밀리쿠스(Milichus)였다. 스카이비우스는 그 후 곧 평소보다 더 호화로운 향연을 시작하고, 총애하는 노예들에게 자유를 주거나 돈을 주었다. 그 자신은 종잡을 수 없는 이야기를 하고 자못 유쾌한 듯이 행동했지만, 누가 보아도 그에게 뭔가 심각하고 중대한 걱정거리가 있다는 것을 분명히 알 수 있었다.

향연이 끝나자 그는 앞에서 언급한 밀리쿠스에게 상처를 싸매는 붕대와 지혈제 등을 준비해 놓으라고 명했다. 아마도 밀리쿠스는 오래 전부터 음모에 대해 들어 알고 있었고 이때까지는 주인에게 충실했을 것이다. 아니면 [결과로 미루어 추측할 때] 많은 사가가 전하듯이 아무것도 모르고 있었지만 이때 비로소 의심하게 되었을까? 아무튼 이자는 노예 근성에서 밀고할 경우의 보수를 마음속으로 계산했다. 금세 막대한 돈과 권력이 눈앞에 떠올라 보호자에 대한 의무감, 그의 태평 무사함을 걱정하는 마음, 자유가 주어졌을 때의 추억 등은 안개처럼 흩어지며 완전히 사라져 버렸다. 분명히 그 혼자서 결심한 것이 아니었다. 아내의, 여자이기 때문에 더욱 질이 나쁜 의견을 따른 탓도 있었다. 더군다나 그녀가 남편의 공포심을 자극하기까지 했다. "그때에는 많은 노예와 해방 노예가 자리를 같이하고 있었어요. 모두 당신과 같은 것을 보고 있었어요. 혼자 입을 다물고 있어 봤자 무슨 소용 있겠어요? 하지만 포상금은 가장 먼저 밀고한 사람에게만 줘요."

55 그래서 밀리쿠스는 그날 밤이 지나고 날이 밝자마자 즉시 세르빌리우스 정원으로 달려갔다. 그러나 문 앞으로 들여보내 주지 않았다. "모든 사람이 깜짝 놀랄 소식을 갖고 왔습니다." 그가 되풀이해서 외쳤다. 가까스로 문지기의 안내를 받아 네로의 해방 노예인 에파프로디투스(Epaphroditus)[55] 앞에 나타나고, 이윽고 이자에 의해 네로에게 소개되었다. 밀리쿠스는 위험이 임박하고 있다는 것, 음모의 엄청난 규모 등을 보고 들은 것에 억측을 섞어 보고했다. 그리고 네로를 찔러 죽일 때 사용될 터였던 단검도 제출했다. "어쨌든 피고를 부르세요" 하고 재촉했다. 스카이비누스는 곧 병사들에게 체포되었다. 그는 이렇게 자기 변명을 늘어놓기 시작했다.

"제가 고발당하는 빌미가 된 그 칼을 조상 대대로 신성시되어 온 가보로 언제나 침실에 보관되어 있었습니다. 필시 저 해방 노예가 책략을 써서 모르는 사이에 훔쳐 갔을 것입니다. 유서에 대해 변명하면 저는 지금까지 자주 조항에 서명을 했습니다. 그때마다 날짜를 특별히 염두에 두지도 않았습니다. 노예에게 선물로 준 돈이나 자유도 전례가 있는 일입니다. 다만 이번에 특별히 활수하게 베푼 것은 바로 이런 이유에서였습니다. 제 재산이 이제 얼마 남지 않고 채권자들로부터는 집요하게 빚을 갚을 것을 독촉받아 유언장이 제대로 집행되지 않을까 걱정되었기 때문입니다. 다음으로 향연에 대해 말씀드리

---

55) 탄원 수리계였을까? 그는 유대의 역사가 요세푸스의 친구이고 철학자 에픽테토스를 노예로 거느리고 있는 것으로 유명했다.

면, 저는 평소에도 호화스럽게 상을 차립니다. 생활도 화려해 엄격한 도학 선생은 별로 마음에 들지 않을 것입니다. 상처를 위한 의료품은 명령한 기억이 전혀 없습니다.

의료품 이외의 것은 모두 세상에 잘 알려져 있는 사실이기 때문에 강력하게 주장하더라도 별로 설득력이 없다고 생각한 것입니다. 그래서 밀리쿠스는 자신만이 고발자도 되고 증인도 될 수 있는 이 죄상을 덧붙이려 한 것입니다."

스카이비누스는 자신의 말이 신뢰를 얻도록 의연한 태도를 보였다. 그리고 해방 노예를 향해 침을 뱉고 싶은 만큼 혐오스러운 파렴치한이라고 욕설을 퍼부어 댔다. 그 모습이나 말투가 무척 자신감으로 가득 차 있었기 때문에 밀고의 신빙성이 흔들리기 시작했다. 그러나 이때 밀리쿠스가 안토니우스 나탈리스와 스카이비누스가 장시간 밀담을 나눈 일, 두 사람 모두 가이우스 피소의 친구라는 점 등을 떠올렸다. 이것은 아내로부터 특히 주의받은 것이었다.

56 그래서 나탈리스가 소환되었다. 두 사람은 따로따로 그 밀담의 성격과 내용과 관련해 심문받았다. 두 사람의 대답이 엇갈려 의혹이 생겼다. 그들은 그대로 쇠사슬에 묶이고 무시무시한 고문 도구[56]를 보게 되자 잠시도 버티지 못했다. 먼저 나탈리스가 자백했다. 그는 음모의 경위를 보다 상세히 알고 있었고, 게다가 고발하는 재주가 뛰어났다. 먼저 피소에 대해 증언하고, 다음으로 안나이우스 세네카의 이름도 거론했다. 이것은 아마도 세네카와 피소 사이에서 중개 역할을 하고 있었기 때문일 것이다. 아니면 네로에게 은혜를 베풀기 위해서였을까? 네로가 세네카가 싫어 없애려고 온갖 수단을 다 강구하고 있던 참이었기 때문이다.

---

56) 자유 시민에게 고문 기구를 사용하는 것은 위법이었다.

나탈리스가 자백했다는 말을 듣자마자 스카이비누스는 똑같이 의지가 박약했기 때문인지, 아니면 모든 것이 다 폭로되어 이제 와서는 입을 다물고 있어도 이롭지 않다고 생각했기 때문인지, 아무튼 나머지 공모자의 이름을 거론했다. 그 중에서 루카누스와 퀸티아누스, 세네키오는 오랫동안 계속 죄를 부인했다. 그러나 처벌하지 않겠다는 약속하고 매수하자, 자백을 망설였던 것을 속죄하겠다는 마음에서 루카누스는 자신의 어머니 아킬리아(Acilia)를, 퀸티아누스와 세네키오는 각기 가장 절친한 친구인 글리티우스 갈루스(Glitius Gallus)와 안니우스 폴리오(Annius Pollio)의 이름을 거론했다.

57 그럭저럭 하는 사이에 네로가 볼루시우스 프로쿨루스의 밀고로 감금되어 있는 에피카리스를 생각해 냈다. 여자의 몸으로는 도저히 고문의 고통을 견뎌 내지 못하리라 생각하고 에피카리스를 고문해 잡아 찢어 놓으라고 명했다. 하지만 그녀는 채찍이나 불[57]에 굴복하지 않았다. 고문하는 자들은 여자에게 얕보이지 않으려고 점점 더 격앙되어 갔지만, 그들의 분노에도 꺾이지 않고 그녀는 끝까지 혐의를 부인했다. 이리하여 심문은 아무 성과도 거두지 못하고 끝났다. 이튿날 그녀는 의자식 가마를 타고 또다시 고문을 받으러 갔다. 그녀는 사지 관절이 빠져 서 있을 수 없었기 때문이다. 가마를 타고 가는 도중에 그녀는 가슴을 감고 있는 띠[58]를 풀어 의자식 가마의 닫집 모양의 덮개에 붙잡아 매고 올가미를 만들고는 그 안에 목을 집어넣고 온몸의 무게로 잡아당겨 이미 연약해진 생명을 완전히 질식시켜 버렸다.

해방 노예가, 그것도 여자가 소름 끼치는 고문의 고통을 견뎌 내며 다른 사람들을, 그렇다, 전혀 모르는 사람들을 비호하려 한 것이다. 자유의 몸으로 태어나고, 게다가 남자인 로마의 기사나 원로원 의원

---

57) 고문의 형식. 불은 불에 달구어진 쇠꼬챙이를 몸을 지진다든가 횃불을 갖다 대는 것.
58) 부인이 미용을 위해 쓴 복대.

들이 고문도 받지 않았는데 제각기 자신의 육친 가운데서도 가장 사랑하는 사람들을 팔아 넘겼기 때문에, 더한층 에피카리스가 보여 준 모범적인 사례가 돋보였다. 실제로 루카누스조차, 그리고 세네키오나 퀸티아누스도 잇따라 공모자의 이름을 털어놓았다. 그래서 네로는 이미 경비병을 증강해 신변을 지키게 했음에도 불구하고 날로 불안감이 커져만 갔다.

58 아니, 네로의 신변뿐만이 아니었다. 수도 전체가 마치 감금 상태에 있는 것처럼 군대에 의해 성벽이 점령되고 바다나 강도 수비되었다. 교외나 인근 도시들에서도 보병이나 기병이 광장이나 집안을 돌아다녔다. 그 속에는 이방인이기 때문에 황제가 신뢰하고 있던 게르마니아인 종자들[59]도 섞여 있었다.

그 후 쇠사슬에 묶인 자들이 끊임없이 열을 지은 채 질질 끌려와 세르빌리우스 정원 문 앞에 멈추어 섰다. 그들은 잇따라 들어가 심리를 받았다. 그 한 사람 한 사람이 "공모자에게 미소를 던졌다"든가, "우연히 서로 이야기를 나누었다"든가, "예기치 못하게 만나 저녁을 같이하거나 구경거리를 함께 관람했다"는 단지 그 이유 하나만으로 죄인으로 간주되었다. 그때 그들은 네로와 티겔리누스의 잔혹한 규탄에 더하여 파이니우스 루푸스로부터도 용서없이 호되게 당했다. 루푸스는 밀고자의 입에서 아직 이름이 나오지 않았기 때문에 네로가 자신의 결백함을 믿게 하려고 공모자들에게 심하게 대하고 있었다. 아니, 그뿐만이 아니었다. 친위대 부관인 수브리우스 플라부스가 대장 곁으로 다가가 "이 심문이 한창 진행되고 있을 때 칼을 빼어 네로를 죽일까요?" 하고 신호로 묻자, 루푸스가 고개를 흔들며 금세라도 칼자루를 잡으려 하는 부관의 충동을 억제시켰다.

---

59) 1권 24절 주. '이방인 운운'은 비꼬는 것.

59 음모가 밀고된 뒤 밀리쿠스가 아직 심문을 받고 스카이비누스가 자백을 망설이고 있을 무렵의 일이었다. 피소에게 "친위대 병영으로 가든가 중앙 광장의 연단으로 올라가 병사들이나 민중의 의향을 탐색해 봐야 하지 않는가?" 하고 충고하는 자가 있었다. "만약 공모자들이 당신이 뜻을 둔 쪽으로 따라온다면, 음모와 무관한 사람들까지 따라올 것이다. 일단 일이 진행되기 시작하면 그 평판이 엄청날 것이다. 이 평판이야말로 변혁을 기도할 때 가장 중요한 것이다. 네로는 이런 계획에 아무 대책도 강구해 놓고 있지 않다. 대담한 사람조차 급변하는 사태에는 아연 실색한다. 하물며 저 무대 연예인이, 게다가 티겔리누스나 정부情婦들에 둘러싸여 있는 그가 무기에 맞서거나 할 수 있을 리 없다! 겁쟁이에게 어려워 보이는 일은 대개 시도하기만 하면 성취할 수 있다. 공모자가 이렇게 많은 경우에는 그들의 정신과 체력에 절조와 침묵을 기대하는 것은 무익하다. 어떤 곳에나 다 고문과 보수報酬의 길이 열려 있다. 조만간 누군가가 당신에게도 찾아와 쇠사슬에 묶고 결국은 불명예스런 죽음을 강요할 것이다. 그렇게 죽는 것과 비교하면 국가를 가슴에 안고 자유를 위해 원군援軍을 부르며 죽어 가는 것이 훨씬 더 영광스럽지 않겠는가? 군대에 배신당하고 민중으로부터 버림받는다 하더라도 괜찮다. 당신 자신은 설사 숙원을 이루기 전에 목숨을 빼앗긴다 하더라도 조상이나 자손은 당신의 죽음을 칭송할 것이다."

이와 같은 권고들에도 불구하고 피소의 마음은 움직이지 않았다. 그 후 얼마 동안은 가도에서도 모습이 보였지만, 그 후 집안에 틀어박힌 채 최후에 임하는 결의를 다지고 있었다. 마침내 일단의 병사가 나타났다. 그들은 네로에 의해 신병 가운데서, 또는 최근에 수도에서 근무하게 된 병사들 가운데서 선발되어 왔는데, 네로는 고참병들은 피소에 대한 호감이 주입되어 있는 것 같아 그 충성심이 의심스러웠던 것이다.

피소는 팔의 혈관을 절개해 자결했다. 유서는 아내에 대한 애정에서 네로에게 아첨하는 추접스러운 말로 가득 차 있었다. 피소의 아내는 비천한 태생인데, 피소가 그녀의 용모만 보고 친구인 전 남편에게서 그녀를 빼앗았던 것이다. 그녀의 이름은 사트리아 갈라(Satria Galla)이고, 그녀의 전 남편의 이름은 도미티우스 실루스(Domitius Silus)였다. 이 남편의 혐오하고 경멸할 만한 고분고분한 성격과 이 여자의 부정이 서로 어울려서 피소가 더욱 악명을 떨치게 만들었던 것이다.

60 이어서 곧 네로는 예정 집정관 플라우티우스 라테라누스를 처형했다. 네로는 그 집행을 너무 서두른 나머지 라테라누스에게 자식을 포옹할 시간도, 아니 그러기는커녕 스스로 죽음을 선택할 수 있는 관례적인 약간의 유예 기간조차 주지 않았다. 그는 노예들의 처형장[60]으로 지정된 곳으로 강제로 끌려가 친위대 부관인 스타티우스 프록수무스에 의해 목이 베어졌다. 라테라누스는 시종일관 굳게 입을 다물고 같은 음모의 동지였던 이 부관에게도 비난의 말조차 퍼붓지 않았다.

뒤이어 안나이우스 세네카가 죽임을 당해 황제가 몹시 기뻐했다. 세네카와 관련해 공모 사실이 확증되었기 때문이 아니었다. 독살에 실패하고 실망하고 있던 참에 마침내 칼로 처치해 버릴 수 있었기 때문이다. 실제로 증인은 나탈리스 단 한 사람뿐이고, 더군다나 증언이라 해도 다음과 같은 이야기밖에 없었다.

"제가 피소의 사자로 병든 세네카를 문병하러 갔을 때 '어째서 피소의 출입을 금하셨습니까?' 하고 불만을 털어놓았습니다. '지금까

---

60) 2권 32절 주를 참조할 것.

지 쭉 친하게 교제해 와서 우정 관계를 지속하는 편이 더 유익할 텐데요.' 그러자 세네카는 '두 사람이 의견을 교환하거나 빈번히 만나는 것은 어느 쪽에나 다 이롭지 않네. 하긴 내가 무사히 살아갈 수 있을지 어떨지는 피소의 무사 여부에 달려 있긴 하지만' 하고 대답했습니다." 이 이야기를 갖고 친위대 부관 가비우스 실바누스가 세네카를 찾아갔다. 그는 세네카가 나탈리스의 질문이나 그것에 대한 자신의 대답을 자인하는지 어떤지 추궁하라는 명을 받았던 것이다. 마침 이날 세네카가 우연히도, 혹은 생각하는 바가 있어서 그랬는지 캄파니아 지방에서 돌아와 수도에서 4마일 떨어진 교외 별장에 머무르고 있었다. 해질녘에 그곳으로 부관이 찾아와 일단의 부하들에게 별장을 포위하라고 명했다. 세네카는 아내인 폼페이아 파울리나(Pompeia Paulina) 및 2명의 친구와 함께 식사를 하고 있었는데, 그때 부관이 최고 사령관의 명령을 전했다.

61 세네카는 이렇게 대답했다. "나탈리스가 사자로서 내가 있는 곳으로 찾아와 피소를 대신해 방문을 금한 것에 대해 푸념을 늘어놓았다. 그래서 나는 건강이 염려되고 또 조용히 휴식을 취하고 싶어서 그렇게 하고 있다고 핑계를 대며 변명했다. 그러나 사적인 관계에 불과할 뿐인 개인의 평안함을 나의 평온보다 더 존중해야 할 이유 따윈 없다. 그뿐만 아니라 나는 경망스럽게 아첨을 늘어놓을 수 있는 성격이 못 된다. 이것은 네로가 가장 잘 알고 있을 것이다. 네로는 내가 비굴하게 아부하기보다는 직언하는 것을 여러 번 경험했으니까."

이 대답이 부관을 통해 보고될 때, 마침 네로 곁에 포파이아와 티겔리누스가 있었다. 황제가 잔인해질 때에는 언제나 이 두사람이 은밀히 의논에 참여하고 있었다. 네로가 "세네카가 스스로 죽음을 각오를 하고 있는 것 같은가, 아닌가?" 하고 물었다. 그러자 부관은 조금도 두려워하고 있는 것 같지 않고 말이나 표정에 비장한 기색도 없었다고 단언했다. 그래서 부관은 다시 돌아가 세네카에게 죽음의 선고를 전하라는 명을 받았다.

파비우스 루스티쿠스가 전하는 바에 따르면 부관은 처음 나갔을 때와 똑같은 길로 돌아가지 않았다고 한다. 그는 길을 우회한 뒤 친위대장 파이니우스에게 들러 황제의 명령을 알리고 그에 따라야 하는지 어떤지를 물었다. 그러자 대장은 공모자 누구나 드러내 보인 숙명적인 비겁함에서 황제의 명령을 수행하라고 권했다는 것이다. 틀림없이 이 부관 실바누스 자신도 공모자 중 한 사람이었기 때문이다. 그래서 그는 공모자의 징벌에 동조하면서 자신의 죄를 더욱 늘려 가고 있었다. 하지만 그 대단한 실바누스도 세네카를 직접 만나 자기 입으로 명령을 전하는 것은 회피했다. 백인대장 한 명을 세네카가 있는 곳으로 보내 "이제는 죽음을 피할 수 없습니다" 하고 알리게 했다.

62 세네카는 태연자약하게 유언 서판書板을 요구했다.[61] 백인대장이 이것을 거절하자, 세네카는 친구들 쪽을 바라보며 이렇게 맹세했다. "방금 나는 여러분의 친절한 마음에 감사의 뜻을 표하는 것을 금지당했소. 그래서 단 하나 남아 있는 것, 그러나 가장 고상한 소유물을 유증하고 싶소. 그것은 내가 이 세상에 살아 있는 모습이오. 만약 여러분이 이것을 기억 속에 간직해 둔다면 충실한 우정의 보수로 덕이 높다는 명성을 획득하게 될 것이오." 그러고는 그는 친구들이 눈물을 흘리지 않도록 어느 때는 소탈하고 스스럼없는 대화조로, 어느 때는 엄격한 어조로 이야기를 하며 친구들의 기력을 북돋아 주었다.

"여러분은 철학의 가르침을 잊었소? 뜻밖의 재난에 대비해 그토록 오랫동안 깊이 생각한 저 결의는 어디로 가버렸소? 네로의 잔인한 성

---

61) 이미 완성되어 있는 유언서에 보충해서 더 쓰겠다고 요청한 것. 그 자리에 있는 친구들에게 줄 선물을 추가하고 싶었던 것이리라. 백인대장이 거부한 것은 세네카가 네로에 대한 유증을 취소하지 않을까 우려했기 때문이었을까?

격을 몰랐단 말이오? 어머니를 죽이고 동생을 살해했으면 스승을 죽이는 것 외에 무엇이 남아 있겠소?"

63 그는 이런 내용의 이야기를 마치 일반 청중을 상대하고 있는 듯이 강의했다. 그러고는 아내를 껴안고서 그때의 의연한 그의 마음에 어울리지 않는, 약간 부드러워진 태도로 이렇게 아내를 타이르며 격려했다. "슬픔을 애써 가라앉히시오. 평생 그것이 짐이 되지 않도록. 오히려 남편의 훌륭한 생애를 조용히 떠올리며 거기에서 위안을 받도록 하시오. 그리고 남편과의 사별을 견뎌 내도록 하시오."

그러나 파울리나는 이 말에 대해 "저도 함께 죽을 각오를 하고 있어요" 하고 단호한 태도로 주장하고, 혈관을 자르는 집도의[62]의 도움을 청했다. 세네카는 아내의 늠름한 각오에 반대하지 않았다. 그뿐만 아니라 사랑하는 아내를 혼자 남겨 두어 위험한 일을 겪게 하기에는 그의 아내에 대한 사랑이 너무나 컸다. "아까는 인생을 위안하는 방법을 당신에게 가르쳐 준 것이오. 그러나 당신은 사는 것보다 명예로운 죽음을 택했소. 훌륭한 본보기를 제시하려는 당신의 결심에 물을 끼얹을 생각은 없소. 만약 두 사람 모두 똑같이 냉정한 태도로 이렇게 의연하게 죽음을 맞이한다면, 당신의 최후가 한층 더 아름답게 빛나 보일 것이오."

그 후 두 사람은 동시에 작은 칼로 팔의 혈관을 절개하고 피를 흘렸다. 세네카는 상당히 나이를 먹은데다가 절식節食으로 인해 바짝 말라 피가 너무 천천히 흘러 나왔다. 그래서 더 나아가 발목과 무릎의 혈관도 절개했다. 격렬한 고통에 점차 기진맥진해져 갔다. 세네카는 자신이 고통스럽고 괴롭자 아내의 의지가 꺾이지 않을까 우려되는 한편, 자신도 아내가 괴로워하는 모습을 보고 금세라도 자제력을 잃을

---

62) 일반적으로 로마인은 자살할 때 집도의가 입회했다. 69절, 16권 35절.

것 같아 아내를 설득해 다른 방으로 물러가게 했다. 마지막 순간에 임해서도 말하고 싶은 사상이 계속 용솟음쳐 올라왔다. 그래서 세네카는 사자생寫子生들을 부른 뒤 그 대부분을 구술했다. 이것들은 그 자신의 말 그대로 출판되어 있으므로 그것을 여기에서 요약할 필요는 없을 것이다.

64 그런데 네로는 파울리나에 대해서는 개인적인 원한을 조금도 품고 있지 않았다. 게다가 황제의 잔혹성을 저주하는 목소리가 널리 퍼지지 않을까 두려워 그녀의 자살을 막으라고 〈명했다〉. 파견된 병사들은 그녀의 노예나 해방 노예들을 재촉해 그녀의 팔을 묶어 피를 멈추게 했다. 아마도 그녀는 이때 의식을 잃어버려 아무것도 몰랐을 것이다. 그러나 민중은 악의적인 설을 언제나 받아들이고 싶어한다. 그녀와 관련해서도 다음과 같은 소문을 믿는 사람들이 있었다. "파울리나는 네로는 집념이 강한 자일 것이라고 생각하며 두려워하고 의심할 때에는 남편과 함께 하는 명예를 원하고 있었다. 하지만 이윽고 조금이라도 밝은 전망이 보이자 삶의 매력에 굴복하고 말았다."

그녀는 그 후 몇 년 동안 생존했다. 하지만 그녀의 남편의 추억에 대한 정절은 칭송할 만했다. 그녀의 얼굴이나 손발은 자못 많은 생명력을 잃은 것을 증명하듯이 창백했다.

한편 세네카는 죽음이 좀처럼 찾아오지 않고 시간이 걸리는 것을 알게 되자 오랫동안 충실한 우정과 의술 솜씨를 신뢰하고 있던 안나이우스 스타티우스(Annaeus Statius)에게 전에 부탁해 놓았던 독약을 달라고 요청했다. 그것은 아테네인이 국가의 재판에서 죄를 선고받은 사람을 처형할 때 사용하던 독과 같은 것이었다.[63] 하지만 그는 가져온 독을 마셨지만 효과가 없었다. 이미 독도 듣지 않을 정도로 손

---

63) 세네카가 마신 것은 소크라테스가 마신 것과 같은 독당근 열매에서 채취한 독약이었다.

발이 몹시 차가워지고 온몸의 감각도 잃어버리고 있었던 것이다. 그는 마지막으로 목욕탕의 열탕 속으로 들어간 뒤 주위의 노예들에게 물을 끼얹게 하면서 "이것은 내가 해방자 유피테르에게 바치는 헌주獻酒이다"[64] 하고 말했다. 이어서 한증실로 옮겨지고 그 열기에 의해 숨이 끊어졌다. 그의 유체는 장례식도 행해지지 않은 채 화장되었다. 유언의 부속서에서 그렇게 하라고 미리 지시해 놓았기 때문이다. 세네카는 부와 권력이 전성기에 있을 때 이미 자신의 최후를 생각하고 있었던 것이다.

65 당시 이런 소문이 있었다. 수부리우스 플라부스가 일부 백인대장들과 은밀히 상의했다. 이것은 세네카도 아는 가운데 행해진 것 같다. 먼저 피소의 모반에 의해 네로가 쓰러지면 피소도 암살해 버린다. 그리고 통치권을 세네카에게 넘겨 준다. 세네카의 빛나는 미덕에 의해 음모와 무관한 사람들이 그를 최고의 지위에 추대한 것처럼 보이게 한다……. 이상과 같은 것을 합의했다는 것이다. 그리고 실제로 플라부스의 입에서 나왔다며 다음과 같은 말이 널리 퍼져 있었다. "만약 수금 연주자가 추방되고 비극 배우가 그 뒤를 잇는다면 국가의 불명예는 어슷비슷하다." 즉 네로가 수금에 맞추어 시가를 노래하듯이 피소도 비극 배우로 분장하고 대사를 낭송하고 있었기 때문이다.[65]

66 그것은 그렇다 치고 군인들의 공모 사실을 끝내 숨길 수 없게 되었다. 친위대장 파이니우스 루푸스가 공모자이면서도 심문자로 행동하는 데 참을 수 없게 되어 밀고자로 변신한 예전의 공모자들이 분노를 폭발시켰기 때문이다. 스카이비누스가 위협하고 심하게 괴롭히

---

64) 그리스에서는 향연이 끝날 때 보호자 유피테르에게 헌주하는 관례가 있었다. 세네카는 인생의 최후를 향연이 끝나는 것에 비유한 것이다.

65) 옷과 가면을 착용하고 작품의 주역으로 분장한 뒤 서정적인 단편을 노래하고, 옆에서 말 없이 몸짓을 하는 사람들과 합창단이 조연 역할을 했다. 이 시대의 비극의 상연은 절반은 극적이고, 절반은 독주회적이었다.

는 파이니우스를 차갑게 비웃으면서 "이 사건을 가장 잘 알고 있는 것은 대장 자신이 아닌가?" 하고 말하고, 더 나아가 "이렇게 훌륭한 황제에게는 당신이 자진해서 은혜를 갚아야 한다"고 권유했다. 파이니우스는 아무 말도 못 했다. 그러나 그는 잠자코 있지 않고 뭐라고 우물거리면서 확실히 경악하는 기색을 보였다. 그 밖의 밀고자, 특히 로마 기사 케르바리우스 프로쿨루스가 파이니우스의 죄를 입증하려고 애썼다. 그래서 카시우스(Cassius)라는 월등한 체력을 높이 평가받아 황제의 신변을 지키고 있던 병사가 네로의 명령으로 파이니우스를 잡아 묶었다.

67 이윽고 같은 음모자들의 밀고로 친위대 부관 수부리우스 플라부스가 파멸했다. 처음에는 성격 차이를 방패로 자신을 변호했다. "저와 같은 군인이 이 사내답지 못한 시민들과 함께 이런 엄청난 계획을 기도할 리 없습니다." 그렇지만 점차 추궁을 받자 이번에는 죄를 인정하고 자유의 정신 속에서 영광을 추구하려 했다. "어떤 이유에서 군인의 선서를 위배되는 행동을 하기에 이르렀느냐?" 하고 네로가 묻자, 그는 이렇게 대답했다. "당신이 증오스러웠기 때문입니다. 당신이 경애하기에 적합할 때에는 나는 누구보다 충실한 당신의 병사였습니다. 당신이 어머니와 아내를 죽이고 전차를 몰며 배우가 되고 방화범이 되고 나서부터는 미워지기 시작했습니다!"

내가 그의 말을 그대로 인용하는 것은 그것이 세네카의 말만큼 세상에 널리 알려져 있지 않기 때문이다. 그러나 세네카의 말과 마찬가지로 이 군인의 투박하고 힘찬 감정의 토로도 충분히 기록할 만하다고 생각되었다. 음모 사건을 통해 이 말만큼 충격적으로 네로의 귀에 들린 것은 없었다. 이것은 확실하다. 네로는 늘 죄를 저지를 준비가 충분히 되어 있었지만 자신의 소행에 대해 다른 사람으로부터 비판받는 일이 거의 없었기 때문이다.

플라부스의 처형은 같은 친위대 부관인 베이아니우스 니게르 (Veianius Niger)에게 맡겨졌다. 그가 부하에게 명해 인근의 밭에 무덤을 파게 하자, 이것을 본 플라부스가 옆에 있는 병사에게 "바닥도 얕고 입구도 좁다"고 엄하게 질책하고, "이런 것조차 규정대로 못하는가?" 하고 말했다. 니게르로부터 "남자답게 머리를 쑥 내밀어라" 하고 주의를 받자, "너야말로 그렇게 대담하게 내 목을 잘랐으면 좋겠다" 하고 대꾸했다. 니게르는 부들부들 떨면서 두 번 칼질을 한 뒤에야 겨우 머리를 잘라 냈다. 네로 앞에서는 자신의 잔혹함을 과시하면서 이렇게 보고했다. "저는 한 번 반의 칼질[66]로 플라부스를 죽였습니다!"

68 플라부스에 뒤이어 강직함의 본보기를 보여 준 것은 백인대장 술피키우스 아스페르였다. 그는 네로로부터 "왜 암살하려 했느냐?" 하고 엄하게 추궁받자 시원스럽게 이렇게 대답했다. "당신을 저 수많은 패륜적인 행위로부터 구하기 위해서는 죽이는 수밖에 없었습니다. 하지만 파이니우스 루푸스는 다른 사람들과 마찬가지로 대담함을 보여 주지 못했습니다. 그뿐만 아니라 유서 안에까지 비탄의 말을 늘어놓았습니다."

네로는 집정관 베스티누스도 죄를 뒤집어쓰길 바라고 있었다. "그자는 성질이 과격하고 모반심을 품고 있어" 하고 생각하고 있었기 때문이다. 그러나 음모자 누구도 베스티누스에게 계획을 털어놓지 않았다. 공모자 중 일부는 그와 예전부터 정적 관계였고, 다른 사람들은 그가 분별이 없고 타협하는 성격이 아니라고 믿고 있었다.

그것은 그렇다 치고 네로가 베스티누스에게 원한을 품게 된 경위는 멀리 두 사람의 친밀한 교제에 기인하고 있었다. 즉 그 사이에 베스티누스는 황제의 소심함을 밑바닥까지 꿰뚫어 보고 경멸하게 되었

---

66) 군대 용어일 것이다. 일부러 질질 끌어 가며 죽이기 때문에 칼리굴라는 이 처형 방식을 좋아했다고 한다.

다. 네로 쪽은 베스티누스가 종종 가시가 있는 농담을 하며 조롱하는 사이에 친구의 성격을 두려워하게 되었다. 실제로 농담이 나무랄 데 없는 진실을 근거로 삼을 때에는 훨씬 훗날까지 원한이 마음에 사무치게 마련이다. 여기에 더하여 좀더 새로운 원인도 있었다. 베스티누스가 스타틸리아 메살리나(Statilia Messalina)[67]와 결혼했기 때문이다. 카이사르도 그녀의 정부 중 한 명이라는 것을 아주 잘 알고 있으면서도.

69 그런데 베스티누스와 관련해 공모죄도 발견되지 않고 고발자도 나타나지 않아, 네로는 재판관의 가면도 쓸 수 없었다. 그래서 전제 군주의 권력에 호소했다. 친위대 부관 게렐라누스(Gerellanus)에게 1개 대대의 보병을 이끌고 출발하라고 명했다. "집정관의 의도를 앞질러 그의 성과 같은 저택을 점령하고 정선된 젊은 수행원들을 일망타진하라." 베스티누스가 같은 또래의 아름다운 소년 노예들을 거느리고 중앙 광장이 내려다보이는 호화롭고 웅장한 저택에서 살고 있었기 때문이다.

그는 이날 집정관으로서의 직무를 모두 마치고 연회를 열고 있었다. 이것으로 판단해 보건대 그는 신변의 위험을 전혀 느끼고 있지 못했을 것이다. 아니면 향연으로 자신의 불안감을 감추려 했던 것일까? 마침 그러고 있을 때 병사들이 매우 거칠게 난입하더니 "부관이 당신을 부르고 있다"고 말했다. 그는 조금도 당황하지 않고 곧 자리에서 일어나자 순식간에 모든 일을 해치웠다. 그는 침실에 틀어박힌 채 집도의를 불렀다. 혈관이 절개된 뒤 아직 힘이 있을 때 욕실로 운반되어 열탕 속에 담가졌다. 그는 끝까지 자기 연민의 말을 한마디도 하지 않았다.

---

67) 타우루스 스타틸리우스(6권 11절)의 증손녀. 네로의 세번째 아내가 된다. 부자이고 미녀인데다가 문학 취미도 갖고 있었다. 또 바람기 많은 전형적인 상류 여성이기도 했다.

한편 그와 연회를 같이 즐기던 손님들은 그 사이에 쭉 병사들에게 에워싸인 채 감시당하고 있었다. 가까스로 풀려났을 때에는 밤이 상당히 이슥했다. 뒤에 이 소식을 전해 들은 네로는 회식자들이 만찬 뒤에 살해될 것이라 체념하고 떨고 있는 광경을 상상하며 싸늘하게 웃었다. "그들이 집정관의 향연에 참가한 죄는 이것으로 충분히 처벌받았다."

70 이어서 네로는 시인 안나이우스 루카누스에게 죽음을 명했다. 피가 흐르고 손발이 차가워지고 몸의 끝 부분에서 생기가 점차 빠져나가는 것이 느껴졌지만, 그의 정열은 여전히 불타오르고 이성도 정상적으로 작동하고 있었다. 이때 그는 자신이 지은 어떤 단장斷章을 생각했다. 그것은 그와 똑같은 방식으로 세상을 떠나는 한 부상병을 묘사한 것이었다. 그는 그 시구를 낭랑한 목소리로 암송했다. 이것이 그의 마지막 말이었다.

뒤이어 세네키오와 퀸티아누스, 스카이비누스가 연약한 생전의 삶과는 전혀 다르게 최후를 맞이했다. 그리고 나머지 공모자들은 기록할 만한 행위도 말도 없이 사라져 갔다.

71 그 동안 수도는 장례식으로, 카피톨리움은 산 제물로 흘러넘치고 있었다. 저 사람은 자식이, 이 사람은 형제가, 혹은 친척이나 친구가 죽었는데도, 그들은 신들에게 감사의 기도를 올리고 집을 월계수로 장식했다.[68] 그리고 네로의 발밑에 부복하고 키스로 그의 오른손을 흐물흐물하게 만들었다. 네로는 이것을 환희의 표현으로 믿었다. 그래서 안토니우스 나탈리스와 케르바리우스 프로쿨루스에 대해서는 그들의 재빠른 밀고의 대가로 처벌을 면제해 주었다. 밀리쿠스는 교묘하게 포상을 듬뿍 받아 챙겨 부자가 되고 '구제자'라는 의미의

---

68) 공사를 불문하고 경축할 만한 일이 있으면 집을 월계수잎으로 장식했다. '네로의 손에 키스'한 것도 음모의 실패와 생명의 무사함을 축하하는 의미에서 한 것이다.

그리스어를 택해 자신의 이름으로 삼았다.

친위대 부관 중 한 사람인 가비우스 실바누스는 네로에게 용서받았지만 자기 손으로 목숨을 끊었다. 또 한 사람인 스타티우스 프록시무스는 모처럼 황제로부터 얻은 은사를 허영에 찬 자결로 망가뜨려버렸다. 이어서 똑같이 부관인 〈……〉 폼페이우스(Pompeius)와 코르넬리우스 마르티알리스(Cornelius Martialis), 플라비우스 네포스(Flavius Nepos), 스타티우스 도미티우스(Statius Domitius) 등 4명은 실제로는 그렇지 않았지만 황제를 증오하고 있는 것으로 점찍혀 그 지위를 박탈당했다.

노비우스 프리스쿠스(Novius Priscus)는 세네카와의 교우를 이유로, 글리티우스 갈루스와 안니우스 폴리오는 죄가 확증되었기보다 혐의를 받아 각각 추방형에 처해졌다. 프리스쿠스와 갈루스는 각기 아내인 아르토리아 플라킬라(Artoria Flaccilla)와 에그나티아 막시밀라(Egnatia Maximilla)를 동반했다. 갈루스의 아내는 처음에는 막대한 재산의 소유를 인정받았지만 나중에 몰수당했다. 하지만 그 어느 경우에도[69] 그녀의 영광은 늘어났다.

루프리우스 크리스피누스(Rufrius Crispinus)도 음모 사건을 빌미로 유배되었다. 실은 그가 포파이아의 전 남편이었기 때문에 네로가 좋게 생각하고 있지 않았던 것이다. 베르기니우스 〈플라부스(Verginius Flavus)와 무소니우스〉 루푸스(Musonius Rufus)는 도리어 그 빛나는 명성이 원인이 되어 유배되었다. 베르기니우스는 수사학으로, 무소니우스는 철학으로 각각 청년들의 열렬한 존경을 받고 있었다.

---

69) 처음에는 혼자서 로마에서 지낼 수 있었는데 남편과 함께 유배지로 갔다. 나중에는 남편 때문에 재산을 빼앗겼어도 남편과 헤어지지 않았기 때문에. 부부는 기아로스 섬으로 유배당했지만 그 섬 주민의 보호자가 되고 재산을 섬 주민을 위해 써서 '선행과 미덕'을 앙모하는 세력을 얻었기 때문에, 네로가 이것을 질투해 재산을 몰수했다고 한다.

클루비디에누스 퀴에투스(Cluvidienus Quietus)와 율리우스 아그리파(Julius Agrippa), 블리티우스 카툴리누스(Blitius Catulinus), 페트로니우스 프리스쿠스(Petronius Priscus), 율리우스 알티누스(Julius Altius)는 말하자면 단죄자의 숫자를 늘리고 그 명부를 완성하기 위해 에게 해의 섬들을 그 유배지로 지정받았다. 스카이비누스의 아내 카이디키아(Caedicia)와 카이센니우스 막시무스(Caesennius Maximus)는 이탈리아 본토에 거주하는 것을 금지당했다. 이 두 사람은 이 벌을 받고 나서야 비로소 자신들이 고발당한 것을 알았다.

안나이우스 루카누스의 어머니 아킬리아는 면소免訴도 처형도 받지 않은 채 불문에 부쳐졌다.

72 이리하여 음모자들의 처벌이 끝나자 네로는 친위대 집회를 명하고 각 병사에게 2,000세르테르티우스의 은사금을 나누어 주었다. 더 나아가 이때까지 시중 가격으로 매매했던 밀을 무상으로 배급해 주었다. 이어서 그는 마치 전쟁의 결과를 보고하는 듯한 어조로 원로원을 소집했다. 전 집정관 푸블리우스 페트로니우스 투르필리아누스와 예정 집정관 마르쿠스 코케이우스 네르바(Marcus Cocceius Nerva),[70] 친위대장 티겔리누스에게 개선 장군 현장을 수여했다. 특히 티겔리누스와 네르바에게는 두 사람의 개선 장군상을 중앙 광장에 건립하고 거기에 더하여 팔라티움에 입상을 안치하게 할 정도로 명예를 높여 주었다.

님피디우스(Nymphidius) 〈……〉[71]에게는 집정관 현장이 수여되었다. 이 사람은 여기에 처음 등장하기 때문에 그 신원에 대해 간단히 기술하겠다. 그도 또한 로마의 화근 중 하나가 되기 때문이다. 그의

---

70) 미래의 황제로 재위기간은 96-98년이다..

71) 이 망실된 부분은 사비누스(Sabinus). 그는 목하 친위대장이 되어 티겔리누스와 함께 공동으로 친위대를 지휘하고 있었다.

어머니는 해방 노예로 그 옛날 황제 저택의 노예나 해방 노예 사이에서 평판이 높은 미인이었다. 그는 자기 입으로 아버지가 가이우스 카이사르(칼리굴라)라는 말을 퍼뜨렸는데, 그러고 보면 님피디우스도 당당한 체구와 음험한 용모를 지니고 있었다. 그러나 아마도 남남끼리 우연히 닮은 것이었으리라. 혹은 매음부들과도 즐겨 사귀었던 가이우스 카이사르(칼리굴라)였기 때문에 그의 어머니까지 노리개로 삼았을지도 모른다. 〈……〉

73 그것은 그렇다 치고 네로는 원로원을 소집했을 때,[72] 의원들 앞에서 연설도 하고 시민에게 포고도 발표했다. 그와 동시에 단죄자들의 증거나 자백을 책의 형식으로 집대성한 기록서를 출판했다. 여기에는 이유가 있었다. 네로는 무고한 명사들을 단순한 질투심이나 공포심에서 없애 버렸다는 세간의 시끄러운 소문에 시달리고 있었다. 그러나 음모가 태어나 무르익고 발각된 것을 확실했다. 이것은 진실을 알아내는 데 열심이었던 당시 사람들도 의심하지 않았다. 그뿐만 아니라 네로가 파멸한 뒤에 로마로 돌아온 추방자들도 자인했다.

그런데 원로원에서 모든 의원이, 특히 상복을 입어야 할 이유가 많은 자일수록 아첨 속에서 몸을 더럽히고 있었다. 하지만 루키우스 안나이우스 유니우스 갈리오(Lucius Annaeus Gallio)[73]가 동생 세네카의 죽음에 의해 위험을 느끼고 신변의 안전을 애원했을 때, 살리에누스 클레멘스(Salienus Clemens)가 '공공의 적'이라든가 '존속 살인자'로 매도하기 시작하자, 참다 못한 의원들이 일제히 클레멘스의 입을 막아 버렸다. "국가의 불행에 편승해 사적인 원한을 풀고 있다는 인상을 주는 것은 좋지 않다. 게다가 관대한 황제에 의해 이미 결말지어거나

---

72) 72절의 '원로원을 소집' 한 바로 그날을 가리킨다.
73) 〈사도행전〉(18장 12~17절)에서 유명한 아카이아의 지사(52년의 일). 66년에 자살을 강요당했다.

묵인된 일을 다시 꺼내어 비참한 상황이 되풀이되지 않도록 해달라."

74 이어서 원로원은 신들에게 공물을 바치고 감사제를 거행할 것, 특히 태양신에게 특별한 명예를 바칠 것을 결의했다. 그 오래된 신전이 함정이 설치되려 했던 대경기장 안에 있었고, 음모의 비밀도 이 신들의 뜻으로 폭로되었다고 생각했기 때문이다. 그리고 대경기장에서 풍요의 여신의 축제 때 개최되는 경기에는 특별히 많은 전차가 참여해 경쟁을 벌일 것, 4월은 앞으로 네로의 이름으로 불릴 것, 스카이비누스가 저 단검을 훔친 장소에 〈기념비를, 수도에〉 태평무사의 신의 신전을 건립할 것 등을 결의했다.

네로는 그 칼에 "복수자(Vindex) 유피테르에게 바친다"는 명문을 새기고 카피톨리움 신전에 봉납했다. 이 명문은 그 당시는 그다지 사람들의 주목을 끌지 않았다. 가이우스 율리우스 빈덱스(Gaius Julius Vindex)[74]가 반란을 일으키고 나서 이것이 미래의 복수를 암시하고 예고하고 있었던 것으로 해석되었다.

나는 원로원 의사록에서 다음과 같은 사실을 발견했다. 예정 집정관 가이우스 아니키우스 케레알리스(Gaius Anicius Cerealis)가 발언 차례가 되자 신군神君 네로의 신전을 국비로 가능한 한 빨리 지을 것을 제안했다. 그가 이런 제안을 한 것은 황제가 지상의 어떤 영예도 초월하고 인류의 존경을 받을 만한 존재라고 생각했기 때문일 것이다. 〈그러나 황제는 이것을 거절했다〉. 이 명예를 그의 최후의 불길한 전조로 곡해하는 사람이 있지 않을까 우려했기 때문이다. 이런 신격화의 명예는 황제가 인간으로 살아가는 것을 중단했을 때 비로소 주어지는 것이기 때문이다.

---

74) 16권 권말의 4. 〔옮긴이의 덧붙이는 글〕을 참조할 것.

제16권(서기 65~66년)

1. 무고한 희생자들

1 그 후 운명이 네로를 우롱했다. 그가 카이셀리우스 바수스(Caesellius Bassus)의 보증을 경솔하게 믿은 것이 원인이었다. 바수스는 카르타고 출신의 망상에 사로잡힌 자였다.

그가 어느 날 밤에 자신이 꿈에서 본 것은 거의 의심할 수 없는 사실이라고 생각하고 가망성이 있는 것인 양 해석했다. 그래서 그는 로마로 도항한 뒤 뇌물을 써서[1] 황제를 알현하고 이렇게 말했다. "제 소유지에서 엄청나게 깊은 동굴이 발견되었습니다. 그 속에 막대한 황금이 가득 차 있습니다. 금화가 아니라 옛날의 지금地金 그대로의 상태로 말입니다. 묵직한 금괴가 바닥 여기저기에 놓여 있고, 금괴의 일부는 그 곁에 기둥들이 되어 서 있습니다. 이 금괴가 이렇게 오랫동안 은닉되어 온 것은 단지 지금 세대의 부를 늘려 주기 위해서였을 뿐입니다" 하고 그는 제멋대로 자신의 억측을 늘어놓았다. "즉 페니

---

1) 황제나 유력자를 만나기 위해 문지기를 매수하는 것. 어느 가난한 시인은 "로마에서는 무엇을 하든 돈이 필요하다"고 한탄했다.

키아의 여왕 디도(Dido)가 티루스에서 도망쳐 와 카르타고를 건설한 뒤에 자신의 재산을 숨겼습니다. 그것은 여왕이 막대한 부가 새로 창설된 카르타고의 시민들을 타락시키지 않을까 우려했기 때문이거나, 아니면 그러잖아도 그녀에게 원한을 품고 있는 누미다이족의 왕들이 황금욕에 자극을 받아 전쟁을 일으키지 않을까 걱정했기 때문일지도 모릅니다."

2 그러자 네로는 보고자의 사람 됨됨이나 내용 그 자체의 신빙성을 충분히 확인하지도 않고, 또 이 이야기가 사실인지 아닌지 사람을 보내 조사하지도 않은 주제에 도리어 자기 쪽에서 이 이야기를 퍼뜨리고, 이미 손에 들어온 것처럼 생각하고서 전리품을 갖고 돌아올 사람들을 파견했다. 그들에게는 조금이라도 더 빨리 현지에 도착할 수 있도록 삼단 갤리선과 정선된 군사를 내어 주었다. 그 당시 민중은 이 이야기를 완전히 믿어 버리고, 다른 한편으로 사려 깊은 사람들은 이것과 다른 마음에서 수도가 온통 다 이 소문으로 화제가 되고 있었다. 때마침 두번째 오년제가 개최되려 하고 있었기 때문에, 변사들이 황제를 극구 칭송하기 위해 이 사건을 주된 대상으로 삼았다. 예컨대 "태어나려 하고 있는 것은 흔하디흔한 농작물도 아니고 광산의 단순한 금광석도 아니다. 대지는 지금 완전히 전대 미문의 부를 잉태하고 있다. 신들이 우리 앞에 재보를 던져 주었다" 등과 같은 치사한 이야기를 지어 내거나, 어마어마한 열변을 토하는데다가 그에 못지 않은 비굴한 교태를 짓기까지 했다. 네로가 이것을 듣고 기분 좋게 받아들이리라 믿고 있었기 때문이다.

3 머지않아 이 헛된 희망 때문에 네로의 낭비가 한층 더 심해졌다. 앞으로 오랫동안 방탕하게 굴어도 될 만한 돈이 생겼다고 생각하고, 그는 기존의 재산을 다 써버렸다. 그뿐만 아니라 금괴 일부도 이미 활수하게 사람들에게 나누어 주고 있었다. 이리하여 새 재보에 대

한 기대가 국가의 궁핍을 초래하는 원인 중 하나가 되었다.

그런데 바수스는 자신의 소유지를 다 파보자 이번에는 주위의 다른 사람들의 소유지까지 파보게 했다. 그 넓은 범위에 걸쳐 "여기이다. 아니, 저기이다, 가망성이 있는 동굴은" 하고 보증했다. 그의 뒤를 쫓아다닌 것은 병사뿐만이 아니었다. 일의 능률을 높이기 위해 시골 사람들까지 모아 놓고 있었다. 그러나 마침내 그가 망상을 단념했다. "내 꿈은 지금까지 한 번도 틀린 적이 없었다. 속은 것은 이번이 처음이다" 하고 깜짝 놀라는 표정을 지었다. 그리고 그는 수치심과 처벌에 대한 공포심에서 벗어나기 위해 스스로 목숨을 끊었다. 다른 전거에 따르면 그는 체포되고 여왕의 재보 대신 재산을 몰수당했지만 그후 곧 석방되었다고 한다.

4 이런저런 하는 사이에 오년제 경기가 다가왔다. 원로원은 사전에 최고 사령관에게 시가 부문의 제일등상을 수여해 그가 불명예를 피할 수 있게 했다. 게다가 웅변 월계관도 추가해 무대에서의 그의 추한 모습을 그럴 싸하게 얼버무리려 했다. 그렇지만 네로가 이에 항의했다. "원로원의 후원이나 권위 따윈 내게 필요없다. 나는 경쟁자와 대등한 입장에 서서 심판자의 신성한 판정에 따라 실력에 적합한 상을 받을 것이다."

맨 처음 그는 폼페이우스 대극장의 무대에 서서 자작시를 낭송했다. 청중이 네로에게 "당신의 재예才藝를 모두 보여 주세요"(이것은 그들이 말한 그대로 옮겨 놓은 것이다) 하고 연신 간청했다. 그래서 네로는 이번에는 예능인으로서 극장에 들어갔다. 그는 전문적인 수금 연주자의 예의를 완벽하게 지켰다. 피곤해도 앉지 않았다. 땀이 나와도 몸에 걸친 의상 이외의 것으로는 닦으려 하지 않았다.[2] 침이나 재채기

---

2) 손수건이나 팔로 땀을 닦는 것은 무례한 행동이었다고 한다.

를 일절 관객에게 보여 주지 않았다. 끝나자 그는 저 속중(俗衆)에게 무릎을 구부리고 몸짓으로 경의를 표했다. 그리고 자못 자신이 없는 듯이 심판자의 판정을 기다렸다. 과연 수도의 대중이었다. 평소에 무언극 배우의 연기에도 성원을 보내고 있었던만큼 이때도 장단에 맞추어 규칙적으로 박수를 쳤다. 그들의 환호하는 광경을 상상할 수 있을 것이다. 아마도 그들은 국가의 불명예 따윈 신경쓰지 않았기 때문에 그렇게 기뻐했을 것이다.

5 그러나 이탈리아의 구석진 자치시에서 온 사람들은 옛스러운 관습을 아직도 간직하고 있어 진지했다. 먼 속주에서 사절이나 개인 용무로 방문한 사람들도 거의 방종한 생활과는 관계가 없었다. 그래서 이 수도의 광경에 견딜 수도 없었고, 뻔뻔스런 수고도 좇아갈 수 없었다. 그들의 익숙하지 않은 손이 박수로 곧 피로해져 숙련된 박수 갈채꾼들을 혼란시켰기 때문에 종종 병사들의 채찍으로 얻어맞았다. 계단 좌석에 쭉 늘어서 있던 병사들은 손님들의 장단에 맞지 않는 박수나 태만한 박수 방관을 한 순간도 용납하지 않았다.

이때 기사 계급 인사들이 좁은 통로에서 밀치락달치락하며 억지로 안으로 들어가려고 앞을 다투다가 많은 사람이 짓밟혔다고 한다. 혹은 낮이나 밤이나 계속 앉아 있다가 마침내 치명적인 병에 걸렸다고도 한다. 하지만 이것은 누구나 다 인정하고 있는 사실이다. 실은 만약 관객석에 없었다면 그때야말로 더욱 심한 곤욕을 치렀을 것이다. 많은 사람이 여봐란 듯이, 그 이상의 사람이 몰래 극장에 모인 사람들의 이름과 얼굴을 하나하나 조사하거나 환호나 혐오의 표정에 주목하고 있었다.

이러던 끝에 지위가 낮은 사람은 곧 처벌받고, 명사의 경우에는 당분간 증오심을 감추어 두었다가 나중에 보복했다. 소문에 따르면 베스파시아누스(Vespasianus)는 눈을 감고 졸았다는 이유로 해방 노예인 포이부스(Phoebus)에게 비난받았다. 그러나 유력자의 중재로 가까스로 구제받고, 이윽고 보다 큰 운명에 의해 목전의 위기에서 벗어났다고 한다.

6 오년제가 끝나자마자 포파이아가 죽었다. 뭔가의 일로 네로가 우연히 버럭 화를 내며 임신한 아내를 걷어찼던 것이다. 그녀가 독살되었다는 설을 몇 명의 사가가 전하고 있다. 이것은 확증이 있다기보다는 네로에 대한 증오심에서 비롯되었을 것이다. 나는 믿고 싶지 않다. 첫째로 네로는 자식을 원하고 있었다. 그리고 아내에 대한 애정이 그를 지배하고 있었기 때문이다.

그녀의 유해는 로마 관습대로 화장되지 않았다. 이국의 왕실 풍습을 흉내내 향료를 채우고 방부 처리를 하고 나서 아우구스투스 영묘에 안치했다. 그럼에도 불구하고[3] 국장이 거행되었다. 네로는 중앙 광장의 연단에 서서 그녀의 용모와 자태를 칭송했다. 이미 여신이 된 딸을 기르던 무렵의 그녀를 회상하고 운명의 다른 선물들도 그녀의 미덕으로 꼽았다.

7 공개적으로는 포파이아의 죽음에 애도의 뜻이 표해졌지만, 사람들은 그녀의 방탕함과 잔혹성을 상기하며 기뻐했다. 그래도 네로는 세상 사람들의 반감을 사는 행위를 눈에 띄게 계속해 갔다. 그는 가이우스 카시우스 롱기누스가 포파이아의 국장에 참여하는 것을 금했다.[4] 그것은 그의 도래할 불행의 전조였다. 불행이 생각했던 것보다 빨리 찾아왔고, 그리고 루키우스 유니우스 실라누스 토르콰투스도 여기에 말려들어 골탕을 먹었다. 카시우스는 조상 대대로의 재산과 엄격한 성격 때문에, 실라누스는 고귀한 태생이고 겸허한 청년이

---

3) 이국(이집트)식으로 방부 처리가 되었 '음에도 불구하고' 로마식으로 포파이아의 '밀랍상'(3권 5절 주를 참조할 것)을 만들고 그것을 장작 위에 놓고 불태웠다는 것일까?
4) 절교 선언 중 하나였을 것이다.

었기 때문에, 두 사람 모두 세상 사람들의 눈에 지나치게 확 띈다는 단지 그 이유 하나만으로 비난받았다.

네로는 원로원에 친서를 보내 두 사람을 모두 국가에서 제외시키라고 권고했다. 그리고 카시우스를 이렇게 비난했다. "그는 조상의 초상 속에 가이우스 카시우스[5]의 것까지 추가하고 그자를 숭배하고 있다. 거기에는 '당의 지도자에게'라는 명문도 새겨져 있다. 그것이 의도하는 바는 내란의 씨앗을 뿌려 카이사르 가에 대한 반역을 꾀하는 것이다. 그러나 이 꺼림칙한 고인의 기억만 이용해서는 내란을 일으키기에 충분하지 않다고 생각했는지 루키우스 실라누스라는 고귀한 태생의 무분별한 풋내기를 한패로 끌어들여 변혁의 수괴로 받들어 모시려 했다."

8 이어서 네로는 실라누스에게도 창끝을 돌렸다. 전에 그의 숙부인 데키무스 유니우스 실라누스 토르콰투스를 견책했을 때와 같은 말을 사용하며 "실라누스는 이미 통치의 대임을 수행하고 있는 것처럼 해방 노예를 회계계, 탄원 수리계, 문서계로 임명하고 있다"고 말했다. 이것은 법적 근거가 박약하고, 더군다나 가당치 않은 트집이었다. 그러잖아도 실라누스는 남보다 갑절 위험에 민감했다. 숙부가 파멸당하고 나서 극도로 경계하고 조심에 조심을 거듭하고 있었다.

이 서한이 낭독된 뒤에 증인이라는 자들이 원로원에 출두했다. 그들은 이렇게 위증했다. "카시우스의 아내인 유니아 레피다(Junia Lepida)는 실라누스의 고모이다. 그런 그녀가 이 조카인 실라누스와 부정한 관계를 맺고 있다. 그리고 그녀는 잔혹한 비의秘儀에도 정통하다."

연루자로서 원로원 의원 볼카키우스 테르툴리누스(Volcacius Tertullinus)와 코르넬리우스 마르켈루스(Cornelius Marcellus), 로마 기

---

5) 율리우스 카이사르의 암살자.

사 가이우스 칼푸르니우스 파바투스(Gaius Calpurnius Fabatus)가 끌려 나왔다. 이 세 사람은 황제에게 직소해 우선 당장은 처벌을 모면했다. 그 후 네로가 중대한 범죄에 주의를 빼앗기고 있을 때, 세 사람은 하찮은 범인으로 간과되어 버렸다.

9 그런데 카시우스와 실라누스는 원로원 의결에 의해 추방을 선고받고, 레피다에 대한 조치는 카이사르에게 일임되었다. 카시우스는 사르디니아 섬에 유배되었다. 그는 고령 때문에 앞으로 그리 오래 살지 못할 것으로 생각되고 있었다. 그렇지만 실라누스는 낙소스 섬으로 유배된 것처럼 보이게 하고는 먼저 오스티아로 옮기고, 이어서 아풀리아 지방의 바리움이라는 도시에 유폐시켰다. 그 도시에서 실라누스는 유유히 지극히 부당한 운명을 감내했다. 그곳으로 백인대장이 그를 죽이러 찾아와 붙잡았다. 혈관을 절개하라는 권유를 받고 실라누스는 이렇게 대답했다. "죽을 각오는 이미 되어 있다. 그러나 자객에게 그 영광스런 의무를 면하게 해주고 싶지 않다."

실라누스가 무방비 상태이더라도 만만치 않은 상대라는 것, 그리고 겁먹고 있기보다 분노하고 있는 것을 알아채고, 백인대장은 부하들에게 그를 베어 죽이라고 명했다. 실라누스는 굳이 저항하고 맨손으로 가능한 한 반격했다. 마침내 백인대장에게 정면으로 상처를 입어 전장에서 싸우다가 죽은 듯이 쓰러졌다.

10 그에 못지 않게 깨끗이 죽음을 감수한 것은 루키우스 안티스티우스 베투스(Lucius Antistius Vetus)와 그의 장모 섹스티아(Sextia), 그의 딸 안티스티아 폴리타(Antistia Pollitta)였다. 황제는 그들에게 원한을 품고 있었다. 네로가 루키우스 베투스의 사위 루벨리우스 플라우투스(Rubellius Plautus)를 죽인 적이 있었다. 그래서 세 사람이 살아 있다는 것만으로도 이미 비난받고 있는 것처럼 느껴졌다. 네로에게 잔혹한 본성이 폭로되는 계기를 제공한 것은 베스투스의 해방 노예

포르투나투스(Fortunatus)였다. 이자는 보호자의 사유 재산을 써버리자 도리어 자기 쪽에서 베스투스를 고소했다. 클라우디우스 데미아누스(Claudius Demianus)도 이자와 결탁했다. 그는 베투스가 아시아 지사일 때 죄를 지어 투옥되었는데, 이번에 베투스를 고발하는 대가로 네로에게 출옥을 허가받았던 것이다.

베투스는 자신이 고소되고 해방 노예와 같은 입장에서 대결하지 않으면 안 된다는 것을 알고는 포르미아이의 자신의 소유지에 칩거했다. 병사들이 여기까지 찾아와 집을 에워싸고 은밀히 감시했다. 그의 딸도 함께 살고 있었다. 그녀는 남편 플라우투스를 죽이러 온 자객을 본 이후 쭉 장기간에 걸쳐 슬퍼하며 괴로워하고 있었다. 게다가 아버지의 위험이 목전에 박두한 것을 보고 완전히 절망해 버렸다. 그때 피투성이의 남편 머리에 달라붙어 떨어지지 않았던 그녀는 지금도 피로 더럽혀진 옷을 입고 있었다. 과부 생활을 하며 머리도 빗지 않고 끊임없이 한탄하고 식사도 그럭저럭 굶어 죽지 않을 정도밖에 하지 않았다.

그래서 아버지는 딸에게 권해 나폴리로 나가게 했다. 그러나 도저히 네로를 만날 수 없어 황제가 외출하기를 기다렸다. "무고한 아버지의 주장에 귀를 기울여 주세요. 당신의 옛 집정관 동료가 해방 노예의 손에 인도되지 않게 해주세요" 하고 여자 특유의 새된 소리로, 혹은 여성다움을 넘어선 분노의 음성으로 호소했다. 마침내 황제의 태도에서 자신이 애원을 하든 저주를 하든 그의 마음이 조금도 움직이지 않으리라는 것을 알게 되었다.

11 그래서 이렇게 아버지 앞으로 보고했다. "이제는 삶의 희망을 버리고 피하기 어려운 운명에 대처하세요." 같은 편지에 "원로원의 심리도 이제 곧 시작될 텐데, 아버님에 대한 혹독한 선고가 준비되고 있어요"라는 정보도 첨가되어 있었다. 그러자 베스투스에게 이렇게

충고하는 사람이 있었다. "카이사르를 최대의 유산 상속자로 지명하는 것이 좋습니다. 그러면 자손들이 나머지 유산을 확보할 수 있을 것입니다." 그는 이 조언을 받아들이지 않았다. "지금까지 겨우겨우 살아올 수 있었던 자유로운 생애를 이 최후의 순간에 이르러 저속한 행위로 더럽히고 싶지 않소." 이렇게 말하고 베스투스는 갖고 있는 현금을 모두 노예들에게 나누어 주고 "가져갈 수 있는 도구는 모두 마음대로 가져가라. 다만 3개의 침대는 우리의 최후를 위해 남겨 놓아라" 하고 명했다.

그리고 나서 세 사람은 같은 침실에 들어가 같은 칼로 혈관을 절개했다. 체면상 각기 옷 하나로 몸을 가리고 서둘러 욕실로 운반하게 했다. 아버지는 딸을, 외할머니는 손녀를, 손녀는 두 사람을 가만히 응시했다. 그리하여 제각기 자신의 쇠약한 생명이 가장 먼저 사라지길 기원했다. 하지만 자신이 먼저 떠나고 나면 뒤에 남은 다른 육친들도 훌륭하게 숙원을 이루도록. 운명은 자연의 순서를 지켰다. 먼저 나이 먹은 사람이, 뒤이어 젊은 사람이 숨이 끊어졌다.

장례식이 끝난 뒤에 세 사람은 원로원의 탄핵을 받아 옛 방식 그대로의 형에 처한다는 선고를 받았다. 그러나 네로는 이 판결을 거부하고 자살의 자유를 허락했다. 이리하여 세 사람은 살해당한데다가 조롱까지 받았다.

12 로마 기사 푸블리우스 갈루스(Publius Gallus)는 피소의 공모자 파이니우스 루푸스의 친구이고 베스투스와도 절친한 사이였다는 이유에서 물과 불을 금지당했다. 갈루스를 고발한 것도 앞에 언급한 해방 노예 포르투나투스였다. 그는 네로에게 협력한 대가로 극장의 개인석이 호민관 소속 전달리의 지정석 속에 설치되었다.

이어서 원로원은 4월(별명은 네로 달) 뒤에 이어지는 두 달의 이름을, 즉 5월(Maius)과 6월(Junius)을 각각 클라우디우스 달과 게르마니쿠스 달로 고쳤다. 이 동의안의 제안자 세르비우스 코르넬리우스 오르피투스(Servius Cornelius Orfitus)는 이렇게 설명했다. "이미 2명의 토르콰투스[6]가 죄를 짓고 처형받아 유니우스라는 명칭이 불길한 것이 되었다. 그래서 유니우스라는 달이름을 바꾸어야 한다."

13 이처럼 많은 사람의 비행으로 더럽혀진 이해를, 더 나아가 신들까지 나서 폭풍과 악성 전염병으로 두드러지게 만들었다. 캄파니아 지방이 모조리 초대형 회오리바람에 당했다. 이 회오리바람이 그 지방 일대의 별장이나 과수원, 곡물을 파괴했을 뿐만 아니라 도시 부근에서까지 맹위를 떨쳤다. 로마에서는 눈에 보이는 독기毒氣가 공중 어디에도 없는데도 전 시민이 질병의 폭력에 유린되었다. 집집마다 시신으로, 도로마다 장례식으로 뒤덮였다. 남녀노소 모두 이 위험을 모면할 수 없었다. 노예든 자유 시민이든 아내와 자식이 통곡하는 가운데 순식간에 숨을 거두었다. 그 아내나 자식도 곁에서 간병을 하거나 죽음을 한탄하다가 종종 같은 화장용 장작 위에서 불태워졌다. 기사 계급이나 원로원 계급 인사들도 예외 없이 병사했다. 그러나 이 경우에는 그리 아쉬워하거나 슬퍼하지 않았다. 그들은 일반 사람들과 동일한 죽음을 통해 황제의 의도를 앞질러 버린 것으로 생각되었기 때문이다.

같은 해에 나르보 갈리아와 아프리카, 아시아에서 병사 모집이 이루어졌다. 노령이나 병 때문에 병역을 면제받은 일리리쿰의 군단병을 보충하기 위해서였다.

루그두눔 시민들의 불행에 대해 황제는 400만 세스테르티우스의 의연금을 내놓고 소실된 가옥의 재건을 원조했다. 이 금액은 루그두눔 시민들이 전에 로마의 재해 때 건네 주었던 위로금과 같은 액수였다.

---

6) 2명의 유니우스 실라누스 토르콰투스. 15권 35절과 16권 8절.

14 가이우스 수에토니우스 파울리누스(Gaius Suetonius Paulinus)와 가이우스 루키우스 텔레시누스(Gaius Luccius Telesinus)가 집정관이 되었다.[7] 안티스티우스 소시아누스가 앞에서 언급한 대로 시詩 속에서 네로를 비방했기 때문에 추방형에 처해져 있었다. 그러나 선천적으로 가만있지 못하고 이 기회를 포착하는 데 기민한 소시아누스가 밀고에 대가가 따르고 황제가 쉽게 사람을 죽이는 성격이라는 데 주목하고, 비슷한 처지를 이용해 교묘하게 같은 곳으로 추방되어 있던 팜메네스(Pammenes)의 환심을 샀다. 팜메네스는 점성술사로서 명성이 높고 그 때문에 교제 범위도 넓었다. "요즈음 팜메네스의 처소에 끊임없이 사자들이 방문해 의견을 묻고 있는데, 무슨 일이 있는 것이 틀림없다" 하고 소시아누스는 의심을 품었다. 때마침 그 무렵에 푸블리우스 안테이우스(Publius Anteius)가 매년 돈을 보내는 사실도 알게되었다. 물론 안테이우스가 세상을 떠난 아그리피나에게 바치는 경애심 때문에 네로가 앙심을 품고 있다는 것, 안테이우스의 재산이 네로의 탐욕을 자극할 정도로 대단히 엄청나다는 것, 그리고 재산이 원인이 되어 이미 많은 사람이 파멸했다는 것 있다는 것 등을 소시아누스는 잘 알고 있었다. 그는 안테이우스의 편지를 중간에서 빼앗고, 안테이우스 탄생일의 별의 위치와 운명을 기록해 놓은 서류도 그것이 간수되어 있는 팜메네스의 비밀 상자에서 훔쳐 냈다. 이와 동시에 오스토리우스 스카풀라(Ostorius Scapula)의 출생과 생애를 점친 판단서까지 손에 넣었다. 그 후에 소시아누스는 황제 앞으로 편지를 썼다.

"추방 생활을 하고 있는 제게 약간의 휴식 기간을 주신다면 황제님이 계신 곳으로 중대한, 그야말로 황제님의 생명과 관련이 있는 정보를 갖고 가겠습니다. 안티스티우스와 오스토리우스가 국가를 위협

---

7) 66년을 가리킨다.

하고 있는 문제와 관련해서 말입니다. 그들은 자신들의 운명과 카이사르 님의 운명을 점치고 있습니다."

즉시 가볍고 빠른 함정이 파견되어 소시아누스를 긴급히 싣고 갔다. 그의 밀고가 세상에 알려지자 벌써 안테이우스나 오스토리우스 모두 피고보다 죄인으로 취급되었다. 그 증거로 티겔리우스가 앞장서서 권유할 때까지 아무도 안테이우스의 유서에 증인으로 서명[8]하려 하지 않았다. 티겔리우스는 그 전부터 안테이우스에게 유서를 서둘러 마무리하라고 경고하고 있었다.

안테이우스는 독약을 마셨다. 독이 퍼지는 속도가 느려 참지 못하고 혈관을 절개해 죽음을 앞당겼다.

15 오스토리우스는 밀고될 무렵에 리구리아 지방 경계에 있는 멀리 떨어진 그의 소유지에 머무르고 있었다. 그래서 백인대장이 그를 즉시 죽이기 위해 그곳까지 파견되었다. 이렇게 서두른 것은 다름 아니라 네로가 오스토리우스의 역습을 두려워했기 때문이다. 오스토리우스는 수많은 전공으로 빛나고 브리타니아에서는 시민관을 얻은, 거대한 체구의 무술 달인이었다. 네로는 본래 겁쟁이인데 최근의 음모의 발각 이후 더욱더 겁에 질린 채 살아가고 있었다.

그런데 백인대장은 오스토리우스의 별장 출구를 모두 막고 나서 최고 사령관의 명령을 전했다. 오스토리우스는 적에게 언제나 보여 준 저 용기를 자기 자신 쪽으로 돌렸다. 혈관을 절개했지만 피가 흘러 나오는 상태가 좋지 않았다. 그래서 노예의 팔을 빌렸다. 그것도 단지 칼을 단단히 들어올리게 하기 위해서였을 뿐이었다. 그는 노예의 오른팔을 잡아당겨 칼끝이 목구멍을 관통하게 했다.

16 설사 지금 내가 적과의 전쟁이나 애국적인 순절殉節에 대해 이

---

8) 14권 40절 주를 참조할 것.

야기하고 있다 하더라도 상황이 이처럼 천편일률적이라면 저자인 나부터 벌써 싫증났을 것이다. 독자들도 물론 고귀한 시민들의 희생이 긴 하지만 이렇게 연이어 우울한 최후를 보는 것이 혐오스럽고 지루할 것이다. 하물며 여기에 기술되어 있는 노예적인 굴종과 국내에서 흐르는 수많은 피의 손실이 읽는 사람의 정신을 피로하고 우울하게 만들며 마비시키기만 할 것이다. 이 이야기를 읽는 사람들에게 내가 할 수 있는 변명을 단 한 가지뿐인데, 그것은 이렇게 칠칠치 못하게 죽어 간 사람들을 미워할 수 없다는 것이다.

이 사람들의 죽음은 로마 제국에 대한 신들의 분노였다. 그리고 이것은 군대의 괴멸이나 도시의 점령에 대해 서술할 때처럼 딱 한 번 언급하고 그냥 넘어갈 수 있는 그런 성질의 것도 아니다. 이 명사들의 영령에 하다 못해 이 정도의 공물은 바치고 싶다. 즉 그들의 매장 방식이 일반 사람들의 그것과 구별되었듯이 그들의 죽음을 전할 때에도 보통과 다른 것을 기록해 오래도록 기념하고 싶다.

17 예를 들어 2, 3일 사이에 잇따라 안나이우스 멜라(Annaeus Mela)와 가이우스 안키우스 케레알리스(Gaius Ancius Cerealis), 루프리우스 크리스피누스(Rufrius Crispinus), 〈가이우스〉 페트로니우스(Gaius Petronius) 등 4명이 쓰러졌다. 멜라와 크리스피누스는 원로원 계급 대우를 받고 있는[9] 로마 기사였다. 후자는 일찍이 친위대장직을 역임하고 집정관 현장을 수여받았다. 얼마 전에 피소의 모반죄 연루자로 사르디니아 섬으로 유배되어 있었다. 그곳에서 죽음의 명령서를 접하고 스스로 목숨을 끊었다.

멜라는 갈리오 및 세네카와 함께 같은 양친에게서 태어났다. 평생 엽관獵官 운동을 기피한 것은 일개 로마 기사이면서도 집정관급 인사

---

9) 재산 측면에서 자격 조건을 만족시켰기 때문이다.

와 대등한 권위를 지니고 싶다는 엉뚱한 야심에서 비롯되었다. 다른 한편으로 재산을 축적하는 가장 빠른 방법은 황제의 사유 재산을 관리하는 황제 속리가 되는 것이라고 믿고 있었다. 이런 멜라가 시인 안나이우스 루카누스의 아버지라는 것이 그의 명성에 큰 도움을 주었다. 자식이 살해된 뒤에 아들이 빌려 준 돈을 인정사정 볼 것 없이 회수해 자식의 친구였던 파비우스 로마누스(Fabius Romanus)를 분노하게 만들어 마침내 그에 의해 고발되었다.

로마누스는 루카누스의 서한집이라는 것을 위조하고 아버지와 자식간에 음모 정보가 교환되고 있었다고 거짓말을 늘어놓았다. 네로는 이 편지들을 다 조사하자 전부터 그 재산을 노리고 있던 멜라의 처소로 가져가게 했다. 멜라는 이 당시 가장 유행하던 자살 방식을 택해 혈관을 절개했다. 그 전에 유언 부속서를 쓰고 티겔리누스와 그의 사위 코수티아누스 카피토에게 유산의 대부분을 유증했다. 이렇게 하면 나머지 재산을 구할 수 있을 것이라 생각했던 것이다. 더 나아가 이 부속서에 그가 죽음이 불공평하다고 개탄하며 썼다고 생각되는 말이 첨가되어 있었다. "나는 벌을 받을 이유가 없는데 죽어 간다. 그렇지만 루프리우스 크리스피누스나 앙키우스 케레알리스는 황제를 증오하면서도 삶을 향수하고 있다."

그러나 이 부분은 크리스피누스와 케레알리스를 목표로 네로가 제멋대로 날조한 것이리라고 당시 사람들은 믿었다. 전자는 이미 죽임을 당하고, 후자는 막 살해되려 하고 있었기 때문이다. 확실히 곧 케레알리스도 자살했다. 그러나 타른 사람들만큼 동정받지 못했다. 그가 가이우스 카이사르에게 음모를 누설한 것을 세상 사람들이 아직도 기억하고 있었기 때문이다.

18 〈가이우스〉 페트로니우스[10]와 관련해서는 생전에까지 거슬러 올라가 좀더 살펴보고 싶다. 낮에는 자고 밤에 일하거나 향락을 즐긴

사람이기 때문이다. 다른 사람들은 결국 부지런히 일함으로써 유명해지는데, 이 사람은 게으름으로 명성을 날렸다. 그는 무위도식하며 재산을 탕진한 다른 사람들처럼 대식가나 방탕자가 아니라 사치에 통달한 사람으로 간주되었다. 그의 말이나 행동은 세상의 인습에 얽매이지 않고 왠지 모르게 대범하게 보이는 경우가 많았던만큼 더한층 기분 좋게 천진 난만한 태도로 받아들여졌다.

그럼에도 불구하고 비티니아의 지사[11]로서, 이어서 집정관으로서 그는 정력가이고 그런 임무를 잘 감내할 수 있는 인물임을 증명해 보였다. 그 후 다시 악덕 생활로 돌아갔다기보다 배덕자를 가장하고 네로의 가장 친한 패거리에 들어가 취미의 권위자가 되었다. 이리하여 온갖 환락에 싫증을 느낀 네로가 페트로니우스가 권하는 것 외에는 마음을 끄는 것도 세련되고 멋있는 것도 전혀 없다고 생각하게 되었다.

이것이 티겔리우스의 질투심을 자극했다. 그는 페트로니우스가 경쟁자라는 것을, 아니 쾌락에 관한 한은 우월하다는 것을 알아차렸다. 그래서 그는 그 앞에서는 어떤 정열이든 다 무릎을 꿇는 것, 즉 황제의 잔인성에 호소했다. "페트로니우스는 피소의 공모자 스카이비누스의 친구였습니다" 하고 비난하고 증인으로 페트로니우스의 노예 한 명을 매수했다. 그 밖의 노예들은 모두 감옥에 가두어 주인을 변호할 수 있는 길을 막아 버렸다.

19 그 무렵에 때마침 카이사르가 캄파니아 지방을 여행하고 있었다. 그리고 페트로니우스는 쿠마에까지 수행하다가 그곳에서 금족을

---

10) 유명한 소설 《사티리콘(Satyricon)》의 저자 페트로니우스와 동일 인물이 아닐까? 타키투스의 증언은 없지만. 20년경에 태어난 듯하다. 다른 한편으로 어쩌면 62년경의 보결 집정관 티투스 페트로니우스 니게르(Titus Petronius Niger)일지도 모른다.

11) 비티니아는 2급 속주이기 때문에 법무관직을 마치고 부임하고 귀국한 뒤에 집정관이 되었다. 연대는 알 수 없지만 아무튼 네로 시대였을 것이다.

당했다.[12] 그는 이미 이렇게 된 이상 희망과 공포심을 품은 채 지체되는 것을 견뎌 낼 수가 없었다. 하지만 단숨에 생명을 버리지는 않았다. 혈관을 절개하고 나서 마음내키는 대로 피가 나오는 곳을 막거나 열어 놓으면서 줄곧 페트로니우스는 친구들과 한담을 나누었다. 그 화제는 진지한 것이 아니었고, 그런 이야기를 해 침착하고 냉정하다는 명성을 추구하려 하지도 않았다. 그가 귀를 기울인 쪽은 영혼 불멸이라든가 철학의 교의 등을 설교하는 사람이 아니라 우스운 노래나 실떡거리는 시구에 흥겨워하는 사람이었다. 어떤 노예들에게는 아낌없이 물건을 나누어 주고, 다른 노예들에게는 채찍을 가했다.

향연석에 가로눕고는 졸음이 밀려오는 대로 마음껏 졸았다. 강제되었다고는 하지만 가능한 한 자연스럽게 죽은 것처럼 보이게 하고 싶었던 것이다. 또한 그는 죽음에 임해서도 대부분의 사람들처럼 네로나 티겔리누스, 그 밖의 권력자에 대한 아첨의 말을 유언 부속서 속에 기록하지 않았다. 그러기는커녕 남색 상대의 소년이나 여자의 이름을 함께 거론하고 온갖 우행愚行의 신기한 취향도 상세히 묘사하면서 카이사르의 파렴치한 행위를 쭉 열거하고 그것을 봉인한 뒤 네로에게 보냈다. 그러고는 자신의 사후에 희생자를 만드는 데 사용되지 않도록 자신의 반지[13]를 파괴했다.

20 네로는 자신이 직접 생각해 낸 밤의 쾌락이 어떻게 해서 세상에 알려졌는지 이상하게 여겼다. 이때 문득 실리아(Silia)가 마음에 짚었다. 이 여자는 원로원 의원의 아내로 상당히 유명했다. 네로의 모든

---

12) 페트로니우스는 네로와 함께 여행을 하며, 쿠마에까지 와서 '금족을 당했다.' 즉 행동의 자유를 박탈당하고 감금되었거나 칩거를 명 받았을 것이다. 여기에는 페트로니우스의 별장도 있었을 것이다.

13) 로마인은 반지를 장식과 동시에 도장으로 사용했다. 더 나아가 페트로니우스는 네로가 전부터 욕심내고 있던 시가 30만 세스테르티우스의 무라 보석(고대 로마에서 아름답고 비싼 항아리나 술잔 등의 재료로 사용한 반 보석) 술호리병도 죽을 때 부수어 버렸다고 한다.

음행에 관여하고 페트로니우스와도 무척 가까웠다. 그래서 그녀가 추방형에 처해졌다. 표면상의 이유는 그녀가 보거나 경험한 것에 대해 침묵하지 않았다는 것이었다. 그러나 단지 네로의 증오심에 희생된 데 지나지 않았다.

이어서 네로가 법무관을 역임한 미누키우스 테르무스(Minucius Thermus)를 티겔리누스의 원한의 희생물로 삼았다. 테르무스의 해방 노예 중 한 명이 티겔리누스의 어떤 행위를 끈질기게 비난하고 있었기 때문이다. 그 대가로 해방 노예는 잔혹한 고문을 받고, 그 보호자는 부당하게 죽었다.

2. 스토아파 철학자들의 죽음

21 이렇게 많은 명사를 참살한 뒤에, 마침내 네로는 미덕 그 자체도 근절시키려 했다. 트라세아 파이투스와 마르키우스 바레아 소라누스(Marcius Barea Soranus)를 죽였기 때문이다. 네로는 이 두 사람에게 전부터 앙심을 품고 있었다. 특히 트라세아의 경우에는 다른 원인도 있었다. 이미 앞에서 말했듯이[14] 아그리피나와 관련해 동의안이 제출되었을 때, 그는 원로원에서 나가 버렸다. 그 후 청년제에서 사람들의 눈길을 끄는 열의를 거의 보이지 않았다. 그런 주제에 이 트라세아가 자신이 태어난 고향 파두아의, 트로이인 안테노르(Antenor)[15]가 창설한 어민제에서는 비극 배우 의상을 입고 노래를 불렀다. 그래서 한층 더 네로의 분노를 샀다. 게다가 법무관 안티스티우스 소시아누스가 네로에 대한 풍자시를 써서 막 사형이 선고되려 하는 날에도 트

---

14) 14권 12절을 참조할 것.
15) 파두아의 전설적인 창설자.

라세아는 더 가벼운 벌을 제안하고 통과시켰다. 포파이아에 대한 신격화의 명예를 결의할 때에는 일부러 원로원을 결석하고, 그 장례식에도 참석하지 않았다.

이런 옛 기억들을 새삼스럽게 끄집어낸 자는 코수티아누스 카피토였다. 그는 옳지 않은 일에는 언제든지 곧 덤벼드는 자인데다가 트라세야에게 개인적인 원한도 품고 있었다. 카피토가 속주 키리키아의 사절에 의해 불법적인 강탈 혐의로 고소당했을 때 키리키아인의 후원자가 된 트라세아의 권위로 죄가 선고된 적이 있었다.

22 카피토는 더 나아가 다음과 같은 비난도 덧붙였다. "트라세아는 연초에 행해지는 선서 의식[16]을 늘 피하고 있습니다. 15인 신관의 성직을 부여받고 있으면서도 국가의 태평 무사함을 기원하는 제례에 참석하는 일이 없습니다. 황제의 건강과 황제의 신과 같은 목소리에 희생을 바친 적도 없습니다. 옛날에는 반드시 등원해 어떤 사소한 의결에도 찬성과 반대의 뜻을 나타내며 게으름을 피운 일이 없었습니다. 그런 트라세아가 최근 3년 동안은 원로원에 모습을 나타낸 적이 없습니다. 일전에도 의원들이 모두 실라누스와 베투스를 징벌하기 위해 열심히 이리저리 뛰어다니고 있을 때, 그는 오히려 아랫사람의 개인 소송에 시간을 할애하고 있었습니다. 이것은 이미 이탈 행위이며 당의 결성을 의미합니다. 만약 많은 사람이 같은 짓을 감히 하고 있다면 그것은 전쟁입니다."

"옛날에 사람들이" 하고 그는 계속해서 말했다. "율리우스 카이사르 님과 마르쿠스 카토를 대비시켰듯이, 지금은, 네로 님이시여, 당신과 트라세야를 내란에 굶주린 시민들이 비교하고 있습니다. 트라세아에게도 신봉자가 있습니다. 아니, 그보다는 그는 정신廷臣을 거느리

---

16) 1권 7절 주의 '충성의 맹세'와 1권 72절 주의 '황제의 법령을 준수하겠다고 맹세하는 것' 양쪽을 다 가리킨다.

고 있습니다. 놈들은 트라세아의 오만 불손한 동의안은 아직 추종하고 있지 않습니다. 그러나 그의 행동이나 표정은 흉내내고 있습니다. 엄숙한 찌푸린 얼굴로 당신의 경박함을 힐책하려 하고 있습니다. 당신의 건강을 염려하지 않는 것도, 당신의 여러 가지 재예에 경의를 표하지 않는 것도 이자 한 명뿐입니다. 황제의 번영을 혐오하고 경멸하고 있는 트라세아입니다. 하물며 당신의 불행이나 고통을 보고 기뻐하지 않을 리 없습니다. 포파이아 님의 신성함을 믿으려 하지 않은 것도, 신군 아우구스투스 님이나 신군 율리우스 카이사르 님의 법령을 준수할 것을 맹세하려 하지 않는 것도 같은 정신에서 비롯된 것입니다. 그는 나라의 종교를 경멸하고 법률을 무시하고 있습니다. 어느 속주에서나, 어느 군대에서나 트라세아가 어떤 의미를 기피했는지 알려고 지금까지보다 더 주의를 기울여 국민 일보를 읽고 있습니다. 그의 주의 주장이 바람직한 것이라면 우리도 그에 동조할 것입니다. 하지만 그렇지 않다면 혁명을 원하는 자들로부터 그들을 지도하고 선동하는 자를 제거하지 않으면 안 될 것입니다. 그가 속하고 있는 스토아 학파는 퀸투스 아일리우스 투베로(Quintus Aelius Tubero)나 마르쿠스 파보니우스(Marcus Favonius)[17]와 같은 공화제 시대에도 인기가 없었던 인물들을 낳고 있습니다. 그들은 황제의 지배를 전복시키기 위해 자유 정체를 표방하고 있습니다. 만약 타도에 성공하면 이번에는 자유 그 자체도 공격할 것입니다. 카이사르시여, 만약 당신께서 브루투스의 후계자를 지향하는 자들을 그대로 방치해 두어 증가시키고 만연시키신다면 지난번에 카시우스를 제거해 버리신 것이 아무 소용 없게 될 것입니다. 마지막으로 말씀드리는데, 당신께서는 트

---

17) 전자는 그라쿠스 형제 시대(기원전 2세기)의, 후자는 키케로 시대의 스토아파 철학자. 전자는 변론가이자 정치가로서 그라쿠스 형제에 맞섰고, 후자는 율리우스 카이사르에 반대하는 공화파로 필리피 전투 이후 죽임을 당했다.

라세아와 관련해 저희에게 지령서를 보내실 필요가 없습니다. 두 사람의 일은 원로원의 의결에 맡겨 주십시오."

네로는 코스티아누스 카피토의 이미 활활 타오르고 분노를 더욱 부채질하고, 신랄한 웅변가인 티투스 클로디우스 에프리우스 마르켈루스(Titus Clodius Eprius Marcellus)와 손을 잡고 일하게 했다.

23 한편 바레아 소라누스는 이 일이 벌어지기 전에 로마 기사 오스토리우스 사비누스(Ostorius Sabinus)에 의해 아시아 지사 시절의 사건으로 고소당한 상태였다. 그는 재임 중에 공정함과 근면함으로 점점 더 황제의 반감을 샀다. 예를 들어 에페소스 항만의 토사를 제거하는 데 노력하고, 카이사르 가의 해방 노예 아크라투스(Acratus)가 페르가몬에서 동상이나 그림을 갖고 가려 할 때 이것을 강력하게 저지한 페르가몬 시민들을 처벌하지 않고 방면했다. 하지만 그에게 뒤집어씌운 죄는 루벨리우스 플라우투스와의 우정과 변혁에 뜻을 두고 속주의 호감을 사려고 책동을 부렸다는 것이었다.

처형 시기로 티리다테스가 아르메니아의 왕위를 손에 넣으려고 수도로 찾아왔을 때[18]가 선택되었다. 그것은 대외적인 사건 쪽으로 일반인의 화제를 돌리고 국내의 불상사를 감추려 했기 때문이었을 것이다. 아니면 동방의 왕이 흔히 그러듯이 명사를 죽임으로써 로마의 최고 사령관의 위엄을 이방인에게 과시하려고 했기 때문이었을까?

24 그래서 수도가 캄파니아에서 돌아온 황제를 맞이하고 티리다테스 왕을 보려는 사람들로 넘쳐흐르고 있을 때였다. 트라세아는 문안 인사를 하는 것이 금지되어 있었는데도 조금도 기개를 잃지 않은 채 네로 앞으로 탄원서를 쓰고 그 안에서 자신이 비난받는 이유를 물었다. "만약 제가 어떤 비난을 받고 있는지 알고 억울한 죄를 해명할

---

18) 권말의 〔옮긴이의 덧붙이는 글〕을 참조할 것.

수 있는 기회를 주신다면 제 결백함을 증명해 보이겠습니다" 하고 단언했다. 네로는 낚아채듯이 이 탄원서를 받아들고는 숨도 돌리지 않고 읽었다. "트라세아 놈이 깜짝 놀라 결국 항복한 것인가? 황제의 영광을 높이고 자신의 명성을 더럽히는 글을 써놓았을 것이다" 하고 기대했던 것이다. 하지만 결과는 그렇지 않았다. 이번에는 네로 쪽이 이 결백한 사람의 태도와 기백, 자유 정신에 깜짝 놀랐다. 그래서 즉시 원로원의 소집을 명했다.

25 그래서 트라세아는 가장 가까운 친구들과 상의했다. "원로원에서 자기 변호를 하는 것이 좋을까, 아니면 무시해 버릴까?" 제시된 의견들은 서로 대립하는 것이었다. 원로원에 등원하는 쪽이 좋다고 권유하는 사람들은 이렇게 논했다. "우리는 당신의 불퇴전의 결의를 신뢰하고 있다. 당신이 하는 말을 모두 당신의 영광을 높일 것이다! 최후를 비밀로 숨기는 것은 비겁자나 겁쟁이가 하는 짓이다. 죽음과 정면으로 대결할 수 있는 사람을 시민 앞에 보여 주자. 원로원 의원에게 인간을 초월한, 거의 신의 의지에서 나왔다고 생각되는 목소리를 들려 주는 것이다. 네로도 이 기적적인 힘에 압도당할 것이다. 그럼에도 불구하고 황제가 잔혹한 뜻을 굽히지 않는다 해도 적어도 후세는 당신의 명예로운 최후를, 저항하지 않은 채 사라져 간 비겁한 자들의 죽음과 구별해 언제까지고 기억할 것이다."

26 이에 대해 자택에서 결과를 기다리라고 권하는 사람들은 "트라세아에 관한 한 우리도 같은 의견이다. 하지만 원로원에 출석할 경우 조롱과 모욕만 그를 기다리고 있지 않겠는가?" 하고 주장했다. "그가 노호하는 소리나 마구 퍼부어 대는 욕설을 듣지 않게 해야 한다. 악한 짓을 저지르려고 벼르고 있는 자가 코스티아누스나 에프리우스뿐만이 아니다. 아마도 완력이나 폭행에까지 감히 호소하는 난폭한 패거리가 많이 있을 것이다. 선량한 사람들까지 네로를 두려워한 나머지

그 뒤를 따를지도 모른다. 그는 원로원의 영광스런 존재였다. 그런 곳에서 이런 불명예스런 범행이 이루어지는 것을 막아야 하지 않겠는가? 원로원이 트라세아를 피고로서 눈앞에 두고 어떤 판결을 가결시킬 것인가 하는 문제는 알 수 없는 상태로 그냥 남겨 두자. 네로가 자신의 파렴치한 행위를 후회할 것이라는 등의 기대를 걸고 이리저리 발버둥쳐 보았자 아무 소용 없다. 그보다 트라세아의 아내나 딸, 그 밖의 육친이 네로의 잔학함에 희생되지 않도록 대책을 강구하는 것이 좋지 않겠는가? 아무튼 트라세아는 폭행이나 모욕을 당하지 않는 가운데 그 발자취나 업적을 삶의 지침으로 삼은 사람들[19]처럼 명예롭게 죽어야 한다!"

이때 조언을 받은 친구들 가운데 루키우스 유니우스 아룰레누스 루스티쿠스(Lucius Junius Arulenus Rusticus)가 있었다. 다정다감한 이 청년이 다른 사람들의 칭송을 받고 싶은 듯이 "제가 원로원 의결 때 거부권을 행사하겠습니다" 하고 말했다. 그는 마침 그해의 호민관이었다.

트라세아는 이 청년의 혈기를 제지하고 "피고에게 아무 도움도 되지 않고 조정자에게도 치명적인 그런 헛된 시도는 하지 않는 것이 좋다"고 말했다. "이미 내 생애는 끝났다. 오랫동안 줄곧 지녀 온 인생관을 이제 와서 버릴 수는 없다. 아룰레누스는 이제 막 출세의 길을 걷기 시작했다. 전도가 양양하다. 이런 시대에는 어떤 방향으로 정치적 생애를 내디딜 것인지 스스로 미리 잘 생각해 두는 것이 좋다."

그것은 어찌 되었든 원로원에 갈 것인가 안 갈 것인가 하는 문제는 트라세아 본인이 숙고해 결정하게 되었다.

27 그 이튿날 아침에 완전 무장한 친위대 2개 대대가 '어머니 베누

---

19) 스토아파 철학자는 청렴한 생활을 유지할 수 없으면 자살해야 한다고 생각하고 있었다.

스' 의 신전을 점령했다. 원로원으로 가는 길은 칼을 숨기려 하지도 않는 시민복 차림의 일단의 무리에 의해 포위되었다. 각 광장이나 공회당 주변에도 병사들이 종대로 배치되어 있었다. 그들의 위협하는 듯한 시선을 받으며 의원들은 원로원 의사당으로 들어갔다.

황제의 서한이 황제 소속 재무관에 의해 낭독되었다. 네로는 누구라고 이름을 거론하지 않은 채 이렇게 질책햇다. "원로원 의원 여러분은 지금 공적인 의무를 포기하고 있소. 이것을 흉내내 로마 기사들도 게으름을 피우는 방향으로 유도되고 있소. 집정관급 경력을 지닌 자나 성직에 있는 자 중 다수가 자신의 정원을 아름답게 꾸미는 일에 먼저 정력을 쏟고 있는 것이 이 시대의 추세요. 그러니 기사들이 먼 속주에서 오지 않는 것도 이상한 일이 아니오.[20]" 고발자들은 이 말이 제공해 주는 무기를 움켜쥐었다.

28 코스티아누스가 공격을 개시하고, 에프리우스 마르켈루스가 훨씬 더 서슬 퍼렇게 큰소리로 떠들어 댔다.

"지금 국가가 망하느냐 흥하느냐 하는 위급한 기로에 서 있다. 최고 사령관의 관대한 뜻도 지위가 낮은 자의 모욕을 받아 흔들리기 시작하고 있다. 이렇게 될 때까지 원로원이 지나치게 너그러웠다. 트라세아의 모반에 대해서도, 그의 사위 헬비디우스 프리스쿠스(Helvidius Priscus)의 동일한 미치광이 같은 짓에 대해서도, 또 황제에 대한 원한을 아버지에게서 물려받은 가이우스 파코니우스 아그리피누스(Gaius Paconius Agrippinus)와 관련해서도, 쿠르티우스 몬타누스(Curtius Montanus)가 혐오하고 경멸할 만한 시를 썼을 때에도 원로원은 그들의 조롱을 보고도 못 본 체하며 처벌하지 않았다. 트라세아는 집정관급 인사로서 어째서 원로원에 등원하지 않는 것인가? 왜 성직

---

20) 징세 청부 때문에, 또는 장사 때문에 속주에 흩어져 로마에서의 배심원으로서의 직무를 수행하지 않는 것.

자로서 기원제에 참석하지 않는 것인가? 어째서 일개 시민으로서 충성을 맹세하려 하지 않는 것인가? 그 이유를 어떻게 해명하는지 듣고 싶다. 하지만 그가 조상의 관례와 제사를 무시하고 공공연히 자신을 모반인이나 역적으로 선언하려 하고 있다면 이야기가 다르다. 요컨대 일찍이 원로원 의원 역할을 하며 황제의 뜻을 거스르는 자를 늘 비호하던 저 남자가 등원하기만 하면 된다. 수정하고 개혁하고 싶은 것을 제안하면 된다. 지금처럼 침묵으로 모든 것을 탄핵하고 있는 듯한 그의 태도는 참을 수 없다. 오히려 하나하나 비판해 가는 것이 더 감내하기 쉽다. 그의 기분을 상하게 하고 있는 것은 대체 무엇일까? 전세계의 평화일까? 로마군이 피를 흘리지 않고 승리한 것일까? 국가의 번영을 슬퍼하는 자, 수도의 광장이나 극장, 신전을 사막으로 생각하고 스스로를 추방하겠다며 위협하는 자, 이런 자의 상도常道에서 벗어난 야심을 우리는 만족시켜 주지 않으면 안 된다. 원로원의 어떤 평결도, 정무관도, 로마의 수도 그 자체도 그의 안중에는 없다. 그는 오래 전부터 사랑하는 것을 그만두고 지금은 경의를 표하며 참석하는 것조차 단념하고 있는 이 공동체와의 인연을 모두 끊어 버리는 것이 좋다."

29 이런 취지의 연설을 하고 있는 동안, 마르켈루스는 줄곧 음험하고 위협적인 인물답게 목소리와 얼굴, 눈에 광기를 띠고 있었다. 여러 번에 걸친 위험을 통해 원로원은 이런 정떨어지는 광경에 이미 익숙해져 있었기 때문에 그리 마음에 두지 않았다. 그러나 무기를 지닌 친위대 병사들을 볼 때에는 전례 없는 깊은 공포심을 사무치게 느꼈다. 이와 동시에 트라세아의 존경할 만한 모습이 마음속에 떠올랐다. 헬비디우스를 동정하는 사람들도 있었다.

"그는 비난의 여지가 없는 결혼 관계에 의해 처벌받으려 하고 있다. 아그리피누스의 경우에도 그의 아버지가 결백한데도 역시 티베리우스의 잔학성에 쓰러졌다는 가엾은 운명을 제외하고 어떤 점에서 비난받을 짓을 했는가? 몬타누스에 이르러서는 재능을 드러냈다는 이유로 추방당하려 하고 있다. 이 품행이 방정한 청년은 중상적中傷的 인 시를 짓지도 않았는데."

30 그 사이에 바레아 소라누스의 고발자 오스토리우스 사비누스가 들어왔다. 그는 먼저 소라누스와 루벨리우스 플라우투스의 우정 관계부터 탄핵하기 시작했다. 그러고는 "소라누스는 아시아 지사 시절에 그 직무를 공공의 복지보다 개인적인 명성에 도움이 되도록 수행하고 속주의 도시들이 모반을 일으키도록 조장했다"고 말했다. 이 비난은 이미 진부한 것이었다. 그가 이번에 새로 고소해 아버지의 위험에 딸까지 말려들려 한 죄목은 그녀가 마법사에게 많은 돈을 주었다[21]는 것이었다. 그것은 사실이었다. 하지만 바레아의 딸인 세르빌리아(Servilia)의 효심에서 비롯된 행위였다. 그녀는 아버지를 염려하는 마음에서, 그리고 또 젊음에 의한 무분별함에서 단지 자기 가정의 평화를 점쳐 달라고 했던 것뿐이다. 네로의 마음이 풀릴까 어떨까, 원로원의 심리에 의해 아버지에게 극형이 선고될까 어떨까 하고.

그래서 그녀도 원로원에 소환되었다. 집정관의 연단 앞에 두 사람은 떨어진 채 섰다. 한쪽에는 대단히 나이가 많은 아버지가, 다른 한쪽에는 아직 20세도 안 된 딸. 딸은 얼마 전에 남편 안니우스 폴리오가 추방되어 고독한 과부 생활을 하고 있었다. 자신 때문에 아버지의 위험을 가중시킨 것 같아 아버지 쪽을 정면으로 바라볼 용기도 없었다.

31 그 후 고발자가 세르빌리아에게 물었다. "혼수를 남에게 넘기고 목걸이를 목에서 풀어 팔아 버린 것도 마법의 비밀 의식을 치를 돈을 마련하기 위해서가 아니었는가?" 그녀는 처음에는 돌바닥에 몸을 던

---

21) 로마 형법에서는 마법사로 하여금 저주하게 하는 것 자체가 살인죄에 준하는 처벌을 받았다. 2권 27절 주를 참조할 것.

진 채 오랫동안 말없이 울고 있었다. 이윽고 제단과 그 기저[22]를 껴안으면서 이야기했다. "저는 결코 악귀를 불러내거나 주문을 왼 적이 없습니다. 불행한 기도 속에서, 카이사르시여,[23] 당신께서, 원로원 의원 여러분, 여러분이 제가 가장 사랑하는 아버님에게 상처를 입히지 않고 가만 놓아 주시길, 단지 그것만을 바랐을 뿐입니다. 확실히 저는 진주나 옷 등 제 지위를 나타내는 장식품을 주었습니다. 그것도 만약 원한다면 피나 목숨도 주고 싶은 심정에서였습니다. 준 사람들은 그때까지 한 번도 본 적이 없었습니다. 그러니 그들이 어떤 이름을 갖고 있는지, 어떤 비술을 사용하는지, 이런 것들은 그들에게 물어 보세요. 황제님의 존함은 신들의 이름과 함께 거론하는 경우 외에는 입에 담은 적이 없습니다. 어느 쪽이든 가엾은 제 아버님은 아시는 바가 없습니다. 이것이 만약 죄가 된다면 저 혼자 저지른 것입니다."

32 여기까지 딸이 말을 했을 때, 아버지 소라누스가 말을 막고 이렇게 단언했다. "딸은 나와 함께 아시아 속주에 가지 않았소. 저애는 나이로 보아도 플라우투스와 서로 알고 지낼 수가 없소. 남편인 폴리오의 죄와도 관계가 없소. 저애의 죄는 도가 지나친 효심뿐이오. 따라서 두 사람의 소송을 별도로 진행시켜 주길 바라오. 나는 어떤 처벌도 감수하겠소."

이렇게 말을 마치는 순간 딸이 달려갔다. 딸이 내미는 두 팔 안에 아버지가 맥없이 쓰러지려 했다. 릭토르가 그 사이에 파고들어가 두 사람을 떼어 놓았다.

이어서 증인의 발언이 허용되었다. 푸블리우스 에그나티우스 켈레

---

22) 율리우스 의사당에는 의원석과 집정관의 연단 사이에 승리의 여신상과 제단이 있었다고 한다. 그러나 본문의 사건이 일어난 장소가 율리우스 의사당인지 다른 의사당인지 알 수 없다. 어쩌면 '어머니 베누스'의 신전 안이었을지도 모른다.
23) 부재 중인 황제에게 호소하고 있다.

르(Publius Egnatius Celer)의 증언은 고발자의 잔혹함이 사람들의 마음에 불러일으킨 깊은 동정에 못지 않을 정도로 사람들을 격분시켰다. 그는 소라누스의 아랫사람이었는데 이때 매수되어 친한 사람을 없애는 데 앞장섰던 것이다. 평소부터 스토아파의 학식을 과시하고 어떻게든 태도나 용모에 덕으로 오인하는 것을 나타내려 애썼다. 그러나 실은 마음속에 탐욕과 정욕을 숨긴, 성실하지 못하고 교활한 자였다. 그의 본성이 뇌물에 의해 폭로되자, 세상 사람들은 "몸과 마음을 허위로 포장하고 파렴치한 행위로 더러워진 사람과 마찬가지로, 철학의 교양을 가면으로 쓰고서 우정을 속이고 배신하는 사람도 경계하지 않으면 안 된다"는 교훈을 배웠다.

33 그렇지만 같은 날 카시우스 아스클레피오도투스(Cassius Asclepiodotus)가 고결한 본보기를 보여 주었다. 그는 비티니아 최대의 부호였다. 모든 일이 뜻대로 이루어질 때의 소라누스에게 바치던 것과 똑같은 경애심을 갖고 역경에 빠진 소라누스를 버리지 않았다. 그 때문에 그는 전 재산을 빼앗기고 추방되었다. 이것이야말로 신들이 인간이 보여 주는 선행이나 비행 어느 것에도 무관심하다는 증거이다.[24]

트라세아와 소라누스, 세르빌리아는 자살의 자유가 부여되었다. 헬비디우스와 파코니우스는 이탈리아에서 추방되었다. 몬타누스는 아버지 덕분에 처벌은 모면했지만 공직에 취임해 국가에 봉사하는 것을 금지당했다. 그리고 고발자 에프리우스와 코수티아누스는 각각 500만 세스테르티우스, 오스토리우스는 120만 세스테르티우스와 재무관 현장을 수여받았다.

34 이윽고 농원 별장에 체재 중인 트라세아에게로 집정관 소속 재무관이 파견되었다. 그때는 이미 날이 저물기 시작하고 있었다. 저녁

---

24) 에피쿠로스파의 사상(6권 22절). 타키투스는 만년에는 회의적이 된 듯하다.

한 신사와 숙녀 방문객이 많이 모여 있었다. 그는 특히 키니쿠스파[25]의 선생 데메트리우스(Demetrius)와의 대담에 열중하고 있었다. 그 진지한 표정, 이야기가 한층 더 고조되면서 들려 오는 말, 그것으로 미루어 짐작할 수 있었듯이, 트라세아는 영혼의 본질, 정신과 육체의 분리에 대해 질문하고 있었다.

마침내 가장 친한 친구 중 한 사람인 도미티우스 카이킬리아누스(Domitius Caecilianus)가 들어왔다. 원로원의 판결이 전해졌다. 그 자리에 있던 사람들은 눈물을 흘리며 불만을 늘어놓았다. 그러나 트라세아는 그들에게 어서 빨리 물러가라고 권했다. "단죄자의 운명에 말려들어 여러분도 위험에 빠져서는 안 된다."

아내인 아리아(Arria)는 그녀의 어머니 아리아의 본보기[26]를 좇아 남편과 운명을 같이하려고 했다. 그러나 트라세아가 "오래 살아 주오. 우리의 딸에게서 단 하나의 지주를 빼앗지 말아 주오" 하고 제지했다.

35 그 후 그는 소요 주랑을 거닐기 시작했다. 그곳에서 사자로 온 재무관을 만났다. 트라세아의 얼굴 표정은 어느 쪽인가 하면 밝고 유쾌했다. 그의 사위 헬비디우스의 벌이 이탈리아에서 추방되는 것뿐이라는 사실을 알게 되었기 때문이다. 그는 원로원 의결 문서를 받았다. 헬비디우스와 데메트리우스를 침실로 불러들였다. 양팔의 혈관을 의사 앞에 내밀었다. 피가 용솟음치며 돌바닥 위에 뿌려지기 시작했다. 그때 재무관을 좀더 가까이 불렀다.

---

25) 견유학파. 다른 제도도 그렇지만 특히 어떤 형태의 전제 정치도 다 거부하는 이 학파는 시노페의 디오게네스가 창시자라고 주장했다.

26) 남편인 카이키나 파이투스가 카밀루스 스크리보니아누스의 음모 사건(7권~10권 〔옮긴이의 덧붙이는 글〕 42년 항목)에 연루되어 클라우디우스로부터 죽음을 명받았을 때 꾸물거려, 그녀가 먼저 칼로 가슴을 찌르고 나서 남편에게 건네 주면서 "파이투스, 아프지 않아요" 하고 말했다고 한다.

"자, 이것은 내가 해방자 유피테르에게 바치는 헌주[27]이네. 청년이여,[28] 잘 보아 두게! 내가 이것이 자네의 불길한 전조가 되지 않도록 신들께 기도해 주겠네만, 자네는 이런 의연한 태도를 본보기로 삼아 정신의 분발을 촉구하는 것이 자네 자신을 위하는 것이 되는 그런 세상에 태어났기 때문이네."

죽는 데 상당히 시간이 걸렸다. 고통이 심해졌다. 데메트리우스 쪽으로 [시선을] 돌리고…….

3. ……원전 분실……

4. 〔옮긴이의 덧붙이는 글〕

제16권의 단절된 부분에서 네로가 사망할 때(아마도 타키투스는 68년까지 다루고자 했을 것이다. 따라서 제17권과 제18권이 분실되었다고 할 수 있음)까지의 주요 사건[29]을 연대기식으로 약술하겠다.

이야기의 순서가 약간 뒤바뀐다. 아르메니아의 왕 티리다테스가 동방의 왕에 어울리게 호사스럽게 준비를 하고 많은 종자를 거느리고 파르티나인과 로마인 병사들의 호위를 받으며 전례 없는 비용을 써가며 9개월간의 여행 끝에 북이탈리아에 육로로 들어왔다. 그리고

---

27) 15권 64절의 주를 참조할 것.
28) 재무관을 부른 것.
29) 이하의 기술 대부분은 수에토니우스의 《12인의 황제전》(네로편)과 디온의 《로마사》 63권에 바탕을 두고 있다.

그곳에서 나폴리에 체제 중인 네로의 처소까지 안내되었다. 그리고 프테올리에서 경기를 구경한 뒤에 네로와 함께 로마에 도착했다(수도에서는 트라세아와 소라누스의 심리가 진행되고 있었다).

중앙 광장에서 엄청난 대관식이 거행되었다. 티리다테스는 네로 앞에 무릎을 꿇고 공손히 충성하고 순종할 것을 맹세했다. 이와 동시에 자기 자식과 형인 파코루스와 볼로게세스의 자식을 인질로 내놓았다. 이에 대해 네로는 아르메니아 왕국을 그에게 주겠다고 엄숙히 선언하고 그의 머리에 왕관을 씌워 주었다.

의식이 끝난 뒤에 원로원 의결에 의해 특별한 경기제가 개최되었다. 네로도 극장에서 자신의 모든 재예를 보여 주었다. 그 후 티리다테스는 막대한 선물을 받고 아르타크사타를 재건하기 위한 건축 기사와 인부들까지 데리고 돌아가는 것을 허락받았다. 이번에는 해로를 택해 브룬디시움에서 디라키온을 향해 출항했다.

이해에 유대에서 대폭동[30]이 일어났다. 그 원인遠因은 장기간에 걸쳐 쌓여 온 불만이고, 그 직접적인 원인은 유대의 황제 속리 게시우스 프롤루스(Gessius Florus)의 64~66년에 걸친 압정壓政이었던 것으로 보인다. 프롤루스는 연공年貢 체납을 구실로 신전의 보고寶庫에서 17탈렌툼을 몰수했다. 그리고 이에 격앙한 현지인을 3,600명이나 살해해 버렸다. 이윽고 현지 예루살렘에 카이사르가 군대를 보냈다. 이 병사들의 오만불손한 태도가 다시 열광적인 신자들을 분노 속으로 몰아넣었다. 왕 아그리파 2세가 중간에서 중재를 하며 소요를 가라앉히려 하다가 도리어 시에서 쫓겨났다. 사해의 서안에 있는 마사다에서는 로마 병사가 살해되었다. 같은 시기에 예루살렘 신전의 대사제 엘레아자르(Eleazar)가 그때까지 관례화되어 있었던 카이사르에 대

---

30) 유대 전쟁의 기술은 유대인의 역사가 요세푸스의 《유대 전쟁》(2권 14절 이하)에 기반을 두고 있다.

한 희생식을 성성聖城 안에서 거행하는 것을 거부했다. 예루살렘의 군중은 안토니아 성과 주위보다 약간 높은 평지에 있는 왕궁을 포위했다. 다른 한편으로 저지대의 시가지와 신전은 이미 폭도들의 손에 들어가 있었다. 이런 상태가 7일간 계속된 뒤 안토니아 성이 함락되고 로마 수비병들이 살해되었다. 왕궁 내의 로마군도 항복했다. 이상은 대략 4월에서 9월까지의 사건이다.

한편 같은 시기에 카이사레아 시에서는 그리스인이 유대인을 죽였다. 여기저기에 같은 현상이 파급되어 갔다. 시리아 총독 가이우스 케스티우스 갈루스는 사태를 수습하기 위해 팔레스타인에 들어갔다. 어떤 곳에서는 유대인을 비호하고, 다른 곳에서는 비유대인을 도와주면서 예루살렘에 접근했다. 이 로마군을 적대시하는 유대인은 시 성문을 닫아걸고 방비를 단단히 하며 한 걸음도 들어오지 못하게 했다. 케스티우스는 소극적으로 공격을 시도하다가 철수하기로 용단을 내렸다. 이때 추격을 당해 6,000명에 이르는 희생자를 냈다. 이 승리에 자극을 받아 유대뿐만 아니라 갈릴라이아와 사마리아, 페라이아, 이두마이아로까지 폭동이 확산되었다.

마침내 로마의 중앙 정부가 사태의 중차대함을 인식하고 팔레스타인 특별 사령관에 베스파니시아누스를 임명하고 3개 군단을 내어주었다.

그런데 네로는 유대의 폭동도 모른 체하고 9월 말에 그때까지 뒤로 미루어 놓고 있던 그리스 여행에 나섰다. 티겔리누스 등의 수행원과 함께 아우구스투스 갈채단과 친위대도 일행에 추가했다. 자리를 비우고 있는 동안 수도의 관리를 해방 노예 헬리우스(Helius)에게 위임했다. 코르키라, 악티움을 거쳐 코린토스에 도착했다.

그곳의 시민들 앞에서 전 그리스 속주에 자유를 주겠다고 선언했다. 11월 28일의 일이었다. 이때 네로가 행한, 그리스인에 대한 순수한 애정과 소박한 자화 자찬이 뒤섞인 연설은 이렇게 끝맺어지고 있었다. "개개의 시에 대해서는 다른 최고 사령관들도 자유를 주었다. 네로만이 속주 전체를 자유롭게 만들었다."

그리스에서도 네로는 아까운 명사들을 죽였다. 시리아의 총독 코르불로와 양 게르마니아의 총독인 스크리보니우스 형제(푸블리우스 술피키우스 스크리보니우스 프로쿨루스와 술피키우스 스크리보니우스 루푸스)가 그들이었다. 아마도 이 세 사람은 안니우스 비니키아누스 사건과 관련되어 있었을 것이다. 피소의 모반 사건이 벌어진 뒤에 곧 비니키아누스가 주모자가 되어 코르불로를 추대할 계획을 세웠다. 이 음모가 베네벤툼에서 네로가 출발하기 직전에 발각나 그 일당이 일망타진되었다. 그는 코르불로의 딸과 결혼한 상태였다. 코르불로는 부드럽고 정다운 편지에 의해 그리스로 소환된 뒤 그 자리에서 자살을 명받았다. 코르불로는 "당연합니다"[31] 하고 말하고 자결했다. 이와 마찬가지로 스크리보니우스 형제도 그리스로 소환된 뒤 심리도 받지 않고 자기 변명의 기회도 부여받지 못한 채 동일한 운명을 감수했다.

루키우스 폰티우스 카피토(Lucius Fontius Capito)와 가이우스 율리우스 루푸스(Gaius Julius Rufus)가 집정관인 해(67년).

베스파시아누스가 이해 봄에 행동을 개시했다. 이때 카이사레아와 해안의 그리스인 도시를 제외하고는 모든 도시가 적에게 포위되어 있었다. 갈릴라이아 지방에는 6만 명의 저항군이 조직되어 있었지만, 이들은 그저 오합지졸에 지나지 않았다. 그 수령은 장차 유대의 유명한 역사가가 되는, 로마에 호의적이고 당시 갓 30세가 된 플라비우스

---

31) 비니키우스의 음모를 인정했다고 해석해야 할까, 아니면 마지막으로 이런 명령이 준비되어 있는 것도 모르고 잔혹하기 짝이 없는 주군에게 평생 충성을 바쳐 온 것을 자조한 말로 봐야 할까?

요세푸스(Flavius Josephus)였다.

베스파시아누스는 아들 티투스의 증원군를 추가해 요세푸스를 요하파타에서 포위하고 항복을 받아냈다. 그 밖의 도시들도 점령하고, 이해 말경까지는 전 갈릴라이를 정복했다.

한편 예루살렘에서는 폭도의 숫자가 늘어나긴 했지만 계급간, 개인간의 경쟁이 끊이지 않았다. 그리고 유대의 왕 아그리파 2세와 로마에 대한 태도도 제각기 다르고 지휘자도 없는 혼란한 상태였다.

네로는 그리스 각지를 여행하며 역법曆法을 변경시키고 온갖 경기제를 다 개최하게 했다. 때로는 경기 종목까지 바꾸게 했다. 예를 들어 그때까지 전례가 없었던 음악 경기를 올림피아 경기제에 추가시켰다. 어떤 경기에나 다 출장해 일등상을 독식했다. 그는 스파르타와 아테네에만 들르지 않았는데, 그것은 이미 두 도시가 자유를 부여받고 있었기 때문에 시민들이 특별히 고마워하지 않으리라 생각했기 때문이 아니었을까?

9월경에 그리스 여행의 마지막 목적인 코린토스 지협의 개착開鑿 공사에 착수했다. 네로의 마음을 움직인 것은 운하 개통 후의 경제적 이익이나 현지인에 대한 봉사뿐만이 아니었을 것이다. '기적을 꿈꾸는 사나이' 네로는 전례 없는 시도 그 자체에 자극받았을 것이다. 네로의 엄숙한 선언과 열의에도 불구하고 이 공사는 이듬해의 네로의 사망에 의해 포기되었다.

티베리우스 실리우스 이탈리쿠스(Titus Catius Silius Italicus)와 마르쿠스 갈레리우스 투르필리아누스(Marcus Galerius Turpilianus)가 집정관인 해(68년).

베스티아누스는 2월 말에 강력한 요새 가다라(Gadara)를 함락시키고 봄이 가기 전에 페라이아를 평정했다. 이어서 유대 지방의 엠마우스에 진영을 설치하고 이곳을 거점으로 삼아 이두마이아와 사마리아 두 지방을 정복했다. 마침내 예루살렘 공략에 대비해 작전 계획을 짜고 있을 때 네로가 죽었다는 정보가 전해졌다. 그래서 베스파시아누스는 전쟁을 이듬해까지 연기했다.

네로가 그리스에서 월계관에 취해 있을 무렵, 로마에서는 정세가 점차 악화되고 있었다. 물론 그리스인이나 동방 세계 사람들에게는 이 여행이 깊은 감명을 주었다. 그러나 서방 세계 사람들은 적어도 네로에 의해 최고 사령관의 위엄이 손상되었다고 생각했다. 게다가 원로원이나 군대, 민중이 각각 네로에게 반감을 품는 특별한 이유를 찾아내고 있었다. 상류 계급 사람들이 피소의 음모 사건 이후 언제 네로의 표적이 될지 몰라 불안에 떨고 있던 참에 유명한 장군 3명이 잇따라 그리스로 소환되어 살해되었다. 그들은 이제 더 이상 네로를 두고 볼 수 없게 되었다.

다행히 네로 시대가 비교적 평온했다고 하지만 파르티아 제국과의 작은 분쟁, 브리타니아에서의 모반, 그리고 유대의 폭동이 일어났다. 네로는 이런 일에 전혀 관심이 없었기 때문에 속주에 주둔하고 있는 군단병은 네로에게 정나미가 떨어져 충성심을 잃어버린 상태였다. 네로의 장기간에 걸친 여행으로 가장 초조했던 것은 로마의 시민이었다. 그들은 '빵과 경기'에밖에 흥미가 없었다. 게다가 이 두 가지 모두 황제가 배려하는 의무와 권리를 지니고 있었다. 그들은 1년 이상이나 쾌락에 굶주렸고 빵도 부족했다. 이집트에서 정기적으로 오는 곡물선이 유대의 진압 부대에게로 보내지고 있었기 때문이다.

이런저런 일로 부재 중인 '황제'의 직책을 대행하고 있던 헬리우스가 네로에게 편지를 보내 재삼재사 귀국을 재촉했다. 그러나 감감무소식이었다. 드물게 오는 답장에는 이렇게 씌어 있었다. "내게 빨리 돌아오라고 네가 얼마나 열심히 충고해 주는지 잘 알고 있다. 하지만 너는 내가 네로에 적합한 인물이 되어 돌아오도록 격려하고 기원해야 한다."

기다림에 지친 헬리우스는 마침내 직접 그리스로 갔다. 67년이 거의 저물어 갈 무렵의 일이었다.

티베리우스 실리우스 이탈리쿠스와 마르쿠스 갈레리우스 투르필리아누스가 집정관인 해(68년).

네로가 가까스로 몸을 일으키고 1,808개의 영예로운 관을 갖고 출발했다. 브룬디시움에 도착한 것은 1월 하순이었다. 그러나 로마로 직행하지 않았다. 그는 먼저 나폴리에 개선하려고 했다. 그가 맨 처음 공식 무대에 선 추억의 도시였기 때문이다. 올림피아제의 승리자가 고향에 돌아왔을 때 그러듯이, 네로도 나폴리의 성벽에 구멍을 뚫고 그곳으로 백마가 끄는 개선 전차를 타고 입성했다. 이윽고 로마에도 이와 똑같은 방식으로 들어갔다. 행렬 선두의 무리는 1,808개의 관을 높이 받들어 들었다. 다음 무리는 창 위에 내건 판을 여봐란 듯이 보여 주었다. 판 하나하나에 네로가 그리스에서 출장한 축제와 종목 이름이 적혀 있었다. 다음으로 개선 전차에 올라탄 네로는 금박이 수놓인 진홍색 장군복에 올리브 관을 쓰고 손에는 피티아제의 월계관을 들었다. 이리하여 대경기장의 문을 빠져 나간 뒤 중앙 광장을 지나고, 이어서 팔라티움 언덕의 아폴론 신전에 참배하고 그곳에 관을 봉헌했다. 전 시가 화환으로 장식되고 향을 피우고 횃불에 불을 붙였다. 민중은 이렇게 합창했다. "만세, 올림피아의 승자, 피티아의 승자, 최고 사령관, 만세, 네로, 우리의 헤라클레스, 우리의 아폴론."

이리하여 네로는 민중의 인기를 얼마간 되찾은 것처럼 보였다. 그러나 네로는 여행의 추억에 빠져 이제는 그리스적인 도시에서밖에 생활할 수 없다고 느꼈는지 3월에 나폴리로 돌아가 버렸다. 그곳에서 가이우스 율리우스 빈덱스(Gaius Julius Vindex)가 반기를 들었다는 정보를 접했다. 네로는 그리 놀라지 않았다. 빈덱스에 대해서는 전부터 알고 있었다. 그는 갈리아 출신으로 아버지 대에 공적과 부로 로마 원로원에 받아들여졌다. 피소의 음모 사건 때에는 아직 로마에 있었을 것이다. 그 후 루그두눔 갈리아 속주의 총독에 임명된 듯하다.

빈덱스는 전해 말경부터 이미 준비하고 있었다. 그는 각지를 돌아다니며 속주민에게 이렇게 호소했다. "우리는 황제에게 반항해 일어서지 않으면 안 되오. 네로는 로마국을 약탈했소. 원로원의 꽃이란 꽃은 죄다 잡아 뽑아 버렸소. 그는 방탕으로 신세를 망쳤고, 어머니를 죽인데다가 군주답지도 않소. 그 남자(스포루스를 아내로 맞이하고 피타고라스의 아내가 된 자[32]를 남자로 부를 수 있다면)가 극장에서 수금을 연주하고, 로브(품이 넓은 겉옷)와 장화 차림으로 분장하고 연기하는 것을 보았소. 대체 누가 이런 네로를 황제라 부르겠소? 여러분, 지금이야말로 그에게 저항하며 일어설 때요. 여러분 스스로를 구하시오. 로마인을 구하시오. 세계를 해방시키시오."

이리하여 그는 휘하에 10만 명을 모았다고 한다. 모인 것은 어느 때와 마찬가지로 도망 노예라든가 탈옥자, 빚을 떼어먹은 자, 영세 농민과 같은 사회의 낙오자였을 것이다. 그 후 빈덱스는 타라코 히스파니아의 총독 갈바에게 편지를 보내 네로를 대신해 황제가 되라고 권유했다. 갈바는 이때 70세가 넘은 노인이었다. 칼리굴라 치하에서는 게르마니아 속주를, 클라우디우스 치하에서는 아프리카 속주를 통치해 정치가나 군인으로서, 또 청렴한 사생활로도 유명했다. 얼마 동안 은퇴하고 있다가 8년 전에 네로에 의해 지명되어 히스파니아에 부임해 있었다. 그곳에서는 네로의 질투심을 유발하지 않을 만큼만 선정을

---

32) 67년에 그리스에서 네로는 거세당한 소년 노예 스포루스를 신부로 맞이했다. 피타고라스와의 결혼에 대해서는 15권 37절을 참조할 것.

베풀어 속주민의 인망을 얻었다.

그러나 갈바는 빈덱스의 첫 호소에는 대답을 하지 않았다. 재차 요청하자 그에 응해 참모들과 의논했다. 군단장 티투스 비니우스(Titus Vinius)는 이렇게 충고했다. "네로에게 충실하려고 하는 것 자체가 이미 네로에게 충실하지 않은 것이다. 우리에게는 빈덱스의 제안을 받아들이든가, 빈덱스와 싸우든가 이 두 길밖에 없다." 그래서 갈바도 마찬가지로 용단을 내려 저항에 나섰다. 즉시 비니우스를 로마로 파견해 유력자들의 호의를 얻도록 운동하게 했다. 한편 충실한 해방 노예 이카루스(Icarus)에게는 로마의 정보를 낱낱이 보고하라고 명했다. 그 후 정령政令으로 희망하는 노예에게 모두 자유를 주겠다고 선언했다. 이것이 많은 사람을 자극했다. 갈바가 연단에 오르자 사람들이 모두 '최고 사령관' 하고 환호했다. 갈바는 이 칭호를 거절하고는 네로를 탄핵하고 그에게 죽임을 당한 많은 명사의 영혼을 추도했다. 그리고 스스로를 '로마의 원로원과 국민의 대행자'로 불렀다. 4월 2일의 일이었다.

그러나 갈바 지지를 공공연히 표명한 총독은 이웃 속주인 루시타니아의 오토뿐이었다. 오토는 이미 앞에서 보았던 대로[33] 54년에 네로에 의해 이 땅으로 좌천되고, 그러던 끝에 아내 포파이아를 빼앗겼다. 그것을 앙갚음하기 위해서였을 것이다. 빈덱스 때와 달리 갈바의 반란 소식을 들었을 때, 네로는 마침 목욕을 마치고 아침 식사를 하고 있었는데 너무 놀란 나머지 식탁을 뒤엎었다고 한다. 원로원이 갈바를 역적으로 선언하고 나서야 겨우 네로는 마음을 진정시키고 농담을 하며 원기왕성한 듯이 행동했다. "마침 돈을 손에 넣고 싶을 때 좋은 구실이 생겼어." 네로는 이탈리아에 있는 갈바의 재산을 모두

---

33) 13권 12절, 46절을 참조할 것.

팔아 버렸다. 이 소식을 들은 갈바도 히스파니아의 네로 소유물을 모두 경매에 부쳐 앙갚음을 했다.

이 무렵 빈데쿠스는 자신의 속주 수도인 루그두눔을 포위하고 있었다. 이 도시는 로마의 식민시로 네로에게 가장 충실했다. 그곳으로 고지 게르마니아의 총독 베르기니우스 루푸스가 3개 군단과 원군을 거느리고 왔다. 양군은 베손티오(오늘날의 브장송)에서 대치했다. 그후에 일어난 일은 확실히 알 수 없다. 일설에 따르면 빈덱스의 간청에 의해 두 장군이 밀담을 나누고 공동으로 네로를 적으로 선언하기로 합의했다고 한다. 베르기니우스의 뜻이 어떠했든 군단병이 빈데스의 오합지졸을 2만 명이나 죽이고 나머지를 패주시켰다는 것은 확실하다.

빈데쿠스는 이에 절망해 스스로 목숨을 끊었다. 본래 게르마니아군은 북쪽으로부터는 게르마니아의 침략에 대비하고, 남쪽으로는 갈리아인의 반란을 억제하기 위해 주둔하고 있었다. 그래서 군단병은 그 사명을 충실히 수행했던 것이다. 그러나 베르기니우스가 베손티오에 온 것은 네로를 위해서가 아니었다. 그 자신의 야심에서도 아니었다. 조국의 평화를 생각하고 행동했을 것이다.[30] 그 후 게르마니아의 군단병이 베르기니우스를 '최고 사령관'으로 환호해도 이것을 거절했기 때문이다.

빈덱스의 부보訃報를 접하자 무척 의기소침해진 갈바는 모든 것을 잃은 듯 이제 곧 목숨을 끊으려 했다. 하지만 곧 단념하고 속주의 작은 도시 클루니아로 은퇴했다. 이런 모험에 몸을 던지고 한가롭고 조용한 생활을 버린 것을 후회하면서.

그러나 로마에서는 네로에 대한 격렬한 증오심이 심화되어 누구나

---

34) 베르기니우스 루푸스의 묘비명에는 " 여기에 일찍이 자신을 위해서가 아니라 조국을 위해 빈덱스를 타도하고 지배권을 옹호했던 루푸스가 누워 있다"라고 적혀 있었다고 한다.

다 그를 배신할 기회를 이제나저제나 노리고 있었다. 민중이 기다리고 있던 곡물선이 이집트에서 도착했는가 싶으면, 천만 뜻밖에도 그것은 네로의 경기장을 위한 모래를 가득 싣고 있었다. 가도에서 온갖 종류의 비방이 다 들렸다. 네로의 어떤 상에는 네로의 그리스 여행 중의 머리 형태와 비슷한, 이마에 드리워지는 긴 머리칼 가발을 씌우고 그것을 비난하는 글을 적은 패찰을 붙여 놓았다. "자, 지금부터가 진짜 시합이다. 너는 결국 패배할 것이다." 다른 상에는 머리에 가죽 부대가 동여매져 있고, 그 패찰에는 "나는 하고 싶은 대로 다 해보았다." "그렇다, 너는 가죽 부대 처형을 받을 만하다." (존속 살인죄를 저지른 자는 가죽 부대 속에 뱀이나 원숭이, 닭 등과 함께 집어넣고 강에 던졌다.) 소요 주랑의 기둥에는 "네 노랫소리(우는 소리)에 갈리아인(=암탉)까지 울었다"라고 낙서되어 있었다.

물론 원로원은 처음에는 갈바를 공적으로 결의했다. 하지만 이윽고 갈바의 밀사와 교섭하기 시작했다. 이유도, 또 언젠지도 모르지만 티겔리누스가 이미 모습을 감춘 상태였다. 동료 친위대장 님피디우스[35]는 갈바와 내통하고 있었다. 친위대를 매수하고 원로원과 제휴시켜 네로를 추방하고 갈바를 추대하는 선까지 밀고 나가려고 했다.

네로는 믿고 의지하던 티겔리누스를 잃고 어찌할 바를 몰랐다. 절망과 자신 과잉自信過剩 사이를 오갔다. 어느 때는 원로원 의원들을 하나도 남기지 않고 독살해 버릴까, 어느 때는 로마에 불을 지르고 나서 이집트로 도망칠까 생각했다. 이집트만은 자신에게 충실한 속주라고 생각하고 있었다. 그런가 하면 술에 취해 식당에서 나가면서 친구의 등에 기대며 "지금 곧 속주 갈리아로 가겠다. 무방비 상태로 병사들 앞에 서겠다. 그리하여 모반자들의 마음을 바꾸면 다음날 기뻐

---

35) 파이니우스 루푸스가 죽은 뒤에(15권 68절) 그를 대신해 친위대장이 되었다(15권 72절을 참조할 것).

하는 병사들 사이에서 상쾌한 얼굴로 승리를 축하하고 개선가를 불러 줄 것이다. 그렇다, 그때의 개선가를 지어 놓지 않으면 안 돼" 하고 말했다.

이런 식으로 그가 강구한 대책은 신병을 모집해 1개 군단을 만들려한 것, 정부 칼비아(Calvia)를 아프리카에 보내 그곳의 지사 클로디우스 마케르(Clodius Macer)의 원조를 요청하게 한 것뿐이다. 그러나 새 군단은 동원하는 데 시간이 걸렸고, 칼비아는 네로를 위해 한팔 걷고 도와 줄 생각이 처음부터 없었으며, 마케르는 도리어 반기를 들고 그 의사를 분명해 했다. 네로는 그래도 직접 진두 지휘하려 하지 않고 그 대신 브리타니아 총독 페트로니우스 투르필리아누스와 루브리우스 갈루스(Lubrius Gallus)를 갈리아에 파견했다. 그러나 전자는 군대에 버림을 받고는 면목 없이 로마로 돌아오고, 후자는 병사들과 함께 갈바 쪽에 가담했다.

이처럼 잇따라 들어오는 불리한 정보에 더하여, 곁에서 님피디우스가 네로에게 공포심을 심어 주며 위협했다. "누구 할 것 없이 모두 증오하고 있습니다. 빨리 피하지 않으면 목숨이 위태로우실 것입니다."

마침내 6월 8일 저녁 무렵에 네로가 식탁에서 '호메로스의 잔'이라 부르며 소중히 아끼던 2개의 술잔을 바닥에 내던지고, 로쿠스타[36]를 시켜 조제해 놓은 독약을 황금 손궤에 집어넣고 궁전에서 빠져 나왔다. 이집트로 갈 생각을 하고 먼저 하인을 보내 오스티아 항에서 배편을 알아보게 했다. 그 사이에 자신은 오스티아 가도의 세르빌리우스 정원에서 기다릴 생각이었다. 이 황제의 정원을 수비하고 있던 일부 친위대를 불러 "나와 함께 이집트로 도망치지 않겠느냐?" 하고 꾀어 보았다. 어떤 병사는 애매하게 말을 얼버무리고, 어떤 병사는 노

---

36) 12권 66절, 13권 15절을 참조할 것.

골적으로 거절했다. 한 병사는 베르길리우스의 시구로 대답했다. "죽는다는 것이 그렇게 고통스러운가?"

네로는 혼자 이리저리 생각하며 갈피를 못 잡았다. "파르티아 제국으로 달려가 목숨을 보호해 달라고 할까, 아니면 갈바에게로? 아니, 중앙 광장의 연단에 올라가 시민들에게 호소하자. 검은 상복을 입고 가능한 한 슬픈 표정으로 과거의 실수를 용서해 달라고 간청하자. 그래도 그들이 마음을 풀지 않으면 하다 못해 이집트 영사로라도 삼아 달라며 그들의 양보를 청해 보자." 그가 죽고 나서 이때 하려고 했던 연설 초고가 그의 책상 위에서 발견되었다고 한다.

그러나 네로는 중앙 광장까지 걸어가다가 시민들에게 붙잡혀 온몸이 찢겨 나갈 버릴 것만 같아 이것을 단념했다. 그는 이제 뒷일은 내일 아침에 생각하자고 중얼거리며 잠자리에 들었다. 한밤중에 공포심에서 눈을 뜨자 이미 친위대 병사들이 흔적도 없이 사라지고 없었다. 몇 명의 하인과 함께 유력자의 집을 찾아가 중재를 부탁했다. 그러나 하나같이 거절당하고 팔라티움으로 돌아와 보니 휑뎅그렁한데다가 어느 방이나 다 닫혀 있고 불러도 대답하는 사람이 없었다. 다시 세르빌리우스 정원으로 돌아오자 방을 지키던 수위도 도망치고, 그 안의 침대 커버와 황금 독상자도 사라져 버리고 없었다. 그래서 네로는 "누군가 나를 능숙하게 죽여 줄 사람 없는가?" 하고 불러 보았다. 아무도 나타나지 않았다. "아이고 맙소사, 내게는 친구도 없고 적도 없는가?" 그러고는 티베리스 강에 투신 자살이라도 하려는 듯이 기세 좋게 정원에서 뛰쳐 나갔다. 그곳에서 또 그의 결심이 흔들렸다. "어디로 도망칠 것인지 천천히 생각할 장소가 없을까?" 하고 물었다. 그때까지 네로에게 충실했던 자는 4명뿐이었던 것 같다. 그 중에 이름을 알 수 있는 것은 그리스에 갈 때에도 수행한 에파프로디투스와 스포루스, 파온(Paon) 등 세 사람뿐이다. 이때 파온이 "제 교외의 별장을 사용하시죠" 하고 권유했다. 그곳은 로마에서 4마일 떨어진, 노멘툼 가도와 소금 가도 중간에 있었다.

네로는 신발도 신지 않은 채 실내복 위에 색이 바랜 외투를 머리에서부터 걸치고 손수건으로 얼굴을 가리고서 말에 올라탔다. 지진이 일어나고 번개가 쳐 가슴이 덜컥 내려앉았다. 마침 그 무렵에 친위대장 님피디우스가 원로원 의원들을 동반하고 병영을 방문하고 있었다. "네로는 도망쳤다. 갈바를 최고 사령관으로 선언하면 병사들에게 각기 3만 세스테르티우스의 은사금을 수여하겠다" 하고 연설했다.

어두운 가도에서 네로 일행 5명은 통행인들과 스쳐 지나갔다. "이 사람들도 네로를 찾고 있나?" 하고 소근거리는 사람도 있었다. "수도에서 네로와 관련해 뭔가 새로운 정보라도 들으셨습니까?" 하고 묻는 사람도 있었다. 이윽고 파온의 별장으로 통하는 사잇길이 있는 곳까지 오자 말을 버렸다. 하인들이 덤불과 가시가 있는 관목들을 치우며 길을 열었다. 뒤따르는 네로는 갈증이 몹시 일어 옆에 고여 있는 물을 손으로 떠내 마셨다. "아, 네로의 증류수 맛이 나는군" 하고 저도 모르게 외쳤다. '증류수'란 네로가 생각해 냈다고 하는 음료수로 증류한 물에 눈을 넣어 냉각시킨 것이었다. 가까스로 별장에 도착했다. 배가 고팠지만 내놓은 더러운 빵에는 눈길도 주지 않고 겨우 미지근한 물만 마셨다.

이윽고 수행원들이 입을 모아 "자결해 가까이 다가오고 있는 불명예에서 벗어나세요" 하고 설득했다. 그래서 네로는 몸에 맞는 적당한 구덩이를 파라고 명했다. 사체를 씻을 물이나 태울 장작도 가져오게 했다. 준비가 끝났지만 네로는 여전히 미련없이 죽지 않고 울면서 이렇게 되풀이해 말했다. "아, 세상 사람들이 정말 아까운 예술가를 잃는구나!" 네로가 있는 곳을 탐지해 낸 카이사르 가 사람이 그곳으로 찾아와 파온에게 한 통의 편지를 건넸다. 네로가 그것을 낚아채 읽었다. "네로는 원로원에 의해 공적으로 선언되었다. 그를 옛날 식대로 처형하기 위해 목하 수색 중이다." 네로가 '옛날 식대로 처형하는 것'이 어떤 것이냐고 물었다. 그러고는 처형자를 발가벗기고 V자형 칼을 채우고 채찍으로 때려 죽이는 것이라는 말을 듣자 마침내 체념했다.

가져온 두 자루의 칼을 빼어 들고는 칼끝을 시험해 보았다. 도저히 스스로 찌를 용기가 없었다. "아직 최후의 순간이 오지 않았어" 하고 변명했다.

그러고는 '아내'인 스포루스에게 울부짖어 달라고 부탁하는가 하면, 다른 사람에게 "먼저 죽어 본보기를 보여 달라"고 간청했다. 자신의 소심함에 정나미가 떨어져 그리스어로 이렇게 질책했다. "더 이상 사는 것은 치욕이다. 추태이다. 네로에게 적합하지 않는다. 정말 어울리지 않는다. 이럴 때야말로 결단력이 중요하다. 자, 한번 분발해 보아라."

마침내 기병들의 말발굽 소리가 들려 왔다. 네로를 산 채로 체포해 오라는 명령을 받은 분견대였다. 그 소리를 들으면서 네로는 떨리는 목소리로 《일리아드》의 한 구절을 중얼거렸다.

"발빠른 말들의 발굽 소리가 내 귀에 울려퍼지는구나."

그러고는 칼을 목에 대고 찔렀다. 에파프로디투스가 시중을 들었다. 거의 숨이 끊어져 갈 때 기병대의 백인대장이 달려왔다. 네로를 구하러 온 듯이 상처 위에 외투를 덮었다. "너무 늦었다. 이것이 참된 충성인가" 하고 말하고 숨을 거두었다. 부릅뜬 눈이 곁에 있는 사람들이 오싹할 정도로 무서웠다고 한다. 68년 6월 9일 새벽의 일이었다. 네로는 30년 5개월을 살았다.

그의 유골은 훗날 그의 유모 두 사람과 충실한 첩 아크테에 의해 도미티우스 씨족의 묘지로 이장되었다.

⚜   ⚜   ⚜

로마제국 초기의 승진 순서

▶ 원로원 계급의 경우 정무관의 임기는 집정관을 포함해 1년이 상례였다. 총독과 위원의 임기는 정해져 있지 않았다.

▶ 기사 계급의 경우 임기가 정해져 있지 않았다. 일반적으로 원로원 계급의 승진 순서와 달리 기사 계급의 그것은 변화가 많고 복잡하다. 이 표도 대강의 기준에 지나지 않는다(비문을 상세히 조사하면 2세기 이후에는 상당한 변화도 예상될 것이다).

타키투스	원로원 계급의 승진 순서	기사 계급의 승진순서
서기 55년(?)출생 73년(17세)	20인관(vigintiviri) 정원 20명 취임 연령 18세경 ⬇	공병대장(praefectus fabrum) 군단 부관* (tribunus militum angusticlavius)** ⬇ 수도 경비대 부관 (tribunus cohortis urbanae)
76년(20세)	군단 부관(명예) (tribunus militum laticlavius)** 정원은 불명 취임 연령 20세경 ⬇	친위대 부관 (tribunus cohortis praetoriae) 원군 대장 (praefectus cohortis 또는 alae) ⬇ 황제 속리(procurator) ⬇
82년(26세)	재무관(quaestor) 정원 20명 취임 연령 (최저) 25세 ⬇	함대장(praefectus classis) 수도 경비사령관(praefectus vigilum) ⬇ 식량 장관(praefectus annonae) 이집트 영사(praefectus Aegypti) 친위대장(praefectus praetorio)

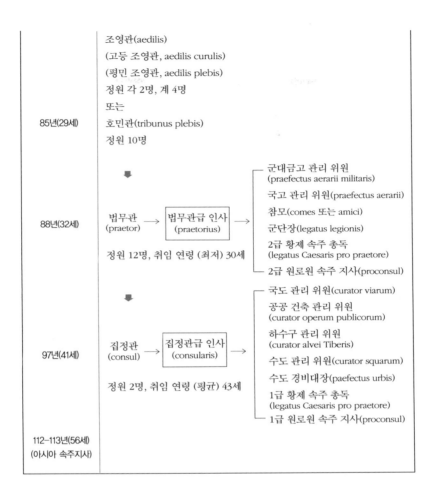

85년(29세)	조영관(aedilis) (고등 조영관, aedilis curulis) (평민 조영관, aedilis plebis) 정원 각 2명, 계 4명 또는 호민관(tribunus plebis) 정원 10명		

88년(32세)

법무관 → 법무관급 인사
(praetor)　(praetorius)

정원 12명, 취임 연령 (최저) 30세

→ 군대금고 관리 위원
(praefectus aerarii militaris)
국고 관리 위원(praefectus aerarii)
참모(comes 또는 amici)
군단장(legatus legionis)
2급 황제 속주 총독
(legatus Caesaris pro praetore)
2급 원로원 속주 지사(proconsul)

97년(41세)

집정관 → 집정관급 인사
(consul)　(consularis)

정원 2명, 취임 연령 (평균) 43세

→ 국도 관리 위원(curator viarum)
공공 건축 관리 위원
(curator operum publicorum)
하수구 관리 위원
(curator alvei Tiberis)
수도 관리 위원(curator squarum)
수도 경비대장(paefectus urbis)
1급 황제 속주 총독
(legatus Caesaris pro praetore)
1급 원로원 속주 지사(proconsul)

112~113년(56세)
(아시아 속주지사)

---

* 클라우디우스 황제가 원군 보병대장→원군 기병대장→군단 부관의 승진 순서를 정했다고 하지만 비문의 예는 적다.

** 원로원 계급과 기사 계급의 군단 부관을 구별하기 위해 전자는 폭넓은 심홍색 테두리가 있는 시민복(이것을 라틴어로 laticlavius라 함)을 착용하고, 후자는 테두리가 좁은 시민복(angusticlavius)을 입었다. (연령이라는 측면에서는 기사는 장년이었다.)

┃ 정규군

1. 티베리우스 시대의 군단과 그 주둔지(이것도 시대에 따라 변동이 있다. 12권 50절, 13권 35절 참조)

- 저지 게르마니아 속주: 1군단(Germanica), 5군단(Alaudae), 20군단(Valeria), 21군단(Rapax)
- 고지 게르마니아 속주: 2군단(Augusta), 13군단(Gemina), 14군단(Gemina), 16군단(Gallica)
- 시리아 속주: 3군단(Gallica), 6군단(Ferrata), 10군단(Fretensis), 12군단(Fulminata)
- 판노니아 속주: 8군단(Augusta), 9군단(Hispana), 15군단(Apollinaris)
- 스페인 속주: 4군단(Macedonica), 6군단(Victrix), 10군단(Gemina)
- 이집트 속주: 3군단(Cyrenaica), 22군단(Deiotariana)
- 달마티아 속주: 7 [Claudia], 11 [Claudia]
- 모이시아 속주: 4군단(Scythica), 5군단(Macedonica)
- 아프리카 속주: 3군단(Augusta)

2. 전략 단위

- 1개 군단(legio)
  = 10개 대대(cohors) = 30개 중대(manipulus) = 60개 백인대(centuria)
- 1개 군단의 병력: 보병 5천~6천 명, 여기에 기병 중대(120기) 부속.

3. 지휘 계통

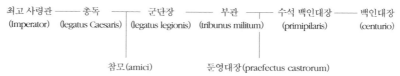

II 예비군

1. 예비대(vexilia veteranorum; 1권 17절 주 참조) — 1개 군단에 1개 대대 부속
2. 로마 시민 지원대(cohortes civium Romanorum; 1권 8절) — 32개 대대
3. 원군 보병과 기병(cohortes alaeque auxiliariae; 이들은 동맹군 [auxilia sociorum]이라고도 불린다. 4권 5절 참조) — 병력은 군단 병력과 거의 비슷했다. 로마식으로 훈련된 속주 민병으로 장비는 향토색을 띠었다. 25년간의 근무를 마치면 로마 시민권이 주어졌다. 대장은 수석 백인대장급의 로마인 또는 현지 부족의 수장(상비 원군 외에 임시, 비상시 원군도 있었다. 이상의 기술은 상비 원군에 대한 것).
4. 특수 부대 병력은 불확실,
   - 공병대(fabri) — 축성, 공성구, 무기 수선에 종사.
   - 포병대(machinatores?) — 노포를 조종.

III 이탈리아 본토와 수도의 경비대

1. 친위대(cohortes praetoriae) — 9개 대대. (1권 24절 주, 4권 2절 주)
2. 수도 경비대(cohortes urbanae) — 3개 대대, 뒷날 6개 대대. (4권 5절 주)
3. 소방대(cohortes vigilum) — 7개 대대. (11권 35절)

IV 함대(classes)

각 함대의 선박 숫자도 해병대원의 숫자도 불확실. (4권 5절 주)
이탈리아의 근거지 미세눔, 라벤나.

부록 3. 로마 제정 초기의 경제 상황

Ⅰ 국가 재정(국고와 황제 금고의 공동 분담이지만 그 상세한 항목이나 금액은 전혀 알 수 없음. 단위는 세스테르티우스. 출전은 생략함)

1. 세출

  1) 제례 비용; (예) 로마제 76만, 아폴론제 38만.
  2) 공공 건축비; 신전, 수도, 국도, 광장, 공회당 등의 신축 보수.
    (예) 국도 1마일당 10만.
  3) 군사비; 군단병, 친위대 병사, 수도 경비대 병사의 급료만으로 연 2억. 군대 금고에 대해서는 1권 78절.
  4) 인건비; 수도의 정무관은 무급. 속주에서 근무하는 사람은 총독, 지사 이하 모두 유급. 수도의 하급 관리와 황제 속리도 유급.
    (예) 아프리카 지사 100만, 황제 속리 6만~30만 사이에 여러 계층이 있었음.
  5) 곡물비; (예) 20만 명의 무상 수급자에 대한 비용만으로 1년에 48만.
  6) 축의, 하사금; 1권 8절, 3권 29절 등 참조.

2. 세입

  1) 세수입; 로마 시민이 내는 간접세, 비시민(속주민)이 납부하는 직접세. (4권 6절 주)
  2) 그 밖의 수입; 국유 농지, 목초지, 광산, 제염소, 채석장 등의 사용료.
  3) 임시 수입; ① 전리품, ② 죄인의 재산 몰수, ③ 벌금, ④ 실효 유산 몰수(3권 28절) 등.

Ⅱ 개인의 직업과 수입

1. 상류사회층(원로원 계급의 자격 재산 100만)

1) 원로원 계급 사람들의 주요 직업; 지주, 대금업자, 고급 장교, 속주 관리직, 법정 변호사, 고발자.
2) 개인의 재산; (예) 그나이우스 렌툴루스라는 사람, 4억. 비비우스 크리스푸스, 2억. 세네카의 어느 포도밭의 연수입, 40만.

2. 중류 사회층(기사 계급의 자격 재산 40만)

1) 기사 계급 사람들의 주요 직업; 황제 속리, 군인(중견), 징세 청부인, 무역상, 공장 주인, 도매 상인, 은행가, 선박 운송업자.
2) 개인의 재산; (예) 시인 페르시우스는 200만의 유산을 남겼다. 시인 유베날리스는 "현자가 갖고 싶은 재산은 40만"이라고 말했다.

3. 하류 사회층(가난한 시민, 해방 노예, 노예)

1) 주된 직업 국가 노예(=공복), 병사, 노동자, 소매 상인, 의사, 배우, 교사, 검투사, 점성술사 등.
2) 수입이나 재산; (예) 초등 교사는 한 학생으로부터 1년에 500, 고등 교사는 1년에 2천을 받는 것이 일반적인 시세였고, 카이사르 가의 가정 교사는 연봉이 10만이었다. 병사의 급료는 1권 17절을 참조할 것. 트리말키온이라는 해방 노예는 3천만의 재산을 모았다. 황제의 해방 노예 팔라스는 3억, 나르키수스는 4억, 어느 배우의 연수입은 70만, 전차를 모는 어느 인기인은 3500만의 유산을 남겼다. 어느 의사의 연수입은 60만, 다른 의사의 유산은 5300만 등 천차 만별이었다.

III 생활비(물가는 로마의 것이고, 속주의 경우에는 좀더 싼 것이 보통이었다)
연수입 2만 4천이면 검소하게 살 수 있었다. 주택 임대비는 2천~6천.
(이집트에서는 2천으로 1년간 살 수 있었다고 한다.)
시인 마르티알리스는 날마다 후원자를 찾아가 6.25를 얻었다.
밀가루 1모디우스(약7ℓ)당 10(좋은 것은 두 배).
1년에 일인당 60모디우스가 필요했다.
술 1암폴라(약20ℓ) 100~400, 기름 1리터 2~3.
농업 노예 1200~2천. 검투사 1천~1만 5천.

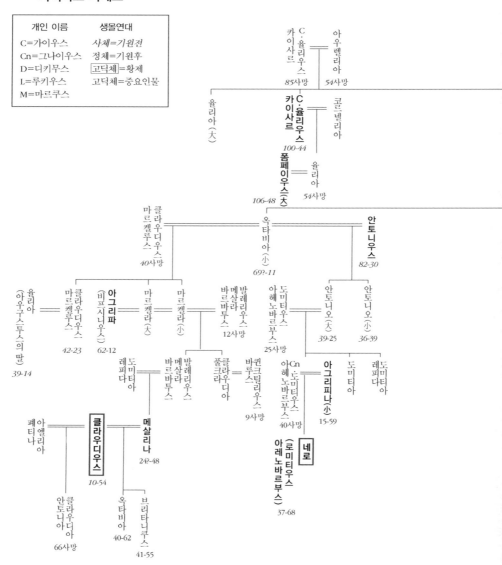

개인 이름	생몰연대
C=가이우스	사체=기원전
Cn=그나이우스	정체=기원후
D=디키무스	고딕체=황제
L=루키우스	고딕체=중요인물
M=마르쿠스	

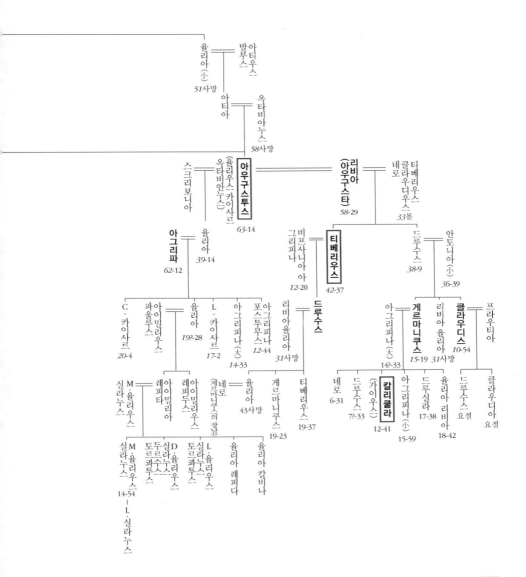

찾아보기

옮긴이 박광순

충북 청주 출생.
서울대학교 사범대학 역사교육학과 졸업.
범우사, 기린원 등에서 편집국장 및 편집주간 역임.
단행본 편·저술 및 전문 번역가로 활동함.
역서로는 《헤로도토스 역사》《역사학 입문》《펠로폰네소스 전쟁사》
《갈리아 전기》《수탈된 대지》《조선사회 경제사》《새로운 세계사》
《역사의 연구》《세계의 기적》《서구의 몰락》《나의 생애 (트로츠키)》
《게르마니아》《타키투스의 연대기》《콜럼버스 항해록》《사막의 반란》
《카이사르의 내란기》《인생의 힌트》《제갈공명 병법》 등이 있다.

타키투스의 연대기

초판 1쇄 발행 | 2005년 1월 5일
초판 10쇄 발행 | 2024년 6월 25일

지은이 | 타키투스   **옮긴이** | 박광순
펴낸이 | 윤성혜   **펴낸곳** | 종합출판 범우(주)
교 정 | 마희식   **디자인** | 왕지현

등록번호 | 제406-2004-000012호 (2004년 1월 6일)
주   소 | (10881) 경기도 파주시 광인사길 9-13 (문발동 525-2)
대표전화 | 031-955-6900~4   **팩 스** | 031-955-6905
홈페이지 | www.bumwoosa.co.kr **이메일** | bumwoosa1966@naver.com

ISBN 978-89-91167-51-9 03920

* 책값은 뒤표지에 있습니다.
* 잘못된 책은 바꾸어드립니다.